O FIM DO HOMEM SOVIÉTICO

SVETLANA ALEKSIÉVITCH

O fim do homem soviético

Tradução do russo
Lucas Simone

7ª reimpressão

Copyright © 2013 by Svetlana Aleksiévitch

Grafia atualizada segundo o Acordo Ortográfico da Língua Portuguesa de 1990, que entrou em vigor no Brasil em 2009.

Título original
Время секонд хэнд

Capa
Daniel Trench

Foto de capa
PG/ Magnum Photos/ Latinstock

Preparação
Ana Lima Cecílio

Revisão
Clara Diament
Marise Leal

Dados Internacionais de Catalogação na Publicação (CIP)
(Câmara Brasileira do Livro, SP, Brasil)

Aleksiévitch, Svetlana
    O fim do homem soviético / Svetlana Aleksiévitch; tradução do russo Lucas Simone. — 1ª ed. — São Paulo: Companhia das Letras, 2016.

ISBN 978-85-359-2826-6

1. Guerra Mundial, 1939-1945 – Atrocidades – Rússia – Narrativas pessoais russas 2. Guerra Mundial, 1939-1945 – Campanhas – Rússia – Narrativas pessoais russas 3. Guerra Mundial, 1939-1945 – Participação feminina – Narrativas pessoais russas 4. Literatura russa I. Título.

16-07719   CDD-940.54217082

Índice para catálogo sistemático:
1. Russas: Narrativas pessoais : Guerra
        Mundial, 1939-1945   940.54217082

[2022]
Todos os direitos desta edição reservados à
EDITORA SCHWARCZ S.A.
Rua Bandeira Paulista, 702, cj. 32
04532-002 — São Paulo — SP
Telefone: (11) 3707-3500
www.companhiadasletras.com.br
www.blogdacompanhia.com.br
facebook.com/companhiadasletras
instagram.com/companhiadasletras
twitter.com/cialetras

A vítima e o carrasco são igualmente abomináveis; a lição dos campos está no fato de que essa é uma fraternidade na decadência.

David Rousset, *O dia de nossa morte*

Em todo caso, precisamos lembrar que quem deve responder primeiramente pela vitória do mal no mundo não são seus executores cegos, mas os servidores do bem, que são espiritualmente capazes de ver.

F. Stepun, *O que foi e o que não se cumpriu*

Sumário

Cronologia — A Rússia depois de Stálin 11

Observações de uma cúmplice 19

PRIMEIRA PARTE: O APOCALIPSE COMO CONSOLAÇÃO
Sobre o ruído das ruas e as conversas na cozinha (1991-2001)... 33
Sobre ivan-bobinho e o peixinho dourado 33
Sobre começar a amar e sobre como deixamos de amar
Gorby 37
Sobre como o amor veio, mas pela janela se viam tanques.... 41
Sobre como as coisas se equipararam às ideias e às palavras... 45
Sobre crescer entre carrascos e vítimas 51
Sobre o que precisamos escolher: uma grande história
ou uma vida banal 55
Sobre tudo 57

Dez histórias do interior vermelho 60
Sobre a beleza da ditadura e sobre o mistério da borboleta
no cimento 60

Sobre irmãos e irmãs, carrascos e vítimas... e sobre
o eleitorado 106
Sobre sussurros e gritos... e sobre o êxtase 120
Sobre um solitário marechal vermelho e sobre os três dias
da revolução esquecida 141
Sobre a esmola das lembranças e sobre a luxúria
do sentido 184
Sobre uma outra bíblia e sobre outros crentes 215
Sobre a crueldade da chama e sobre a salvação nas alturas 241
Sobre a doçura do sofrimento e sobre o cerne do
espírito russo 271
Sobre o tempo em que qualquer um que matava alguém
pensava estar servindo a Deus 305
Sobre a pequena bandeira vermelha e sobre o sorriso
do machado 320

SEGUNDA PARTE: O FASCÍNIO DO VAZIO
Sobre o ruído das ruas e sobre as conversas na cozinha
(2002-12) 369
Sobre o passado 369
Sobre o presente 376
Sobre o futuro 382

Dez histórias sem interior 389
Sobre Romeu e Julieta... mas que se chamavam Margarita
e Abulfaz 389
Sobre as pessoas que rapidamente se transformaram
depois do comunismo 408
Sobre a solidão que é muito parecida com a felicidade 429
Sobre o desejo de matá-los todos, e depois sobre o horror
de ter desejado isso 446

Sobre a velha com a foice e sobre a moça bonita 465

Sobre a desgraça alheia que Deus colocou na soleira da
sua porta 493

Sobre a vida que é foda e sobre os cem gramas de um
pozinho leve em um vasinho branco 511

Sobre como nada enoja os mortos e sobre o silêncio do pó .. 524

Sobre uma escuridão pérfida e sobre "outra vida, que se
pode fazer a partir desta" 549

Sobre a coragem e sobre o que vem depois dela 573

Observações de uma cidadã 593

Cronologia
A Rússia depois de Stálin

1953: Ióssif Stálin morre em 5 de março. Nikita Khruschóv se torna secretário-geral do Comitê Central do Partido Comunista da União Soviética (PCUS).

FEVEREIRO DE 1956: Khruschóv faz um discurso no XX Congresso do PCUS denunciando o culto à personalidade de Stálin e os excessos de suas políticas oficiais. Ao longo das décadas seguintes, seu discurso circula secretamente através do *samizdat* e é discutido em reuniões fechadas do Partido, chocando muita gente. Esse discurso marca o início da desestalinização e do degelo de Khruschóv, período marcado por relativa liberalização.

NOVEMBRO DE 1956: O exército soviético reprime violentamente um levante na Hungria.

NOVEMBRO DE 1957: A editora italiana Feltrinelli publica *Doutor Jivago*, de Boris Pasternak. Sob pressão das autoridades soviéticas, Pasternak é forçado a recusar o prêmio Nobel de literatura no ano seguinte.

NOVEMBRO DE 1962: *Um dia na vida de Ivan Denisovich*, de Aleksandr Soljenítsin, é publicado na *Novy Mir*, influente revista literária russa; pela primeira vez, os campos de trabalho soviéticos são citados abertamente numa obra literária. Apesar disso, uma cisão dos grupos dissidentes marca o fim do degelo.

1964: Khruschóv é tirado do poder e substituído por Leonid Brêjniev.

1968: Forças armadas soviéticas invadem a Tchecoslováquia numa tentativa de reverter uma série de reformas liberalistas que ficaram conhecidas como Primavera de Praga, provocando ondas de protestos e resistência não violenta.

1973-4: *Arquipélago Gulag*, de Aleksandr Soljenítsin, é publicado no Ocidente tanto em russo quanto em outros idiomas. Em fevereiro de 1974, Soljenítsin é expulso da União Soviética.

1975: Trinta e cinco países, entre eles a União Soviética e os Estados Unidos, assinam os Acordos de Helsinque, uma tentativa de melhorar as relações entre o bloco soviético e o Ocidente. O documento ressalta o respeito aos direitos humanos e às liberdades fundamentais, como a liberdade de expressão.

1979: Tropas soviéticas invadem o Afeganistão.

NOVEMBRO DE 1982: Brêjniev, secretário-geral do Partido Comunista de 1964 a 1982, morre de ataque cardíaco. Iuri Andrôpov, chefe do KGB, é nomeado seu sucessor.

FEVEREIRO DE 1984: Andrôpov morre de insuficiência renal. Konstantin Tchernenko é seu substituto.

MARÇO DE 1985: Tchernenko morre de enfisema. Mikhail Gorbatchóv se torna secretário-geral do Partido Comunista e toma medidas reformadoras, assinalando o início da perestroika. A *Novy Mir* dá início à publicação serializada de *Doutor Jivago* três anos depois.

Importantes reformas são implementadas por Gorbatchóv entre 1985 e 1991 sob o guarda-chuva da perestroika e da glasnost: a restituição de terra a camponeses sessenta anos depois da coletivização da agricultura; a restauração progressiva do pluralismo político e da liberdade de expressão; a libertação de prisioneiros políticos; a publicação de literatura censurada; a retirada das tropas do Afeganistão; a criação de uma nova assembleia legislativa, o Congresso dos Deputados do Povo. O Congresso elege Gorbatchóv para a presidência da União Soviética e promove reformas constitucionais em março de 1990. O Tratado de Redução de Armas Estratégicas (START I) com os Estados Unidos é assinado em 1991.

FEVEREIRO DE 1986: Boris Iéltsin se torna membro do Politburo meses depois de ser nomeado secretário-geral do Comitê da Cidade de Moscou (o que na prática faz dele prefeito de Moscou). Ele é tirado do Politburo em 1988.

26 DE ABRIL DE 1986: O reator nº 4 da usina nuclear de Tchernóbil explode, contaminando seriamente o território soviético.

MARÇO DE 1989: Iéltsin é eleito para o Congresso dos Deputados do Povo.

NOVEMBRO DE 1989: Berlim Oriental abre a passagem para Berlim Ocidental, marcando o fim definitivo da Guerra Fria e o início da reunificação da Alemanha.

DEZEMBRO DE 1989: Gorbatchóv e George W. Bush anunciam em Malta o fim da Guerra Fria.

JUNHO DE 1990: O Congresso dos Deputados do Povo da República aceita a Declaração de Soberania Estatal da República Socialista Federativa Soviética da Rússia (RSFSR), colocando a União Soviética numa posição antagônica à Federação Russa e a outras repúblicas constituintes, assinalando o início das reformas constitucionais na Rússia.

MAIO DE 1991: Boris Iéltsin é eleito presidente da RSFSR.

AGOSTO DE 1991: Um grupo de oito altos dirigentes, liderados pelo vice-presidente de Gorbatchóv, Guennádi Ianáiev, forma o Comitê Geral do Estado de Emergência, o GKChP, e tenta um golpe contra o governo, que fica conhecido como "o *putsch*". O GKChP baixa um decreto de emergência suspendendo todas as atividades políticas, fechando a maioria dos jornais e pondo Gorbatchóv, então de férias em Foros, na Crimeia, em prisão domiciliar.

Milhares de manifestantes saem às ruas contra o *putsch* e se posicionam em frente à Casa Branca — o Parlamento da Federação Russa e sede do gabinete de Boris Iéltsin —, armando barricadas para defender suas posições. Em um discurso célebre, Iéltsin fala com a multidão de cima de um tanque. As forças armadas enviadas pelo GKChP se recusam a avançar contra as barricadas e se aliam aos manifestantes. Depois de três dias, o *putsch* fracassa. Gorbatchóv volta de Foros, e os membros do GKChP são presos. Em 24 de agosto, Gorbatchóv dissolve o Comitê Central do Partido Comunista da União Soviética e renuncia ao cargo de secretário-geral.

NOVEMBRO-DEZEMBRO DE 1991: Em um referendo popular na Ucrânia, em 1º de dezembro de 1991, 90% dos eleitores votam pela independência da União Soviética. Em 8 de dezembro, os governantes de Rússia, Ucrânia e Bielorrússia se reúnem em segredo no oeste da Bielorrússia para assinar o Pacto de Belaveja, declarando a dissolução da União Soviética e o estabelecimento da Comunidade dos Estados Independentes (CEI) para substituí-la. Na noite de 25 de dezembro de 1991, a bandeira soviética é baixada pela última vez e o pavilhão tricolor da Rússia é hasteado em seu lugar, marcando simbolicamente o fim da União Soviética. Gorbatchóv renuncia ao cargo de primeiro-ministro. Num período de grande turbulência, Iéltsin assume simultaneamente as funções de primeiro-ministro e presidente. Os Estados independentes da Armênia, da Geórgia e do Azerbaijão são criados, e imediatamente sucumbem a violentos conflitos étnicos. A Armênia e o Azerbaijão entram em disputa pelo enclave do Alto Carabaque; a Abecásia, a Ossétia do Sul e a Adjara lutam para se separar da Geórgia. Djokhar Dudáiev assume o poder na Tchetchênia e proclama sua independência.

JANEIRO DE 1992: A liberalização das políticas de preços leva a uma inflação altíssima e desestabilizadora, de 200% ao ano inicialmente e chegando a 2600% anuais.

TERCEIRO TRIMESTRE DE 1993: Numa reação à tentativa do presidente Iéltsin de dissolver o Parlamento, o Congresso decreta seu impeachment e nomeia o vice Aleksandr Rutskoi como presidente. Em desdobramentos semelhantes aos do *putsch* de 1991, manifestantes se reúnem diante da Casa Branca e tentam invadir a torre de rádio e televisão Ostankino. Cumprindo ordens de Iéltsin, o exército entra na Casa Branca e prende membros do Parlamento que lhe fazem oposição. A disputa de dez dias entre manifestantes favoráveis aos parlamentares e os defensores armados de Iéltsin leva ao mais violento conflito nas ruas de Moscou desde 1917. As baixas são estimadas em até 2 mil vítimas.

1994-1995: Primeira Guerra da Tchetchênia.

1998: Turbulências econômicas, que provocaram quedas drásticas no padrão de vida da população ao longo dos anos 1990, levam a uma grave crise financeira e a uma brutal desvalorização do rublo.

1999-2000: Segunda Guerra da Tchetchênia. Em 31 de dezembro de 1999, Iéltsin renuncia e Vladimir Pútin se torna presidente da Federação Russa. Em 2000, Pútin vence sua primeira eleição presidencial, derrotando seu adversário comunista Guennádi Ziugánov e se estabelecendo de vez no poder.

OUTUBRO DE 2003: O magnata do petróleo e proeminente defensor do liberalismo Mikhail Khodorkóvski é detido por acusações de sonegação e fraude fiscal, a primeira vítima da campanha de Pútin para banir da política os oligarcas da era Iéltsin. A prisão de Khodorkóvski e o confisco de seus bens marcam o início dos esforços do presidente para transferir o controle dos principais setores da economia do país para seu partido político, o Rússia Unida. Essa intervenção econômi-

16

ca, que exige uma boa dose de manobras corruptas, também leva à necessidade de silenciar críticos e dissidentes na imprensa. Em 2010, a maior parte das empresas privadas de mídia já estava sob controle do governo, inclusive as principais redes de televisão. Os veículos independentes estão em sua maior parte restritos quase exclusivamente à internet.

2008: Explode a guerra entre a Geórgia e a Ossétia do Sul. Dmitri Medvedev, da Rússia Unida, é eleito presidente da Federação Russa e nomeia Pútin primeiro-ministro.

DEZEMBRO DE 2010: Aleksandr Lukashenko é reeleito para um quarto mandato como presidente da Bielorrússia, o que leva a protestos violentamente reprimidos.

DEZEMBRO DE 2011: Pútin declara que vai ser candidato a presidente outra vez em 2012, com Dmitri Medvedev como primeiro-ministro; na prática, Pútin e Medvedev vão trocar de lugar. Isso causa os primeiros grandes protestos contra o governo desde o início de 1990. Embora as manifestações sejam toleradas nas aparências, cada vez mais manifestantes são presos e condenados individualmente, e o Parlamento passa a restringir de forma severa a atuação de grupos de ativistas e organizações não governamentais que fazem oposição ao governo.

FEVEREIRO DE 2012: Pútin é mais uma vez eleito presidente da Rússia, com 63% dos votos, e nomeia Medvedev primeiro--ministro. Os oposicionistas tomam as ruas novamente em protestos nas principais cidades do país; a polícia prende centenas de pessoas. O governo Pútin pune com severidade alguns manifestantes, intensificando seus esforços para reprimir a dissidência política na Federação Russa.

FEVEREIRO-MAIO DE 2014: Os protestos de Maidan, em Kiev, na Ucrânia, levam a um conflito armado entre ucranianos que apoiam a entrada do país na União Europeia e aqueles que desejam permanecer sob a esfera de influência da Rússia. Depois da fuga do presidente pró-Moscou Viktor Yanukóvytch da Ucrânia, as forças armadas russas tomam a Crimeia, que posteriormente vota por se juntar à Rússia em um referendo popular. Apesar de negar que suas tropas tenham entrado na Ucrânia, a Rússia oferece apoio financeiro e militar aos grupos pró-Moscou, incitando na prática uma guerra civil. Esses eventos provocam o mais sério incidente diplomático entre Oriente e Ocidente desde o fim da Guerra Fria, com os Estados Unidos e seus aliados europeus impondo pesadas sanções à Rússia.

Observações de uma cúmplice

Nós nos despedimos da época soviética. Daquela nossa vida de antes. Venho tentando ouvir com franqueza todos os participantes do drama socialista...

O comunismo tinha um plano insano: refazer o "velho homem", o antigo Adão. E conseguiram fazer isso... Talvez tenha sido a única coisa que conseguiram fazer. Depois de setenta e tantos anos, no laboratório do marxismo-leninismo, cultivaram uma espécie humana peculiar, o *homo sovieticus*. Uns consideram-no um personagem trágico, outros o chamam de *sovok*.*

Tenho impressão de que conheço essa pessoa, ela me é bem conhecida, estou junto dela, vivi ao lado dela por muitos anos. Ela sou eu. São meus conhecidos, meus amigos, meus pais. Durante anos, viajei por toda a antiga União Soviética, porque o *homo so-*

---

* Uma pá grande e rústica para apanhar lixo, no sentido literal. A partir dos anos 1970, aproximadamente, passou a denotar o homem soviético de forma pejorativa, sobretudo aquele que aderia cegamente à ideologia oficial. [Esta e as demais notas são do tradutor.]

vieticus não é apenas o russo, mas também o bielorrusso, o turcomeno, o ucraniano, o cazaque... Agora vivemos em países diferentes, falamos línguas diferentes, mas somos inconfundíveis. Dá para reconhecer de cara! Somos todos pessoas do socialismo, semelhantes e não semelhantes às demais pessoas: temos nosso vocabulário, nossa noção de bem e de mal, de heróis e de mártires. Temos uma relação particular com a morte. São recorrentes nos relatos que eu colho palavras que ferem os ouvidos: "atirar", "fuzilar", "liquidar", "passar em armas", ou ainda aquelas variantes soviéticas para desaparecimento, como "detenção", "dez anos sem direito a correspondência", "emigração". Quanto pode valer a vida humana se nos lembrarmos de que há pouco tempo milhões morreram? Estamos cheios de ódio e de preconceitos. Tudo vem de lá, de onde havia o gulag e a terrível guerra. A coletivização, a expropriação dos *kulaks*, a migração dos povos...

Isso era o socialismo, e essa era simplesmente a nossa vida. Na época, falávamos pouco sobre ela. Mas agora que o mundo mudou irreversivelmente, todos passaram a ter interesse naquela nossa vida; não importa como ela era, essa era a nossa vida. Eu escrevo, procuro nos grãozinhos e nas migalhas a história do socialismo "doméstico"... do socialismo "interior". De como ele vivia na alma humana. Sempre sinto atração por esse pequeno espaço: o ser humano... um ser humano. Na verdade, é lá que tudo acontece.

Por que no livro há tantos relatos de suicídios, e não de pessoas soviéticas normais, com biografias soviéticas normais? No final das contas, as pessoas se matam por amor, por medo da velhice, ou sem muito motivo, por curiosidade, para decifrar o segredo da morte... Busquei aquelas pessoas que se apegaram com todas as forças ao ideal, absorveram esse ideal de tal forma que não podiam se desprender dele: o Estado tornou-se seu universo, substituiu tudo nelas, até a própria vida. Elas não conseguiram abandonar a Grande História, dar adeus a ela, ser felizes de outra maneira. Mergulhar... perder-se numa existência separada, como acontece hoje em dia, quando o pequeno tornou-se grande. O ser humano quer apenas viver, sem um grande ideal. Isso nunca aconteceu na vida russa, e nem a literatura russa conhece isso. No geral, somos um povo bélico. Ou guerreávamos ou nos preparávamos para a guerra. Nunca vivemos de outra maneira. Daí vem uma psicologia bélica. Mesmo durante a paz, tudo na vida era próprio da guerra. O tambor batia, a bandeira esvoaçava... o coração saltava do peito... A pessoa não percebia sua escravidão, até amava sua escravidão. Eu também me lembro: depois da escola, a classe inteira se organizava para ir desbravar as terras virgens, desprezávamos os que se recusavam, chorávamos e lamentávamos o fato de que a Revolução, a Guerra Civil, tudo tinha acontecido antes de nós. Ao olhar para trás, será que éramos nós mesmos? Era mesmo eu? Eu me lembrava junto com os meus heróis. Algum deles disse: "Só um soviético pode entender um soviético". Éramos pessoas com uma única memória comunista. Vizinhos de memória.

Meu pai lembrava que ele pessoalmente tinha acreditado no comunismo depois do voo de Gagárin. Nós fomos os primeiros! Nós podemos tudo! E foi assim que ele e a minha mãe nos educaram. Eu era uma outubrista, usava uma medalhinha com um menino de cabelo encaracolado; era uma pioneira, uma *komsomolka*.* A decepção veio depois.

---

* Outubristas (em russo, *oktiabriónok*) eram crianças de sete a nove anos que faziam parte da organização infantil do Partido, criada em homenagem à Revolução de Outubro. A medalha citada pela autora era usada por essas crianças. Os pioneiros eram, grosso modo, o equivalente soviético dos escoteiros. *Komsomolka* era a jovem que fazia parte do Komsomol, a Juventude do Partido Comunista da União Soviética.

Depois da perestroika, todos esperavam o momento em que abririam os arquivos. E eles foram abertos. Ficamos sabendo da história que tinham escondido de nós...

"Devemos arrastar conosco 90 milhões dos cem que povoam a Rússia Soviética. Com os demais é impossível falar: é preciso destruí-los." (Zinóviev, 1918)

"Enforcar (enforcar impreterivelmente, para que o povo veja) pelo menos mil *kulaks* inveterados, dos mais ricos... tomar-lhes o pão, designar reféns... Fazer de tal forma que num raio de cem verstas o povo veja e estremeça..." (Lênin, 1918)

"Moscou está literalmente morrendo de fome." (professor Kuznetsov a Trótski)

"Isso não é fome. Quando Tito tomou Jerusalém, as mães judias comeram seus próprios filhos. Quando eu fizer suas mães comerem os próprios filhos, aí você pode vir e dizer: 'Estamos morrendo de fome'." (Trótski, 1919)

As pessoas liam os jornais e as revistas e ficavam caladas. Sobre elas desabou um horror irremovível! Como viver com isso? Muitos encararam a verdade como um inimigo. E a liberdade também. "Não conhecemos nosso país. Não sabemos como pensa a maioria das pessoas; nós as vemos, encontramos com elas todos os dias, mas como elas pensam, o que querem, nós não sabemos. Mas precisamos tomar coragem para estudá-las. Logo saberemos tudo. E ficaremos horrorizados", disse um conhecido meu, com quem eu sempre conversava na cozinha de casa. Discuti com ele. Isso foi em 1991... Tempos felizes! Nós acreditávamos que amanhã, literalmente amanhã, começaria a liberdade. Começaria do nada, a partir dos nossos desejos.

Dos *Diários* de Chalámov: "Fui um participante da grande batalha perdida pela renovação real da vida". Isso foi escrito por um homem que passou dezessete anos nos campos stalinistas. A nostalgia pelo ideal permaneceu... Eu dividiria os soviéticos em quatro gerações: a de Stálin, a de Khruschóv, a de Brêjniev e a de Gorbatchóv. Sou dessa última. Para nós, foi mais fácil aceitar o colapso do ideal comunista, já que não tínhamos vivido naquela época em que o ideal era jovem, forte, com a magia daquele romantismo funesto e daquelas esperanças utópicas ainda não dissipada. Crescemos na época dos anciãos do Krémlin. Em tempos vegetarianos, de jejum. O grande sangue do comunismo já tinha sido esquecido. O entusiasmo causou estragos, mas resguardou o conhecimento de que a utopia não pode se transformar em vida.

Foi na primeira guerra da Tchetchênia... Conheci uma mulher numa estação de trem em Moscou, ela era de algum lugar nos arredores de Tambov. Estava indo para a Tchetchênia, buscar o filho da guerra: "Não quero que ele morra. Não quero que ele mate". O Estado já não possuía a sua alma. Era uma pessoa livre. Havia poucas pessoas como aquela. Havia mais pessoas que se irritavam com a liberdade: "Comprei três jornais, e em cada um tinha uma verdade. Onde é que está a verdade real? Antes você lia o jornal *Pravda** de manhã e ficava sabendo tudo. Entendia tudo". Demoravam para sair da anestesia da ideia. Se eu começasse a falar de arrependimento, em resposta ouvia: "E do que eu tenho que me arrepender?". Cada um se sentia vítima, mas não cúmplice. Um dizia "eu também fui preso"; outro, "eu lutei na guerra"; um terceiro, "eu ergui minha cidade dos escombros, carreguei tijolo dia e noite". Isso era totalmente inesperado: todos estavam ébrios com a liberdade, mas não prontos para ela. Onde é que ela estava, a liberdade? Só na cozinha, onde continuavam xingando o governo, como de costume. Xingavam Iéltsin e Gorbatchóv. Iéltsin por

---

* *Pravda* em russo significa "verdade".

ter traído a Rússia. E Gorbatchóv? Gorbatchóv por ter traído tudo. Todo o século xx. Agora para nós também será como é para os outros. Para todos. Pensávamos que dessa vez daria certo. A Rússia mudou, e odiou a si mesma por ter mudado. "O mongol imóvel", escreveu Marx sobre a Rússia.

A civilização soviética... Tenho pressa para gravar seus rastros. Rostos conhecidos. Não faço perguntas sobre o socialismo, mas sobre o amor, o ciúme, a infância, a velhice. Sobre música, danças, penteados. Sobre os milhares de detalhes de uma vida que vai desaparecendo. Essa é a única maneira de enquadrar a catástrofe no contorno do cotidiano e de tentar contar alguma coisa. De compreender alguma coisa. Não canso de me surpreender com o quão interessante é a vida humana comum. A infinita quantidade de verdades humanas... A história se interessa apenas pelos fatos, mas as emoções ficam à margem. Não é costume admiti-las na história. Eu, porém, olho para o mundo com os olhos de uma pessoa de humanas, não de historiadora. E me surpreendo com o ser humano.

Já perdi meu pai. E não posso mais terminar uma das conversas que tive com ele... Ele disse que morrer na guerra era mais fácil para seus contemporâneos do que para aqueles meninos bisonhos que estavam então morrendo na Tchetchênia. Nos anos 1940, eles saíram de um inferno para outro. Antes da guerra, meu pai estudava em Minsk, no Instituto de Jornalismo. Ele lembrava que, quando voltavam das férias, era comum não encontrarem um professor conhecido sequer, todos tinham sido presos. Eles não entendiam o que estava acontecendo, mas tinham medo. Tinham medo, como na guerra.

Meu pai e eu tínhamos poucas conversas francas. Ele tinha pena de mim. E eu, tinha pena dele? Tenho dificuldade em responder a essa pergunta... Éramos implacáveis com nossos pais. Achávamos que a liberdade era uma coisa muito simples. Pouco tempo se passou, e nós mesmos nos curvamos sob o seu fardo, porque ninguém nos ensinou o que era a liberdade. Só nos ensinaram a morrer pela liberdade. Aí está ela, a liberdade! Foi essa que nós esperamos? Estávamos dispostos a morrer por nossos ideais. Travar uma luta. Mas então começou uma vida "tchekhoviana". Sem história. Ruíram todos os valores, exceto pelos valores da vida. Da vida em geral. Novos sonhos: construir uma casa, comprar um bom carro, plantar uma groselheira... A liberdade acabou sendo a reabilitação da pequena burguesia, geralmente espezinhada na vida russa. A liberdade de Sua Majestade, o Consumo. Da grandeza das trevas. Das trevas dos desejos, dos instintos, da vida humana secreta, de que tínhamos só uma vaga noção. Durante toda a história sobrevivemos, mas não vivemos. E agora aquela experiência de guerra já não era necessária, era preciso esquecê-la. Milhares de novas emoções, de situações, de reações... Como que de súbito, tudo ao redor ficou diferente: as placas, as coisas, o dinheiro, a bandeira... E o próprio ser humano. Ele se tornou mais colorido, mais particular, o monólito voou pelos ares, e a vida dissipou-se em pequenas ilhas, em átomos, em células. Como está em Dal:* liberdade e vontade... vontade e espaço... liberdade e vastidão. O grande mal tornou-se uma lenda distante, um romance político detetivesco. Ninguém falava mais do ideal, falavam de crédito, de por-

---

* Vladímir Ivánovitch Dal (1801-72), famoso lexicógrafo russo. Seu dicionário da língua russa, publicado nos anos 1860, é utilizado até hoje. Muitos dos verbetes trazem referências etimológicas e associações semânticas que não possuem análogos nas línguas neolatinas, como a mencionada no texto, entre liberdade e espaço ou vastidão.

centagens, de câmbio; não ganhavam mais dinheiro, agora "faziam", "lucravam". Será que por muito tempo? "A mentira do dinheiro na alma russa é inextirpável", escreveu Tsvetáieva. Era como se os heróis de Ostróvski e de Saltykov-Schedrin tivessem ganhado vida e flanassem por nossas ruas.

Eu perguntava a todos com quem me encontrava: "O que é a liberdade?". Pais e filhos respondiam de maneiras diferentes. Os que nasceram na URSS e os que não nasceram na URSS não têm experiências em comum. São seres de planetas diferentes.

Para os pais: a liberdade é a ausência do medo; os três dias de agosto em que vencemos a tentativa de golpe; uma pessoa que escolhe no mercado entre cem tipos de *kolbassá** é mais livre que uma pessoa que escolhe entre dez tipos; é não ser chicoteado, embora nós nunca cheguemos a ver uma geração que não tenha sido chicoteada; o russo não entende a liberdade, ele precisa do cossaco e do açoite.

Para os filhos: a liberdade é o amor; a liberdade interna é o valor absoluto; quando você não tem medo dos seus desejos; é ter muito dinheiro, porque então você terá tudo; quando você consegue viver de maneira a não pensar na liberdade. Liberdade é o normal.

Estou procurando uma linguagem. O ser humano tem muitas linguagens: há aquela em que conversamos com as crianças; há ainda aquela em que se fala de amor... Mas há também a linguagem em que falamos conosco mesmos, construímos nossas conversas interiores. Na rua, no trabalho, em viagens: em todo o

* Tradicional embutido russo, semelhante ao salame. É proverbialmente associado a comida e a abundância, tendo certo paralelismo com o conceito popular de "mistura".

lugar, ressoa algo diferente, mudam não somente as palavras, mas alguma outra coisa. Até de manhã e à noite as pessoas falam de maneiras distintas. E aquilo que acontece de madrugada entre duas pessoas desaparece completamente da história. Nós nos relacionamos apenas com a história do homem diurno. O suicídio é um tema noturno, o ser humano se encontra na fronteira entre o ser e o não ser. Do sonho. Quero compreender isso com a mesma meticulosidade do homem diurno. Ouvi: "Não tem medo de gostar?".

Viajávamos pela região de Smolensk. Em uma cidadezinha, paramos perto de um mercado. Que rostos familiares (eu mesma cresci em cidade pequena), que rostos bonitos e bons; e que vida humilhante e miserável ao redor. Começamos a falar da vida. "Você está perguntando de liberdade? É só passar no nosso mercado: tem a vodca que você quiser, *Standart*, *Gorbatchóv*, *Pútinka*, *kolbassá* aos montes, queijo, peixe. Tem banana. Quem precisa de mais liberdade? Isso aqui é o bastante."

"E terra, vocês receberam?"

"E quem é que vai dar o suor nela? Quem quiser pode pegar. Aqui um tal Vaska Krutoi pegou. Tem um moleque de oito anos, que fica puxando o arado do lado do pai. Se você for trabalhar com ele, enquanto não roubar, não descansa. É um fascista!"

Em "A lenda do Grande Inquisidor", de Dostoiévski, há um debate sobre a liberdade. Sobre o fato de que o caminho da liberdade é difícil, penoso, trágico... "Para que conhecer esse maldito bem e mal, quando isso custa tão caro?" O tempo todo o ser humano deve escolher: a liberdade ou o bem-estar e a ordem na vida; a liberdade com sofrimento ou a felicidade sem liberdade. E a maioria das pessoas escolhe o segundo caminho.

O Grande Inquisidor diz a Cristo, que voltou à terra:

Por que vieste para nos atormentar? Pois Tu vieste para nos atormentar, e Tu mesmo o sabes.

Por tanto respeitar o Homem, Tu agiste como se deixasses de ter piedade dele, porque exigiste demais dele... Respeitando-o menos, menos exigirias dele, e isto seria mais próximo do amor, pois mais leve seria seu fardo. Ele é fraco e vil... Em que pode ser culpada uma alma fraca, que não tem forças para conter dádivas tão tremendas?

Não há tarefa mais incessante e torturante para o homem do que, tendo se tornado livre, encontrar depressa alguém diante de quem possa curvar-se... e a quem possa repassar depressa aquela mesma dádiva da liberdade com que essa criatura infeliz nasce...

Nos anos 1990... sim, éramos felizes, já não podemos retornar àquela nossa ingenuidade. Pensávamos que a escolha tinha sido feita, que o comunismo perdera de maneira irreversível. Mas estava tudo apenas começando...

Vinte anos se passaram... "Não nos assustem com o socialismo", dizem os filhos aos pais.

De uma conversa com um conhecido meu, professor universitário:

No fim dos anos 1990, os alunos riam — contava ele — quando eu relembrava a União Soviética, eles tinham certeza de que um novo futuro se abria diante deles. Agora o quadro é diferente... Os alunos de hoje já descobriram, já sentiram na pele o que é o capitalismo: desigualdade, pobreza, riqueza descarada; eles já viram bem de perto a vida dos pais, para quem não sobrou nada da pilhagem do país. E eles adotaram uma postura radical. Sonham com a sua própria revolução. Usam camisetas vermelhas com retratos de Lênin e Che Guevara.

Há um novo apelo pela União Soviética. Pelo culto a Stálin. Metade dos jovens de dezenove a trinta anos considera Stálin "um grande político". Num país em que Stálin aniquilou mais pessoas do que Hitler, um novo culto a Stálin?! Tudo que é soviético está de novo na moda. Por exemplo, os cafés "soviéticos", com nomes soviéticos e comida soviética. Apareceram doces "soviéticos" e *kolbassá* "soviética", com o cheiro e o gosto que conhecíamos desde a infância. E, claro, a vodca "soviética". Na televisão, dezenas de programas, e na internet dezenas de sites de nostalgia "soviética". Você pode visitar como turista os campos stalinistas — Solovkí, Magadan. O anúncio afirma que, para uma sensação plena, você vai receber um macacão de campo, uma picareta. Mostram os barracões restaurados. E no fim organizam uma pescaria...

Ideias antiquadas estão de volta: do Grande Império, da "mão de ferro", do "caminho peculiar da Rússia"... Restituíram o hino soviético, existe um Komsomol, só que ele se chama *Náchi*,* existe o partido do poder, que copia o partido comunista. O presidente tem o mesmo poder do secretário-geral. Absoluto. Em vez do marxismo-leninismo, a Igreja ortodoxa...

Antes da revolução de 1917, Aleksandr Grin escreveu: "E o futuro parece que deixou de estar em seu próprio lugar". Cem anos se passaram, e mais uma vez o futuro não está em seu lugar. Chegou a época do *second-hand*.

---

* "Os nossos", no sentido literal. Organização política jovem que apoiava o governo Pútin. Deixou de existir em 2013.

* * *

Barricadas são um lugar perigoso para um artista. Uma armadilha. Lá, a visão fica estragada, as pupilas se fecham, o mundo perde as cores. Lá, o mundo torna-se preto e branco. De lá, já não se distingue um ser humano, você só vê um ponto preto: um alvo. Passei a vida toda nas barricadas; eu gostaria de sair de lá. Aprender a ter alegria com a vida. Ter de volta minha visão normal. Mas dezenas de milhares de pessoas saem novamente às ruas. De mãos dadas. Elas têm fitas brancas nos casacos. Um símbolo de renascimento. De luz. Eu também estou com eles.

Encontrei na rua jovens usando camisetas com a foice e o martelo e o retrato de Lênin. Será que eles sabem o que é o comunismo?

PRIMEIRA PARTE

O APOCALIPSE COMO CONSOLAÇÃO

Sobre o ruído das ruas e as conversas na cozinha (1991-2001)

SOBRE IVAN-BOBINHO* E O PEIXINHO DOURADO

"O que eu compreendi? Compreendi que os heróis de uma época raramente são heróis em outra. Exceto pelo ivan-bobinho. E pelo Iemiélia. Queridos heróis dos contos de fada russos. Nossos contos de fada falam da fortuna, daquele momento de sorte. Da esperança de uma ajuda miraculosa, de que tudo se resolva por conta própria. Ter tudo sem precisar se mexer. De que o fogão fizesse a comida sozinho, e o peixinho de ouro realizasse todos os desejos. Quero isso e quero aquilo. Quero a Princesa Encantada! E quero morar em outro reino, com rios de leite e margens de pudim. Nós somos sonhadores, é claro. A alma se esforça e sofre, mas as coisas andam pouco, porque já não há forças para isso. As coisas ficam paradas. A misteriosa alma russa... Todos tentam entendê-la... Leem Dostoiévski... O que eles têm lá além da alma? Nós além da alma só temos mais alma. Adoramos conversar

---

* Em russo, *Ivánuchka-duratchok*, famoso personagem de contos de fada russos.

na cozinha, ler um livro. A principal profissão é a de leitor. De espectador. E com isso nos sentimos peculiares, exclusivos, embora não haja base nenhuma para isso, além do petróleo e do gás. Por um lado, é isso o que atrapalha a mudança de vida, mas por outro dá certa sensação de sentido, talvez. Sempre fica meio no ar isso de que a Rússia deve criar, mostrar ao mundo algo fora do comum. O povo escolhido. O peculiar caminho russo. Temos um monte de Oblômovs, deitados no sofá, esperando por um milagre. Mas não temos Stolz. Os Stolz, ativos e ágeis, são desprezados por terem derrubado o amado bosque de bétulas, o jardinzinho das cerejeiras. Lá vão construir fabriquinhas, fazer dinheiro. Os Stolz são estranhos para nós...

A cozinha russa... A pequena e miserável cozinha da 'khruschoba',* de nove a doze metros quadrados (com sorte!), com um banheiro atrás de uma parede fininha. Planejamento soviético. Na janela, cebola numa latinha usada de maionese, um vasinho com um aloé para combater resfriado. A cozinha para nós não é apenas um lugar para preparar as refeições; é também sala de jantar, sala de estar, escritório, tribuna. Um lugar para sessões coletivas de psicoterapia. No século xix, toda a cultura russa vivia em propriedades senhoriais, mas no século xx, nas cozinhas. E a perestroika também. Toda a vida 'sessentista' foi a vida 'da cozinha'. Obrigado, Khruschóv! Foi na época dele que saímos dos apartamentos comunais, conseguimos cozinhas privadas, onde se podia xingar o governo, e ainda por cima sem ter medo, porque na cozinha era só gente da família. Lá nasciam as ideias, os projetos fantásticos. Contavam piadas... As piadas floresceram! Um co-

---

* Nome informal e jocoso dado aos apartamentos padronizados que foram construídos nas periferias das grandes cidades, especialmente em Moscou e Leningrado, nos anos 1960, época do governo Khruschóv. Trata-se de um trocadilho com o nome do líder soviético e a palavra russa *truschoba*, algo bastante próximo de "favela".

munista é aquele que leu Marx, e um anticomunista é aquele que entendeu. Crescemos nas cozinhas, e nossos filhos também, eles ouviam Gálitch e Okudjava junto conosco. Tocavam Vyssótski.* Captavam a BBC. As conversas eram sobre tudo: sobre como as coisas estavam uma merda, mas também sobre o sentido da vida, sobre a felicidade para todos. Eu me lembro de um caso engraçado... Ficamos uma vez até depois da meia-noite, e a nossa filha, que tinha doze anos, pegou no sono ali mesmo, no sofazinho. E nós estávamos discutindo alguma coisa em voz alta. E ela meio dormindo deu um berro: 'Chega de falar de política! De novo Sákharov... Soljenítsin... Stálin...'. (*Risos.*) Chás infinitos. Café. Uma vodcazinha. Mas nos anos 1970 bebiam rum cubano. Todos estavam apaixonados por Fidel! Pela revolução cubana! Che com sua boina. Um bonitão hollywoodiano! Infinitas conversinhas. O medo de que pudessem nos ouvir, com certeza nos ouviriam. No meio da conversa alguém sempre olhava rindo para o lustre ou para a tomada: 'O senhor está ouvindo, camarada major?'. Pelo risco... Pelo jogo... Tínhamos até certa satisfação com essa vida dupla. Uma quantidade insignificante de pessoas se opunha abertamente, mas tínhamos muito mais 'dissidentes de cozinha'. Falando mal pelas costas..."

"Agora dá vergonha ser pobre, não fazer esporte... É não ser bem-sucedido, resumindo. Só que eu sou da geração dos zeladores e dos guardas. Havia esse modo de emigração interna. Você vive e não percebe o que está em volta, como uma paisagem numa janela. Minha esposa e eu cursamos a faculdade de filosofia da Universidade de São Petersburgo (na época, de Leningrado); ela

---

* Aleksandr Gálitch (1918-77), Bulat Okudjava (1924-97) e Vladímir Vyssótski (1938-80), três grandes cantores e compositores soviéticos, integrantes do chamado movimento dos bardos.

virou zeladora, e eu, fornalheiro numa sala de caldeiras. Você trabalhava um dia inteiro, dois, e depois ficava em casa. Um engenheiro naquela época recebia cento e trinta rublos, e eu na sala de caldeiras, noventa; ou seja, você aceitava perder quarenta rublos, mas em compensação recebia liberdade absoluta. Nós líamos livros, líamos muito. Conversávamos. Pensávamos que estávamos produzindo ideias. Sonhávamos com a revolução, mas tínhamos medo de não chegar a vê-la. Levávamos uma vida bem fechada, no geral, não sabíamos o que acontecia no mundo. Éramos 'plantas de apartamento'. Inventamos tudo, como depois ficou claro, fantasiamos tudo: o Ocidente, o capitalismo, o povo russo. Vivíamos com miragens. Essa Rússia que estava nos livros e nas nossas cozinhas nunca existiu. Só na nossa cabeça.

Com a perestroika tudo acabou... O capitalismo veio com tudo... Noventa rublos viraram dez dólares. Não dava para viver com aquilo. Saímos da cozinha e fomos para a rua, e ali ficou claro que não tínhamos ideias, só tínhamos ficado sentados, conversando esse tempo todo. De algum lugar, surgiram pessoas completamente diferentes: jovens com casacos violeta e anéis dourados. E com novas regras do jogo: se você tem dinheiro, é um ser humano; se não tem, não é ninguém. Quem se importa se você leu todo o Hegel? "Pessoa de humanas" soava como um diagnóstico. Tudo que eles sabem é ficar segurando um livrinho do Mandelstam, eles dizem. Muita coisa que não se sabia foi descoberta. Os intelectuais ficaram absurdamente empobrecidos. No nosso parque, aos fins de semana, os Hare Krishna faziam uma cozinha a céu aberto e distribuíam sopa e alguma coisinha bem simples para complementar. Aparecia uma fila tão grande de velhinhos arrumadinhos que dava um nó na garganta. Alguns deles escondiam o rosto. Naquela época, nós já tínhamos dois filhos pequenos. Passamos fome, literalmente. Minha esposa e eu começamos a trabalhar com vendas. Pegávamos na fábrica de quatro a seis caixas de sorvete e íamos para a feira, onde tinha muita gente. Não tinha nenhuma geladeira, e depois de algumas horas o sorvete já tinha derretido. Aí distribuíamos para os meninos que estavam passando fome. Quanta alegria! Quem vendia era a minha esposa, eu ficava levando e trazendo as coisas; estava disposto a fazer o que fosse, menos vender. Por muito tempo me senti desconfortável.

Antes eu me lembrava sempre da nossa 'vida de cozinha'... Que amor aquele! Que mulheres! Aquelas mulheres desprezavam os ricos. Não dava para comprá-las. Mas agora ninguém tem tempo para os sentimentos; todos querem ganhar dinheiro. A descoberta do dinheiro é como a explosão de uma bomba atômica..."

SOBRE COMEÇAR A AMAR E SOBRE COMO DEIXAMOS DE AMAR GORBY

"A época do Gorbatchóv... Multidões enormes de gente com rostos felizes. Li-ber-da-de! Todos respiravam isso. Os jornais passavam de mão em mão. Era uma época de grandes esperanças: a qualquer momento estaríamos no paraíso. A democracia era para nós um animal desconhecido. Íamos correndo para as manifestações, como loucos: vamos agora descobrir toda a verdade sobre Stálin, o gulag, vamos ler *Os filhos da rua Arbat*, livro proibido de Rybakov, e outros bons livros, e seremos democratas. Como estávamos errados! Todos os radinhos gritavam essa verdade... Depressa, depressa! Leiam! Escutem! Nem todos estavam prontos para isso... A maioria das pessoas não tinha posições antissoviéticas, elas só queriam uma coisa: viver bem. Para poder comprar jeans, videocassetes e o limite dos sonhos: um carro! Todos queriam roupas bonitas, comidas gostosas. Quando eu trouxe para casa *O arquipélago gulag* do Soljenítsin, minha mãe ficou horrorizada: 'Se você não der um fim nesse livro agora eu expulso você de casa'. O marido da vovó tinha sido fuzilado antes da guerra, mas ela dizia: 'Não tenho pena do Vaska. Fizeram certo em prender. Pela língua comprida'. 'Vovó, por que você não me contou nada?', eu perguntei. 'Prefiro que minha vida acabe, mas que você não sofra'. Assim viviam nossos pais e os pais deles. Passaram por cima de tudo isso com um rolo compressor. Quem fez a perestroika não foi o povo, quem fez foi um só homem: Gorbatchóv. Gorbatchóv e um punhado de intelectuais..."

"O Gorbatchóv é um agente secreto americano... Um maçom... Traiu o comunismo. Jogaram os comunistas na lata do lixo, os do *Komsomol* jogaram no lixão! Odeio o Gorbatchóv por ele ter roubado de mim a pátria. Guardo meu passaporte soviético como meu bem mais precioso. Sim, nós enfrentávamos fila para pegar um franguinho passado e umas batatas podres, mas isso era a pátria. Eu a amava. Vocês moravam no 'Alto Volta com mísseis',* mas eu morava num grande país. A Rússia sempre foi um inimigo para o Ocidente, eles têm medo dela. É um espinho na garganta. Ninguém quer uma Rússia forte, com os comunistas ou sem eles. Eles nos veem como um depósito de petróleo, de gás, de madeira e de metais não ferrosos. Nós trocamos petróleo por roupa de baixo. Mas havia uma civilização sem essas roupinhas e sem esses trapos. Uma civilização soviética! Alguém queria que ela deixasse de existir. Foi uma operação da CIA. Nós já somos governados pelos americanos. O Gorbatchóv foi muito bem pago para isso... Mais cedo ou mais tarde ele vai ser julgado. Espero que esse Judas sobreviva para ver a fúria do povo. Eu daria com prazer um tiro na nuca dele lá no polígono de Bútovo.** (*Bate*

---

* Alto Volta, antiga colônia francesa na África Ocidental, atual Burkina Faso. O apelido jocoso citado no texto refere-se à própria União Soviética.
** Prisão onde, entre 1936 e 1953, mais de vinte mil prisioneiros políticos foram executados.

com o punho na mesa.) Veio a felicidade, né? Apareceu *kolbassá*, apareceu banana. Estamos chafurdando na merda e comendo só coisas de fora. Em vez da pátria, um grande supermercado. Se o nome disso aí é liberdade, eu não preciso dessa tal liberdade. Que se dane! O povo está no fundo do poço, somos escravos. Escravos! Na época dos comunistas, como dizia Lênin, era a cozinheira que administrava o Estado: operárias, ordenhadeiras, tecelãs. Mas agora no parlamento só tem bandido. Milionários em dólar. Eles tinham que ir para a cadeia, não para o parlamento. Fomos tapeados com a perestroika!

Eu nasci na URSS e gostava dela. Meu pai era comunista, me ensinou a ler com o jornal *Pravda*. Todo feriado nós íamos juntos para os desfiles. Com lágrimas nos olhos... Eu era pioneiro, usava gravata vermelha. Veio Gorbatchóv, e não tive tempo de entrar no Komsomol, o que eu lamento. Sou um *sovok*, não é? Meus pais também, meu avô e minha avó também. Meu avô *sovok* morreu na defesa de Moscou, em 1941... E a minha avó *sovok* lutou com os *partisans*... Os senhores liberais estão trabalhando para ganhar o deles. Querem que nós passemos a ver nosso passado como um buraco negro. Eu odeio todos eles: gorbatchóv, chevarnadze, iákovlev. Escreva com letra minúscula, de tanto que eu os odeio. Não quero ir para a América, quero ir para a URSS..."

"Aqueles foram anos belos, ingênuos... Nós acreditamos no Gorbatchóv, agora já não acreditamos tão facilmente em ninguém. Muitos russos voltaram da emigração para a pátria... Foi tanto ânimo! Pensávamos que iríamos destruir esse barracão. Construir alguma coisa nova. Eu terminei a faculdade de letras da Universidade de Moscou e entrei na pós-graduação. Sonhava em trabalhar com ciência. O ídolo daquela época era Aviérintsev, toda a camada culta de Moscou se reunia para ver as aulas dele. Nós nos encontrávamos e cultivávamos uns nos outros a ilusão de que logo o país seria outro, e de que nós lutaríamos por isso. Quando fiquei sabendo que minha colega de curso estava indo embora para Israel, fiquei muito surpresa: 'Mas você não fica com dó de sair? Tudo aqui está só começando'. Quanto mais escreviam e falavam 'Liberdade! Liberdade!', mais rápido sumiam das prateleiras o queijo e a carne, mas também o sal e o açúcar. Mercados vazios. Era terrível. Era tudo em cupons, como na guerra. Quem nos salvou foi nossa avó, que passava o dia inteiro zanzando pela cidade para trocar esses cupons. A varanda ficou lotada de sabão em pó, no quarto ficavam sacos de açúcar e de grãos. Quando começaram a distribuir cupons de meias, meu pai chorou: 'Isso é o fim da URSS'. Ele sentiu... Meu pai trabalhava na seção de projetos de uma empresa da indústria bélica, mexia com mísseis e adorava isso. Tinha dois cursos superiores. No lugar dos mísseis, a empresa começou a produzir máquinas de lavar e aspiradores de pó. Meu pai foi despedido. Ele e a minha mãe eram defensores ardentes da perestroika: faziam cartazes, distribuíam panfletos, mas aí veio o fim... Ficaram desnorteados. Não conseguiam acreditar que a liberdade era daquele jeito. Não conseguiam se conformar com aquilo. Nas ruas já gritavam: 'Gorbatchóv não vale nada, todos por Iéltsin!'. Levavam retratos de Brêjniev coberto de medalhas, e retratos de Gorbatchóv coberto de cupons. Começou o reinado de Iéltsin: as reformas de Gaidar e aquele 'compra e vende' que eu acho detestável... Para sobreviver, fui até a Polônia com sacos de lâmpadas e de brinquedos de criança. Era um vagão lotado: professores, engenheiros, médicos... Todos com sacos, bolsas. Ficamos a noite inteira discutindo *Doutor Jivago*, de Pasternak... as peças de Chatrov... Como na cozinha, em Moscou.

Eu fico me lembrando dos amigos de faculdade... Nós viramos muitas coisas, mas ninguém foi trabalhar com letras: é executivo de agência de publicidade, funcionário de banco, 'tchel-nok'...* Eu trabalho na agência imobiliária de uma senhora que veio do interior, ex-funcionária do Komsomol. Hoje quem é que tem empresas? Casas no Chipre e em Miami? Os antigos membros da *nomenklatura* do Partido. É aí que tem que procurar o dinheiro do Partido... Mas os nossos líderes... os sessentistas... Eles sentiram o gosto do sangue na guerra, mas eram ingênuos como crianças... Tínhamos que passar dia e noite nas praças. Levar as coisas até o fim: conseguir o Nuremberg do Partido Comunista da URSS. Voltamos rápido demais para as nossas casas. Os contrabandistas e os cambistas tomaram o poder. E, ao contrário do que disse Marx, depois do socialismo estamos construindo o capitalismo. (*Silêncio.*) Mas eu sou feliz por ter vivido nessa época. O comunismo caiu! Acabou, ele não vai mais voltar. Vivemos em outro mundo e vemos o mundo com outros olhos. Nunca vou esquecer o ar de liberdade daqueles dias..."

SOBRE COMO O AMOR VEIO, MAS PELA JANELA SE VIAM TANQUES

"Eu estava apaixonada, não conseguia pensar em mais nada. Vivia exclusivamente disso. Um dia de manhã minha mãe me acorda: 'Dá pra ver tanques pela janela! Parece que é um golpe!'. Eu disse meio dormindo: 'Mãe, é só um exercício'. Que nada! Aquilo que estávamos vendo pela janela eram tanques de verdade, eu nunca tinha visto tanques tão de perto. Na televisão, estava passando o balé *O lago dos cisnes*... Uma amiga da minha mãe chegou correndo, muito agitada por estar devendo a contribuição do Par-

---

* Nos anos 1990, pequeno comerciante que comprava produtos numa região e vendia por preços maiores em outra.

tido há alguns meses. Disse que na escola dela tinha um busto de Lênin, que ela levou para um depósito de materiais; o que ela faria agora com ele? Tudo logo voltou ao seu lugar: isso não podia e aquilo não podia. A locutora lia a declaração que instituía o estado de emergência... A amiga da minha mãe estremecia a cada palavra: 'Meu Deus! Meu Deus!'. Meu pai cuspia na televisão... Eu liguei para o Olieg... 'Vamos para a Casa Branca?'* 'Vamos!' Prendi o distintivo com o Gorbatchóv. Fiz uns sanduíches. No metrô, as pessoas estavam taciturnas, todas esperavam o pior. Tanques por todos os lados... Tanques... Mas debaixo daquela blindagem não eram assassinos, eram moleques assustados com cara de culpa. As velhinhas davam comida para eles, ovos cozidos e panquecas. Meu coração ficou mais leve quando ao redor da Casa Branca vi dezenas de milhares de pessoas! O humor de todos era excelente. A sensação era de que podíamos qualquer coisa. Repetíamos: 'Iéltsin! Iéltsin! Iéltsin'. Já iam se formando grupos de defesa. Eram inscritos só os jovens, os velhos eram recusados, e eles ficavam bastante bravos. Um velho ficou indignado: 'Os comunistas roubaram minha vida! Me deixem pelo menos morrer bem!'. 'Vovô, saia daqui...' Agora dizem que nós queríamos defender o capitalismo... Não é verdade! Eu estava defendendo o socialismo, mas algum outro... não o soviético... E eu o defendi! Era isso que eu pensava. Todos nós pensávamos isso... Três dias depois, quando os tanques foram embora de Moscou, já eram tanques amigáveis. Vitória! E nós nos beijamos, nos beijamos..."

Estou na cozinha da casa de uns conhecidos meus de Moscou. Ali está reunida uma grande quantidade de pessoas: amigos, paren-

---

* Não se deve confundir com a Casa Branca de Washington. Trata-se da sede do governo da União Soviética e depois da Federação Russa, localizada em Moscou.

tes do interior. Lembramos que amanhã é o aniversário da tentativa de golpe de agosto.

"Amanhã é dia de festa…"

"E o que temos para festejar? Uma tragédia. O povo perdeu."

"Enterraram o que sobrou da URSS ao som de Tchaikóvski…"

"A primeira coisa que eu fiz foi pegar o dinheiro e correr para o mercado. Eu sabia que, terminasse como terminasse, os preços subiriam."

"Eu fiquei feliz: vão tirar o Gorby! Já estava cansado daquele tagarela."

"A revolução foi de fachada. Um espetáculo para o povo. Eu me lembro da completa indiferença de todo mundo. Estavam ganhando tempo."

"Já eu liguei no trabalho e fui fazer a revolução. Peguei no guarda-louça todas as facas que eu tinha em casa. Eu pensava que era uma guerra… precisaria de armas…"

"Eu era a favor do comunismo! Na nossa família todos eram comunistas. Em vez de cantigas de ninar, minha mãe cantava músicas revolucionárias para nós. E agora ela canta o mesmo para os netos. 'O que é isso, ficou louca?', eu digo para ela. E ela diz: 'Não sei nenhuma outra música'. Meu avô também foi bolchevique… E minha avó também…"

"Você ainda diz que o comunismo é um belo conto de fadas. Os pais do meu pai sumiram nos campos da Mordóvia."

"Eu fui até a Casa Branca com os meus pais. Papai disse: 'Vamos. Senão nunca teremos *kolbassá* e livros bons'. Estavam arrancando os paralelepípedos para construir barricadas."

"Agora o povo está sóbrio, e a relação com os comunistas está mudando. Não precisamos mais esconder… Eu trabalhava no diretório distrital do Komsomol. No primeiro dia, peguei todos os papéis do Komsomol, formulários em branco e distintivos, levei pra casa e escondi no porão; depois não tinha onde guardar as batatas. Eu não sabia para que ia precisar daquilo, mas imaginei que viriam, romperiam todos os lacres e destruiriam tudo, e aqueles símbolos eram preciosos para mim."

"Nós poderíamos ter matado uns aos outros... Deus nos poupou!"

"Nossa filha estava na maternidade. Fui vê-la, e ela disse: 'Mãe, vai ter revolução? Vai começar uma guerra civil?'"

"E eu estudei no colégio militar. Servi em Moscou. Se recebêssemos a ordem de prender alguém, nós cumpriríamos sem sombra de dúvida. Muitos cumpririam com afinco. Cansei dessa confusão no país. Tudo antes era nítido, era claro, tudo era de acordo com as disposições de cima. Havia ordem. Os militares adoram viver assim. As pessoas no geral adoram viver assim."

"Eu tenho medo da liberdade. Chega de repente um bronco e toca fogo na casa."

"Mas que ideias são essas, amigos? A vida é curta. Vamos beber!"

19 de agosto de 2001, aniversário de dez anos da tentativa de golpe de agosto. Estou em Irkutsk, a capital da Sibéria. Faço algumas entrevistas-relâmpago nas ruas da cidade.

Pergunta: "O que teria acontecido se o GKTChP* tivesse vencido?".

As respostas:
"Teríamos continuado a ser um grande país..."

---

* Acrônimo de *Gossudárstvenny komitiet tchrezvytcháinomu polojêniu*, "Comitê nacional para o estado de emergência", por vezes chamado de "Camarilha dos Oito", grupo que organizou a tentativa de golpe contra Gorbatchóv.

"Olhe para a China, onde os comunistas estão no poder. A China virou a segunda economia do mundo..."

"Gorbatchóv e Iéltsin teriam sido julgados como traidores da pátria."

"Teriam feito o país sangrar... E encheriam de gente os campos de concentração."

"Não teriam traído o socialismo. Não estaríamos divididos entre ricos e pobres."

"Não teria guerra nenhuma na Tchetchênia."

"Ninguém ousaria dizer que foram os americanos que venceram Hitler."

"Eu mesmo estava lá na Casa Branca. O meu sentimento é de ter sido enganado."

"O que teria acontecido se o golpe tivesse dado certo? Mas ele deu certo! Tiraram a estátua de Dzerjínski, mas a Lubianka ficou. Estamos construindo o capitalismo sob a direção do KGB."

"Minha vida não teria mudado..."

SOBRE COMO AS COISAS SE EQUIPARARAM ÀS IDEIAS E ÀS PALAVRAS

"O mundo se desfez em dezenas de pedacinhos coloridos. Como nós queríamos que a monotonia cinza soviética logo se transformasse nas doces imagens do cinema americano! Já eram poucos os que se lembravam do fato de que fomos à Casa Branca... Aqueles três dias abalaram o mundo, mas não nos abalaram... Duas mil pessoas protestando, e as demais passavam por elas e as olhavam como se fossem idiotas. Bebeu-se muito, e sempre se bebe muito no nosso país, mas naquela época em particular bebeu-se mais ainda. A sociedade ficou paralisada: para onde estamos indo? Teremos capitalismo ou teremos um socialismo bom? Os capitalistas são gordos, são horríveis: foi isso que enfiaram na nossa cabeça na infância... (*Risos.*)

O país ficou repleto de bancos e de vendinhas de rua. Apareceram coisas muito diferentes. Não mais botas grosseiras e vestidos de velhinha, mas coisas com que nós sempre tínhamos sonhado: jeans, peliças, roupas íntimas femininas e louça de qualidade... Tudo colorido, bonito. As nossas coisas soviéticas eram cinza, ascéticas, pareciam objetos de guerra. As bibliotecas e os teatros ficaram vazios. Foram substituídos por feiras e lojas comerciais. Todos queriam ser felizes, e queriam ser felizes agora mesmo. Como crianças, descobriam um novo mundo... Pararam de desmaiar nos supermercados... Um rapaz que eu conhecia começou um negócio. Ele me contou que na primeira vez trouxe mil latas de café solúvel: levaram tudo em uns dois dias. Comprou cem aspiradores de pó: também limparam tudo na mesma hora. Casacos, blusas, todo tipo de coisa: passe para cá! Todos trocaram as roupas, trocaram os sapatos. Substituíram os eletrodomésticos e os móveis. Reformaram as *datchas*... Quiseram fazer cercas e telhados bonitinhos... Às vezes eu e meus amigos começamos a relembrar e quase morremos de rir... Éramos malucos! As pessoas estavam completamente empobrecidas. Precisávamos aprender tudo... Na época soviética, era permitido ter muitos livros, mas não um carro caro e uma casa. E nós aprendemos a nos vestir bem, a cozinhar coisas saborosas, beber suco e tomar iogurte de manhã... Até então eu desprezava o dinheiro, porque não sabia o que era isso. Na nossa família, ninguém podia falar de dinheiro. Era vergonhoso. Nós crescemos num país em que o dinheiro não existia, pode-se dizer. Eu recebia meus 120 rublos como todo mundo, e era o bastante. O dinheiro veio com a perestroika. Com o Gaidar. Dinheiro de verdade. No lugar de 'O nosso futuro é o comunismo', faixas de 'Compre! Compre!' por todos os lados. Se quiser viajar, viaje. Você pode ver Paris... Ou a Espanha... Uma *fiesta*... Uma tourada... Li sobre isso em Hemingway, li e compreendi que nunca veria aquilo. Os livros ficavam no lugar da vida... E aí terminaram as nossas vigílias noturnas na cozinha e começaram os salários fixos, os ganhos extras. O dinheiro virou sinônimo de liberdade. Isso mexeu com todo mundo. Os mais fortes e agressivos abriam um negócio. Esqueceram de Lênin e Stálin. E assim nós nos salvamos de uma guerra civil, senão de novo teríamos 'brancos' e 'vermelhos'. 'Nós' e 'os outros'. Em vez de sangue, coisas... Vida! Escolhemos uma bela vida. Ninguém mais queria morrer bem, todos queriam viver bem. É outra coisa o fato de que não tinha pãozinho para todo mundo..."

"Na época soviética... A Palavra tinha um status sagrado, mágico. E por inércia nas cozinhas dos intelectuais ainda falavam de Pasternak, faziam sopa sem largar o Astáfiev e o Bíkov; mas a vida não parava de provar que isso não era mais importante. As palavras não significavam nada. Em 1991, internamos nossa mãe no hospital com uma pneumonia grave, e ela voltou de lá como uma heroína, lá ela não calava a boca. Contava de Stálin, do assassinato de Kírov, de Bukhárin... Estavam dispostos a ouvi-la dia e noite. As pessoas à época queriam que lhes abrissem os olhos. Recentemente, ela foi de novo parar no hospital, e ficou calada o tempo todo que passou lá. Mal tinham se passado cinco anos e a realidade já tinha modificado todos os papéis. A heroína da vez era a esposa de um figurão, um homem de negócios... Todos ficavam perplexos com as histórias dela... Que casa ela tinha: trezentos metros quadrados! Quantos criados: cozinheira, babá, motorista, jardineiro... Ela e o marido iam passar as férias na Europa... Museus, tudo bem, mas as butiques... As butiques! Um anel de tantos quilates, e o outro... E pingentes... brincos de ouro… Sucesso total! Nem uma palavra sequer sobre o gulag ou qualquer coisa do tipo. Aconteceu e pronto. Por que ficar discutindo agora com os velhos?

Por costume, passei num sebo, e lá repousavam calmamente na estante os duzentos volumes da Mundial e da Biblioteca das Aventuras,* aquela mesma, laranja, com que eu tanto sonhara. Eu olhei para as lombadas, passei um bom tempo sentindo aquele cheiro. Eram montes de livros! Os intelectuais estavam vendendo suas bibliotecas. É claro que o público tinha empobrecido, mas não era por isso que estavam se desfazendo de seus livros, não só por dinheiro: os livros tinham decepcionado. Uma decepção completa. Já tinha virado inconveniente fazer a pergunta: 'E o que você está lendo agora?'. Muitas coisas tinham mudado na vida, mas isso não estava nos livros. Os romances russos não ensinam a ter sucesso na vida. Como ficar rico… Oblómov fica deitado no sofá, e os heróis de Tchékhov ficam o tempo todo tomando chá e reclamando da vida… (*Silêncio*.) Que Deus não permita viver em época de mudanças, dizem os chineses. Entre nós, poucos são os que conseguiram se manter como eram antes. As pessoas decentes parecem ter sumido. Por todo lado eram cotovelos e dentes…"

"Se é para falar dos anos 1990… Eu não diria que foi uma época boa, foi detestável. As mentes deram uma guinada de cento e oitenta graus… Alguns não aguentaram e ficaram loucos, os hospitais psiquiátricos ficaram abarrotados. Eu ia visitar um amigo lá. Tinha um que gritava: 'Sou Stálin! Sou Stálin!'. Outro gritava: 'Sou Berezóvski! Sou Berezóvski!'. Tinham uma seção inteira

---

* Biblioteca da Literatura Mundial: coleção publicada nos anos 1960 e 1970 com clássicos da literatura de todo o mundo. Biblioteca das Aventuras: coleção publicada nos anos 1950 e 1960 com clássicos da literatura infantil e juvenil. Foi reeditada nos anos 1980.

de *stálins* e *berezóvskis*. Tinha tiroteio na rua o tempo inteiro. Morreu uma quantidade enorme de pessoas. Todo dia tinha acerto de contas. Afanar. Tirar o seu. Antes que alguém tirasse. Um foi arruinado, um foi preso. Foi do trono para a masmorra. Mas por outro lado era uma viagem: tudo acontecendo bem na sua frente...

Os bancos tinham filas e filas de pessoas que queriam começar seu negócio: abrir uma padaria, vender eletrônicos... Eu também peguei essa fila. E fiquei surpreso com a quantidade de pessoas, éramos muitos. Uma senhorinha com uma boina de crochê, um menino com um agasalho esportivo, um homenzarrão forte com cara de presidiário... Setenta e poucos anos nos ensinaram: a felicidade não está no dinheiro, as melhores coisas da vida a gente recebe de graça. O amor, por exemplo. Mas bastou alguém falar de uma tribuna 'façam comércio, enriqueçam', e esqueceram tudo aquilo. Esqueceram todos os livrinhos soviéticos. Essas pessoas não eram nem um pouco parecidas com aquelas com quem eu passava o dia inteiro dedilhando no violão. A muito custo aprendi três acordes. A única coisa que as unia às pessoas 'da cozinha' era o fato de que elas também estavam cansadas das bandeiras escarlates e de todo aquele falso brilho: reuniões do Komsomol, aulas de educação política... O socialismo considerava as pessoas meio bobinhas...

Eu sei muito bem o que é um sonho. Passei a infância inteira pedindo para me comprarem uma bicicleta, e não compraram. Nossa vida era pobre. Na escola eu contrabandeava jeans, na faculdade, uniformes militares soviéticos junto com diversos símbolos. Os estrangeiros compravam. Era um contrabando comum. Na época soviética, isso dava cadeia de três a cinco anos. Meu pai corria atrás de mim com um cinto, gritando: 'Seu agiota! Eu dei meu sangue na defesa de Moscou, mas criei um merdinha que nem você!'. Ontem era crime, hoje é um negócio. Em um lugar eu comprava pregos, no outro comprava solas de sapato; embrulhava numa embalagem plástica e vendia como um produto novo.

Trazia o dinheiro para casa. Comprei de tudo, enchi a geladeira. Meus pais ficaram esperando que viessem e me prendessem. (*Gargalhadas.*) Eu vendia eletrodomésticos. Panelas de pressão, panelas de vapor... Trouxe de carro da Alemanha um reboque cheio dessas coisas. E vendi tudo ... No meu escritório tinha uma caixinha debaixo do computador, cheia de dinheiro, só assim eu entendia que aquilo era dinheiro. Eu tirava daquela caixinha, tirava, mas nunca acabava. Parecia que eu já tinha comprado tudo: um carango, um apartamento... um Rolex... Eu me lembro daquele arrebatamento... Dava pra realizar todos os seus desejos, suas fantasias secretas. Descobri muito de mim mesmo: em primeiro lugar, que eu não tinha gosto e, em segundo lugar, que eu era complexado. Não conseguia me relacionar com o dinheiro. Eu não sabia que quando o dinheiro é muito ele precisa trabalhar, não pode ficar parado. O dinheiro é para o homem uma experiência como o poder, como o amor... Eu sonhava... E fui para Mônaco. Num cassino em Monte Carlo perdi uma quantia enorme de dinheiro, muito dinheiro. Perdi o controle... Eu tinha virado escravo da minha caixinha. Tem dinheiro lá ou não? Quanto tem? Tinha que ter mais e mais. Parei de me interessar por aquilo que me interessava antes. Política... manifestações... Morreu o Sákharov.* Fui me despedir dele. Centenas de milhares de pessoas... Todos choraram, e eu também chorei. E aí recentemente li sobre ele num jornal: 'Morreu o grande *iuródivy*** da Rússia'. E eu pensei que ele morreu na hora certa. Soljenítsin voltou da Améri-

---

* Andrei Dmítrievitch Sákharov (1921-89), físico nuclear, defensor dos direitos humanos e civis e do desarmamento. Foi laureado com o prêmio Nobel da paz em 1975 e tornou-se um dos símbolos da luta pela abertura soviética nos anos 1980.

** *Iuródivy*, originalmente um monge que renegava todos os bens materiais e transitava entre a santidade e a loucura. Pejorativamente, diz-se de pessoa bem-intencionada, mas desconectada da realidade.

presente em nossa vida. Crescemos em meio a carrascos e vítimas. Para nós é normal vivermos juntos. Não há limite entre o estado de paz e o de guerra. É sempre guerra. Você liga a televisão, e todos estão falando como bandidos: os políticos, os homens de negócio, o presidente. Propinas, subornos, rateios... A vida humana não vale um tostão. Como na cadeia... Por que nós não julgamos Stálin? Eu vou te responder... Para julgar Stálin, teríamos que julgar nossos parentes, nossos conhecidos. As pessoas mais próximas. Vou contar da minha família... Meu pai foi preso em 1937; graças a Deus ele voltou, mas passou dez anos preso. Voltou e queria muito viver... Ele mesmo ficava surpreso com isso, de querer viver depois de tudo que ele tinha visto... Isso não acontecia com todos, nem de longe... A minha geração cresceu com pais que tinham voltado ou dos campos, ou da guerra. As únicas coisas que eles conseguiam nos contar eram sobre a violência. Sobre a morte. Eles raramente riam, ficavam sempre calados. E bebiam... bebiam... No final das contas, morriam de tanto beber. A segunda possibilidade... Era daqueles que não tinham sido presos, mas que tinham medo de serem presos. E isso não foi um mês ou dois, durou anos, anos! E se não fosse preso, ficava a pergunta: por que todo mundo foi preso, e eu não? O que foi que eu não fiz? Podiam prender, mas podiam mandar para trabalhar para o NKVD...* O que o Partido pede é uma ordem. É uma escolha desagradável, mas muitos tinham que fazê-la... Agora, os carrascos... Eram comuns, não eram assustadores... Quem denunciou o meu pai foi o nosso vizinho... tio Iura... Por uma bobagem, como dizia a minha mãe. Eu tinha sete anos. O tio Iura levava os filhinhos para pescar, me levava também, para andar a

---

* O NKVD foi uma agência de segurança, precursora do KGB, de 1934 a 1946. Abarcava tanto a polícia pública como a polícia secreta, e foi responsável por instaurar o terror de Stálin, incluindo execuções em massa, prisões e tortura de prisioneiros políticos.

ca, todos foram correndo recebê-lo. Mas ele não nos entendia, e nós não o entendíamos. Era um estrangeiro. Ele voltara para a Rússia, mas pela janela ele via Chicago. O que seria de mim se não fosse a perestroika? Um tecnólogo com salário miserável... (*Risos.*) Agora eu tenho minha clínica oftalmológica. Algumas centenas de pessoas dependem de mim com suas famílias, vovôs e vovós. Você fica se remoendo, refletindo, mas eu não tenho esse problema. Eu trabalho dia e noite. Comprei equipamentos novinhos, mandei meus cirurgiões fazerem estágio na França. Mas não sou um altruísta, ganho muito bem. Consegui tudo sozinho... Eu só tinha trezentos dólares no bolso... Comecei um negócio com meus sócios, eles fariam você desmaiar se entrassem agora nesta sala. São gorilas! Um olhar cruel! Agora eles já não existem mais, desapareceram, como dinossauros. Eu andava com colete à prova de bala, atiraram em mim. Se alguém está comendo pior que eu, não me importa. Todos vocês queriam que viesse o capitalismo. Sonharam! Agora não gritem que foram enganados..."

SOBRE CRESCER ENTRE CARRASCOS E VÍTIMAS

"Saímos do cinema à noite. Tinha um homem caído numa poça de sangue. Nas costas, na capa, tinha um buraco de bala. Do lado dele, um policial. Foi a primeira vez que eu vi uma pessoa morta. Logo me acostumei. Nosso prédio era grande, com vinte blocos. Todos os dias de manhã, encontravam um cadáver no pátio, e nós já nem ficávamos agitados. Tinha começado o capitalismo de verdade. Com sangue. Eu esperava que fosse ficar abalado, mas não aconteceu. Depois de Stálin, passamos a ter outra relação com o sangue... Nós nos lembramos de que era o nosso povo matando o nosso povo... E dos assassinatos em massa, de pessoas que nem sabiam por que estavam morrendo... Isso ficou, está cavalo. Consertava a nossa cerca. Entendeu? O retrato do carrasco é totalmente diferente: é uma pessoa comum, até mesmo boa... Normal... Prenderam meu pai e depois de alguns meses pegaram o irmão do meu pai. Na época do Iéltsin, me deram o arquivo do inquérito, e lá tinha mais de uma denúncia, uma delas escrita pela tia Ólia, sobrinha dele... Uma mulher bonita, alegre... Cantava bem... Ela já estava velha, e eu perguntei: 'Tia Ólia, me conte do ano de 1937...'. 'Foi o ano mais feliz da minha vida. Eu estava apaixonada', ela me respondeu... O irmão do meu pai não voltou para casa. Sumiu. Na prisão ou no campo, ninguém sabe. Foi difícil, mas mesmo assim eu fiz a pergunta que me atormentava: 'Tia Ólia, por que você fez isso?'. 'Onde é que você viu uma pessoa honrada na época do Stálin?' (*Silêncio.*) E tinha também o tio Pável, que serviu na Sibéria, nas tropas do NKVD... Entendeu, não existe o mal quimicamente puro... Não foram só o Stálin e o Béria... Foi também o tio Iura, a bela tia Ólia..."

É Primeiro de Maio. Nesse dia, milhares e milhares de comunistas marcham pelas ruas de Moscou. A capital novamente "vermelhece": bandeiras vermelhas, balões vermelhos, camisetas vermelhas com a foice e o martelo. Levam retratos de Lênin e de Stálin. Mais retratos de Stálin. Cartazes: "Vimos o seu capitalismo no túmulo!", "Bandeira vermelha ao Krémlin!". A Moscou comum fica na calçada, a "vermelha" desliza em avalanche pela parte asfaltada. Entre eles, há sempre um bate-boca, que em alguns lugares chega a virar briga. A polícia é incapaz de separar essas duas Moscous. E eu mal consigo escrever tudo o que escuto...

"Enterrem Lênin, e sem honras."

"Lacaios dos americanos! A troco de que venderam o país?"

"Meu amigo, vocês são uns idiotas..."

"O Iéltsin e o bando dele roubaram tudo de nós. Bebam! Fiquem ricos! Em algum momento isso vai acabar…"

"Têm medo de dizer logo ao povo que estamos construindo o capitalismo? Todos estão dispostos a pegar em armas, até a minha mãe, dona de casa."

"Dá para fazer muita coisa com uma baioneta, mas sentar em cima dela é desconfortável."

"Já eu passava com os tanques por cima desses malditos burgueses!"

"Quem inventou o comunismo foi Marx, um judeu…"

"Só uma pessoa pode nos salvar: o camarada Stálin. Se ele voltasse por dois dias que fosse… Fuzilaria todos eles, e depois podia ir embora, voltar a ficar lá deitado."

"Glória a Ti, meu Deus! E a todos os santos."

"Essas putas do Stálin! O sangue nas mãos de vocês nem esfriou ainda. Por que é que mataram a família imperial? Não tiveram dó nem das crianças."

"A Grande Rússia não se faz sem o grande Stálin."

"Cagaram no cérebro do povo…"

"Sou um homem simples. Stálin não tocou nas pessoas simples. Da nossa gente, ninguém sofreu, eram todos operários. Quem perdeu a cabeça foram os chefes, o homem simples vivia tranquilo."

"Esses vermelhos do KGB! Logo vão chegar ao absurdo de dizer que não tinha campo nenhum, só o dos pioneiros. Meu avô era zelador."

"E o meu era agrimensor."

"O meu era maquinista…"

Começou a manifestação perto da estação Bielorússki. A multidão irrompia ora em aplausos, ora em gritos: "Viva! Viva! Salve".

No fim, a praça inteira começou a entoar uma canção baseada na "Varchavianka", a "Marselhesa" russa, com uma nova letra: "Livremo-nos dos grilhões liberais,/ Livremo-nos do regime criminoso e sanguinário". Depois disso, enroladas as bandeiras vermelhas, uns correram para o metrô, outros formaram filas nos quiosques de salgados e de cerveja. Começou uma festa popular. As pessoas dançavam e se divertiam. Uma senhora idosa com um lenço vermelho dava rodopios e batia o pé ao redor do acordeonista:

Nós dançamos alegremente
No grande pinheiro.
Em nossa pátria
é tão bom viver!
Nós dançamos alegremente,
Cantamos bem alto,
E fazemos nossa canção
chegar até Stálin...

Já quase no metrô, chegou até mim o som das modinhas de bêbados: "Mande à merda tudo o que for ruim, mande para cá tudo o que for bom".

SOBRE O QUE PRECISAMOS ESCOLHER: UMA GRANDE
HISTÓRIA OU UMA VIDA BANAL

O quiosque de cerveja é sempre muito movimentado. Há pessoas muito diferentes. Ali você encontra um professor universitário, um trabalhador simples, um estudante, um mendigo... As pessoas bebem e filosofam. Todos sobre a mesma coisa: o destino da Rússia. O comunismo.

* * *

"Eu sou uma pessoa que bebe. Por que eu bebo? Não gosto da minha vida. Quero que o álcool me faça dar uma pirueta inimaginável, de algum jeito ir parar em outro lugar. E lá tudo vai ser bonito e bom."

"Para mim a questão é mais concreta: onde eu quero viver, num grande país ou num país normal?"

"Eu adorava o império... A vida depois do império para mim é um tédio. Desinteressante."

"Um ideal grandioso exige sangue. Hoje ninguém quer morrer por alguma coisa. Na guerra, por exemplo. É como naquela música: 'Por todo lado é só dinheiro, dinheiro, dinheiro./ Por todo lado é só dinheiro, meus senhores...'. E se você insistir que nós temos um objetivo, então qual é ele? Dar uma Mercedes pra cada um e uma viagem pra Miami?"

"O russo precisa acreditar em alguma coisa... Acreditar em algo luminoso, elevado. O império e o comunismo estão alojados no nosso subcórtex. Preferimos as coisas heroicas."

"O socialismo fazia as pessoas viverem na história... Fazer parte de algo grandioso..."

"Porra! Nós somos tão espirituais, somos tão especiais."

"Nós não tivemos democracia. E nós aqui somos lá democratas?"

"O último grande acontecimento na nossa vida foi a perestroika."

"A Rússia só pode ou ser grande, ou não ser coisa nenhuma. Precisamos de um exército forte."

"Mas para que é que eu preciso de um país grande, cacete? Eu quero é viver num país pequeno, como a Dinamarca. Sem arma nuclear, sem petróleo e gás. Onde não me dessem com um revólver na cabeça. Talvez assim nós também passemos a lavar a calçada com xampu…"

"O comunismo é uma tarefa impossível para o ser humano… Para nós é sempre assim: ou queremos uma constituição, ou esturjão com raiz-forte…"*

"Como eu invejo as pessoas que tinham um ideal! Nós agora vivemos sem isso. Quero uma Rússia grande! Eu nem me lembro dela, mas sei que existiu."

"Era um país grande com filas para pegar papel higiênico… Lembro bem o cheiro dos refeitórios soviéticos e dos mercados soviéticos."

"A Rússia salvará o mundo! E com isso salvará a si mesma!"

"Meu pai viveu até os noventa anos. Dizia que na vida dele não tinha acontecido nada de bom, só a guerra. Isso é tudo o que nós temos."

"Deus é o infinito que há em nós… Fomos criados à sua imagem e semelhança…"

SOBRE TUDO

"Eu era noventa por cento soviética… Eu não entendia o que estava acontecendo. Lembro que o Gaidar apareceu na televisão: aprendam a fazer comércio… O mercado vai nos salvar… Você compra uma garrafa de água mineral em uma rua e vende em outra, e isso são os negócios. As pessoas ouviam perplexas. Eu chegava em casa. Fechava a porta e chorava. Minha mãe teve um derrame, de tão assustada que ficou com tudo aquilo. Talvez eles

---

* Expressão consagrada pelo escritor satírico Mikhail Ievgráfovitch Saltykov-
-Schedrin (1826-89), que criticava com ela o comportamento indeciso e vaci-
lante dos liberais russos.

quisessem fazer alguma coisa boa, mas faltou compaixão com o próprio povo. Eu nunca vou me esquecer dos velhinhos pedindo esmola, fileiras e mais fileiras deles pela rua. Com seus chapeuzinhos puídos, seus casaquinhos remendados... Ia e voltava correndo do trabalho, com medo de erguer os olhos... Trabalhava em uma fábrica de cosméticos. Em vez de dinheiro, eles nos davam perfumes... cosméticos..."

"Na nossa classe estudava uma menina pobre, os pais dela tinham morrido em um acidente de carro. Ela ficou com a avó. Passou o ano inteiro usando o mesmo vestido. E ninguém tinha dó dela. Virou uma vergonha ser pobre, e muito rápido..."

"Não lamento os anos 1990... Foi uma época efervescente e radiante. Eu, que antes não me interessava por política e não lia jornais, fui votar para deputado. Quem eram os mestres de obra da perestroika? Escritores, artistas... Poetas... No Primeiro Congresso dos deputados do povo da URSS você podia pegar vários autógrafos. Meu marido é economista, ele ficava louco com isso: 'Usar o verbo para aquecer o coração das pessoas, isso os poetas sabem. Vão fazer a revolução. E depois, o que vai ser depois? Como vão construir a democracia? E quem? Agora dá para entender o que vocês vão conseguir'. E ria de mim. Nós nos separamos por causa disso... Mas no fim ele tinha razão..."

"Todos ficaram com medo, e foi por isso que o povo começou a ir à igreja. Quando eu acreditava no comunismo, não precisava de igreja. Mas a minha esposa vai comigo porque na igreja o padre fala 'minha amada' para ela."

* * *

"Meu pai era um comunista honrado. Eu não culpo os comunistas, culpo o comunismo. Até hoje não sei o que eu acho do Gorbatchóv... Desse Iéltsin... As pessoas esquecem as filas e as prateleiras vazias mais depressa do que a bandeira vermelha no topo do Reichstag."

"Nós vencemos. Mas quem? A troco de quê? Na televisão, passa em um canal um filme em que os 'vermelhos' vencem os 'brancos', e no outro, os valentes 'brancos' vencem os 'vermelhos'. É esquizofrenia!"

"Nós falamos o tempo todo sobre o sofrimento... Esse é o nosso caminho do conhecimento. Achamos os ocidentais ingênuos porque eles não sofrem como nós, para qualquer brotoeja eles têm um remédio. Em compensação, nós passamos pelos campos de trabalhos forçados, enchemos a terra de cadáveres durante a guerra, recolhemos com as mãos nuas o combustível nuclear de Tchernóbil... E agora estamos sobre os escombros do socialismo. Como depois da guerra. Somos tão calejados, tão surrados. Temos a nossa própria língua... A língua do sofrimento...

Tentei falar disso com os meus alunos... Riram da minha cara: 'Nós não queremos sofrer. Para nós a vida é outra coisa'. Nós ainda não entendemos nada do passado recente do nosso mundo, e já vivemos em um mundo novo. Uma civilização inteira despejada no lixo..."

Dez histórias do interior vermelho

SOBRE A BELEZA DA DITADURA E SOBRE O MISTÉRIO
DA BORBOLETA NO CIMENTO

*Ielena Iúrievna S., terceira secretária do comitê distrital do
Partido, 49 anos*

*Eram duas pessoas me esperando: a própria Ielena Iúrievna,
com quem eu havia combinado o encontro, e sua amiga moscovita,
Anna Ilínitchna M., que viera fazer uma visita. Ela imediatamente
entrou na conversa: "Faz tempo que eu quero que alguém me explique o que está acontecendo conosco". Não havia nada em comum
nos relatos delas, exceto pelos nomes emblemáticos: Gorbatchóv,
Iéltsin... Mas cada uma tinha o seu Gorbatchóv e o seu Iéltsin. E os
seus anos 1990.*

Ielena Iúrievna:
"Será que já dá para falar sobre o socialismo? Para quem?

Todos ainda são testemunhas. Para ser sincera, fiquei surpresa com a sua vinda. Sou comunista... da *nomenklatura*... Nós agora não temos voz... calam a nossa boca. Lênin é um bandido, Stálin... Somos todos criminosos, embora nas minhas mãos não tenha uma só gota de sangue. Mas temos um estigma, todos nós... Talvez daqui a cinquenta ou cem anos vão escrever de maneira objetiva sobre aquela nossa vida de antes, que chamavam de socialismo. Sem lágrimas ou maldições. Vão desenterrar, como a antiga Troia. Até pouco tempo atrás era totalmente impossível falar bem do socialismo. No Ocidente, depois da derrocada da URSS, entenderam que as ideias marxistas não tinham acabado, que era preciso desenvolvê-las. Não rezar para elas. Lá, Marx não era um ídolo, como era para nós. Um santo! Primeiro nós o idolatramos, depois o excomungamos. Riscamos tudo. A ciência também trouxe à humanidade inúmeras catástrofes. Vamos então aniquilar os cientistas! Amaldiçoar os pais da bomba atômica, ou ainda melhor: começar pelos que inventaram a pólvora! Por eles... Eu não tenho razão? (*Não consigo responder a pergunta a tempo.*) Você fez bem... Fez bem em sair de Moscou. Pode-se dizer que você chegou à Rússia. Quando você passeia por Moscou, parece até que nós também somos Europa: carros luxuosos, restaurantes... As cúpulas douradas, brilhando! Agora você vai ouvir o que o povo aqui do interior fala... A Rússia não é Moscou, a Rússia é Samara, é Toliátti, é Tcheliábinsk... Esses cafundós... O que é que você vai aprender da Rússia nas cozinhas de Moscou? Nas festinhas? Blá-blá-blá... Moscou é a capital de algum outro país, mas não desse que fica depois do anel rodoviário. Um paraíso turístico. Não acredite em Moscou...

Chegam perto de nós e logo dizem: ah, essa aí é *sovok*. As pessoas vivem numa pobreza muito grande, mesmo pelo padrão russo. Xingam os ricos, têm raiva de todo mundo. Xingam o Estado. Acham que foram enganados, que ninguém contou para eles que viria o capitalismo; pensavam que iriam corrigir o socialismo. Aquela vida que todos conheciam. A soviética. Enquanto nas manifestações esgoelavam 'Iéltsin! Iéltsin!', eles eram depenados. Sem eles saberem, repartiram as indústrias e as fábricas. E o petróleo, e o gás; as coisas que Deus deu, como dizem. Só agora entenderam isso. Mas em 1991 todos foram fazer a revolução. Nas barricadas. Queriam a liberdade, e o que ganharam? A revolução dos bandidos... essa, a do Iéltsin... Quase mataram o filho de uma amiga minha porque tinha ideias socialistas. A palavra 'comunista' virou uma ofensa. Os moleques aqui do nosso prédio quase mataram um rapaz. Eram conhecidos. Ficavam no coreto, tocando violão e conversando: logo a gente vai botar esses comunistas na parede, eles diziam, vamos enforcar todos eles nos postes de luz. O Michka Slutser — o pai dele trabalhava conosco no diretório distrital — é um menino culto, citou para eles o escritor inglês Chesterton: 'um homem sem utopia é muito mais assustador que um homem sem nariz'. E por causa disso deram nele com as botas... com os sapatos... 'Ah, seu judeuzinho! Quem foi que fez a revolução em 1917?' Eu me lembro daquele brilho nos olhos das pessoas no início da perestroika, nunca vou me esquecer daquilo. Estavam dispostos a linchar os comunistas, deportar... Largavam nos contêineres de lixo livros de Maiakóvski, de Górki... Mandavam para reciclagem as obras de Lênin. Eu recolhia... pois é! Isso mesmo! Eu não vou renegar nada! Não vou me envergonhar de nada! Eu não virei a casaca, não troquei a cor vermelha pela cinza. Tem pessoas assim: se chegam os 'vermelhos', eles vão alegremente recepcionar os 'vermelhos'; se chegam os 'brancos', eles vão alegremente recepcionar os 'brancos'. Dão piruetas incríveis: ontem eram comunistas; hoje, são ultrademocratas. Bem na minha frente, comunistas "honrados" viraram crentes e liberais. Só que eu amo e nunca vou deixar de amar a palavra 'camarada'. É uma boa palavra! *Sovok?* Engula a língua! O soviético era uma pessoa muito boa, ele iria para os Urais, para o deserto, em nome de um ideal, não em troca de dólares. Não em troca dessas notinhas verdes forasteiras. A hidrelétrica do Dniepr, a batalha de Stalingrado, as caminhadas no espaço: tudo isso foi ele. O grande *sovok*! Até hoje acho bom escrever: URSS. Aquele era o meu país, agora eu moro num país que não é meu. Vivo num país estranho.

Eu nasci soviética… Nossa avó não acreditava em Deus, mas acreditava no comunismo. Nosso pai esperou até o fim da vida a volta do socialismo. Já tinha caído o Muro de Berlim, a União Soviética tinha desmoronado, e ele mesmo assim continuou esperando. Brigava constantemente com o melhor amigo, quando ele chamava a bandeira de trapo vermelho. Nossa bandeira vermelha! Escarlate! Meu pai lutou na guerra da Finlândia; ele nunca entendeu por que estavam lutando, mas era preciso ir, e ele foi. Não falavam dessa guerra, não chamavam de guerra, mas de campanha da Finlândia. Mas meu pai contou para nós… Em voz baixa. Era raro, mas ele relembrava. Quando bebia… A paisagem dessa guerra era invernal: a floresta e um metro de neve. Os finlandeses lutavam de esqui, usando trajes camuflados brancos, vinham de qualquer lugar, inesperadamente, como se fossem anjos. 'Como se fossem anjos', são palavras do meu pai… Em uma só noite, podiam massacrar um posto, uma companhia inteira. Mortos… Nas lembranças do meu pai, os mortos estavam sempre em poças de sangue; uma pessoa que é morta dormindo perde muito sangue. Era tanto sangue que ele chegava a perfurar um metro de neve. Depois da guerra, meu pai não conseguia matar nem uma galinha. Um coelho. Ficava muito perturbado com a visão de qualquer animal morto e com o cheiro fresco de sangue. Ele tinha medo de árvores grandes, com copas espessas: era nessas árvores que os *snipers* finlandeses geralmente se escondiam; eles eram chamados de "cucos". (*Silêncio.*) Quero acrescentar… Uma coisa minha... Depois da Vitória, a nossa cidadezinha floresceu, era uma exuberância só. A principal flor era a dália, tínhamos que guardar os tubérculos delas no inverno, para não congelarem. Deus o livre! Eles eram agasalhados, eram cobertos, como se fossem crianças pequenas. As flores cresciam ao redor das casas, atrás das casas, perto dos poços e ao longo das cercas. Depois do medo, as pessoas têm uma vontade particular de viver, de se alegrar. Mas depois as flores sumiram, agora isso não existe mais. E eu me lembro... Lembrei agora... (*Silêncio.*) Meu pai... Ele lutou na guerra menos de um ano e meio e foi feito prisioneiro. Como ele foi feito prisioneiro? Eles estavam avançando por um lago congelado, e a artilharia do inimigo atirou contra o gelo. Foram poucos os que conseguiram nadar até a margem, e os que conseguiram já não tinham mais forças, nem armas. Estavam seminus. Os finlandeses então estenderam a mão a eles. Salvaram. Uns pegaram essa mão, já outros... Foram muitos os que não aceitaram ajuda do inimigo. Tinham sido ensinados assim. Mas o meu pai segurou a mão de alguém, que o arrastou para fora. Eu me lembro bem da surpresa do meu pai: 'Eles me deram *schnapps* para eu me aquecer. Deram roupas secas. Riram e bateram no meu ombro: 'Está vivo, Ivan!". Meu pai nunca tinha visto antes os inimigos de perto. Não entendia por que eles estavam tão contentes...

Em 1940 terminou a campanha da Finlândia... Os prisioneiros de guerra soviéticos foram trocados por finlandeses, que estavam sob a nossa custódia. Foram ao encontro uns dos outros em colunas. Os finlandeses, quando chegaram ao lado deles, começaram a se abraçar, a apertar as mãos... Os nossos não foram recebidos assim, foram recebidos como inimigos. 'Irmãos! Meus queridos!', e correndo na direção de seus companheiros. 'Alto! Um passo para fora da formação, e nós atiraremos!' A coluna foi cercada por soldados com cães policiais, e eles foram levados para barracões preparados especialmente para aquilo. Ao redor dos barracões, havia arame farpado. Começaram os interrogatórios... 'Como você foi feito prisioneiro?', perguntou o investigador ao meu pai. 'Fui tirado de um lago pelos finlandeses.' 'Você é um traidor! Salvou a sua própria pele, não a pátria.' Meu pai também se sentia culpado. Tinham sido ensinados assim... Não houve nenhum julgamento. Todos foram levados para a praça de armas, onde leram diante da formação a ordem: seis anos no campo de trabalhos por traição à pátria. E foram mandados para Vorkutá. Lá eles foram colocados na construção de uma estrada de ferro, no solo congelado. Meu Deus! Isso em 1941... Os alemães já estavam nos arredores de Moscou... Não contaram para eles que a guerra tinha começado; afinal, eles eram inimigos, ficariam contentes. A Bielorrússia inteira já estava sob o domínio alemão. Smolensk tinha sido tomada. Quando ficaram sabendo disso, todos imediatamente quiseram ir para o front, escreveram cartas para a chefia do campo... Para Stálin... E receberam resposta: vocês são uns canalhas, eles disseram, vão trabalhar pela vitória na retaguarda, não precisamos de traidores no front. E eles... papai... Eu ouvi isso do meu pai... Todos eles choraram... (*Silêncio.*) Era com ele que você devia conversar... Mas o meu pai já se foi. O campo encurtou a vida dele. E a perestroika. Ele sofreu muito. Não entendia o que estava acontecendo. Com o país, com o Partido. O nosso pai... No campo, depois de seis anos, ele esqueceu o que era uma maçã, um repolho... um lençol, um travesseiro... Três vezes por dia eles recebiam uma papa e um pão, para 25 pessoas. E dormiam apoiando a cabeça numa tora de madeira; em vez de colchão, tinham as tábuas do chão. Papai... Ele era estranho, não era um pai como os outros... Não conseguia bater num cavalo ou numa vaca, dar um chute num cachorro. Sempre tive pena dele. Mas os outros homens riam dele: 'Que espécie de homem é você? É uma moça!'. Minha mãe chorava porque ele... bom, por ele não ser como os outros. Ele pegava um repolho na mão e ficava examinando... Um tomate... No início ele ficava mais quieto, não compartilhava nada conosco. Depois de uns dez anos começou a falar. Não foi antes disso... pois é... Uma vez, no campo, ele teve que carregar uns mortos. Em um dia, recolheram dez ou quinze cadáveres. Os vivos voltaram para os barracões a pé, e os mortos de trenó. Mandaram tirar as roupas dos defuntos, e os defuntos ficaram deitados no trenó, pelados como ratos. Estou usando as palavras do meu pai... Para mim é um pouco confuso... Por causa do sentimento... eu fico emocionada, sim... nos primeiros dois anos no campo nenhum deles acreditou que iria sobreviver; só se lembravam de casa aqueles que tinham sentenças de cinco ou seis anos, os que tinham sentença de dez ou quinze não falavam nada de casa. Não se lembravam de ninguém: nem das esposas, nem dos filhos. Nem dos pais. 'Se você começar a lembrar, não vai sobreviver': palavras do meu pai. E nós ficamos esperando por ele... 'O papai vai voltar... e não vai me reconhecer...' 'Nosso papaizinho...' Eu queria pronunciar mais uma vez essa palavra: 'papai'. E ele voltou. A vovó viu perto da cancela uma pessoa com um capote de soldado: 'Ei, soldadinho, está procurando alguém?'. 'Mamãe, você não me reconheceu?' A vovó caiu no chão ali mesmo. E assim o papai voltou... Estava todo coberto de queimaduras de frio, nunca conseguia aquecer as mãos e os pés. A mamãe? A mamãe dizia que o papai tinha voltado um homem bom depois do campo, mas ela tinha medo... Puseram medo nela... de que eles voltavam de lá maus. Mas o nosso pai queria ter alguma alegria na vida. Para qualquer situação, ele tinha a mesma frase: 'Coragem, o pior está por vir'.

Eu esqueci... Esqueci onde isso aconteceu... Em que lugar foi? Num campo de transferência, será? Num pátio enorme, as pessoas se arrastavam, de quatro, e comiam grama. Gente com distrofia, com pelagra. Na frente do meu pai ninguém podia reclamar de nada, ele sabia: 'Para sobreviver, o ser humano precisa de três coisas: pão, cebola e sabão'. Só três coisas... Só isso... Pessoas como essas, como nossos pais, não existem mais ... Se sobrou alguma, então precisam colocar num museu, atrás de um vidro, para ninguém pôr a mão. Quanta coisa eles tiveram que suportar! Quando o meu pai foi reabilitado, ele recebeu dois salários de um soldado por todo o sofrimento. Mas na nossa casa o retrato de Stálin ficou pendurado durante muito tempo. Muito tempo... eu lembro bem... O meu pai vivia sem mágoa, ele achava que aquela época tinha sido daquele jeito mesmo. Uma época cruel. Estávamos construindo um país forte. E construímos, e vencemos Hitler! Palavras do meu pai...

Eu cresci como uma menina séria, uma verdadeira pioneira. Hoje em dia, todo mundo pensa que nós éramos obrigados a entrar para o movimento pioneiro. Ninguém era obrigado. Todas as crianças sonhavam em ser pioneiras. Andar juntas. Com o tambor, o clarim. Cantar as músicas dos pioneiros:

Terra natal, para sempre amada,
Onde pode haver outra igual?!

'O poder é uma águia, que tem milhões de aguiazinhas, e nós temos orgulho de nosso país'... Mesmo assim a nossa família tinha essa mancha, do papai ter sido preso; a mamãe tinha medo de que eu não fosse aceita nos pioneiros, ou que demorassem a aceitar. E eu queria estar com os outros. Estar lá, com certeza... 'Você está do lado de quem: da lua ou do sol?', foi o interrogatório que os menininhos da classe fizeram comigo. Era preciso estar alerta! 'Da lua.' 'Certo! Do país soviético.' Se você dissesse 'Do sol', iam dizer 'Do maldito japonês'. Aí davam risada, provocavam. Nós jurávamos um ao outro dizendo: 'palavra de pioneiro' ou 'juro por Lênin'. O maior juramento era 'juro por Stálin'. Meus pais sabiam que, se eu dissesse 'juro por Stálin', eu não estava mentindo. Meu

Deus! Eu não me lembro do Stálin, eu me lembro da nossa vida... Eu me inscrevi no grupo de música e aprendi a tocar acordeão. Minha mãe recebeu uma medalha de trabalhadora exemplar. Não era só coisa ruim... e vida de caserna... No campo, o papai sempre via pessoas instruídas. Em nenhum outro lugar ele encontrou pessoas tão interessantes. Alguns deles escreviam poesia, e eles sobreviviam na maioria das vezes. Assim como os padres, que rezavam. O meu pai também queria que nós tivéssemos educação superior. Era o sonho dele. Todos nós temos diploma, os quatro filhos. Mas ele também nos ensinou a pegar no arado, aparar a grama. Eu sei carregar feno, empilhar os feixes. 'Tudo pode ser útil', pensava o papai. Ele tinha razão.

Agora eu quero lembrar... Quero entender o que foi vivido. Não só a minha vida, mas a nossa vida... soviética... Não tenho admiração pelo nosso próprio povo. Nem pelos comunistas, nem por nossos líderes comunistas. Especialmente hoje em dia. Todos ficaram mesquinhos, aburguesados, todos querem do bom, querem viver bem. Consumir e consumir. Afanar! Os comunistas também já não são os mesmos. Temos aqui comunistas com uma renda anual de centenas de milhares de dólares. São milionários! Têm apartamento em Londres, um palácio no Chipre... Que comunistas são esses? Onde está a crença deles? Você pergunta, e eles olham pra você como se fosse um bobo. 'Não me venha com esses contos de fada soviéticos. É isso mesmo que ninguém quer.' E que grande país eles destruíram! Venderam tudo na liquidação. Nossa pátria... Para alguém por aí ficar xingando Marx e viajando para a Europa. É uma época tão terrível como a do Stálin... Eu respondo pelas minhas palavras! Você vai escrever isso? Não acredito... (*Eu vejo que ela não acredita mesmo.*) Já não existe mais diretório distrital, diretório regional. Largaram o poder soviético. E o que receberam? Um ringue, uma selva... O poder dos bandidos... Afanaram: quem foi mais rápido pegou a maior fatia do

bolo. Meu Deus! Tchubais... 'o mestre de obras da perestroika'...
Agora ele se gaba, dá palestras pelo mundo todo. Diz que nos
outros países o capitalismo levou séculos para se formar e no nosso país foi em três anos. Agiram com precisão cirúrgica... E se
alguém roubou, dê graças a Deus, talvez os netos deles serão pessoas honestas. Brrr! E esses são os democratas... (*Silêncio.*) Provaram um terninho americano, ouviram o Tio Sam. Mas o terninho americano não entra. Cai mal. Pois é! Não corremos atrás da
liberdade, corremos atrás de jeans... de supermercados... Fomos
corrompidos por embalagens brilhantes... Agora nós também
temos de tudo nos mercados. É uma fartura. Mas uma montanha
de *kolbassá* não tem nenhuma relação com a felicidade. Com a
glória. Era um grande povo! Transformaram esse povo em vendilhões e especuladores... Em donos de armazém e gerentes...

Veio o Gorbatchóv... Começaram a falar do retorno dos
princípios leninistas. Foi um entusiasmo generalizado. Uma empolgação. O povo esperava por mudanças fazia tempo. Acreditaram no Andrôpov, na sua época... Bom, mas esse era do KGB...
Como é que eu posso explicar? O PCUS já não era temido. Perto
dos quiosques de cerveja dava para xingar o Partido à vontade,
mas o KGB, nunca... Imagine! Ficou na memória... Todos sabiam
que esse pessoal ia colocar as coisas em ordem... com mão de
ferro, de ferro em brasa, com um punho tenaz... Não quero ficar
repetindo coisas banais, mas o Gêngis Khan estragou os nossos
genes... e a servidão também... Estamos acostumados a pensar
que é necessário bater em todo mundo, sem uma surra não se
chega a lugar nenhum. O Andrôpov começou assim, apertando as
porcas. Todo mundo começou a ficar de papo para o ar: iam ao
cinema na hora do trabalho, iam à sauna, passeavam pelas lojas.
Tomavam chá. A polícia começou a fazer verificações surpresa,
batidas. Checavam os documentos e pegavam os gazeteiros na
rua, nos cafés, nos mercados, e informavam no trabalho da pes-

soa. Davam multas, demitiam. Mas o Andrôpov estava muito doente. Morreu depressa. E nós o enterramos, nós o enterramos. Brêjniev, Andrôpov, Tchernenko... A piada mais popular antes do Gorbatchóv era: 'Estamos transmitindo um comunicado da agência TASS. Vocês vão rir muito, mas morreu mais um secretário-geral do Comitê Central do PCUS...'. Hahaha... O povo ria nas suas cozinhas, e nós ríamos nas nossas. No nosso meio palmo de liberdade. Tagarelice de cozinha... (*Risos.*) Eu me lembro perfeitamente de ligarem bem alto a televisão ou o rádio durante as conversas. Tinha toda uma ciência. Um ensinava para o outro alguma manha para fazer com que os KGB que estavam escutando a conversa não ouvissem nada: você girava o disco — os telefones antigos tinham buraquinhos para os números —, colocava em um deles um lápis e fixava... Dava para segurar com o dedo, mas o dedo acaba cansando... Você na certa também deve ter aprendido isso, não é? Lembra? Se precisasse falar alguma coisa 'secreta', você se afastava uns dois ou três metros do telefone, do gancho. Os dedos-duros e as escutas estavam por todo lado, na sociedade toda, de alto a baixo, e nós no diretório distrital ficávamos tentando adivinhar quem de nós era o dedo-duro. Como depois se descobriu, eu desconfiava de uma pessoa inocente, e não era só um informante, eram vários. E nesses eu nunca teria pensado... Um deles era a nossa faxineira. Uma mulher amável, bondosa. Uma infeliz. O marido era um bêbado. Meu Deus! O próprio Gorbatchóv... Secretário-geral do Comitê Central do PCUS... Eu li numa entrevista dele que, durante as conversas confidenciais no gabinete, ele fazia a mesma coisa: ligava a televisão ou o rádio no último volume. Enfim, o básico. Para conversas sérias, convidava a pessoa para sua *datcha* fora da cidade. E lá... Lá eles iam para a floresta, passeavam e conversavam. Os passarinhos não delatam... Todos tinham medo de alguma coisa; aqueles que eram temidos também tinham medo. Eu tinha medo.

Os últimos anos soviéticos... Do que eu me lembro? Uma sensação de vergonha que não passava. Do Brêjniev coberto de condecorações e 'estrelas', e do fato de que o povo falava que o Krémlin era um confortável asilo de idosos. Das prateleiras vazias. Nós cumpríamos os planos e cumpríamos de novo, e nos mercados não tinha nada. Onde estava o nosso leite? A carne? Até hoje eu não entendo aonde tudo aquilo foi parar. O leite acabava uma hora depois de os mercados abrirem. Depois do almoço, os vendedores ficavam atrás de balcões completamente vazios. Nas prateleiras você só achava latas de três litros de seiva de bétula e pacotes de sal, que por algum motivo estavam sempre molhados. Anchova em lata. Só! Se colocavam *kolbassá* em oferta, limpavam tudo na hora. Salsichas e *pelmeni* eram uma iguaria. No diretório distrital, toda hora dividíamos alguma coisa: para essa fábrica, dez geladeiras e cinco casacos; para esse *kolkhoz*, dois jogos de móveis iugoslavos e dez bolsas femininas polonesas. Dividíamos panelas e roupas íntimas femininas... Meias-calças... Uma sociedade assim só pode se manter na base do medo. Das comissões extraordinárias: fuzilar mais e prender mais. Mas o socialismo acabou com Solovkí e o Belomorkanal. Precisaríamos de um outro socialismo.

A perestroika... Foi um momento em que as pessoas vieram novamente até nós. Entraram no Partido. Todos tinham grandes expectativas. Todos eram ingênuos naquela época: a direita e a esquerda, os comunistas e os antissoviéticos. Todos eram românticos. Hoje dá vergonha daquilo, daquela nossa ingenuidade. Veneravam Soljenítsin. O grande ancião do Vermont! Não era só Soljenítsin, muitos já tinham entendido que era impossível viver como nós vivíamos. Mentira demais. E os comunistas — você acredita em mim ou não? — também tinham entendido. Entre os comunistas, tinha muita gente inteligente e honesta. Sinceras. Eu conheci pessoalmente muitas dessas pessoas, elas ficavam principalmente no interior do país. Como meu pai... Meu pai não foi aceito no Partido, ele sofreu por causa do Partido, mas acreditava nele. Acreditava no Partido e no país. Na casa dele, todo dia começava com ele abrindo o jornal *Pravda* e lendo de ponta a ponta. Tinha mais comunista sem a carteirinha do Partido do que com a carteirinha, eles eram comunistas de alma. (*Silêncio.*) Em todos os desfiles levavam o lema 'O povo e o Partido são um só!'. Essas palavras não eram uma invenção, aquilo era verdade. Não estou tentando persuadir ninguém, estou contando como era. Já esqueceram tudo... Muitos entraram no Partido por consciência, e não só pela carreira ou por questões pragmáticas: se eu não for do Partido e roubar, vou ser preso; se eu entrar no Partido e roubar, vou ser expulso do Partido, mas não vou ser preso. Fico indignada quando opinam sobre o marxismo com desprezo, com zombaria. Preferem jogá-lo na lata do lixo! No lixão! É um ensinamento grandioso, que vai sobreviver a todas as perseguições. E nosso fracasso soviético também. Porque... tem muitos motivos... O socialismo não é só campo de trabalho forçado, não é só delação e cortina de ferro; é também um mundo justo e limpo: dividir com todos, ter pena dos mais velhos, ter compaixão, e não juntar tudo para si. Me dizem: não dava para comprar um carro, mas ninguém tinha um carro. Ninguém usava terno Versace e comprava casa em Miami. Meu Deus! Os líderes da URSS viviam no nível de um homem de negócios de meia-tigela, não chegavam nem perto dos oligarcas. Nada! Eles não construíram iates com cascatas de champanhe. Imagine só! Na televisão passa este anúncio: compre banheiras de cobre, do preço de um apartamento de dois quartos. Para quem são essas coisas, me diga. Maçanetas banhadas a ouro... Isso é liberdade? A pessoa miúda, a pessoa comum, não é ninguém, é um zero. No fundo do poço. E naquela época ela podia escrever para o jornal, ir ao diretório distrital e reclamar: do chefe ou de um serviço ruim... do marido infiel...

Tinha coisas estúpidas, não nego, mas hoje em dia quem é que ouve essa pessoa simples? Quem precisa dela? Você se lembra dos nomes soviéticos: rua dos Metalúrgicos, dos Entusiastas... das Fábricas, dos Proletários... A pessoa comum... era a mais importante... Demagogia, cortina de fumaça, como vocês dizem, mas agora ninguém nem tem o que esconder. Não tem dinheiro, fora daqui! Chispa! Mudaram os nomes das ruas: rua dos Pequeno-Burgueses, rua dos Comerciantes, rua dos Nobres... Vi até *kolbassá* 'do Príncipe', vinho 'do General'. É o culto do dinheiro e do sucesso. Sobrevive o mais forte, o com bíceps de ferro. Mas nem todo mundo é capaz de pisar na cabeça dos outros, tomar o pão do próximo. Uns não conseguem por natureza, outros acham nojento.

Eu brigo com ela... (*Aponta na direção da amiga.*) Brigo, claro... Ela quer me provar que, para termos o verdadeiro socialismo, precisamos de pessoas ideais, e elas não existem. Essa ideia é um delírio... um conto de fada... As pessoas aqui já não trocariam de jeito nenhum o seu carrinho importado usado e o seu passaporte com um visto para a área Schengen pelo socialismo soviético. Mas eu acredito que a coisa é diferente: a humanidade está indo na direção do socialismo. Da justiça. Não há outro caminho. Olhe para a Alemanha... Para a França... Tem a opção sueca. E quais são os valores do capitalismo russo? Desprezo pelos 'pequenos'... Por aqueles que não têm milhões, que não têm uma Mercedes. Em vez da bandeira vermelha, 'Cristo ressuscitou!'.* E o culto ao consumo... As pessoas não vão dormir pensando em algo elevado, mas pensando que não compraram nada no dia. Você acha que o país desmoronou porque todos descobriram a verdade sobre o gulag? Quem pensa assim são os que escrevem livros. Mas as pessoas... as pessoas normais não vivem da história, elas vivem de um jeito simples: apaixonar-se, casar-se,

---

* Saudação tradicional dos cristãos ortodoxos na época da Páscoa.

ter filhos. Construir uma casa. O país se arruinou por causa da falta de sapatos femininos e de papel higiênico, porque não tinha laranjas. Esses malditos jeans! Nossas lojas agora parecem museus. Teatros. E querem me convencer de que um trapo do Versace ou do Armani é tudo aquilo de que uma pessoa precisa. É o suficiente. A vida é isto: pirâmides financeiras e letras de câmbio. A liberdade é o dinheiro, e o dinheiro é a liberdade. Mas a nossa vida não vale um copeque. Mas isso é... Isso é... Entende?... Eu não consigo nem encontrar as palavras para dizer o que é isso... Tenho pena dos meus netinhos pequenos. Tenho pena. Enfiam isso na cabeça deles pela televisão todos os dias. Eu não concordo. Eu fui comunista e continuarei sendo."

Fazemos uma longa pausa. O indefectível chá, dessa vez com geleia de cereja, feito com a receita da própria dona da casa.

"O ano de 1989... Nessa época eu já era terceira secretária do diretório distrital do Partido. Fui chamada para trabalhar no Partido quando trabalhava numa escola, dando aula de russo e de literatura. Dos meus escritores favoritos: Tolstói, Tchékhov... Quando fizeram a proposta, fiquei assustada. Uma responsabilidade daquela! Mas não hesitei um minuto sequer, foi um ímpeto genuíno: servir o Partido. Naquele verão fiquei em casa, em férias. Eu não costumo usar enfeites, mas aí eu comprei um colar baratinho; minha mãe me viu e disse: 'Está parecendo uma rainha'. Ficou encantada comigo... não com o colar! Meu pai disse: 'Ninguém de nós nunca vai pedir nada para você. Você deve estar limpa diante das pessoas'. Meus pais tinham orgulho! Ficaram felizes! E eu... eu... O que eu passei? Se eu acreditava no Partido? Respondo com sinceridade: acreditava. Acredito até hoje. Não vou me livrar da carteirinha do Partido, não importa o que aconteça. Se eu acreditava no comunismo? Digo com sinceridade, não vou mentir: eu acreditava na possibilidade de um sistema justo de vida. Até hoje... como eu já disse... eu acredito. Estou cansada de ficar ouvindo essas histórias de como vivíamos mal durante o socialismo. Tenho orgulho da época soviética! Ninguém tinha uma vida elegante, mas tinha uma vida normal. Tinha amor e amizade... vestidos e sapatos... As pessoas ouviam com gosto os escritores e os artistas, mas agora pararam com isso. O lugar dos poetas nos estádios foi ocupado por bruxos e videntes. Acreditam em bruxos, como na África. Nossa vida soviética... foi uma tentativa de uma civilização alternativa, se você preferir assim. Se quiser mais entusiasmo... É o poder do povo! Mas eu não consigo me acalmar! Onde é que hoje você vê ordenhadeiras, ou torneiros, ou maquinistas do metrô? Não estão em lugar nenhum: nem nas páginas dos jornais, nem na tela da televisão, nem no Krémlin, quando dão condecorações e medalhas. Não estão em lugar nenhum. Por todo lado temos novos heróis: banqueiros e homens de negócios, modelos e prostitutas de luxo... diretores... os mais jovens ainda podem se adaptar, mas os velhos morrem em silêncio, a portas fechadas. Morrem na pobreza, no esquecimento. Eu recebo uma aposentadoria de cinquenta dólares... (*Risos.*) Eu li que na época do Gorbatchóv também era de cinquenta dólares... Falam de nós: 'Os comunistas viviam em mansões, comiam caviar negro de colher. Fizeram o comunismo para eles mesmos'. Meu Deus! Eu mostrei para você a minha 'mansão': um apartamento comum, de dois quartos, com 57 metros quadrados de área. Não escondi nada: cristal soviético, ouro soviético...

'E os hospitais especiais, as rações especiais, os lugares 'reservados' na fila de apartamentos e *datchas* do Estado?... As estâncias de repouso do Partido?'

Para ser sincera? Existia isso... existia, sim... Mas era mais lá... (*Aponta com a mão para cima.*) Eu sempre fiquei embaixo, no elo mais baixo da cadeia do poder. Embaixo, perto das pessoas. Sempre à vista. Se existia em algum lugar... não questiono... Não nego! Eu li, como você, nos jornais da época da perestroika... que os filhos dos secretários do Comitê Central iam de avião para a África, para caçar. Compravam diamantes... Mesmo assim não dá para comparar com a maneira como vivem hoje os 'novos-russos'. Com os castelos e iates deles. É só você ver o que eles construíram aos montes ao redor de Moscou. Palácios! Muros de pedra, de dois metros de altura, cercas elétricas, vigilância por câmeras. Vigias armados. Como se fosse uma prisão, ou uma instalação militar secreta. O que é isso, é o Bill Gates que mora lá, o gênio dos computadores? Ou o Garry Kasparov, campeão mundial de xadrez? Lá moram os vencedores. Guerra civil não teve, mas vencedores temos. E eles ficam lá, atrás dos muros de pedra. De quem é que eles se escondem? Do povo? O povo pensou que, depois que expulsassem os comunistas, viriam tempos maravilhosos. Uma vida paradisíaca. Em vez de pessoas livres, vieram esses aí... dos milhões e bilhões... São gângsteres! Dão tiro à luz do dia... Até aqui na nossa região explodiram a varanda de um homem de negócios. Voam em aviões particulares com privadas banhadas a ouro, e ainda se gabam disso. Eu mesma vi isso na televisão... Um deles mostrou o relógio, que custava o mesmo que um bombardeiro. O outro, um celular de diamante. E ninguém, ninguém!, sai gritando Rússia afora dizendo que isso é uma vergonha. É abominável. Antes tínhamos Uspiênski e Korolenko. O Chôlokhov escrevia cartas para o Stálin em defesa dos camponeses. Agora eu quero... Você está me perguntando, mas eu quero perguntar a você: onde está a nossa elite? Por que é que eu leio todo dia no jornal a opinião do Berezóvski e do Potánin sobre todo tipo de coisa, mas não do Okudjava?... do Iskander?... Como foi acontecer de vocês cederem o seu lugar? Sua cátedra?... E foram os primeiros a correr pra pegar as sobras da mesa dos oligarcas. Como serviçais. A *intelligentsia* russa antes não corria assim, não servia assim. Mas agora não sobrou ninguém: não tem ninguém pra falar coisas da alma, só os padres. E os da perestroika, onde estão? Os comunistas da minha geração tinham pouco em comum com o Pavka Kortcháguin.* Com os primeiros bolcheviques, com suas pastas e revólveres. Deles só sobrou o vocabulário de guerra: 'os soldados do Partido', 'a frente do trabalho', 'a batalha pela colheita'. Nós já não nos sentíamos soldados do Partido, nós éramos funcionários do Partido. Empregados de escritório. Existia todo um cerimonial: o futuro brilhante, com o retrato de Lênin no salão nobre, a bandeira vermelha no canto. Um cerimonial... um ritual... Os soldados não eram mais necessários, e sim quem pusesse as coisas na prática: 'vamos, ao trabalho', senão 'carteirinha do Partido para cá'. Mandavam, tinha que fazer. Que relatar. O Partido não era um estado-maior de guerra, mas um aparato. Uma máquina. Uma máquina burocrática. Raramente pegavam gente de humanas para o serviço, o Partido não confiava neles desde os tempos de Lênin, que escreveu sobre a camada dos intelectuais: 'Não são o cérebro, são a merda da Nação'. Eram poucos como eu. De Letras. Formavam os quadros com engenheiros, zootécnicos, com pessoas cuja especialidade eram carros, carne, grãos, mas não pessoas. A forja dos quadros do Partido eram os institutos de agricultura. Precisavam dos filhos dos trabalhadores e dos camponeses. Do povo. Chegava ao ponto do ridículo: podiam chamar um veterinário, por exemplo, para trabalhar no Partido, mas um médico clínico não. Não encontrei lá nem poetas nem físicos. O que mais? Subordinação, como no exército... A

---

* Protagonista do romance *Como o aço foi temperado*, do escritor soviético Nikolai Ostróvski (1904-36). Tornou-se símbolo do comunista ideal, por ter dado a vida pela Revolução.

ascensão era lenta, degrau por degrau: conferencista do diretório distrital do Partido, depois chefe do escritório de formação... instrutor... Terceiro secretário... Segundo secretário... Em dez anos, passei por todos os degraus. Agora são os jovens pesquisadores e os chefes de laboratório que conduzem o país, o diretor de um *kolkhoz* ou um eletricista viram presidente. Em vez de um *kolkhoz*, o país, logo de uma vez! Isso acontece só na revolução... (*Faz uma pergunta: não sei se para mim ou se para si própria.*) Não sei, como poderia chamar o que aconteceu em 1991?... Uma revolução ou uma contrarrevolução? Ninguém nem tenta explicar em que país nós vivemos. Qual o nosso ideal, além de *kolbassá*? O que estamos construindo... Estamos avançando, rumo à vitória do capitalismo. Não é isso? Passamos cem anos xingando o capitalismo: é um monstro... uma besta... Mas agora temos orgulho de ser como todos os outros. Se formos como todos os outros, quem vai se interessar por nós? O povo de Deus... a esperança de todos os progressistas da humanidade... (*Com ironia.*) Todos têm a mesma percepção do capitalismo que tinham recentemente do comunismo. São sonhos! Julgam Marx... culpam o ideal... Um ideal assassino! Já eu, culpo os que puseram na prática. O que nós tínhamos era stalinismo, não comunismo. Mas agora não temos nem socialismo, nem capitalismo. Nem um modelo oriental, nem ocidental. Nem um império, nem uma república. Estamos para lá e para cá, como... Melhor ficar quieta... Stálin! Stálin! Querem enterrá-lo... querem enterrá-lo... Mas nunca vão conseguir fechar o túmulo. Não sei como é em Moscou, mas aqui colocam o retrato dele nos para-brisas dos carros. Dos ônibus. Os caminhoneiros são os que mais o adoram. Com o uniforme de generalíssimo... O povo! O povo! Mas o que é o povo? O próprio povo diz de si mesmo: com ele se faz tanto o porrete quanto o ícone. Como a madeira... Para aquilo que você o usar, ele vai servir... Nossa vida oscila entre o barracão e o bordel. Agora o pêndulo está no meio... Metade do país espera por um novo Stálin. Quando ele chegar, vai colocar tudo em ordem... (*Novo silêncio.*) É claro que... nós... no diretório distrital também conversávamos muito sobre o Stálin. A mitologia do Partido. Ela era passada de geração em geração. Todos adoravam conversar sobre como era a vida na época do patrão... A regra stalinista era a seguinte: por exemplo, para os diretores setoriais do Comitê Central, serviam chá com sanduíches, mas para os conferencistas, só chá. Instituíram o cargo de vice-diretor setorial. Como proceder? Decidiram que serviriam chá sem sanduíches, mas com um guardanapo branco. Já teriam isso como distinção... Subiriam até os deuses do Olimpo, até os heróis. Agora era preciso conseguir à força um lugar perto do comedouro... Foi assim tanto na época de César como na de Pedro, o Grande. E sempre vai ser assim. Observe os seus democratas... Tomaram o poder e imediatamente saíram correndo; para onde? Para a manjedoura, para a cornucópia. Essa manjedoura acabou com mais de uma revolução. Bem na nossa frente... o Iéltsin lutou contra os privilégios e disse que era um democrata, mas agora ama quando é louvado como Tsar Boris. Virou um padrinho...

Eu reli *Os dias malditos* de Ivan Búnin. (*Alcança o livro na prateleira. Acha o marcador de página e lê.*) 'Lembro-me do velho operário nos portões do edifício em que ficava o *Notícias de Odessa*, no primeiro dia depois do estabelecimento dos bolcheviques. De repente, assomou de dentro dos portões um bando de meninos com pilhas do recém-impresso *Izvéstia*, e gritando: 'Burgueses de Odessa terão que pagar uma contribuição de 500 milhões!'. O operário rouquejou, sufocando de fúria e alegria pelo infortúnio: 'É pouco! É pouco!'.' Para você, isso não lembra alguma coisa? Para mim, sim. Lembra, sim... Os anos do Gorbatchóv... As primeiras revoltas... Quando o povo começou a lotar as praças e exigir ora pão, ora liberdade... ora vodca e fumo... O medo!

Muitos funcionários do Partido tiveram derrames e infartos. O Partido tinha ensinado que vivíamos 'cercados pelo inimigo', 'numa fortaleza sitiada'. Estávamos prontos para uma guerra mundial... A coisa de que mais tínhamos medo era a guerra nuclear, não tínhamos medo da derrocada. Não esperávamos... de jeito nenhum... Estávamos acostumados às colunas de maio e de outubro, aos cartazes: 'A causa de Lênin sobreviverá pelos séculos', 'O Partido é nosso timoneiro'. Mas ali não eram colunas, era uma massa. Não era o povo soviético, mas algum outro, que nós não conhecíamos. Os cartazes também eram outros: 'Julgamento para os comunistas!', 'Vamos esmagar a canalha comunista!'. Logo nos lembramos de Novotcherkassk... A informação era fechada, mas nós sabíamos que na época do Khruschóv operários passando fome tinham ido às ruas... e foram fuzilados... Os que ficaram vivos foram mandados para diversos campos de trabalho, e até hoje os parentes não sabem onde eles estão... Mas ali... Ali já era a perestroika... Não podia fuzilar, nem prender. Tinha que conversar. Mas quem de nós podia entrar na multidão e fazer um discurso? Começar um diálogo... Panfletar... Nós éramos gente do aparato, não oradores. Eu, por exemplo, proferia as palestras e condenava os capitalistas, defendia os negros da América. Eu tinha no meu escritório as obras completas de Lênin... 55 volumes... Mas quem leu de verdade tudo aquilo? Antes das provas nos institutos, nós folheávamos: 'A religião é o ópio do povo' e 'Qualquer crença em um deusinho é necrofilia'.

Foi um pânico... Os conferencistas, os instrutores, os secretários dos diretórios distritais e regionais: todos nós tínhamos medo de ir falar com os operários nas fábricas, com os estudantes nos alojamentos. Tínhamos medo de ligações telefônicas. E se de repente perguntarem do Sákharov ou do Bukóvski... o que responder? Eles são inimigos do poder soviético ou já não são mais inimigos? Como avaliar *Os filhos da rua Arbat* do Rybakov e as peças do Chatrov? Nenhum comando de cima... Antes falavam para você: cumpriu a missão, manteve a linha do Partido em sua vida. Mas agora: era professor fazendo greve, exigindo aumento de salário; um jovem diretor de um clube de amadores de fábrica ensaiando uma peça proibida... Meu Deus! Numa fábrica de papelão, os operários carregaram o diretor portão afora num carrinho de mão. Berraram. Quebraram vidros. De madrugada, prenderam um cabo de aço e derrubaram a estátua de Lênin. Mostraram o dedo para ele. O Partido se desnorteou... Eu me lembro do Partido desnorteado... Ficávamos no escritório com as cortinas fechadas. Na entrada do prédio do diretório distrital, uma patrulha reforçada da polícia ficava dia e noite de plantão. Tínhamos medo do povo, mas o povo por inércia ainda tinha medo de nós. Depois pararam de ter medo... Milhares de pessoas se reuniram nas praças... Lembrei de um cartaz: 'Ao ano de 1917! À revolução!'. Fiquei chocada. Eles estavam com vários alunos de ensino técnico... Uns jovens... Franguinhos! Uma vez uns manifestantes foram ao diretório distrital: 'Queremos ver seus mercados especiais! Vocês têm de tudo lá, enquanto os nossos filhos estão desmaiando de fome durante a aula'. Não acharam nenhum casaco de pele, nem caviar negro no nosso refeitório, mas mesmo assim não acreditaram: 'Estão enganando pessoas simples'. Tudo entrou em movimento. Começou a balançar. O Gorbatchóv era fraco. Ele se esquivava. Dizia que era a favor do socialismo, mas queria o capitalismo... Pensava mais em como agradar a Europa. A América. Lá ele era aplaudido: 'Gorby! Gorby! Grande Gorby!'. Dissolveu a perestroika... (*Silêncio.*)

O socialismo estava morrendo bem na nossa frente. E vieram esses moleques de ferro tomar o seu lugar."

Anna Ilínitchna:
"Isso foi há pouco tempo, mas era outra época... Em outro país... Lá ficaram a nossa ingenuidade, o nosso romantismo.

Nossa credulidade. Alguns não querem relembrar isso, porque é desagradável, sofremos muitas decepções. Mas quem foi que falou que nada mudou? Não era permitido atravessar a fronteira com uma Bíblia. Esqueceram isso? Eu trazia de Moscou farinha e macarrão de presente para os parentes de Kaluga. E eles ficavam felizes. Esqueceram? Ninguém mais fica na fila para pegar açúcar e sabão. E não tem mais vale-casaco.

Eu de cara me apaixonei pelo Gorbatchóv! Agora as pessoas o amaldiçoam: 'Traidor da URSS!', 'Gorbatchóv vendeu o país por uma pizza!'. E eu me lembro da nossa surpresa. Uma comoção! Finalmente tínhamos um líder normal. Não tínhamos vergonha dele! As pessoas contavam umas às outras de quando ele parou um cortejo em Leningrado e foi para o meio do povo, e de quando ele recusou um presente caro numa fábrica. Durante os tradicionais banquetes, ele só bebia uma xícara de chá. Ele sorria. Discursava sem ler um papel. Era jovem. Ninguém de nós acreditava que um dia o poder soviético acabaria, e que apareceria *kolbassá* nos mercados, e que as pessoas não fariam filas quilométricas para comprar um sutiã importado. Estávamos acostumados a conseguir tudo na base dos contatos: uma assinatura da *Mundial*, bombons de chocolate, roupas esportivas da Alemanha Oriental. Fazer amizade com o açougueiro para comprar um pedaço de carne. O poder soviético parecia eterno. Iria durar até os nossos filhos e os nossos netos! Foi inesperado para todo mundo quando ele acabou. Hoje já ficou claro que nem o próprio Gorbatchóv esperava por isso, ele queria mudar alguma coisa, mas não sabia como. Ninguém estava pronto. Ninguém! Até os que martelaram esse muro. Eu era uma tecnóloga das mais comuns. Não, não era uma heroína... e não era comunista... Graças a meu marido, ele era artista; caí cedo no meio boêmio. Poetas, artistas... Entre nós não havia heróis, ninguém tinha coragem de virar dissidente, de passar um tempo na cadeia ou em um hospital psiquiátrico por causa de suas convicções. Vivíamos falando mal pelas costas.

Ficávamos nas cozinhas, xingando o poder soviético e contando piadas. Líamos *samizdat*.* Se algum amigo arrumava um livro novo, ele podia aparecer na sua casa a qualquer hora do dia; até duas ou três da madrugada, e ainda assim era uma visita desejada. Eu me lembro bem daquela vida noturna moscovita... Peculiar... Ela tinha seus heróis... seus covardes e traidores... Seu entusiasmo! É impossível explicar isso para alguém que não tenha participado. Especialmente esse nosso entusiasmo eu não consigo explicar. E tem outra coisa que eu não consigo explicar... Que é... a nossa vida noturna... ela não era nem um pouco parecida com a vida diurna. Nadinha! De manhã todos nós íamos para o trabalho e virávamos cidadãos soviéticos normais. Como todos os outros. Suávamos pelo regime. Ou você se conformava com isso, ou ia trabalhar de zelador ou de vigia, não tinha outro jeito de se manter. Voltávamos do serviço para casa... E de novo bebíamos vodca na cozinha, ouvíamos o Vyssótski, que era proibido. Captávamos no chiado do radinho de onda curta a *Voz da América*. Eu até hoje me lembro daquele chiado magnífico. Namorávamos muito. Ficávamos apaixonados, nos divorciávamos. E nisso muitos se sentiam a consciência da nação, achavam que tinham o direito de ensinar seu povo. E o que é que nós sabíamos dele? O que tínhamos lido nas *Memórias de um caçador*, do Turguêniev, e nos nossos 'escritores do campo'. Raspútin... Belov...** Mesmo meu pai eu não entendia. Eu gritava para ele: 'Pai, se você não devolver para eles a sua carteirinha do Partido eu não falo mais com você'. Meu pai chorou.

---

* Como eram chamados os livros clandestinos, de autores banidos pelo regime. Eram datilografados ou escritos à mão, muitas vezes com papel-carbono para aumentar o número de cópias.
** Valentin Grigórievitch Raspútin (1937-2015) e Vassíli Ivánovitch Belov (1932-2012), representantes do movimento da prosa do campo, que existiu na literatura soviética entre 1950 e 1980.

Gorbatchóv tinha mais poder que um tsar. Um poder ilimitado. Então ele chegou e disse: 'Assim não dá mais para viver'. É sua famosa frase. E o país virou um grupo de discussão. Debatiam em casa, no trabalho, no transporte público. Por causa de opiniões diferentes, famílias se desfizeram, filhos brigaram com os pais. Uma conhecida minha brigou de tal maneira com o filho e com a nora por causa do Lênin que colocou os dois para fora de casa, eles tiveram que passar o inverno fora da cidade, numa *datcha* sem aquecimento. Os teatros ficaram vazios, todos ficavam em casa, na frente da televisão. Passavam transmissões ao vivo do Primeiro Congresso dos deputados do povo da URSS. Aquilo tinha toda uma história, de como nós tínhamos eleito aqueles deputados. As primeiras eleições livres! Verdadeiras! Na nossa região, foram duas candidaturas: um funcionário do Partido e um jovem democrata, um professor da universidade. Lembro até hoje o nome dele: Málychev... Iura Málychev. Fiquei sabendo por acaso que ele agora mexe com agronegócio: é comerciante de tomate e de pepino. Mas na época era um revolucionário! Fez um discurso dizendo várias coisas subversivas! Inauditas! Falava que a literatura marxista-leninista tinha pouco fôlego... que cheirava a naftalina... Exigia que o sexto artigo da Constituição fosse revogado, e esse artigo falava do papel dirigente do PCUS. Era a pedra angular do marxismo-leninismo... Eu ouvia e não conseguia imaginar que aquilo seria verdade. Era uma baboseira! Quem é que deixaria... permitiria tocar naquilo? Tudo iria desabar... Era o que mantinha tudo unido... Era tamanha a lavagem cerebral. Eu levei anos para tirar de mim esse lado soviético, foram baldes e baldes disso. (*Silêncio.*) A nossa equipe... Umas vinte pessoas foram recrutadas, como voluntárias; depois do trabalho passávamos pelas casas do bairro e panfletávamos. Fizemos uns cartazes: 'Votem em Málychev!'. E você nem imagina: ele ganhou! Com uma vantagem grande. Nossa primeira vitória! Depois nós todos deliramos com as transmissões ao vivo do Congresso: os deputados se expressavam ainda mais abertamente do que nós na cozinha. Ou a dois metros da cozinha, no máximo. Todo mundo ficava plantado na frente da televisão, como drogados. Ninguém conseguia largar. Agora o Trávkin vai dar uma neles! E deu! E o Bóldyrev? Agora é ele… Aí, muito bem! Era uma paixão indescritível por jornais e revistas; mais pelos periódicos que pelos livros. As tiragens das 'revistas grossas'* dispararam, chegaram a milhões de exemplares. De manhã no metrô encontrávamos o mesmo cenário dia após dia: o vagão inteiro sentado, lendo. Quem estava de pé também estava lendo. Trocávamos de jornal uns com os outros. Com desconhecidos. Meu marido e eu fizemos vinte assinaturas, gastamos um salário inteiro com isso. Eu corria do trabalho para casa, para colocar um roupão e ler. Minha mãe morreu recentemente; ela dizia: 'Eu vou morrer como uma ratazana no meio do lixão'. O apartamento dela, de um quarto, ficou mesmo parecendo uma sala de leitura: revistas, jornais, pilhas nas estantes, nos armários. No chão, no corredor. As preciosas *Novo Mundo* e *Bandeira*… A *Daugava*… Caixas de recortes por todo lado. Caixas grandes. Levei tudo para a *datcha*. Fiquei com pena de jogar fora, mas dar… para quem? Agora vai virar reciclagem! E tudo aquilo foi lido e relido. Muita coisa sublinhada: com lápis vermelho ou amarelo. Com o vermelho eram as coisas mais importantes. Tenho meia tonelada, acho. A *datcha* está abarrotada.

Era uma crença sincera… uma crença ingênua… Nós acreditávamos que agora os ônibus que nos levariam à liberdade já estariam nas ruas. Que moraríamos em prédios bonitos, não numa *khruschovka* cinza; que iríamos construir uma *Autobahn* no

---

* Denominação dada aos periódicos de literatura e cultura na Rússia dos séculos XIX e XX.

lugar das estradas esburacadas; que seríamos todos bons. Ninguém procurou por provas racionais disso. E elas nem existiam. Mas para quê? Nós acreditávamos no coração, não na razão. E nas urnas votamos com o coração. Ninguém falou nada sobre o que era preciso fazer concretamente: liberdade e ponto final. Se você está preso num elevador, só consegue sonhar com uma coisa: o elevador abrindo a porta. Você sente alegria quando ele abre a porta. Euforia! Você não pensa que depois disso precisa fazer alguma coisa... Você finalmente consegue respirar fundo, encher o peito... Você já é feliz! Minha amiga se casou com um francês, ele trabalhava na embaixada em Moscou. E ele ouvia dela o tempo todo: 'Veja só como nós, russos, temos energia'. 'Agora você me explica para que serve essa energia', ele pediu para ela. Nem ela nem eu conseguimos explicar nada para ele. Eu respondi assim para ele: 'Tem essa energia, e pronto'. Eu via ao meu redor pessoas vivas, rostos vivos. Como todos eram belos naquela época! De onde vieram essas pessoas? No dia anterior elas ainda não existiam!

Nunca desligavam a televisão na nossa casa... Víamos o noticiário de hora em hora. Meu filho tinha acabado de nascer, eu ia com ele para o pátio e levava toda vez comigo o radinho. As pessoas levavam o cachorro pra passear com o radinho. Hoje nós rimos do nosso filho: na nossa casa, você ouvia sobre política desde criança; mas ele não tem interesse. Ouve música, aprende línguas. Quer ver o mundo. Vive de outro jeito. Nossos filhos não são parecidos conosco. Com quem eles são parecidos? Com a época deles, um com o outro. Mas nós naquela época... Ah! Ah! O Sobtchak vai discursar agora no Congresso... Todos largavam o que estavam fazendo e corriam para a televisão. Eu gostava de quando o Sobtchak usava um casaco bonito, acho que de belbutina, a gravata com um nó 'europeu'. O Sákharov na tribuna... Quer dizer, o socialismo pode ter um 'rosto humano'? Aí está ele... Para mim era o rosto do acadêmico Likhatchov, não do general Jaruzelski. Se eu dissesse 'Gorbatchóv', meu marido acrescentava 'Gorbatchóv... e Raíssa Maksímovna também'. Era a primeira vez que nós víamos a esposa de um secretário-geral que não nos dava vergonha. Tinha uma bela figura, era bem-vestida. Eles se amavam. Alguém nos trouxe uma revista polonesa, e nela estava escrito que a Raíssa era chique! Como ficamos orgulhosos! E aquelas manifestações sem fim... As ruas ficaram cobertas de panfletos. Terminava uma manifestação, começava outra. E as pessoas continuavam indo; todo mundo pensava que ia chegar lá e ter alguma revelação. Agora as pessoas corretas iriam encontrar as respostas corretas... Uma vida desconhecida nos esperava adiante, e ela atraía todo mundo. Parecia que o reino da liberdade já estava logo ali...

Mas a vida só piorava. Logo passou a ser impossível comprar qualquer coisa, além de livros. Só tinha livros nas prateleiras..."

Ielena Iúrievna:
"No dia 19 de agosto de 1991... Eu cheguei ao diretório distrital. Ia caminhando pelo corredor, ouvindo que em todos os gabinetes, em todos os andares, o rádio estava ligado. A secretária me traz o pedido do primeiro-secretário, dizendo para ir até a sala dele. Eu fui. A televisão do primeiro-secretário estava na maior altura; ele mesmo, carrancudo, estava sentado ao lado do rádio, tentando pegar a Liberdade, ou a Onda Alemã, a BBC... Tudo o que estava ao alcance. Na mesa, tinha uma lista dos membros do Comitê Nacional para o Estado de Emergência... O GKTChP, como depois passariam a chamar. 'Só o Variénnikov inspira confiança', ele me disse. 'Pelo menos ele é um general. Lutou no Afeganistão.' Chega o segundo-secretário... diretor do setor de organização... Começa uma conversa entre nós: 'Que horror! Vai ter sangue. Vão derramar sangue'. 'Não de todo mundo. Só daqueles

que tiverem que derramar.' 'Passou da hora de salvar a União Soviética.' 'Vão fazer montanhas de cadáveres.' 'Pronto, Gorbatchóv conseguiu arrumar encrenca. Finalmente teremos pessoas normais no poder, os generais. Acabou a zona.' O primeiro-secretário informou sua decisão de não fazer a reunião matinal de planejamento: o que ele poderia ordenar? Nenhuma determinação tinha chegado. Na nossa frente, ele ligou para a polícia. 'O senhor está ouvindo alguma coisa?' 'Nada.' Falamos mais um pouco do Gorbatchóv: ou estava doente, ou tinha sido preso. Cada vez mais íamos ficando inclinados para uma terceira possibilidade: tinha escapulido com a família para a América. E para onde mais?

E assim passamos o dia todo na frente da televisão e do telefone. Estávamos aflitos: quem é que tinha levado a melhor lá em cima? Ficamos esperando. Digo honestamente para você, ficamos esperando. Tudo aquilo lembrava um pouco a derrubada do Khruschóv. Todos já tínhamos lido muitas vezes as memórias... É claro que todas as conversas eram sobre uma só coisa... Como era a liberdade? A liberdade para nós era como óculos para um mico. Ninguém sabia o que fazer com ela. Todas essas banquinhas, essas lojinhas... Nós não damos para isso. Eu me lembro de ter encontrado o meu ex-motorista uns dias atrás. Que história... O rapaz foi parar no nosso diretório distrital logo depois do Exército. Por pistolão de alguém graúdo. Estava muito contente. Mas aí começaram as mudanças, permitiram as cooperativas, e ele se afastou de nós. Abriu um negócio. Quase não reconheci: cabeça raspada, jaqueta de couro, roupa esportiva. Pelo que eu entendi, eles têm esse uniforme. Ele se gabou, dizendo que em um dia ganhava mais dinheiro do que o primeiro-secretário do diretório distrital do Partido em um mês. Ele tinha um negócio garantido: jeans. Ele e um amigo alugaram uma lavanderia comum e lá eles faziam esses jeans *tie-dye*. A tecnologia é simples (quem não tem cão caça com gato): você pega um par normal e banal de jeans, joga numa solução de alvejante ou cloro, acrescenta cascalho ou tijolo. 'Cozinha' por algumas horas, e no par de calças aparecem umas listras, umas manchas, uns desenhos... Arte abstrata! Aí secam, colocam uma etiqueta da Montana. Na hora me ocorreu: se nada mudar, são eles, esses vendedores de jeans, que logo vão mandar em nós. Esses homens da NEP!* Vão escolher a comida de todo mundo, a roupa de todo mundo, por mais ridículo que pareça. Vão construir fábricas nos porões... E foi isso que aconteceu. Aí está! Esse rapaz agora é um milionário ou bilionário (para mim, um milhão e um bilhão são a mesma quantia insana), é deputado da Duma Federal. Tem uma casa nas Canárias... outra em Londres... Na época do tsar, quem morava em Londres era o Guértsen, o Ogariov... agora são eles... nossos 'novos-russos'... Os reis dos jeans, dos móveis, do chocolate. Do petróleo.

Às nove da noite, o primeiro-secretário reuniu todo mundo na sala dele mais uma vez. Quem deu o informe foi o chefe distrital do KGB. Ele falou sobre a inclinação do povo. Pelas palavras dele, o povo estava apoiando o GKTchP. Ninguém tinha se revoltado. Todo mundo estava cansado do Gorbatchóv... Cupons para tudo, menos para o sal... Não tinha vodca... O pessoal do KGB tinha andado pela cidade e anotado as conversas. Muito bate-boca nas filas:

'É um golpe! O que vai ser do país?'

'E o que é que vai mudar para você? Sua cama vai continuar no mesmo lugar. A vodca vai continuar a mesma.'

'E assim acabou a liberdade.'

'É! A liberdade pela supressão da *kolbassá*.'

'Alguém queria realmente mascar chiclete. Fumar Marlboro.'

'Já passou da hora! O país está à beira da ruína!'

---

* Sigla coloquial para aqueles que enriqueceram durante a Nova Política Econômica estabelecida por Lênin no início da década de 1920 em vez de restaurar a economia da URSS.

'Esse Judas desse Gorbatchóv! Queria vender a pátria por uns dólares.'

'Vai ter sangue...'

'Nunca é sem sangue neste país...'

'Para salvar o país... o Partido... precisávamos de jeans. De uma bela roupa íntima feminina e de *kolbassá*, mas não de tanques.'

'Queriam uma vida boa? Pois se lascaram! Esqueçam!'

(*Silêncio.*) Resumindo, o povo ficou esperando... como nós ficamos... No fim do dia, os romances policiais tinham acabado na biblioteca do Partido, tinham levado todos. (*Risos.*) Tínhamos todos que ler Lênin, não romances policiais. Lênin e Marx. Os nossos apóstolos.

Eu guardei bem na memória a conferência de imprensa do GKTChP... As mãos do Ianáiev tremiam. Ele ficou lá se justificando: 'Gorbatchóv merece todo o respeito... ele é meu amigo'. Os olhos vacilavam... olhos assustados... Fiquei muito desanimada. Não eram aquelas pessoas que poderiam... Não eram quem nós esperávamos... Eram pigmeus... Gente comum, do aparato do Partido... Salvar o país! Salvar o comunismo! Ninguém podia salvar... Na televisão mostravam as ruas de Moscou: um mar de gente. Um mar! O povo foi correndo para Moscou, todo mundo nos trens, nos elétricos das cidades vizinhas. E o Iéltsin no tanque. Distribuíam panfletos... 'Iéltsin! Iéltsin!', a multidão repetia. Triunfo! (*Nervosa, mexendo na borda da toalha de mesa.*) Esta toalha de mesa... é chinesa... O mundo inteiro está cheio de produtos chineses. A China é o país em que o GKTChP venceu... E nós, onde estamos? Somos um país de terceiro mundo. Onde estão esses que gritaram 'Iéltsin! Iéltsin!'? Eles pensavam que iam viver como na América ou na Alemanha, mas vivem como na Colômbia. Nós perdemos... perdemos o país... E nós, comunistas, na época éramos quinze milhões! O Partido podia... Ele foi traído… Entre quinze milhões, não tinha um só líder. Um só líder! Mas do lado deles tinha um líder. Era o Iéltsin! Perdemos tudo de maneira medíocre! Metade do país esperava que nós vencêssemos. Já não era um só país. Já eram dois.

Aqueles que se diziam comunistas de repente passaram a afirmar que odiavam o comunismo desde o berço. Devolveram suas carteirinhas do Partido… Uns traziam e largavam suas carteirinhas em silêncio, outros batiam a porta. Passavam de madrugada no prédio do diretório distrital… Como ladrões. Deviam se despedir do comunismo dignamente. Não às escondidas. De manhã, os zeladores iam pelo pátio recolhendo as carteirinhas do Partido, as identidades do Komsomol, e traziam para nós. Traziam em sacolas, em grandes sacos plásticos… O que fazer com aquilo? Entregar para quem? Não tinha mais comando. De cima não vinha sinal nenhum. Um silêncio mortal. (*Fica pensativa.*) Essa época foi assim… As pessoas começaram a mudar tudo… Absolutamente tudo. Mudou geral. Uns foram embora: trocaram de país. Outros trocaram de convicção e de princípios. Outros ainda trocaram as coisas de casa, trocaram todas as coisas. Jogaram fora todas as velhas coisas soviéticas, compraram tudo importado… Os 'tchelnok' traziam de tudo na mesma hora: chaleiras, telefones, móveis… geladeiras… Tudo apareceu do nada, aos montes. 'Tenho uma máquina de lavar da Bosch.' 'E eu comprei uma televisão da Siemens.' Em todas as conversas você ouvia: 'Panasonic', 'Sony'… 'Philips'… Encontrei a vizinha: 'Fico com vergonha de me empolgar com um moedor de café alemão… Mas eu estou feliz!'. Justo ela, que… pouco tempo antes… tinha esperado de madrugada na fila para comprar um livrinho da Akhmátova, agora ficava louca por causa de um moedor de café. Por causa de uma bobagem qualquer… E se livraram da carteirinha do Partido, como se fosse uma coisa inútil. Era difícil acreditar… Mas em poucos dias tudo mudou. A Rússia Imperial, como nós lemos nas memórias dos contemporâneos, desvaneceu em três dias; e o comunismo também. Em alguns dias. Não entra na cabeça... Existiam, é verdade, aqueles que esconderam suas cadernetinhas vermelhas, que as mantiveram por via das dúvidas. Recentemente, na casa de uma família conhecida, pegaram no sótão um busto do Lênin pra eu ver. Eles guardaram... vai que ainda serve.... Se os comunistas voltam, eles vão ser os primeiros a amarrar uma fitinha escarlate. (*Longo silêncio.*) Na minha mesa ficaram centenas de declarações de saída do Partido... Em pouco tempo, tudo aquilo foi amontoado e levado embora, como lixo. Ficou apodrecendo no porão. (*Procura alguma coisa numas pastas em cima da mesa.*) Eu guardei algumas folhas... Em algum momento vão me pedir para colocar num museu. Vão procurar... (*Lê.*)

'Fui uma *komsomolka* dedicada... ingressei no Partido de coração aberto. Agora quero dizer que o Partido não tem mais nenhum poder sobre mim...'

'A época me induziu ao erro... Eu acreditei na Grande Revolução de Outubro. Depois de ler Soljenítsin, compreendi que os 'belos ideais do comunismo' estavam cobertos de sangue. Era um engano...'

'O que me fez entrar no Partido foi o medo... Os bolcheviques de Lênin fuzilaram o meu avô, enquanto os comunistas de Stálin aniquilaram os meus pais nos campos de trabalhos forçados da Mordóvia...'

'Em meu nome e em nome do meu falecido marido declaro minha saída do Partido...'

Era necessário suportar tudo isso... e não morrer de medo... No diretório distrital, filas se formavam, como nos mercados. Filas de pessoas que queriam devolver a carteirinha do Partido. Uma mulher muito humilde veio falar comigo. Uma ordenhadeira. Ela estava chorando: 'O que eu tenho que fazer? Como agir? Nos jornais estão dizendo que temos que largar as nossas carteirinhas do Partido'. A justificativa dela era ter três filhos; ela temia por eles. Alguém espalhou o boato de que os comunistas seriam julgados. Seriam exilados. Que já estavam reconstruindo os velhos barracões na Sibéria... Que a polícia tinha recebido as algemas... alguém tinha visto a polícia descarregando essas algemas de caminhões com cobertura de lona. Pois é, coisas horrendas! Mas eu guardei na memória os verdadeiros comunistas. Dedicados ao ideal. Um jovem professor... Um pouco antes do GKTchP, ele foi aceito no Partido, mas não teve tempo de receber a carteirinha; ele pediu: 'Logo vão mandar fechar vocês. Emitam agora a minha carteirinha, do contrário eu não vou recebê-la nunca'. Nesse momento, as pessoas estavam se manifestando de maneira particularmente inflamada. Apareceu lá um veterano do front... Todo coberto de condecorações de guerra. Uma verdadeira iconóstase no peito! Devolveu a carteirinha do Partido, que ele tinha recebido no front, dizendo as seguintes palavras: 'Não quero ser do mesmo partido que esse traidor do Gorbatchóv!'. Estavam inflamadas... as pessoas pareciam... inflamadas. Tanto as estranhas como as conhecidas. Até mesmo os parentes. Antes, quando me encontravam, diziam: 'Ah, Ielena Iúrievna!', 'Como está sua saúde, Ielena Iúrievna?'. Mas depois me viam de longe e atravessavam para o outro lado da rua, para não me cumprimentar. O diretor da melhor escola do bairro... Um pouco antes de todos esses acontecimentos, nós fizemos na escola dele uma conferência científica do Partido sobre os livros do Brêjniev, *A pequena terra* e *Renascimento*. Nessa ocasião, ele proferiu uma comunicação brilhante sobre o papel dirigente do Partido Comunista nos anos da Grande Guerra Patriótica... e sobre a liderança do camarada Brêjniev particularmente... Eu concedi a ele um diploma em nome do diretório distrital do Partido. Um comunista fiel! Um leninista! Meu Deus! Menos de um mês depois... Ele me viu na rua e começou a me ofender: 'O tempo de vocês acabou! Vão responder por tudo! E o primeiro vai ser o Stálin!'. Até perdi o fôlego com aquela ofensa... Ele estava falando aquilo para mim! Para mim? Para mim, que teve o pai preso num campo de trabalho... (*Leva alguns minutos para se acalmar.*) Eu nunca gostei do Stálin. Meu pai perdoou, mas eu não. Eu não perdoei... (*Silêncio.*)

A reabilitação dos 'políticos' começou depois do xx Congresso do Partido. Depois do informe do Khruschóv... Mas aquilo... Aquilo já era na época do Gorbatchóv... Eu fui nomeada presidente da comissão distrital de reabilitação das vítimas das repressões políticas. Eu sei que primeiro convidaram outras pessoas: o nosso procurador e o segundo-secretário do diretório distrital do Partido. Eles recusaram. Por quê? Talvez tenham ficado com medo. Até então nós tínhamos medo de tudo que tivesse qualquer relação com o KGB. Mas eu não hesitei por um segundo: sim, aceito. Meu pai tinha sofrido. Do que eu podia ter medo? Na primeira vez, me levaram para um lugar no porão... Eram dezenas de milhares de pastas... Um 'arquivo' tinha duas folhas, outros eram um volume inteiro. Assim como em 1937 eles tinham um plano... uma cota... de 'desmascaramento e erradicação dos inimigos do povo', também nos anos 1980 os bairros e as regiões recebiam grandes quantidades de reabilitações. Era preciso cumprir e superar esse plano. No estilo stalinista: deliberações, pressões, reprimendas. Vamos, vamos... (*Balança a cabeça.*) Passei madrugadas e madrugadas lendo, revirando aqueles volumes. Francamente... Falo francamente... Meus cabelos ficaram em pé... Um irmão escrevia contra o outro, um vizinho contra o outro... Brigavam por causa de uma horta, por causa de um quarto num apartamento comunal. Em um casamento alguém cantou aquela modinha: 'Ao georgiano Stálin dê graças, por termos nosso sapato de borracha'. Isso já era o suficiente. Por um lado, o sistema triturava as pessoas, mas por outro as pessoas não tinham dó umas das outras. As pessoas estavam dispostas...

Um apartamento comunal como outro qualquer... Moram juntas cinco famílias, 27 pessoas. Uma cozinha e um banheiro. Duas vizinhas fazem amizade: uma tem uma menina de cinco anos, e a segunda é sozinha. Nesses apartamentos comunais geralmente um tomava conta da vida do outro. Ficavam ouvindo. Os que tinham um quarto de dez metros quadrados invejavam os que tinham um de 25 metros. A vida... é assim... E então de madrugada chega um 'corvo negro'... A mulher com a filha pequena é presa. Antes de ser levada, ela conseguiu gritar para a amiga: 'Se eu não voltar, fique com a minha filha. Não deixe que levem para o orfanato'. E a outra ficou com a criança. Um segundo quarto foi concedido para ela... A menina começou a chamá-la de 'mamãe'... 'mamãe Ánia'... Dezessete anos se passaram... A mãe verdadeira voltou depois de dezessete anos. Ela beijou as mãos e os pés da amiga. Os contos de fada geralmente terminam por aí, mas na vida real o final foi diferente. Sem o happy end. Na época do Gorbatchóv, quando abriram os arquivos, perguntaram para a ex-prisioneira dos campos de trabalho: 'Você quer ver o seu arquivo?'. 'Quero.' Ela pegou a pasta dela... abriu... Na parte de cima estava a denúncia... uma letra conhecida... Era da vizinha... A 'mamãe Ánia'... tinha escrito a denúncia... Você consegue entender alguma coisa? Pois eu não. E aquela mulher também não conseguiu entender. Chegou em casa e se enforcou. (*Silêncio.*) Sou ateia. Eu tenho muitas perguntas para Deus... Eu me lembro... Fico lembrando as palavras do meu pai: 'É possível sobreviver aos campos de trabalho, mas às pessoas não'. Ele também dizia: 'Que hoje morra você, e eu, amanhã'. Não foi no campo que eu ouvi essas palavras pela primeira vez, mas do nosso vizinho. Do Karpucha.... O Karpucha passou a vida inteira brigando com os meus pais por causa das nossas galinhas, que andavam na hortinha dele. Corria debaixo da nossa janela com uma espingarda de caça... (*Silêncio.*)

No dia 23 de agosto, prenderam os membros do GKTChP. Pugo, o ministro do Interior, se suicidou com um tiro… mas antes disso ele matou a esposa com um tiro… As pessoas ficaram felizes: 'Pugo se suicidou!'. O marechal Akhromiêiev se enforcou no seu gabinete no Krémlin. E teve mais algumas mortes estranhas… Nikolai Krutchina, administrador do Comitê Central, caiu da janela do quarto andar… Suicídio ou assassinato? Até hoje estão tentando descobrir… (*Silêncio.*) Como viver assim? Como sair na rua? Simplesmente sair na rua e encontrar alguém. Eu na época… Fazia alguns anos que eu vivia sozinha. A minha filha estava casada com um oficial, tinha ido para Vladivostok. Meu marido tinha morrido de câncer. De noite eu voltava para um apartamento vazio. Eu não sou uma pessoa fraca… Mas uns pensamentos… terríveis… começaram a aparecer… Falo com sinceridade… Tive isso, sim… (*Silêncio.*) Por mais algum tempo nós ainda fomos trabalhar no diretório distrital. Ficávamos lá fechados, cada um no seu gabinete. Víamos as notícias pela televisão. Esperávamos. Tínhamos esperança de que alguma coisa acontecesse. Onde está o nosso Partido? Nosso invencível Partido leninista! O mundo ruiu… Recebemos uma ligação de um *kolkhoz*: uns camponeses armados com foices e forcados, ou com espingardas de caça, cada um com o que tinha, estavam reunidos no escritório, prontos para defender o poder soviético. O primeiro-secretário ordenou: 'Mandem essas pessoas para casa'. Estávamos assustados… Estávamos todos assustados… Mas algumas pessoas estavam resolutas. Fiquei sabendo de alguns fatos nesse sentido. Mas nós estávamos assustados…

E aí, naquele dia… ligaram do comitê executivo distrital: 'Somos obrigados a fechar o escritório de vocês. Vocês têm duas horas para recolher suas coisas'. (*Não consegue falar de emoção.*) Duas horas… duas… Uma comissão especial fechou os gabinetes… Os democratas! Um tal serralheiro, um jovem jornalista, uma mãe de cinco filhos… Eu já a conhecia das manifestações. E pelas cartas que mandava para o diretório distrital… para o nosso jornal… Ela morava com uma família enorme num barracão. Ela reclamava por todo canto, exigindo um apartamento. Amaldiçoava os comunistas. Eu guardei bem o rosto dela… Ela estava triunfante naquele momento… Quando eles chegaram ao gabinete do primeiro-secretário, ele jogou uma cadeira neles. No meu gabinete, uma das integrantes da comissão chegou perto da janela e rasgou ostensivamente a cortina. Era para que eu não levasse aquilo para casa, era isso? Meu Deus! Me fizeram abrir a bolsa… Uns anos depois eu encontrei na rua essa mãe de cinco filhos. Agora até lembrei do nome dela: Galina Avdei. Eu perguntei para ela: 'A senhora recebeu seu apartamento?'. Ela levantou o punho na direção do prédio da administração regional: 'Esses canalhas também me enganaram'. E depois… Depois o quê? Na saída do prédio do diretório distrital, uma multidão nos esperava: 'Julgamento para os comunistas! Agora eles é que vão para a Sibéria!', 'Tinha que pegar umas metralhadoras agora mesmo e atirar nessas janelas'. Eu me virei, e atrás de mim vi dois caras bêbados; eram eles que estavam falando… das metralhadoras… Respondi: 'Só levem em consideração uma coisa: eu vou atirar de volta'. Tinha um policial do lado, fazendo cara de quem não estava ouvindo nada. Um policial conhecido.

O tempo inteiro eu tinha a sensação… de estar ouvindo um zum-zum pelas costas… E não fui só eu que vivi assim… Na escola da filha do nosso instrutor, duas meninas da classe chegaram e disseram para ela: 'Nós não vamos ser suas amigas. Seu pai trabalhou no diretório distrital do Partido'. 'Meu pai é bom.' 'Não poderia ter trabalhado lá se fosse bom. Nós estávamos na manifestação ontem…' Quinta série… Crianças… Já são uns pivetes, como Gavroche, dispostos a recolher munição. O primeiro-secretário teve um infarto. Morreu na ambulância, nem chegou no hospital. Eu pensei que seria como antes, com muitas coroas, uma orquestra; mas não tinha nada, nem ninguém. Algumas pessoas foram até o túmulo... Um grupo de camaradas... A esposa dele pediu que esculpissem na lápide a foice e o martelo e os primeiros versos do hino soviético: 'União indestrutível de repúblicas livres...'. Riram dela. Eu ficava o tempo todo ouvindo esse murmúrio, esse zum-zum... Pensei que estava ficando louca... Uma desconhecida no mercado disse bem na minha cara: 'Ei, sua comuna, cagaram no país!'.

O que salvava? Salvavam as ligações... Uma ligação que recebi de uma amiga: 'Se você for mandada para a Sibéria, não tenha medo. É bonito lá'. (*Risos.*) Ela tinha ido para lá numa viagem de turismo. Ela gostou. Uma ligação que recebi de uma prima de Kíev: 'Venha para a nossa casa. Eu dou a chave para você. Você pode ficar escondida na nossa *datcha*. Lá ninguém vai encontrar você'. 'Não sou uma criminosa. Não vou me esconder.' Meus pais me ligavam todo dia: 'O que você está fazendo?'. 'Estou fazendo pepino em conserva.' Passava dias inteiros fervendo latas. Ficava zanzando. Não lia jornais e não via televisão. Lia romances policiais, terminava um livro e já começava outro. A televisão me dava terror. Os jornais também.

Fiquei muito tempo sem conseguir trabalho... Todos achavam que nós tínhamos dividido o dinheiro do Partido e que cada um de nós tinha uma parte de algum oleoduto ou, na pior das hipóteses, um posto de gasolina. Eu não tenho nem um posto de gasolina, nem uma lojinha, nem um quiosque. Agora chamam isso de *komka*.* É *komka*, é *tchelnok*... Nem dá para reconhecer a grandiosa língua russa: é *voucher*, é flutuação cambial... é o *tranche* do FMI... Conversamos numa língua estrangeira. Voltei para

---

* Pequena loja que vende itens usados, deixados em consignação, e recebe uma comissão por isso.

a escola. Estou relendo com os alunos meus amados Tolstói e Tchékhov. Como estão os outros? O destino dos meus camaradas foi por outro lado... Um dos nossos instrutores cometeu suicídio... O administrador do gabinete do Partido teve um ataque de nervos, ficou muito tempo no hospital. Um outro virou homem de negócios... O segundo-secretário virou diretor de teatro. E um instrutor do diretório distrital virou padre. Eu me encontrei com ele. Conversei. É um homem que está vivendo uma segunda vida. Fiquei com inveja dele. Lembrei que... Estive numa galeria de arte... Em um quadro, lembro que tinha muita, muita luz, e uma mulher de pé numa ponte. Olhando para algum lugar ao longe... muita, muita luz... Eu não queria sair de perto desse quadro. Eu saía, e logo voltava, eu era atraída por ele. Eu também poderia ter outra vida. Só não sei qual.”

Anna Ilínitchna:

"Eu acordei com o barulho... Abri a janela... Por Moscou, pela capital, deslizavam tanques e blindados! O rádio! Corri para ligar o rádio! No rádio, estavam transmitindo uma mensagem ao povo soviético: 'Sobre a pátria pairava um perigo mortal... O país estava mergulhado num abismo de violência e ilegalidade... Limparemos as ruas de elementos criminosos... Colocaremos um fim a esses tempos conturbados...'. Não dava para entender: ou o Gorbatchóv tinha se licenciado pelas condições de sua saúde ou tinha sido preso. Liguei para o meu marido, ele estava na *datcha*. 'Está acontecendo um golpe de estado no país. O poder está nas mãos...' 'Sua idiota! Desligue o telefone, vão prender você agora mesmo.' Liguei a televisão. Em todos os canais, estava passando o balé *O lago dos cisnes*. Mas na minha cabeça eu via outras cenas, todos nós éramos filhos da propaganda soviética: Santiago do Chile... o palácio presidencial em chamas... A voz de Salvador

Allende… Começaram os telefonemas: a cidade estava tomada por veículos de combate, tanques na praça Púchkin, na praça Teatral… Nessa época minha sogra estava nos visitando, ela ficou terrivelmente assustada: 'Não saia na rua. Eu vivi em uma ditadura, eu sei o que é isso'. Mas eu não queria viver em uma ditadura! Depois do almoço, meu marido voltou para casa. Ficamos reunidos na cozinha. Fumando muito. Estávamos com medo das escutas telefônicas… colocamos um travesseiro em cima do telefone… (*Risos*.) Tínhamos lido um monte de literatura dissidente. Tínhamos ouvido um monte de coisa. E agora tudo aquilo serviria para alguma coisa… Deixaram-nos respirar um pouco, mas agora tudo iria se fechar. Seríamos colocados de volta na gaiola, ficaríamos de novo presos no asfalto… seríamos como borboletas no cimento… Nós nos lembrávamos dos recentes acontecimentos da praça da Paz Celestial, de como tinham dispersado os protestos de Tbilissi a golpes de pá. Do ataque à estação de televisão em Vilnius… 'Enquanto nós líamos Chalámov e Platónov, começou a guerra civil. Antes nós discutíamos na cozinha, íamos às manifestações, mas agora vamos atirar uns contra os outros', disse o meu marido. Essa era a disposição geral… de que algo catastrófico estava próximo… Não desligávamos o rádio um minuto sequer, ficávamos girando o dial, girando: em todo lugar só tocava música, música clássica. E de repente um milagre! Funcionou *A Voz da Rússia*: 'Foi afastado do poder um presidente eleito legalmente… Foi realizada uma tentativa cínica de golpe…' E assim nós ficamos sabendo que milhares de pessoas já tinham saído às ruas. O Gorbatchóv estava em perigo… Ir ou não ir, isso nem se discutiu. Ir! Minha sogra no início tentou me dissuadir: 'Pense na criança', ela disse, 'você está louca, aonde é que vai se meter?'. Fiquei quieta. Aí ela viu que nós estávamos prontos para sair: 'Já que vocês são tão idiotas, pelo menos levem uma solução de soda; vocês molham uma gaze e colocam no rosto no caso de um ataque com gás'. Preparei essa solução e coloquei em uma lata de três litros, depois rasguei um lençol em pedaços. Levamos também tudo que tinha de comida, peguei todas as conservas do armário.

Muitas pessoas estavam indo para o metrô, assim como nós... Mas tinha gente na fila para comprar sorvete... Gente comprando flores. Passamos por um grupo bem animado... Pesquei as palavras: 'Se amanhã eu não conseguir ir ao concerto por causa desses tanques, eu nunca vou perdoá-los'. Um homem veio correndo na nossa direção, de cueca, carregando uma sacola, e na sacola tinha umas garrafas vazias. Quando chegou perto de nós, disse: 'Sabem me dizer onde fica a rua Stroítelnaia?'. Eu mostrei pra ele que ele devia virar à direita e depois seguir adiante. Ele disse 'obrigado'. Ele não estava nem aí pra nada, só queria devolver as garrafas. E por acaso em 1917 foi diferente? Uns dando tiros, outros dançando num baile. E Lênin em uma autometralhadora...

Ielena Iúrievna:

"Foi uma farsa! Interpretaram uma farsa! Se o GKTchP tivesse vencido, hoje viveríamos em outro país. Se o Gorbatchóv não tivesse se acovardado... Não pagariam as pessoas em pneus e bonecas. Em xampu. Uma fábrica de pregos faria pregos. Uma de sabão faria sabão. Digo isso a todo mundo: olhem para os chineses... Eles têm um caminho. Não dependem de ninguém, não imitam ninguém. E agora o mundo inteiro tem medo dos chineses... (*De novo me indaga.*) Tenho certeza de que você está cortando as minhas palavras."

Prometo que serão dois relatos. Quero continuar sendo uma historiadora de sangue-frio, não uma historiadora com uma tocha acesa. Que o tempo julgue. O tempo é justo, mas o tempo distante, não o próximo. O tempo em que já não existiremos. Que não terá as nossas paixões.

Anna Ilínitchna:

"Dá para rir desses dias, chamar de opereta. A zombaria está na moda. Mas na época tudo o que aconteceu foi a sério. Foi honesto. Tudo era verdadeiro, e todos nós éramos verdadeiros. Pessoas desarmadas ficaram na frente dos tanques, dispostas a morrer. Eu estive nessas barricadas e vi essas pessoas, elas tinham vindo do país inteiro. Umas velhinhas moscovitas, velhotas indefesas, levavam bolos de carne, batatas quentes embrulhadas num pano de prato. Davam comida para todo mundo... Para os tanquistas também: 'Comam, meninos. Só não atirem. Vocês não vão atirar, vão?'. Os soldados não entendiam nada... Quando eles abriram as escotilhas e saíram dos tanques, ficaram pasmos. Moscou inteira estava nas ruas! As mocinhas subiam na torre dos tanques, iam até eles para abraçá-los, beijá-los. Serviam pãezinhos. As mães dos soldados que tinham morrido no Afeganistão choravam: 'Nossos filhos morreram em terra estrangeira. Vocês querem o quê? Morrer na própria terra?'. Tinha um major... Quando ele foi cercado pelas mulheres, os nervos não aguentaram, e ele gritou: 'Mas eu mesmo sou pai. Não vou atirar! Juro para vocês que não vou atirar! Contra o povo não avançaremos!'. Lá teve um monte de coisas engraçadas e de coisas muito tocantes, de levar às lágrimas. De repente ouvimos gritos na multidão: 'Alguém tem um Validol? Tem uma pessoa passando mal'. Imediatamente alguém achou um Validol. Tinha uma mulher com uma criança num carrinho (se a minha sogra tivesse visto aquilo!), ela pegou uma fralda para desenhar nela uma cruz vermelha. Com quê? 'Alguém tem um batom?' Começaram a jogar para ela batons baratos, mas também da Lancôme... Christian Dior... Chanel...

Ninguém fotografou isso, ninguém registrou em detalhes. É uma pena. Uma grande pena. A harmonia desse acontecimento, sua beleza... elas apareceram depois, essas bandeiras, a música... e tudo fundiu-se no bronze... Mas na vida era tudo fragmentado, sujo e lilás: as pessoas sentadas a madrugada inteira, junto às fogueiras, direto no chão. Em cima de jornais e panfletos. Com fome, irritadas. Xingavam, bebiam; mas não tinha ninguém bêbado. Alguém tinha trazido *kolbassá*, queijo, pão. Café. Disseram que era gente de cooperativas... Homens de negócio... Eu até vi algumas latas de caviar vermelho. O caviar sumiu no bolso de alguém. Distribuíam cigarros de graça. Do meu lado estava um rapaz com tatuagens de presidiário. Era um tigre! Roqueiros, punks, estudantes com violões. E professores. Todos estavam juntos. O povo! Aquele era o meu povo! Eu encontrei lá meus amigos de faculdade, que eu não via fazia uns quinze anos, se não mais. Um estava morando em Vólogda... Outro em Iaroslavl... Mas eles tinham pegado o trem e ido para Moscou! Para defender algo que era importante para nós. De manhã levamos todos para casa. Tomamos banho, café da manhã e voltamos para lá. Na saída do metrô, já estavam distribuindo para todo mundo pedras e vergalhões. 'As pedras do calçamento são a arma do proletariado', nós brincamos. Construímos barricadas. Viramos uns trólebus, cortamos árvores.

Uma tribuna já estava de pé. Em cima dessa tribuna, os cartazes: 'Não à junta!', 'O povo não é para ser pisado'. Os oradores falavam num megafone. Começavam suas falas com palavras normais, tanto as pessoas comuns como os políticos famosos. Depois de alguns minutos, ninguém se contentava mais com as palavras comuns, e aí começavam a xingar. 'Nós temos que pegar esses escrotos...' E palavrão! O bom e velho palavrão russo! 'Acabou o tempo deles...' E a grandiosa e poderosa língua russa! O palavrão é como um grito de guerra. E todos entendiam isso. Estava de acordo com o momento. Foram instantes de tanto entusiasmo! De tanta força! As palavras velhas não serviam, mas as novas ainda não tinham surgido... Ficamos o tempo todo esperando o ataque. Fazia um silêncio inacreditável, especialmente de madrugada. Todos estavam terrivelmente tensos. Milhares de pessoas, e um silêncio. Lembro bem do cheiro de gasolina que vinha das garrafas. Era um cheiro de guerra...

Lá estiveram os bons! Lá estiveram pessoas excelentes! Agora escrevem muito sobre a vodca e as drogas. 'Que revolução é essa?', dizem. 'Com bêbados e drogados em barricadas.' Mentira! Todos foram lá com sinceridade, para morrer. Nós sabíamos que aquela máquina tinha feito pó das pessoas por setenta anos... Ninguém achava que ela quebraria assim de maneira tão fácil... Sem muito sangue... Começaram os boatos: colocaram minas na ponte, logo lançariam gás. Um dos estudantes da faculdade de medicina explicou como se comportar em caso de ataque com gás. A situação mudava a cada meia hora. Uma notícia terrível: três rapazes tinham morrido lutando contra um tanque... Mas ninguém se abalou, ninguém foi embora da praça. A tal ponto aquilo era importante para a nossa vida, independente do que aconteceria depois. Independente das decepções. Mas nós sobrevivemos a isso... Nós éramos assim! (*Chorando.*) Quase de manhã sobre a praça correu o grito: 'Viva! Viva!'. E mais palavrões... Lágrimas... Gritos... Passavam de boca a boca: o exército tinha passado para o lado do povo, as tropas especiais do batalhão Alfa tinham se recusado a participar do ataque. Os tanques estavam saindo da capital... E, quando anunciaram que os golpistas tinham sido presos, as pessoas começaram a se abraçar, foi tanta alegria! Tínhamos vencido! Tínhamos conseguido defender nossa liberdade. Juntos, tínhamos conseguido! Então nós podíamos! Sujos, molhados de chuva, ficamos muito tempo ali, sem querer voltar para casa. Anotamos os endereços uns dos outros. Juramos nos lembrar uns dos outros. Manter amizade. Os policiais no metrô estavam muito gentis; nunca, nem antes disso, nem depois, eu vi policiais tão gentis.

Nós vencemos... Gorbatchóv voltou de Foros e encontrou um país completamente diferente. As pessoas andavam pela cidade sorrindo umas para as outras. Nós vencemos! Fiquei muito tempo com aquela sensação... Eu andava e me lembrava... Revia aquelas cenas... Alguém gritando: 'Tanques! Uns tanques estão vindo!'. Todos se deram as mãos e formaram uma corrente. Eram duas ou três da madrugada. Um homem do meu lado pegou um pacote de biscoitos: 'Querem biscoitos?', e todos foram pegar os biscoitos dele. Por algum motivo demos risada. Se queríamos biscoitos... queríamos viver! Mas eu... até agora... Fico feliz por ter estado lá. Com meu marido, com meus amigos. Na época, ainda éramos todos muito sinceros. É uma pena não sermos mais daquele jeito... Achava uma pena, especialmente antes.

Ao nos despedirmos, pergunto a elas como conseguiram manter a amizade, que vinha desde a época da universidade, pelo que eu havia entendido.

"Temos um acordo: não tocar nesse tema. Não ferir uma à outra. Nós chegamos a brigar, cortamos relações. Ficamos anos sem falar uma com a outra. Mas isso passou."

"Agora só falamos dos filhos e dos netos. O que cada uma planta na *datcha*."

"Quando nossos amigos se reúnem... Também ninguém fala uma palavra sobre política. Cada um chegou até aqui por um caminho diferente. Vivemos juntos: senhores e camaradas. 'Vermelhos' e 'brancos'. Mas agora ninguém quer trocar tiros. Chega de sangue."

SOBRE IRMÃOS E IRMÃS, CARRASCOS E VÍTIMAS... E SOBRE O ELEITORADO

Aleksandr Porfírievitch Charpilo, aposentado, 63 anos

Sobre o relato da sua vizinha, Marina Tíkhonovna Issáitchik:

"São estranhos, o que é que vocês querem? Vão e vêm. Bom... Ninguém morre sem um motivo, um motivo sempre tem. A morte encontra um motivo.

Tinha uma pessoa pegando fogo na hortinha de pepinos... Tinha jogado acetona na cabeça e acendido um fósforo. Eu estava sentada, tinha ligado a televisão, quando ouvi os gritos. Uma voz de velho, conhecida... a voz do Sachka, talvez, e a de um jovem. Um estudante estava passando, o colégio técnico era ali do lado, e viu uma pessoa pegando fogo. Mas o que é isso?! Saiu correndo, começou a apagar o fogo. Aí ele mesmo se queimou. Quando eu cheguei correndo, o Sachka já estava deitado no chão, gemendo... a cabeça toda amarela... São estranhos, o que você quer... Quer o quê com a desgraça alheia?

Todos têm vontade de olhar para a morte. Ai! Em suma... Na cidadezinha em que eu morava com os meus pais quando era moça, tinha um velho; ele adorava ir ver as pessoas que estavam morrendo. As mulheres tentavam constrangê-lo, expulsá-lo de casa: 'Saia daqui, diabo!'. E ele lá sentado. Viveu muito tempo. Vai ver era um diabo mesmo! Olhar o quê? Para onde... para o outro lado? Depois da morte não tem nada. Morreu e pronto, é só enterrar. Mas se você está vivo, mesmo infeliz, pode andar pelo ventinho, pelo jardinzinho. Mas quando o espírito sai, não tem mais gente, tem a terra. O espírito é o espírito, todo o resto é terra. É terra, e só. Um morre no berço, outro vive até ficar velho. Gente feliz não quer morrer... e os que... os que são amados também não querem. Custam a ir embora. Mas onde é que está a gente feliz? Antes no rádio falavam que depois da guerra todo mundo seria feliz; eu lembro que o Khruschóv também prometeu... que logo chegaria o comunismo. O Gorbatchóv jurava, falava tão bonito... Tão bem. Agora é o Iéltsin que jura, ameaçou até deitar em cima dos trilhos... Eu esperei e esperei essa vida boa. Esperei quando era pequena... e depois de crescer... Agora já sou velha. Resumindo, todos me enganaram, a vida ficou ainda pior. É esperar e ter paciência, esperar e ter paciência. Esperar e ter paciência... Meu marido morreu. Foi para a rua, caiu e pronto: o coração parou de funcionar. Não tem como medir, não tem como pesar tudo o que nós tivemos que suportar. Mas estou aqui, vivendo. Estou vivendo. Meus filhos foram cada um para um lado: o meu filho está em Novossibirsk, e a minha filha ficou com a família em Riga, que agora já fica fora do país. No exterior. Lá já não falam russo.

Deixo um iconezinho num canto e tenho um cachorro, para ter com quem conversar. Uma andorinha não faz verão, mas eu bem que tento. Pois é... Que bom que Deus deu ao homem o cachorro e o gato... e também as árvores e os pássaros... Ele deu tudo isso para o homem ficar feliz e não achar a vida longa demais. Para não achar maçante. Mas só tem uma coisa que não me cansou: ver o trigo ficar amarelo. Passei tanta fome na vida que a coisa que eu mais adoro é ver o grão do trigo amadurecer, as espigas balançarem. Isso para mim é como um quadro em um museu para vocês... Mesmo hoje em dia, não sou louca por pão branco, acho mais gostoso pão preto salgado com chá doce. Esperar e ter paciência... esperar e ter paciência... Para qualquer dor o nosso remédio é um só: paciência. Foi assim que eu passei a vida. E o Sachka também... o nosso Porfíritch... Suportou, suportou, mas não aguentou mais. O homem se cansa. O corpo vai jazer na terra, mas a alma vai procurar uma resposta. (*Enxuga as lágrimas.*) Pois é assim! Aqui choramos... e quando vamos embora, também choramos...

As pessoas começaram a acreditar em Deus de novo, já que não têm outra esperança. Mas antes na escola nós aprendíamos que Lênin era um deus, que Karl Marx era um deus. Na igreja armazenavam grãos, guardavam beterraba. Foi assim antes de a guerra começar. Começou a guerra... O Stálin abriu a igreja para as pessoas rezarem pela vitória das armas russas, e começou a falar para o povo: 'Irmãos e irmãs... meus amigos...'. Mas antes disso quem nós éramos? Inimigos do povo... *kulaks* e amigos de *kulaks*... Na nossa cidade, todas as famílias mais fortes foram expropriadas; se tinham dois cavalos e duas vacas no quintal, já eram *kulaks*. Foram levados para a Sibéria e largados lá na floresta cerrada, na taiga... As mulheres sufocavam os filhos para eles não sofrerem. Ai, que tristeza... tinha mais lágrima de gente do que água no mundo inteiro. E aí o Stálin pediu: 'Irmãos e irmãs...'. E todo mundo acreditou. Perdoou. E vencemos o Hitler! O Hitler veio nos atacar, todo encouraçado... com ferro... Mas mesmo assim nós vencemos! Mas agora quem sou eu? Nós? O eleitorado... Eu vejo televisão. Não perco o telejornal... Agora nós somos o eleitorado. O nosso trabalho é ir votar direito, e só! Uma vez eu fiquei doente, não fui até a urna. Mas aí eles mesmos vieram de carro. Com uma caixinha vermelha. Nesse dia eles se lembram de nós... Pois é...

Nós morremos do mesmo jeito que vivemos... Eu vou à igreja, uso crucifixo, mas felicidade eu não tinha e continuo não tendo. Não tentei conseguir felicidade. E agora já não dá para pedir. Era melhor morrer... Era melhor ir para o reino dos céus, cansei de ficar suportando. Com o Sachka também foi assim... Agora está no cemitério... descansando... (*Faz o sinal da cruz.*) Ele foi enterrado com música, com choro. Todo mundo chorou. Nesse dia choram muito. Ficam se lamentando. Mas se arrepender de quê? Depois da morte quem é que ouve? Ficaram dois quartinhos num barracão, uma horta, uns diplomas vermelhos e uma medalha, 'Vencedor da competição socialista'. Eu tenho essa mesma medalha no armário. Fui *stakhanovista**, fui deputada. Nem sempre tinha o que comer, mas diploma vermelho davam. Tiravam foto. Eram três famílias nesse barracão. Fomos morar lá ainda jovens, pensamos que seria por um ano ou dois, mas passamos a vida toda lá. E vamos morrer no barracão. Uns passaram vinte anos, outros, trinta anos... na fila por um apartamento, esperando... Aí apareceu o Gaidar, rindo: vão, vão às compras. Com quê? O nosso dinheiro sumiu... uma reforma, outra... depenaram a gente! Um país como este, e jogaram na privada! Toda família tinha dois quartinhos, um galpãozinho e uma horta. Era todo mundo igual. Olhe só o que nós ganhamos com o trabalho! Para ficar rico! Passamos a vida toda acreditando que em algum momento viveríamos bem. Que mentira! Que grande mentira! E a vida... é melhor nem lembrar... Suportamos, trabalhamos e sofremos. Mas agora não vivemos mais, só passamos o tempo, dia após dia.

Sachka e eu somos da mesma cidadezinha... Ali... perto de Brest... Às vezes à noite nós ficávamos sentados num banquinho, relembrando. E sobre o que mais conversar? Ele era um homem bom. Não bebia, não era um bêbado... nãããão... Embora morasse sozinho. O que um homem solitário tem para fazer? Bebe, dorme um pouco... bebe... Eu ficava andando pelo pátio. Zanzando. Ficava andando e pensando: a vida terrena não é o fim de tudo. A morte abre todos os espaços para a alma... Onde ele estará lá? No fim, pensou nos vizinhos. Não esqueceu. O barracão era velho, tinham construído logo depois da guerra, a madeira estava seca e podia pegar fogo que nem papel, podia começar um incêndio.

---

* Trabalhador que produzia além da cota. A denominação deriva de Aleksei Grigórievitch Stakhánov (1906-77), mineiro que teria superado em quase quinze vezes sua cota em 1935, dando início a um movimento de competição do trabalho socialista.

Num instante! Num segundo! E queimaria até a grama... até o chão... Escreveu um bilhete para os filhos: 'Eduquem bem meus netos. Adeus'... e colocou num lugar à vista. Foi para o jardim... para a sua horta...

Ai, ai! Em suma... em suma... Chegou a ambulância, ele foi colocado na maca, mas levantou todo afobado, queria ir sozinho. 'O que foi que você aprontou, Sachka?', eu disse, e fui acompanhando até o carro. 'Cansei de viver. Ligue para o meu filho, para ele ir para o hospital.' Ele ainda conversou comigo... O casaco estava todo queimado, mas o ombro estava branco, inteiro. Deixou cinco mil rublos... Já foi um bom dinheiro! Tirou da poupança e colocou em cima da mesa, do lado do bilhete. Tinha passado a vida toda juntando. Antes da perestroika, com esse dinheiro dava para comprar um carro Volga. O mais caro! E agora? Dava para comprar umas botas novas e a coroa de flores. Isso mesmo! Ele ficou lá deitado na cama, escurecendo... escurecendo bem na minha frente... Os médicos também levaram o rapaz que tinha tentado salvá-lo, que tinha tirado do varal os meus lençóis molhados (eu tinha lavado de dia) e jogado em cima dele. Um rapaz desconhecido... um estudante... Estava passando por ali e viu uma pessoa pegando fogo! Sentado na horta, encurvado e pegando fogo. Sendo defumado. E quieto! Foi assim que ele nos contou depois: 'Pegando fogo e quieto'. Uma pessoa viva... De manhã o filho veio bater na minha porta: 'Meu pai morreu'. Estava deitado no caixão... A cabeça toda queimada, e as mãos... Tudo preto... Tudo preto... As mãos dele eram de ouro! Sabia fazer de tudo. Coisa de marceneiro, coisa de pedreiro. Aqui todo mundo ficou com alguma lembrança dele: um tem uma mesa, outro tem uma prateleira de livros... uma estante... Até de madrugada, às vezes, ele ficava no pátio aplainando, posso até ver ele lá aplainando. Adorava madeira. Reconhecia a madeira pelo cheiro, pela apara. Ele dizia que cada madeira tinha seu próprio cheiro. O cheiro mais forte era o do pinheiro: 'O pinheiro tem cheiro de um bom chá; já o bordo tem um cheiro alegre'. Trabalhou até o último dia. É justo aquele ditado: enquanto o ferro estiver nas mãos, o pão estará nos dentes. Agora não tem como viver da aposentadoria. Eu mesma comecei a trabalhar de babá, cuidando do filho dos outros. Me dão uns copeques, e aí eu compro açúcar e um pouco de *kolbassá* magra. E a nossa aposentadoria? É para comprar pão e leite; um chinelo para passar o verão já não dá para comprar. Não sobra. Antes os velhos ficavam sentados no banquinho do pátio, despreocupados. Ficavam bisbilhotando. Mas agora não… Um recolhe garrafas velhas pela cidade, outro fica vagando ao redor das igrejas… Pedindo para as pessoas… Outro vende sementes ou cigarro no ponto de ônibus. Vale-vodca. Aqui numa loja de bebidas espancaram um homem a pontapés. Até a morte. A vodca agora é mais cara que esse… Como é? Que esse dólar americano. Com vodca agora dá para comprar de tudo aqui. Vem encanador, vem eletricista. Sem isso, não dá pra chamar ninguém. Em suma… em suma… A vida passou… O tempo é a única coisa que não dá para comprar com dinheiro nenhum. Você pode chorar para Deus o quanto for, mas isso não vai conseguir comprar. É assim que funciona.

Mas o Sachka, ele mesmo não queria viver. Se recusou. Ele mesmo devolveu seu bilhete para Deus… Ai, meu De-e-e-eus! Agora a polícia não para de passar. Estão interrogando… (*Tenta escutar.*) Veja só… É o apito do trem… Esse é o de Moscou, Brest--Moscou. Eu não preciso nem de relógio. Eu acordo quando o de Varsóvia grita, às seis da manhã. E tem o de Minsk, o primeiro de Moscou… De manhã e de noite eles gritam, com vozes diferentes. Às vezes fico a madrugada inteira escutando. Na velhice o sono vai embora… Com quem é que eu posso conversar agora? Agora eu fico sentada sozinha no banquinho… Eu tentava consolar: 'Sachka, encontre uma mulher boa. Para casar'. 'A Lizka vai voltar. Vou esperar.' Eu fiquei sete anos sem vê-la, depois que ela largou dele. Se envolveu com um oficial. Era jovem… Muitos anos mais nova que ele. Ele a amava muito. Ela batia com a cabeça no caixão: 'Fui eu que acabei com a vida do Sachka'. Ai, ai! Em suma... O amor não é como cabelo: não dá para arrancar facilmente. E só a cruz também não mantém o amor. Para que chorar depois? Quem é que vai ouvir debaixo da terra?... (*Silêncio.*) Ai, meu De--e-eus! Até os quarenta anos dá para fazer tudo, dá para pecar bastante. Mas depois dos quarenta tem que se arrepender. E aí Deus vai perdoar.

(*Risos.*) Está escrevendo tudo? Pois escreva, escreva. Vou contar mais um pouco... De tristeza tenho mais de um saco... (*Erguendo a cabeça.*) Pois é-é-é... As andorinhas chegaram... Logo vai fazer calor. Para falar a verdade, já veio uma vez um correspondente falar comigo... Para fazer perguntas sobre a guerra... Eu me livro de tudo que tenho em casa, desde que não tenha guerra. Não tem nada mais terrível que a guerra. As metralhadoras alemãs em cima de nós, e as nossas casinhas crepitando do fogo. Os jardinzinhos também pegando fogo. Ai, ai! O Sachka e eu ficávamos relembrando a guerra todos os dias... O pai dele desapareceu, e o irmão morreu com os *partisans*. Arrastaram os prisioneiros para Brest, um monte de gente! Eles eram levados pelas ruas como cavalos, eram mantidos em cercados, morriam e ficavam amontoados, como lixo. Sachka passou o verão inteiro andando por lá com a mãe, procurando pelo pai... Ele começou a me contar... e não conseguia parar... Eles procuraram no meio dos mortos, procuraram no meio dos vivos. Ninguém tinha mais medo da morte, a morte tinha virado uma coisa normal. Antes da guerra, cantávamos: 'Da taiga até os mares britânicos/ O Exército Vermelho é o mais forte de todos...'. E cantávamos com orgulho! Na primavera o gelo começou a derreter... a se mexer... O rio que passa atrás da nossa cidadezinha ficou cheio de cadáveres: nus, escurecidos, só as fivelas brilhando nos cintos. Fivelas com estrelinhas vermelhas. Não existe mar sem água, nem guerra sem sangue. Deus dá a vida, mas na guerra qualquer um pode tomá-

-la… (*Choro.*) Fico andando pelo pátio. Zanzando. E parece que o Sachka está atrás de mim. Até ouço a voz dele. Olho para trás, e não tem ninguém. Em suma… em suma… O que é que você foi aprontar, Sachka? Escolher tamanho suplício. Talvez tenha sido por uma coisa: queimou aqui na terra, mas no céu não vai queimar. Pagou os pecados. Em algum lugar eles têm que guardar todas as nossas lágrimas… Como ele vai ser recebido lá? Os aleijados se arrastam por aí, os paralíticos ficam largados, os mudos seguem vivendo. Não somos nós que temos que decidir… Não é da nossa vontade… (*Faz o sinal da cruz.*)

Nunca, jamais me esquecerei da guerra… Os alemães entraram na nossa vila… Eram jovens, alegres. E um barulho tremendo! Eles vieram em veículos muito, muito grandes, e tinham motos de três rodas. E eu antes disso nunca tinha visto uma moto. No *kolkhoz*, tínhamos só esses caminhões de tonelada e meia, com carroceria de madeira, eram carros baixinhos. Mas aqueles! Pareciam uma casa! Eu vi os cavalos deles: eram montanhas, não cavalos. Eles escreveram com tinta na escola: 'O Exército Vermelho abandonou vocês!'. Começou a ordem alemã… Na nossa vila tinha muitos judeus: Avram, Iankel, Mordukh… Eles foram reunidos e levados para um lugarejo. Tinham travesseiros, cobertores, mas logo foram todos mortos. Reuniram os da região toda e fuzilaram em um dia. Jogaram em uma vala… Eram milhares… Milhares de pessoas… Diziam que durante três dias o sangue ficou jorrando dali… A terra respirava… Estava viva a terra… Naquele lugar agora tem um parque. Um local de lazer. Do túmulo não vem nem uma só voz. Ninguém grita de lá. Pois é… É o que eu acho… (*Chorando.*)

Não sei… como foi aquilo? Eles mesmos foram até ela ou ela os encontrou na floresta? Nossa vizinha escondeu no galpão dois rapazinhos judeus, muito, muito bonitinhos. Anjinhos! Todos tinham sido fuzilados, mas eles se esconderam. Fugiram. Um tinha oito, o outro, dez anos. A nossa mãe levava leite para eles… 'Escu-

113

tem bem, crianças...', ela nos pediu, 'não digam nada para ninguém.' E naquela família eles tinham um avozinho bem velhinho, que se lembrava daquela outra guerra com os alemães... A primeira... Ele dava comida para eles e chorava: 'Ai, minhas criancinhas, vão apanhar vocês e vão torturar. Se eu pudesse, era melhor que eu mesmo matasse vocês'. Palavras como essas... Mas o diabo ouve tudo... (*Faz o sinal da cruz.*) Chegaram três alemães numa moto preta com um cachorro preto enorme. Alguém tinha denunciado... Sempre tem gente assim, gente com uma alma negra. Essas pessoas vivem como se não tivessem alma... Até o coração delas é só anatômico, não é humano. Não têm dó de ninguém. Os rapazinhos saíram correndo para o campo de cevada... Os alemães soltaram o cachorro neles... As pessoas recolheram depois pedaço por pedaço... Trapo por trapo... Nem tinha o que enterrar, e ninguém sabia nem o sobrenome. Os alemães amarraram a vizinha na moto, ela correu até o coração explodir... (*Já sem enxugar as lágrimas.*) Na guerra, o homem tinha medo do homem. Tanto dos seus como dos outros. Se você falasse de dia, os passarinhos iam ouvir; se falasse de noite, os ratos iam ouvir. Minha mãe nos ensinou umas orações. Sem Deus, até um verme pode devorar você.

No Nove de Maio... no nosso feriado... O Sachka e eu bebíamos um copinho cada... chorávamos um pouquinho... É difícil engolir as lágrimas... Em suma... em suma... Aos dez anos ele passou a ser o pai da família, o irmão. E eu fiz dezesseis anos quando a guerra acabou. Fui trabalhar em uma fábrica de cimento. Tinha que ajudar minha mãe. Arrastávamos sacos de cimento de cinquenta quilos cada, carregávamos a carroceria do caminhão com areia, cascalho, vergalhões. Mas eu queria estudar... Gradávamos e lavrávamos com uma vaca... A vaca berrava por causa daquele trabalho... E o que comíamos? O que comíamos? Moíamos bolotas de carvalho, recolhíamos pinhas na floresta.

Mesmo assim eu sonhava... Passei a guerra inteira sonhando: terminar a escola, virar professora. O último dia da guerra... foi quente, bem quente... fui com a minha mãe para o campo... Um policial veio galopando num cavalo do exército: 'Vitória! Os alemães assinaram a capitulação!'. Galopou pelos campos, gritando para todo mundo: 'Vitória! Vitória!'. As pessoas correram para a vila. Gritavam, choravam, xingavam. Principalmente choravam. Mas no dia seguinte começaram a pensar: 'Como continuar a vida?'. Nas casinhas, era um vazio, nos galpões, só vento. Canecas feitas com lata de conserva... Latas que tinham ficado depois da passagem dos soldados alemães... Velas feitas com os cartuchos vazios. Todo mundo esqueceu o sal durante a guerra, a gente andava e os ossos de todo mundo pareciam entortar. Quando os alemães se retiraram, arrastaram um javali nosso, pegaram as últimas galinhas. E, antes disso, os *partisans* tinham levado embora a vaca, de madrugada... Minha mãe não queria entregar a vaca, então um *partisan* atirou para cima. Para o teto. Eles também colocaram a máquina de costura da minha mãe e uns vestidos dela em um saco. Eram *partisans* ou bandidos? Com armas... Em suma... em suma... O ser humano sempre quer viver, e na guerra também quer. Na guerra você aprende muita coisa... Não tem animal pior que o homem. É o homem que mata o homem, não a bala. O homem que mata o homem... Mi-i-inha querida!

Minha mãe chamou uma vidente... A vidente previu: 'Tudo vai ficar bem'. Mas nós não tínhamos nada para dar para ela. Minha mãe achou duas beterrabas na adega e ficou contente. A vidente também ficou contente. Como eu tinha sonhado, tentei entrar numa escola primária. Lá tinha que preencher uma ficha... Escrevi tudo e cheguei até a questão: você ou seus parentes foram prisioneiros ou estiveram em área sob ocupação? Respondi que sim, claro que sim. O diretor da escola me chamou no gabinete dele: 'Moça, pegue seus documentos'. Ele tinha vindo do front, não tinha um braço. Tinha uma manga vazia. Foi assim que eu fiquei sabendo que nós... todos os que estiveram em área sob ocupação... éramos duvidosos. Estávamos sob suspeita. Ninguém falava mais para nós 'irmãos e irmãs'... Foi só depois de quarenta anos que aboliram aquela ficha. Quarenta anos! Minha vida já tinha acabado quando aboliram. 'Mas quem foi que nos largou com os alemães?' 'Fale baixo, menina, baixo...', o diretor fechou a porta para ninguém ouvir. 'Baixo... baixo...' Como é que alguém pode fugir do destino? É como partir água com uma faca... Já o Sachka tentou entrar na escola militar... Escreveu na ficha que a família esteve em área sob ocupação e que o pai tinha desaparecido. Foi imediatamente excluído... (*Silêncio.*) Não tem problema eu ficar falando de mim e da minha vida? Todos nós tivemos a mesma vida. Só espero não ser presa por essa conversa. Ainda existe o poder soviético ou ele já acabou de vez?

A tristeza me fez esquecer das coisas boas... De quando éramos jovens e nos amávamos. Eu farreei no casamento do Sachka... Ele amava a Lizka, ficou um bom tempo cortejando. Morria de amores por ela! Mandou trazer um véu branco de Minsk para o casamento. Levou a noiva para dentro do barracão nos braços... Nossos velhos costumes... O noivo leva a noiva nos braços, como se fosse uma criança, para o *domovói** não vir atrás. Não perceber. O *domovói* não gosta de gente estranha, ele expulsa. Ele que é o dono da casa, é preciso agradá-lo. A-a-ah... (*Faz um gesto com a mão.*) Agora ninguém acredita em mais nada. Nem no *domovói* nem no comunismo. As pessoas vivem sem crença nenhuma! Bom, talvez ainda acreditem no amor... 'Amargo! Amargo!',** nós gritamos na mesa para o Sachka. E quanto bebiam naquela

---

* Duende doméstico do folclore russo.
** É tradição russa gritar *górko*, "amargo", nas cerimônias de casamento, para que os noivos se beijem.

época? Uma garrafa para a mesa inteira, para dez pessoas... Agora colocam uma garrafa para cada um. É preciso vender uma vaquinha para fazer o casamento de um filho ou de uma filha. Ele amava a Lizka... Mas o coração é assim, faz o que quer. Em suma... em suma... Ela vadiava mais que uma gata. Os filhos cresceram e ela largou dele de vez. Sem nem olhar para trás. Eu aconselhei: 'Sachka, encontre uma mulher boa. Você vai acabar caindo na bebedeira'. 'Eu viro um copinho. Vejo um pouco de patinação artística e vou dormir.' Se você dormir sozinho, cobertor nenhum esquenta. E sozinho até o paraíso é chato. Ele bebia, mas não caía de beber. Não... não caía de beber como os outros. Ah! Aqui tem um vizinho nosso... ele bebe até aquela água-de-colônia Cravo, e também loção pós-barba, álcool desnaturado, detergente... E ainda está vivo! Hoje uma garrafa de vodca custa o mesmo que um casaco custava antes. E os petiscos? Meio quilo de *kolbassá* é metade da minha aposentadoria. Bebam a liberdade! Comam a liberdade! Entregaram um país como este! Uma potência! Sem um único tiro... Eu só não entendo uma coisa: por que ninguém perguntou nada para nós. Passei a vida inteira construindo um país grandioso. Era o que nos diziam. O que prometiam.

Eu derrubei árvore, carreguei dormente... Meu marido e eu fomos para a Sibéria. Para as construções do comunismo. Eu me lembro dos rios: Ienissei, Biriussá, Mana... Estavam construindo a estrada de ferro Abakan-Taichet. Fomos levados para lá em vagões de transporte: duas filas de tarimba pregadas, sem colchão, sem roupa de cama, só a mão debaixo da cabeça. No chão, um buraco... Para as necessidades, um balde (cercado por um lençol). Quando a composição parava no campo, era juntar feno: nossa cama! Não tinha luz nos vagões. Mas fomos o caminho todo cantando músicas do Komsomol! Esgoelando. Foram sete dias de viagem... Chegamos! A taiga cerrada, neve na altura de uma pessoa. Logo começou o escorbuto, todos os dentes moles. Piolhos. Mas a cota... há! Os homens que sabiam caçar iam pegar urso. Aí aparecia carne no nosso caldeirão; senão era mingau e mais mingau. Eu guardei na memória que você tem que dar no olho do urso. Morávamos em barracões, sem chuveiro, sem banheiro. No verão íamos para a cidade e tomávamos banho de fonte. (*Risos.*) Se quiser ouvir, posso continuar mais um pouco...

Esqueci de contar como eu casei... Eu tinha dezoito anos. Já estava trabalhando na fábrica de tijolo. A fábrica de cimento tinha fechado, e aí eu fui para essa de tijolo. No início trabalhava com argila. Naquela época tiravam a argila a mão, com a pá... Nós descarregávamos o caminhão e colocávamos a argila no pátio, fazendo uma camada plana, para ela 'maturar'. Depois de seis meses eu já estava empurrando os carrinhos carregados da prensa para o forno: levava os tijolos úmidos e voltava com eles cozidos, quentes. Nós mesmas tirávamos os tijolos do forno... Uma temperatura insana! Num turno, você tirava de quatro a seis mil tijolos. Até vinte toneladas. Só trabalhavam mulheres... e meninas... Tinha alguns rapazes, também, mas os rapazes geralmente ficavam nos veículos. No volante. Um deles começou a me cortejar... Chegou perto, começou a rir... e colocou a mão no meu ombro... Uma vez disse: 'Quer vir comigo?'. 'Quero.' Nem perguntei aonde. E aí nós nos alistamos para ir para a Sibéria. Construir o comunismo! (*Silêncio.*) Mas agora... ah! Em suma... em suma... Foi tudo à toa... nos matamos à toa... É difícil reconhecer isso e é difícil viver com isso. Trabalhamos tanto! Construímos. Tudo com as mãos. Tempos duros! Eu trabalhava na fábrica de tijolo... Uma vez perdi a hora. Depois da guerra, os atrasos no trabalho... quem se atrasava dez minutos ia para a cadeia. Quem me salvou foi o chefe de brigada: 'Diga que eu mandei você até a pedreira...'. Se alguém denunciasse, ele também seria julgado. Depois de 1953, ninguém mais era punido por atraso. Depois da morte do Stálin, as pessoas começaram a sorrir, mas antes viviam com precaução. Sem sorrir.

Mas... o que é que eu tenho para relembrar? É recolher os pregos nos escombros de um incêndio. Queimou tudo! Nossa vida inteira... Tudo o que era nosso se perdeu... Construímos... construímos... Sachka foi para desbravar as terras virgens. Construir lá o comunismo! O futuro brilhante. Dizia que, no inverno, dormiam nas barracas sem sacos de dormir. Com a roupa do corpo. Lá ele queimou as mãos de frio... Mas mesmo assim tinha orgulho! 'Serpenteia ao longe a estrada,/ Salve, terra virgem inexplorada!' Ele tinha a carteirinha do partido, uma caderneta vermelha com o Lênin, ele gostava muito dela. Foi deputado e *stakhanovista*, como eu. A vida passou, passou voando. Não deixou rastro, você não encontra rastro... Ontem fiquei três horas na fila do leite, e não consegui. Trouxeram para casa uma remessa alemã, com presentes: grãos, chocolate, sabão... Dos vencidos para os vencedores. Eu não preciso de remessa alemã nenhuma. Nã-ã-ão... não aceitei. (*Faz o sinal da cruz.*) Os alemães vão com os seus cachorros... cachorros de pelo reluzente... Vão pela floresta, enquanto nós vamos pelo pântano. Com água até a garganta. Mulheres, criancinhas. E vacas junto com as pessoas. Em silêncio. As vacas ficam em silêncio, como as pessoas. Entendem tudo. Não quero esses bombons alemães, esses biscoitinhos alemães! Onde estão as minhas coisas? Meu trabalho? Nós acreditávamos tanto! Acreditávamos que um dia teríamos uma vida boa. É esperar e ter paciência... sim, esperar e ter paciência... A vida toda em moradias coletivas, em alojamentos, em barracões.

Mas vai fazer o quê? É assim... Dá para sobreviver a qualquer coisa, menos à morte. À morte não dá para sobreviver... Durante trinta anos o Sachka deu duro na fábrica de móveis. Se esfalfou. Um ano atrás fizeram com que ele se aposentasse. Deram um relógio de presente. Mas ele não ficou sem trabalhar. As pessoas não paravam de chegar com encomendas. Pois é... E mesmo assim não era feliz. Sentia tédio. Parou de se barbear. Imagine, trinta anos na mesma fábrica, é quase uma vida! Já era como se fosse a casa dele. E foi dessa fábrica que veio o caixão. Um caixão luxuoso! Todo brilhante, e com veludo por dentro. Hoje em dia nesses aí só enterram bandidos e generais. Todos colocavam a mão, que coisa era aquela! Quando saíram com o caixão do barracão, jogaram grãos de trigo na soleira. Precisa fazer isso para que os vivos achem mais fácil ficar. Nossos velhos costumes... Colocaram o caixão no pátio... Algum parente pediu: 'Boa gente, perdoem'. 'Deus há de perdoar', responderam todos. E o que tinha para perdoar? Todo mundo vivia em amizade, como uma só família. Se você não tem, eu dou; se me faltar, você traz. Amávamos as nossas festas. Nós construímos o socialismo, mas agora no rádio estão dizendo que o socialismo acabou. E nós... nós ficamos...

O barulho dos trens... O barulho... Estranhos, o que é que vocês querem aqui? O quê? Não tem uma morte igual à outra... Tive meu primeiro filho na Sibéria, a difteria veio e zás: acabou com ele. Mesmo assim continuo vivendo. Ontem passei no túmulo do Sachka, fiquei um pouquinho sentada com ele. Contei de como a Lizka chorou. Bateu a cabeça no caixão. O amor não conta os anos...

Nós vamos morrer... e tudo vai ficar bem..."

SOBRE SUSSURROS E GRITOS... E SOBRE O ÊXTASE

Margarita Pogrebítskaia, médica, 57 anos

"O meu feriado... Era o Sete de Novembro... Grande, vivo... A sensação mais viva da minha infância era a parada militar na praça Vermelha...

Eu nos ombros do meu pai, e um balão vermelho amarrado na minha mão. No céu, sobre as colunas, imensos retratos de Lênin e Stálin... de Marx... Guirlandas e buquês feitos com balões vermelhos, azuis, amarelos. A cor vermelha. Querida, a mais querida. A cor da revolução, a cor do sangue derramado em seu nome... A Grande Revolução de Outubro! Agora é um golpe militar... Um complô dos bolcheviques... a catástrofe russa... Lênin era um agente alemão, e a revolução foi feita por desertores e um bando de marinheiros embriagados. Eu tapo os ouvidos, não quero ouvir! Está acima das minhas forças... Passei a vida inteira com a crença de que nós éramos os mais felizes, de que tínhamos nascido num país extraordinário e maravilhoso. Não havia país como aquele! Nós tínhamos a praça Vermelha, lá na Torre do Salvador funcionava o relógio, e o mundo inteiro acertava o horário de acordo com ele. Era isso que meu pai me dizia... e a minha mãe, e a minha avó... 'Em novembro, no sétimo dia, do calendário o vermelho irradia...' Antes dele, nós ficávamos um bom tempo sem dormir, a família inteira fazia flores de papel crepom, nós cortávamos coraçõezinhos de papelão. Pintávamos. De manhã, a mamãe e a vovó ficavam em casa, preparando o almoço do feriado. Nesse dia sempre recebíamos convidados. Eles traziam uma redinha com uma caixa, e dentro um bolo e vinho... ainda não existiam essas sacolas plásticas... A vovó fazia seus famosos *pirojki* recheados de repolho e cogumelo, e a mamãe se esmerava na salada russa e cozinhava o obrigatório *kholodiets*.* E eu ficava com o papai!

Na rua tinha muita gente, e todos tinham fitinhas vermelhas no casaco ou no paletó. Brilhavam os panos vermelhos, a banda militar tocava. A tribuna com os nossos líderes... E a música:

> *Capital do mundo, da pátria a capital,*
> *Que na constelação do Krémlin cintilou,*
> *Tendo granjeado o orgulho universal,*
> *És a beldade do granito, ó Moscou....*

---

* Tradicional gelatina russa à base de carne ou peixe.

Tinha vontade de gritar o tempo inteiro: 'Viva!'. Dos alto-falantes: 'Toda a glória aos trabalhadores da indústria Likhatchov, duas vezes agraciados com a ordem de Lênin e da Bandeira Vermelha! Viva, camaradas!'. 'Viva! Viva!' 'Toda a glória à nossa heroica Liga da Juventude Comunista-Leninista... Ao Partido Comunista... Aos nossos gloriosos veteranos...' 'Vi-iva! Viva!' Que beleza! Que êxtase! As pessoas choravam, a alegria transbordava... A banda militar tocava marchas e canções revolucionárias:

> *A ele ordenaram ir para o Oeste,*
> *E a ela coube o lado oposto.*
> *Partiram os do Komsomol*
> *para a Guerra Civil, tomar seu posto....*

Eu me lembro de cor das letras de todas as músicas, não esqueci nada, canto sempre. Canto comigo mesma. (*Cantarolando baixinho.*)

> *Quão vasta é a minha terra natal,*
> *Onde abundam campos, rios e florestas.*
> *Não conheço plagas como estas,*
> *Em que se respira liberdade sem igual...*

Pouco tempo atrás, eu achei no armário meus velhos discos, tirei a vitrola do sótão e passei a noite inteira rememorando. As canções de Dunaiévski e de Liébedev-Kumatch, como nós os amávamos!* (*Silêncio.*) E eu ficava lá no alto, lá no alto. Era meu pai que me levantava daquele jeito... Mais alto, cada vez mais al-

---

* Issaak Óssipovitch Dunaiévski (1900-55) e Vassíli Ivánovitch Liébedev-Kumatch (1898-1949), compositores soviéticos, autores de diversas canções famosas do período pós-guerra.

to... Chegava o momento mais importante: com um estrondo em meio aos paralelepípedos, logo apareciam as poderosas unidades tratoras, com seus mísseis atrelados; os tanques; vinha a artilharia. 'Lembre-se disso pelo resto de sua vida!', meu pai gritava, tentando superar o barulho. E eu sei que vou me lembrar! Aí, no caminho de casa, nós passávamos no mercado, e eu ganhava minha querida limonada Buratino. Nesse dia tudo era permitido: apitos, aqueles pirulitos em forma de galinho...

Eu adorava a Moscou noturna... Esses fogos... Quando eu já tinha dezoito anos... dezoito anos!... Eu me apaixonei. Quando me dei conta de que estava apaixonada, eu fui... você nunca vai adivinhar aonde eu fui. Fui para a praça Vermelha. A primeira coisa que eu quis foi passar esses momentos na praça Vermelha. A muralha do Krémlin, os pinheiros negros na neve, o Jardim de Alexandre coberto de montes de neve. Eu olhava para tudo aquilo e sabia que seria feliz. Seria com certeza!

Mas pouco tempo atrás meu marido e eu estivemos em Moscou. E pela primeira vez... Pela primeira vez não fomos à praça Vermelha. Não fomos reverenciá-la. Pela primeira vez... (*Com lágrimas nos olhos.*) Meu marido é armênio, nós nos casamos na época de estudante. Ele tinha um cobertor, e eu, uma cama dobrável: foi assim que nós começamos nossa vida. Depois de terminar o Instituto de Medicina de Moscou, nós recebemos uma nomeação em Minsk. Cada uma das minhas amigas tinha ido para um lugar diferente: uma foi para a Moldávia, outra para a Ucrânia, uma terceira para Irkutsk. As que foram para Irkutsk nós começamos a chamar de "as dezembristas".* Era um só país, dava para ir aonde você quisesse! Na época, não tinha fronteira

---

* Grupo de aristocratas que organizou uma pequena insurreição contra o tsar. Depois de dominada a insurreição, em 1825, alguns membros foram mandados para Irkutski, e outros foram executados.

nenhuma, visto ou alfândega. Meu marido queria voltar para a terra dele, a Armênia. 'Nós vamos até o lago Sevan, você vai ver o Ararat. Vai provar o verdadeiro *lavash* armênio', ele me prometeu.* Mas tinham nos oferecido empregos em Minsk. E nós dissemos: 'Vamos para a Bielorrússia!', 'Vamos!'. A juventude é assim, você ainda tem tanto tempo pela frente que parece até que você tem tempo para tudo. Chegamos em Minsk e gostamos de lá. Andamos bastante, lagos e florestas, as florestas dos *partisans*, os pântanos e os matagais; são raros os campos em meio a essas florestas. Nossos filhos cresceram aqui, a comida favorita deles é *drániki*, a *matchanka* bielorrussa.** 'Eles fritam batata, eles cozinham batata...' O *khash* armênio*** vem em segundo lugar... Mas todo ano nós íamos para Moscou, a família inteira. E como não! Sem isso eu não conseguiria viver, eu precisava passear por Moscou. Respirar aquele ar. Eu esperava... Sempre esperava com impaciência aqueles primeiros momentos, quando o trem se aproximava da estação Bielorússki, e a marcha ressoava, e o coração dava um pulo com aquelas palavras: 'Camaradas passageiros, nosso trem chegou à capital de nossa pátria, a cidade-herói, Moscou!'. 'Efervescente, poderosa, por ninguém jamais vencida,/ Minha Moscou, minha terra, tu és a mais querida...' Você saía do trem ao som dessa música.

Mas então... Onde nós estamos? Fomos recebidos por uma cidade estranha, desconhecida... O vento arrastava pelas ruas embalagens sujas, pedaços de jornal, fazia um barulho de garrafas vazias de cerveja quando nós andávamos. Na estação de trem... e

---

* Tradicional pão armênio.

** *Drániki* são bolinhos feitos com batata, farinha e ovos — é o prato nacional da Bielorrússia. A *matchanka*, outro prato tradicional da região, é feito com carne de porco e creme.

*** Sopa tradicional armênia, semelhante a um caldo de carne grosso.

no metrô… Por todo lado, várias pessoas cinzentas, vendendo um monte de miudezas: roupas íntimas femininas e lençóis, sapatos velhos e brinquedos de criança; dava para comprar cigarros avulsos. Como nos filmes sobre a guerra. Só lá eu vi isso. Em uns papéis rasgados, em caixas de papelão, direto no chão, tinha *kolbassá*, carne, peixe. Em alguns lugares, estavam cobertos com um plástico rasgado, mas em outros não. E os moscovitas compravam aquilo. Regateavam. Meias de tricô, guardanapos. Aqui pregos, e logo ali comida, roupa. Você ouvia ucraniano, bielorrusso, moldávio… 'Nós viemos de Vínnitsa…' 'E nós, de Brest…' Muitos mendigos… De onde tinham vindo tantos? Aleijados… Como no cinema… Só consigo comparar com uma coisa: o velho cinema soviético. Era como se eu estivesse vendo um filme…

Na velha Arbat, na minha querida Arbat, eu vi os velhos mercados cheios de *matriochkas*, samovares, ícones, fotografias do tsar com a família. Retratos dos generais dos exércitos brancos: Koltchak, Deníkin; e um busto do Lênin… Tinha *matriochka* de todo tipo: as de Gorbatchóv e as de Iéltsin. Eu não reconhecia a minha Moscou. Que cidade era aquela? Direto no asfalto, em cima de uns tijolos, estava sentado um velho, tocando acordeão. O peito cheio de medalhas. Ele estava cantando músicas de guerra, e nos pés dele tinha um chapéu com moedas. Nossas queridas canções: 'Num pequeno fogareiro, palpita o fogo,/ Nas toras, a resina verte como lágrimas…'. Tive vontade de chegar perto… mas ele já tinha sido cercado por estrangeiros… que começaram a tirar fotos. Gritavam coisas para ele em italiano, em francês, em alemão. Batiam no ombro dele: 'Vamos! Vamos!'. Eles ficavam alegres, ficavam satisfeitos. E como não?! Tinham tanto medo de nós… e agora… É isso! Um montão de cacarecos… Do império, necas! Do lado das *matriochkas* e dos samovares, eu vi amontoadas bandeiras vermelhas, flâmulas, carteirinhas do Partido e do Komsomol. E condecorações militares soviéticas! As ordens de

Lênin e da Bandeira Vermelha. Medalhas! 'Por bravura' e 'Por mérito em combate'. Toquei nelas... acariciei... Não acreditava! Não acreditava! 'Pela defesa de Sebastopol' e 'Pela defesa do Cáucaso'. Tudo verdadeiro. Tudo coisa nossa. Uniformes militares soviéticos: fardas, capotes... quepes com estrelas... E os preços, em dólares... 'Quanto?', perguntou meu marido e apontou para a medalha 'Por bravura'. 'Estamos vendendo por vinte dólares. Tudo bem, eu faço por mil rublos a 'peça'. 'E a Ordem de Lênin?' 'Cem dólares...' 'E a sua consciência?!' Meu marido estava disposto a arranjar briga. 'Você é zureta ou o quê? Saiu de que buraco? São objetos da época do totalitarismo'. Foi o que ele disse... Que era só 'sucata', mas que os estrangeiros gostavam, que agora entre eles estava na moda a *memorabilia* soviética. Eram produtos com muita procura. Eu comecei a gritar... Chamei o policial... Gritei: 'Veja! Veja... Olhe só...'. O policial confirmou para nós: 'São objetos da época do totalitarismo... Só podemos levar à justiça se forem drogas ou pornografia...'. E uma carteirinha do Partido por dez dólares não era pornografia? A Ordem da Glória... Ou então a bandeira vermelha com o retrato de Lênin, por um punhado de dólares? Tínhamos a sensação de estar no meio de um cenário. De que estavam aplicando um trote em nós. Nós tínhamos ido parar no lugar errado. Eu fiquei lá, chorando. Do nosso lado, os italianos estavam provando os capotes militares e os quepes com estrelas vermelhas. '*Karachó! Karachó!*'* *À la russe...*

A primeira vez que eu fui ao mausoléu de Lênin foi com a minha mãe. Eu lembro que estava chovendo, uma chuva fria, de outono. Nós ficamos seis horas na fila. Os degraus... a penumbra... as coroas... Aquele sussurro: 'Entrem. Não é permitido parar'. Eu não conseguia enxergar nada por causa das lágrimas. Mas Lênin... Para mim, pareceu que ele brilhava... Eu era pequena, e

* Corruptela da palavra russa *khorochó*, que significa "bom", "muito bom".

falei para mamãe com convicção: 'Mamãe, eu nunca vou morrer'. 'Por que você acha isso?', minha mãe perguntou. 'Todo mundo morre. Até o Lênin morreu.' Até o Lênin... Eu não sei como fazer para contar tudo... Mas eu preciso... eu quero. Eu queria falar... falar, mas não sei com quem. Do quê? De como éramos imensamente felizes! Hoje eu tenho plena convicção disso. Crescemos miseráveis e ingênuos, mas não tínhamos ideia disso e não tínhamos inveja de ninguém. Íamos para a escola com estojos baratos e canetas de quarenta copeques. No verão, calçávamos chinelos de lona, que nós limpávamos com pasta de dente, e ficava lindo! No inverno, usávamos galochas de borracha, o frio queimava as solas. E estávamos contentes! Acreditávamos que o amanhã seria melhor que hoje, e que o dia depois de amanhã seria melhor que ontem. Tínhamos um futuro. E um passado. Tínhamos tudo!

Amávamos, amávamos de maneira infinita a nossa pátria, a maior, a maior! O primeiro automóvel soviético: viva! Um operário analfabeto descobriu o segredo do aço inoxidável soviético: vitória! O fato de que esse segredo já era conhecido fazia muito tempo no mundo inteiro nós só fomos descobrir depois. Mas na época: fomos os primeiros a voar através do polo, poderíamos controlar a aurora boreal... podemos inverter o curso de rios gigantescos... irrigar desertos milenares... A fé! A fé! A fé! Era algo acima da razão. Eu acordava com o som do hino, no lugar do despertador: 'União indestrutível de repúblicas livres/ Uniu para sempre a Grande Rus...'. Na escola nós cantávamos muito... Eu lembro as nossas músicas... (*Cantando.*)

Sonhando com liberdade e plenitude
Nossos pais combateram amiúde.
Na luta, criaram Stálin e Lênin
Para nós uma pátria perene...

* * *

Em casa nós ficávamos lembrando... Um dia depois de terem me aceitado nos pioneiros, tocou o hino de manhã, eu dei um pulo na cama e fiquei em pé nela até o hino acabar. O juramento dos pioneiros: 'Eu... ao ingressar nas fileiras... diante de meus camaradas... juro solenemente: amar com ardor a minha pátria...'. Em casa foi uma festa, aquele cheiro dos pastéis que fizeram em minha homenagem. Eu não largava a gravata vermelha, lavava e passava todo dia de manhã para não ter um vinco sequer. Até na faculdade eu amarrava o cachecol com o nó dos pioneiros. Minha carteirinha do Komsomol... eu tenho até hoje... Até acrescentei um ano a mais para entrar mais rápido no Komsomol. Eu adorava ficar na rua, sempre se ouvia o rádio... O rádio era a nossa vida, era tudo. Você abria a janela, e a música fluía, e uma música tal que fazia você levantar e marchar pelo quarto. Como que em formação... Talvez fosse uma prisão, mas para mim era mais aconchegante nessa prisão. Nós estávamos acostumados àquilo... Até mesmo nas filas, até hoje, ficamos um ao lado do outro, encostados, bem juntos. Já percebeu? (*Cantando novamente, baixinho.*)

Stálin deu-nos glórias militares,
Alçou a juventude a novos ares,
Cantando, lutando e vencendo de novo,
Stálin é seguido pelo povo...

E sim! Sim! Sim! O maior sonho de todos era morrer! Sacrificar-se. Doar-se. O juramento do Komsomol: 'Estou pronta para doar minha vida, se ela for necessária ao meu povo'. E não eram só palavras, nós fomos educados assim, mesmo. Se pela rua passava uma coluna de soldados, todos paravam... Depois da Vitória, o soldado era uma pessoa descomunal... Quando eu estava tentando entrar no Partido, escrevi no requerimento: 'Estou ciente do Programa e do Estatuto e os reconheço. Estou disposta a dar todas as minhas forças e, se assim for necessário, a minha vida à pátria'. (*Olhando atentamente para mim.*) E você, o que pensa de mim? Que sou uma idiota, não é? Que sou infantil... Alguns conhecidos meus... Eles riem abertamente: é uma socialista emotiva, ideais de papel... É assim que eu sou aos olhos deles. É uma tapada! Tem retardo mental! Você que é "uma engenheira da alma humana".* Quer me consolar? Para nós um escritor é mais que um escritor. É um professor. Um confessor. Isso antes, agora não é mais assim. Muita gente vai às missas nas igrejas. São poucos os que creem de verdade, a maioria é de sofredores. Como eu... com esse trauma. Eu não tenho fé pelo cânone, tenho fé pelo coração. Não sei as rezas, mas eu rezo... Nosso padre é um ex-oficial, sempre dá sermão falando do exército, da bomba atômica. Dos inimigos da Rússia e de complôs dos maçons. Mas eu queria outras palavras, palavras completamente diferentes... Não essas. Mas ao redor é só isso... Muito ódio... Não tem um lugar onde você possa acomodar a alma. Eu ligo a televisão, e lá é a mesma coisa... Só maldições... Todos renegam o que era antes. Amaldiçoam. Meu diretor favorito, o Mark Zakhárov, agora eu não gosto mais tanto dele e não acredito nele como antes... mostraram na televisão ele queimando a carteirinha do Partido... na frente de todo mundo. Isso não é teatro! Isso é a vida! A minha vida. Será que pode fazer isso com ela? Com a minha vida... Para que esse show?... (*Chorando.*)

Eu fiquei para trás no tempo... Sou dessas que ficaram para trás no tempo... Do trem que ia voando em direção ao socialismo, todos mudaram rapidamente para o trem que leva ao capita-

---

* Famosa frase de Stálin que descrevia escritores e outros agentes culturais.

lismo. Eu cheguei atrasada... Dão risada do *sovok*: ele é um asno, ele é um boçal. Dão risada de mim... Os 'vermelhos' agora são animais, enquanto os 'brancos' são cavaleiros. Meu coração e minha mente são contra isso, não entendo isso, em um sentido fisiológico. Não consigo admitir. Não consigo, sou incapaz... O Gorbatchóv eu recebi bem, embora criticasse... ele era... agora isso ficou claro, ele era um sonhador, como todos nós. Uma espécie de projetista. Pode-se dizer isso. Mas eu não estava pronta para o Iéltsin... Para as reformas do Gaidar. O dinheiro sumiu em um dia. O dinheiro... e a nossa vida... Tudo perdeu seu valor em um instante. Em vez do futuro brilhante, começaram a falar: 'enriqueçam, amem o dinheiro...'. Reverenciem essa besta! O povo inteiro não estava pronto para isso. Ninguém sonhava com o capitalismo, posso falar com certeza por mim, eu não sonhava... Eu gostava do socialismo. Isso já era nos tempos do Brêjniev... os tempos vegetarianos... Os anos canibais eu não peguei. Eu cantava a música da Pákhmutova: 'Sob as asas do avião, o verdejante mar da taiga cantarola uma canção...'. Estava pronta para ter fortes amizades e construir 'cidades azuis'. Sonhar! 'Eu sei que haverá uma cidade...', 'aqui haverá uma cidade-jardim...'. Amava Maiakóvski. Poesia patriótica, canções. Isso era tão importante naquela época. Significava tanto para nós. Ninguém vai conseguir me convencer de que nós recebemos a vida só para comer e dormir bem. E que um herói é aquele que comprou alguma coisa em um lugar e a vendeu em outro por três copeques a mais. É isso que tentam nos infundir agora... No fim, idiotas eram aqueles que davam suas vidas pelos outros. Por ideais elevados. Não! Não! Ontem eu estava no caixa do mercado... Uma velhinha na minha frente estava contando os copeques da carteira, recontando, e no fim das contas comprou cem gramas da *kolbassá* mais barata... a 'canina'... e dois ovos. E eu a conhecia... ela trabalhou a vida inteira como professora...

Não consigo sentir alegria por essa nova vida! Não vou me sentir bem nela, nunca vou me sentir bem sozinha. No cada um por si. Mas a vida me empurra, me empurra para esse lodo. Para o chão. Meus filhos já têm que viver por essas regras. Eles não precisam de mim, sou toda ridícula. E também a minha vida toda... Recentemente, eu estava remexendo em uns papéis e me deparei com meu diário de juventude: meu primeiro amor, meu primeiro beijo, e páginas inteiras sobre como eu amava o Stálin e estava disposta a morrer para poder vê-lo. O diário de uma louca... Eu quis jogar fora; não consegui. Escondi. Tinha um medo: de que ele caísse nas mãos de alguém. Iriam caçoar, dar risada. Não mostrei para ninguém... (*Silêncio.*) Eu me lembro de muitas coisas que não se explicam pelo bom senso. Um exemplar raro, sim! Qualquer psicoterapeuta ficaria contente... Não é verdade? Você teve sorte comigo... (*Chorando e rindo ao mesmo tempo.*)

Pergunte... Você tem que perguntar como isso se combinava: a nossa felicidade e o fato de que vinham buscar gente de madrugada, vinham pegar alguém. Alguém desaparecia, alguém soluçava na outra porta. Por algum motivo, eu não me lembro disso. Não me lembro! Eu me lembro do lilás florescendo na primavera, das festas em massa, das calçadas de madeira, aquecidas pelo sol. Do cheiro do sol. Das impressionantes paradas de esportistas e dos nomes formados por corpos humanos cheios de vida e por flores na praça Vermelha: 'Lênin', 'Stálin'. Eu fiz essa mesma pergunta para a minha mãe...

De que nós lembramos do Béria? Da Lubianka? A minha mãe mantinha o silêncio... Dia desses eu me lembrei de uma vez em que ela e o meu pai voltaram da Crimeia, no verão, depois das férias. Tinham viajado pela Ucrânia. Isso foi nos anos 1930... durante a coletivização... Na Ucrânia estava acontecendo a grande fome, *Holodomor*, em ucraniano. Morreram milhões... vilarejos inteiros morreram... Não tinha ninguém para enterrá-los... Os ucranianos foram mortos por não quererem ir para os *kolkhozes*. Foram mortos pela fome. Agora eu sei disso... Eles tiveram um dia a Sietch de Zaporójie,* o povo se lembrava da liberdade... Lá tem uma terra: você espeta um graveto no chão e cresce uma árvore. E eles morreram... caíram como gado. Tomaram tudo deles, levaram até a última semente. Foram cercados por tropas, como se fosse um campo de concentração. Agora eu sei... No trabalho fiz amizade com uma ucraniana, ela ouviu tudo da avó dela... De como no vilarejo deles uma mãe matou o próprio filho com um machado para cozinhar e dar de comer para os que sobraram. O próprio filho... Tudo isso aconteceu... Tinham medo de deixar as crianças saírem de casa. As crianças eram caçadas, como gatos e cachorros. Cavavam nas hortas e comiam as minhocas. Quem conseguia se arrastava até a cidade, até os trens. Esperavam que alguém jogasse uma casquinha de pão para eles... Os soldados chutavam com suas botas, batiam com a coronha... Os trens passavam reto, voando, a toda a velocidade. Os cabineiros fechavam as janelas, 'vedavam' com as cortinas. E ninguém perguntava nada para ninguém. Chegavam em Moscou. Traziam vinho, frutas, exibiam seu bronzeado e ficavam relembrando o mar. (*Silêncio.*) Eu amei o Stálin... Amei por muito tempo. Amei até quando começaram a escrever que ele era pequeno, ruivo, com uma mão seca. Que fuzilou a mulher. Foi destronado. Expulso do mausoléu. E eu mesmo assim continuei amando.

Fui uma menina stalinista por muito tempo. Por muito, muito tempo. Muito... Sim, foi assim! Comigo... conosco... e sem aquela vida eu fico de mãos vazias. Sem nada... uma miserável! Eu tinha orgulho do nosso vizinho, o tio Vânia: era um herói!

---

* Sietch de Zaporójie (em ucraniano, *Zaporoz'ka Sitch*) foi uma região semiautônoma, governada pelos cossacos entre os séculos XVI e XVIII, ora submetendo-se à comunidade polaco-lituana, ora à Rússia.

Ele voltou da guerra sem nenhuma das pernas. Circulava pelo pátio numa cadeira de rodas rústica, de madeira. Ele me chamava de 'minha Margaritka', consertava os sapatos e as botinas de todo mundo. Quando bêbado, ele cantava: 'Queridos irmãozinhos e irmãzinhas.../ Heroicamente travei combate...'. Alguns dias depois da morte do Stálin, eu cheguei perto dele, e ele: 'Pois é, Margaritka, bateu as botas esse...'. Ele estava falando do meu Stálin! Eu arranquei as botinas da mão dele: 'Como o senhor ousa? O senhor é um herói! Condecorado'. Passei dois dias tentando decidir: eu era pioneira, ou seja, eu devia ir até o NKVD e contar do tio Vânia. Fazer uma declaração. E isso absolutamente a sério... sim! Como o Pávlik Morózov...* Eu poderia ter denunciado tanto o meu pai... quanto a minha mãe... Eu poderia... Sim! Eu estaria disposta! Voltando da escola, e o tio Vânia estava bêbado, caído na entrada do prédio. Tinha caído da cadeira e não conseguia levantar. Fiquei com pena dele.

E essa era eu... Ficava sentada, com a orelha colada no alto-falante, ouvindo o boletim que davam de hora em hora sobre a saúde do Stálin. E chorava. De todo o coração. Pois é! Foi assim! Era a época stalinista... e nós éramos assim, pessoas stalinistas... Minha mãe era de uma família nobre. Uns meses antes da revolução, ela se casou com um oficial, e mais tarde ele lutou na guarda branca. Em Odessa, eles se separaram: ele emigrou com o resto das tropas derrotadas de Deníkin, mas ela não podia deixar a mãe paralítica. Ela foi presa pela Tcheká** como esposa de um membro da guarda branca. O juiz de instrução que conduziu o processo ficou apaixonado pela minha mãe. Conseguiu salvá-la de al-

---

* Pável Timofiéievitch Morózov (1918-32), jovem soviético celebrado como mártir. Morózov teria denunciado os próprios pais, e por isso foi morto pelos familiares.

** Polícia secreta soviética, criada por Lênin em 1917, e mais tarde substituída, primeiro pelo NKVD depois pelo KGB.

gum jeito... Mas ela foi obrigada a se casar com ele. Depois do serviço, ele voltava para casa bêbado e batia na cabeça dela com o revólver. Depois sumia, ia para algum lugar. E essa era a minha mãe... Uma mulher linda... que adorava música, que conhecia diversas línguas, e que amava loucamente o Stálin. Ela ameaçava o meu pai quando ele ficava insatisfeito com alguma coisa: 'Eu vou até o diretório distrital e vou contar que tipo de comunista você é'. E o meu pai... Meu pai participou da revolução... em 1937 sofreu repressão... mas logo foi liberado, porque algum bolchevique importante que o conhecia pessoalmente intercedeu por ele. Deu garantia. Mas o meu pai não foi reintegrado ao Partido. Um golpe que ele não conseguiu suportar. Na cadeia, arrancaram os dentes dele, fraturaram a cabeça. Mesmo assim papai não mudou, continuou sendo comunista. Me explique uma coisa dessas... Você acha que é gente burra? Gente ingênua? Não, eram pessoas inteligentes e cultas. A minha mãe lia Shakespeare e Goethe no original, e o meu pai concluiu a Academia Timiriázev.* E o Blok... o Maiakóvski... a Inessa Armand? Meus ídolos... meus modelos... Eu cresci com eles... (*Fica pensativa.*)

Uma vez eu aprendi a voar em um aeroclube. Você ficaria espantada se soubesse no que nós voávamos. Como é que ficamos vivos?! Não eram planadores, mas aviões toscos: eram ripas de madeira, revestidas com gaze. A direção era uma manivela e um pedal. Mas em compensação, quando você voa, você vê os pássaros, você vê a terra do alto. Você sente as asas! O céu muda as pessoas... a altura muda... Entende o que eu estou falando? Estou falando daquela nossa vida de antes... Não lamento por mim, lamento por tudo o que nós amávamos...

Lembrei tudo com sinceridade... e nem sei... Por algum motivo agora tenho vergonha de contar tudo isso para alguém...

---

* Trata-se do mais antigo instituto de ensino superior de agronomia da Rússia.

O Gagárin voou… As pessoas saíram na rua, rindo, se abraçando, chorando. Pessoas desconhecidas. Operários de macacão saindo direto das fábricas, médicos usando aqueles gorrinhos brancos, que arremessavam para o céu: 'Nós somos os primeiros! Um dos nossos está no espaço!'. É impossível esquecer aquilo! Foi o maior entusiasmo, uma estupefação tremenda. Eu até hoje não consigo ficar inerte ao ouvir aquela música:

Não é com o ronco do cosmódromo que sonhamos,
Nem com esse azul tão gelado,
Mas com a grama da casa em que moramos.
Com nosso verdejante gramado…

A revolução cubana… O jovem Castro… Eu gritava: 'Mamãe! Papai! Eles venceram! Viva Cuba!'. (*Cantando.*)

Cuba, amor meu!
Terra de rubra aurora,
Com tua canção o planeta esplandeceu,
Cuba, amor meu!

Uns veteranos dos combates na Espanha estiveram na nossa escola… Nós cantamos juntos a canção 'Granada': 'Deixei meu lar e fui guerrear,/ Para aos camponeses a terra de Granada entregar…'. Em cima da minha mesa eu tinha um retrato da Dolores Ibárruri. Sim… nós sonhávamos com Granada… depois com Cuba… Algumas dezenas de anos depois, outros meninos deliravam do mesmo jeito com o Afeganistão. Era fácil nos enganar. Mas mesmo assim… Mesmo assim! Eu não vou me esquecer disso! Eu não vou me esquecer da turma inteira do 10º ano indo para as terras virgens. Eles formaram uma coluna, e foram com suas mochilas e bandeiras desfraldadas. Alguns levavam um violão nas costas. 'Esses, sim, são heróis', eu pensava. Muitos deles depois voltaram doentes: acabaram não indo para as terras virgens, mas foram parar em construções ferroviárias no meio da taiga, carregando trilhos nos ombros com água quase congelada até a cintura. Não tinha equipamento suficiente... Comiam batata podre, todos ficaram com escorbuto. Mas eles estavam lá, esse pessoal! E também estava uma menina que conduzia o pessoal com empolgação. Era eu! São as minhas recordações... Eu não vou entregá-las a ninguém: nem aos comunistas, nem aos democratas, nem aos *brokers*. São minhas! Só minhas! Posso passar sem qualquer coisa: não preciso de muito dinheiro, comida cara ou roupas da moda... um carro chique... Com os nossos Jiguli, nós atravessamos toda a União Soviética: eu vi a Carélia... o lago Sevan... o Pamir. Isso tudo era a minha pátria. Minha pátria é a URSS. Posso passar sem qualquer coisa. Só não posso passar sem o que existiu. (*Longo silêncio. Tão longo, que eu preciso chamá-la.*)

Não se preocupe... Está tudo bem comigo... Já está tudo bem... Eu fico em casa... sentada, afagando o gatinho, costurando luvas. Uma atividade tão simples como a costura é a que mais ajuda... O que me segurou? Eu não consegui ir até o fim... não... Como médica, eu podia imaginar tudo... nos mínimos detalhes... A morte é repugnante, ela não é bela. Eu já vi enforcados... Nos momentos finais, essas pessoas têm um orgasmo, ou ficam sujas de urina, de fezes. Por causa dos gases, a pessoa fica azul... roxa... Só esse pensamento já é horrível para uma mulher. Eu não consigo ter a ilusão de uma bela morte. Mas... Parece que alguma coisa empurra você, incita, faz você disparar. É um impulso desesperado... tem a respiração, tem o ritmo... e tem o impulso... E aí já fica difícil se segurar. Apertar o botão de emergência! Parar! Eu de algum jeito consegui me segurar. Joguei a corda do varal. Saí correndo para a rua. Tomei a maior chuva, que alegria, depois de tudo, tomar aquela chuva! Que gostoso! (*Silêncio.*) Fiquei muito tempo sem falar... Passei oito meses com depressão. Não conseguia mais andar. No fim das contas, levantei. Aprendi a andar de novo. Eu agora... estou firme de novo... Mas estive muito mal... Estava murcha, como um balão... Mas do que é que eu estou falando? Chega! Mas chega... (*Parada, chorando.*) Chega...

Em 1990... No nosso apartamento em Minsk, de três quartos, moravam quinze pessoas, e ainda uma criança de peito. Primeiro vieram de Baku os parentes do meu marido: a irmã com a família e os primos dele. Eles não tinham vindo como visitas, eles vinham trazendo a palavra 'guerra'. Entraram em casa gritando, com um olhar embotado... Isso foi no outono, ou no inverno... já estava frio. Isso, foi no outono que eles chegaram, porque no inverno já éramos mais pessoas. No inverno, a minha irmã veio do Tadjiquistão... da cidade de Duchambé, veio com a família e com os pais do marido. Foi exatamente assim... Bem assim... Tinha gente dormindo por todo o lado, no verão tinha gente dormindo até na varanda. E... eles não falavam, eles gritavam... Eles fugindo, e a guerra enxotando todo mundo a pontapés. Queimando os calcanhares. E eles... todos eles eram soviéticos, como eu... absolutamente soviéticos. Cem por cento! E tinham orgulho disso. E de repente nada daquilo existia. Nada! Acordaram de manhã, olharam pela janela e já estavam sob outra bandeira. Em outro país. Já eram estranhos.

Eu ouvia. Ouvia. Eles falavam...

'... que tempos foram aqueles! Veio o Gorbatchóv... E de repente era tiroteio bem na nossa janela. Meu Senhor! Na capital... em Duchambé... Todo mundo ficava na frente da televisão, com medo de perder as últimas notícias. Na nossa fábrica tinha um grupo de mulheres, na maioria russas. Perguntei: 'Meninas, o que vai acontecer?'. 'Vai começar uma guerra, já estão matando russos'. Uns dias depois, uma loja foi assaltada durante o dia... Uma segunda...'

'… nos primeiros meses eu chorei, depois parei. As lágrimas acabam rápido. A coisa de que eu tinha mais medo era dos homens, conhecidos e desconhecidos. Arrastavam para dentro de uma casa, para dentro de um carro… 'Que beleza! Ei, moça, vamos dar uma trepadinha…' A filha de uma vizinha foi estuprada pelos colegas de classe. Foram uns meninos tadjiques, que nós conhecíamos. A mãe foi falar com os pais de um deles. 'Veio fazer o que aqui?', eles gritaram para ela. 'Volte lá para a sua Rússia. Logo não vai sobrar nenhum de vocês aqui, russos. Vão correr daqui só de cuecas.'

'… por que nós fomos para lá? A mando do Komsomol. Fomos construir a barragem de Nurek, uma fábrica de alumínio… Eu aprendi o tadjique: *tchaikhaná, pialá, aryk, artcha, tchinara…** Eles nos chamavam de '*churaví*'. Irmãos russos.'

'… sonho com montanhas rosadas, a amendoeira florescendo. E acordo coberta de lágrimas…'

'… em Baku… Morávamos num prédio de oito andares. Um dia de manhã levaram as famílias armênias para o pátio… Todo mundo se reuniu ao redor deles, e, daquele tanto de gente, cada um chegou perto e bateu neles com alguma coisa. Um menininho pequeno… de uns cinco anos… chegou e bateu com uma pazinha de criança. Uma azerbaidjana velha passou a mão na cabeça dele…'

'… já os nossos amigos, eles também eram azerbaidjanos, mas eles nos esconderam no porão deles. Um monte de cacarecos amontoados, de caixas. De noite eles traziam comida…'

'… um dia de manhã, eu fui correndo para o trabalho; a rua estava cheia de cadáveres. Largados, ou sentados, apoiados nos muros, como se estivessem vivos. Alguns estavam cobertos com um *dastarkhan* (uma toalha de mesa, em russo), mas outros não.

---

* Respectivamente, "casa de chá", "xícara de chá", "canal de irrigação", "zimbro" e "plátano".

Não tinham conseguido. A maioria estava sem roupa... tanto homens, como mulheres... Não tinham tirado a roupa dos que estavam sentados, não dava para desentortar o corpo...'

'... antes eu pensava que os tadjiques eram como crianças, que não podiam fazer mal a ninguém. Em seis meses, talvez até menos tempo, você não reconhecia mais Duchambé, não reconhecia as pessoas. Os necrotérios estavam lotados. De manhã, no asfalto, tinha placas de sangue coagulado, que iam sumindo conforme as pessoas iam pisando... parecia *kholodiets*...'

'... eles ficavam dias inteiros passando na frente da nossa casa, segurando cartazes: 'Morte aos armênios! Morte!'. Homens e mulheres. Velhos e jovens. Uma multidão enfurecida, nenhum rosto humano. Os jornais estavam cheios de anúncios: 'Troco apartamento de três quartos em Baku por qualquer apartamento em qualquer cidade da Rússia...'. Nós vendemos nosso apartamento por trezentos dólares. Como se fosse uma geladeira. E se não tivéssemos vendido por esse dinheiro, poderíamos ter sido assassinados...'

'... e com o que recebemos pelo apartamento, nós compramos: para mim, um colchão de pena, chinês; e, para o meu marido, umas botas de inverno. Móveis, louça... tapetes... deixamos tudo para trás...'

'... ficamos sem luz e sem gás... sem água... Na feira, os preços eram terríveis. Perto da nossa casa, abriram uma banquinha. Lá vendiam flores e coroas funerárias. Só flores e coroas...'

'... de madrugada, no muro da casa vizinha, alguém escreveu com tinta: 'Tenham medo, escória russa! Seus tanques não vão ajudar'. Começaram a tirar os russos dos cargos diretivos... atiravam por detrás da esquina... A cidade logo ficou suja como um *kichlak*.* Uma cidade estranha. Não mais soviética...'

---

* Nome dado às aldeias da Ásia Central.

'… matavam por qualquer coisa… Porque não nasceu ali, porque não falava a mesma língua. Porque alguém com uma metralhadora não gostou de você… Mas antes disso, como nós vivíamos? Nas festas, nosso primeiro brinde era 'pela amizade': '*es kes sirum em*' ('eu te amo' em armênio). '*Man sani seviram*' ('eu te amo', em azerbaidjano). Vivíamos juntos…'

'… pessoas simples… Nossos conhecidos tadjiques trancavam seus filhos a chave, não deixavam sair de casa, para eles não aprenderem… para que não fossem obrigados a matar.'

'… nós estávamos indo embora… Já estávamos pegando o trem, o vapor já subiu por entre as rodas. Eram os últimos momentos. Alguém disparou uma rajada de metralhadora contra as rodas. Os soldados fizeram um corredor, para nos proteger. Se não fosse pelos soldados, não teríamos nem chegado vivos no vagão. E se agora eu vejo que estão mostrando alguma guerra na televisão, eu logo sinto… Aquele cheiro… o cheiro de carne humana queimada… É nauseante… um cheiro adocicado…'

Seis meses depois, meu marido teve o primeiro infarto… mais seis meses, teve o segundo… A irmã dele teve um derrame. Por causa de tudo isso… Eu fiquei louca… Você sabia que os cabelos ficam loucos? Eles ficam duros, como varetas. Os cabelos são os primeiros a ficarem loucos… Bom, mas quem é que aguenta? A pequena Karina… De dia, uma criança normal, mas, quando na janela começava a escurecer, ela tremia. Gritava: 'Mamãe, não vá embora! Eu vou dormir, e vão matar o papai e você!'. De manhã, eu ia correndo para o trabalho, e implorava para ser atropelada por um carro. Nunca fui de ir à igreja, mas na época eu ficava horas de joelho: 'Santa Virgem! Está me ouvindo?'. Parei de dormir, não conseguia comer. Não sou de política, não entendo nada de política. Só tenho medo. O que mais você quer perguntar para mim? Já contei tudo… Tudo!"

SOBRE UM SOLITÁRIO MARECHAL VERMELHO E SOBRE OS TRÊS DIAS DA REVOLUÇÃO ESQUECIDA

Serguei Fiódorovitch Akhromiêiev (1923-91), marechal da União Soviética, herói da União Soviética (1982). Chefe do Estado-Maior das Forças Armadas da URSS *(1984-8). Vencedor do prêmio Lênin (1980). A partir de 1990, conselheiro militar do presidente da* URSS.

SOBRE ENTREVISTAS NA PRAÇA VERMELHA (DEZEMBRO DE 1991)

"Eu era estudante...

Tudo aconteceu tão rápido... Depois de três dias, a revolução acabou... No noticiário da televisão, informaram: os membros do GKTchP tinham sido presos... o ministro do Interior Pugo tinha se suicidado com um tiro, o marechal Akhromiêiev tinha se enforcado... Na nossa família, ficamos um bom tempo discutindo isso. Eu me lembro do meu pai dizendo: 'São criminosos de guerra. Deveriam ter o mesmo destino dos generais alemães Speer e Hesse'. Todos esperavam algo como Nuremberg...

Éramos jovens... Uma revolução! Eu comecei a ter orgulho do meu país quando as pessoas saíram às ruas contra os tanques. Antes disso, já tinham ocorrido os acontecimentos de Vilnius, Riga, Tbilissi. Em Vilnius, os lituanos tinham defendido a estação de televisão, tinham mostrado tudo isso para nós; e nós, íamos ficar resignados? Pessoas que antes nunca tinham ido a lugar nenhum saíram às ruas: ficavam na cozinha, indignadas. Mas naquela época elas saíram... Eu e uma amiga levamos guarda-chuvas conosco: tanto para proteger da chuva como para lutar. (*Risos.*) Fiquei orgulhosa do Iéltsin quando ele subiu no tanque, eu entendi: esse é o meu presidente! Meu! De verdade! Lá tinha muitos jovens. Estudantes. Todos nós tínhamos crescido lendo a *Ogoniok*, do

Korótitch, lendo os 'sessentistas'.* Era um cenário de guerra... Num megafone, alguém gritava, implorava, uma voz masculina: 'Moças, vão embora. Teremos tiroteios e muitos mortos'. A meu lado, um rapaz tentava mandar sua esposa grávida para casa, e ela chorava: 'Por que você vai ficar?'. 'Tenho que ficar.'

Esqueci de falar uma coisa muito importante... Como começou aquele dia... De manhã, eu acordei com a minha mãe chorando alto. Soluçando. Minha mãe perguntava para o meu pai: 'O que é o estado de emergência? O que você acha que eles fizeram com o Gorbatchóv?'. E a minha avó corria da televisão para o rádio da cozinha: 'Não prenderam ninguém? Não fuzilaram?'. Minha avó nasceu em 1922, a vida dela inteira foi gente atirando e sendo fuzilada. Sendo presa. Passou a vida inteira assim... Quando a vovó já não estava mais conosco, a minha mãe revelou um segredo de família. Abriu as cortinas... ergueu os panos... Em 1956, o pai foi trazido do campo de trabalhos forçados e levado até a minha mãe e a minha avó, era um saco de ossos. Veio do Cazaquistão. Chegou com um acompanhante, estava muito doente. E elas não confessaram para ninguém que aquele era o pai... que era o marido... Tinham medo... Falavam que não era ninguém, que era um parente distante. Ele passou uns meses com elas e depois foi levado para o hospital. Lá ele se enforcou. Eu preciso... Agora eu preciso viver com isso, com essa informação. Preciso entender isso... (*Repetindo.*) Viver com isso de algum jeito... A coisa que a nossa avó mais temia era um novo Stálin e a guerra, ela passou a vida inteira esperando ser presa, passar fome. Ela plantava cebolas na janela, numa caixinha, azedava repolho em panelas enormes. Comprava açúcar e manteiga

---

* *Ogoniok*, uma das mais populares revistas russas e soviéticas, publicada desde 1899. O poeta e jornalista Vitáli Aleksêievitch Korótitch (1936-) foi seu editor no período da perestroika.

e fazia estoque. O nosso sótão vivia atulhado com vários grãos. Cevadinha. Ela sempre falava para me ensinar: 'Você fique quieta! Quieta!'. Ficar quieta na escola... na universidade... Foi assim que eu cresci, no meio de pessoas como essa. Não tínhamos por que gostar do poder soviético. Éramos todos a favor do Iéltsin! E essa minha amiga, a mãe não deixava sair de casa: 'Só sobre o meu cadáver! Será que você não entendeu que voltou tudo?'. Nós estudávamos na Universidade Patrice Lumumba da Amizade dos Povos. Lá tinha estudantes do mundo todo, muitos deles chegavam com a imagem de que a URSS era o país das balalaicas e das bombas atômicas. Ficávamos ofendidas. Nós queríamos viver num país diferente..."

"Eu trabalhava de serralheiro numa fábrica...

Fiquei sabendo da tentativa de golpe na região de Vorónej... Estava visitando minha tia. Todo esse clamor sobre a grandeza da Rússia é uma merda completa. Patriotas de araque! Só ficam na frente da TV. Se saíssem de Moscou e andassem uns cinquenta quilômetros... Se olhassem para as casas, como as pessoas vivem. Como são as festas com bebida... No campo quase não tem homem, mais. Morreram todos. Eles têm tanta consciência quanto um animal, bebem até morrer. Até cair. Bebem tudo que arde: de loção de pepino até gasolina para carro. Bebem e depois brigam. Toda família tem alguém que foi preso ou que está preso. A polícia mal dá conta. Só a mulherada não desiste, elas continuam mexendo nas suas hortas. Se sobraram dois ou três homens que não bebem, eles já foram embora para Moscou, ganhar dinheiro. E no único fazendeiro (dessa cidadezinha aonde eu vou) tocaram fogo três vezes, até que ele foi para o inferno! Sumiu! Tinham um ódio visceral... Mortal...

Os tanques em Moscou... as barricadas... No campo ninguém ficou particularmente tenso a esse respeito. Ninguém se apoquentou. Todo mundo estava mais preocupado com o besouro-da-batata e com a traça do repolho. Ele é resistente, esse besouro... E os moleques novos só pensavam em grana e mulher. E um lugar para descolar uma garrafa de noite. Mas o povo mesmo assim se manifestou mais a favor do GKTCHP. Foi assim que eu entendi... Não eram todos comunistas, mas todos queriam um país grande. Tinham medo das mudanças, porque depois de qualquer mudança o homem simples ficava sempre na pior. Eu me lembro do meu avô dizendo: 'Antes nossa vida era uma bela merda, mas depois ficou ainda pior'. Antes da guerra e depois da guerra, viviam sem passaporte. Não davam passaporte para o pessoal do campo, não deixavam ir para a cidade. Eram escravos. Eram prisioneiros. Voltaram da guerra condecorados. Conquistaram meia Europa! Mas viviam sem passaporte.

Em Moscou fiquei sabendo que todos os meus amigos estavam nas barricadas. Participando da bagunça. (*Risos.*) Até eu podia ter recebido uma medalhinha..."

"Sou engenheiro...

Quem é ele, o marechal Akhromiêiev? Um fanático do '*sovok*'. Eu vivi no '*sovok*', não quero voltar para o '*sovok*'. E esse era um fanático, um homem inteiramente devotado ao ideal comunista. Ele era meu inimigo. Ele provocava ódio em mim quando eu ouvia os discursos dele. Eu pensava: esse homem vai lutar até o fim. O suicídio dele? Claro que é um ato fora do normal, e ele inspira respeito. Tem que respeitar a morte. Mas eu fico me perguntando: e se eles tivessem vencido? Pegue qualquer livro de história... Nenhum golpe jamais terminou sem terror, sempre tudo termina em sangue. É gente arrancando língua e furando olho. Uma coisa medieval. Para isso nem precisa ser historiador...

De manhã eu ouvi na televisão sobre 'a incapacidade de Gorbatchóv de governar o país em função de uma grave doença'... pela janela eu vi os tanques... Liguei para os meus amigos, e todos eram a favor do Iéltsin. Contra a junta. Vamos defender o Iéltsin! Abri a geladeira, coloquei um pedaço de queijo no bolso. Tinha umas rosquinhas em cima da mesa, juntei as rosquinhas para levar. E uma arma? Tinha que levar alguma coisa... Em cima da mesa tinha uma faca de cozinha... segurei a faca na mão e coloquei de volta no lugar. (*Fica pensativo.*) E se eles... e se eles tivessem vencido?

Agora as imagens passam na televisão: o maestro Rostropovich chegando de Paris, sentado com uma metralhadora na mão, as moças dando sorvete para os soldados... Buquês de flores em cima dos tanques... As minhas imagens são diferentes... As vovós moscovitas distribuindo sanduíches para os soldados e levando para casa para fazer xixi. Levaram uma divisão de tanques para a capital, sem rações de combate, sem banheiro. O pescocinho fininho dos moleques aparecia pela escotilha, e vejam só: os olhinhos assustados deles! Não estavam entendendo nada. No terceiro dia, já estavam sentados na couraça, irritados, com fome. Com cara de sono. As mulheres ficavam ao redor deles: 'Filhinhos, até vocês vão atirar em nós?'. Os soldados ficavam quietos, mas o oficial berrou: 'Se derem a ordem, vamos atirar'. Os soldados sumiram do nada, se esconderam nas escotilhas. Pois é! As minhas imagens não batem com as suas... Ficamos isolados, esperando o ataque. Começaram os boatos: logo vão soltar gás, tem atiradores de elite nos telhados... Uma mulher se aproximou de nós, com fitas de condecorações na blusa: 'Quem é que vocês estão defendendo? Os capitalistas?'. 'Mas o que é que você quer, vovó? Estamos aqui defendendo a liberdade.' 'Só que eu combati pelo poder soviético, pelos operários e camponeses. E não pelas lojinhas e cooperativas. Se me dessem uma metralhadora agora...'

Tudo estava por um fio. Cheirava a sangue. Não me lembro de uma festa..."

"Sou patriota...

Deixe-me falar o que eu penso. (*Chega um homem com uma peliça aberta e uma cruz enorme no peito.*) Nós vivemos na época mais vergonhosa de nossa história. Somos uma geração de covardes, de traidores. Essa é a sentença que os nossos filhos vão nos dar. 'Nossos pais venderam um país grandioso por um par de jeans, um pacote de Marlboro e um chiclete', eles vão dizer. Nós não conseguimos defender a URSS, a nossa pátria. Um crime terrível. Vendemos tudo! Eu nunca vou me acostumar a essa bandeira tricolor russa, nos meus olhos a bandeira será sempre vermelha. A bandeira de um grande país! Da grande vitória! O que é que foram fazer conosco... com o povo soviético... para que nós fechássemos os olhos e saíssemos correndo na direção dessa porra desse paraíso capitalista? Eles nos compraram com figurinhas, prateleiras de *kolbassá* e embalagens bonitas. Eles nos cegaram, nos enrolaram. Trocamos tudo por carrinhos e roupinhas. E sem historinhas... de que foi CIA que arruinou a União Soviética, as tramoias do Brzeziński... Então por que o KGB não arruinou os Estados Unidos? Não foram os obtusos dos bolcheviques que fizeram merda com o país, nem os canalhas dos intelectuais que destruíram o país para poder ir para o estrangeiro e ler *O arquipélago gulag*... Nem tente encontrar um complô judaico-maçom. Fomos nós mesmos que destruímos tudo. Com nossas próprias mãos. Sonhávamos com o dia em que abririam um McDonald's e todo mundo poderia comprar uma Mercedes, um videocassete de plástico. E venderiam filmes pornôs nas bancas...

A Rússia precisa de uma mão forte. De ferro. De um capataz com um porrete. Assim foi o grande Stálin! Viva! Viva! Akhro-

miêiev podia ter virado o nosso Pinochet... o general Jaruzelski... É uma grande perda..."

"Sou comunista...

Fui a favor do GKTchP, na verdade, da URSS. Fui um fervoro-
so partidário do GKTchP, porque eu gostava de viver num império. 'Quão vasta é a minha terra natal...' Em 1989, fui enviado a
trabalho para Vilnius. Antes da partida, o engenheiro-chefe da
fábrica me chamou para conversar (ele já tinha ido para lá) e me
advertiu: 'Não vá conversar com eles em russo. No mercado eles
não vendem nem fósforo se você pedir em russo. Você não esqueceu seu ucraniano, esqueceu? Converse em ucraniano'. Eu não
conseguia acreditar; que bobagem era aquela? Mas ele continuou:
'Cuidado no refeitório. Eles podem envenenar a comida ou colocar vidro moído. Agora você é um invasor lá, entendeu?'. Mas na
minha cabeça eu tinha a amizade dos povos e toda aquela coisa. A
irmandade soviética. Só fui acreditar quando cheguei à estação de
Vilnius. Na plataforma... Desde o primeiro momento me fizeram entender, ao ouvir o russo, que eu tinha vindo para um país
estrangeiro. Eu era um invasor. Vindo da Rússia, imunda e atrasada. O Ivan russo. Um bárbaro.

E aí a Dança dos Pequenos Cisnes...* Bom, resumindo, eu
ouvi falar do GKTchP de manhã, no mercado. Fui correndo pra
casa, liguei a televisão: mataram o Iéltsin ou não? Nas mãos de
quem estavam as estações de TV? Quem estava no comando do
Exército? Um conhecido me ligou: 'Mas agora esses canalhas vão
começar de novo a apertar a gente. Vamos virar porquinhas e parafusos'. Eu fui tomado pela raiva: 'Mas eu sou totalmente a favor.

---

* Nas primeiras horas do *putsch*, todos os canais de televisão exibiram ininter-
ruptamente o balé *O lago dos cisnes*, de Tchaikóvski.

Sou a favor da urss!'. Em um segundo ele deu uma volta de cento e oitenta graus: 'Chega do Mikhail, o Marcado! Ele que vá arar a terra da Sibéria!'. Entendeu? Tinha que conversar com as pessoas. Ir convencendo. Ir trabalhando. A primeira coisa era tomar Ostánkino* e transmitir 24 horas por dia: estamos salvando o país! A pátria soviética está em perigo! E dar um jeito depressa no Sobtchak, Afanássiev e nos outros traidores. E o povo ficaria a favor!

Eu não acredito no suicídio do Akhromiêiev. Um oficial do Exército não poderia se enforcar num barbante... Na fitinha de uma caixa de bolo... Como um presidiário. Nas celas de prisão é assim que se enforcam: sentando e dobrando as pernas. Na solitária. Mas a tradição militar não é assim. Os oficiais desprezam a forca. Aquilo não foi suicídio, foi homicídio. Quem o matou foram os que mataram a União Soviética. Tinham medo dele: o Akhromiêiev dispunha de uma grande autoridade junto ao Exército, ele poderia ter organizado uma resistência. O povo ainda não estava desorientado, desarticulado, como agora. Todos ainda viviam do mesmo jeito, lendo os mesmos jornais. Não era como agora: quem tem pouco, pouco lhe basta, quem tem muito, muito gasta.

E teve aquela coisa... eu mesmo vi isso... Um pessoal jovem colocou escadas na frente do prédio do Comitê Central do pcus, na praça Velha, não tinha mais ninguém tomando conta. Umas escadas altas, de bombeiro. E foram trepando nelas... Eles tinham martelos e cinzéis e começaram a arrancar as letras douradas, 'cc pcus'. E embaixo os outros iam serrando a madeira e distribuindo os pedaços como recordação. Desmontaram as barricadas. O arame farpado também virou souvenir.

É assim que eu me lembro da queda do comunismo..."

* Estação de rádio e televisão em Moscou.

<u>SOBRE OS DOCUMENTOS DO INQUÉRITO</u>

"No dia 24 de agosto de 1991, às 21h50, no gabinete de serviço nº 19A do bloco 1 do Krémlin de Moscou, o oficial de plantão da guarda Korotiêiev descobriu o cadáver do marechal da União Soviética Serguei Fiódorovitch Akhromiêiev (ano de nascimento: 1923), que trabalhava como conselheiro do presidente da URSS.

O cadáver se encontrava sentado, debaixo do peitoril da janela do gabinete. O cadáver tinha as costas apoiadas na grade de madeira que recobre o radiador. O cadáver estava trajado com a vestimenta de marechal da União Soviética. Não havia danos à vestimenta. No pescoço do cadáver, encontrava-se um laço corrediço, feito com um barbante sintético, dobrado ao meio e que circundava toda a extensão do pescoço. A ponta superior da corda estava presa à alça da moldura da janela com fita adesiva. Não foi encontrado nenhum tipo de dano corporal no cadáver, além daqueles relacionados ao enforcamento..."

"Durante o exame do conteúdo da escrivaninha, foram descobertos, na parte de cima, em local visível, cinco bilhetes. Todos eram manuscritos. Estavam agrupados cuidadosamente numa pilha. A lista a seguir foi feita de acordo com a sequência em que os bilhetes se encontravam...

O primeiro bilhete Akhromiêiev pede que seja entregue à família; nele, ele declara ter tomado a decisão de suicidar-se: 'Meu principal dever foi sempre o de soldado e de cidadão. Vocês ocuparam o segundo lugar. Hoje, pela primeira vez, coloco em primeiro lugar meu dever diante de vocês. Peço-lhes que encarem corajosamente esses dias. Apoiem uns aos outros. Não deem pretextos para o regozijo dos inimigos...'.

O segundo bilhete era endereçado ao marechal da União Soviética S. Sókolov. Nele, está contido um pedido a Sókolov e ao general do Exército Lóbov para que ajudassem nos funerais e que não abandonassem os membros da família naqueles dias penosos.

No terceiro bilhete está contido o pedido de devolução de uma dívida com o refeitório do Krémlin; anexa a ele, uma soma em dinheiro no valor de cinquenta rublos.

O quarto bilhete não possui destinatário: 'Não posso viver quando minha pátria está perecendo e quando tudo o que deu sentido à minha vida está sendo destruído. Minha idade e a vida que tive me dão o direito de deixar a vida. Lutei até o fim'.

O último bilhete estava separado: 'Não sou especialista em preparar os instrumentos para o suicídio. A primeira tentativa (às 9h40) não deu certo: o cabo se rompeu. Juntarei as forças para tentar tudo novamente...'.

A análise grafológica determinou: todos os bilhetes foram escritos pela mão de Akhromiêiev..."

"... a filha mais nova, Natalia, com cuja família Akhromiêiev passou a última noite, contou: 'Antes mesmo de agosto, nós perguntamos mais de uma vez ao meu pai se existia a possibilidade de um golpe de Estado no país. Muitos estavam descontentes com o rumo tomado pela perestroika do Gorbatchóv: com a tagarelice dele, com a fraqueza, com as concessões unilaterais nas negociações soviético-americanas de desarmamento, com a situação econômica do país, que só piorava. Mas meu pai não gostava dessa conversa, ele tinha certeza: 'Não vai ter golpe de Estado nenhum. Se o Exército quisesse dar um golpe, levaria duas horas para isso. Mas na Rússia você não consegue nada à força. Tirar um dirigente indesejável não é o maior problema. Mas o que fazer depois?'.

No dia 23 de agosto, Akhromiêiev não voltou tarde do trabalho. A família jantou reunida. Compraram uma melancia grande e passaram um bom tempo sentados à mesa. O pai, nas palavras da filha, foi sincero. Reconheceu que esperava ser preso. No Krémlin, ninguém se aproximava dele e ninguém falava com ele. 'Eu entendo', ele dizia, 'que vai ser difícil para vocês, agora que tanta sujeira vai recair sobre a nossa família. Mas não posso agir de outra maneira.' A filha perguntou a ele: 'Você não se arrepende de ter vindo para Moscou?'. Akhromiêiev respondeu: 'Se eu não tivesse feito isso, passaria o resto da vida me amaldiçoando'.

Antes de dormir, Akhromiêiev prometeu à neta levá-la ao parque no dia seguinte, para que ela brincasse no balanço. Estava preocupado querendo saber quem buscaria a esposa de manhã, quando ela chegasse de Sótchi. Pediu que o avisassem assim que o avião pousasse. Solicitou um carro para ela na garagem do Krémlin...

A filha telefonou para o pai de manhã, às 9h35. A voz dele estava normal... Conhecendo o caráter do pai, a filha não acredita que tenha sido suicídio..."

SOBRE OS ÚLTIMOS ESCRITOS

"... Fiz um juramento à União das Repúblicas Socialistas Soviéticas... e eu a servi a vida inteira. Então o que devo fazer agora? A quem devo servir? Assim, enquanto eu viver, enquanto eu respirar, seguirei lutando pela União Soviética..."

Programa de televisão *Opinião*, 1990.

"Agora estão transformando tudo em escuridão... Tudo o que aconteceu no país depois da Revolução de Outubro é renegado... Sim, na época houve Stálin, houve o stalinismo. Sim, na época houve repressões, violência contra o povo, isso eu não nego. Tudo isso aconteceu. E, no entanto, é preciso pesquisar e avaliar essas coisas de maneira objetiva e justa. Eu, por exemplo, não preciso ser convencido disso, eu mesmo sou de lá, sou daqueles anos. Eu mesmo vi como as pessoas trabalhavam, com que fé. A tarefa não consiste em atenuar ou esconder nada. Não tem o que esconder, o que ocultar. À luz do que aconteceu em nosso país e que todos já sabem, tem como brincar de esconde-esconde? Mas a guerra contra o fascismo nós vencemos, não perdemos. Nós temos a Vitória.

Eu me lembro dos anos 1930... Outros cresceram como eu. Dezenas de milhões. E nós construímos o socialismo com consciência. Estávamos dispostos a fazer qualquer sacrifício. Não concordo que nos anos que antecederam a guerra existia só o stalinismo, como escreve o general Volkogónov. Ele é um anticomunista. Mas agora no país a palavra 'anticomunista' não é mais um xingamento. Eu sou comunista, ele é anticomunista. Eu sou anticapitalista, mas ele eu não sei o que é: é defensor do capitalismo ou não? Isso não é mais que uma simples constatação dos fatos. É um debate ideológico. Eu não sou só criticado, eu sou abertamente ofendido por chamá-lo de 'vira-casaca'... Pouco tempo atrás o Volkogónov defendia o regime soviético, os ideais comunistas, junto comigo. E de repente essa virada brusca. Ele que diga por que quebrou seu juramento militar...

Muitos hoje perderam a crença. O primeiro deles eu diria que é Boris Nikoláievitch Iéltsin. O presidente da Rússia, afinal, era secretário do Comitê Central do PCUS, candidato a membro do Politburo. Mas agora ele fala abertamente que não acredita no socialismo nem no comunismo, que considera errado tudo o que fizeram os comunistas. Virou um anticomunista militante. E tem outros. Aliás, eles não são poucos. Mas vocês estão se dirigindo a mim... Eu em princípio não concordo... Vejo uma ameaça à existência do nosso país, ela é evidente. É a mesma que existiu no ano de 1941..."

N. Zenkóvitch, *O século XX:*
O alto generalato nos anos de comoção.
(Moscou: Olma-press, 2005)

* * *

"A URSS nos anos 1970 produziu vinte vezes mais tanques que os EUA.

Pergunta de G. Chakhnazárov, adjunto do secretário-geral do PCUS *M. Gorbatchóv (anos 1980)*: 'Por que é preciso produzir tantos armamentos?'.

Resposta do chefe do Estado-Maior S. Akhromiêiev: 'Porque foi a custo de grandes sacrifícios que nós criamos fábricas de primeiro nível, que não são piores que as dos americanos. O que vocês querem, que mandem parar o trabalho para começar a produzir panelas?'"

Iegor Gaidar, *A morte do império*.
(Moscou: Enciclopédia Política Russa, 2007)

"No nono dia de trabalho do Primeiro Congresso dos deputados do povo da URSS, apareceram no salão uns panfletos que afirmavam que Sákharov, numa entrevista a um jornal canadense, tinha declarado: 'Durante a guerra do Afeganistão, helicópteros soviéticos disparavam contra os próprios soldados que tinham sido cercados, para que eles não fossem feitos prisioneiros' [...]

Na tribuna, o primeiro-secretário do diretório municipal do Komsomol de Tcherkássi, veterano da guerra do Afeganistão S. Tchervonopiski; ele não tem as pernas e é ajudado a alcançar a tribuna. Ele lê um comunicado dos veteranos do Afeganistão: 'O senhor Sákharov garante que há informações sobre o fuzilamento de soldados soviéticos pelos próprios helicópteros soviéticos [...] Essa perseguição sem precedentes ao Exército soviético nos meios de comunicação nos deixa seriamente preocupados. Estamos revoltados até o fundo de nossa alma com esse disparate irresponsável e provocador de um conhecido intelectual. Foi um ataque mal-intencionado contra o nosso Exército, uma humilhação à sua honra e ao seu mérito, mais uma tentativa de romper a sagrada unidade entre o Exército, o Povo e o Partido... (*Ovação.*) Mais de 80% das pessoas deste salão são comunistas. Mas ninguém, e isso inclui a fala do camarada Gorbatchóv, proferiu a palavra *comunismo*. Mas eu cito agora as três palavras pelas quais, penso eu, devemos lutar no mundo inteiro; são elas: o Estado, a pátria, o Comunismo...'.

(*Aplausos. Todos os deputados se levantam, menos os democratas e o metropolitano Aleksi.*)

Uma professora do Uzbequistão:

'Camarada acadêmico! Com um único ato, o senhor riscou toda a sua atuação. O senhor cometeu uma ofensa a todo o Exército, a todos que caíram em combate. E eu quero expressar o desprezo geral ao senhor...'.

O marechal Akhromiêiev:

'O que o acadêmico Sákharov disse é uma mentira. Nunca houve nada parecido no Afeganistão. Afirmo isso com plena noção de responsabilidade. Em primeiro lugar, eu servi dois anos e meio no Afeganistão; em segundo lugar, sendo o primeiro vice-chefe do Estado-Maior, e depois chefe do Estado-Maior, eu lidava todos os dias com o Afeganistão, conheço cada diretiva, cada dia de operações militares. Não aconteceu isso!'."

V. Kólessov, *Perestroika: Uma crônica. 1985-1991.*

(Lib.ru. Literatura contemporânea)

"— Camarada marechal, que sentimento o senhor tem sabendo que recebeu o título de Herói da União Soviética pelo Afeganistão? O acadêmico Sákharov verbalizou a cifra: a perda do povo afegão foi de um milhão de pessoas...

— Você acha que eu fico feliz por ter recebido a Estrela de Herói? Cumpri ordens, mas lá só tinha sangue... sujeira... Disse mais de uma vez que o comando do Exército era contra essa guerra, por entender que seríamos arrastados para ações militares em condições difíceis e desconhecidas. Que todo o islamismo oriental se levantaria contra a URSS. Fizemos feio diante da Europa. Mas nos disseram asperamente: 'Desde quando no nosso país generais começaram a se meter com política?'. Nós perdemos a batalha pelo povo afegão... Mas o nosso Exército não tem culpa disso..."

Entrevista para um telejornal, 1990.

"Venho relatar sobre o grau da minha participação nos atos criminosos do assim chamado 'Comitê Nacional para o Estado de Emergência'...

No dia 6 de agosto do presente ano, por determinação de vossa excelência, saí em férias, passadas na estância de repouso do Exército em Sótchi, onde permaneci até o dia 19 de agosto. Antes da partida para a estância e na estância até a manhã do dia 19 de agosto, não tinha conhecimento de nada acerca dos preparativos da conspiração. Ninguém sequer fez menção à sua organização e aos seus organizadores; ou seja, de modo algum participei dos preparativos, nem da execução. Na manhã de 19 de agosto, tendo ouvido pela televisão as declarações do mencionado 'Comitê', tomei sozinho a decisão de voar para Moscou. Às oito horas da noite, encontrei-me com G. I. Ianáiev. Disse-lhe que concordava com o programa proposto pelo 'Comitê' em seu apelo ao povo e me coloquei à disposição para começar a trabalhar com ele na condição de conselheiro do presidente interino da URSS. G. I. Ianáiev concordou com isso mas, alegando estar ocupado, definiu o horário do encontro seguinte para aproximadamente 12h do dia 20 de agosto. Disse que o 'Comitê' não tinha organizado as informações a respeito da situação e que seria bom se eu me engajasse naquilo...

Na manhã de 20 de agosto, encontrei-me com O. D. Baklanov, que tinha recebido a mesma incumbência. Decidimos trabalhar na questão em conjunto... Reunimos um grupo de trabalho formado pelos representantes dos departamentos e organizamos a coleta e a análise dos dados da situação. Na prática, esse grupo de trabalho preparou dois comunicados: para as 21h do dia 20 de agosto e para a manhã do dia 21 de agosto; eles foram examinados na reunião do 'Comitê'.

Além disso, no dia 21 de agosto trabalhei na preparação do comunicado de G. I. Ianáiev no Presidium do Soviete Supremo da URSS. Na noite do dia 20 de agosto e na manhã do dia 21 de agosto, participei da reunião do 'Comitê', ou melhor, da parte que foi realizada na presença de pessoas convidadas. Esse foi o trabalho de que participei nos dias 20 e 21 do presente ano. Além disso, no dia 20 de agosto, aproximadamente às 15h, eu me encontrava no Ministério da Defesa com D. T. Iázov, a pedido deste. Ele disse que a situação estava se complicando e expressou suas dúvidas em relação ao êxito do que fora planejado. Depois da conversa, ele me pediu que fosse com ele falar com o adjunto do Ministério da Defesa, general V. A. Atchálov, que conduzia os trabalhos de planejamento da tomada do prédio do Soviete Supremo da RSFSR. Durante apenas três minutos, ele ouviu V. A. Atchálov acerca da composição das tropas e dos prazos para a ação. Não fiz nenhuma pergunta a ninguém...

Por que vim a Moscou por iniciativa própria — não fui convocado de Sótchi por ninguém — e comecei a trabalhar no 'Comitê'? Afinal, tinha certeza de que essa aventura seria derrotada, e, chegando a Moscou, fiquei ainda mais convencido disso. A questão é que, a partir de 1990, tive a convicção, que mantenho até hoje, de que nosso país está caminhando para o seu fim. Logo ele será desmembrado. Procurei uma maneira de manifestar isso claramente. Considerei que minha participação nos trabalhos do

'Comitê' e as investigações que se seguiriam proporcionariam a oportunidade de falar diretamente a respeito disso. Tal coisa pode parecer pouco convincente e ingênua, mas é a verdade. Não houve qualquer motivação interesseira em minha decisão..."

Carta ao presidente da URSS M. S. Gorbatchóv, 22 de agosto de 1991.

"... Gorbatchóv me é caro, mas a pátria me é mais cara! Que fique na história ao menos o indício de que alguém protestou contra o fim de tão grandioso Estado. E a história julgará quem está certo e quem é culpado..."

De um diário, agosto de 1991.

SOBRE O RELATO DE N.

Pediu para não mencionar seu nome e sua posição no aparato do Krémlin. É uma rara testemunha. Do santo dos santos, do Krémlin, da principal cidadela do comunismo. Uma testemunha da vida que era escondida de nós. Que era guardada como a vida dos imperadores chineses. De deuses terrenos. Levei muito tempo para convencê-lo.

SOBRE NOSSAS CONVERSAS TELEFÔNICAS

"... Que tem a ver a história? Você quer fatos "quentes", algo bem picante, com algum sabor, não? Todos querem sangue, querem a carne. A morte já é uma mercadoria. Foi tudo posto à venda. O cidadão fica em êxtase... é uma injeção de adrenalina... Não é todo dia que um império rui. Fica com a fuça na lama! No sangue! E não é todo dia que um marechal do império comete suicídio... se enforca em um radiador no Krémlin...

... Por que ele quis ir embora? O país dele estava indo embora, e ele quis ir junto, ele não conseguia mais se ver aqui. Ele... eu acho... já imaginava como as coisas seriam. Que destruiriam o socialismo. Que aquele papo furado terminaria em sangue. Em roubo. Que começariam a derrubar as estátuas. Que os deuses soviéticos iriam parar no ferro-velho. Virariam sucata. Que começariam a ameaçar os comunistas com Nuremberg... E os juízes, quem seriam? Uns comunistas julgariam outros comunistas: os que saíram do Partido na quarta-feira julgariam os que saíram do Partido na quinta. Que mudariam o nome de Leningrado... o berço da Revolução... Que viraria moda xingar o PCUS, e que todos começariam a xingar. Que começariam a andar pela rua com cartazes: 'Morte ao PCUS!', 'Boris, ao governo!'. Manifestações com milhares de pessoas... Que rostos entusiasmados! O país morrendo, e eles estavam felizes. Destruir! Derrubar! Para nós, é sempre uma festa... Uma bela festa! Era só dar o comando, 'pega!'. E teriam começado um pogrom... 'Judeuzinhos e comissários, já para o paredão!' O povo estava à espera disso. Teria ficado contente. Teriam feito uma caçada aos velhinhos aposentados. Eu mesmo achei na rua panfletos com o endereço dos altos funcionários do Comitê Central: nome, número, apartamento, e colavam o retrato deles em todos os lugares possíveis. Para reconhecerem, em qualquer caso. A *nomenklatura* do Partido fugiu de seus gabinetes com sacos plásticos. Com sacolinhas. Muitos tinham medo de passar a noite em casa, se escondiam na casa dos parentes. Nós tínhamos informação... Sabíamos como tudo tinha acontecido na Romênia... Tinham fuzilado o Ceauşescu e a esposa, tinham tirado e levado para o paredão vários membros do serviço secreto, da elite do Partido. Eram amontoados em valas... (*Longa pausa.*) Mas ele... Ele era um comunista idealista, romântico. Acreditava nos 'brilhantes pináculos do comunismo'. No sentido literal. Que o comunismo tinha chegado para ficar. Hoje é uma noção absurda... idiota... (*Pausa.*) Ele não aceitava o que estava começando a acontecer. Viu aqueles jovens abutres começando a se agitar… os pioneiros do capitalismo… Que na cabeça não tinham Marx ou Lênin, só dólares…

… Que golpe é esse, sem nenhum tiro? O Exército fugiu de Moscou covardemente. Depois da prisão dos membros do GKTchP, ele achou que logo também viriam atrás dele, que ele seria levado algemado. De todos os adjuntos e conselheiros do presidente, ele foi o único que apoiou os golpistas. Apoiou abertamente. Os demais ficaram esperando. Esperaram aquilo passar. O aparato burocrático é uma máquina com enorme capacidade de manobra… De espera. Princípios? A burocracia não tem convicções, não tem princípios, nada dessa metafísica nebulosa. O mais importante é ficar sentadinho no lugar, para continuar recebendo como sempre um suborno aqui e acolá. A burocracia é o nosso forte. Lênin já dizia que a burocracia era pior que o Deníkin. A única coisa que importa é a fidelidade pessoal: não se esqueça de quem é o seu patrão, quem é a mão que alimenta. (*Pausa.*) Ninguém sabe a verdade sobre o GKTchP. Todo mundo mente. Pois é… assim… na verdade, foi tramado um grande jogo, nós não conhecemos suas regras secretas e todos os seus participantes. O papel obscuro do Gorbatchóv… O que ele disse aos jornalistas quando voltou de Foros? 'De qualquer forma, eu nunca vou contar tudo a vocês.' E não vai mesmo! (*Pausa.*) E talvez esse também seja um dos motivos para ele ter feito isso. (*Pausa.*) Manifestações com centenas de milhares de pessoas… isso teve um efeito muito forte… Era difícil se manter num estado normal… Não era por si próprio que ele temia… Ele não conseguia se conformar com o fato de que logo tudo seria pisoteado, tudo seria cimentado: o regime soviético, a grande industrialização… a grande Vitória… E no fim pareceria que o *Aurora* nunca tinha dado o tiro, que o ataque ao Palácio de Inverno nunca tinha acontecido…

… Culpam a época… O nosso tempo é infame. É vazio. Estamos cobertos de trapos, de videocassetes. Onde está o grande país? Se acontece alguma coisa, hoje nós não venceríamos ninguém. Nem o Gagárin teria voado."

De maneira completamente inesperada, no fim de uma de nossas conversas, finalmente eu ouvi: "Tudo bem, pode vir". Nós nos encontramos no dia seguinte, na casa dele. Ele estava de terno preto e gravata preta, apesar do calor. O uniforme do Krémlin.

"E você já foi na casa do… (*Menciona alguns nomes conhecidos.*) E do… (*Mais um nome, que todo mundo ouve há muito tempo.*) Na versão deles, foi assassinato! Mas eu não acredito nisso. Parece que tem uns boatos sobre umas testemunhas… uns fatos… Diz que o barbante não dava, que era fino demais, que só dava para sufocar, e a chave estava do lado de fora do gabinete… Falam de tudo… As pessoas adoram um mistério palaciano. Eu vou dizer outra coisa para você: as testemunhas também são manipuláveis. Não são robôs. A televisão é que manipula. Os jornais. Os amigos… Interesses corporativos… Quem sabe a verdade? Eu tenho a opinião de que a verdade pode ser buscada por pessoas especialmente formadas: juízes, cientistas, padres. Todos os demais estão sob o domínio de suas ambições… de suas emoções… (*Pausa.*) Eu li os seus livros… Você faz mal em confiar assim no ser humano… na verdade humana… A história é a vida das ideias. Não são as pessoas que escrevem, é o tempo que escreve. E a verdade humana é um prego em que cada um pendura o seu próprio chapéu.

… Preciso começar pelo Gorbatchóv… Sem ele nós viveríamos até agora na URSS. O Iéltsin seria o primeiro-secretário do diretório regional do Partido em Sverdlovsk, e o Iegor Gaidar revisaria artigos de economia para o jornal *Pravda* e acreditaria no socialismo. E o Sobtchak daria aula da Universidade de Leningrado... (*Pausa.*) A urss ainda duraria muito. Um colosso com pés de barro? Uma grande bobagem! Éramos uma poderosa superpotência, ditávamos nossa vontade a muitos países. Mesmo os Estados Unidos tinham medo de nós. Não tínhamos meias-calças femininas e jeans? Para vencer uma guerra nuclear, não é necessário ter meia-calça, e sim foguetes modernos e bombardeiros. E nós tínhamos. De primeira categoria. Venceríamos qualquer guerra. O soldado russo não tem medo de morrer. Nesse ponto, somos asiáticos... (*Pausa.*) O Stálin criou um Estado que era impossível atingir por baixo, ele era impenetrável. Mas por cima era vulnerável, sem defesas. Ninguém pensou que fossem tentar destruí-lo por cima, que os altos dirigentes do país tomariam o caminho da traição. Renegados! O secretário-geral acabou sendo o principal revolucionário, enclausurado no Krémlin. De cima era fácil destruir esse Estado. A rígida disciplina e a hierarquia do Partido agiram contra nós. Um caso único na história... Como se... o Império Romano fosse destruído pelo próprio César... Não, Gorbatchóv não foi um pigmeu, nem um brinquedo nas mãos das circunstâncias, nem um agente da cia... E quem foi ele?

'O coveiro do comunismo' e 'o traidor da pátria', 'o vencedor do Nobel' e 'o falido soviético', 'o maior sessentista' e 'o melhor alemão', 'o profeta' e 'o Judas', 'o grande reformador' e 'o grande artista', 'o grande Gorby' e 'o Gorbatch', 'o homem do século' e 'o Heróstrato'... Tudo isso sobre a mesma pessoa.

... Akhromiêiev passou alguns dias se preparando para o suicídio: dois bilhetes suicidas foram escritos no dia 22, um, no dia 23, e o último, no dia 24 de agosto. E o que aconteceu naquele dia? Exatamente no dia 24 de agosto transmitiram no rádio e na televisão a declaração de Gorbatchóv sobre sua renúncia do cargo de secretário-geral do Comitê Central do pcus e seu apelo à dissolução do Partido: 'É preciso tomar uma decisão difícil, mas honesta'.

O secretário-geral se retirava sem lutar. Não se dirigiu ao povo e aos milhões de comunistas... Traiu. Abandonou todo mundo. Posso imaginar o que o Akhromiêiev suportou nesse instante. Não dá para excluir a possibilidade, bastante verossímil, de ele ter visto no caminho para o trabalho as bandeiras sendo baixadas nos prédios governamentais. Das torres do Krémlin. O que ele pode ter sentido? Um comunista... Veterano de guerra... Toda a vida dele perdendo o sentido... Eu não consigo imaginá-lo na nossa vida de hoje. Uma vida não soviética. Sentado no Presidium, debaixo da tricolor russa, e não da bandeira vermelha. Não debaixo do retrato de Lênin, mas da águia imperial. Ele não combina de jeito nenhum com essa nova decoração. Era um marechal soviético... entende?... So-vi-é-ti-co!! Só isso, nada mais. Só isso...

Ele não se sentia confortável no Krémlin. 'Um peixe fora d'água'... um 'milico'... E ele não se aclimatou, dizia que 'a camaradagem verdadeiramente desinteressada só existia no quartel'. A vida toda... inteira... ele passou no Exército. Com gente do Exército. Meio século. Vestiu o uniforme militar aos dezessete anos. Isso é tempo! É uma vida! Foi para o gabinete do Krémlin depois de reformado do posto de chefe do Estado-Maior. Escreveu o pedido de dispensa por conta própria. Por um lado, ele achava que era preciso sair no tempo certo (já tinha visto carros funerários demais), dar caminho aos mais jovens; mas, por outro, ele tinha começado a ter conflitos com Gorbatchóv. Aquele ali não gostava do Exército, como o Khruschóv, que chamava os generais, e os militares como um todo, de nada menos que parasitas. Nosso país era um país bélico, uns setenta por cento da economia servia de um jeito ou de outro ao Exército. E as melhores mentes também... físicos, matemáticos... Todos trabalhavam para fazer tanques e bombas. A ideologia também era bélica. Mas o Gorbatchóv era um homem totalmente civil. Os secretários-gerais anteriores tinham vindo da guerra, e ele tinha vindo da Faculdade de Filosofia da Universidade de Moscou. 'Vocês pretendem ir à guerra?', ele perguntava aos militares. 'Eu não pretendo. Mas só aqui em Moscou tem mais generais e almirantes que no resto do mundo.' Antes ninguém falava assim com os militares, eles eram os mais importantes. No Politburo, não era o ministro da Economia quem apresentava sua fala primeiro, mas o ministro da Defesa: quantos armamentos tinham sido produzidos, e não quantos videocassetes. Era por isso que aqui os videocassetes custavam o mesmo que um apartamento. Mas aí tudo mudou... Claro que os militares se insurgiram... Precisamos de um Exército grande e forte, o nosso território é deste tamanho! Faz fronteira com meio mundo. Seremos levados a sério enquanto formos fortes, mas se enfraquecermos nenhum 'pensamento novo' vai convencer ninguém de nada. Akhromiêiev se reuniu pessoalmente com ele várias vezes... Essa era a principal divergência entre eles... Não vou conseguir me lembrar agora de nenhum tipo de conflito menor. Dos discursos de Gorbatchóv sumiram as palavras que eram familiares a todos os soviéticos: 'as intrigas do imperialismo internacional', 'um golpe de represália', 'os magnatas de além-mar'... Ele riscou tudo isso. Ele só tinha 'os inimigos da glasnost' e 'os inimigos da perestroika'. No gabinete dele ficava xingando, falando palavrão (era um mestre nisso!), chamando os outros de otários. (*Pausa.*) 'Diletante', 'o Gandhi russo'... Nem são as coisas mais ofensivas que você podia ouvir nos corredores do Krémlin. É claro que os 'bisões velhos' ficaram em choque, pressentindo a tragédia: vai se afogar e levar todo mundo com ele. Para os americanos nós éramos 'o império do mal', nos ameaçavam com uma cruzada... com a 'guerra nas estrelas'... E o nosso comandante em chefe parecia um monge budista: 'o mundo é a casa de todos nós', 'mudança sem violência e sem sangue', 'a guerra não é mais a continuação da política' etc. O Akhromiêiev lutou por muito tempo, mas ficou cansado. No primeiro momento, ele pensou que estavam mandando informações erradas lá para o alto, que estavam tentando enganar; mas depois entendeu que era uma traição. E entregou o pedido de dispensa. Gorbatchóv aceitou, mas não permitiu que ele se afastasse. Quis nomeá-lo conselheiro militar.

... Era perigoso mexer nessa construção. Stalinista... soviética... chame como quiser. O nosso Estado sempre existiu em regime de mobilização. Desde os primeiros dias. Não foi pensado para uma vida pacífica. Volto a dizer... Você acha que nós não poderíamos ter feito sapatos femininos elegantes e belos sutiãs? Videocassetes? Em dois tempos. Mas nosso objetivo era outro... E o povo? (*Pausa.*) O povo espera coisas simples. Comida em profusão. E um tsar! Gorbatchóv não queria ser um tsar. Ele se recusou. Já o Iéltsin... Em 1993, quando ele sentiu a cadeira presidencial balançar, não teve dúvida e deu o comando de atirar contra o Parlamento. Em 1991, os comunistas ficaram com medo de atirar... Gorbatchóv entregou o poder sem sangue algum... Mas o Iéltsin abriu fogo dos seus tanques. Fez uma carnificina. Pois é... foi assim... E foi apoiado. O nosso país tem uma mentalidade tsarista, está no subconsciente. Nos genes. Todos precisam de um tsar. Ivan Grózny (na Europa ele é chamado de 'o Terrível'), que verteu o sangue das cidades russas e perdeu a guerra da Livônia, é lembrado com temor e admiração. Como Pedro i, como Stálin. Já Alexandre ii, o Libertador... o tsar que deu a liberdade à Rússia... foi assassinado... Os tchecos podem até ter o seu Václav Havel, mas nós não precisamos de um Sákharov, precisamos de um tsar. Um tsar, um paizinho! Tanto faz se é secretário-geral ou presidente, de qualquer maneira é um tsar." (*Longa pausa.*)

Ele me mostra seu bloquinho com citações das obras clássicas do marxismo. Anoto uma das citações de Lênin: "Eu concordaria em viver num chiqueiro, se nele tivesse pelo menos o poder soviético". Confesso que também não li Lênin.

"Bom, mas tem também outro... um outro lado... Para aliviar um pouco... A nossa conversa é aqui entre nós, como se diz, à mesa. O Krémlin tinha um cozinheiro próprio. Todos os membros do Politburo pediam arenque, toicinho, caviar negro, mas o Gorbatchóv continuava insistindo no mingau. Nas saladinhas. Ele pedia para não mandarem caviar negro: 'Caviar vai bem com uma vodcazinha, mas eu não bebo'. Ele e a Raíssa Maksímovna faziam dieta, dias de jejum. Ele não era parecido com nenhum dos secretários-gerais anteriores. Amava muito a esposa, algo nada soviético. Eles passeavam de mãos dadas. Já o Iéltsin, por exemplo, logo de manhã pedia um copinho e uns pepinos. Isso sim é coisa russa. (*Pausa.*) O Krémlin é um terrário. Vou contar uma coisa... Mas publique isso sem o meu nome... dê como informação anônima... Já estou aposentado... O Iéltsin escolheu o time dele, e aí todos os 'gorbatchóvianos' foram limados, de um jeito ou de outro foram tirados. E é por ser aposentado que eu estou aqui sentado com você, do contrário faria silêncio, como um *partisan*. Não tenho medo do gravador, mas ele me incomoda. É o costume, sabe? Nós éramos examinados como se fosse num raio X... (*Pausa.*) Algumas coisas podem parecer pequenas, mas é isso que caracteriza uma pessoa... Akhromiêiev foi transferido para o Krémlin e imediatamente recusou o novo salário, várias vezes maior que o anterior. Pediu para ficar com o outro: 'Para mim é o suficiente'. Quem de nós é um Dom Quixote? E me diga: quem considera normal um Dom Quixote? Quando foi publicado o decreto do Comitê Central do PCUS e do governo (estava começando a luta contra os privilégios) que criava a obrigação de entregar ao Estado os presentes recebidos de estrangeiros no valor de quinhentos rublos ou mais, ele foi um dos primeiros e um dos poucos a cumprir esse decreto. Os costumes do Krémlin... Servir, curvar-se, saber quem dedurar e de quem rir pelas costas na hora certa. Quem cumprimentar, e para quem só acenar de leve. Calcular tudo de antemão... O gabinete que você ganhou, onde fica? Perto do presidente, no mesmo andar? Se não, você não é nada... É um... zé-ninguém... Que telefone você tem? É uma linha quente, uma *vertuchka*? Ou um telefone com 'presidente' escrito, para falar diretamente com 'o próprio'? Vai ganhar um carro da garagem especial?

... Estou lendo Trótski, *Minha vida*. Lá está bem retratada a cozinha da revolução... Agora só se fala no Bukhárin. O lema dele 'Enriqueçam, juntem dinheiro' virou conveniente. Veio a calhar. O Bukhártchik (como o Stálin o batizou) propunha 'criar raízes no socialismo' e chamava o Stálin de Gêngis Khan. Mas também era uma figura ambígua... Como todos, estava disposto a jogar as pessoas na fornalha da revolução mundial, sem contagem de corpos. Educação na base do fuzilamento. Stálin não foi o primeiro a pensar nisso... Todos eles eram pessoas de guerra: depois da revolução, depois da Guerra Civil. Depois do sangue... (*Pausa.*) Lênin tem uma observação segundo a qual as revoluções acontecem quando elas mesmas querem, não quando alguém quer. É... E aí... essa... perestroika... a glasnost... Nós deixamos tudo isso escapar das nossas mãos... Por quê? No alto escalão do poder tinha muita gente inteligente. Liam Brzeziński... Mas a impressão geral era a seguinte: é dar uma arrumada, dar uma engraxada e seguir em frente. Não sabíamos a que ponto o nosso povo estava cansado de todas as coisas soviéticas. Nós mesmos acreditávamos pouco no 'futuro brilhante', mas acreditávamos que o povo acreditava... (*Pausa.*) Não... Akhromiêiev não foi assassinado... Temos que deixar de lado essas teorias da conspiração... O suicídio foi seu último argumento. Ao morrer, ele conseguiu mesmo assim expressar a principal coisa: estávamos indo rapidamente para o abismo. Era um país imenso, um país que venceu uma guerra terrível; e agora ele estava desmoronando. A China não ruiu. Nem a Coreia do Norte, onde as pessoas morriam de fome. Até a pequena Cuba socialista ficou de pé, e nós estamos desaparecendo. Não nos derrotaram com tanques e mísseis, mas destruíram aquilo em que éramos mais fortes. Nosso espírito. O sistema apodreceu, o Partido apodreceu. E talvez exatamente por isso... Esse também foi um dos motivos da sua morte...

... Ele nasceu numa cidadezinha erma na Mordóvia, perdeu os pais cedo. Quando foi para a guerra, era um cadete da academia naval. Foi voluntário. Passou o dia da Vitória num hospital militar: estava com um esgotamento mental completo, pesando trinta e oito quilos. (*Pausa.*) Quem venceu foi um Exército extenuado, doente. Esgotado, com tosse. Com radiculite, com artrite... com úlcera do estômago... É assim que eu me lembro daquele Exército... Eu e ele éramos da mesma geração: gente da guerra. (*Pausa.*) De cadete, ele foi subindo até os mais altos degraus da pirâmide militar. O poder soviético deu tudo a ele: a mais alta patente, a de marechal, a Estrela do Herói, o Prêmio Lênin... Tudo isso foi dado não a um príncipe herdeiro, mas a um menino de uma simples família camponesa. Vindo dos cafundós. E deu uma chance a milhares como ele. Aos pobres... às pessoas pequenas... E ele amava o poder soviético."

Alguém bate à porta. Entra um conhecido dele. Discutem alguma coisa por muito tempo no corredor de entrada. Quando N. retorna, vejo que ele está um pouco aflito e já não fala com a mesma empolgação; mas depois, felizmente, ele de novo se anima.

"Nós trabalhamos juntos... Chamei para entrar... Ele recusou: são segredos do Partido, que não devem ser divulgados. Por que deixar estranhos saberem deles? (*Pausa.*) Eu não era amigo do Akhromiêiev, mas eu o conhecia há muitos anos. Ninguém quis se sacrificar pela salvação do país. Só ele. Mas nós só corríamos atrás de pensões pessoais e de direitos de uso das *datchas* do governo. Não posso ficar calado quanto a isso...

... Antes do Gorbatchóv, o povo via os nossos líderes só na tribuna do Mausoléu: chapéus de rato-almiscarado e rostos impassíveis. Tinha a piada: 'Por que os chapéus de rato-almiscarado desapareceram? Porque a *nomenklatura* se reproduz mais rápido que o rato-almiscarado'. (*Risos.*) Em nenhum lugar contavam mais piadas do que no Krémlin. Piadas políticas... antissoviéticas... (*Pausa.*) A perestroika... Não me lembro exatamente, mas acho que ouvi essa palavra pela primeira vez no exterior, de jornalistas estrangeiros. Aqui era mais frequente falarem: 'aceleração' e 'via leninista'. Mas no exterior estava começando o boom do Gorbatchóv, o mundo inteiro entrou na 'gorbymania'. Lá chamavam de perestroika tudo o que estava acontecendo aqui. Todas as mudanças. Se na rua passasse um cortejo com o Gorbatchóv, milhares de pessoas paravam na calçada. Choro, sorrisos. Eu me lembro de tudo isso... Começaram a nos amar! Sumiu o medo do KGB, e, acima de tudo, foi declarado o fim da loucura nuclear... E por isso o mundo inteiro ficou grato a nós. Durante décadas, todo mundo teve medo da guerra atômica, até as crianças. As pessoas se acostumaram a olhar umas para as outras através de uma trincheira. De uma mira... (*Pausa.*) Nos países europeus, começaram a ensinar russo... nos restaurantes, começaram a servir pratos russos: *borsch, pelmeni*... (*Pausa.*) Passei dez anos trabalhando nos EUA e no Canadá. Voltei para casa na época do Gorbatchóv... Vi muitas pessoas sinceras, honestas, que queriam participar de tudo. Tinha visto pessoas assim... quando o Gagárin foi para o espaço... Aqueles rostos... Tinha muitas pessoas que pensavam como o Gorbatchóv, mas eram poucas na *nomenklatura*. No Comitê Central... nos diretórios regionais... 'Secretário de termas': falavam isso porque ele tinha vindo para Moscou de Stávropol, onde adoravam descansar os secretários-gerais, os membros do Politburo. 'Secretário mineral' e 'filho da fruta', por causa da campanha antialcoolista. O material comprometedor se acumulava: quando esteve em Londres, não visitou o túmulo de Marx... Um acontecimento inédito! Voltou do Canadá e rasgou elogios a tudo, dizendo como era bom lá. Tal coisa era boa, tal coisa... Mas aqui... Todo mundo sabe que aqui... Alguém não aguentou: 'Mikhail Serguêievitch, aqui também será assim daqui a uns cem anos'. 'Bom, mas você é um otimista'. Aliás, tratava todo mundo daquele jeito informal...* (*Pausa.*) Li um jornalista 'democrata' dizendo que a geração da guerra... ou seja, nós... tinha ficado tempo demais no poder. Venceram, construíram o país, aí deveriam ter ido embora, porque não tinham outra noção de vida além de viver por essas medidas do Exército. E foi por isso que ficamos tão atrasados em relação ao mundo... (*Em tom agressivo.*) Os 'Chicago boys'... os 'reformadores de cuecas rosas'... Onde está nosso grande país? Se tivesse acontecido uma guerra, nós teríamos vencido. Se tivesse acontecido uma guerra... (*Leva muito tempo para se acalmar.*)

Mas quanto mais tempo passava, mais o Gorbatchóv ficava parecido com um pregador, e não com um secretário-geral. Virou uma estrela de televisão. Logo todo mundo ficou cansado de ouvir os sermões dele: 'de volta a Lênin'... 'um salto para o socialismo desenvolvido'... Surgiu a pergunta: e o que é que tinha sido construído até então, um 'socialismo subdesenvolvido'? O que é que nós tínhamos... (*Pausa.*) Eu lembro que no exterior nós víamos outro Gorbatchóv; lá, ele quase não lembrava aquele Gorbatchóv que nós conhecíamos em casa. Lá ele se sentia livre. Fazia sucesso com suas piadas, formulava com clareza seus pensamentos. Mas em casa fazia intrigas, fazia manobras. E por isso parecia

---

* Literalmente, "tuteava todo mundo". No russo, assim como no francês e em alguns outros idiomas, o pronome "tu" é usado em situações informais e familiares, enquanto o "vós" é usado em situações formais, mesmo quando o falante se dirige a uma única pessoa.

fraco. Um falastrão. Mas fraco ele não era. Nem covarde. Tudo isso é mentira. Era um político frio, experiente. Por que dois Gorbatchóvs? Fosse ele mais descarado em casa como era lá fora, teria sido despedaçado e comido pelos 'velhinhos' num instante. Tem mais um motivo... Ele... eu acho... há muito tempo tinha deixado de ser comunista... já não acreditava no comunismo... Secretamente ou de maneira inconsciente, ele era um social-democrata. Isso não era muito alardeado, mas todo mundo sabia que na juventude ele tinha estudado na Universidade de Moscou (a MGU) junto com o líder da Primavera de Praga, o Alexander Dubček, e o companheiro de luta dele, o Zdeněk Mlynář. Eles fizeram amizade. O Mlynář escreveu nas memórias dele que, quando leram para eles o informe do Khruschóv no XX Congresso em uma reunião fechada do Partido na universidade, eles sentiram tamanha comoção que passaram a madrugada inteira vagando por Moscou. E de manhã, nas colinas de Lênin, como outrora Herzen e Ogariov, eles juraram lutar a vida inteira contra o stalinismo. (*Pausa.*) Toda a perestroika veio de lá... Do degelo do Khruschóv...

... Nós já começamos a falar desse tema... Desde o Stálin, até o Brêjniev, estiveram à frente do país dirigentes que tinham guerreado. Que tinham sobrevivido ao tempo do terror. A psicologia deles tinha se formado em condições de violência. De medo constante. Eles não conseguiam esquecer o ano de 1941... A vergonhosa retirada do Exército soviético até Moscou. Que mandavam os soldados para o combate dizendo: 'a arma você arranja durante o combate'. Não contavam as pessoas, contavam os cartuchos. É normal... é lógico que pessoas com essa lembrança iriam acreditar que, para vencer o inimigo, é necessário fazer tanques e aviões. Quanto mais, melhor. Era tanto armamento acumulado no mundo que a URSS e os Estados Unidos poderiam ter matado um ao outro milhares de vezes. E continuavam a fazer armas. E aí veio a nova geração... Toda a equipe do Gorbatchóv era de filhos dos anos da guerra... Na consciência deles ficou marcada a alegria da paz... O marechal Júkov comandando a parada da Vitória em seu corcel branco... Já era outra geração... e outro mundo... Os primeiros não confiavam no Ocidente, viam nele um inimigo; já os segundos queriam viver como no Ocidente. É claro que o Gorbatchóv assustava os 'velhinhos'... Assustava com suas falas sobre 'a construção de um mundo sem armas nucleares' — adeus, doutrina do pós-guerra de 'equilíbrio do terror' —, sobre o fato de que 'numa guerra nuclear não pode haver vencedores'; ou seja, iríamos diminuir o 'aparato' de defesa, reduzir o Exército. Nossa indústria bélica de primeira classe começaria a fazer panelas e espremedores de suco... Não era isso? Num dado momento, o alto generalato encontrava-se quase em estado de guerra contra os dirigentes políticos. Contra o secretário-geral. Não conseguiam perdoá-lo pela perda do Bloco Oriental, por nossa fuga da Europa. Especialmente da Alemanha Oriental. Até o chanceler Kohl ficou impressionado com a imprevidência do Gorbatchóv: tinham oferecido para nós um monte de dinheiro para sair da Europa, e ele recusou. A ingenuidade dele impressionava. A simplicidade russa. Ele queria tanto ser amado... Queria tanto que os *hippies* franceses usassem camisetas com o rosto dele... Os interesses do país foram entregues de maneira medíocre e vergonhosa. O Exército foi largado na floresta, no campo russo. Os oficiais e os soldados viviam em tendas. Em abrigos de barro. A perestroika... foi como a guerra... não foi parecida com um Renascimento...

Nas negociações de desarmamento soviético-americanas, os americanos sempre conseguiam exatamente o que queriam. O Akhromiêiev descreve no livro *Com os olhos de um marechal e de um diplomata* como ocorreram os debates sobre o míssil 'Oká' (no Ocidente, deram o nome de SS-23). Um míssil novo, ninguém mais tinha nada parecido, e o lado americano tinha o objetivo de eliminá-lo. Mas ele não entrava nas condições do acordo: a eliminação caberia aos mísseis de médio alcance, de mil a 5,5 mil quilômetros, e pequeno, de quinhentos a mil quilômetros. O raio de ação do 'Oká' era de quatrocentos quilômetros. O Estado--Maior soviético ofereceu aos americanos: que seja, sejamos honestos, vamos proibir todos os mísseis com alcance não a partir de quinhentos, mas de quatrocentos a mil quilômetros. Mas aí os americanos teriam que sacrificar o seu míssil 'Lance-2', que eles tinham acabado de modernizar e que tinha alcance de 450 a 470 quilômetros. Foi uma longa luta nos bastidores... Sem que os militares soubessem, Gorbatchóv tomou a decisão pessoal de eliminar o 'Oká'. Foi justamente então que o Akhromiêiev disse sua famosa frase: 'Será que não é o caso de pedirmos logo asilo político na Suíça neutra e não voltarmos para casa?'. Ele não conseguia participar da derrocada de todas as coisas às quais ele tinha dedicado a vida... (*Pausa.*) O mundo ficou unipolar, agora ele pertence aos Estados Unidos. Nós ficamos fracos, fomos imediatamente empurrados para a periferia. Fomos transformados num país de terceira categoria, um país vencido. Na Segunda Guerra Mundial nós vencemos... A Terceira nós perdemos... (*Pausa.*) E para ele... Isso era insuportável...

... No dia 14 de dezembro de 1989... Foi o funeral do Sákharov. Tinha milhares de pessoas nas ruas de Moscou. De acordo com as estimativas da polícia, de setenta a cem mil. Do lado do caixão estavam Iéltsin, Sobtchak, a Starovóitova...* O embaixador americano Jack Matlock escreveu nas suas memórias que a presença daquelas pessoas no funeral do 'símbolo da revolução russa', do 'principal dissidente do país', lhe pareceu natural, mas

---

* Galina Vassílievna Starovóitova (1946-98), historiadora, ativista política e defensora dos direitos humanos. Seu assassinato, ocorrido em novembro de 1998, jamais foi inteiramente esclarecido.

que ele ficou surpreso quando 'viu um pouco de lado a figura solitária do marechal S. Akhromiêiev'. Durante a vida do Sákharov, eles tinham sido inimigos, oponentes irreconciliáveis. (*Pausa.*) Mas o Akhromiêiev tinha ido se despedir. Não tinha ninguém do Krémlin lá, só ele... e ninguém do Estado-Maior...

... Deram um pouquinho de liberdade, e de todo lado apareceram logo as fuças da burguesia. Para o Akhromiêiev, um asceta, uma pessoa desinteressada, aquilo foi um golpe. Bem no coração. Ele não conseguia acreditar que pudesse existir o capitalismo aqui. Com o nosso povo soviético, com a nossa história soviética... (*Pausa.*) Até hoje vejo na minha frente a cena: na *datcha* do governo em que o Akhromiêiev morava com sua família de oito pessoas, uma moça loirinha correndo e gritando: 'Vejam só, duas geladeiras e duas televisões! Mas quem é esse marechal Akhromiêiev para ter duas geladeiras e duas televisões?'. Hoje em dia fazem silêncio... ninguém fala nada... Mas em termos de *datchas*, apartamentos, carros e outros privilégios, todos os recordes anteriores já foram batidos faz tempo. Automóveis de luxo, móveis ocidentais nos gabinetes, férias na Itália, não na Crimeia... No nosso gabinete a mobília era soviética, andávamos em carros soviéticos. Usávamos sapatos e ternos soviéticos. Khruschóv veio de uma família de mineiros... O Kossíguin era de origem camponesa... Como eu já disse, todos vieram da guerra. É claro que era uma experiência de vida limitada. Não era só o povo, os líderes também viviam atrás da 'Cortina de Ferro'. Todos viviam como se fosse num aquário... (*Pausa.*) Outra coisa... talvez seja até algo isolado, mas a desgraça do marechal Júkov depois da guerra não teve tanto a ver com o ciúme do Stálin pela glória que ele teve, e sim com a quantidade de tapetes, móveis e espingardas de caça que ele tinha mandado trazer da Alemanha para colocar na *datcha*. Se bem que tudo isso dava perfeitamente para levar em dois carrinhos leves. Mas um bolchevique não pode ter tanto traste...

Pelos tempos de hoje fica até ridículo... (*Pausa.*) O Gorbatchóv adorava o luxo... Construíram uma *datcha* para ele em Foros... Mármore da Itália, azulejos da Alemanha... areia da praia da Bulgária... Nenhum líder ocidental tinha nada parecido. A *datcha* do Stálin na Crimeia, se você comparar com a do Gorbatchóv, iria parecer um alojamento. Os secretários-gerais estavam mudando... especialmente as esposas...

Quem ia defender o comunismo? Não seriam os professores, não seriam os secretários do Comitê Central... mas uma professora de química, de Leningrado, Nina Andrêieva, foi ela que se lançou em defesa do comunismo... O artigo dela, 'Não posso renunciar aos meus princípios', fez muito barulho. O Akhromiêiev também escreveu... discursou... Ele me dizia: 'Temos que dar o troco'. Ligavam no telefone dele, ameaçando: 'criminoso de guerra'. Era por causa do Afeganistão. Pouca gente sabia que ele tinha sido contra a guerra do Afeganistão. E nem tinha trazido de Cabul diamantes e outras pedras preciosas, ou quadros no museu nacional, como outros generais. Ele era constantemente perseguido pela imprensa... Por atrapalhar os 'novos historiadores', que precisavam mostrar que não tínhamos nada, que tínhamos deixado para trás só um deserto. Nem a Vitória tinha acontecido. Mas os destacamentos de barragem e os batalhões corretivos, esses tinham existido. A guerra tinha sido vencida por presidiários, eles é que tinham chegado até Berlim debaixo de tiros de metralhadora. Que Vitória? Tínhamos é enchido a Europa de cadáveres... (*Pausa.*) O Exército foi humilhado, foi ofendido. Por acaso esse Exército poderia ter vencido em 1991? (*Pausa.*) E seu marechal poderia ter sobrevivido a isso?...

O funeral do Akhromiêiev... Junto ao túmulo estavam os parentes e alguns amigos. Não teve salva do Exército. O jornal *Pravda* não se dignou a publicar um necrológio para o ex-chefe do Estado-Maior de um Exército de quatro milhões de soldados.

Parece que o novo ministro da Defesa, o Chápochnikov (o ex-ministro Iázov estava na cadeia junto com os outros 'golpistas'), estava ocupado naquele momento em se instalar no apartamento do Iázov, de onde expulsaram às pressas a esposa dele. Interesses mesquinhos... Mas... devo dizer uma coisa... importante... Os membros do GKTCHP podem ser acusados do que você quiser, mas não de correrem atrás de objetivos pessoais. De cobiça... (*Pausa.*) Nos corredores do Krémlin, sussurravam sobre o Akhromiêiev: 'Apostou no cavalo errado'. Os funcionários passaram para o lado do Iéltsin... (*Repete a minha pergunta.*) O senso de honra? Não faça perguntas ingênuas... As pessoas normais estão saindo de moda... Apareceu um artigo na revista americana *Time*, um necrológio. Foi escrito pelo almirante William Crowe, que na época do Reagan tinha ocupado o cargo de presidente do Estado-Maior Conjunto dos EUA (que corresponde a nosso chefe de Estado-Maior). Eles tinham se encontrado muitas vezes nas negociações de assuntos militares. E ele respeitava o Akhromiêiev por sua fé, embora ela lhe fosse estranha. O inimigo reverenciou... (*Pausa.*)

Só um soviético consegue entender um soviético. Eu não teria contado isso a outra pessoa...

SOBRE A VIDA APÓS A VIDA

"No dia 1º de setembro, em Moscou, no cemitério especial de Troiekúrovo (filial do cemitério de Novodiêvitchi, em Moscou), reservado para altos dignitários, foi enterrado o marechal da União Soviética S. F. Akhromiêiev.

Na madrugada do dia 1º para o dia 2 de setembro, desconhecidos violaram o túmulo de Akhromiêiev e de seu vizinho no cemitério, o coronel-general Sredniev, enterrado uma semana antes. De acordo com a investigação, o túmulo de Sredniev foi aberto primeiro, aparentemente por engano... Os saqueadores levaram o uniforme de marechal de Akhromiêiev, com os galões de ouro... e o quepe de marechal, que, pela tradição do Exército, é pregado ao caixão. Também foram levadas inúmeras condecorações e medalhas.

Os investigadores afirmam ter certeza de que o túmulo do marechal Akhromiêiev não foi profanado por motivos políticos, mas sim comerciais. Os uniformes militares de alta patente têm muita procura entre revendedores de antiquário. E os uniformes de marechal estão quase sendo arrancados das mãos dos vendedores..."

Jornal *Kommersant*, 9 de setembro de 1991.

SOBRE ENTREVISTAS NA PRAÇA VERMELHA
(DEZEMBRO DE 1997)

"Sou projetista...

Até agosto de 1991, nós vivíamos em um país, depois de agosto, em outro. Antes de agosto, o meu país se chamava URSS...

Quem sou eu? Sou um daqueles idiotas que defenderam o Iéltsin. Estive na Casa Branca, disposto a ficar deitado na frente de um tanque. As pessoas saíram às ruas como numa onda, num ímpeto. Mas elas estavam dispostas a morrer pela liberdade, não pelo capitalismo. Eu me considero uma pessoa enganada. Não preciso desse capitalismo para onde nos levaram... que empurraram para nós... em nenhuma de suas formas: nem a americana, nem a sueca. Não foi pela 'grana' de ninguém que eu fiz a revolução. Nós gritávamos 'Rússia' em vez de gritarmos 'URSS'. Lamento que naquela época eles não tenham nos dispersado com bombas e não tenham colocado uma ou duas metralhadoras na praça. Deveriam ter prendido umas duzentas ou trezentas pessoas, os outros iriam se enfurnar num canto. (*Pausa.*) Onde estão hoje aqueles que nos conclamaram a vir para a praça: 'Abaixo a máfia do Krémlin!', 'Amanhã teremos liberdade!'? Não têm nada para nos dizer. Fugiram para o Ocidente, e agora xingam o socialismo de lá. Se enfiaram nos laboratórios de Chicago… E nós… estamos aqui…

A Rússia… Limparam os pés nela. Todo mundo pode dar na cara dela. Foi transformada num depósito do Ocidente, para largar trapos usados e remédios vencidos. Um monte de cacareco! (*Pragueja.*) Uma fonte de matéria-prima, uma torneirinha de gás… O poder soviético? Não era o ideal, mas era melhor do que isso que tem hoje. Era mais digno. No geral, o socialismo me parecia bom: não tinha ninguém excessivamente rico, nem pobre… nem mendigos e meninos de rua… Os velhos conseguiam viver com as suas aposentadorias, não precisavam catar garrafa na rua. Restos de comida. Não ficavam encarando, com a mão estendida… Alguém ainda precisa contar quantas pessoas a perestroika matou. (*Pausa.*) A nossa vida de antes foi completamente arrasada, não ficou pedra sobre pedra. Logo não vou ter o que conversar com meu filho. 'Pai, o Pávlik Morózov era um miserável, e o Marat Kazei* era um maluco', me disse meu filho depois de voltar da escola. 'Mas você me ensinou…' Eu ensinei como me ensinaram. Ensinei direito. 'Essa horrível educação soviética…' Mas essa 'horrível educação soviética' me ensinou a pensar não só em mim, mas também nos outros. Nos mais fracos, nos que estavam mal. O meu herói era o Gastello,** não essas pessoas aí… que usam paletó carmesim… e que têm essa filosofia de colocar o seu na frente de tudo, o seu leitinho e a sua graninha valem mais que os dos outros. 'Pai, não me venha com esse papo mole, essa bobagem elevada humanista'… Onde é que ensinam isso para ele? As pessoas

---

* Marat Kazei (1929-44) foi um pioneiro, que, aos treze anos, se uniu aos *partisans*. Recebeu, postumamente, o título de Herói da União Soviética, depois de ter se matado com uma granada de mão em um confronto com os alemães.
** Nikolai Frántsevitch Gastello (1908-41), aviador condecorado postumamente como Herói da União Soviética, após uma ação suicida.

agora são diferentes... são capitalistas... Entende?! Ele absorve tudo isso, ele tem doze anos. Eu não sou mais um exemplo para ele.

Por que eu defendi o Iéltsin? Um único discurso dele, dizendo que era preciso tirar os privilégios da *nomenklatura*, rendeu a ele milhões de apoiadores. Eu estava disposto a pegar uma metralhadora e atirar nos comunistas. Fui convencido... Nós não entendíamos o que estava sendo preparado para substituir o que nós tínhamos. O que queriam nos empurrar. Um enorme engano! O Iéltsin falou contra os 'vermelhos' e passou para o lado dos 'brancos'. Uma catástrofe... Uma pergunta: o que é que nós queríamos? Um socialismo brando... humano... E o que nós temos? Na rua, o que se vê é um capitalismo feroz. Tiroteios. Acertos de contas. Decidem quem vai ter uma vendinha e quem vai ser o proprietário de uma fábrica. Quem chegou lá em cima foram bandidos... contrabandistas e cambistas tomaram o poder... Ao redor só tem inimigos e aves de rapina. Chacais! (*Pausa.*) Não consigo esquecer... não consigo esquecer o dia em que nós estivemos na Casa Branca... Por quem é que nós colocamos o nosso na reta? (*Praguejar.*) Meu pai era um legítimo comunista. Era verdadeiro. Trabalhava como responsável de célula do Partido numa grande fábrica. Veterano da guerra. Eu dizia para ele: 'Liberdade! Vamos virar um país... normal... civilizado...'. E ele me dizia: 'Os seus filhos vão servir na casa de algum fidalgo. É isso que você quer?'. Eu era jovem... bobo... Ri da cara dele... Nós éramos terrivelmente ingênuos. Não sei por que tudo aconteceu assim. Não sei. Não foi como nós queríamos. Tínhamos outra coisa na cabeça. A perestroika... parecia ter algo grandioso naquilo... (*Pausa.*) Um ano depois, nosso escritório de projetos, eu e minha esposa fomos parar na rua. Como nós vivíamos? Levei para a feira todas as coisas de valor. Cristal, ouro soviético e a coisa mais valiosa que nós tínhamos: os livros. Passamos semanas comendo só purê de batata. Aí arranjei um 'negócio'. Comecei a vender 'bitucas' na feira, pontas não fumadas de cigarro. Uma lata de um litro, cheia dessas bitucas... de três litros... Os pais da minha esposa (professores do ensino superior) recolhiam na rua, e eu vendia. E as pessoas compravam. Fumavam. Eu mesmo fumava. Minha esposa limpava escritórios. Por um tempo, vendemos *pelmeni* na loja de um tadjique. Todos nós pagamos caro por nossa ingenuidade. Todos nós... Agora eu e minha esposa criamos galinhas, ela chora sem parar. Se desse para voltar no tempo... E nem venham jogar pedras em mim... Não é nostalgia daquela *kolbassá* cinza de dois rublos e vinte copeques..."

"Sou empresário...

Os malditos comunistas e os KGB... Eu odeio os comunistas. A história soviética é isso: NKVD, gulag, Smerch.* Tenho nojo da cor vermelha. Cravos vermelhos... Minha esposa comprou uma blusinha vermelha: 'Você ficou louca?!'. Eu equiparo o Stálin ao Hitler. E exijo um julgamento de Nuremberg para esses cachorros. Morte a todos os cães vermelhos!

Estamos cercados por todos os lados por essas estrelas de cinco pontas. Os ídolos bolcheviques continuaram nas praças, nos mesmos lugares em que estavam antes. Eu estava andando pela rua com meu filho, ele perguntou: 'Quem é essa?'. E era um monumento a Roza Zemliatchka, que derramou muito sangue na Crimeia.** Adorava fuzilar pessoalmente os jovens oficiais brancos... E eu nem sabia o que responder para o menino.

---

* Organização de contraespionagem criada por Stálin durante a Segunda Guerra Mundial, famosa por sua violência e por assassinar desertores do Exército Vermelho. O nome é um acrônimo, oriundo da frase "Smiert chpiónam", "Morte aos espiões".
** Rozália Samóilovna Zalkind (1876-1947), revolucionária russa, conhecida por organizar o Terror Vermelho na Crimeia em 1920 e 1921.

Enquanto a múmia... o faraó soviético... estiver deitado na praça Vermelha em um templo pagão, vamos sofrer. Seremos amaldiçoados..."

"Sou confeiteira...

Meu marido podia te contar... Cadê ele? (*Olha para os lados.*) E eu, o que eu faço? Eu faço docinhos...

O ano de 1991? Nós éramos bonitos naquela época... Belos... Não era só uma multidão. Eu vi um homem dançando. Dançando e gritando: 'A junta se f...! A junta se f...!'. (*Cobre o rosto com as mãos.*) Ai, não escreva isso! Ai, ai! Você não pode tirar uma palavra da canção, como dizem, mas esse já é um palavrão. Não era um homem jovem... dançando... Nós tínhamos vencido e estávamos contentes. E dizem que eles já tinham uma lista de fuzilamento pronta. O Iéltsin era o primeiro... Recentemente eu vi todos eles pela televisão... essa junta... São velhos, mas não são inteligentes. Mas naqueles três dias foi um desespero terrível: será que era o fim? E um medo físico. Aquele espírito de liberdade... todo mundo sentia... E o medo de perder aquilo. O Gorbatchóv é um grande homem... Abriu as comportas... Ele era amado, mas isso durou pouco; logo, tudo nele começou a irritar: como ele falava, os modos dele, a esposa dele. (*Risos.*) Pela Rússia voa a troika: Raika, Michka, perestroika. Pegue por exemplo a Naína Iéltsina... As pessoas gostam mais dela, ela sempre fica atrás do marido. A Raíssa fazia de tudo para ficar do lado, às vezes até na frente. Mas aqui é assim: ou você é a própria tsarina, ou então não atrapalhe o tsar.

O comunismo é como a lei seca: a ideia é boa, mas não funciona. É o que meu marido diz... Santos vermelhos... Eles existiram... veja o Nikolai Ostróvski... Um santo! Mas fizeram correr muito sangue. A Rússia esgotou seu limite de sangue, de guerra e de revoluções... Não sobraram forças para mais sangue, não sobrou aquela loucura. As pessoas sofreram muito. Agora vão às compras: escolhem cortininhas e tules, papéis de parede, frigideiras de todos os tipos. Gostam de cores vivas. Porque antes tudo aqui era cinza, feio. Ficamos contentes como crianças com uma máquina de lavar que tem dezessete programas. Meus pais já foram embora: minha mãe, há sete anos, meu pai, há oito; mas eu até hoje uso os fósforos que a minha mãe estocou; tem grãos, também. Tem sal. Mamãe comprava tudo (naquela época não falavam 'comprar', falavam 'arranjar') e guardava para os tempos difíceis… Agora nós vamos às lojas e aos mercados como quem vai a uma exposição: há muito de tudo. Quando você quer se mimar um pouco, ter um pouco de dó de si mesmo. É uma terapia… somos todos doentes… (*Fica pensativa.*) Quanto é que alguém precisa sofrer para estocar tanto fósforo? Mas me atrevo a dizer que isso é coisa de pequeno-burguês, que é consumismo. É um tratamento… (*Silêncio.*) Quanto mais o tempo passa, menos as pessoas lembram a tentativa de golpe. Começaram a ficar envergonhadas. Já não têm mais aquele sentimento de vitória. Porque… eu não queria que o Estado soviético tivesse sido destruído. E como nós destruímos! Com alegria! Mas eu passei metade da minha vida lá… Não dá para pegar isso e apagar… Convenhamos! A minha cabeça é toda estruturada de um jeito soviético. Ainda preciso enfiar alguma outra coisa ali. As pessoas agora mal se lembram das coisas ruins, mas se orgulham da Vitória, de termos sido os primeiros a ir para o espaço. Os mercados vazios… todo mundo esqueceu… e já nem dá para acreditar…

Logo depois da tentativa de golpe, eu fui para a casa do meu avô, no campo… Não largava o radinho. De manhã fui para a horta cavar. A cada cinco ou dez minutos, eu largava a pá: vô, venha ouvir… O Iéltsin está discursando… E de novo: vô… venha cá… Meu avô aguentou, aguentou, mas não suportou: 'Trate de cavar mais fundo, e nada de ficar ouvindo esses tagarelas. A nossa salvação está na terra, se a batata vai nascer ou não vai'. Era sábio, meu avô. De noite, veio o vizinho. Puxei o assunto do Stálin. O vizinho disse: 'Era um homem bom, mas viveu tempo demais'. E meu avô disse: 'Mas eu vivi mais tempo que ele, aquele canalha'. E eu não parava de andar com o radinho. Eu tremia de empolgação. A pior tristeza era quando os deputados saíam para almoçar. A ação era interrompida.

... O que eu tenho? Com que eu fiquei? Tenho uma biblioteca e uma discoteca imensas, e só! Minha mãe também, ela é mestre em ciências químicas, tem só livros e uma coleção de minerais. Um ladrão entrou na casa dela... Ela acordou de madrugada, e no meio do apartamento (um apartamento de um quarto) estava um jovem, um homenzarrão. Tinha aberto o armário e jogado tudo para fora. Jogou as coisas no chão e disse: 'Malditos intelectuais... não têm nem um casaco decente...'. Depois ele só bateu a porta e foi embora. Ele não tinha nada para levar. E assim é a nossa *intelligentsia*. Foi com isso que nós ficamos. Mas ao nosso redor um constrói uma casa de campo, outro compra carros caríssimos. Eu nunca vi diamantes na minha vida...

A vida na Rússia é literatura. Mas eu quero viver aqui... Com os soviéticos... E ver filmes soviéticos. Não importa que seja tudo mentira, que eles tenham sido filmados por encomenda: eu adoro todos eles. (*Risos.*) Deus proíba meu marido de me ver na televisão..."

"Sou um oficial...

Agora sou eu... Peço a palavra. (*Um rapaz jovem, de uns vinte e cinco anos.*) Escreva aí: sou um patriota ortodoxo russo. Eu sirvo Nosso Senhor. E sirvo com fervor... Com o auxílio das orações... Quem vendeu a Rússia? Os judeus. Os sem-pátria. Por causa dos judeus até Deus chorou, muitas vezes.

É um complô mundial... Temos que lidar com um complô contra a Rússia. Um plano da CIA... Nem quero ouvir... Não venha me dizer que é uma falsificação! Silêncio! É um plano do diretor da CIA, Allen Dulles... 'Ao semear o caos, nós substituiremos de modo imperceptível os valores deles por outros, falsos. Encontraremos nossos correligionários e nossos aliados na própria Rússia... Transformaremos os jovens em pessoas cínicas, vulgares, cosmopolitas. É assim que faremos...' Entendeu? Os judeus e os americanos são nossos inimigos. Os ianques imbecis. O presidente Clinton, em um discurso em uma reunião secreta dos dignitários da política americana, disse: 'Nós conseguimos aquilo que o presidente Truman pretendia fazer por meio da bomba nuclear... Conseguimos, sem derramamento de sangue, eliminar da guerra pela hegemonia mundial o Estado que se colocava como o principal concorrente da América...'. Até quando nossos inimigos vão tripudiar sobre nós? Jesus disse: 'não temei e não vos desespereis, sede firmes e valentes'. O senhor terá piedade da Rússia, ele há de conduzi-la a uma grande glória pelo caminho do sofrimento...

(*Não consigo pará-lo.*)

... Em 1991 eu terminei a escola militar, recebi duas estrelinhas. Subtenente. Tinha orgulho, não tirava o uniforme. Um oficial soviético! Um defensor da pátria! Mas, depois da derrota do GKTchP, eu ia para o serviço à paisana, e lá me trocava. Qualquer vovozinho podia chegar para mim no ponto de ônibus e perguntar: 'Por que você não defendeu a pátria, moleque? Filho da mãe! Você fez um juramento'. Os oficiais passavam fome no serviço. Com o salário de oficial, dava para comprar um quilo da *kolbassá* mais barata. Pedi baixa do Exército. Teve um tempo em que eu trabalhei de madrugada tomando conta das prostitutas. Agora sou segurança de uma empresa. Judeus! Toda desgraça vem deles... Mas o russo não tem vez. Foram eles que crucificaram Cristo... (*Enfia um panfleto na minha cara.*) Leia isso... Nem a polícia, nem um Exército de Sobtchaks e Tchubais... e de Nemtsoves... vai proteger da justa ira do povo. 'Caim, você ouviu que logo vai acontecer um pogrom?' 'Eu não tenho medo. Meu passaporte é russo.' 'Seu idiota, vai bater pela cara, não pelo passaporte.' (*Faz o sinal da cruz.*)

Em terra russa, uma ordem russa! O nome de Akhromiêiev e o de Makachov... e de outros heróis... devem estar em nossas bandeiras! O Senhor não vai nos abandonar..."

"Sou estudante...

Akhromiêiev? Mas quem é? Que personagem é esse?

— Do GKTCHP... da revolução de agosto...

— Desculpe... Não estou a par...

— Quantos anos você tem?

— Dezenove. Não me interesso por política. Fico longe desse show. Mas gosto do Stálin. Acho interessante. Compare os políticos de hoje com o líder de capote militar. Quem sai melhor nessa? Pois é... Não preciso de uma Rússia grande. Não vou calçar esses sapatos ridículos e pendurar uma metralhadora no pescoço. Não quero morrer! (*Faz um breve silêncio.*) O sonho russo é: pegar a mala, cair fora e mandar a Rússia à p... que pariu! Ir para os Estados Unidos! Mas eu não quero ir embora e passar a vida toda trabalhando lá de garçom. Eu acho."

SOBRE A ESMOLA DAS LEMBRANÇAS E SOBRE A LUXÚRIA DO SENTIDO

Igor Poglazov, aluno da 8ª série, catorze anos

SOBRE O RELATO DA MÃE

"Eu acho que isso é uma traição... Estou traindo meus sentimentos, a nossa vida. Estou traindo nossas palavras... Elas foram ditas só entre nós, mas eu estou deixando uma pessoa estranha entrar no nosso mundo. É uma pessoa boa ou ruim? Isso já não importa. Será que ela vai ou não vai me entender?... Eu me lembro de uma mulher que ficava na feira vendendo maçã, e que contava para todo mundo sobre o filho que ela tinha enterrado. Naquela ocasião, eu jurei: "Isso nunca vai acontecer comigo". Eu e meu marido em geral nunca falamos desse assunto, nós choramos, mas cada um consigo mesmo, para o outro não ver. Uma só palavra e eu já começo a uivar. No primeiro ano eu não conseguia me conformar de jeito nenhum: por quê? A troco de que ele fez isso? Eu quero pensar... Eu tento me consolar: ele não pretendia nos deixar... queria experimentar... ver como é... Na juventude eles ficam afetados com isso: o que tem lá? Principalmente os meninos se afetam... Depois da morte, eu revirei os cadernos dele, os poemas. Procurei como um cão de caça. (*Chorando.*) Uma semana antes daquele domingo... eu estava na frente do espelho, penteando o cabelo... Ele chegou perto de mim, me abraçou pelo ombro: ficamos ali juntos, na frente do espelho e sorrindo. 'Igoriok', eu me apertei nele, 'como você é bonito. E você é bonito porque foi feito com amor. Com um amor muito grande.' Ele me abraçou ainda mais forte: 'Mamãe, como sempre você é incomparável'. Sinto um calafrio só de pensar: aquele dia, na frente do espelho, será que ele já pensava naquilo ou não... ele já pensava?

Amor... Acho até estranho dizer essa palavra. Lembrar que existe o amor. Antes eu pensava que o amor era maior que a morte... que ele era mais forte que tudo... Meu marido e eu nos conhecemos no último ano da escola. Os meninos da escola vizinha vieram para um baile nosso. Eu não me lembro do nosso primeiro encontro porque eu não vi o Válik, que é como se chama o meu marido; mas ele me notou, mas não chegou perto. Ele nem viu meu rosto, só viu a silhueta. E ele diz que foi como se tivesse ouvido uma voz de algum lugar: 'Essa é a sua futura esposa'. Ele me confidenciou isso depois... (*Sorri.*) Será que ele inventou isso? Ele é um fantasista. Mas o milagre sempre esteve presente entre nós, era como se ele me carregasse pelo mundo. Eu era feliz, loucamente feliz, incontrolável, eu era assim. Amava meu marido, mas gostava de flertar com outros homens, era como um jogo: os homens olham para você quando você passa, e você gosta do fato de estarem olhando, melhor ainda se for um olhar meio apaixonado. 'E por que tanta coisa só para mim?', eu cantava sempre, imitando a minha querida Maia Kristalínskaia.* Passei voando pela vida e agora lamento não ter guardado as coisas na memória, nunca mais vou ser tão feliz como naquela época. É preciso ter muita força para amar, mas agora eu sou diferente. Virei uma pessoa comum. (*Silêncio.*) Às vezes eu tenho vontade... mas geralmente me sinto mal de lembrar como eu era antes...

O Igoriok tinha três ou quatro anos... Eu estava dando banho nele: 'Mamãe, eu amo você como eu amo a Plincesa Encantada'. Nós batalhamos muito tempo com o 'r'. (*Sorri.*) Dá para viver com essas coisas, é com elas que eu vivo. Com essa esmola das lembranças... recolho todas as migalhas. Sou professora de língua e literatura russas na escola. A cena mais recorrente em casa: eu com os livros, ele no armarinho da cozinha. Enquanto ele tira de lá as panelas, as frigideiras, as colheres e os garfos, eu preparo as aulas do dia seguinte. Depois ele cresceu. Eu sentada escrevendo, e ele também sentado na mesinha dele, escrevendo. Aprendeu cedo a ler. A escrever. Com três anos, nós o fizemos decorar o Mikhail Svetlov: 'Kakhovka, Kakhovka, minha cara espingarda.../ Levanta voo, bala escaldante!'.** Nesse ponto eu pre-

---

* Maia Vladímirovna Kristalínskaia (1932-85), popular cantora soviética, conhecida por ter lutado contra um linfoma por mais de vinte anos, enquanto mantinha sua carreira artística.

** Mikhail Arkádievitch Svetlov (1903-64), poeta e dramaturgo soviético, autor

ciso parar e contar mais detalhadamente... Eu queria que ele crescesse valente, forte, e por isso escolhi poesias sobre heróis, sobre a guerra. Sobre a pátria. E uma vez a minha mãe me veio com esta: 'Vera, pare de ler poesia de guerra para ele. Ele só brinca de guerra'. 'Todos os meninos gostam de brincar de guerra.' 'Sim, mas o Igor gosta de brincar que atiram nele e ele cai. Que ele morreu! Ele cai com tanta vontade, cai com tanta empolgação, que eu fico até com medo. Ele grita para os outros meninos: 'Vocês atiram, e eu caio'. Nunca é o contrário.' (*Depois de uma longa pausa.*) Por que eu não ouvi a minha mãe?

Eu comprava para ele brinquedos de guerra: tanques, soldadinhos de chumbo, um fuzil de mentira, de atirador de elite... Afinal ele era um menino, tinha que virar soldado. A instrução do fuzil de atirador de elite era: 'O atirador de elite tem que matar com calma, de maneira seletiva... primeiro tem que se 'familiarizar' bem com o alvo...'. Por algum motivo, isso era considerado normal, ninguém ficava assustado. Por quê? A nossa mentalidade era bélica. 'Se amanhã tiver uma guerra, se amanhã tiver uma campanha...' Não consigo encontrar nenhuma outra explicação. Não tenho outra explicação... Hoje é mais raro darem espadinhas de presente para as crianças... revólveres de brinquedo... bangue-bangue! Mas nós... Eu me lembro de ter ficado surpresa quando um dos professores da escola me contou que na Suécia, parece, os brinquedos de armas tinham sido proibidos. E como é que se educa um homem? Um defensor da pátria? (*Com a voz falhando.*) 'Até a morte, até a morte, manter-se alinhado,/ pobre poeta e cavaleiro...' Não importa o motivo de estarmos reunidos... sempre... depois de cinco minutos já estávamos lembran-

---

da "Canção de Kakhovka", poema que descreve uma batalha, ocorrida naquela cidade ucraniana durante a Guerra Civil, travada entre brancos e vermelhos pela posse de uma ponte sobre o rio Dniepr.

do a guerra. Cantávamos sempre música de guerra. Existe em algum outro lugar gente como nós? Os poloneses viviam no socialismo; os tchecos, também; os romenos, também; mas mesmo assim eles são diferentes... (*Silêncio.*) Agora não sei como sobreviver. A que me prender? A quê...

(*A voz se reduz a um sussurro. Mas tenho a impressão de que ela está gritando.*)

... Fecho os olhos: e eu o vejo deitado no caixão... Nós éramos felizes... por algum motivo ele decidiu que a morte tinha algo de belo...

... Uma amiga me levou até uma costureira: 'Você tem que mandar fazer um vestido novo. Quando eu estou em depressão, mando fazer um vestido novo...'.

... No meu sonho, alguém me afaga, afaga a minha cabeça... No primeiro ano, eu saía correndo de casa, ia para o parque e ficava lá, gritando... assustando os passarinhos...

Ele estava com dez anos, ou melhor, com onze... Eu estava carregando duas bolsas, mas consegui chegar em casa. Depois de um dia inteiro na escola. Entrei. Os dois estavam no sofá: um, com o jornal; o outro, com um livrinho. A maior bagunça no apartamento, o diabo! Uma montanha de louça suja! E eles me receberam em êxtase! Peguei a vassoura na mão. Eles se entrincheiraram atrás das cadeiras. 'Saiam!' 'Nunca!' 'Tirem nos dedos para ver quem vai apanhar primeiro!' 'Mamãe-menina, não fique brava', o Igoriok saiu primeiro, ele já estava do tamanho do pai. 'Mamãe-menina' é como me chamam em casa. Foi ele que inventou... No verão, costumávamos ir para o Sul, ver 'as palmeiras, as que vivem mais perto do Sol'. (*Contente.*) Eu vou me lembrando das palavras... das nossas palavras... Tínhamos que cuidar da sinusite dele. Depois ficávamos até março endividados, tínhamos que economizar. De entrada: *pelmeni.* Prato principal: *pelmeni.* No chá: de novo *pelmeni.* (*Silêncio.*) Lembrei um cartaz bem chamativo... Gurzuf tomada de sol. E o mar... as pedras e a areia, brancas por causa das ondas e do sol... Ficaram muitas fotografias, agora eu deixo tudo escondido para não ver. Tenho medo... de que aconteça uma explosão dentro de mim... Que exploda tudo! Uma vez fomos sem ele. Voltamos no meio do caminho. 'Igoriok!', entramos correndo em casa. 'Você vai conosco. Nós não conseguimos ficar sem você!' Ele gritou 'Vivaaa!!!' e se pendurou no meu pescoço. (*Depois de uma longa pausa.*) Nós não conseguimos ficar sem ele...

Por que o nosso amor não foi o suficiente para detê-lo? Eu antes acreditava que o amor tudo podia. De novo eu... de novo...

Isso já aconteceu... ele não está mais conosco... Eu fiquei muito tempo num estado de torpor. 'Vera', meu marido me chamava. Eu não ouvia. 'Vera...' Eu não ouvia. E de repente ficava histérica. Eu berrava, eu esperneava; com a minha mãe, com a minha mãe querida: "'ocê é um monstro, um monstro, sua tolstoiana! E criou monstros iguaizinhos a você! O que foi que nós ouvimos de você a vida inteira? Tem que viver para os outros... por um objetivo elevado... Tem que se enfiar debaixo de um tanque, torrar dentro de um avião pela pátria. Uma revolução estrondosa... uma morte heroica... A morte foi sempre mais bela que a vida. Crescemos como monstros, como degenerados. E também criei Igoriok assim. E você é culpada de tudo! Você!'. Minha mãe se encolheu, ficou pequenininha, pequenininha. Uma velhinha pequena. Senti uma pontada no coração. Pela primeira vez em muitos dias, senti dor; antes disso, no trólebus, tinham apoiado uma mala pesada no meu pé, e eu nem senti nada. De madrugada, todos os dedos ficaram inchados, e só então eu me lembrei da mala. (*Em lágrimas.*) Eu preciso parar aqui e contar da minha mãe... Minha mãe era da geração da *intelligentsia* de antes da guerra. Era daquelas pessoas que ficavam com lágrimas nos olhos quando tocava a 'Internacional'. Ela sobreviveu à guerra e sempre lembrava do soldado soviético pendurando a bandeira vermelha no alto do Reichstag: 'Nosso país venceu uma guerra tremenda!'. Ela passou dez... vinte... quarenta anos... repetindo isso para nós, como um encantamento. Como uma prece... Era a prece dela... 'Nós não tínhamos nada, mas éramos felizes': a certeza da mamãe quanto a isso era absoluta. Era inútil discutir. Ela adorava o Liev Tolstói — 'o espelho da Revolução Russa' — por causa do *Guerra e paz*, mas também porque o conde queria distribuir tudo aos pobres para salvar a alma. Não só a minha mãe era assim, mas todos os amigos dela: os primeiros intelectuais soviéticos, educados com Tchernychévski, Dobroliúbov, Nekrássov... com o marxismo... Não dava para imaginar a minha mãe sentada, costurando num canto, ou fazendo uma decoração especial para a casa, com vasinhos de porcelana e vários elefantinhos... jamais! Isso seria uma fútil perda de tempo. Coisa de pequeno-burguês! O mais importante é o trabalho intelectual... os livros... Dava para usar a mesma roupa durante vinte anos, e dois casacos eram suficientes para uma vida inteira; mas sem o Púchkin ou sem as obras completas do Górki não dava para viver. Você fazia parte de um objetivo maior, e existia um objetivo maior... Foi assim que eles viveram...

... No centro da nossa cidade, há um velho cemitério. Muitas árvores. Arbustos de lilás. As pessoas vão lá passear, como se fosse um jardim botânico. Tem poucos velhos, e os jovens dão risada, se beijam. Ligam o aparelho de som... Uma vez ele voltou tarde: 'Onde você estava?'. 'Passeando no cemitério.' 'Mas a troco de que você inventou de se meter no cemitério?' 'É interessante lá. Você olha nos olhos de pessoas que já não existem.'

... Abri a porta do quarto dele. Ele estava bem de pé, no batente da janela; o batente era meio frágil, instável. E era o quinto andar! Eu congelei. Não dava para gritar, como na infância, quando ele trepava no galho mais fininho de uma árvore ou no muro alto e velho de uma igreja destruída: 'Se você perceber que não vai conseguir se segurar, tente calcular a queda na minha direção'. Não gritei, não chorei, para ele não se assustar. Apoiada na parede, me arrastei de volta. Depois de cinco minutos, que me pareceram uma eternidade, fui lá de novo: ele já tinha descido e estava andando pelo quarto. Aí eu me joguei nele: beijei, bati, sacudi. 'Por quê? Me diga, por quê?' 'Não sei. Quis ver como era.'

... Uma manhã, vi na entrada do prédio vizinho umas coroas funerárias. Alguém tinha morrido. Bom, morreu, paciência. Voltei do trabalho e fiquei sabendo pelo pai que ele tinha ido lá. Eu perguntei: 'Se são pessoas desconhecidas, por quê?'. 'Era uma moça jovem. Ela estava lá deitada, tão bonita. E eu achava que a morte era horrível.' (*Silêncio.*) Ele rondava... Tinha vontade de ir além do limite... (*Silêncio.*) Mas aquela porta está fechada... não temos acesso a ela.

... Ele ficava sentado, apoiando a cabeça nos joelhos: 'Mamãe, como eu era quando era pequeno?'. E eu começava... Contava de quando ele ficou de guarda na porta, esperando o Avô Gelo.* De quando perguntava que ônibus ele podia pegar para ir para o Reino Muito Distante. De quando ele viu no campo um forno russo e passou a noite inteira esperando o momento em que ele sairia andando, como no conto de fada. Ele era muito crédulo...

... Eu lembro que já tinha neve na rua... Ele chegou correndo: 'Mãe! Hoje eu dei um beijo!'. 'Deu um beijo?!' 'É. Hoje eu tive meu primeiro encontro.' 'E você não me contou nada?' 'Não deu tempo. Falei para o Dimka e para o Andrei, e fomos nós três juntos.' 'Mas quem vai em três num encontro?' 'Ah, é que eu fiquei meio assim de ir sozinho.' 'Mas e aí, como vocês três se saíram no encontro?' 'Muito bem. Eu e ela demos a volta em uma colina de

* Em russo Died Moroz, versão russa do Papai Noel.

mãos dadas e nos beijamos. E o Dimka e o Andrei ficaram de guarda.' Ai, meu Deus! 'Mamãe, um menino da sexta série pode se casar com uma menina do colegial? Isso se tiver amor, claro...'

Mas isso é... isso é... (*Chora por muito tempo.*) Eu não consigo falar disso...

... Nosso mês favorito era agosto. Íamos para fora da cidade e ficávamos admirando qualquer teia de aranha. Ríamos... ríamos... ríamos... (*Silêncio.*) Por que eu continuo chorando? Afinal nós tivemos todos esses catorze anos... (*Chora.*)

Eu estava fazendo alguma coisa na cozinha. Com a janela aberta. Ouvi o pai e ele conversando na varanda. O Igor: 'Pai, o que é algo milagroso? Eu acho que entendi. Escute só... Era uma vez o vovô e a vovó, que tinham uma galinha chamada Cocó. A galinha botou um ovinho, mas não qualquer um, era de ouro, todinho. O vovô martelou, martelou, mas não quebrou. A vovó martelou, martelou, mas não quebrou. Passou correndo um ratinho, balançando o rabinho, o ovinho caiu e quebrou. Chora a vovó, chora o vovô...'. O pai: 'Do ponto de vista da lógica, é um absurdo completo. Martelaram, martelaram, mas não quebraram, e depois de repente caem no choro! Mas já faz muito anos... que anos, que nada: séculos... que as crianças ouvem essa história pela poesia'. E o Igor: 'Mas, papai, antes eu achava que dava para entender tudo com a mente'. O pai: 'Tem muitas coisas que não dá para entender com a mente. Por exemplo, o amor'. O Igor: 'E a morte'.

Desde criança ele escrevia poesia... Eu encontrava folhas rabiscadas na mesa, nos bolsos dele, debaixo do sofá. Ele perdia, jogava fora, esquecia. Eu nem sempre acreditava que eram dele: 'Foi você mesmo que escreveu isso?'. 'Qual é esse aí?' Eu li: 'Visitam umas às outras as pessoas,/ Visitam uns aos outros os animais...'. 'A-a-ah, isso é velho. Até já tinha esquecido.' 'E esses versos?' 'Quais?' Eu li: 'De um raminho velho e surrado,/ Goteja um respingo de estrela…'. Aos doze anos ele escreveu que queria morrer. Queria amar e queria morrer: dois desejos. 'Nosso casamento foi celebrado/ Por águas azuis…' O que mais?! 'Não sou vosso, nuvens acinzentadas/ Não sou vosso, neve azulada…' Ele mesmo declamava para mim. Declamava! Mas a juventude sempre escreve sobre a morte…

Na nossa casa, a poesia era uma coisa constante, era tão ouvida quanto qualquer conversa normal: Maiakóvski, Svetlov… O meu querido Semion Gudzenko:

Cantando vão quando a morte encontram,
mas antes nada há que o choro aplaque.
Pois a hora mais cruel do reencontro
*é quando se espera pelo ataque.**

Percebeu? Sim, claro que sim… Por que perguntar? Nós todos crescemos ouvindo isso… A arte ama a morte, e a nossa arte ama especialmente. O culto ao sacrifício e ao perecimento está no nosso sangue. Uma vida para ter uma ruptura da aorta. 'Eh, povinho russo, não gosta de morrer a sua morte!', escreveu Gógol. E o Vyssótski cantava: 'Vou ficar pelo menos um pouquinho mais no limite'. No limite! A arte ama a morte, mas existe também a comédia francesa. Por que é que nós quase não temos comédia? 'Adiante, pela pátria!', 'pátria ou morte!'. Eu ensinei aos meus alunos: ao iluminar os outros, eu mesma me consumo no fogo. Ensinei sobre o feito de Danko, que arrancou do peito seu coração e com ele iluminou o caminho para as outras pessoas. Nós não falávamos da vida… falávamos pouco… O herói! O herói! O herói! A vida era feita de heróis… de vítimas e carrascos… Não havia outro

---

* Semion Petróvitch Gudzenko (1922-53), poeta e veterano de guerra. O poema em questão chama-se "Antes do ataque" e foi escrito em 1942.

tipo de pessoa. (*Gritando. Chorando.*) Agora para mim é uma tortura ir para a escola. As crianças ficam esperando... elas querem palavras e sentimentos... O que dizer... o que eu posso dizer para elas?

Tudo aconteceu... e aconteceu exatamente assim... Era tarde da noite, eu já estava na cama, lendo o romance *O mestre e Margarida* (ele ainda era considerado 'dissidente', tinham me trazido o livro datilografado a máquina). Estava chegando às últimas páginas... Você lembra, a Margarida pede que o mestre seja solto, mas o Voland, o espírito de Satanás, diz: 'Não é preciso gritar nas montanhas, de qualquer maneira ele já está acostumado às avalanches, e isso não vai inquietá-lo. Você não precisa rogar por ele, Margarida, porque por ele já rogou aquele com quem ele tanto queria conversar...'. Alguma força incompreensível me impeliu para o outro quarto, para o sofá em que o meu filho estava dormindo. Eu fiquei de joelhos e sussurrei, como uma prece: 'Igoriok, você não deve. Meu querido, você não deve. Não deve!'. Comecei a fazer aquilo que eu tinha sido proibida de fazer assim que ele cresceu: beijar as mãos dele, os pés dele. Ele abriu os olhos: 'Mamãe, o que foi?'. Eu logo achei uma saída: 'Seu cobertor caiu no chão. Eu pus de volta'. Ele dormiu. E eu... O que aconteceu comigo, eu não entendi. Quando estava contente, ele me chamava de 'Foguinho-galopinho'.* Eu corria pela vida com leveza.

Estava chegando o aniversário dele... e o Ano-Novo... Um amigo nosso prometeu arranjar uma garrafa de champanhe, porque na época era pouca coisa que nós conseguíamos comprar no mercado, tudo alguém tinha que arranjar. Com o pistolão. Com conhecidos, com conhecidos de conhecidos. Dava para arranjar *kolbassá* defumado, bombons de chocolate... Conseguir um qui-

---

* Em russo, "Ognevuchka-poskakuchka": personagem da fábula homônima, escrita pelo escritor soviético Pável Petróvitch Bajov (1879-1950).

lo de tangerina para o Ano-Novo era a sorte grande! Tangerina não era só uma fruta, era algo singular, só no Ano-Novo dava para sentir o cheiro da tangerina. Levava meses para reunir as iguarias da mesa de Ano-Novo. Daquela vez eu guardei uma latinha de fígado de bacalhau e um pedacinho de esturjão. Depois tudo isso foi servido na mesa do banquete fúnebre... (*Silêncio.*) Não, eu não quero terminar o meu relato tão depressa. Tivemos longos catorze anos. Catorze anos, menos dez dias...

Uma vez, limpando o sótão, eu encontrei lá uma pasta com cartas. Quando eu estava na maternidade, meu marido e eu escrevíamos todos os dias um para o outro; uma carta, um bilhete, às vezes muitos deles por dia. Eu lia e dava risada... O Igor já tinha sete anos... E ele não conseguia entender como era isso de ele não existir, mas eu e o pai dele existirmos. Quer dizer, ele de certa forma existia, nas cartas nós falávamos dele o tempo todo: o bebezinho se virou, me deu um chute... se remexeu... 'Eu morri uma vez e depois voltei para vocês, foi isso?' Eu fiquei aturdida com a pergunta. Mas as crianças... às vezes elas falam assim... como filósofos, como poetas... Eu deveria ter anotado o que ele dizia... 'Mamãe, o vovô morreu... quer dizer que ele foi enterrado e vai crescer de novo...'

Na sétima série, ele já apareceu com uma menina... Ficou muito apaixonado. 'Você não vá se casar com o seu primeiro amor, nem com uma vendedora qualquer!', eu ameacei. Eu já tinha me acostumado com a ideia de que eu teria que dividi-lo com outra pessoa. Tinha me preparado. Uma amiga minha também tinha um filho, ele era colega de classe do Igor, e essa amiga uma vez confessou para mim: 'Eu nem conheço minha nora ainda, mas já odeio'. De tanto que ela amava o filho. Ela não conseguia imaginar que teria que entregar o filho para outra mulher. E como seria conosco? Comigo? Não sei... Eu o amava loucamente... loucamente... Não importava quão difícil tinha sido o dia, eu abria a porta de casa e vinha uma luz de algum lugar. Não, de algum lugar não, vinha do amor.

Eu tenho dois pesadelos. No primeiro, eu e ele estamos nos afogando. E olhe que ele nadava bem, uma vez eu me arrisquei a nadar com ele até o alto-mar. Voltei para trás, senti que não tinha forças; agarrei a mão dele, apertei com tudo. Ele gritou: 'Solta!'. 'Não consigo!' Fiquei presa nele, estava arrastando para o fundo. Mesmo assim ele conseguiu se soltar e começou a me empurrar para a margem. Ele foi me apoiando e me empurrando. E assim nós conseguimos sair da água. No sonho, tudo isso se repete, mas eu não solto a mão dele. Nós não nos afogamos, mas não saímos da água. Acontece uma espécie de luta na água… No segundo pesadelo, começa a chover, mas eu sinto que não é chuva que cai, mas terra. Areia. Começa a nevar, mas pelo ruído eu já percebo que não é neve, mas terra. E o baque de uma pá, como um coração, *tum… tum…*

A água… ele ficava enfeitiçado pela água… Adorava lagos, rios, poços. Mas principalmente o mar. Ele tinha muitos poemas sobre a água. 'Só uma estrela silente branquejou como a água. Escuridão.' E também: 'Corre a água solitária… Silêncio'. (*Pausa.*) Agora nós não vamos mais para a praia.

O último ano… Nós sempre jantávamos juntos. Conversávamos sobre livros, é claro. Líamos *samizdat* juntos… *Doutor Jivago*, as poesias do Mandelstam… Eu lembro que nós discutíamos o tema: quem é o poeta? Qual é o seu destino na Rússia? A opinião do Igor: "O poeta deve morrer jovem, do contrário ele não é um poeta. Um poeta velho é simplesmente ridículo". Pois é… e eu deixei passar isso… não dei importância… As coisas iam transbordando e transbordando de mim… Quase todo poeta russo tem versos sobre a pátria. Sei muita coisa de cor. Eu declamava meu querido Liérmontov: 'Amo minha pátria, mas com um amor estranho'. E Iessiénin: 'Eu te amo, dócil pátria minha…'. Fiquei feliz quando comprei a correspondência do Blok... Era um belo livrinho! Na carta à mãe depois de voltar do exterior... ele escreve que a pátria logo lhe mostrou seu focinho de porco e seu rosto divino... É claro que eu ressaltei o divino... (*O marido entra na sala. Abraça a esposa e senta-se ao lado dela.*) O que mais? Igor foi para Moscou ver o túmulo do Vyssótski. Aí pegou e raspou a cabeça, ficou muito parecido com o Maiakóvski. (*Perguntando ao marido.*) Lembra? Como eu xinguei? Ele tinha um cabelo extraordinário.

O último verão... Ele estava queimado de sol. Grande, forte. As pessoas davam dezoito anos para ele. Fomos passar as férias com ele em Tallin. Era a segunda vez que ele ia para lá, me levava para todo lado, por várias ruazinhas. Em três dias, nós torramos um monte de dinheiro. Passamos a noite numa espécie de alojamento. Voltamos da expedição noturna pela cidade, de mãos dadas, rindo, e abrimos a porta. Quando íamos passando pela moça da portaria, ela não queria deixar entrar: 'Senhora, depois das onze não é permitido entrar com homem'. Aí eu disse no ouvido do Igor: 'Pode ir subindo, eu já vou'. Ele foi, e eu cochichei para ela: 'Como é que você não tem vergonha?! Ele é meu filho!'. Mas era tudo alegria... tudo era bom! Mas de repente... lá mesmo, de madrugada... fiquei com medo. Medo de nunca mais vê-lo. Medo de algo que estava por vir. E nada tinha acontecido ainda.

No último mês... morreu meu irmão. A nossa família tem poucos homens, e eu levei o Igor comigo, para me dar uma ajuda. Se eu soubesse... Ele viu a morte de perto, viu de perto... 'Igor, mude as flores de lugar. Traga as cadeiras. Vá buscar pão.' Essa normalidade das tarefas ao lado da morte... ela é perigosa... Dá para confundir a morte com a vida. Agora eu entendo isso... Chegou o ônibus. Todos os parentes entraram, mas meu filho não estava lá. 'Igor, cadê você? Venha cá.' Quando ele chegou, todos os lugares estavam ocupados. Houve vários sinais... Não sei se foi do solavanco ou se foi... Mas quando o ônibus arrancou meu irmão abriu os olhos por um instante. Mau sinal: quer dizer que mais alguém vai morrer na família. Logo temeram por nossa mãe, por ela ter problema de coração. Quando desceram o caixão na cova, alguma coisa caiu lá dentro... Também é ruim...

No último dia... De manhã. Eu estava tomando banho, aí senti que ele estava no vão da porta, segurando o umbral da porta com as duas mãos e olhando para mim, olhando. Olhando. 'O que você tem? Vá fazer a lição. Logo eu volto.' Sem dizer nada, ele se virou e voltou para o quarto dele. Depois do trabalho eu encontrei uma amiga. Ela tinha costurado para ele um pulôver que estava na moda, era o meu presente de aniversário para ele. Levei para casa, e meu marido até reclamou: 'Mas será que você não entende que ainda é cedo para ele ficar usando essas coisas chiques?'. No almoço eu servi as almôndegas de frango que ele tanto amava. Geralmente ele pedia para repetir, mas naquele dia ele só deu algumas beliscadas e largou. 'Aconteceu alguma coisa na escola?' Silêncio. Aí eu comecei a chorar, me debulhei em lágrimas. Eu chorava alto daquele jeito pela primeira vez em anos; nem no enterro do meu irmão tinha acontecido aquilo comigo. E ele ficou assustado. Ficou tão assustado que aí eu comecei a acalmá-lo: 'Prove o pulôver'. Ele vestiu. 'Gostou?' 'Muito.' Depois de um tempo eu fui dar uma olhada no quarto, e ele estava deitado, lendo. No outro quarto, o pai estava datilografando. Eu estava com dor de cabeça e peguei no sono. Quando tem incêndio, as pessoas dormem mais pesado que o normal... Quando eu o deixei... ele estava lendo Púchkin... O Timka, o nosso cachorro, estava deitado no saguão de entrada. Não latiu, não ganiu. Não me lembro de quanto tempo se passou, e eu abri os olhos: meu marido estava sentado do meu lado. 'Cadê o Igor?' 'Ele se trancou no banheiro. Acho que está resmungando alguma poesia.' Um medo selvagem e agudo me fez levantar. Saí correndo, bati na porta, esmurrei.

Soquei, chutei. Silêncio. Chamei, gritei, implorei. Silêncio. Meu marido saiu procurando um martelo, um machado. Arrombou a porta... Ele estava com umas calças velhas, blusa, os chinelos de ficar em casa... Com um cinto... Eu segurei, levantei. Estava macio, quente. Começamos a fazer respiração boca a boca. Chamamos a ambulância...

Como é que eu dormi? Por que o Timka não sentiu? Os cachorros são tão sensíveis, eles escutam dezenas de vezes melhor que nós, humanos. Por quê?... Eu fiquei sentada, com um olhar fixo. Me deram uma injeção, e eu mergulhei em algum lugar. De manhã me acordaram: 'Vera, você tem que levantar. Depois você não vai conseguir se perdoar'. 'Mas eu vou dar uma em você por essas brincadeirinhas. Você vai levar', pensei. E na mesma hora eu me dei conta de que não tinha mais ninguém para levar.

Ele estava deitado no caixão... Usando a mesma blusa que eu tinha guardado para o aniversário...

Não foi no início que eu comecei a gritar... foi depois de alguns meses... Mas não tinha lágrimas. Gritar eu gritava, mas não chorava. E só quando uma vez eu tomei um copo de vodca eu comecei a chorar. Comecei a beber para chorar... para me apegar às pessoas... Ficamos na casa de uns amigos uns dois dias, sem sair de casa. Agora eu entendo como foi difícil para eles, como nós os torturamos. Nós fugimos da nossa casa... Na cozinha quebrou uma cadeira, a cadeira em que ele costumava se sentar, eu nem toquei nela, ficou onde estava; vai que ele não gosta de ver que eu joguei fora uma coisa que ele amava. Nem eu, nem meu marido conseguimos abrir a porta do quarto dele. Duas vezes nós quisemos mudar de apartamento, já estávamos até com os documentos prontos, estávamos apalavrados, empacotando as coisas. E eu não consegui sair do apartamento, eu achava que ele estava aqui, em algum lugar, eu só não conseguia ver... mas ele estava aqui... Eu vagava pelas lojas, pegando coisas para ele: essas calças são da cor dele, e essa camisa. Numa primavera… não lembro qual… Cheguei em casa e falei para o meu marido: 'Sabe, hoje um homem gostou de mim. Ele queria marcar um encontro comigo'. E o meu marido respondeu: 'Eu fico muito feliz por você, Vérotchka. Você está voltando…'. Fiquei eternamente grata por essas palavras. E eu também quero contar do meu marido… Ele é físico, os nossos amigos brincavam: 'Você deu sorte, um físico e um lírico no mesmo pacote'. Eu amava… Por que 'amava', e não 'amo'? Porque ainda não conheço essa pessoa nova, a que sobreviveu. Eu temo… Não estou pronta… Não vou mais conseguir ser feliz…

De madrugada, eu estava deitada, de olhos abertos. A campainha. Ouvi claramente o som da campainha. De manhã, contei para meu marido. Ele disse: 'Mas eu não ouvi nada'. De madrugada, de novo a campainha. Eu não estava dormindo, olhei para o meu marido: ele também tinha acordado. 'Você ouviu?' 'Ouvi.' Nós dois sentimos que não estávamos sozinhos no apartamento. E o Timka fica correndo ao redor da cama, ao redor, como se estivesse perseguindo alguém. E eu me afundo em alguma coisa, em alguma coisa quente. E tenho um sonho… Não entendo direito onde, mas o Igor aparece para mim usando aquela mesma blusa com que ele foi enterrado. 'Mamãe, você fica me chamando e não entende como para mim é difícil vir ver você. Pare de chorar.' Eu toco nele, ele é macio. 'Você gostava lá de casa?' 'Muito.' 'E de lá?' Ele não consegue responder, desaparece. Desde aquela noite eu parei de chorar. E comecei a sonhar com ele pequeno, sempre pequeno. E eu fico esperando ele vir grande, para poder conversar com ele…

Não foi um sonho. Eu tinha acabado de abrir os olhos… A porta do quarto se escancarou, e ele, adulto, como eu nunca o vi na vida, entrou no quarto num instante. Ele estava com uma expressão no rosto, que eu entendi: ele já estava indiferente a tudo que acontecia aqui. As nossas conversas sobre ele, as lembranças. Ele já estava muito distante de nós. Mas eu não podia deixar o nosso laço se romper. Não podia... Fiquei muito tempo pensando... e decidi ter outro filho... Eu não podia, era tarde demais, os médicos tinham medo, mas eu tive. Tive uma menina. Nós tratamos a menina como se ela não fosse nossa, mas sim filha do Igor. Eu tenho medo de amá-la tanto quanto eu o amei... E eu não consigo amá-la tanto. Mas eu sou louca! Louca! Choro muito, vou o tempo todo ao cemitério. A menina está sempre comigo, mas eu não paro de pensar na morte. Assim não dá. Meu marido acha que nós temos que ir embora. Para outro país. Para mudar tudo: a paisagem, as pessoas, o alfabeto. Nossos amigos nos convidaram para ir para Israel. Sempre telefonam para nós: 'O que é que segura vocês aí?'. (*Quase gritando.*) O quê? O quê?

Eu tenho um pensamento terrível: e se ele mesmo contasse para você uma história completamente diferente? Completamente diferente?...

SOBRE CONVERSAS COM OS AMIGOS

"*Tudo se mantinha graças a essa cola formidável.*"

"Nós éramos muito jovens naquela época... A juventude é uma época detestável, não sei quem inventou que essa é uma idade maravilhosa. Você é desajeitada, você é desengonçada, tudo deixa você sem jeito, você está sempre exposta. Mas para os pais você ainda é pequena, alguém que eles estão formando. Você está o tempo todo debaixo de uma redoma, e ninguém consegue penetrar e chegar até você. Essa sensação... eu me lembro bem dessa sensação... Como no hospital, quando eu estava num quarto isolado, atrás de um vidro. Com algum tipo de infecção. Os pais fingem (é o que você acha) que querem estar com você, mas na verdade eles vivem num mundo completamente diferente. Eles estão longe... é como se estivessem perto, mas estão longe... Os pais não fazem ideia de como tudo é sério para os filhos. O primeiro amor é terrível. É de um perigo mortal. A minha amiga achava que Igor tinha se matado por amor a ela. Bobagem! Uma bobagem de menininha... Todas as menininhas daqui eram apaixonadas por ele. Opa! Era muito bonito, e além disso se comportava como se fosse mais velho que todos nós, mas as pessoas tinham a sensação de que ele era muito solitário. Escrevia poesia. E um poeta deve ser frio e solitário. Morrer em duelos. Todos nós tínhamos muitas dessas besteiras juvenis na cabeça.

Isso foi durante os anos soviéticos... comunistas... Fomos educados com o Lênin, com os revolucionários inflamados, muito inflamados, nós não considerávamos a revolução um erro e um crime, mas também não ficávamos entusiasmados com essas coisas marxista-leninistas. A revolução já era uma abstração... Eu me lembro mais das festas, da expectativa por essas festas. Eu me lembro de tudo muito claramente... Tinha muita gente na rua. Dava para ouvir umas palavras que vinham dos alto-falantes; alguns acreditavam totalmente naquelas palavras, alguns acreditavam parcialmente, e outros não acreditavam em nada. Mas acho que todo mundo estava feliz. Tinha muita música. Minha mãe era jovem, bonita. Todos juntos... Eu me lembro de tudo isso junto com alegria... Aquele cheiro, aqueles sons... A batida das teclas da máquina de escrever, os gritos da leiteira, que vinham do campo de manhã: "Leite! Leite!". Nem todo mundo tinha geladeira, ainda, e alguns guardavam as latas de leite na varanda. E nos postigos das janelas ficavam penduradas umas sacolas com frango, balançando. Nas janelas, no meio da armação dupla, colocavam algodão com lantejoulas para embelezar e maçãs verdes. O cheiro de gato dos porões... E o inconfundível cheiro de pano e cloro dos refeitórios soviéticos? Parece que todas essas coisas não eram ligadas umas às outras, mas agora tudo isso se fundiu em uma só sensação. Em um só sentimento. Já a liberdade tem outros cheiros... e imagens... É tudo diferente... Depois da primeira viagem ao exterior... isso já na época do Gorbatchóv... meu amigo voltou de lá dizendo: 'A liberdade tem o cheiro de um bom molho'. Eu mesma me lembro perfeitamente da primeira vez em que vi um supermercado, em Berlim: cem tipos de *kolbassá* e cem tipos de queijo. Era incompreensível. Depois da perestroika, muitas descobertas esperavam por nós, muitas novas emoções e novos pensamentos. Eles ainda não foram devidamente descritos, inseridos na história. Ainda não existe uma fórmula... Mas eu estou me apressando... saltando de um tempo para o outro. Um mundo grande só se abriria para nós mais tarde. Mas naquela época nós só sonhávamos com ele... com aquilo que nós não tínhamos, que queríamos ter... Era bom sonhar com um mundo que nós não conhecíamos. Sonhávamos... Mas levávamos uma vida soviética, em que a regra do jogo era uma só, e todos jogavam de acordo com ela. Ficava alguém de pé lá na tribuna. Ele mentia, todos aplaudiam, mas todos sabiam que ele estava mentindo, e ele sabia que eles sabiam que ele estava mentindo. Mas ele falava tudo aquilo e se alegrava com os aplausos. Não havia dúvida de que nós também viveríamos assim e de que seria preciso buscar um refúgio. Minha mãe ouvia o Gálitch, que era proibido... e eu também ouvia o Gálitch...

Lembrei mais uma coisa... No dia em que nós quisemos ir para Moscou ver o funeral do Vyssótski, a polícia nos tirando do trem... E nós berrando: 's.o.s. nós mandamos!/ De asfixia deliramos...',* 'Um tiro aquém. Um tiro além. Um tiro aquém. A artilharia atira nos nossos, em mais ninguém...'.** Um escândalo! O

---

* Versos da canção *Spassítie náchi dúchi*, "Salvem nossas almas", de Vladímir Vyssótski.
** Versos da famosa canção *Artilliéria biot po svoím*, "A artilharia atira nos nossos", de Anatóli Agranófski (1922-84), baseada num poema de Aleksandr Mejírov (1923-2009).

diretor nos deu ordem de irmos até a escola com os nossos pais. Minha mãe foi comigo, e lá ela se comportou maravilhosamente bem... (*Fica pensativa.*) Vivíamos na cozinha... o país vivia na cozinha... Ficávamos na casa de alguém, bebendo vinho, ouvindo música, conversando sobre poesia. Uma lata de conserva aberta e um pão preto fatiado. E todo mundo passava bem. Tínhamos nossos rituais: canoas, barracas e expedições. Cantar ao redor da fogueira. E existiam os sinais comuns, pelos quais nós reconhecíamos uns aos outros. Tínhamos a nossa moda, as nossas brincadeiras. Faz tempo que essas sociedades secretas de cozinha não existem mais. E também não existe mais aquela nossa amizade, que nós pensávamos que seria eterna. É... o plano era a eternidade... Não tinha nada maior que a amizade. Tudo se mantinha graça a essa cola formidável...

Na verdade, nenhum de nós viveu na URSS, cada um viveu em seu grupo. O grupo dos turistas, o grupo dos alpinistas... Depois das aulas, nós nos reuníamos em algum escritório do serviço de habitação, lá eles nos designavam um apartamento. Aí organizávamos um teatro, eu atuava. Tinha o grupo de literatura. Eu lembro que o Igor lia as poesias dele lá, ele imitava muito o Maiakóvski, ele era irresistível. O apelido dele era 'O Estudante'. Poetas adultos iam nos ver e falavam conosco francamente. Foi por eles que nós descobrimos a verdade sobre os acontecimentos de Praga. Sobre a guerra no Afeganistão. O quê... o que mais? Nós aprendemos a tocar violão. Bom, isso era obrigatório! Naqueles anos, o violão entrou na lista de objetos de primeira necessidade. Estávamos dispostos a ouvir de joelhos nossos poetas e bardos favoritos. Os poetas enchiam estádios. A polícia montada ficava de plantão. As palavras eram atos. Levantar-se em uma assembleia e dizer a verdade era um ato, porque era perigoso. Ir para a praça... Era a maior viagem, a maior adrenalina, a maior válvula de escape. Tudo aquilo confluía nas palavras... Hoje isso já é inacreditável, hoje tem que fazer alguma coisa, e não falar. Você pode falar absolutamente tudo, mas a palavra não tem mais nenhum poder. Nós queríamos acreditar, mas não conseguimos. Ninguém liga para nada, e o futuro é uma merda. Conosco não era assim... Opa! Poesias, poesias... palavras, palavras...

(*Risos.*) No último ano da escola tive um romance. Ele morava em Moscou. Fui visitá-lo por três dias, só. De manhã, na estação de trem, nós pegamos com uns amigos dele uma edição mimeografada das memórias da Nadiejda Mandelstam, que naquela época todo mundo estava lendo. E tinha que devolver o livro já no dia seguinte, às quatro da manhã. Levar até alguém que ia passar de trem. Ficamos um dia inteiro sem parar de ler, só uma vez fomos correndo buscar leite e pão. Até nos esquecemos de nos beijar, ficávamos passando essas folhas um para o outro. Tudo isso aconteceu em uma espécie de delírio, numa espécie de febre... por ter aquele livro nas mãos... por ler aquele livro... Um dia depois nós estávamos correndo pela cidade vazia em direção à estação, o transporte público ainda não estava funcionando. Eu me lembro bem dessa cidade noturna, nós caminhando e o livro dentro da minha bolsa. Nós carregávamos aquilo como se fosse algum tipo de arma secreta... Nós acreditávamos nisso, que a palavra podia abalar o mundo.

Os anos do Gorbatchóv... Liberdade e cupons. Vales... cupons... Para tudo: de pão até grãos e meias. Cada um ficava na fila umas cinco, seis horas... Mas você ficava com um livro que antes não podia comprar e sabia que à noite ia passar um filme que antes era proibido, que tinha passado dez anos em uma prateleira. Uma viagem! Ou passava o dia inteiro pensando que às dez horas ia passar o programa *Opinião*... Os apresentadores, Aleksandr Liubímov e Vladislav Lístiev, viraram heróis do povo. Nós estávamos descobrindo a verdade... que não tinha existido só Gagárin, mas também o Béria... Na verdade, para mim, uma idiota, teria bastado a liberdade de expressão, porque eu, como logo ficou claro, era uma menina soviética, nós tínhamos absorvido tudo que era soviético de um jeito mais profundo do que parecia. Só precisavam ter me dado Dovlátov e Víktor Nekrássov* para ler, me dado Gálitch para ouvir. E para mim teria bastado. Eu nem sonhava em ir para Paris, passear por Montmartre... ou ver a Sagrada Família do Gaudí... Só nos deixem ler e falar um pouco. Ler um pouco! A nossa Óletchka ficou doente, ela não tinha nem quatro meses, mas teve uma obstrução brônquica grave. Fiquei louca de medo. Fui levada junto com ela para o hospital, mas não dava para colocá-la deitada um minuto sequer, só ficava de pezinho, comigo segurando, aí ela ficava calma. Assim, de pezinho. Eu ficava andando para cá e para lá com ela pelo corredor. Se ela pegasse no sono por meia hora que fosse, o que você acha que eu começava a fazer? Eu... sem dormir direito, esgotada... O que eu fazia? Eu sempre carregava debaixo do braço *O arquipélago gulag*, e na mesma hora eu abria o livro. Num braço eu tinha uma criança morrendo, e no outro, o Soljenítsin. Os livros substituíram a nossa vida. Eram o nosso mundo.

Depois alguma coisa aconteceu... Nós descemos para a terra. A sensação de felicidade e euforia de repente mudou. Por completo, inteiramente. Eu entendi que aquele mundo novo não era meu, não era para mim. Ele precisava de outras pessoas. Era dar com a bota na cara dos mais fracos! Os que estavam embaixo foram lá para cima... no geral, foi mais uma revolução... Mas os objetivos dessa revolução eram bem mundanos: um chalé e um carro para cada um. Não é pouco para um ser humano? As ruas agora estão cheias desses brutamontes vestindo calças esportivas.

---

* Serguei Dovlátov (1941-90) e Viktor Nekrássov (1911-87) foram escritores soviéticos dissidentes, jamais publicados oficialmente na URSS. Os dois emigraram nos anos 1970.

São lobos! Chutaram todo mundo. Minha mãe trabalhava como mestre numa confecção. Depressa… muito depressa fecharam a confecção… minha mãe ficava em casa costurando calcinha. Todas as amigas dela também costuravam calcinha, em qualquer apartamento que você entrasse. E nós morávamos no prédio que a confecção tinha construído para os funcionários, e todo mundo estava costurando calcinha e sutiã. Roupa de banho. Pegavam em massa todas as coisas velhas — as próprias… pediam para conhecidos — e recortavam os rótulos, as etiquetas, de preferência importadas, e costuravam nessas roupas de banho. Depois as mulheres se reuniam em grupos e saíam pela Rússia com sacos, e isso era chamado de 'trussovka'.* Eu nessa época já estava na pós-graduação. (*Animada.*) Eu me lembro… era uma comédia… na biblioteca da universidade e no escritório do diretor ficavam uns barris com pepinos e tomates salgados, com cogumelos e repolho. As conservas eram vendidas, e com aquele dinheiro pagavam o salário dos professores. E aí de repente a universidade inteira estava coberta de laranjas. Ou então pacotes de camisas masculinas… A grande *intelligentsia* russa sobrevivia como podia. Nós lembrávamos as velhas receitas… As coisas que comíamos durante a guerra… Nos cantos escondidos dos parques… ou nas encostas das ferrovias, plantavam batata… Semanas inteiras comendo só batata: isso é passar fome ou não é? E só chucrute? Peguei aversão pelo resto da vida. Aprendemos a fazer *chips* com a casca da batata, passávamos uns aos outros essa receita maravilhosa: jogar as cascas em óleo de girassol fervente e bastante sal. Não tinha leite, mas vendiam sorvete, aí cozinhavam mingau de semolina com o sorvete. Será que eu comeria isso agora?

A primeira coisa que sumiu foi a nossa amizade… Todos de repente tinham afazeres: precisávamos ganhar dinheiro. Antes

---

* Trocadilho com as palavras *tussovka*, que pode significar "festa" ou ainda "grupo de pessoas", e *trussí*, "calcinha" ou "roupa de baixo".

parecia que esse dinheiro para nós... que ele não tinha poder nenhum sobre nós... Mas aí todo mundo começou a dar valor às maravilhas das notinhas verdes; não era o rublo soviético, não era o 'papel cortado'. Meninas e meninos dos livros... plantas de apartamento... No fim, éramos incapazes de viver essa nova vida que tanto tínhamos esperado. Nós esperávamos alguma outra coisa, não aquilo. Tínhamos lido um vagão inteiro de livros românticos, mas a vida acabou nos empurrando com pontapés e tabefes para o outro lado. Em vez do Vyssótski, o Kirkórov!* O pop! E isso é dizer tudo... Outro dia estávamos reunidos na minha cozinha, o que já é raro, e começamos a discutir: o Vyssótski cantaria para o Abramóvitch? As opiniões se dividiram. A maioria era dos que tinham certeza: é claro que cantaria. A outra pergunta: por quanto?

O Igor? Ele ficou na minha memória parecido com o Maiakóvski. Bonito e solitário. (*Silêncio.*) Consegui explicar alguma coisa? Eu gostaria de ter falado alguma coisa..."

"*E o mercado virou a nossa universidade.*"

"Muitos anos se passaram... Para mim até agora resta a dúvida: por quê? Por que ele decidiu por isso? Nós éramos amigos, mas ele mesmo decidiu tudo... sozinho... E o que é que você pode dizer a uma pessoa que subiu no telhado? Mas o quê? Na juventude, eu mesmo pensei em suicídio, mas não dá para entender por quê. Amava minha mãe, meu pai... meu irmão... estava tudo bem em casa... Mas no que aquilo ia dar? Lá, em algum lugar... tem alguma coisa lá... O quê? Alguma coisa... está lá... Lá tem um mundo inteiro, mais vivo, mais cheio de significado do

---

* Filipp Kirkórov (1967-), um cantor popular russo.

que esse em que você vive, lá tem alguma coisa mais importante acontecendo. E lá você pode tocar nesse mistério, que não pode ser alcançado de nenhuma outra forma, você não pode ligar-se a ele racionalmente. E aí dá vontade... você quer experimentar... Ficar de pé na janela... saltar da varanda... Mas você não pretende morrer, você quer subir, ir para cima, você quer sair voando, parece que você vai sair voando. Age como num sonho... num desmaio... Quando volta a si, você se lembra de alguma luz, de algum som... e da sensação de que você estava bem naquela situação... você estava muito melhor do que aqui...

Na nossa turma de amigos... Nós tínhamos também o Liochka... Há pouco tempo ele morreu de overdose. O Vadim desapareceu nos anos 1990. Ele abriu um negócio de livros. Começou com uma brincadeira... uma ideia delirante... Mas, logo que o dinheiro apareceu, um extorsionário foi atrás dele, um pessoal armado com revólver. Ele às vezes pagava, às vezes fugia deles: dormia na floresta, em vilarejos. Naqueles anos tinham parado de bater, na maioria das vezes matavam. Onde ele está? Não deixou rastro... até hoje a polícia não encontrou... Enterraram em algum lugar. O Arkádi zarpou para a América: 'Prefiro morar em Nova York debaixo da ponte'. Ficamos eu e o Iliucha... Iliucha se casou com seu grande amor. A esposa aguentou as estranhezas dele enquanto os poetas e os artistas estavam na moda; mas depois entraram na moda os corretores e os contadores. A esposa foi embora. Ele caiu numa depressão profunda, ele saía na rua e logo começava o ataque de pânico. Tremia de medo. Ficava em casa. Uma criança grande morando com os pais. Escrevia poesia: o grito da alma... Mas na juventude nós ouvíamos os mesmíssimos cassetes e líamos os mesmíssimos livros soviéticos. Andávamos em bicicletas iguais... Naquela vida tudo era simples para nós: as mesmas botas para todas as estações do ano, o mesmo casaco, as mesmas calças. Nós fomos educados como jovens soldados na antiga Esparta: se a pátria ordenar, nós engolimos o sapo.

... Em algum feriado militar... Nossa turma de jardim da infância foi levada ao monumento do herói pioneiro Marat Kazei. 'Pois então, crianças', disse a educadora, 'este é um jovem herói, ele se explodiu com uma granada e destruiu muitos fascistas. Quando vocês crescerem, devem se tornar como ele'. Também se explodir com uma granada? Eu mesmo não me lembro disso... é o que minha mãe me disse... De madrugada, eu comecei a chorar muito: eu ia ter que morrer, ficar sozinho em algum lugar, deitado, sem minha mãe e meu pai... e, se eu estava chorando, significava que eu não tinha nem uma gotinha de herói... Eu fiquei doente.

... E quando eu estava na escola eu já tinha um sonho: ir para o destacamento que fazia a guarda da Chama Eterna no centro da cidade. Levavam os melhores alunos para lá. Costuravam para eles capotes militares, aqueles chapéus tipo *uchanka*, e davam luvas militares. E isso não era uma obrigação, mas uma grande honra, ir para lá. Ouvíamos música ocidental, corríamos atrás de jeans, eles já tinham aparecido aqui também... o símbolo do século xx, como o fuzil Kaláchnikov... Meu primeiro par de jeans tinha uma etiqueta Montana, como era legal! Mas de madrugada eu sonhava que estava me lançando contra o inimigo com uma granada...

... Minha avó morreu, o vovô veio morar conosco. Era oficial de carreira, tenente-coronel. Tinha muitas condecorações e medalhas, eu ficava o tempo todo amolando: 'Vovô, pelo que você ganhou essa condecoração?'. 'Pela defesa de Odessa.' 'E que façanha você realizou?' 'Defendi Odessa.' E ponto. Eu fiquei ofendido com ele por causa disso. 'Vovô, você não pode lembrar alguma coisa nobre, elevada?' 'Se você quer isso, tem que procurar na biblioteca, não comigo. Pegue um livro e leia.' Meu avô era demais, nós simplesmente tínhamos uma atração química um pelo outro. Ele morreu em abril, mas queria viver até maio. Até o Dia da Vitória.

... Aos dezesseis anos, como se deve, fui convocado pelo serviço de alistamento: 'Em qual arma você quer servir?'. Eu declarei ao comissário que iria concluir os estudos e pedir para ir ao Afeganistão. 'Idiota', disse o comissário. Mas eu passei muito tempo me preparando: saltei de paraquedas, aprendi a usar o fuzil... Fomos os últimos pioneiros do País do Sovietes. Fique de prontidão!

... Um menino da nossa classe foi embora para Israel... Convocaram uma reunião de toda a escola, para tentar convencê-lo: se seus pais querem ir embora, eles que vão, mas nós temos bons orfanatos, lá você pode terminar os estudos e continuar a viver na URSS. Para nós ele era um traidor. Ele foi expulso do Komsomol. No dia seguinte, a classe inteira foi ao *kolkhoz*, para colher batata, ele também foi, mas foi tirado do ônibus. A diretora da escola colocou todo mundo em fila e advertiu: disse que quem começasse a se corresponder com ele teria dificuldade para concluir os estudos na escola. Quando ele foi embora, todos nós começamos a escrever cartas amistosas para ele...

... Na perestroika... Esses mesmos professores nos diziam: esqueçam tudo que nós ensinamos antes e leiam os jornais. Começamos a estudar pelos jornais. O exame final de história foi cancelado, não tivemos que decorar nenhum daqueles congressos do PCUS. Na última manifestação de outubro, ainda distribuíram cartazes e retratos dos líderes, mas para nós aquilo já era como o carnaval para os brasileiros.

... Eu me lembro das pessoas vagando com sacos de dinheiro soviético por mercados vazios...

Entrei na universidade... Nessa época o Tchubais estava fazendo campanha pelos *vouchers*, ele prometia que um *voucher* custaria dois Volgas, quando agora ele valia dois copeques. Foi uma época muito louca! Eu distribuía panfletos no metrô... Todos sonhavam com uma nova vida... Sonhavam... Sonhavam que apareciam montes de *kolbassá* nas prateleiras, a preços soviéticos, e que os membros do Politburo pegariam uma fila comum para comprar aquilo. *Kolbassá* é o ponto de partida. Temos um amor existencial pela *kolbassá*... O crepúsculo dos deuses! As fábricas aos trabalhadores! A terra aos camponeses! O rio aos castores! As tocas aos ursos! Os desfiles de rua e as transmissões do Congresso dos Deputados do Povo foram perfeitamente substituídos pelas novelas mexicanas... Eu fiz dois anos de curso... E larguei a faculdade. Tinha pena dos meus pais, falavam abertamente para eles: vocês são *sovok*, são patéticos, a vida de vocês não valeu nem uma pitada de tabaco, vocês têm culpa de tudo, desde a arca de Noé, agora ninguém precisa mais de vocês. Pegar no batente a vida inteira, e o resultado disso é nada. Tudo isso deixou os dois muitos abatidos, destruiu o mundo deles, e eles não conseguiram se restabelecer, não conseguiram se ajeitar com essa virada brusca. Meu irmão mais novo lavava carros depois da aula, vendia chiclete e todo tipo de porcaria no metrô, e ganhava mais dinheiro que meu pai... Meu pai era um cientista. Era doutor! A elite soviética! No comércio, começou a aparecer *kolbassá*, todo mundo correu para ver. Viram os preços! E foi assim que o capitalismo entrou em nossas vidas...

Comecei a trabalhar com transporte de carga. Era uma alegria! Eu descarreguei açúcar de um furgão junto com um amigo, deram dinheiro e um saco de açúcar para cada um de nós. E o que era um saco de açúcar nos anos 1990? Um salário inteiro! Dinheiro! Dinheiro! O início do capitalismo... Em um dia você podia virar um milionário ou levar uma bala na testa. Agora quando lembram... ficam espantados: poderia ter acontecido uma guerra civil... Estávamos na beira do abismo! Eu não senti isso. Eu me lembro das ruas terem ficado vazias, nas barricadas não tinha ninguém. As pessoas pararam de assinar os jornais, de ler. No início o pessoal na rua xingava o Gorbatchóv e, depois dele, o Iéltsin, porque o preço da vodca tinha aumentado. Atentaram contra aquilo que era mais sagrado! Um entusiasmo selvagem, inexplicável, tomou conta de todo mundo. O cheiro do dinheiro estava no ar. Dinheiro graúdo. E uma liberdade absoluta: nem partido, nem governo. Todo mundo queria fazer 'grana', e aqueles que não sabiam fazer 'grana' tinham inveja dos que sabiam. Uns vendiam, outros compravam... uns escondiam, outros acobertavam... Consegui ganhar minhas primeiras 'pilas'... Fui com uns amigos num restaurante. Pedimos Martini e uma vodca Royal, isso na época era o máximo! Queríamos segurar uma taça na mão. Ficar se exibindo. Fumamos Marlboro. Tudo como tínhamos lido no Remarque. Vivemos muito tempo como nos filmes. Lojas novas... restaurantes... como se fosse o cenário de uma vida alheia...

... Vendi salsichas fritas. Dava para descolar uma grana alta...

... Levei um carregamento de vodca para o Turcomenistão... Passei uma semana com meu sócio trancado num vagão de mercadoria. Os machados estavam a postos. E um pé de cabra. Se soubessem o que estávamos levando, iam querer matar! Na volta, trouxemos um carregamento de toalhas de banho...

... Vendi brinquedos de criança... Uma vez pegaram comigo um lote inteiro por atacado e pagaram com um furgão de bebida gaseificada, que eu troquei por um caminhão de sementes; na fábrica, em troca das sementes, me deram óleo, aí eu vendi uma parte e a outra eu troquei por umas frigideiras e uns ferros de *teflon*...

... Agora eu tenho um negócio de flores... Aprendi a 'salgar' as rosas... Você joga sal calcinado numa caixa de papelão, uma camada de pelo menos um centímetro, coloca lá as rosas que estão começando a desabrochar e por cima põe mais uma vez o sal. Fecha a tampa e coloca num saco plástico grande. Amarra bem.

Depois de um mês... depois de um ano você pega, lava bem... Venha me visitar, qualquer dia e hora. Este é o meu cartãozinho...

O mercado virou a nossa universidade... Talvez seja dizer demais, 'universidade'; mas a escola primária da vida, isso foi. As pessoas vinham para cá como se fosse um museu. Como se fosse uma biblioteca. Os meninos e as meninas passavam pelas fileiras como zumbis... com um olhar ensandecido... Um casal parou na frente de uns aparelhos de depilação chineses... E ela explicou para ele como era importante a depilação: 'Você quer isso, não quer? Você quer que eu seja como a...'. Não me lembro do nome da atriz... bom, Marina Vlady, por exemplo, ou Catherine Deneuve. Eram milhões de caixinhas e latinhas novas. As pessoas levavam aquilo para casa como se fossem as Sagradas Escrituras; quando tinham usado o conteúdo, não jogavam fora as latinhas, mas colocavam em um lugar de honra na estante de livros ou numa cristaleira, atrás de um vidro. As primeiras revistas de moda eram lidas como se fossem clássicos, uma verdade venerável, dentro dessa embalagem, dentro dessa casca, existia uma vida maravilhosa. No primeiro McDonald's formaram filas quilométricas... Com reportagens na TV. Pessoas adultas, intelectuais, guardavam as caixinhas e os guardanapos de lá. Exibiam aquilo com orgulho para as visitas.

Um conhecido meu, um amigo... A esposa dele pegando no batente em dois empregos, e ele todo orgulhoso: 'Eu sou poeta. Não vou vender panela. Sinto repulsa'. Em outros tempos, eu e ele, assim como todo mundo, andamos na rua, gritando: 'Democracia! Democracia!'. E não tínhamos ideia do que viria depois daquilo. Ninguém tinha a intenção de vender panelas. Mas agora... Não tem escolha: ou você alimenta a sua família, ou mantém seus ideais de *sovok*. Ou isso, ou aquilo... Não tem outra escolha... Você escreve sua poesia, arranha o violão, as pessoas batem no seu ombro e dizem: 'Muito bem! Vamos lá!'. E o bolso vazio.

Os que saíram do país? Lá eles não só vendem panela, como também entregam pizza... montam caixas em fábricas de papelão... Lá isso não é uma vergonha.

Você entendeu o que eu disse? Eu contei do Igor... Da nossa geração perdida: uma infância comunista e uma vida capitalista. Odeio este violão! Posso dar de presente para você."

SOBRE UMA OUTRA BÍBLIA E SOBRE OUTROS CRENTES

Vassíli Petróvitch N., membro do Partido Comunista desde 1922, 87 anos

"Pois é... eu quis... Os médicos me trouxeram de volta de lá... Eles por acaso sabem de onde me trouxeram de volta? É claro que eu sou ateu, mas já na velhice um ateu inseguro. Você fica cara a cara com isso... com o pensamento de que é preciso ir embora... para algum lugar... Pois é... é outra visão... é-é-é... Para a terra... para o pó... Não consigo olhar com tranquilidade para uma simples terra. Sou velho há muito tempo. Fico olhando pela janela com o meu gato. (*O gato está nos joelhos. Ele o afaga.*) Nós ligamos a televisão...

E é claro que... Eu nunca imaginei que fosse viver até a época em que começariam a fazer monumentos para os generais brancos. Antes os heróis eram quem? Os comandantes vermelhos... Frunze, Schors... Mas agora são Deníkin, Koltchak... Embora ainda estejam vivas algumas pessoas que se lembram de como os homens do Koltchak enforcavam os nossos nos postes. Os 'brancos' venceram... Foi nisso que deu? E eu lutei, lutei, lutei. Pelo quê? Construí, construí... O quê? Se eu fosse escritor, eu mesmo faria minhas memórias. Pouco tempo atrás ouvi no rádio um programa sobre a minha fábrica. Eu era o primeiro diretor.

Falaram de mim como se eu já não existisse, como se estivesse morto. Mas eu... eu estou vivo... Eles não podiam imaginar que eu ainda estivesse aqui... É! Pois é... (*Nós três rimos. O neto está sentado conosco. Ouvindo.*) Eu me sinto como um objeto de exposição esquecido na reserva de um museu. Um caco empoeirado. O império era grande: de mar a mar, do Círculo Polar até as regiões subtropicais. Onde ele está? Foi vencido sem uma bomba... sem Hiroshima... Quem venceu foi sua majestade, a *kolbassá*! Quem venceu foi a comida boa! A Mercedes-Benz. O ser humano não precisa de mais nada, não lhe ofereça nada mais. Não tem necessidade. Só pão e circo! E essa é a maior descoberta do século xx. A resposta a todos os grandes humanistas. E aos sonhadores do Krémlin. E nós... a minha geração... nós tínhamos planos grandiosos. Sonhávamos com a revolução mundial: 'Ao burguês digo, para seu azar/ Um incêndio pelo mundo vamos atear'. Construir um novo mundo, fazer com que todos sejam felizes. Nós achávamos que isso era possível, eu acreditava com sinceridade! Com total sinceridade! (*Sufocando com a tosse.*) Sofro com a asma. Espere um pouco... (*Pausa.*) E aí eu vivi... vivi para ver o futuro com que nós sonhávamos. Morremos por ele, matamos. Teve muito sangue... tanto nosso, como deles... 'Sem falhar, vá ao encontro da morte!/ Não morrerá à toa, a causa é forte,/ Quando deles escorrer o sangue...', 'Não vai nunca aprender a amar o coração que cansou de odiar...'. (*Surpreso.*) Eu lembro... Não esqueci! A esclerose não arrancou tudo da minha memória. Não definitivamente. Essas poesias nós aprendíamos na aula de educação política... Quantos anos se passaram? Dá medo dizer...

O que me deixa abalado? Abatido? O ideal esmagado! Lançaram o anátema sobre o comunismo! Tudo foi feito em pedaços! Eu sou um velhinho gagá. Um maníaco sanguinário... um assassino em série... Não é assim? Eu já estou vivo há muito tempo, não se pode viver tanto assim. Não se deve... não... Não se deve.

É perigoso viver muito tempo. A minha época acabou antes que a minha vida. É preciso morrer junto com a sua época. Como meus camaradas... Eles morreram cedo, aos vinte ou trinta anos... Morreram felizes... Com uma crença! Com a revolução no coração, como falavam então. Eu os invejo. Você não vai entender... eu os invejo... 'Morreu nosso jovem tamborileiro...' Morreu com glória! Por uma causa grandiosa! (*Fica pensativo.*) Passei a vida inteira ao lado da morte, mas pensei pouco na morte. Mas nesse verão me levaram para a *datcha*. Eu fiquei olhando para a terra, olhando... ela é viva...

— Mas morte e assassinato são por acaso a mesma coisa? O senhor viveu em meio a assassinatos.

— (*Ofendido.*) Por uma pergunta dessas... você ia parar no campo. O Norte ou o fuzilamento: a escolha era pequena. Na minha época não faziam perguntas como essa. Não tínhamos perguntas como essa! Nós... Nós imaginávamos uma vida justa, sem pobres e ricos. Morríamos pela revolução, morríamos como idealistas... desinteressados... Faz tempo que meus amigos se foram, eu fiquei sozinho. Não tenho com quem falar... De madrugada eu converso com os mortos... E você? Você não conhece nossos sentimentos e nossas palavras: requisição de produtos, destacamento de aprovisionamento, privado de direito a voto, comitês de pobreza... derrotista, repetente... São letras sânscritas para você! Hieróglifos! A velhice é, sobretudo, solidão. O último velhinho que eu conhecia no bloco vizinho morreu cinco anos atrás, talvez até mais... sete, já... Ao meu redor só tem gente desconhecida. Elas vêm do museu, do arquivo... da enciclopédia... Eu sou um guia... um arquivo vivo... mas não tenho com quem falar... Com quem eu iria querer conversar? Poderia falar com o Lazar Kaganóvitch...* Sobraram poucos de nós, e menos ainda são os que não estão se-

---

* Lazar Moissêievitch Kaganóvitch (1893-1991), revolucionário e político soviético. Foi um dos principais aliados de Stálin e viveu quase até os cem anos.

nis. Ele é mais velho, já tem noventa. Li no jornal... (*Risos.*) No jornal escreveram que os velhos da vizinhança se recusam a jogar dominó com ele. Jogar cartas. Ele é enxotado: 'Facínora!'. E ele chora por causa da ofensa. Antigamente era um comissário do povo, tinha mão de ferro. Assinava listas de fuzilamento, aniquilou dezenas de milhares de pessoas. Passou trinta anos ao lado do Stálin. Mas nos anos de velhice não tem com quem jogar um carteado... jogar um dominó... É desprezado pelos trabalhadores simples... (*Começa a falar baixo. Não consigo entender. Pesco só algumas palavras.*) É terrível... viver muito é terrível.

... Eu não sou historiador e nem sou de humanas. É verdade que eu trabalhei por um tempo como diretor de teatro, do nosso teatro municipal. No setor em que o Partido me jogava, eu servia. Era dedicado ao Partido. Da vida me lembro pouco, eu me lembro só do trabalho. O país era um canteiro de obras... um alto-forno... Uma forja! Agora não se trabalha mais assim. Eu dormia três horas por dia. Três horas... Nós estávamos cinquenta ou cem anos atrasados em relação aos países avançados. Um século. O plano do Stálin era alcançar em quinze ou vinte anos. O famoso salto stalinista. E nós acreditávamos: íamos alcançar! Agora ninguém acredita em nada, mas naquela época acreditavam. Acreditavam facilmente. Nossos lemas: 'Tiraremos a indústria das ruínas com nossos sonhos revolucionários', 'Os bolcheviques devem tomar conta do maquinário', 'Vamos alcançar o capitalismo!'. Eu não morava em casa... morava na fábrica... na construção. Pois é... Às duas... às três da madrugada podia tocar o telefone. O Stálin não dormia, ia tarde para a cama, e, consequentemente, nós não dormíamos. Os quadros dirigentes. De cima para baixo. Tenho duas condecorações e três infartos. Fui diretor de uma fábrica de pneus, chefe de um truste de construção, de lá fui transferido para um frigorífico. Dirigi o arquivo do Partido. Depois do terceiro infarto é que me deram o teatro... A nossa época... a minha... Foi uma época grandiosa! Ninguém vivia só para si. E é por isso que eu fico ofendido... Pouco tempo atrás uma senhora muito gentil fez uma entrevista comigo. Ela começou a me 'elucidar' a respeito da época terrível em que tínhamos vivido. Ela leu nos livros, mas eu vivi lá. Eu sou daquela época. Daqueles anos. E ela me contou: 'Vocês eram escravos. Escravos de Stálin'. Mas que fedelha! Eu não era escravo! Não era! Eu mesmo agora tenho minhas dúvidas... Mas escravo eu não era... As pessoas têm miolo mole. Tudo ficou misturado: Koltchak e Tchapáiev, Deníkin e Frunze... Lênin e o tsar... É uma salada branca e vermelha. Uma misturada. Estão sapateando nos túmulos! Era uma época grandiosa! Nós nunca mais vamos viver em um país tão forte e grande. Eu chorei quando a União Soviética ruiu... Nós fomos imediatamente amaldiçoados. Caluniados. O pequeno-burguês venceu. O piolho. O verme.

A minha pátria é o Outubro. Lênin... o socialismo... Eu amo a revolução! O Partido é a coisa mais cara para mim. Fui do Partido por setenta anos. A carteirinha do Partido é a minha Bíblia. (*Declamando.*) 'Cortai o mal bem pelo fundo/ De pé, de pé, não mais senhores/ Se nada somos em tal mundo/ Sejamos tudo, ó produtores...' Queríamos construir o Reino de Deus na terra. Era um sonho bonito, mas irrealizável, o ser humano não está pronto para isso. Não é perfeito. Pois é... Mas do Pugatchov e dos dezembristas... até o próprio Lênin... todos sonharam com igualdade e fraternidade. Sem um ideal de justiça, vai ser uma outra Rússia, com outras pessoas. Será um país completamente diferente. Nós ainda não superamos o comunismo. Não conte com isso. E o mundo também não superou. O ser humano vai sempre sonhar com a Cidade do Sol. Ele ainda caminhava vestido com peles, vivia em cavernas, mas já queria a justiça. Lembre-se das canções soviéticas e dos filmes soviéticos... Que sonho eram! A crença... Uma Mercedes não é um sonho..."

O neto fica em silêncio durante toda a conversa. Em resposta às minhas perguntas só conta algumas piadas.

Uma das piadas contadas pelo neto:
"É o ano de 1937... Dois velhos bolcheviques numa cela. Um diz: 'Não, nós não vamos viver para ver o comunismo, mas os nossos netos...'. O segundo: 'Coitados dos nossos netos!'".

"Sou velho... faz tempo... Mas a velhice também é interessante. Você entende que o ser humano é um animal... de repente muito de animal se revela... É a época, como dizia a Raniévskaia,[*] em que as velas no bolo de aniversário saem mais caras que o próprio bolo, e metade da urina vai para os exames. (*Risos.*) Nada pode salvar da velhice: nem as condecorações, nem as medalhas... Nã-ã-ão... A geladeira faz barulho, o relógio bate. Nada mais acontece. (*Começamos a falar do neto. Ele está na cozinha, preparando o chá.*) Agora essas crianças... elas só pensam em computador... No penúltimo ano da escola, esse meu neto, que é o mais novo, me disse: 'Eu vou ler sobre o Ivan Grózny, não quero ler sobre Stálin. Cansei do seu Stálin!'. Não sabem nada, mas já cansaram. Deixaram para lá! Todos amaldiçoam o ano de 1917. 'Idiotas!', falam de nós. 'Por que é que eles fizeram a revolução?' Mas na minha memória... Eu me lembro das pessoas com os olhos brilhando. Nosso coração ardia! Ninguém acredita em

---

[*] Faína Gueórguievna Raniévskaia (1896-1984), famosa atriz soviética de teatro e cinema, conhecida por suas frases e aforismos.

mim! Mas eu não fiquei louco... Eu me lembro... é-é-é... Essas pessoas não queriam nada para si mesmas, não era o eu em primeiro lugar, como é hoje. Um pote de sopa... uma casinha... um jardinzinho... O que existia era o nós. Nós! Nós! Às vezes um amigo do meu filho vem me visitar, um professor universitário. Vai sempre para o exterior, dá palestras lá. Eu e ele brigamos até ficarmos roucos. Eu falando para ele do Tukhatchévski,* e ele respondia que o comandante dos exércitos vermelhos envenenou os camponeses com gás, enforcou os marinheiros de Kronstadt. Ele disse: 'Primeiro vocês fuzilaram os nobres e os padres... isso em 1917... aí em 1937 fuzilaram a si mesmos...'. Já chegamos até o Lênin. Do Lênin eu não deixo falarem! Vou morrer com o Lênin no coração! Agora... Espere um pouco... (*Uma tosse forte. Por causa da tosse, as palavras que vêm a seguir não são muito compreensíveis.*) Antes construíamos frotas, conquistávamos o espaço, mas agora só palacetes, iates... Para falar a verdade, muitas vezes eu não penso em nada. O intestino funciona ou não funciona? Isso é que é importante de manhã. É assim que a vida acaba.

... Nós tínhamos dezoito, vinte anos... Do que nós falávamos? Falávamos da revolução e do amor. Éramos fanáticos da revolução. Mas também discutíamos bastante o livro da Aleksandra Kollontai,** *O amor das abelhas operárias*, muito popular naquela época. A autora defendia o amor livre, ou seja, o amor sem

---

* Mikhail Tukhatchévski (1893-1937) foi o segundo lugar-tenente no Exército tsarista durante a Primeira Guerra Mundial e se juntou aos bolcheviques em 1918. Comandou a ofensiva do Exército Vermelho contra a Polônia, em 1920, e dominou a revolta de Kronstadt, em 1921. Nomeado marechal da União Soviética em 1935, foi vítima dos expurgos e executado em 1937.

** Aleksandra Kollontai (1872-1952) foi uma revolucionária russa que se tornou a mulher mais proeminente no começo da política soviética. Ela é mais conhecida por seu trabalho para a emancipação feminina. "Como beber um copo de água" é uma expressão famosa do livro de Kollontai sobre a moral comunista nas relações sexuais.

tudo que fosse desnecessário... 'como beber um copo d'água'...
Sem suspiros e sem flores, sem ciúmes e lágrimas. O amor com
beijinhos e bilhetinhos amorosos era considerado uma superstição burguesa. O verdadeiro revolucionário deveria dominar tudo
dentro de si. Nós até fizemos reuniões sobre esse tema. Nossas
opiniões se dividiam: uns eram pelo amor livre, mas com 'melzinho', ou seja, com sentimentos, e outros queriam sem 'melzinho'
nenhum. Eu era a favor do 'melzinho', pelo menos uns beijos. É!
Pois é... (*Risos.*) Foi bem nessa época que eu me apaixonei, comecei a cortejar a minha futura esposa. Como eu cortejava? Nós líamos Górki juntos: 'A tempestade! Logo há de estourar a tempestade!... O tolo pinguim esconde acanhado seu corpo roliço entre
os penhascos...'. É ingênuo? Mas é bonito, também. É bonito,
com mil diabos! (*Risos joviais. Até eu noto quão bonito ele é até
hoje.*) Os bailes... bailes comuns... nós considerávamos coisa de
pequeno-burguês. Nós organizávamos julgamentos para os bailes e puníamos os membros do Komsomol que dançavam e davam flores de presente para suas namoradas. Eu durante uma
época fui até presidente do júri nesses julgamentos dos bailes. Por
causa dessa minha convicção 'marxista' é que eu não aprendi a
dançar. Depois me arrependi. Nunca pude dançar com uma mulher bonita. Era um urso! Organizávamos casamentos no Komsomol. Sem velas, sem coroas. Sem padres. Em vez de ícones, os retratos de Lênin e Marx. Minha noiva tinha cabelo comprido, aí
para o casamento ela cortou. Nós desprezávamos a beleza. É claro
que isso era errado. Um desvio, como dizem... (*De novo a tosse.
Faz um gesto com a mão para eu não desligar o gravador.*) Não é
nada, não é nada... não tenho como adiar isso... Logo vou me
decompor em fósforo, cálcio e outras coisas. De quem mais você
vai poder conhecer a verdade? Sobraram só os arquivos. Papéis.
Pois é... Eu trabalhei no arquivo e sei: os papéis mentem ainda
mais que as pessoas.

Do que eu estava falando? Do amor... da minha primeira esposa... Quando nasceu nosso filho, nós o chamamos de Outubro. Em homenagem ao décimo aniversário do Grande Outubro. Eu também queria uma filha. 'Se você quer outro filho comigo, quer dizer que me ama mesmo', a minha esposa brincou. 'E como nós vamos chamar nossa filha?' Eu gostava do nome Liublena, formado com as palavras 'amo' e 'Lênin'.* A minha esposa anotou numa folhinha todos os nomes femininos favoritos dela: Marxana, Stálina, Engelsina... Iskra...** Eram os mais populares naquela época. E essa folhinha continuou em cima da mesa...

O primeiro bolchevique que eu vi foi na minha cidadezinha... Um jovem estudante vestindo um capote militar. Ele estava discursando na praça, do lado da igreja: 'Hoje, uns calçam botas, e outros, *lápti*.*** Mas quando os bolcheviques chegarem ao poder, todos serão iguais'. Os mujiques gritaram: 'Mas como isso?'. 'É que virá um tempo maravilhoso, quando suas esposas usarão vestidos de seda e sapatos de salto. Não haverá mais ricos e pobres. Todos viverão bem.' A minha mãe usaria vestidos de seda, a minha irmãzinha usaria sapatos de salto. Eu iria estudar... Todas as pessoas passariam a viver como irmãos, todos seriam iguais. Como não passar a amar um sonho desses?! As pessoas pobres e necessitadas acreditaram nos bolcheviques. A juventude seguiu os bolcheviques. Nós andávamos pelas ruas gritando: 'Abaixo os sinos! Façamos tratores!'. De Deus só sabíamos uma coisa: que Deus não existia. Ríamos dos padres, quebrávamos os ícones em casa. Em vez de procissões, manifestações com bandeiras vermelhas... (*Para.*) Mas será que eu já contei isso? É a escle-

---

* Em russo, *liubliú* é a primeira pessoa do singular do verbo *liubit*, "amar".
** Iskra é, literalmente, "fagulha" ou "centelha": nome do periódico fundado por Lênin em 1900, extinto em 1905 e retomado em 1917.
*** Plural de *lápot*, tradicionais alpargatas rústicas feitas de entrecasca de árvore. Muito usadas pelos camponeses russos antes da revolução.

rose... Sou velho... faz tempo... Pois é... O marxismo virou a nossa religião. Eu era feliz por viver na mesma época que o Lênin. Nós nos reuníamos e cantávamos a *Internacional*. Com quinze ou dezesseis anos, já era do Komsomol. Já era comunista. Um soldado da revolução. (*Silêncio.*) Não tenho medo da morte... na minha idade... Só acho desagradável... Acho desagradável por um motivo: alguém vai ter que cuidar do meu corpo. Todo aquele rebuliço com o corpo... Uma vez eu dei uma passada na igreja. Conheci o pároco. O pároco disse: 'Tem que se confessar'. Sou velho... Agora, se Deus existe ou não, logo eu vou saber. (*Risos.*)

Estávamos quase morrendo de fome, quase sem roupas... Mas tínhamos os sábados comunistas durante o ano todo, até no inverno. No frio! A minha esposa tinha um casaquinho leve, ela estava grávida. Estávamos na estação carregando carvão, lenha, levando carrinhos de mão. Uma moça desconhecida, que estava trabalhando do nosso lado, perguntou para a minha esposa: 'Você está com esse casaquinho de verão. Não tem um mais quente?'. 'Não.' 'Sabe, eu tenho dois. Eu tinha um casaco bom, e recebi um novo da Cruz Vermelha. Me dê seu endereço, de noite eu levo pra você.' De noite ela trouxe o casaco para nós, mas não o casaco velho, e sim o novo. Ela não nos conhecia, mas era suficiente o fato de que nós éramos membros do Partido, e ela era membro do Partido. Éramos como irmãos e irmãs. No nosso prédio, morava uma menina cega, cega desde a infância, e ela chorava se não fosse levada para os sábados comunistas. Ela nem podia ajudar muito, mas podia cantar as canções conosco. Canções revolucionárias!

Os meus camaradas... estão debaixo de uma lápide de pedra... Na pedra esculpiram: 'membro do Partido dos Bolcheviques desde 1920'... 'desde 1924'... 'desde 1927'... Mesmo depois da morte era importante: qual é a sua crença? Os do Partido eram enterrados separadamente, o caixão era revestido com tecido vermelho. Eu me lembro do dia da morte do Lênin... Como? O Lênin morreu? Não pode ser! Ele, afinal, é um santo... (*Pede para o neto, e este tira de uma prateleira e me mostra pequenos bustos de Lênin. De bronze, ferro fundido, porcelana.*) Fiz uma coleção. Ganhei todos de presente. Mas ontem... Falaram no rádio: serraram de madrugada o braço do monumento ao Lênin que fica no centro da cidade. Para vender como sucata... Por uns copeques. Era um ícone. Um deus! Agora é um monte de metal. Vendem e compram por quilo... E eu ainda estou vivo... O comunismo foi amaldiçoado! O socialismo virou uma velharia! As pessoas me falam: 'Mas quem hoje em dia leva a sério o marxismo? O lugar dele é nos livros de história'. Mas quem de vocês pode dizer que leu o Lênin tardio? Que conhece todo o Marx? Tem o Marx jovem... e o Marx do fim da vida... O que as pessoas hoje xingam como sendo socialismo não tem relação alguma com o ideal socialista. O ideal não tem culpa. (*Por causa da tosse, a fala de novo fica incompreensível.*) As pessoas perderam sua história... ficaram sem uma crença... Você pode perguntar sobre qualquer coisa: as pessoas têm um vazio nos olhos. Os chefes aprenderam a fazer o sinal da cruz, e seguram a vela com a mão direita, como um copo de vodca. Trouxeram de volta a águia bicéfala, cheirando a naftalina... os estandartes com ícones... (*De repente fala de modo completamente nítido.*) Meu último desejo: escreva a verdade. Mas a minha verdade... não a sua. Para que fique a minha voz...

(*Mostra suas fotografias. Às vezes faz alguns comentários.*)

... Fui levado até o comandante. 'Quantos anos você tem?', perguntou o comandante. 'Dezessete', eu menti. Eu tinha dezesseis incompletos. E assim eu entrei para o Exército Vermelho. Lá nos entregaram grevas e estrelinhas vermelhas para colocar no chapéu. Não tinha *budiónovkas*,* mas entregaram estrelinhas ver-

---

* Chapéu usado pelo Exército Vermelho durante a Guerra Civil. O nome era uma homenagem ao general Semion Mikháilovitch Budiónny (1883-1973).

melhas. Que Exército Vermelho seria esse se não tivesse estrelinhas vermelhas? Deram fuzis. E nós nos sentimos defensores da revolução. Ao redor, era só fome, epidemias. O tifo reincidente... febre tifoide... tifo exantemático... Mas nós éramos felizes...

... Alguém tinha arrastado um piano para fora de uma casa senhorial destruída... Estava no jardim, pegando chuva. Os pastores traziam as vacas para perto e ficavam tocando nele com seus bastões. Puseram fogo na propriedade por bebedeira. Pilharam. E quem daqueles mujiques precisava de um piano?

... Explodimos uma igreja... Até hoje consigo ouvir o grito das velhinhas: 'Filhinhos, não façam isso!'. Imploravam. Agarravam nossas pernas. A igreja tinha ficado de pé durante duzentos anos. Um lugar consagrado, como dizem. No lugar da igreja, construíram um banheiro público municipal. Colocaram os padres para arrumar lá. Limpar merda. Agora... é claro... agora eu entendo... Mas na época... achei divertido...

... Os nossos camaradas estavam caídos no campo... Na testa e no peito deles retalharam estrelas. Estrelas vermelhas. Tinham aberto a barriga deles e colocado terra lá dentro: 'Querem terra? Então tomem terra!'. Nosso sentimento era: morte ou vitória! Nós até podíamos morrer, mas saberíamos por que estávamos morrendo.

... Junto ao rio vimos oficiais brancos perfurados por baionetas. 'Suas excelências' estavam lá, escurecendo ao sol. Da barriga saíam dragonas... tinham cravado as dragonas nas barrigas... Não fiquei com dó! Vi tantas pessoas mortas quanto vi pessoas vivas...

— Hoje em dia dá dó de todos: tanto dos 'brancos' como dos 'vermelhos'. Eu tenho dó.

— Você tem dó... Tem dó? (*Fiquei com a impressão de que nossa conversa poderia ter terminado por aí.*) Pois é... claro... 'Valores humanos'... 'humanismo abstrato'... Eu vejo televisão, leio os jornais. Mas para nós piedade era uma palavra que os padres diziam. Matem a escória branca! Avante pela ordem revolucionária! O lema dos primeiros anos da revolução: conduziremos com mão de ferro a humanidade em direção à felicidade! Uma vez que o Partido disse, eu acredito no Partido! Acredito.

... A cidade de Orsk, perto de Orenburg. Dia e noite partiam trens de carga com as famílias do *kulaks*. Para a Sibéria. Nós estávamos de guarda na estação. Abri um dos vagões: em um canto tinha um homem seminu, pendurado num cinto. Uma mãe balançava nos braços uma criança pequena, e um menino um pouco mais velho estava sentado ao lado dela. Comia a própria merda com as mãos, como se fosse mingau. 'Feche isso!', gritou o comissário para mim. 'São *kulaks* miseráveis! Eles não servem para a nova vida!' O futuro... ele deveria ser belo... Seria belo depois... E eu acreditava nisso! (*Quase gritando*.) Nós acreditávamos numa vida que seria bela. Utopia... era uma utopia... E vocês? A utopia de vocês é o mercado. O paraíso do mercado. O mercado fará todo mundo ser feliz! É uma quimera! Na rua só vejo esses gângsteres de paletó violeta, com correntes de ouro que vão até a pança. É um capitalismo caricato, como naqueles desenhos da revista soviética *Crocodilo*. Uma paródia! Em vez da ditadura do proletariado, a lei da selva: devore aquele que é mais fraco que você, mas abaixe a cabeça para o mais forte. A lei mais antiga do mundo... (*Tem um acesso de tosse. Para de falar para tomar ar.*) Meu filho usava a *budiónovka* com a estrela vermelha... Durante a infância esse era o melhor presente de aniversário para ele. Faz tempo que eu não vou a loja nenhuma. Eles ainda vendem as *budiónovkas*? As pessoas usaram durante muito tempo. Na época do Khruschóv ainda usavam. Como é a moda agora? (*Tenta sorrir.*) Fiquei para trás... é claro... Já sou antigo... Meu único filho... morreu... Vivo com minha nora e meus netos. Meu filho era historiador, um comunista convicto. Mas os netos? (*Em tom de zomba-*

ria.) Os netos leem o Dalai Lama. Em vez do *Capital*, eles têm o *Mahabharata*. Cabala... Agora cada um acredita numa coisa diferente. Pois é... agora é assim... O ser humano sempre quer acreditar em alguma coisa. Em Deus ou no progresso tecnológico. Na química, nos polímeros, numa inteligência cósmica. Agora é no mercado. Mas aí suponhamos que as pessoas se fartem disso, o que vai vir depois? Eu entro no quarto dos meus netos, lá é tudo esquisito: as camisas, os jeans, os livros, a música, nem a pasta de dente é como a nossa. Nas prateleiras tem latas vazias de Pepsi, de Coca-Cola... São uns selvagens! Vão ao supermercado como se fossem a um museu. Comemoram o aniversário no McDonald's, que legal! 'Vovô, nós comemos na Pizza Hut!' É a Meca deles! Perguntam para mim: 'Você acreditava mesmo no comunismo? E por que não em alienígenas?'. Meu sonho era: paz para as casas simples, guerra para os palácios; mas esses aí querem virar milionários. Os amigos deles vêm aqui. Eu fico ouvindo as conversas: 'Prefiro viver em um país fraco, mas com iogurte e cerveja boa', 'O comunismo é um rebotalho!', 'O caminho da Rússia é a monarquia. Deus salve o tsar!'. Tocam umas músicas: 'Tudo será lindo, tenente Golítsyn./ Por tudo que fizeram os comissários vão ter tudo que merecem...'.* Mas eu estou vivo... ainda estou aqui... De fato... Eu ainda não enlouqueci... (*Olha para o neto. Este permanece em silêncio.*) Nos mercados tem um monte de *kolbassá*, mas pessoas felizes não tem. Eu não vejo pessoas com brilho nos olhos."

Das piadas contadas pelo neto:
"Uma sessão espírita. Um professor e um velho bolchevique estão conversando. O professor diz: 'Desde o início um erro foi inserido na ideia do comunismo. Você se lembra da canção: Voa adiante, locomotiva nossa,/ A próxima parada é na comuna...?'.

---

* Canção laudatória aos exércitos brancos, de autor desconhecido. Tornou-se muito popular na União Soviética nos anos 1980.

O velho bolchevique diz: 'É claro que eu me lembro. Mas qual é o erro?'. O professor: 'As locomotivas não voam'."

"Primeiro prenderam a minha mulher... Foi ao teatro e não voltou para casa. Quando eu voltei do trabalho, meu filho estava dormindo com o gato num tapetinho no saguão de entrada. Esperou a mãe, esperou, e pegou no sono. Minha esposa trabalhava numa fábrica de sapatos. Engenheira diplomada. 'Tem alguma coisa estranha acontecendo', ela disse. 'Prenderam todos os meus amigos. Tem alguma traição...' 'Mas você e eu não somos culpados de nada, não vão nos prender.' Eu tinha certeza disso... Certeza absoluta... sinceramente! Primeiro eu fui leninista, depois stalinista. Até 1937 eu fui stalinista. Acreditava em tudo que o Stálin falava e fazia. É... o grandioso... o genial... guia de todos os tempos e povos. Até quando o Bukhárin, o Tukhatchévski, o Bliúkher foram declarados inimigos do povo, eu acreditei nele. Era um pensamento salvador... estúpido... Eu pensava assim: o Stálin está sendo enganado, os traidores chegaram até o topo. O partido vai dar um jeito. E aí prenderam minha esposa, uma combatente fiel e leal ao Partido.

Três dias depois, vieram atrás de mim... A primeira coisa que fizeram foi farejar dentro do forno: para ver se não tinha cheiro de fumaça, se eu não tinha queimado alguma coisa. Eram três. Uma ia andando e recolhendo coisas: 'Você não vai mais precisar disso'. Pegou um relógio de parede. Fiquei surpreso... eu não esperava... E ao mesmo tempo havia algo de humano naquilo, que me dava esperança. Essas baixezas humanas... É-é-é... Queria dizer que aquelas pessoas tinham sentimentos... A busca foi das duas da madrugada até de manhã. Em casa tinha muitos e muitos livros, e eles folhearam cada um deles. Tatearam as roupas. Furaram os travesseiros... Tive tempo de sobra para pensar. Ficava tentando lembrar... com todas as forças... Já estavam acontecendo prisões em massa. Todo dia levavam alguém. Uma situação bem terrível. Levavam uma pessoa, todos ao redor ficavam em silêncio. Era inútil fazer perguntas. No primeiro interrogatório, o investigador me explicou: 'Você já é culpado por não ter denunciado a sua esposa'. Mas isso já foi na cadeia... Na época eu fiquei repassando tudo na memória. Tudo... Só me lembrei de uma coisa... Eu me lembrei da última conferência municipal do Partido... Leram a saudação ao camarada Stálin, e o salão inteiro se levantou. Uma grande salva de palmas: 'Glória ao camarada Stálin, organizador e inspirador de nossas vitórias!', 'Glória a Stálin!', 'Glória ao líder!'. Quinze minutos... Meia hora... Todos se viravam uns para os outros, mas ninguém se sentava primeiro. Todos continuavam de pé. Por algum motivo, eu me sentei. Automaticamente. Dois homens à paisana se aproximaram de mim: 'Camarada, por que está sentado?'. Eu dei um pulo! Dei um pulo, como se tivessem me escaldado. Na hora do intervalo, fiquei o tempo todo olhando para os lados. Fiquei esperando que logo viria alguém me prender... (*Pausa.*)

De manhã, a busca terminou. Deram a ordem: 'Recolha suas coisas'. A babá acordou meu filho... Antes de sair, eu ainda tive tempo de sussurrar para ele: 'Não conte para ninguém sobre o papai e a mamãe'. Assim ele sobreviveu. (*Move o gravador para perto de si.*) Anote, ainda vivo... 'A.v.'... eu escrevo nos cartões de felicitação. É bem verdade que eu nem tenho mais para quem mandar... Sempre me perguntam: 'Por que ninguém falava nada?'. 'Na época era assim.' Eu achava que a culpa era dos traidores — Iagoda, Iejov —, não do Partido. Depois de cinquenta anos é fácil julgar. Dar risada... dos velhos idiotas... Naquela época eu andava lado a lado com todos, mas agora não sobrou ninguém deles...

... Passei um mês na solitária. Era como um caixão de pedra, mais largo na parte da cabeça e mais estreito na parte das pernas.

Amestrei um corvo que ficava na janela, dava cevadinha da minha sopa para ele comer. Desde aquela época o corvo é a minha ave favorita. Na guerra... O combate tinha terminado. Silêncio. Recolhiam os feridos, ficavam só os mortos. Não tinha nenhum outro pássaro, só o corvo voando.

... Depois de duas semanas me levaram para interrogatório. Perguntaram se eu sabia que a minha esposa tinha uma irmã no exterior. 'A minha esposa é uma comunista leal.' Na mesa do investigador, estava a denúncia, assinada — eu não acreditei! — pelo nosso vizinho. Reconheci a letra. A assinatura. Eu poderia dizer que ele tinha sido meu camarada desde a Guerra Civil... Era um militar... de alta patente... Era até um pouco apaixonado pela minha esposa, eu tinha ciúme. Pois é... tinha ciúme... Eu amava muito minha esposa... minha primeira esposa... O investigador recontou detalhadamente todas as nossas conversas. Eu entendi que não tinha me enganado... sim, tinha sido o vizinho... todas aquelas conversas tinham sido na presença dele... A história da minha esposa era a seguinte: ela vinha dos arredores de Minsk. Era bielorrussa. Depois da Paz de Brest, uma parte das terras bielorrussas passou para a Polônia. Os pais dela ficaram lá. E a irmã. Os pais logo morreram, e a irmã escreveu para nós: 'Prefiro ir para a Sibéria a ficar na Polônia'. Ela queria viver na União Soviética. Naquela época o comunismo era popular na Europa. No mundo todo. Muitos acreditavam nele. Não só pessoas simples, mas também a elite europeia. Escritores: Aragon, Barbusse... A Revolução de Outubro era 'o ópio dos intelectuais'. Li em algum lugar... agora eu leio muito. (*Pausa para tomar ar.*) Minha esposa era uma 'inimiga'... Quer dizer que era caso de 'atividade contrarrevolucionária'... Queriam fabricar uma 'organização'... um 'grupo terrorista clandestino'... 'Com quem sua esposa se encontrou? Para quem ela entregou os planos?' Que planos?! Neguei tudo. Me bateram. Me chutaram. Era tudo gente nossa. Eu tinha uma carteirinha do Partido, eles também tinham uma carteirinha do Partido. E a minha esposa também tinha uma carteirinha do Partido.

... A cela comum... Era uma cela com cinquenta pessoas. Levavam para fazer as necessidades duas vezes ao dia. E no resto do tempo? Como explicar para uma dama? Na entrada ficava um balde enorme... (*Com raiva.*) Tente sentar e cagar na frente de todo mundo! Davam arenque para comer, mas sem água. Cinquenta pessoas... Espiões japoneses... ingleses... Um velhinho do campo, analfabeto... Tinha sido preso por um incêndio numa estrebaria. Tinha um estudante preso por causa de uma piada... Na parede, ficava pendurado um retrato do Stálin. O conferencista lia um texto sobre o Stálin. O coro cantava uma canção sobre o Stálin. Um artista declamava uma poesia sobre o Stálin. O que era aquilo? Uma festa em homenagem ao centenário da morte de Púchkin. (*Eu rio, mas ele não ri.*) O estudante recebeu dez anos no campo de trabalho sem direito a correspondência. Tinha um motorista preso por ser parecido com o Stálin. E era parecido mesmo. O gerente de uma lavanderia, um barbeiro que não era do Partido, um lapidário... A maioria eram pessoas simples. Mas tinha também um intelectual, um folclorista. De madrugada ele contava contos de fada para nós... contos infantis... E todos ouviam. Quem delatou o folclorista foi a própria mãe. Uma velha bolchevique. Só uma vez ela mandou cigarros para ele antes de um comboio de presos. É-é-é... Estava preso um velho sr,* que estava descaradamente alegre: 'Como estou feliz por vocês comunistas também estarem aqui presos sem entender nada, como eu'. Um contrinha! Eu achava que o poder soviético não existia mais. E que o Stálin também não existia."

---

* Sigla do Partido Socialista Revolucionário, que teve papel decisivo na queda do tsarismo, mas foi sistematicamente destruído pelos bolcheviques logo depois da Revolução de Outubro, e teve muitos de seus membros executados ou deportados.

Das piadas contadas pelo neto:
"Uma estação ferroviária… Centenas de pessoas. Um homem de casaco de couro procurando desesperadamente por alguém. Encontra! Chega perto de um outro homem de casaco de couro: 'Camarada, você é do Partido ou é sem Partido?'. 'Do Partido.' 'Então pode me dizer onde fica o toalete?'"

"Levavam tudo: cinto, cachecol, arrancaram até os cadarços das botas, mas mesmo assim dava para se matar. Esse pensamento vinha à mente. Pois é… vinha… Se enforcar com as calças ou com o elástico da cueca. Eles batiam na barriga com um saco de areia. Saía tudo de dentro de mim, como se eu fosse um verme. Penduravam com uns ganchos. Uma coisa medieval! As coisas começam a verter de dentro de você, você não controla mais o seu organismo. Verte de tudo quanto é lugar… Suportar essa dor… É uma vergonha! É mais fácil morrer… (*Pausa para tomar ar.*) Na cadeia, encontrei meu velho camarada… Nikolai Verkhóvtsev, membro do Partido desde 1924. Ele dava aulas no curso de preparação para trabalhadores. Eram todos conhecidos… de um círculo íntimo… Alguém lia em voz alta o *Pravda*, e lá tinha a seguinte informação: no escritório do Comitê Central, estava sendo debatida a questão da fecundação das éguas. Ali ele pegou e brincou, perguntando se o Comitê Central não tinha coisa melhor para cuidar do que a fecundação das éguas. Ele falou isso à tarde, e de madrugada já foi preso. Prenderam os dedos da mão dele com uma porta, quebraram os dedos, como se fossem lápis. Deixaram durante dias com uma máscara antigás. (*Silêncio.*) É difícil contar isso hoje… No geral, é uma barbaridade. É uma humilhação. Você é um pedaço de carne… fica deitado na urina… O Verkhóvtsev caiu com um investigador sádico. Nem todos eles eram sádicos… De cima estipulavam um limite, uma cota de inimigos, mensal e anual. Eles se revezavam, bebiam chá, ligavam para casa, flertavam com as enfermeiras que eram chamadas quando uma pessoa perdia a consciência por causa da tortura. Eles tinham plantão... turnos... E você com a vida de cabeça para baixo. As coisas eram assim... O investigador que conduziu meu processo tinha sido antes diretor de uma escola; ele tentava me convencer: 'Você é um sujeito ingênuo. Vamos dar uma em você e escrever na ata: durante tentativa de fuga. Você sabe o que o Górki dizia: se o inimigo não se rende, tem que ser destruído'. 'Eu não sou inimigo.' 'Compreenda: nós só não temos medo do homem arrependido e arruinado.' Eu e ele debatemos esse tema... O segundo investigador era um oficial de carreira. Dava a impressão de que ele tinha preguiça de preencher todos aqueles papéis. Ele ficava o tempo todo escrevendo alguma coisa. Uma vez ele me deu um cigarro. As pessoas passavam muito tempo ali. Meses. Entre carrasco e vítima surgia certa relação humana... bom, talvez não dê para chamar de humana, mas mesmo assim alguma relação. Mas uma coisa não excluía a outra... 'Assine.' Li o protocolo. 'Eu não disse isso.' Me bateram. Bateram com vontade. Depois eles mesmos foram todos fuzilados. Mandados para os campos.

Foi de manhã... A cela se abriu. A ordem: 'Para a saída!'. Eu estava só de camisa. Quis me vestir. 'Não!' Fui levado para uma espécie de porão... Lá já estava à espera um investigador com um papel: 'Assine. Sim ou não?'. Eu me recusei. 'Então para o paredão!' Pá! Atiraram acima da cabeça... 'E aí, vai assinar?' Pá! E isso três vezes. Fui levado de volta, por uns labirintos... no fim, parece que tem muitos labirintos na cadeia! Eu não suspeitava. Levavam o preso de maneira que ele não conseguisse ver nada. E não reconhecesse ninguém. Se alguém viesse na sua direção, o soldado de escolta dava a ordem: 'Coloque a fuça na parede!'. Mas eu já era experiente. Eu conseguia espiar. Foi assim que eu encontrei meu chefe do curso para comandantes vermelhos. E meu antigo professor da escola do Partido... (*Silêncio.*) Com o Verkhóvtsev dava

234

para ser franco: 'Criminosos! Vão arruinar o poder soviético. Mas vão responder por isso'. Algumas vezes ele foi interrogado por uma investigadora, por uma mulher: 'Quando me torturam, ela fica bonita. Você entende? Aí ela fica bonita'. Era um homem impressionável. Foi dele que eu fiquei sabendo que o Stálin escrevia poesia na juventude... (*Com os olhos fechados.*) Agora às vezes eu acordo suando frio: eu também poderia ter sido encaminhado para trabalhar no NKVD. E eu teria ido. Eu tinha uma carteirinha do Partido no bolso. Uma cadernetinha vermelha.

(*Alguém bate à porta. Chega a enfermeira. Ela mede a pressão. Dá uma injeção. Durante todo esse tempo, a conversa continua, ainda que entrecortada.*)

... Eu outro dia estava pensando: o socialismo não resolve o problema da morte. Da velhice. Do sentido metafísico da vida. Passa ao largo. Só a religião tem respostas para isso. É-é-é... Em 1937, uma conversa dessas me renderia...

... Já leu o livro *O homem anfíbio* do Aleksandr Beliáiev? Nele, um cientista genial quer fazer seu filho feliz e o transforma em um homem anfíbio. Mas o filho logo fica melancólico sozinho no oceano. Ele quer ser como todos: viver na terra, apaixonar-se por uma moça comum. Mas isso não é mais possível. E ele morre. E o pai pensava ter conseguido penetrar no mistério... Que era um deus! Ali estava a resposta a todos os grandes utopistas!

... A ideia era maravilhosa! Mas o que você vai fazer com o ser humano? O ser humano não mudou desde os tempos da Roma Antiga...

(*A enfermeira vai embora. Ele fica de olhos fechados.*)

Espere um pouco... de qualquer maneira eu vou concluir... Ainda tenho forças para mais uma hora. Vamos continuar... Fiquei na cadeia por um pouco menos de um ano. Já estava pronto para o julgamento. Para ser transferido. Fiquei surpreso: por que é que eles estão demorando. No meu entendimento, eles não tinham lógica nenhuma. Milhares de processos... Um caos... Depois de um ano, um novo investigador me convocou. Meu caso seria reexaminado. E então me liberaram, retiraram todas as acusações. Quer dizer que tinha sido um erro. O Partido acreditava em mim! Stálin era o grande diretor... Foi bem nessa época que ele removeu o 'anão sanguinário', o Comissário do Povo Iejov. Foi julgado. Fuzilado. Começaram as reabilitações. O povo respirou: a verdade tinha chegado até Stálin... Mas aquilo não passava de um descanso antes de um novo derramamento de sangue... Era um jogo! Mas todos acreditaram. Eu também acreditei. Quando eu me despedi do Verkhóvtsev... ele me mostrou seus dedos quebrados: 'E eu já estou aqui há dezenove meses e sete dias. Ninguém vai me deixar sair daqui. Têm medo'. Nikolai Verkhóvtsev... membro do Partido desde 1924... fuzilado em 1941, quando os alemães se aproximavam da cidade. Os NKVD fuzilaram todos os presos que eles não conseguiram evacuar. Soltaram os bandidos, os presos comuns, mas todos os 'políticos' foram liquidados como traidores. Os alemães entraram na cidade e abriram os portões da cadeia: lá tinha uma montanha de cadáveres. Até os cadáveres começarem a se decompor, eles obrigaram os moradores da cidade a entrar na cadeia e ver o que era o poder soviético.

Encontrei meu filho com pessoas estranhas, a babá tinha levado ele para o campo. Ele gaguejava, tinha medo do escuro. Começamos a morar juntos, nós dois. Eu consegui obter algumas informações sobre minha esposa. E ao mesmo tempo minha reintegração ao Partido. Para devolverem minha carteirinha do Partido. No Ano-Novo... Em casa tinha um vistoso pinheirinho. Eu e meu filho esperávamos os convidados. Alguém tocou a campainha. Abri. Na soleira, estava uma mulher malvestida: 'Vim dizer que sua esposa mandou lembrança'. 'Está viva!' 'Estava viva um ano atrás. Eu trabalhei com ela por um tempo num chiqueiro. Nós roubávamos batata congelada dos porcos, e graças a isso não empacotamos. Se ela está viva agora, já não sei.' Foi embora depressa. Eu nem tentei detê-la... os convidados estavam para chegar... (*Silêncio.*) O relógio bateu. Abrimos a champanhe. O primeiro brinde foi 'A Stálin!'. Pois é...

O ano de 1941...

Todos estavam chorando... E eu berrava de alegria: a guerra! Vou para a guerra! Pelo menos isso vão me permitir. Vão mandar. Comecei a pedir para ir ao front. Durante muito tempo não quiseram me levar. O comissário de guerra era um conhecido: 'Não posso. Tenho aqui nas mãos uma determinação, 'não aceitar inimigos''. 'Mas quem é inimigo? Eu sou inimigo?!' 'Sua esposa está cumprindo pena em campo de trabalho pelo artigo 58: atividade contrarrevolucionária.' Kíev caiu... A luta em Stalingrado... Eu invejava qualquer pessoa de uniforme militar: ele estava defendendo a pátria! Tinha moças indo para o front... E eu? Escrevi uma carta para o comitê distrital do Partido: me fuzilem ou me deixem ir para o front! Dois dias depois me enviaram uma notificação: em 24 horas comparecer ao ponto de concentração. A guerra era a salvação... a única chance de ter de volta um nome honrado. Fiquei muito contente.

... Eu me lembro bem da revolução. Mas depois, me desculpe, já fica pior. Até a guerra eu já lembro menos, embora no tempo ela esteja mais próxima. Lembro que nada mudou. Só a nossa arma no fim da guerra era diferente: não eram sabres curvos e fuzis, mas as *katiúchas*.* E a vida de soldado? Assim como antes, nós poderíamos passar anos comendo sopa de cevadinha e mingau de painço, passar meses vestindo a mesma roupa de baixo

---

* Apelido de uma série de lançadores de foguetes desenvolvidos ao longo da Segunda Guerra Mundial.

suja. Sem tomar banho. Dormir direto no chão. Mas se não fôssemos assim, como poderíamos vencer?

… Fomos para o combate… Metralhadoras atirando contra nós! Todos deitados no chão. E ainda por cima um morteiro disparou, fazendo as pessoas em pedaços. Do meu lado caiu o comissário: 'Por que está aí deitado, contra? Adiante! Encho você de bala!'.

… Nos arredores de Kursk, reencontrei meu investigador. O ex-diretor de escola… Eu tinha um só pensamento: 'Ah, agora você está nas minhas mãos, seu canalha. Durante o combate, mato você na surdina'. Foi… Pois é… Eu quis. Não consegui. Eu e ele até conversamos uma vez. 'Temos a mesma pátria', foram as palavras dele. Era um homem corajoso. Heroico. Morreu nos arredores de Königsberg. O que dizer… Posso dizer… eu pensei que Deus tivesse cumprido a minha tarefa… Não vou mentir…

Voltei para casa após ser ferido duas vezes. Com três condecorações e medalhas. Fui convocado no diretório distrital do Partido: 'Infelizmente, não podemos restituir a sua esposa. A sua esposa faleceu. Mas sua honra podemos restituir…'. Eles me devolveram a carteirinha do Partido. E eu fiquei feliz! Fiquei feliz…

(*Digo a ele que nunca conseguirei entender isso. Ele explode.*)

Não podem nos julgar pelas leis da lógica. Um bando de contadores! Pois você vai entender! Só podem nos julgar pelas leis da religião. Da fé! Vocês ainda vão nos invejar! O que vocês têm de grandioso? Não têm nada. Só o conforto. Tudo para o estômago… para o duodeno… Encher a pança e rodear-se de brinquedinhos… Mas eu… a minha geração… Tudo que vocês têm fomos nós que construímos. As fábricas, as represas… as hidrelétricas… E as suas coisas? E nós vencemos o Hitler… Depois da guerra… Nascia o bebê de alguém, era uma alegria! Uma alegria que não era aquela de antes da guerra. Diferente. Eu poderia até chorar… (*Fecha os olhos. Cansado.*) A-a-ah… Nós acreditávamos... Mas agora pronunciaram a nossa sentença: vocês acreditavam numa utopia... Acreditávamos! Meu romance favorito, *O que fazer?*, de Tchernychévski... Agora ninguém mais lê. Acham chato. Leem só o título, a eterna questão russa: o que fazer? Para nós era a catequese. Um manual da revolução. Decorávamos páginas inteiras. O quarto sonho de Vera Pávlovna... (*Declama como se fosse poesia.*) 'Casas de cristal e alumínio... Palácios de cristal! Jardins de limoeiros e laranjeiras no meio das cidades. Quase não há velhos, as pessoas envelhecem muito tarde, porque a vida é bela. Tudo é feito pelas máquinas, as pessoas só andam e guiam as máquinas... As máquinas ceifam, amarram... Os campos são fartos e abundantes. As flores são como árvores. Todos são felizes. Alegres. Usam belas roupas, homens e mulheres. Levam uma vida livre, de trabalho e prazer. Há muito espaço para todos, trabalho suficiente. Será que somos nós? Será que é a nossa Terra? E todos viverão assim? O futuro é brilhante e belo...' Aí... (*Aponta na direção do neto.*) Fica rindo... Para ele eu sou um bobinho. E assim vivemos.

— Dostoiévski tem uma resposta a Tchernychévski: 'Construam, construam o seu palácio de cristal, que eu vou pegar uma pedra e tacar nele... E não é porque estou com fome e vivo num porão, mas por fazer; por meu arbítrio...'.

— (*Encolerizado.*) Vocês acham mesmo que o comunismo, essa infecção, como escrevem nos jornais de hoje, foi trazido até nós vindo da Alemanha num vagão blindado? Que bobagem é essa! O povo se levantou. Não existiu essa 'era de ouro' na época do tsar que agora de repente lembraram. Isso é conto de fada! E tem o fato de que alimentamos a América, de que decidimos o destino da Europa. O soldado russo morreu por todos, essa é a verdade. Mas nós vivíamos... Na nossa família tinha um par de galochas para cinco crianças. Comíamos batata com pão, e no inverno era sem pão. Só batata... E vocês ainda perguntam: de onde é que surgiram os comunistas?

Eu me lembro de tanta coisa… Mas para quê? Para quê, hein? O que é que eu posso fazer com isso agora? Nós amávamos o futuro. As pessoas do futuro. Discutíamos sobre quando chegaria esse futuro. Em cem anos, com certeza. Mas isso parecia muito longe para nós… (*Pausa para respirar.*)

Eu desligo o gravador.

Sem gravador… Que bom… Eu preciso contar isto para alguém…

Eu tinha quinze anos. Os soldados vermelhos chegaram na nossa aldeia. Montados. Bêbados. Era o destacamento de aprovisionamento. Dormiram o dia inteiro e à noite reuniram todos os membros do Komsomol. O comandante discursou: 'O Exército Vermelho está faminto. Lênin está faminto. E os *kulaks* escondem o trigo. Colocam fogo'. Eu sabia que o irmão da minha mãe… o tio Semion… tinha levado para a floresta uns sacos de grão e enterrado. Eu era do Komsomol. Tinha feito o juramento. De madrugada, fui até o destacamento e levei todos eles até aquele lugar. Eles encheram um carro inteiro. O comandante apertou a minha mão: 'Cresça depressa, irmão'. De manhã, eu acordei com os gritos da minha mãe: 'A casa do Semion está pegando fogo!'. O tio Semion foi encontrado na floresta… ele foi feito em pedaços pelos sabres dos soldados vermelhos… Eu tinha quinze anos. O Exército Vermelho está faminto… Lênin… Tinha medo de sair na rua. Fiquei em casa, chorando. Minha mãe adivinhou tudo. De madrugada, ela colocou uma trouxinha nas minhas mãos: 'Vá embora, filhinho! Que Deus perdoe você, seu infeliz'. (*Cobre os olhos com a mão. Mas eu mesmo assim vejo que ele está chorando.*)

Quero morrer como comunista. É meu último desejo…"

Nos anos 1990, publiquei apenas uma parte dessa confissão. Meu protagonista entregou o relato para alguém ler, pediu conselhos a alguém, e a pessoa garantiu a ele que a publicação na íntegra "lan-

çaria uma sombra sobre o Partido". E isso era o que ele mais temia. Depois de sua morte, encontraram o testamento: seu enorme apartamento de três quartos no centro da cidade não foi deixado para seus netos, mas "para uso do querido Partido Comunista, a quem devo tudo". Até escreveram sobre isso no jornal noturno da cidade. Esse ato já era incompreensível. Todos riram daquele velhinho louco. E ninguém colocou um monumento em seu túmulo.

Agora decidi publicar o relato integralmente. Tudo isso já pertence mais ao tempo que a uma só pessoa.

SOBRE A CRUELDADE DA CHAMA E SOBRE A SALVAÇÃO NAS ALTURAS

Timerian Zinátov, veterano de guerra, 77 anos

RETIRADO DE JORNAIS COMUNISTAS

"Timerian Khabúlovitch Zinátov foi um dos heroicos defensores da fortaleza de Brest, a primeira a sofrer o golpe das tropas hitleristas na manhã de 22 de junho de 1941.

Era de nacionalidade tártara. Antes da guerra, foi aluno da escola dos fuzileiros (42° batalhão da 44ª divisão de fuzileiros). Foi ferido nos primeiros dias da defesa da fortaleza. Foi feito prisioneiro. Tentou duas vezes fugir de um campo de concentração alemão, na segunda vez com êxito. Terminou a guerra no Exército regular, assim como começou: como soldado raso. Pela defesa da fortaleza de Brest, foi condecorado com o 2° grau da Ordem da Guerra Patriótica. Depois da guerra, percorreu todo o país, trabalhou nas construções do Extremo Norte, participou da construção da ferrovia Baikal-Amur e, quando se aposentou, continuou a viver na Sibéria. Em Ust-Kut.

Embora a distância entre Ust-Kut e Brest seja de milhares de quilômetros, Timerian Zinátov visitava todos os anos a fortaleza de Brest e presenteava os funcionários do museu com um bolo. Todos o conheciam. Por que ele ia tanto à fortaleza? Ele — assim como seus companheiros de batalhão, com quem ele se reencontrava por lá — só se sentia seguro na fortaleza. Ali, ninguém nunca duvidava de que eles tinham sido heróis verdadeiros, não inventados. Na fortaleza, ninguém ousava dizer na cara deles: 'Se vocês não tivessem vencido, nós agora estaríamos bebendo cerveja bávara. Viveríamos na Europa'. Ai de vocês, defensores da perestroika! Eles deveriam saber que, se os avós deles não tivessem vencido, nós teríamos nos tornado um país de arrumadeiras e guardadores de porcos. Hitler escreveu que as crianças eslavas deviam aprender a contar só até cem...

Na última vez em que Zinátov visitou Brest, em setembro de 1992, tudo correu como de costume: encontrou-se com os amigos veteranos do front, passeou pela fortaleza. Percebeu, é claro, que o fluxo de visitantes diminuiu sensivelmente. Chegou a época em que virou moda denegrir nosso passado soviético e seus heróis...

Era chegado o momento de partir... Na sexta-feira, ele se despediu de todos, disse que iria passar o fim de semana em casa. Ninguém poderia imaginar que desta vez ele tinha vindo para a fortaleza com o intuito de permanecer ali para sempre.

Quando os funcionários do museu vieram trabalhar na segunda-feira, receberam uma ligação da polícia ferroviária: o defensor da fortaleza de Brest, que tinha sobrevivido ali à carnificina de 1941, tinha se atirado debaixo de um trem...

Mais tarde, alguém se recordaria de um velhinho bem-arrumado, que ficou um bom tempo na plataforma, segurando uma malinha. Com ele, foram encontrados sete mil rublos, que ele tinha trazido de casa para custear o próprio funeral, e um bilhete suicida, em que praguejava contra o governo de Iéltsin e Gaidar, por terem criado toda essa forma de vida humilhante e miserável. E por terem traído a Grande Vitória. Pediu que o enterrassem na fortaleza."

TRECHO DO BILHETE SUICIDA

"Se eu tivesse morrido pelo ferimento naquela época, na guerra, eu saberia: tombei pela pátria. Mas agora é por conta dessa vida de cão. Que isso seja escrito em meu túmulo... Não me considerem louco...

Prefiro morrer de pé a pedir de joelhos por uma miserável ajuda financeira que vai estender minha velhice e fazer com que eu seja obrigado a esmolar até chegar ao túmulo! Assim, meus caros, não me julguem demais e coloquem-se em meu lugar. Deixei alguns recursos na esperança de que, se não forem roubados, bastem para o meu enterro... não é necessário um caixão... Já basta a roupa em que estou vestido, só não se esqueçam de colocar em meu bolso o certificado de defensor da fortaleza de Brest, para nossos descendentes. Nós fomos heróis, mas morreremos na miséria! Cuidem da saúde e não chorem por um tártaro que protesta em nome de todos: 'Eu morro, mas não me rendo. Adeus, ó pátria!'"

"Depois da guerra, nos subterrâneos da fortaleza de Brest, foi encontrada a seguinte inscrição, gravada na parede com uma baioneta: 'Eu morro, mas não me rendo. Adeus, ó pátria! 22/7/1941'. Por decisão do Comitê Central, essas linhas tornaram-se símbolo da coragem do povo soviético e de sua fidelidade à causa do PCUS. Os defensores da fortaleza de Brest ainda sobreviventes garantem que o autor dessa inscrição era o antigo aluno da escola dos fuzileiros, o tártaro sem partido Timerian Zinátov, mas que aos ideólogos comunistas era mais conveniente que ela pertencesse a um Soldado Desconhecido que tombara.

As despesas do funeral foram assumidas pelo governo da cidade de Brest. O herói foi enterrado por conta do artigo 'despesas de manutenção do patrimônio público'..."

PCFR. Visão sistêmica, ed. 5.

"Por que motivo o velho soldado Timerian Zinátov se atirou debaixo de um trem? Começarei de muito longe... Com a carta ao *Pravda* de Víktor Iákovlevitch Iákovlev, da *stanitsa* Leningrádskaia da região de Krasnodar. Participante da Grande Guerra Patriótica, defensor de Moscou em 1941 e participante do desfile em homenagem ao 55º aniversário da Vitória. Foi forçado a escrever para a redação por conta de uma grande ofensa...

Recentemente, ele e um amigo (ex-coronel e também veterano de guerra) foram a Moscou. Para essa ocasião, vestiram seus casacos e suas fitas com condecorações. Em um dia, ficaram cansados da cidade barulhenta e, quando chegaram à estação Leningradski, quiseram se sentar em algum lugar até a chegada do trem. Não havia lugares livres, então eles foram para um salão que estava vazio, onde havia um bufê e poltronas macias. A moça que servia as bebidas no salão veio imediatamente falar com eles e apontou com grosseria para a saída: 'Vocês não podem ficar aqui. Este aqui é o salão da classe executiva!'. A seguir, uma citação da carta: 'Num impulso, eu respondi para ela: 'Quer dizer que isso aqui é para ladrões e especuladores, mas nós não podemos ficar? Como era antes nos Estados Unidos: é proibida a entrada de negros e de cães'. O que mais eu podia dizer, estava tudo muito claro. Nós demos as costas e saímos. Mas eu tive tempo de perceber que alguns desses ditos homens de negócios — que são simplesmente uns vigaristas — estavam lá gargalhando, comendo, bebendo... Ninguém mais lembra que nós demos o sangue... Foi tudo roubado de nós por esses canalhas como Tchubais, Vekselberg,

Gref... O dinheiro, a honra. Tanto o passado, como o futuro. Tudo! E agora arrastam nossos netos para o Exército, para defender os bilhões deles. Mas eu queria perguntar: por que é que nós lutamos na guerra? Ficamos dentro de trincheiras, no outono com água até o joelho, no inverno com um frio de rachar, neve até o joelho, durante meses usando a mesma roupa e sem dormir que nem gente. Foi assim em Kalínin, em Iákhroma, em Moscou... Lá nós não éramos divididos entre ricos e pobres...'.

É claro que se pode dizer que o veterano não está certo: nem todos os homens de negócio são 'ladrões e especuladores'. Mas olhemos através dos olhos dele para o nosso país pós-comunista... Para a arrogância dos novos donos da vida, para sua repulsa pelas 'pessoas de ontem', das quais, como escrevem nas revistas de moda, sai um 'cheiro de pobreza'. De acordo com a opinião dos autores dessas publicações, tal é o cheiro das solenidades realizadas no Dia da Vitória em enormes salões, aonde os veteranos são convidados uma vez por ano e onde são proferidos, em sua honra, discursos elogiosos e hipócritas. Mas na realidade hoje em dia ninguém precisa deles. São ingênuos seus pensamentos de justiça. E sua fidelidade à forma soviética de viver...

No início de sua presidência, Iéltsin jurou que se deitaria sobre os trilhos antes de permitir que o nível de vida do povo caísse. O nível não apenas caiu, ele desabou; pode-se dizer que foi em direção a um abismo. E, no entanto, Iéltsin não se deitou sobre os trilhos. Mas, no outono de 1992, em sinal de protesto, deitou-se debaixo de um trem o velho soldado Timerian Zinátov..."

Site do jornal *Pravda*, 1997.

CONVERSAS À MESA DO BANQUETE FÚNEBRE

De acordo com nosso costume: os mortos vão para a terra, os vivos vão para a mesa. Muitas pessoas se reuniram, algumas vieram de longe: de Moscou, Kíev, Smolensk... Todos com condecorações e medalhas, como no Dia da Vitória. Falavam da morte como falavam da vida.

"— Ao nosso falecido camarada! Um gole amargo. (*Todos se levantam.*)

— Que descanse em paz...

— Ah, Timerian... Timerian Khabúlovitch. Ele se sentia ofendido. Todos nós ficamos muito ofendidos. Estávamos acostumados ao socialismo. À pátria soviética, a urss. Mas agora vivemos em países diferentes, em outro regime. Sob outras bandeiras. Não mais sob nossa vitoriosa bandeira vermelha... Eu fugi para o front aos dezessete anos...

— Os nossos netos teriam perdido a Grande Guerra Patriótica. Eles não têm ideais, não têm um sonho grandioso.

— Eles leem outros livros e veem outros filmes.

— Você conta... e para eles já é como se fosse um conto de fada... Eles perguntam: 'Por que é que os combatentes morriam para salvar a bandeira do batalhão? Era só costurar uma nova'. Lutamos, matamos, e por quem? Pelo Stálin? Foi por você, seu idiota!

— Era para ter se rendido, lambido as botas dos alemães...

— Trouxeram o comunicado de falecimento do meu pai, e eu na hora pedi para ir para o front.

— Estão pilhando a nossa pátria soviética... vendendo... Se nós soubéssemos que ia dar nisso, teríamos pensando melhor...

— Minha mãe morreu na guerra, e meu pai morreu ainda antes, de tuberculose. Comecei a trabalhar aos quinze anos. Na fábrica, davam metade de um pão por dia e mais nada, tinha celulose e cola nesse pão. Uma vez eu desmaiei de fome... outra vez... Fui ao serviço de alistamento: 'Não me deixem morrer. Me mandem para o front'. Atenderam ao pedido. Tanto as pessoas que partiam como as que iam acompanhar tinham olhos insanos!

Encheram um vagão de carga inteiro com moças. Cantavam: 'Meninas, até os Urais chegou a guerra,/ Ah, meninas, é a nossa juventude que se encerra'. Nas estações florescia o lilás... umas moças riam, enquanto outras choravam...

— Todos nós éramos a favor da perestroika. A favor do Gorbatchóv. Mas não a favor do que veio disso...

— O Gorbatch é um agente...

— Eu não entendia o que o Gorbatchóv falava... umas palavras incompreensíveis, que eu nunca tinha escutado antes... Que maravilhas ele prometeu para nós? Mas eu gostava de ouvir... Mas no fim ele se revelou um fracote, entregou a maleta nuclear sem resistir. O nosso partido comunista...

— O russo precisa de um ideal que faça o sangue gelar e dê aquele frio na espinha.

— Nós éramos um grande país...

— À nossa pátria! À Vitória! O copo inteiro! (*Batem os copos.*)

— Agora tem estrelas nos monumentos... Mas eu me lembro de nós enterrando os nossos... Jogávamos o que vinha pela frente em cima da cova, aí tacávamos um pouco de terra, e logo vinha a ordem: adiante, adiante! Continuávamos a correr. Um novo combate. E de novo uma cova cheia. Recuávamos e avançávamos de cova em cova. Traziam reforços, dois ou três dias depois já eram cadáveres. Dava para contar os que sobravam. Felizardos! Lá pelo fim de 1943 nós já tínhamos aprendido a lutar. Já lutávamos direito. Começou a morrer menos gente... Foi aí que comecei a fazer amigos...

— Passei a guerra inteira na vanguarda e não levei um arranhão sequer, nada! Mas eu sou ateu. Cheguei até Berlim... vi o covil da besta...

— Íamos para a luta com um fuzil só para quatro soldados. Quando matavam o primeiro, o segundo apanhava o fuzil; matavam o segundo, o próximo… Já os alemães tinham metralhadoras novinhas.

— No início os alemães eram arrogantes. Já tinham submetido a Europa. Tinham entrado em Paris. O plano deles era resolver a questão na URSS em dois meses. Se eles se feriam e eram feitos prisioneiros nossos, cuspiam na cara das nossas enfermeiras. Rasgavam as ataduras. Gritavam 'Heil Hitler!'. Mas no fim da guerra já era: 'Russo, não atire! *Hitler kaputt!*'.

— O que eu mais temia era morrer de maneira desonrosa. Se alguém se acovardasse, tentasse fugir, o comando fuzilava ali mesmo… Era uma coisa comum…

— Bem, como dizer… Fomos educados à maneira stalinista: íamos lutar em território estrangeiro, e '… da taiga até os mares britânicos/ o Exército Vermelho é o mais forte de todos…'. Não haveria clemência para o inimigo! Os primeiros dias da guerra… Eu me lembro de um pesadelo completo… Acabamos cercados… Todos tinham a mesma indagação: o que está acontecendo? Onde está o Stálin? Não tinha um só avião nosso no céu… Enterramos as nossas carteirinhas do Partido e do Komsomol e começamos a vagar por trilhas na floresta… Já está bom, chega… Você não precisa escrever sobre isso… (*Afasta o gravador.*) Os alemães faziam propaganda, os alto-falantes deles trabalhavam 24 horas por dia: 'Ivan russo, renda-se! O Exército alemão garante a você a vida e o pão'. Eu estava disposto a dar um tiro na cabeça. Mas não tinha como! Não tinha! Não tinha mais munição… Éramos uns soldadinhos… de dezoito ou dezenove anos… Os comandantes estavam se enforcando, todos. Uns com o cinto, outros… de vários jeitos… Ficavam pendurados nos pinheiros… Porra, era o fim do mundo!

— Pátria ou morte!

— O Stálin tinha um plano: mandar para a Sibéria a família dos que tinham sido feitos prisioneiros. Três milhões e meio de prisioneiros! Não dá para deportar todo mundo! Esse canibal de bigode!

— Esse maldito ano de 1941...

— Fale tudo... agora já pode...

— Não tenho o costume...

— Até no front nós tínhamos medo de falar francamente um com o outro. As pessoas eram presas antes da guerra... e durante a guerra também eram presas... Minha mãe trabalhava numa panificadora, lá tinha controle, e acharam nas luvas dela migalhas de pão, e isso já era sabotagem. Deram dez anos de prisão. Eu estava no front, meu pai estava no front, meu irmão e minha irmã eram pequenos e ficaram com a minha avó, eles pediam para ela: 'Vovó, não morra antes do papai e do Sachka (que sou eu) voltarem da guerra'. Meu pai desapareceu em combate.

— Que heróis somos nós? Nunca fomos tratados como heróis. Eu e minha esposa criamos nossos filhos num barracão, depois deram um apartamento comunal. Agora nós recebemos uns trocados... é de chorar essa aposentadoria... Na televisão mostram como os alemães vivem. Muito bem! Os vencidos vivem cem vezes melhor que os vencedores.

— Deus não sabe o que é ser um pequeno homem.

— Eu fui, sou e continuarei sendo um comunista! Sem o Stálin e sem o Partido do Stálin nós não teríamos vencido. Democracia, merda nenhuma! Tenho medo de usar as minhas condecorações militares. 'Seu velhinho senil, serviu onde? No front ou nas cadeias e campos de trabalho?', é isso que eu ouço dos jovens. Entornam sua cerveja e dão risada.

— Proponho devolver os monumentos do nosso chefe, o grande Stálin, a seus antigos lugares. Estão escondidos em depósitos, como se fosse lixo.

— Coloque na sua *datcha*...

— Querem reescrever a guerra. Estão esperando quando todos nós morrermos.

— Resumindo, nós agora somos o *sovieticus debilus*...

— O que salvou a Rússia foi ela ser grande. Os Urais... a Sibéria...

— A coisa mais terrível é partir para o ataque. Os primeiros dez minutos... cinco minutos... Aqueles que partiam primeiro não tinham chance nenhuma de ficar vivos. A bala achava o seu alvo. Comunistas, avante!

— Ao poderio militar da nossa pátria! (*Batem os copos.*)

— Em suma... ninguém tem vontade de matar. É desagradável. Mas você se acostuma... aprende...

— Em Stalingrado eu pedi para ingressar no Partido. Escrevi no requerimento: 'Quero estar nas primeiras filas dos defensores da pátria... Não quero poupar minha jovem vida...'. Raramente davam condecorações para a infantaria. Tenho uma medalha, 'Por bravura'.

— As feridas de guerra se manifestaram... Virei inválido, mas sigo resistindo.

— Eu me lembro: dois soldados do Vlássov* foram feitos prisioneiros... Um disse: 'Eu queria vingar meu pai...'. O pai tinha sido fuzilado pelo NVKD... O outro disse: 'Eu não queria morrer num campo de concentração alemão'. Uns moleques novos, como nós, tinham a nossa idade. Quando você já conversou com a pessoa, já olhou nos olhos... é mais difícil matar... No dia seguinte fomos todos interrogados na seção especial: 'Por que foram conversar com os traidores? Por que não fuzilaram logo de

---

* Andrei Andrêievitch Vlássov (1901-46), militar soviético. Comandava o 2º Exército, que foi feito prisioneiro em 1942. A partir de então, passou a colaborar com os alemães e criou o ROA (*Rússkaia osvobodítelnaia ármia*, Exército Russo de Libertação). Após o fim da guerra, foi condenado por traição e enforcado.

uma vez?'. Comecei a me justificar… O agente especial colocou o revólver Nagant na mesa: 'Ainda fica se defendendo, seu c…? Se você abrir a boca de novo, eu…'. Ninguém teve clemência pelos vlassovianos. Os tanquistas amarraram todos aos tanques, ligaram o motor, e eles voaram para todo lado… ficaram em pedaços… Traidores! Mas será que todos eles eram traidores?

— Tínhamos mais medo desses agentes especiais do que dos alemães. Até os generais tinham medo deles…

— Medo… Foi medo durante a guerra inteira…

— Se não fosse o Stálin… Sem a 'mão de ferro' a Rússia não teria sobrevivido…

— Eu não lutei pelo Stálin, lutei pela pátria. Eu juro aos meus filhos e aos meus netos que não ouvi uma vez sequer alguém gritando: 'Por Stálin!'.

— Sem o soldado não dá para vencer uma guerra.

— Cacete…

— Tem que temer somente a Deus. Ele é o juiz.

— Se é que Deus existe…"

(*Começa um coro desordenado.*) "Então precisamos apenas da vitória!/ Para todos, e pagaremos qualquer preço…"

<u>UMA HISTÓRIA MASCULINA</u>

"A vida inteira em posição de sentido! Não ousava dar um pio. Agora vou contar…

Na infância… pelo que eu me lembro… eu tinha medo de perder meu pai… Os pais eram levados de madrugada e desapareciam para nunca mais voltar. Foi assim que sumiu o irmão da minha mãe, Feliks… Um músico. Ele foi preso por uma estupidez… por uma bobagem… Numa loja, ele disse em voz alta para a esposa: 'Já tem vinte anos de poder soviético, mas não se encontra à venda um par de calças decente'. Agora escrevem que todos eram contra… Mas eu digo que o povo apoiava as prisões. A nossa mãe, por exemplo… O irmão dela estava preso, mas ela dizia: 'Aconteceu um erro com o nosso Feliks. Eles têm que esclarecer. Mas tem que prender, mesmo, veja só quanta baixaria tem sido feita à nossa volta'. O povo apoiava… A guerra! Depois da guerra, fiquei com medo de sempre me lembrar dela… Da minha guerra… Queria ingressar no Partido, não fui aceito: 'Como é que você pode ser comunista se esteve no gueto?'. Fiquei quieto… Fiquei quieto… No nosso batalhão de *partisans*, tinha a Rózotchka, uma moça judia bonita, andava sempre carregando uns livros. Tinha dezesseis anos. Os comandantes faziam turnos para dormir com ela… 'Ela ainda tem uns pelinhos de criança lá… Haha…' A Rózotchka ficou grávida… Levaram para dentro da floresta, para bem longe, e atiraram nela, como se fosse um cachorro. Crianças nasciam, é claro, com aquele monte de homens saudáveis. A prática era a seguinte: a criança nascia e era logo levada para um vilarejo. Para um sítio. Mas quem é que iria aceitar uma criancinha judia? Os judeus não tinham o direito de ter filhos. Voltei de uma missão e perguntei: 'Onde está a Rózotchka?'. 'E por que você quer saber? Se não tem mais essa aí, nós achamos outra.' Centenas de judeus que fugiam do gueto vagavam pela floresta. Eram caçados pelos camponeses, que os entregavam aos alemães por uma arroba de farinha, por um quilo de açúcar. Escreva aí… Fiquei muito tempo calado… O judeu passa a vida inteira com medo de alguma coisa. Não importa de onde vem a pedra, mas sempre acerta no judeu.

Foi por causa da vovó que nós não conseguimos sair de Minsk, que estava em chamas… Vovó tinha visto os alemães em 1918 e garantia para todo mundo que os alemães eram uma nação culta, que não tocaria em pessoas pacíficas. Um oficial alemão se instalou na casa deles, todas as noites ele tocava piano. Minha mãe começou a ter dúvidas: ir embora ou não ir embora?

Por causa do piano, é claro… Nós perdemos muito tempo com aquilo. Os motociclistas alemães entraram na cidade. Umas pessoas de camisas bordadas foram recebê-los com pão e sal.* Com alegria. Apareceram muitas pessoas que pensavam: agora que os alemães chegaram vai começar uma vida normal. Muitos odiavam o Stálin e pararam de esconder isso. Era tanta coisa nova e difícil de entender nos primeiros dias da guerra…

Eu ouvi a palavra *jid*** nos primeiros dias de guerra… Nossos vizinhos começaram a bater na nossa porta e a gritar: 'Acabou, seus *jides*, chegou seu fim! Vão responder pelo que fizeram a Cristo!'. Eu era um menino soviético. Tinha concluído o primário, estava com doze anos. Eu não conseguia entender o que eles estavam dizendo. Por que estavam dizendo aquilo? Mesmo agora eu não consigo entender… Nossa família era mista: meu pai era judeu, minha mãe era russa. Nós celebrávamos a Páscoa, mas de uma maneira peculiar: a mamãe dizia que aquele dia era o aniversário de um homem muito bom. Fazia pastéis. Aí no *Pessach* (que é quando o Senhor teve piedade dos judeus) meu pai trazia *matzá* da casa da vovó. Mas era uma época tal que isso não podia ser alardeado… tínhamos que manter o silêncio…

Minha mãe costurou estrelas amarelas para todos nós… Durante alguns dias, ninguém podia sair na rua. Dava vergonha… Já sou velho, mas me lembro da sensação… Como dava vergonha… Na cidade você via por todos os lados montes de panfletos: 'Acabem com os comissários e com os *jides*', 'Salvem a Rússia do poder dos judaico-bolcheviques'. Enfiaram um panfleto debaixo da nossa porta… Logo… é… Começaram os boatos: os judeus americanos estavam juntando ouro para pagar a transferência de todos os judeus para a América. Os alemães adoravam a ordem e não gos-

---

* É costume russo oferecer pão e sal como sinal de boas-vindas.
** Em russo, termo depreciativo aplicado aos judeus.

tavam dos judeus, e por isso os judeus tinham que sobreviver à guerra nos guetos... As pessoas procuravam um sentido naquilo que estava acontecendo... algum nexo... Até o inferno o ser humano quer compreender. Eu me lembro... Eu me lembro bem de quando nós fomos transferidos para o gueto. Milhares de judeus caminhando pela cidade... com crianças, com travesseiros... É engraçado, eu levei comigo minha coleção de borboletas. Agora é engraçado... Os habitantes de Minsk tomaram as calçadas: uns olhavam para nós com curiosidade, outros, com uma alegria maldosa, mas alguns estavam lá, chorando. Eu olhei pouco para os lados, fiquei com medo de ver algum dos meninos que eu conhecia. Tinha vergonha... eu me lembro dessa sensação constante de vergonha...

Minha mãe tirou do dedo a aliança de casamento, embrulhou num lenço e me disse aonde eu deveria ir. De madrugada eu me arrastei para fora por debaixo do arame farpado. No lugar combinado, uma mulher estava me esperando, eu entreguei o anel para ela, e ela me deu um pouco de farinha. De manhã, nós vimos que ela tinha me dado giz no lugar da farinha. Cal. E assim se foi o anel da minha mãe. Nós não tínhamos nenhuma outra coisa de valor... Começamos a ficar com a barriga inchada de tanta fome... Nos arredores do gueto, uns camponeses ficavam de plantão, segurando uns sacos grandes. Dia e noite. Esperam o próximo pogrom. Quando eles levavam os judeus para o fuzilamento, eram autorizados a saquear suas casas abandonadas. A *Polizei** procurava as coisas valiosas, enquanto os camponeses colocavam nos sacos tudo o que conseguiam encontrar. 'Vocês não vão precisar de mais nada', eles diziam para nós.

---

* Em russo *politsai*, transliteração do alemão *Polizei*. Designava os russos recrutados voluntariamente pela ss nos territórios ocupados para executar funções de auxiliar de polícia.

Uma vez, o gueto ficou em silêncio, como antes de um pogrom. Embora ninguém tivesse disparado nenhum tiro. Naquele dia não deram tiros... Carros... muitos carros... Desses carros, saíam crianças usando roupinhas e sapatinhos de boa qualidade, mulheres de aventais brancos, homens com malas caras. Eram malas muito elegantes! Todos falavam alemão. Os soldados de escolta e os guardas ficaram desnorteados, especialmente a *Polizei*, eles não gritaram, não bateram em ninguém com o porrete, não soltaram da coleira aqueles cães que ficavam rosnando. Era um espetáculo... como no teatro... Era tudo parecido com um espetáculo... Naquele mesmo dia, ficamos sabendo que aqueles eram os judeus que tinham sido trazidos da Europa. Começaram a ser chamados de judeus 'hamburgueses', porque a maioria deles tinha vindo de Hamburgo. Eles eram disciplinados, obedientes. Não faziam artimanhas, não tentavam enganar a guarda, não se escondiam em esconderijos... estavam condenados... Olham para nós com um ar arrogante. Nós éramos pobres, malvestidos. Éramos diferentes... não falávamos alemão...

Eles foram todos fuzilados. Dezenas de milhares de judeus 'hamburgueses'...

Esse dia... está tudo como que envolto numa bruma... Como nos expulsaram de casa? Como nos levaram? Eu me lembro de um grande campo rente à floresta... Escolheram os homens mais fortes e deram a ordem de cavar duas grandes covas. Fundas. E nós ficamos lá, esperando. Primeiro jogaram as crianças pequenas em uma das covas... e começaram a cobrir de terra... Os pais não choraram e não imploraram. Fazia um silêncio. Por quê, você pergunta? Eu pensei... Se um homem é atacado por um lobo, o homem não vai implorar, suplicar por sua vida. Ou se ele é atacado por um javali selvagem... Os alemães olhavam para a cova e riam, jogavam doces lá dentro. Os agentes da *Polizei* estavam bêbados de cair... tinham os bolsos cheios de relógios... Enterraram as crianças... E mandaram todo mundo pular na outra cova. Estávamos lá a mamãe, o papai, eu e minha irmãzinha. A nossa vez estava chegando... O alemão que estava no comando percebeu que a minha mãe era russa e apontou com a mão: 'Você pode ir embora'. O meu pai gritou para a minha mãe: 'Corra!'. Mas minha mãe agarrou meu pai, me agarrou: 'Vou ficar com vocês'. Nós todos tentamos empurrá-la... pedimos para que ela fosse embora... Mamãe foi a primeira a pular na cova...

Isso é tudo que eu lembro... Recobrei a consciência com alguém me dando um golpe muito forte na perna com alguma coisa afiada. Gritei de dor. Ouvi um sussurro: 'Tem um vivo aqui'. Tinha uns mujiques remexendo na cova e tirando os sapatos e as botas dos mortos... tudo que podiam tirar... Eles me ajudaram a sair. Sentei na borda da cova e fiquei esperando... esperando... Estava chovendo. A terra estava quentinha, quentinha. Eles partiram um pedaço de pão para mim: 'Melhor você fugir, judeuzinho. Talvez você consiga se salvar'.

O vilarejo estava vazio... Não tinha uma pessoa sequer, mas as casas estavam inteiras. Eu queria comer, mas não tinha para quem pedir. E assim fiquei andando, sozinho. No caminho tinha ora uma botina largada, ora uma galocha... um lenço... Atrás da igreja, vi umas pessoas queimadas. Cadáveres negros. Tinha cheiro de gasolina e de queimado... Fugi correndo de volta para a floresta. Passei a me alimentar de cogumelos e frutas silvestres. Uma vez encontrei um velhinho que armazenava lenha. Esse velhinho me deu dois ovos. 'Não vá para o vilarejo', ele me advertiu. 'Os mujiques vão amarrar você e entregar para o comando. Pouco tempo atrás pegaram duas judiazinhas desse jeito.'

Uma vez peguei no sono e acordei com um tiro perto da minha cabeça. Dei um pulo: 'São alemães?'. Eram uns meninos jovens, montados a cavalo. *Partisans*! Eles deram risada e começaram a discutir entre si: 'E para que é que nós vamos precisar de um *jidezinho*? Vamos…'. 'Vamos deixar o comandante decidir.' Eles me levaram para o batalhão e me colocaram num abrigo isolado. Puseram uma sentinela… Depois me chamaram para o interrogatório: 'Como você veio parar aqui no batalhão? Quem mandou você?'. 'Ninguém me mandou. Eu saí de uma cova de fuzilados, me arrastando.' 'Ou será que você é um espião?' Deram duas vezes na minha fuça e me jogaram de volta no abrigo. No fim do dia, mais dois homens jovens, também judeus, foram enfiados no mesmo abrigo em que eu estava; eles estavam usando uns casacos de couro, de qualidade. Por eles, fiquei sabendo que não aceitavam judeus sem armas no batalhão. Se não tinha armas, tinha que trazer ouro. Coisas de ouro. Eles tinham um relógio de ouro e uma cigarreira, até me mostraram, e estavam exigindo um encontro com o comandante. Logo foram levados. Nunca mais me encontrei com eles… Mas a cigarreira de ouro eu vi depois com o nosso comandante… e um dos casacos de couro… Quem me salvou foi um conhecido do meu pai, o tio Iacha. Ele era sapateiro, e os sapateiros tinham muito valor no batalhão, eram como médicos. Eu comecei a ajudá-lo…

O primeiro conselho do tio Iacha: 'Troque o sobrenome'. O meu sobrenome é Fridman… Virei Lomeiko… O segundo conselho: 'Fique quieto. Do contrário, vai levar uma bala nas costas. Ninguém vai responder por um judeu'. E era assim… A guerra é um pântano, fácil de entrar, difícil de sair. Outro ditado judaico: quando sopra um vento forte, o que sobe mais alto é o lixo. A propaganda nazista contaminou todo mundo, os *partisans* estavam com uma inclinação antissemita. Nós, judeus, éramos onze no batalhão… depois cinco… Eles conversavam na nossa frente, de propósito: 'E vocês lá são valentes? São é levados para o abate, como cordeiros…', 'Esses *jides* covardes…'. Eu ficava quieto. Eu tinha um companheiro de guerra, um rapaz desesperado… David Grinberg… Ele respondia para eles. Discutia. Foi morto com um tiro nas costas. Eu sei quem foi que o matou. Hoje ele é um herói, anda por aí com condecorações. Banca o herói! Dois judeus foram mortos por supostamente dormirem no posto... Outro por uma Parabellum novinha em folha... ficaram com inveja... Para onde fugir? Para o gueto? Eu queria defender a pátria... vingar meus parentes... Mas e a pátria? Os comandantes dos *partisans* tinham ordens secretas de Moscou: não confiar nos judeus, não aceitar no batalhão, destruir. Éramos considerados traidores. Agora nós ficamos sabendo disso graças à perestroika.

Dá pena das pessoas... Como os cavalos morrem? Os cavalos não se escondem como outros animais: o cachorro, o gato, até a vaca foge, mas o cavalo fica esperando ser morto. Uma cena terrível... No cinema, a cavalaria parte ululando e com o sabre no alto da cabeça. Isso é um delírio! Uma fantasia! Uma época no nosso batalhão tinha um grupo de cavalaria, mas logo foi dissolvido. Os cavalos não conseguem andar nos montões de neve, que dirá galopar, eles ficam presos nos montões, e enquanto isso os alemães tinham motocicletas, de duas rodas, de três rodas, no inverno eles colocavam essas motos em trenós. Iam andando e gargalhando enquanto atiravam nos nossos cavalos e nos nossos cavaleiros. Dos cavalos mais bonitos eles até podiam ter pena, dava para ver que entre eles tinha muitos rapazes do campo...

Veio a ordem: atear fogo na casa do *Polizei*... Junto com a família... Era uma família grande: esposa, três filhos, avô, avó. De madrugada, eles foram cercados... taparam a porta com pregos... Jogaram querosene e tacaram fogo. Eles gritavam lá, esganiçavam. Um menininho escapou pela janela... Um *partisan* quis atirar nele, mas o outro não deixou. Jogaram de volta na fogueira. Eu tinha catorze anos... Não entendia nada... Só o que eu pude fazer foi guardar tudo isso na memória. E agora contar... Não gosto da palavra 'herói'... na guerra não tem herói... Se uma pessoa pegou uma arma na mão, ela já não é boa. Não consegue.

Eu me lembro do cerco… Os alemães decidiram limpar a retaguarda, e aí as divisões da ss se lançaram contra os *partisans*. Colocavam lanternas nos paraquedas e nos bombardeavam dia e noite. Depois do bombardeio, vinha uma rajada de morteiros. O batalhão saía em pequenos grupos, levando com eles os feridos, mas tapavam a boca deles, e nos cavalos colocavam focinheiras especiais. Largavam tudo, largavam o gado, mas eles corriam atrás das pessoas. Vacas, ovelhas… Eram obrigados a atirar nelas… Os alemães chegavam bem perto, tão perto, que dava para ouvir a voz deles: 'O Mutter, o Mutter'… o cheiro dos cigarros… Cada um de nós tinha um último cartucho. Mas dava sempre tempo de morrer. De madrugada nós… Tínhamos sobrado três do grupo de cobertura… abrimos a barriga de um cavalo abatido, arrancamos tudo de lá de dentro e entramos ali. Passamos dois dias inteiros assim, ouvindo os alemães andando para lá e para cá. Atirando. Finalmente se fez um silêncio completo. Aí nós saímos de lá: todos cobertos de sangue, de tripas… de merda… Quase loucos. Era de madrugada… A lua brilhava…

Posso dizer a você que os pássaros também ajudavam… A pega ouve uma pessoa estranha e logo começa a gritar, não falha. Ela dá o sinal. Elas estavam acostumadas conosco, mas os alemães tinham outro cheiro: eles tinham sua água-de-colônia, sabonetes perfumados, cigarros, capotes feitos com um tecido militar excelente… e botas muito bem engraxadas… Nós tínhamos tabaco rústico, grevas, sapatos de couro bovino, amarrados aos pés com correias. Eles usavam roupa de baixo de algodão… Nós tirávamos até as cuecas dos mortos! Os cachorros roíam o rosto deles, as mãos. Até os animais tinham sido arrastados para a guerra…

Muitos anos se passaram… meio século… Mas eu não me esqueci dela… daquela mulher… Ela tinha dois filhos. Pequenos. Ela escondeu um *partisan* ferido na adega. Alguém denunciou… A família foi enforcada no meio do vilarejo. Primeiro as crianças… Como ela gritava! Gente não grita daquele jeito… daquele jeito quem grita são os animais… Por acaso uma pessoa tem que passar por um sacrifício desses? Não sei. (*Silêncio.*) Agora quem escreve sobre a guerra são aqueles que não estiveram nela. Eu não leio… Não fique ofendida, mas eu não leio…

Minsk foi libertada… Para mim a guerra tinha acabado, pela idade eu não seria aceito no Exército. Quinze anos. Onde eu poderia morar? Umas pessoas estranhas tinham se instalado no nosso apartamento. Eles me expulsaram: 'Seu *jid* tinhoso…'. Não queriam devolver nada, nem o apartamento, nem as coisas. Tinham se acostumado à ideia de que os judeus nunca mais voltariam…"

(*Começa um coro desordenado.*)

No pequeno fogareiro, há uma chama reluzindo,
Da acha a resina verte, como um pranto.
No meu abrigo o acordeão lança seu canto.
Que fala dos teus olhos, do teu sorriso lindo…

"Depois da guerra, as pessoas não eram mais as mesmas. Eu mesmo voltei para casa encarniçado.

O Stálin não gostava da nossa geração. Odiava. Por terem sentido a liberdade. A guerra foi a liberdade para nós! Nós estivemos na Europa, vimos como as pessoas viviam lá. Quando eu ia para o trabalho, passava por uma estátua do Stálin e ficava suando frio: vai que de repente ele adivinha o que eu estou pensando?

'Para trás! De volta para suas baias!', eles nos disseram. E nós fomos.

Os merdocratas! Destruíram tudo… estamos chafurdando na bosta…

Eu esqueci tudo… até o amor eu esqueci… Mas da guerra eu ainda me lembro…

Passei dois anos com os *partisans*. Na floresta. Depois da guerra, durante uns sete… ou oito anos… eu não conseguia de jeito nenhum olhar para um homem. Estava cansada de olhar para eles! Fiquei com certa apatia. Eu e minha irmã fomos para uma estância de repouso… Ficavam cortejando, ela dançava, e eu queria sossego. Acabei casando tarde. Meu marido era cinco anos mais novo que eu. Era como se fosse uma menina.

Fui para o front porque acreditava em tudo que lia no jornal *Pravda*. Eu atirava. Tinha um desejo enorme de matar! Matar! Antes eu queria esquecer tudo, mas não conseguia; mas agora estou esquecendo, querendo ou não. Eu me lembro só do fato de que a morte tem outro cheiro na guerra… o cheiro do assassinato é peculiar… Quando tem uma só pessoa no chão, e não várias, você começa a pensar: quem é ele? De onde veio? Deve ter alguém esperando por ele…

Perto de Varsóvia… Uma velha polonesa me trouxe uma roupa de homem: 'Tire todas as suas roupas. Eu vou lavar. Por que vocês estão tão sujos e magros? Como é que conseguiram ganhar?'. Como é que nós conseguimos ganhar?!

Vamos lá, sem lirismo…

Vencemos, sim. Mas a nossa grandiosa vitória não fez o nosso país grandioso.

Eu vou morrer sendo comunista… A perestroika foi uma operação da CIA para destruir a URSS.

O que ficou na memória? A coisa que mais me ofendia era o desprezo dos alemães. Como nós vivíamos… Nosso modo de vida… O Hitler chamava os eslavos de lebres…

Os alemães chegaram ao nosso vilarejo. Era primavera. No dia seguinte, eles começaram a fazer canteiros de flores, a construir banheiros. Os velhos até hoje se lembram dos alemães plantando flores…

Na Alemanha... Nós entrávamos nas casas: nos armários tinha muita roupa de primeira qualidade, roupas íntimas, bibelôs. Montanhas de louça. Mas antes da guerra falavam para nós que eles sofriam sob o capitalismo. Nós ficávamos olhando em silêncio. Tente só elogiar um isqueiro ou uma bicicleta alemã para você ver. Você cai no artigo cinquenta e oito, de 'propaganda antissoviética'. Em dado momento... permitiram enviar encomendas para casa: os generais podiam mandar quinze quilos, os oficiais, dez, os soldados, cinco. O correio ficou lotado. Minha mãe escreveu: 'Não preciso de encomendas. Por causa das suas encomendas, vão acabar nos matando'. Eu mandei isqueiros para eles, relógios, cortes de seda... Uns bombons de chocolate grandes... Eles acharam que era sabão...

Não teve uma única alemã entre dez e oitenta anos que não tenha sido pega! Com isso, os que nasceram lá em 1946 é tudo 'gente russa'.

A guerra apaga tudo... E ela apagou mesmo...

Lá estava ela, a vitória! Vitória! Durante a guerra inteira, as pessoas tiveram fantasias de como elas viveriam bem depois da guerra. Comemoraram durante uns dois ou três dias. Mas depois ficaram com vontade de comer alguma coisa, precisavam vestir alguma coisa. Queriam viver. Mas não tinha nada. Todos andavam vestidos com uniformes alemães. Tanto adultos como crianças. Costuravam e recosturavam. Distribuíam cartõezinhos para pegar pão, as filas eram quilométricas. Tinha uma irritação no ar. Podiam até matar alguém por qualquer motivo.

Eu me lembro... o dia inteiro foi aquele barulho... Os inválidos andavam numas plataformas rústicas, colocadas em cima de rolamentos. E as calçadas eram de pedra. Eles viviam em porões e em subterrâneos. Bebiam, ficavam jogados na sarjeta. Pediam esmola. Trocavam suas condecorações por vodca. Chegavam perto das filas e pediam: 'Um dinheiro para comprar um pãozinho'. Na fila só tinha mulheres cansadas: 'Você está vivo. O meu está no túmulo'. Eram enxotados. Quando as pessoas passaram a viver um pouco melhor começaram a desprezar os inválidos. Ninguém queria ser lembrado da guerra. Todos já estavam ocupados com suas vidas, não com a guerra. Um dia foram tirados da cidade. Eles eram apanhados pelos policiais e jogados dentro de uns veículos, como porcos. Eles xingavam... ganiam... berravam...

Na nossa cidade, tinha uma Casa dos Inválidos. Jovens sem braços, sem pernas. Todos condecorados. Eles foram autorizados a ir morar nas casas... deram uma autorização oficial... As mulheres tinham sentido falta de um carinho masculino e foram correndo buscá-los: umas com carrinhos de mão, outras com carrinhos de bebê. Queriam ter cheiro de homem em casa, queriam pendurar uma camisa de homem no varal do quintal. Logo levaram todos de volta... Aquilo não era um brinquedo... não era como no cinema. Tente amar esse pedaço de homem para você ver. Ele tem raiva, está ofendido, sabe que foi traído.

Este Dia da Vitória..."

UMA HISTÓRIA FEMININA

"Eu vou contar do meu amor... Os alemães chegaram à nossa vila em veículos imensos, só dava para ver os capacetes brilhando na parte de cima. Eram jovens, alegres. Beliscavam as moças. No início, pagavam por tudo: por uma galinha, pelos ovos. Eu conto isso e ninguém acredita. É a mais pura verdade! Eles pagavam tudo em marcos alemães... O que foi a guerra para mim? Eu tinha o amor! Só pensava em uma coisa: quando vou vê-lo? Ele chegava, sentava no balcão e ficava olhando para mim, olhando. Sorria. 'Por que você está sorrindo?'. 'Por nada.' Antes da guerra nós estudávamos juntos na escola. O pai dele morreu de tuberculose, e o avô era *kulak*, foi expropriado e mandado para a Sibéria com a família. Ele se lembrava de como a mãe o vestia 'de menina' e ensinava para ele que, se alguém viesse buscá-lo, ele deveria correr para a estação, pegar um trem e ir embora. O nome dele era Ivan... E ele dizia para mim: 'Minha Liúbotchka...'. Era bem assim... Nós não tínhamos uma boa estrela, não teríamos felicidade. Os alemães vieram, e logo voltou o avô dele; chegou com raiva, é claro. Sozinho. Tinha enterrado toda a família longe da sua terra. Ele contava de como tinham sido levados pelos rios siberianos. Foram largados na taiga mais inóspita. Deram uma só serra e um só machado para vinte ou trinta pessoas. Eles comiam folhas... roíam cascas de árvore... O meu avô odiava os comunistas! O Lênin e o Stálin! Começou a se vingar logo no primeiro dia. Mostrava para os alemães: esse é comunista... e esse também... Levaram esses homens para algum lugar... Eu fiquei muito tempo sem entender a guerra...

Estávamos juntos lavando o cavalo no rio. Fazia sol! Estávamos juntos secando o feno, e ele tinha um cheiro! Eu não sabia de nada daquilo, eu não tinha sentido aquilo antes. Sem amor, eu era uma moça simples, comum, até começar a amar. Tive um sonho premonitório... O nosso riozinho era pequeno, mas eu estava me afogando, estava sendo puxada por uma corrente, já estava debaixo d'água. Não entendo como, de que maneira, mas alguém me puxou, me trouxe para cima, mas eu por algum motivo estava sem roupa. Fui nadando até a margem. Ora era de madrugada, ora já era de manhã. Tinha umas pessoas na margem, toda a nossa vila. Saí da água nua... totalmente nua...

Em uma casa tinha uma vitrola. Os jovens se reuniam. Dançavam. Faziam adivinhações para ver com quem iam se casar: usavam os Salmos, usavam resina... feijões... A resina tinha que ser colhida pela própria moça na floresta, onde ela deveria encontrar um pinheiro velho; uma árvore jovem não servia, ela não tinha memória. Não tinha força. Tudo isso é verdade... Eu até hoje acredito nisso... Já os feijões eram colocados em montinhos e contados: par, ímpar. Eu tinha dezoito anos... Digo novamente, é claro... Nos livros não escrevem sobre isso... Com os alemães a nossa vida ficou melhor do que com os sovietes. Os alemães abriram as igrejas. Dissolveram os *kolkhozes* e distribuíram a terra: para uma pessoa, dois hectares, e um cavalinho para dois donos. Instituíram um imposto fixo: no outono nós entregávamos grãos, ervilhas, batatas e um porco para cada casa. Entregávamos e ainda sobrava para nós. Todos ficavam satisfeitos. Com os sovietes nós vivíamos na miséria. O chefe de brigada colocava no caderninho um 'pauzinho': uma jornada de trabalho. No outono, nós recebíamos um figo por essas jornadas de trabalho. Mas então nós tínhamos carne, manteiga. Era outra vida! As pessoas estavam contentes por terem recebido a liberdade. Tinha começado a ordem germânica... Se você não alimentasse o cavalo, batiam com um látego. Não varreu a entrada da casa... Eu me lembro das conversas: nós nos acostumamos com os comunistas, vamos nos acostumar com os alemães. Vamos aprender a viver à moda alemã. E foi assim... Está tudo vivo na memória... De madrugada, todo mundo tinha medo dos homens 'da floresta', eles vinham sem serem convidados. Uma vez nós também recebemos essa visita: um tinha um machado, o outro tinha um forcado. 'Mãe, queremos banha. E *samogon*.* E não faça muito barulho.' Eu vou contar para você como era na vida real, não como está escrito nos livros. No início ninguém gostava dos *partisans*...

Marcaram o dia do nosso casamento... Seria depois da festa da colheita de outono. Quando termina o trabalho no campo, e as camponesas amarram o último feixe com flores... (*Silêncio.*) A memória enfraquece, mas a alma lembra tudo... Começou a chover depois do almoço. Todos saíram correndo do campo, e minha

---

* Aguardente rústica de fabricação caseira, muito comum em toda a Rússia até hoje.

mãe vinha voltando. Chorando: 'Meu Deus! Meu Deus! Seu Ivan se alistou na polícia. Você vai ser esposa de um *polizei*'. 'Não que- -e-ero!' Eu e minha mãe ficamos chorando juntas. De noite o Ivan chegou, sentou e ficou olhando para o chão. 'Ivan, meu querido, por que você não pensou em nós?' 'Liúbka... Minha Liúbotch-ka...' Foi o avô dele que obrigou. Aquele diabo velho! Ameaçou: 'Se você não se alistar na polícia, vão mandar você para a Alemanha. Não vai mais ver a sua Liúbka! Pode esquecer!'. O avô tinha um sonho... Queria ter uma nora alemã... Os alemães passavam uns filmes sobre a Alemanha, que vida maravilhosa eles tinham. Muitos rapazes e moças acreditaram. Foram embora. Antes da partida, organizavam festas. Tinha uma fanfarra. Subiam nos trens com sapatos altos... (*Pega uns comprimidos na bolsa.*) As coisas vão mal para mim... Os médicos me disseram que a medicina é inócua... vou morrer logo... (*Silêncio.*) Quero que meu amor permaneça. Eu já não estarei aqui, mas que pelo menos as pessoas leiam...

Ao redor, a guerra, mas nós estávamos felizes. Vivemos um ano como marido e mulher. Eu estava grávida. A estação ferroviária ficava bem perto da nossa casa. Dali os efetivos alemães iam para o front, eram todos soldados jovens, alegres. Urravam suas canções. Quando viam, falavam: '*Mädchen! Kleine Mädchen!*'. Davam risada. Depois começou a ter menos jovens, e mais pessoas de idade. Aqueles eram todos alegres, mas esses já iam tristes. Não tinha alegria. O Exército soviético estava vencendo. 'Ivan', eu perguntava, 'o que vai ser de nós?'. 'Não tenho sangue nas minhas mãos. Não atirei em ninguém nem uma vez sequer.' (*Silêncio.*) Meus filhos não sabem de nada disso, eu não confessei para eles. Talvez bem antes do fim... antes da morte... Posso dizer uma coisa: o amor é um veneno...

A duas casas da nossa, morava um rapaz que também gostava de mim, ele sempre me convidava para dançar nas festas. Só

266

dançava comigo. 'Vou acompanhar você.' 'Eu já tenho um acompanhante.' Era um rapaz bonito... Foi para a floresta. Se juntar aos *partisans*. Quem viu disse que ele usava um gorro de pele com uma faixa vermelha. De madrugada, ouvi uma batida na porta: 'Quem é?'. 'Os *partisans*.' Entrou esse rapaz, e um outro, mais velho. O meu pretendente começou a falar o seguinte: 'Como vai você, pequena *polizei*? Fazia tempo que eu queria visitar você. Onde está seu maridinho?'. 'Como é que eu vou saber? Hoje ainda não chegou. Pelo visto ficou na guarnição.' Ali ele me pegou pelo braço e me jogou na parede: boneca alemã... e vadia... e me mandou ir me f... e tomar no c... Disse que eu tinha escolhido um pelego dos alemães, um filho de *kulak*, mas que com ele dava uma de virgenzinha. E acho que tirou uma pistola do casaco. Minha mãe ficou de joelhos na frente dele: 'Atirem, meninos, atirem. Eu andava com as suas mãezinhas quando jovem. Deixe que elas também chorem depois'. De alguma maneira, as palavras da minha mãe provocaram algum efeito neles. Conversaram entre si e foram embora. (*Silêncio.*) O amor é amargo, muito amargo...

O front estava cada vez mais perto. Durante a noite, já dava para ouvir a canhonada. Em uma madrugada chegaram visitas. 'Quem é?' 'Os *partisans*.' Entrou o meu pretendente... e com ele mais um... Meu pretendente me mostrou a pistola: 'Com esta pistola aqui eu matei o seu marido'. 'Mentira! Mentira!' 'Agora você não tem mais marido.' Eu pensei que fosse matá-lo... que eu... ia arrancar os olhos dele... (*Silêncio.*) Aí de manhã trouxeram meu Ivan... Num trenó... ele estava de capote... Os olhos fechados, um rosto infantil. Ele nunca matou ninguém... Eu acreditava nele! E ainda acredito! Fiquei no chão, me retorcendo, uivando. Minha mãe ficou com medo de que eu ficasse louca e a criança nascesse morta ou anormal, foi correndo ver uma curandeira. A velha Stássia. 'Eu conheço a sua desgraça', ela disse para a minha mãe. 'Mas não tem nada que eu possa fazer. Sua filha tem que pedir a Deus.' E ensinou como era para pedir... Quando levassem o Ivan para enterrar, eu não deveria ir atrás do caixão, como todas as pessoas vão, mas na frente. Até o cemitério. E isso passando por toda a vila... Até o fim da guerra, muitos homens já tinham ido para a floresta. Aderir aos *partisans*. Em cada casa, alguém tinha morrido. (*Chorando.*) E eu fui... na frente do caixão do *polizei*... Eu fui na frente, e minha mãe foi atrás. Todas as pessoas foram saindo de suas casas, ficavam na cancela, mas ninguém disse uma palavra sequer de ódio. Olhavam e choravam.

Voltaram os soviéticos... Aquele rapaz me achou novamente... Chegou a cavalo: 'Já estão interessados em você'. 'Quem?' 'Ora, quem? Os órgãos.' 'Para mim tanto faz onde eu vou encontrar a morte. Eles que me mandem para a Sibéria.' 'Que tipo de mãe é você? Você tem uma criança.' 'E você sabe de quem é...' 'Eu aceito você mesmo assim.' E aí eu me casei com ele. Com o assassino do meu marido. Dei à luz a filha dele... (*Chorando.*) Ele amava as crianças do mesmo jeito: tanto meu filho como a filha dele. Não posso falar mal dele. Mas eu... eu... vivia cheia de roxos, de equimoses. De madrugada ele me batia, mas de manhã ficava de joelhos, pedindo perdão. Ele tinha essa paixão ardente... Tinha ciúme até de defunto... De manhã estava todo mundo dormindo, e eu já estava acordada. Eu tinha que levantar antes de ele acordar... de ele tentar me abraçar... De madrugada, não tinha mais nenhuma janela iluminada, mas eu ainda estava na cozinha. As minhas panelas brilhavam. Eu ficava esperando ele pegar no sono. Nós vivemos juntos quinze anos, e aí ele ficou muito doente. Morreu logo depois que o outono acabou. (*Chorando.*) Não tenho culpa... não desejei a morte dele. Chegou aquele momento... o último... Ele estava com o rosto virado para a parede, e aí se virou para mim: 'Você me amava?'. Fiquei quieta. Começou a rir, como naquela noite em que ele mostrou a pistola... 'Já eu só amei você minha vida inteira. Amei tanto que queria matar você quando fiquei sabendo que ia morrer. Pedi veneno para o Iacha (nosso vizinho, que curtia peles de animais). Não consigo suportar: eu vou morrer, e você vai arranjar outra pessoa. Você é muito bonita.'

Ele estava deitado no caixão... e parecia estar rindo... Fiquei com medo de chegar perto. Mas eu tinha que dar um beijo."

(*O coro começa.*)

Ergue-te, ó imenso país,
Ergue-te para o combate mortal...
Que uma nobre fúria se levante, como uma onda.
Essa é uma guerra do povo,
Uma guerra santa...

"Vamos embora ressentidos...

Eu disse para a minha filha: quando eu morrer, quero que só tenha música, e que as pessoas fiquem em silêncio.

Depois da guerra os prisioneiros alemães arrastaram pedras. Reconstruíram as cidades. Com fome. Pediam pão. E eu não conseguia dar nem um pedacinho de pão para eles. Às vezes eu me lembro justamente desse momento... desse... É estranho essas coisas ficarem na memória..."

Na mesa ficaram as flores e um grande retrato de Timerian Zinátov. O tempo inteiro fiquei com a impressão de que naquele coro eu também estava ouvindo a voz dele, ele estava conosco.

SOBRE O RELATO DA ESPOSA DE ZINÁTOV

"Eu não consigo me lembrar de muita coisa... A casa, a família... ele nunca se interessou por isso. Era sempre a fortaleza e mais fortaleza. Ele nunca esqueceu a guerra... Ensinou as crianças que o Lênin era bom, que nós estávamos construindo o comunismo. Chegou uma vez do trabalho com o jornal na mão: 'Vamos para as grandes construções. A pátria chama'. Nossos filhos ainda eram pequenos. Vamos, e pronto. A pátria ordenou... E foi assim que eu e ele fomos parar na ferrovia Baikal-Amur... para construir o comunismo... E construímos! Acreditávamos: tínhamos tudo pela frente! Acreditávamos com todas as forças no poder soviético. De coração. Agora ficamos velhos. A glasnost, a perestroika... Ficamos ouvindo o rádio. Já não tem mais comunismo... Onde está aquele comunismo? Também não tem mais comunistas ... Não dá para entender quem está lá em cima... O Gaidar depenou tudo... O povo vive como mendigo... Um rouba alguma coisa na fábrica ou no *kolkhoz*... Outro trapaceia... É assim que sobrevivem... Mas o meu... Vivia nas nuvens... sempre lá no alto... A nossa filha trabalha em uma farmácia, trouxe uma vez uns remédios raros para vender e conseguir uns copeques. Como ele ficou sabendo? Farejou alguma coisa? 'Que vergonha! Mas que vergonha!', ele gritava. Ela foi expulsa de casa. Não tinha jeito de acalmá-lo. Outros veteranos aproveitam os privilégios... têm direito... 'Vá lá', eu pedi. 'Talvez eles também deem alguma coisa para você.' Ele começou a gritar: 'Eu lutei pela pátria, não para ter privilégios'. De madrugada ficou deitado com os olhos abertos, quieto. Eu chamava, e ele não respondia. Parou de conversar conosco. Estava muito aflito. Não estava aflito por nós, não pela família, mas por todos. Pelo país. Ele era esse tipo de pessoa. E eu sofri com ele... Preciso confessar para você, como mulher, não como escritora... Eu não o compreendia...

Colheu as batatas, colocou uma roupa um pouco melhor e foi para a fortaleza dele. Nem sequer deixou um pedaço de papel para nós. Escreveu para o Estado, para pessoas estranhas. Mas para nós, nada... uma palavra sequer...

SOBRE A DOÇURA DO SOFRIMENTO E SOBRE O CERNE
DO ESPÍRITO RUSSO

HISTÓRIA DE UM AMOR

Olga Kamirov, musicista, 49 anos

"Não... Não, isso é impossível... é impossível para mim. Eu
achava que algum dia... eu contaria para alguém... mas não agora... Não agora. Tudo em mim está como que interditado, eu me
enclausurei, me fechei toda. É... Como debaixo de um sarcófago... Eu coloquei tudo debaixo de um sarcófago... Já não tem
mais aquele fogo lá, mas alguma reação está acontecendo. Como
se uns cristais estivessem se formando. Eu tenho medo de tocar.
Tenho medo...

O primeiro amor... Será que dá para chamar assim? Meu
primeiro marido... É uma história maravilhosa. Ele me cortejou
durante dois anos. Eu queria muito me casar com ele, porque eu
precisava dele inteiro, não queria que ele se enfiasse em lugar nenhum. Todo meu! Nem sei direito para que eu precisava tanto
dele assim inteiro. Não se separar nunca, ficar o tempo todo vendo e fazendo uns escândalos, e trepar, trepar, trepar sem parar. Ele
foi o primeiro homem da minha vida. A primeira vez foi totalmente... hum... pelo interesse: o que é que iria acontecer? Mais
uma vez, e também... e no geral... tinha uma certa técnica...
Bom, era coisa de pele... pele, pele... pele e só! E assim continuou
por seis meses. Mas para ele não era de modo algum necessário
que fosse eu, ele podia achar qualquer outra. Mas por algum motivo nós nos casamos... Eu tinha vinte e dois anos. Nós estudávamos juntos no conservatório de música, ficávamos o tempo todo
juntos. Mas depois aconteceu isso... Alguma coisa se revelou em
mim, e eu deixei passar aquele momento... quando eu me apai-

xonei pelo corpo masculino, e agora tinha um que me pertencia inteiramente... Foi uma história maravilhosa... Ela podia continuar indefinidamente, mas podia terminar em meia hora. Então... Eu fui embora. Fui embora por minha própria conta. Ele suplicou para eu ficar. Por algum motivo eu decidi que ia embora. Estava tão cansada dele... Meu Deus, como eu estava cansada dele! Eu já estava grávida, com uma pançona... Para que eu precisava dele? A gente trepava, depois brigava, e depois eu chorava. Eu ainda não sabia como suportar. Não sabia perdoar.

Saí de casa, fechei a porta, e de repente senti uma alegria por estar indo embora. Por estar indo embora para sempre. Fui embora para a casa da minha mãe, ele foi correndo para lá, de madrugada, e tinha perdido totalmente as estribeiras: disse que eu estava grávida, que por algum motivo estava sempre descontente, do que mais eu precisava? 'Mas do que mais você precisa?' Mas eu tinha virado aquela página... Tinha sido muito feliz por estar com ele, e agora estava muito feliz por não estar mais. Minha vida era sempre como um cofrinho: ficava cheio, depois acabava; cheio, depois acabava.

Ai, mas foi tão bonito o parto da Anka... eu gostei tanto... Em primeiro lugar, minha bolsa rompeu... Eu caminhei por muitos quilômetros, e aí em algum ponto da floresta a minha bolsa rompeu. Eu não entendia lá muito bem: e agora, já tenho que ir para o hospital? Fiquei esperando até a noite. Era inverno, agora nem dá para acreditar, fazia um frio de quarenta graus. A casca das árvores até estalava. Mesmo assim eu decidi ir. A médica olhou: 'Seu parto vai levar dois dias'. Liguei para casa: 'Mamãe, traga chocolate. Vou ficar um bom tempo aqui'. Na ronda da manhã, uma enfermeira chegou correndo: 'Escute, a cabeça já está saindo. Vou chamar a médica'. E aí me colocaram na cadeira... Elas me diziam: 'Logo, logo. Já vai, já vai'. Não me lembro de quanto tempo se passou. Mas foi rápido... Muito rápido... Me mostraram uma espécie de bolinha: 'Você teve uma menina'. Pesaram: quatro quilos. 'Veja, não teve uma fissura sequer. Ela ficou com dó da mamãe.' Ai, quando ela foi trazida no dia seguinte: os olhos eram só umas pupilas, negras, me olhando. E eu não via mais nada...

Para mim começou uma vida nova, totalmente diferente. Eu gostei da minha nova aparência. No geral... Eu fiquei mais bonita de cara... A Anka imediatamente assumiu seu lugar, eu a idolatrava, mas de alguma maneira para mim ela não tinha absolutamente nenhuma relação com um homem. Com o fato de que ela tinha um pai. Tinha caído do céu! Do céu. Quando ela aprendeu a falar, perguntavam para ela: 'Ánetchka, você não tem papai?'. 'Eu tenho uma vovó no lugar do papai.' 'E um cachorro, você não tem?' 'Eu tenho um hamster no lugar do cachorro.' Nós duas éramos assim... Eu passei a vida inteira com medo de que eu de repente não fosse mais eu. Até quando ia tratar um dente, eu pedia: 'Não quero tomar injeção. Não precisa dar anestesia'. Meus sentimentos são os meus sentimentos, os bons e os ruins, não quero que me desliguem de mim mesma. Eu e a Anka gostávamos uma da outra. E foi assim quando nós o encontramos... o Gleb...

Se ele não fosse ele, eu nunca teria me casado de novo. Eu tinha tudo: uma criança, um trabalho, liberdade. E de repente ele... Desajeitado, quase cego... Tinha falta de ar... Admitir no seu mundo uma pessoa com uma carga tão pesada de passado: doze anos nos campos stalinistas... Foi preso novinho, com dezesseis anos. O pai... um funcionário graúdo do Partido... foi fuzilado, e a mãe foi congelada até a morte em um barril com água. Em algum lugar distante, na neve. Antes dele, eu nunca tinha pensado em nada disso... Tinha sido pioneira... do Komsomol... Uma vida maravilhosa! Magnífica! Como eu resolvi fazer isso? Como? Passa o tempo, e a dor se transforma em conhecimento. É dor e é conhecimento. Já faz cinco anos que ele não está conosco… Cinco… E tenho até pena de ele não ter me conhecido como eu sou agora. Agora eu o entendo melhor, eu cresci e alcancei o tamanho dele, mas já sem ele. Fiquei muito tempo sem conseguir viver sozinha. Eu simplesmente não queria viver. Não era da solidão que eu tinha medo, o motivo era outro: eu não sei viver sem amor. Eu preciso dessa dor… dessa pena… Sem isso… Tenho medo, eu tenho esse medo no mar. Quando eu nado até o fundo, até bem no fundo: fico sozinha… lá no fundo, no escuro… Eu não sei o que tem lá…

(*Estamos sentadas no terraço. As folhas começam a farfalhar; começa a chover.*)

Ai, esses romances de praia… De pouco tempo. Curtinhos. Um pequeno modelo de vida. Dá para começar bem e dá para sair bem. É bem aquilo que nós não temos na vida, é aquilo que nós gostaríamos de ter. É por isso que gostamos tanto de ir para outros lugares… encontrar pessoas… É isso… Eu fiz duas trancinhas, coloquei um vestido de bolinha azul, comprado um dia antes da partida no Dietski Mir.* O mar… Eu saí nadando até bem lá no fundo, a coisa que eu mais amo no mundo é nadar. De manhã eu estava fazendo exercícios debaixo de uma acácia branca. Passou um homem, um homem qualquer, de aspecto bem comum, não muito jovem; ele me viu e por algum motivo ficou muito contente. Ficou parado me olhando: 'Você quer que eu declame uns poemas para você hoje à noite?'. 'Talvez, mas agora eu vou sair nadando até bem lá no fundo!' 'Então eu vou esperar você.' E esperou mesmo, ficou algumas horas esperando. Leu uns poemas ruins, ficava o tempo todo arrumando os óculos. Mas era tocante. Eu entendi… Eu entendi que ele tinha sentimento… Aqueles movimentos, aqueles óculos, aquela agitação. Mas não

---

* Literalmente, "mundo da criança", antiga loja de brinquedos no centro de Moscou. Atualmente, é uma espécie de shopping center infantil.

me lembro de nada do que ele declamou. E por que isso deveria ser tão importante? Naquele dia também estava chovendo. Chovia. Isso eu lembro… nada foi esquecido… Os sentimentos… os nossos sentimentos, eles são como criaturas independentes, o sofrimento, o amor, a ternura. Eles vivem por conta própria, eles não dependem de nós. Por algum motivo você de repente escolhe essa pessoa, não aquela, embora aquela talvez seja melhor. Ou vira parte da vida de outra pessoa, sem nem suspeitar disso ainda. Mas já encontraram você… mandaram um sinal… 'Eu esperei tanto por você', ele disse quando se encontrou comigo na manhã seguinte. E disse isso com uma voz que me fez, por algum motivo, naquele momento, acreditar nele, embora eu não estivesse de modo algum pronta. Muito pelo contrário. Mas alguma coisa estava mudando ao redor… Ainda não era amor, mas aquela sensação de que eu de repente tinha recebido muita, muita coisa. Uma pessoa ouviu outra pessoa. Foi atendida. Saí nadando até bem lá longe. Voltei. Estava esperando. De novo ele disse: 'Tudo ficará bem para nós dois'. E por algum motivo eu de novo acreditei nisso. De noite, bebemos champanhe: 'Isso é tinto frisante, mas pelo preço de champanhe normal'. Gostei daquela frase. Fez um ovo frito: 'Eu tenho uma coisa interessante com esse ovo frito. Eu compro os ovos de dez em dez, frito de dois em dois, e sempre sobra um ovo'. Ele tinha dessas coisas bonitinhas.

Todos olhavam para nós e perguntavam: 'Ele é seu avô? Ele é seu pai?'. Eu estava usando aquele vestido tão curto… Tinha vinte e oito anos… Só depois ele ficou bonito. Comigo. Eu acho que sei o segredo… Essa porta pode ser aberta somente pelo amor… somente pelo amor… 'Eu me lembrava de você.' 'E como é que você lembrava?' 'Eu queria que eu e você fôssemos para algum lugar. Para bem, bem longe. E eu não preciso de mais nada, além de sentir que você está do meu lado. Eu sinto tanta ternura por você que basta olhar e andar a seu lado.' Eu e ele passamos juntos momentos muito felizes, absolutamente infantis. 'E se eu e você formos para alguma ilha? Lá nós podemos ficar deitados na areia.' As pessoas felizes são sempre infantis. Elas precisam ser cuidadas, são frágeis e meio ridículas. Indefesas. O que nós tínhamos era assim, mas como no geral deveria ser eu já não sei. Com um é de um jeito, com outro é diferente. É como você quiser fazer... 'A infelicidade é o melhor professor', dizia a minha mãe. Mas eu queria a felicidade. De madrugada, eu acordava pensando: o que eu estou fazendo? Eu me sentia desconfortável, e por causa dessa tensão... eu... eu tinha... 'Você fica com a nuca sempre tensa', ele reparou. O que eu estava fazendo? Aonde estava indo? Parecia ter um abismo adiante.

... Se tinha um cesto de pães... Assim que ele via o pão, começava a comer meticulosamente. Qualquer quantidade. Ele não podia largar o pão. Era a ração. E aí comia e comia, quanto pão tivesse ele comia. Eu demorei a entender...

... Ele contou da escola... Nas aulas de história, eles abriam o livro didático e desenhavam grades em cima dos retratos dos generais Tukhatchévski e Bliúkher. A diretora da escola que mandava. Ao fazer isso, cantavam uma música, davam risada. Como se fosse um jogo. Depois da aula, batiam nele e escreviam nas costas com giz 'filho de um inimigo do povo'.

... Um passo para o lado e atiravam, se você conseguisse correr até a floresta os animais selvagens fariam você em pedaços. No barracão, de madrugada, os outros podiam matar você. E sem qualquer motivo, pegavam e matavam. Sem dizer nada... nada... Era o campo de trabalhos, era cada um por si. Eu precisava entender aquilo...

... Depois que acabou o cerco de Leningrado, chegou esse comboio de sobreviventes do bloqueio. Eram esqueletos... só osso... mal lembravam seres humanos... Tinham sido presos por esconder cartõezinhos de pão que davam direito a cinquenta gramas (a cota diária) da mãe que tinha morrido... e de uma criança pequena... Deram seis anos por conta disso. Dois dias no campo de trabalho, um silêncio terrível. Os agentes de segurança... até eles estavam em silêncio...

... Ele trabalhou por um tempo na casa das caldeiras... alguém o salvou, ele já era um *dokhodiaga*.* O fornalheiro era um professor moscovita, um linguista, e ele levava para ele a lenha em um carrinho de mão. Eles discutiam: como é possível alguém que cita Púchkin atirar em pessoas desarmadas? Ou que escuta Bach...

Mas, de qualquer maneira, por que ele? Exatamente ele? As mulheres russas adoram encontrar esses infelizes. A minha avó amava um homem, mas os pais a deram em casamento para outro. Como ela desgostava dele, como não queria! Deus! E tinha decidido que, quando estivessem na igreja e o padre perguntasse para ela 'você aceita esse homem por sua vontade?', ela diria que não. Mas na hora o padre estava bêbado e, em vez de perguntar como se deve, disse: 'Você não vá ofendê-lo, ele perdeu as pernas na guerra por causa de queimaduras de frio'. Aí é claro que ela teve que se casar. Foi assim que a minha avó aceitou o meu avô para o resto da vida, um homem que ela nunca amou. Um resumo admirável de toda a nossa vida... 'Você não vá ofendê-lo, ele perdeu as pernas na guerra por causa de queimaduras de frio.' Se minha mãe foi feliz? Minha mãe... Meu pai voltou da guerra em 1945... Destruído, cansado. Doente por causa das feridas. Vencedores! Só as esposas deles sabem o que era viver com os vencedores. Minha mãe sempre chorava quando meu pai voltava. Os ven-

---

* Termo comum na literatura acerca dos campos de trabalho forçado stalinistas, denotava o prisioneiro que atingira o limite de suas forças físicas, passando a um estado de letargia que geralmente antecedia a morte por inanição. A palavra tem origem no verbo *dokhodit*, "chegar até", "atingir".

cedores demoraram anos para voltar à vida normal. Demoraram a se acostumar. Eu me lembro dos relatos do meu pai, de como ele ficou quase louco ao ouvir pela primeira vez frases como 'vamos esquentar a sauna' ou 'vamos pescar'. Os nossos homens eram mártires, todos eram traumatizados, ou por causa da guerra, ou por causa da cadeia. Por causa do campo de trabalho. 'Guerra' e 'cadeia' são as duas principais palavras russas. Russas! A mulher russa nunca teve um homem normal. Ela tem que cuidar dele, cuidar. O homem é para ela um pouco herói, um pouco criança. Salva o homem. Até hoje. Ela tem o mesmo papel. A União Soviética caiu... Agora temos as vítimas da queda do império. Da falência. Até o Gleb ficou mais corajoso depois do gulag. Ele tinha até certa arrogância: eu sobrevivi! Veja só o que eu sofri! Vi tanta coisa! Mas agora escrevo livros, beijo mulheres... Ele era orgulhoso. Mas esses tinham medo nos olhos. Só medo... O Exército estava sendo enxugado, as fábricas paradas... Tinha engenheiros e médicos vendendo coisa na feira. Mestres formados. Quantos deles a gente não via ao redor, jogados fora da locomotiva. Sentados na calçada, esperando alguma coisa. O marido de uma conhecida minha era aviador, comandante de esquadrilha. Foi reformado. Quando ela perdeu o trabalho, imediatamente mudou de ramo: ela, engenheira, virou cabeleireira. Mas ele ficava em casa, bebendo e se sentindo ofendido, bebendo porque ele, um aviador da aeronáutica, que tinha passado pelo Afeganistão, tinha que preparar mingau para as crianças. Pois é... Tinha ressentimento de todo mundo. Raiva. Foi até o centro de alistamento, pediu para ser mandado para algum lugar, para a guerra, para alguma missão especial; mas negaram. Tinha voluntários demais. Afinal, nós tínhamos milhares de militares sem trabalho, pessoas que só conheciam metralhadoras e tanques. Não serviam para outro tipo de vida. Nossas mulheres têm que ser mais fortes que os homens. Andam pelo mundo inteiro com suas bolsas quadriculadas. Da Polônia até a China. Compram e vendem. Arrastam nas costas a casa, os filhos e os pais idosos. E seus maridos. E o país. É difícil explicar isso às outras pessoas. É impossível. Minha filha se casou com um italiano... O nome dele é Sergio... Ele é jornalista. Quando eles vêm me visitar, eu e ele organizamos uns debates na cozinha. Em russo... começando cedo de manhã... O Sergio acha que os russos amam o sofrimento, que esse é o cerne do espírito russo. Para nós o sofrimento é uma 'batalha pessoal', 'o caminho para a salvação'. Mas eles, os italianos, não são assim, eles não querem sofrer, eles amam a vida, que serve para dar alegria, não sofrimento. Nós não temos isso. Raramente falamos da alegria... Do fato de que a felicidade é um mundo inteiro. Um mundo incrível! Lá tem um monte de cantinhos, de janelas, de portas, e você precisa de um monte de chavinhas para abrir isso tudo. Enquanto isso, nós somos atraídos o tempo todo pelas aleias escuras de Búnin. Pois é... Ele e a minha filha voltavam do supermercado, e ele vinha trazendo a bolsa. De noite, ela podia ficar tocando piano, e ele preparava o jantar. Comigo era tudo diferente: se ele pegava a bolsa, eu tomava de volta, dizendo que eu mesma levava, que ele não podia. Se ele ia para a cozinha, eu dizia: 'Seu lugar não é aqui. Já para a escrivaninha'. Eu sempre tive o brilho de uma luz refletida.

Um ano se passou, talvez mais... Já estava na hora dele visitar a minha casa... enfim, conhecer todo mundo. Eu já tinha avisado para ele que a minha mãe era boazinha, mas que a menina nem tanto... não era como todo mundo... Não podia garantir que ia tratá-lo bem. Ai, minha Anka... Ela colocava tudo no ouvido: brinquedos, pedras, colheres... As crianças colocam na boca, ela colocava no ouvido: queria ver como era o som! Bem cedo eu comecei a ensinar música para ela, mas era uma criança estranha, assim que eu colocava um disco, ela dava as costas e ia embora. Ela não gostava de música nenhuma, só achava interessante o jeito de as coisas soarem dentro dela. Pois então, o Gleb veio visitar, muito embaraçado, tinha cortado o cabelo e não ficou bom, ficou curto demais, ele não era particularmente bonito. E trouxe discos. Começou a contar que ele estava andando… e acabou comprando aqueles discos… E a Anka com esse ouvido dela… ela não ouve as palavras, ouve de um jeito diferente… as entonações… Logo ela foi e pegou os discos: 'Que discos malavilhosos'. Foi assim… Depois de um tempo ela me colocou na parede: 'Como é que eu não vou chamar o Gleb de papai?!'. Ele não tinha tentado agradar, ele só achava interessante ficar com ela. O amor entre eles começou depressa… Eu até tinha ciúme por eles terem mais amor um pelo outro do que por mim. Depois eu me convenci de que eu tinha outro papel… (*Silêncio.*) Aí ele perguntou: 'Anka, você gagueja?'. 'Agora eu gaguejo mal, mas antes gaguejava muito bem.' Não dá para ficar entediado. Você podia anotar o que ela falava. Então: 'Como é que eu não vou chamar o Gleb de papai?!'. Nós estávamos no parque… Gleb tinha se afastado para fumar um cigarro, aí voltou: 'Do que estão falando, meninas?'. Eu fiquei piscando para ela não falar de jeito nenhum, era no mínimo idiota. Aí ela disse: 'Então você fala'. E aí? O que mais eu podia fazer? Confessei para ele: ela está com medo de chamar você de pai sem querer. Ele: 'Não é uma questão simples, é claro, mas, se ela quer muito, pode chamar'. 'Você só precisa saber', a minha Anka disse, bem séria, 'que eu já tenho outro papai, mas eu não gosto dele. A mamãe também não gosta dele'. Eu e ela éramos sempre assim. Nós queimávamos as pontes. No caminho de casa, ele já era o papai. Ela corria e gritava: 'Papai! Papai!'. No dia seguinte, declarou para todo mundo no jardim de infância: 'Meu papai está me ensinando a ler'. 'E quem é o seu papai?' 'Ele se chama Gleb.' Um dia depois uma amiguinha dela trouxe de casa a notícia: 'Anka, você está mentindo, você não tem papai. Esse não é o seu pai de nascença.' 'Não, o outro é que não era de nascença, esse é.' Não tinha como discutir com a Anka, ele virou o 'papai'. E eu? Eu ainda não era a esposa dele... não...

Eu estava em férias... Fui viajar de novo. Ele correu atrás do vagão e ficou um tempão acenando. Mas já no trem eu comecei um romance. Dois jovens engenheiros estavam indo de Khárkov também para Sótchi, como eu. Meu Deus! Eu era tão jovem! O mar. O sol. Nós tomávamos banho de mar, nos beijávamos, dançávamos. Para mim era simples e fácil, porque o mundo é simples, era chá-chá-chá, *kazatchok** e tudo mais, eu estava no meu ambiente. Eu era amada... era levada pelo braço... Ficaram duas horas me carregando nos braços pelas montanhas... Músculos jovens, sorriso jovem. Uma fogueira até de manhã... Tive um sonho... O teto se abria. O céu era azul... Eu via o Gleb... Eu e ele estávamos indo para algum lugar. Íamos pela beira-mar, mas lá não eram essas pedrinhas lapidadas pelo mar, mas uns pedregulhos muito pontiagudos, como pregos. Eu estava de sapato, e ele, descalço. 'Descalço para sentir melhor', ele me explicava. Mas eu sabia que ele estava com dor. E por causa da dor ele começava a erguer-se... a pairar sobre a terra... Eu o via voando. Só os braços dele por algum motivo estavam cruzados, como se fosse um defunto... (*Para.*) Deus! Eu sou louca... Não devia me confidenciar com ninguém... No mais das vezes eu tenho a sensação de que sou feliz nesta vida... Feliz! Fui vê-lo no cemitério... Eu me lembro de ir. E sentir que ele estava ali, em algum lugar. E uma felicidade aguda, eu queria chorar com aquela felicidade. Chorar. Dizem que os mortos não vêm nos visitar. Não acredite nisso.

As férias terminaram, eu voltei. O engenheiro me acompanhou até Moscou. Eu prometi que contaria tudo ao Gleb... Cheguei na casa dele... Em cima da mesa dele estava uma agenda toda rabiscada, o papel de parede do escritório estava todo cober-

---

* Tipo tradicional de dança russa e ucraniana.

to de coisas escritas, até os jornais que ele lia, por todo lado tinha só três letras: s... q... a... Maiúsculas, minúsculas, de fôrma, de mão. Reticências... reticências... Eu perguntei: 'O que é isso?'. Ele decifrou: sinto que acabou. Pois bem, nós nos separamos, e era necessário contar isso para a Anka de alguma maneira. Fomos buscá-la, mas antes de sair de casa ela queria terminar um desenho! Mas ela não conseguiu, entrou no carro e começou a soluçar. Mas ele já estava acostumado com a ideia de que ela era meio louca, achou que era só coisa de uma menina prodigiosa. Já era uma cena de família: a Anka chorava, ele consolava, e eu ficava no meio dos dois... Ficava olhando para mim, olhando... E eu... isso não durava nem um minuto... um segundo... Eu entendi: ele era uma pessoa terrivelmente solitária. Terrivelmente! E... eu ia me casar com ele... eu tinha que me casar... (*Começa a chorar.*) Que felicidade por nós não termos nos desencontrado. Por eu não ter deixado passar. Que felicidade! Ele me deu toda uma vida! (*Chorando.*) Então eu ia ter que me casar... Ele temia, tinha medo, porque já tinha sido casado duas vezes. As mulheres o traíam, ficavam cansadas dele... e não dá para culpá-las... O amor é um trabalho pesado. Para mim é, sobretudo, um trabalho. Foi sem festa, sem vestido branco. Foi tudo muito discreto. E eu sempre tinha sonhado com uma festa de casamento, com o vestido branco, com o momento em que eu iria jogar de uma ponte o buquê de rosas brancas na água. Esses eram os meus sonhos.

Ele não gostava que fizessem muitas perguntas... Tinha sempre alguma bravata... para fazer parecer engraçado... coisa de prisioneiro, para ocultar em coisas engraçadas tudo que fosse sério. O patamar é mais alto. Por exemplo, ele nunca dizia 'livre', mas sempre 'livrinho'. 'Estou livrinho de novo.' Nos raros momentos... Em que ele contava histórias com tanto gosto, com tanta paixão... Eu simplesmente sentia a alegria que ele tirava de lá: de como ele conseguiu um pedaço de pneu, amarrou aquilo na bota, e eles iam para um comboio de transferência, e ele ficou muito alegre por ter aquele pedaço de pneu. Uma vez trouxeram meio saco de batata, e, em algum lugar, quando ele estava trabalhando como 'livrinho', alguém deu um pedaço grande de carne. De madrugada, na casa das caldeiras, eles fizeram uma sopa: 'E você quer saber? Ficou tão gostoso! Tão incrível!'. Quando foi posto em liberdade, ele recebeu uma compensação pelo pai. Disseram para ele: 'Nós temos uma dívida com você, pela casa, pelos móveis...'. Deu um bom dinheiro. Ele comprou um terno novo, uma camisa nova, sapatos novos, comprou uma máquina fotográfica e foi comer no melhor restaurante de Moscou, o Nacional, pediu todas as coisas mais caras, bebeu conhaque, café, comeu um bolo de marca. No fim, quando estava satisfeito, pediu para alguém tirar uma foto dele nesse momento, que era o mais feliz da sua vida. 'Já de volta ao apartamento em que eu morava', ele relembrava, 'eu me flagrei pensando que não estava sentindo a felicidade. Com aquele terno, com aquela máquina fotográfica... Por que não tinha felicidade? Vieram à memória aquele pneu, aquela sopa na casa das caldeiras: lá eu tinha sentido a felicidade'. E nós tentávamos entender... Pois é... Onde é que vive essa liberdade? Ele não abriria mão do campo por nada... não trocaria... Era o tesouro secreto dele, a riqueza dele. Ele ficou no campo dos dezesseis até quase os trinta... Então conte... Eu perguntava para ele: 'E se não tivessem prendido você?'. Ele respondia com uma piada: 'Eu seria um idiota e andaria num carro de corrida vermelho. O que estivesse mais na moda'. Só bem no fim... Já no fim... quando estava no hospital... Falou comigo a sério pela primeira vez: 'É como no teatro. Da plateia você vê um belo conto de fada, um palco arrumado, atores esplêndidos, uma luz enigmática, mas quando você vai para trás dos bastidores... Logo atrás das cortinas, tem uns pedaços de tábua, trapos, telas incompletas e largadas... garrafas vazias de vodca... restos de comida... Não tem mais conto de fada. É escuro... sujo... Eu fui levado para trás dos bastidores... você entende?'.

... Ele foi jogado no meio dos bandidos. Um menino... Ninguém nunca deveria ficar sabendo o que aconteceu lá...

... A beleza indescritível do Norte! A neve silente... a luz que vem dela, mesmo de madrugada... E você é um animal de carga. Você é pisoteado, como que devolvido para a natureza. 'A tortura da beleza', era como ele chamava isso. O ditado favorito dele era: 'Quando Ele fez as flores e as árvores, elas saíram melhores que as pessoas'.

... Do amor... Ele falava de como tinha sido a primeira vez... Eles trabalhavam na floresta. Perto deles, iam levando uma fila de mulheres para o trabalho. As mulheres viram os homens, pararam, e não saíram do lugar. O chefe da guarda: 'Vamos adiante! Adiante!'. As mulheres continuaram paradas. 'Adiante, cacete!' 'Cidadão chefe, deixe-nos ir até onde estão os homens, não podemos mais avançar. Vamos começar a uivar!' 'O que vocês estão dizendo? Estão possuídas! Estão possessas!' Ficaram paradas: 'Não vamos a lugar nenhum'. O comandante: 'Vocês têm meia hora. Dispersar!'. Num instante a fila se dispersou. Mas voltaram todas a tempo. Pontualmente. Voltaram felizes. (*Silêncio.*) Onde vive essa felicidade?

... Lá ele escrevia poesia. Alguém o denunciou para o chefe do campo, falou que ele estava escrevendo. O chefe chamou para conversar: 'Faça para mim uma carta de amor em versos'. Ele se lembrava desse pedido e ficava envergonhado. Parece que a amada desse outro morava nos Urais.

... Voltou para casa no compartimento de cima. O trem levou duas semanas para chegar. Atravessou a Rússia inteira. Ele ficou o tempo todo deitado lá em cima, tinha medo de cair lá embaixo. Saía para fumar de madrugada. Ele tinha um medo: se os companheiros de viagem oferecessem alguma coisa, ele começaria a chorar. Iam querer conversar. E ficariam sabendo que ele estava vindo do campo de trabalho... Ele foi recebido por uns parentes distantes do pai. Eles tinham uma menina pequena. Ele a abraçou, e ela começou a chorar. Tinha alguma coisa nele... Ele era uma pessoa terrivelmente solitária... Mesmo comigo. Eu sei: comigo também era...

Agora ele declarava para todo mundo, com orgulho: 'Tenho uma família'. Todo dia ele se surpreendia com a vida familiar normal, mas em geral se orgulhava muito disso. Mas o medo... mesmo assim o medo... não sabia viver sem ele. Medo. Acordava de madrugada molhado de suor, por causa do terror: não conseguiria terminar de escrever o livro (estava escrevendo um livro sobre o pai), não receberia mais encomendas de tradução (era tradutor técnico do alemão), não conseguiria alimentar a família. De repente eu poderia querer ir embora... Primeiro era o medo, depois a vergonha por esse medo. 'Gleb, eu amo você. Se você quiser que eu vá dançar no balé por você, eu vou. Sou capaz de tudo por você.' Ele tinha sobrevivido no campo, mas na vida comum um policial qualquer que parasse o carro podia levá-lo a um infarto... ou uma ligação da administração predial... 'Como é que você conseguiu ficar vivo lá?'. 'Fui muito amado na infância.' Nós somos salvos pela quantidade de amor recebido, é a nossa reserva de força. Pois é... Só o amor nos salva. O amor é aquela vitamina sem a qual o ser humano é incapaz de viver, o sangue coagula, o coração para. Eu fui enfermeira... babá... atriz... Fui de tudo.

Eu considero que nós tivemos sorte... Era uma época importante... A perestroika! Era uma sensação de festa, é claro. Parecia que logo, logo decolaríamos para algum lugar. A liberdade estava pairando no ar. 'Gleb, essa é a sua época! Dá para escrever tudo. Publicar.' Era acima de tudo a época deles... a época dos sessentistas... O triunfo deles. Eu o vi feliz: 'Consegui viver até a vitória completa do anticomunismo'. Estava acontecendo aquilo com que ele mais tinha sonhado: a ruína do comunismo. Agora iriam tirar os monumentos dos bolcheviques e o sarcófago do Lênin da praça Vermelha, as ruas não teriam mais nomes de assassinos e carrascos... Era uma época de esperança! Os sessentistas, embora agora falem o que querem deles, mas eu amo todos eles. Ingênuos? Românticos? Sim!!! Ele ficava dias inteiros lendo os jornais. De manhã, ele ia na banca da Soiuzpetchat* que ficava do lado da nossa casa. Com uma sacola grande de feira. Ouvia rádio e via televisão. Sem parar. Naquela época estavam todos meio loucos. Li-ber-da-de! A própria palavra inebriava. Todos nós tínhamos crescido lendo o *samizdat* e o *tamizdat*.** Tínhamos crescido com a palavra. Com a literatura. Como nós falávamos! Como todo mundo falava tão bem naquela época! Eu ficava preparando o almoço ou o jantar, ele ficava sentado ao lado, com o jornal, lendo para mim: 'Susan Sontag: o comunismo é o fascismo com um rosto humano... Tem mais... Ouça mais isto aqui...'. Eu e ele líamos o Berdiáiev... o Hayek...*** Como é que nós vivíamos antes sem esses jornais e livros? Se nós tivéssemos conhecido isso antes... Tudo teria sido diferente... O Jack London tem um conto sobre esse tema: você pode viver até numa camisa de força, é preciso só espremer-se, apertar-se e acostumar-se. E dá

---

* Órgão soviético que organizava a publicação e distribuição de todos os jornais e revistas do país.

** Enquanto o *samizdat* designa a produção literária clandestina ou ilegal durante a União Soviética, o *tamizdat* refere-se particularmente aos escritos russos que foram publicados fora e contrabandeados de volta à URSS.

*** Nikolai Berdiáiev (1874-1948), filósofo russo que emigrou para a França, em 1920. Friedrich Hayek (1899-1992), filósofo e ensaísta liberal austríaco.

até para sonhar. Assim é que nós vivíamos. Mas e agora, como é que íamos viver? Eu não sabia como, mas imaginava que todos nós viveríamos bem. Não tinha dúvida nenhuma... Aí, depois que ele morreu, eu encontrei no diário dele a seguinte anotação: 'Estou relendo Tchékhov... O conto 'O sapateiro e a força maligna'. Um homem vende sua alma ao diabo em troca de felicidade. Que tipo de felicidade o sapateiro imaginou para si mesmo? Andar de caleche, vestido com um casaco novo e calçando botas de pele, com uma mulher peituda sentada ao lado, e ter em uma mão um pernil e na outra um litro de vinho de trigo.* Não precisa de mais nada...'. (*Fica pensativa.*) Ele nitidamente tinha dúvidas... Mas queria tanto o novo. Que fosse bom e luminoso, e muito justo. Íamos correndo para todas as manifestações e comícios, felizes... Antes disso eu tinha medo de multidões. De montes de gente. Eu tinha repulsa por multidões, por esses desfiles festivos. Bandeiras. Mas ali eu gostava de tudo... à minha volta tantos rostos familiares... Nunca vou me esquecer desses rostos! Tenho saudade daquele tempo, eu sei que muitos também têm. A nossa primeira viagem em excursão para o exterior. Para Berlim. Quando ouviram alguém falando russo, duas jovens alemãs se aproximaram do nosso grupo: 'Russos?'. 'Sim.' 'Perestroika! Gorby!', e começaram a nos abraçar. Eu fico pensando: onde estão esses rostos? Onde estão aqueles belos rostos que eu vi nas ruas nos anos 1990? O que aconteceu, todos foram embora?

... Quando eu fiquei sabendo que ele tinha câncer, fiquei a noite inteira deitada, chorando, e de manhã fui voando visitá-lo no hospital. Estava sentado no peitoril, amarelo e muito feliz, ele sempre ficava feliz quando alguma coisa mudava na vida. Uma hora era o campo, depois o degredo, depois começou a liberdade

---

* Bebida tradicional russa à base de trigo.

e agora mais isso... A morte era como mais uma mudança... 'Você tem medo de que eu morra?' 'Tenho.' 'Bom, em primeiro lugar, eu não prometi nada para você. E, em segundo lugar, não vai ser logo.' 'Verdade?' Eu, como sempre, acreditei nele. Enxuguei imediatamente as lágrimas e me convenci de que eu precisava de novo ajudá-lo. Não chorei mais... até o fim eu não chorei... Eu chegava de manhã na enfermaria, e aí começava a nossa vida, antes nós morávamos em casa, mas agora morávamos no hospital. Ainda passamos seis meses no centro oncológico...

Ele lia pouco. Contava mais histórias...

Ele sabia quem tinha denunciado. Um menino... estudava com ele no grupo da Casa dos Pioneiros. Ou escreveu a carta por conta própria, ou foi forçado: xingou o camarada Stálin, tentou justificar o pai, um 'inimigo do povo'. O investigador mostrou essa carta para ele durante o interrogatório. O Gleb passou a vida inteira com medo... Com medo de que o delator soubesse que ele sabia... Quando ele foi informado de que o outro tinha tido um filho deficiente, ficou assustado: será que não era um castigo? No fim nós até moramos perto dele durante um tempo, a gente sempre se encontrava na rua. No mercado. Eles se cumprimentavam. O Gleb morreu, e eu contei para uma amiga nossa em comum... Ela não acreditou: 'N.? Não pode ser, ele sempre fala tão bem do Gleb, de como eles eram amigos na infância'. Eu entendi que devia ficar calada. Pois é... Saber dessas coisas é perigoso para uma pessoa... Ele sabia disso... Os antigos companheiros de campo raramente nos visitam, ele não procurava por eles. Quando eles apareciam lá em casa, eu me sentia uma estranha, eles vinham de um lugar em que eu não existia ainda. Eles sabiam mais coisas dele do que eu sabia. Eu descobri que ele tinha uma outra vida... Eu entendi que uma mulher pode falar de suas humilhações, mas um homem, não. Para a mulher é mais fácil admitir, porque lá no fundo ela está preparada para a violência, mesmo o ato sexual...

A cada mês, a mulher recomeça sua vida novamente... com esses ciclos... A própria natureza a ajuda. Entre as mulheres que tinham sido presas no campo, muitas eram solitárias. Eu vi poucos casais desse tipo, em que os dois, ele e ela, tivessem vindo de lá. Esse segredo como que os separava, e não os unia. Eles me chamavam de 'criancinha'...

'Você acha interessante a nossa companhia?', o Gleb me perguntava quando os convidados iam embora. 'Que pergunta é essa?', eu ficava ofendida. 'Sabe do que eu tenho medo? Quando tudo isso era interessante, tínhamos uma mordaça na boca, mas agora, quando nós podemos contar tudo, já é tarde. Parece que ninguém ouve mais. Não lê. As pessoas levam novos manuscritos sobre os campos de trabalho para os editores, e eles devolvem sem nem ler: 'De novo Stálin e Béria? Esse projeto não é comercial. O leitor já está farto disso'.

... Ele tinha se acostumado a morrer... Não tinha medo dessa pequena morte... Os criminosos que viravam chefes de brigada vendiam rações de pão para eles, depois ganhavam nas cartas, e eles tinham que comer betume. Betume negro. Muitos morriam. O estômago ficava colado. Mas ele simplesmente parou de comer, só bebia.

... Um moleque fugiu... fugiu de propósito, para que atirassem nele... Na neve... à luz do sol... Uma visibilidade excelente. Atiraram na cabeça, arrastaram com uma corda e colocaram na frente do barracão: vejam! Ele ficou muito tempo lá... até a primavera...

... Era o dia das eleições... Teve concerto na seção eleitoral. O coro do campo se apresentou. Tinha presos políticos, vlassovianos, prostitutas, batedores de carteira: todos cantando músicas sobre o Stálin. 'Stálin é a nossa bandeira! Stálin é a nossa alegria!'

... Num campo de trânsito ele encontrou uma menina. Ela contou de como o investigador fez para convencê-la a assinar a ata: 'Você vai para o inferno... Mas você é bonita, algum chefe vai acabar gostando de você. E você vai se salvar'.

... A primavera era especialmente terrível. Tudo na natureza mudava... tudo começava a viver... Era melhor não perguntar para ninguém quanto tempo ainda faltava de prisão. Na primavera, qualquer prazo é uma eternidade! Os pássaros voam, mas ninguém levanta a cabeça. Ninguém olha para o céu na primavera...

Eu olhava para a porta, ele acenava. Voltava depois de umas horas, e ele já tinha perdido a consciência. Pedia: 'Espere. Espere'. Depois parou, só ficava lá deitado. Por mais três dias. Até com aquilo eu me acostumei. Pois bem, ele está aqui deitado, eu estou aqui viva. Colocaram uma cama para mim ao lado dele. Aí... No terceiro dia... Já estava difícil dar injeção intravenosa... Trombose... Eu devia dar autorização aos médicos para que parassem tudo, ele não teria dor, não sentiria mais nada. E nós dois ficamos completamente sozinhos. Sem aparelhos, sem médicos, ninguém mais vinha vê-lo. Fiquei deitada do lado dele. Estava frio. Eu me enfiei debaixo do cobertor junto com ele e peguei no sono. Acordei... por um segundo me pareceu que nós estávamos dormindo em casa, com a varanda toda aberta... ele ainda não tinha acordado... Fiquei com medo de abrir os olhos... Abri, e me lembrei de tudo... Aí eu fiquei agitada... Levantei, coloquei as mãos no rosto dele: 'A-a-ah...', ele me ouviu. Estava começando a agonia... e eu fiquei lá sentada... segurando a mão dele, ouvi a última batida do coração. Fiquei ainda muito tempo lá sentada... Chamei a enfermeira, ela me ajudou a vestir uma camisa nele, uma camisa azul, a cor favorita dele. Eu pedi: 'Posso ficar um pouco sentada aqui?'. 'Claro, por favor. Você não tem medo?' Do que é que eu poderia ter medo? Eu o conhecia... como uma mãe conhece seu filho... Quando a manhã chegou, ele tinha ficado bonito... Sumiu do rosto o medo, desapareceu a tensão, toda aquela preocupação da vida. E eu vi os traços dele, finos, elegantes. Era o rosto de um príncipe oriental. Assim é que ele era! Assim é que ele era na realidade! Eu não conhecia assim.

Ele teve um único pedido: 'Escreva na pedra que vai ficar em cima do meu túmulo que eu fui um homem feliz. Fui amado. A tortura mais terrível é não ser amado'. (*Silêncio.*) Nossa vida é tão curta... É um piscar de olhos! Eu me lembro de como minha velha mãe olhava de noite para o jardim... dos seus olhos ...

(*Fica um bom tempo em silêncio.*)

Não consigo... não sei viver sem ele... E já tem gente dando em cima de mim. Me trazem flores.

(*No dia seguinte, recebo uma ligação inesperada.*)

Passei a noite toda chorando... uivando de dor... Passei o tempo inteiro fugindo... fugindo... indo para longe. Mal consegui suportar... Mas ontem acabei voltando de lá novamente... fui trazida de volta... Eu andava toda enfaixada, mas comecei a desatar essas faixas, e vi que nada tinha cicatrizado. Eu pensei que debaixo dessas faixas eu já tinha uma pele nova, mas não era nada disso. Nada estava curado. Não tinha sumido nada... tudo que aconteceu... Tenho medo de confiar isso a alguém. Ninguém vai suportar esse peso. Não dá para segurar isso tudo nas mãos...

HISTÓRIA DE UMA INFÂNCIA
Maria Voitechónok, escritora, 57 anos

"Sou uma *ossádnitsa*. Nasci na família de um oficial polonês *ossadnik* degredado ('osadnik' em polonês significa 'colono', uma pessoa que recebeu terras na chamada Fronteira Oriental depois do fim da guerra polaco-soviética em 1921). Mas em 1939 (com o protocolo secreto do pacto Mólotov-Ribbentrop) a Bielorrússia Ocidental foi anexada à URSS, e milhares de colonos *ossadnik* foram mandados para a Sibéria junto com suas famílias como um 'elemento político perigoso' (de acordo com a correspondência entre Béria e Stálin). Mas essa é a história grande, e eu tenho a minha... que é pequena...

Não sei o dia do meu nascimento... nem mesmo o ano... Comigo é tudo aproximado. Não achei documento nenhum. Eu existo e não existo. Não me lembro de nada e me lembro de tudo. Eu acho que a minha mãe fugiu grávida de mim. Por quê? Eu sempre fico agitada com o apito das locomotivas... e com o cheiro dos dormentes... e com o choro das pessoas nas estações... Eu posso pegar um bom trem expresso, mas se eu escuto ao lado o ruído de um trem de carga as lágrimas já começam a cair. Não tenho forças para ver um vagão de gado, para ouvir o berro dos animais... Nós éramos levados nesses vagões. Eu ainda não existia. E eu existia. Nos meus sonhos não vejo rostos... um enredo... todos os meus sonhos são feitos de sons... de cheiros...

Região do Altai. Cidade de Zmeinogorsk, rio Zmeiovka... Os degredados eram descarregados fora da cidade. Perto do lago. Começamos a viver na terra. Em abrigos de terra. Eu nasci debaixo da terra, cresci lá. A terra para mim desde a infância tem cheiro de casa. Gotejava do teto, um torrão de terra se voltava, caía e alguma coisa pulava em mim. Era uma rã. Mas eu era pequena, ainda não sabia o que era preciso temer. Dormia com duas cabrinhas, numa caminha quentinha feita de "bolinha" de cabra... A primeira palavra foi 'me-e-e'... os primeiros sons... e não 'ma'... 'mamãe'. Minha irmã mais velha, Vládia, lembrou como eu fiquei surpresa com o fato de que as cabrinhas não falavam, como nós. O meu assombro. Elas pareciam iguais a mim. O mundo era íntegro, indivisível. Mesmo agora eu não sinto essa diferença entre nós, entre as pessoas e os animais. Eu sempre converso com eles... e eles me entendem... E os besourinhos, as aranhazinhas... eles também ficavam por perto... besourinhos tão coloridos, tão cheios de cor. Meus brinquedos. Na primavera, nós saíamos juntos para o sol, rastejávamos pela terra, procurávamos comida.

Pegávamos calor. Aí no inverno ficávamos parados, como árvores, caíamos numa espécie de torpor, por causa da fome. Eu tive a minha escola, não fui ensinada só por pessoas. Eu também ouço as árvores, a grama. A coisa que eu acho mais interessante na vida são os animais, são realmente interessantes. Como eu poderia me afastar daquele mundo... daqueles cheiros... Não conseguia. Aí finalmente o sol! O verão! Eu ficava lá em cima... à minha volta uma beleza ofuscante, e ninguém que preparasse comida para ninguém. E tudo é ainda cheio de som, cheio de cores. Eu provava o sabor de cada graminha, de cada folhinha... de cada florzinha... todas as raízes... uma vez comi meimendro, por pouco não morri. Muitas cenas na memória... Eu me lembro de uma montanha chamada Barba Azul e da luz azulada que tinha nela... uma iluminação... A luz vinha exatamente do lado esquerdo, da escarpa. Ia de cima a baixo... Que espetáculos eram aqueles! Lamento não ter talento para transmitir o que era aquilo. Para trazer aquilo à vida. As palavras são só um complemento às situações. Aos nossos sentimentos. Papoulas vermelhas, lírios-brancos, peônias... Tudo isso se estendia diante dos meus olhos. Debaixo dos meus pés. Ou uma outra cena... Eu estava sentada junto a uma casa. Pela parede, uma mancha de sol ia deslizando... e ela tem várias cores... muda o tempo todo. Fiquei um tempão sentada nesse mesmo lugar. Se não fosse por essas cores, eu certamente teria morrido. Não teria sobrevivido. Não lembro o que nós comíamos... se nós tínhamos alguma comida de gente...

De noite eu vi passando umas pessoas escuras. Roupas escuras, rostos escuros. Eram os degredados voltando das minas... eles eram todos parecidos com meu pai. Eu não sei se meu pai me amava. Alguém me amava?

Eu tenho muito poucas lembranças... Sinto falta delas. Procuro na escuridão, tento arrancar mais coisas de lá. É raro... muito raro eu de repente me lembrar de alguma coisa de que não me lembrava antes. Sinto um pouco de amargura, mas sou feliz. Eu na época era extremamente feliz.

Não consigo me lembrar de nada do inverno... No inverno eu passava o dia inteiro no abrigo de terra. O dia era parecido com a noite. Tudo ficava na penumbra. Nem um pontinho sequer colorido... Nós tínhamos alguma coisa além de tigelas e colheres? Não tínhamos roupa nenhuma... para ter alguma coisa parecida com roupa... nós nos enrolávamos com uns trapos. Nem um pontinho sequer colorido. Sapatos... Quais sapatos? Galochas... eu me lembro de galochas... eu também tinha galochas, grandes e velhas, como as da minha mãe. Deviam ser da minha mãe... O primeiro casaco foram me dar no orfanato, as primeiras luvas também. Um chapeuzinho. Eu lembro que na escuridão mal dava para ver o rosto branco da Vládia... Ela passava dias inteiros deitada, tossindo, ficou doente nas minas, pegou tuberculose. Eu já conhecia essa palavra... A mamãe não chorava... Não me lembro da minha mãe chorando, ela falava pouco, e depois acho que parou totalmente de falar. Quando a tosse dava uma trégua, a Vládia me chamava: 'Repita comigo... É Púchkin'. Eu repetia: 'Frio e sol, um dia deslumbrante! Ainda dormitas, amiga fascinante!'. E eu imagino o inverno. Como no Púchkin.

Sou uma escrava da palavra... Acredito inteiramente na palavra. Sempre espero uma palavra das pessoas, das pessoas desconhecidas também, das desconhecidas espero até mais. Você ainda pode ter esperanças em uma pessoa desconhecida. Como se eu mesma quisesse falar... e então decidi... Estou pronta. Quando eu começo a contar para alguém, depois, naquele ponto a respeito de que eu falava, já não encontro nada. Lá está um vazio, eu perco aquelas lembranças. Lá instantaneamente fica um buraco. E é preciso esperar um bom tempo para elas voltarem. Por isso eu mantenho o silêncio. Eu reelaboro tudo dentro de mim. Passagens, labirintos, buracos...

Retalhos... De onde foi que eu tirei aqueles retalhos e farrapos? São coloridos, muitos tons carmesins. Alguém trouxe para mim. Com esses retalhos, eu costurei umas figurinhas, cortei meu cabelo e fiz uns penteados nelas. Eles eram meus amiguinhos... Bonecas eu nunca tinha visto, não sabia nada de bonecas. Já morávamos na cidade, mas não numa casa, e sim num porão. Tinha só uma janelinha embaçada. Mas já tínhamos recebido um endereço: rua Stálin, número 17. Como os outros... como todos... nós já tínhamos um endereço. Lá eu brincava com uma menina... a menina era de uma casa, não de um porão. Andava de vestido e de botinhas. Já eu, andava com as galochas da minha mãe... Eu a trouxe para mostrar esses retalhos, na rua eles ficavam ainda mais bonitos do que no porão. A menina começou a pedir os retalhos para ela, queria trocar os retalhos por alguma coisa. Eu não queria trocar por nada! Veio o pai dela: 'Não faça amizade com essa mendiga', ele disse. Eu percebi que tinham me pegado e afastado. Eu tinha que ir embora quieta, ir logo embora daquele lugar. Claro, isso já são palavras de adulto, não de criança. Mas o sentimento... eu me lembro daquele sentimento... Você sente tanta dor que já não tem ressentimento nem pena de si mesma, você de repente tem muita liberdade. Mas não tem pena de si mesma... Quando tem pena, quer dizer que a pessoa ainda não olhou tão para dentro de si, ela ainda não se desprendeu das pessoas. Mas se já se desprendeu, ela não precisa das pessoas para nada, para ela basta o que tem dentro de si. Eu olhei para dentro de mim mesma até demais... Acho difícil ter ressentimento. Raramente choro. Acho ridículas essas adversidades normais, esses ressentimentos femininos... Para mim isso é um show... o show da vida... Mas se eu ouço uma criança chorando... nunca passo reto por um mendigo... Nunca passo reto. Eu me lembro desse cheiro, do cheiro da pobreza... É como se fossem ondas, eu ainda estou conectada com aquilo. Esse é o cheiro da minha infância. Dos meus cueiros.

Eu estava andando com a Vládia… nós estávamos com um xale de lã… Uma coisa bonita, feita para algum outro mundo. Um pedido pronto. A Vládia sabia costurar, nós vivíamos com esse dinheiro. A mulher acertou conosco, depois disse: 'Eu vou cortar umas flores para vocês'. Como? Um buquê para nós? Estávamos lá, duas pedintes, usando roupas de pano de saco… com fome, com frio… E íamos ganhar flores! Nós sempre pensávamos só em pão, mas aquela pessoa tinha conseguido perceber que nós éramos capazes de pensar em alguma outra coisa. Você se trancava, se isolava, e aí alguém vinha e abria essa janelinha… escancarava essa janela… No fim, além de pão… além de comida… nós também podíamos ganhar um buquê de flores! Ou seja, nós não diferíamos dos outros em nada. Nós… éramos iguais… Aquilo era uma transgressão das regras: 'Eu vou cortar umas flores para vocês'. Não ia arrancar, não ia colher, mas ia cortar do próprio jardim. A partir daquele momento… Talvez aquela tenha sido a minha chave… tinham me dado a chave… Aquilo me pôs de cabeça para baixo… Eu me lembro daquele buquê… um grande buquê de cosmos… Agora eu sempre planto algumas delas na minha *datcha*. (*Nós estamos precisamente na datcha dela. Lá veem-se muitas flores e árvores.*) Pouco tempo atrás eu fui à Sibéria… À cidade de Zmeinogorsk… voltei para lá… Procurei a nossa rua… nossa casa… nosso porão… Mas a casa não existia mais, tinha sido demolida. Perguntei para todo mundo: 'Mas você se lembra?'. Um velhinho lembrou que sim, no porão morava uma moça bonita, ela ficou doente. As pessoas se lembram mais da beleza que do sofrimento. E nós ganhamos o buquê porque a Vládia era bonita.

Eu fui ao cemitério… Bem perto do portão, tinha uma guarita, com as janelas tapadas. Fiquei um bom tempo batendo. Saiu o guarda, ele era cego… Seria um sinal? 'O senhor sabe me dizer onde os degredados foram enterrados?' 'Ah… lá-á-á…', e apontava com a mão ora para cima, ora para baixo. Umas pessoas acaba-

ram me levando para o canto mais distante... Só tinha grama...
só grama... De madrugada, não dormi, me sentia sufocada. Tive
um espasmo... a sensação de que alguém estava me sufocando...
Fugi correndo do hotel para a estação. Fui a pé, atravessando a
cidade inteira, vazia. A estação estava fechada. Fiquei sentada nos
trilhos, esperando até de manhã. Numa encosta da ferrovia, tinha
um rapaz e uma moça sentados. Estavam se beijando. Amanhe-
ceu. O trem chegou. Um vagão vazio... Entramos: eu e quatro
homens de casacos de couro, barbeados, com cara de criminosos.
Começaram a me oferecer pepinos e pão. 'Vamos jogar cartas?' Eu
não tive medo.

Pouco tempo atrás eu me lembrei... estava andando de trólebus... estava andando e me lembrei... De Vládia cantando:
'Procurei o túmulo da amada, mas não é fácil encontrá-la...'. No
fim, essa era a música favorita do Stálin... quando cantavam, ele
chorava... E eu me apaixonei de cara por essa música. Umas amigas vieram ver a Vládia, chamaram para dançar. Eu me lembro de
tudo isso... Eu já tinha seis ou sete anos... Eu vi que na roupa de
baixo elas tinham costurado arame em vez de elástico. Para que
não desse para rasgar... Lá só tinha degredados... prisioneiros...
Toda hora matavam alguém. Eu também já sabia do amor. Um
rapaz muito bonito veio visitar Vládia quando ela ficou doente;
ela estava vestida com uns trapos, tossindo. Mas ele olhava de um
jeito para ela...

Sinto dor, mas isso é tudo meu. Não vou fugir disso... Não
posso dizer que aceitei tudo, que sou grata pela dor, eu precisaria
de uma outra palavra. Agora não consigo encontrar essa palavra.
Sei que nessa condição fico longe de todos. Fico sozinha. Tomar o
sofrimento em minhas mãos, possuí-lo completamente e sair dele, tirar alguma coisa dali. Isso é uma vitória tremenda, só há sentido nisso. Você não fica de mãos vazias... Do contrário, para que
descer até o inferno?

Aí alguém me levou até a janela: 'Veja, estão levando ali o seu pai...'. Uma mulher desconhecida arrastava alguma coisa num trenó. Alguém ou alguma coisa... embrulhado num cobertor e amarrado com uma corda... Depois eu e minha irmã enterramos a nossa mãe. Ficamos sozinhas. Vládia já não estava andando direito, as pernas falhavam. A pele se soltava, como se fosse papel. Trouxeram uma garrafinha para ela... Eu achei que era remédio, mas era algum ácido. Era veneno. 'Não tenha medo...', ela me chamou e me entregou essa garrafinha. Ela queria que nós nos envenenássemos juntas. Eu peguei aquela garrafinha... Saí correndo e joguei no fogão. O vidro quebrou... O fogão estava frio, fazia tempo que ninguém cozinhava nada ali. Vládia começou a chorar: 'Você é igualzinha ao papai'. Alguém nos encontrou... Talvez as amigas dela. Vládia já tinha perdido os sentidos... Ela foi levada para o hospital, eu, para o orfanato. Meu pai... Eu queria conseguir me lembrar dele mas, por mais que eu tente, não consigo ver o rosto dele, não tenho o rosto dele na minha memória. Depois eu o vi em uma foto na casa da titia, novo. É verdade... eu era parecida com ele... Essa é a nossa ligação. Meu pai se casou com uma moça camponesa muito bonita. De uma família pobre. Quis fazer dela uma fidalga, mas mamãe sempre usou lenço na cabeça, abaixando bem, quase até a sobrancelha. Não era uma fidalga. Na Sibéria, meu pai viveu pouco tempo conosco... ele foi embora, morar com outra mulher... E eu já tinha nascido... Eu era um castigo! Uma maldição! Ninguém tinha forças para me amar. Minha mãe também não tinha forças. Estava programado nas minhas células: o desespero dela, o ressentimento dela... e a falta de amor... Eu sempre sinto falta do amor, mesmo quando me amam eu não acredito, eu preciso constantemente de provas. De sinais. Preciso deles a cada dia. A cada instante. Para mim, é difícil amar... eu sei... (*Silêncio prolongado.*) Eu amo as minhas lembranças... Amo as minhas lembranças pelo fato de que nelas todos estão vivos. Lá, eu tenho tudo: minha mãe... meu pai... a Vládia... Eu preciso sempre me sentar numa mesa comprida. Com uma toalha branca. Eu moro sozinha, mas na minha cozinha tem uma mesa grande. Talvez eles estejam todos comigo... Às vezes estou andando e repito o gesto de alguém. Não meu... um gesto da Vládia... ou da mamãe... Parece até que nossas mãos encostam uma na outra...

Eu estava no orfanato... No orfanato, um órfão *ossádnik* era criado até os catorze anos, depois era enviado para as minas. E aos dezoito anos tinha tuberculose... como a Vládia... Era o destino. Em algum lugar lá longe, temos uma casa, dizia a Vládia. Mas muito longe. Lá ficou a tia Marylia, irmã da mamãe... Uma camponesa analfabeta. Ela ficou andando e esmolando. Uns estranhos acabaram escrevendo as cartas. Até hoje não entendo... mas como? Como ela conseguiu? No orfanato, chegou a ordem: me enviar, junto com minha irmã, para o endereço tal. Na Bielorrússia. Na primeira vez, não conseguimos chegar até Minsk, em Moscou nos fizeram descer do trem. Tudo se repetiu: a Vládia começou a ter febre, foi mandada para o hospital; eu, fui colocada numa sala isolada. Da sala isolada, fui para o centro de recepção e distribuição. Era uma espécie de porão, com cheiro de cloro. Pessoas estranhas... O tempo inteiro eu vivi em meio a pessoas estranhas... A vida inteira. E a titia escrevia... escrevia... Depois de seis meses, me encontrou no centro de recepção. De novo ouvi as palavras 'casa', 'tia'... Fui levada até o trem... Um vagão escuro, só o corredor era iluminado. Sombras de pessoas. Uma professora estava comigo. Chegamos a Minsk e compramos a passagem para Postávy... eu me lembro de todos esses nomes... a Vládia pediu: 'Memorize. Lembre-se de que a nossa propriedade é Sovtchino'. De Postávy fomos a pé para Gridki... para o vilarejo da titia... Sentamos perto da ponte para tomar ar. Nessa hora, um vizinho vinha vindo de bicicleta, voltando do turno da noite. Perguntou quem éramos nós. Respondemos que tínhamos vindo ver a tia Marylia. 'Sim, vocês estão no caminho certo', ele disse. E pelo visto avisou titia que tinha nos visto... ela veio correndo nos encontrar... Eu a vi e disse: 'Olhe, a titia é parecida com a mamãe'. E foi isso.

Com a cabeça raspada 'a zero', eu estava sentada num banco bem comprido na casa do tio Stakha, irmão da mamãe. A porta estava aberta, e pelo vão dava para ver as pessoas indo e vindo... paravam e olhavam em silêncio para mim... Uma verdadeira pintura! Ninguém conversava com ninguém. Ficavam lá, chorando. Um silêncio absoluto. Todo o vilarejo tinha vindo. E eles engrossaram a minha torrente de lágrimas, todo mundo chorou comigo. Todos conheciam meu pai, alguns tinham trabalhado com ele. Depois, mais de uma vez eu ouvi: 'No *kolkhoz* marcavam 'pauzinhos' para nós, e o Antek (meu pai) sempre acertava conosco'. Essa era a minha herança. Nossa casa foi transferida do sítio para a casa central do *kolkhoz*, nela até hoje tem um soviete rural. Sei tudo sobre as pessoas, sei mais do que gostaria. Naquele mesmo dia, quando os soldados vermelhos colocaram nossa família em uma carroça e levaram para a estação, aquelas mesmas pessoas... a tia Ajbeta... Iuzefa... o tio Matei... tiraram tudo da nossa casa e levaram para as casas deles. Desmontaram as construções menores. Levaram cada tronquinho. Até o jovem jardinzinho cavoucaram. Levaram umas macieiras. A titia veio correndo... e levou só um vasinho da janela de recordação... Não quero me lembrar disso. Quero tirar da memória. Eu me lembro do vilarejo tomando conta de mim, me levando nos braços. 'Venha conosco, Mánetchka, nós cozinhamos uns cogumelos...' 'Eu vou dar um copo de leitinho para você...' Eu cheguei em um dia, e no outro meu rosto estava todo coberto de bolhas. Os olhos ardendo. Não conseguia levantar as pálpebras. Eles me levavam pelo braço para eu me lavar. Tudo me doía, ardia, como se eu tivesse que olhar para o mundo com outros olhos. Foi a transição daquela vida para esta... Agora eu andava pela rua, e todo mundo me parava: 'Que menina bonita! Ai, que menina bonita!'. Sem aquelas palavras meus olhos teriam ficado como os de um cachorro que foi tirado de um buraco no gelo. Eu não sei como eu poderia olhar para as pessoas...

A titia e o titio viviam em um quarto de despejo. A casa deles tinha pegado fogo durante a guerra. Arrumaram o quarto de despejo, pensando que seria só para começar, e lá acabaram ficando. Teto de palha, uma janelinha pequena. Num canto, a batatinha — como dizia a minha tia: não 'batata', mas 'batatinha' —, e, no outro, um porquinho grunhindo. Não tinha tábuas no chão, era terra coberta de cálamo e palha. Logo trouxeram a Vládia para lá. Ela viveu um pouquinho e morreu. Estava feliz por morrer em casa. As últimas palavras dela foram: 'E o que vai ser da Mánetchka?'.

Tudo que eu aprendi sobre o amor foi ali no quarto de despejo da titia...

'Meu passarinho...', era assim que minha tia me chamava. 'Meu mosquitinho... minha abelhinha...' Eu ficava o tempo todo tagarelando, importunando a tia. Eu não conseguia acreditar... Eu era amada! Amada! Você crescer, e as pessoas ficarem fascinadas por você, é tanto luxo. Todos os meus ossinhos estavam se endireitando, todos os meus músculos. Eu dançava para ela a 'russa' e a 'maçã'. Eu tinha aprendido essas danças no exílio... Cantava músicas...

Na rota de Tchui há um caminho.
Muitos motoristas por ela viajam...

Morrerei, e me enterrarão num país estrangeiro,
Minha mãezinha por mim há de chorar,

Minha esposa encontrará outro companheiro,
Mas minha mãe outro filhinho jamais há de encontrar...

Corria tanto num só dia que meus pés ficavam azuizinhos, acabados. Afinal, eu não tinha sapatos. Eu ia dormir à noite, e a titia enrolava meus pezinhos na barra da camisa de dormir dela, para esquentar. Ela me enfaixava. Eu ficava deitada na barriga dela... como se fosse no ventre... É por isso que eu não lembro o mal... Eu me esqueci do mal... ele está escondido em mim, em algum lugar distante... De manhã eu acordava com a voz da titia: 'Cozinhei *drániki*. Venha comer'. 'Titia, estou com sono.' 'Então você come e depois dorme.' Ela entendia que a comida... como as panquecas dela... para mim era como um remédio. As panquecas e o amor. O nosso tio Vitalik era pastor, carregava no ombro um chicote e um cabo comprido de bétula. Ele andava vestido com uma túnica militar e culotes. Trazia para nós do pasto um 'embornal', e lá tinha queijo e um pedaço de banha, tudo que as patroas ofereciam para ele. Santa pobreza! Para eles, ela não significava nada, não ficavam ressentidos, não ficavam ofendidos. Como tudo isso é importante para mim... precioso... Uma amiga minha se queixa: 'Não tenho dinheiro para comprar um carro novo...'. Outra diz: 'Passei a vida inteira sozinha, mas acabei não comprando um casaco de pele de doninha...'. Eu ouço como que através de um vidro... A única coisa que eu lamento é não poder mais usar saia curta... (*Rimos juntas.*)

A titia tinha uma voz incomum... trêmula, como a da Édith Piaf... Ela era chamada para cantar em casamentos. E se alguém morria. Eu sempre ia com ela... correndo ao lado dela... Eu lembro... Ela ficava ali, um tempão do lado do caixão... um tempão... Em dado momento ela meio que se separava dos demais, ia chegando perto. Chegando perto devagar... Ela via que ninguém conseguia dizer as últimas palavras para aquela pessoa. As pessoas queriam, mas nem todos sabem. E aí ela começava: 'E você nos deixou, Ánetchka... deixou para trás o dia claro e a noite... quem agora vai andar pelo seu quintal?... quem vai beijar as suas crianças?... quem é que vai encontrar a vaquinha de noite?...'. Ia escolhendo as palavras, falando bem baixinho... Era tudo coisa mundana, simples, e mesmo assim elevada. Triste. Parece que nessas coisas simples estava a maior das verdades. A verdade definitiva. A voz tremia... E aí todos começavam a chorar. Logo esqueciam que a vaca não tinha sido ordenhada, que o marido tinha ficado em casa, bêbado. Os rostos mudavam, sumia aquela preocupação, nos rostos surgia uma luz. Todos choravam. Eu ficava com vergonha... e com dó da titia... Ela voltava para casa doente: 'Ai, Mánetchka, estou com um zumbido na cabeça'. Mas a titia tinha um coração... Eu chegava correndo da escola... Aquela janelinha pequena, uma agulhinha do tamanho de um dedo... E a titia costurando os nossos trapinhos e cantando: 'O fogo se apaga com água/ O amor não tem o que apague...'. Fico enlevada com essas lembranças...

Da nossa propriedade... da nossa casa só restaram pedras. Mas eu sinto o calor delas, sou atraída por elas. Visito aquele lugar como quem visita um túmulo. Eu posso até passar a noite lá, no campo. Ando com cuidado, tenho medo de pisar em alguma coisa. Não tem gente, mas tem vida. O rumor da vida... de diversos seres vivos... Ando com medo de destruir a casa de alguém. Eu mesma posso me ajeitar onde puder, como uma formiguinha. Eu tenho o culto da casa. Que cresçam as flores... que tudo seja bonito... Eu me lembro do orfanato, deles me levando para o quarto em que eu iria morar. Umas camas brancas... Procurei com os olhos: será que a cama perto da janela estava ocupada? Será que eu teria um criado-mudo? Eu ficava procurando onde seria a minha casa.

Agora… Faz quanto tempo que estamos aqui falando? Nesse meio-tempo a tempestade passou… a vizinha chegou… o telefone tocou… Tudo isso me influenciou, eu respondi a tudo isso. Mas no papel ficarão só as palavras… O resto não vai ficar: a vizinha não vai ficar, as ligações telefônicas… aquilo que eu não disse, mas que passou pela minha memória, que esteve presente. Amanhã talvez eu contasse tudo de um jeito completamente diferente. As palavras ficaram, mas eu vou levantar e seguir adiante. Eu aprendi a viver com isso. Eu sei. E continuo andando.

Quem me deu isso? Tudo isso… Foi Deus quem deu ou as pessoas? Se foi Deus quem deu, então ele sabia para quem dar. O sofrimento me fez crescer… É a minha criação… A minha oração. Quantas vezes eu não quis contar tudo isso para alguém? Deixei sair. Mas ninguém nunca me pediu: 'E depois o quê… e depois?'. O tempo todo eu esperei por alguém, bom ou ruim, não sei, mas o tempo todo eu esperei por alguém. Passei a vida inteira esperando alguém me encontrar. E eu contaria tudo a essa pessoa… e ela perguntaria: 'E depois o que aconteceu?'. Agora começaram a dizer: a culpa é do socialismo… do Stálin… Como se o Stálin tivesse o poder de Deus. Cada um teve o seu Deus. Por que ele se calou? A minha tia… o nosso vilarejo… Eu também me lembro da Maria Petrovna Áristova, uma professora dedicada, que visitava a nossa Vládia no hospital em Moscou. Uma estranha… mas foi ela que a levou para o nosso vilarejo, trouxe nos braços… a Vládia nem conseguia mais andar… A Maria Petrovna me mandava lápis, bombons. Escrevia cartas. E lá no centro de recepção de crianças, onde me lavaram e me desinfetaram… Eu estava em um banco alto… toda coberta de espuma… podia escorregar, me arrebentar no chão de cimento. Fui escorregando… deslizando… Uma estranha… uma enfermeira… me segurou e me apertou com força: 'Meu passarinho'.

Eu vi Deus."

SOBRE O TEMPO EM QUE QUALQUER UM QUE MATAVA ALGUÉM PENSAVA ESTAR SERVINDO A DEUS

Olga V., topógrafa, 24 anos

"Era de manhã. Eu estava de joelhos... De joelhos e pedindo: 'Meu Deus! Agora eu posso! Quero morrer agora!'. Embora fosse de manhã... e o dia estivesse começando...

Um sentimento muito forte... Morrer! E aí eu fui para a praia, ver o mar. Sentei na areia. Fiquei tentando me convencer de que não precisava ter medo da morte. A morte era a liberdade... O mar batia, batia na margem... e chegou a noite, e depois de novo a manhã. Na primeira vez não consegui me decidir. Fiquei só andando, andando. Ouvia a minha voz: 'Deus, eu amo você! Senhor...'. *Sara bara bzia bzoi...* Isso é abecásio... À minha volta, tinha tantas cores, tantos sons... E eu queria morrer.

Sou russa. Nasci na Abcásia e morei muito tempo lá. Em Sukhumi. Morei lá até os vinte e dois anos. Até 1992... Até a guerra começar.* 'Se a água começa a pegar fogo, como é que se pode apagá-lo?', dizem os abecásios. É assim que eles falam da guerra... As pessoas pegavam os mesmos ônibus, estudavam nas mesmas escolas, liam os mesmo livros, viviam no mesmo país e aprendiam todos a mesma língua: o russo. E agora elas estavam matando umas às outras: vizinho matando vizinho, colega de classe matando colega de classe. Irmão matando irmã! Começaram a guerrear ali mesmo, do lado de casa... Mas quanto tempo? Um ano atrás... ou dois... vivíamos como irmãos, todos eram do

---

* A Abcásia foi palco de diversos conflitos envolvendo o governo da Geórgia e milícias separatistas apoiadas pela Federação Russa. O principal desses conflitos ocorreu entre 1992 e 1993. A autoproclamada República da Abcásia até hoje não é reconhecida formalmente pela ONU.

Komsomol, eram comunistas. Eu escrevi numa redação da escola: 'irmãos para sempre...', 'união indestrutível...'. Matar alguém! Isso não é heroísmo, não é sequer um crime... É um horror! Eu vi isso... Não dá para entender... eu não entendo... Vou contar para você sobre a Abcásia... Eu a amava muito... (*Para.*) Mesmo agora, continuo amando... Eu amo... Na parede de todas as famílias abecásias tem um punhal pendurado. Quando nasce um menino, os parentes dão de presente para ele um punhal e ouro. E do lado do punhal na parede tem um chifre de vinho pendurado. Os abecásios bebem vinho do chifre, como se fosse um copo: você não pode colocar o chifre na mesa até ter bebido tudo, até o fim. De acordo com os costumes abecásios, o tempo que se passa à mesa com os convivas não conta no tempo de vida, porque a pessoa bebeu vinho e se divertiu. Mas como contar o tempo quando uma pessoa está matando? Atirando em outras pessoas?... Mas como? Hoje em dia eu penso muito na morte.

(*Passa a falar sussurrando.*) Na segunda vez... eu já não recuei... Me tranquei no banheiro... Todas as minhas unhas estavam gastas, sangrando. Arranhei a parede, cravei os dedos na argamassa, na cal, mas no último minuto de novo fiquei com vontade de viver. E o cordão se rompeu... No fim das contas, estou viva, posso tocar em mim. Só tem uma coisa... Eu não consigo parar de pensar nela... na morte.

Quando eu tinha dezesseis anos, morreu meu pai. Desde então eu odeio enterros... aquela música... Eu não entendo por que as pessoas fazem esses espetáculos. Eu fiquei do lado do caixão, na época eu já entendia que aquele não era o meu pai, meu pai não estava mais ali. Era um corpo frio. Um invólucro. Durante nove dias, tive o mesmo sonho... Alguém me chamava... ficava o tempo todo me chamando para algum lugar... E eu não entendia: para onde? Para ver quem? Comecei a pensar nas pessoas mais

306

próximas... muitas delas eu nunca tinha visto e nem conhecia, elas tinham morrido antes de eu nascer. Mas de repente apareceu a minha vó... A vovó tinha morrido fazia muito, muito tempo, nós não tínhamos nem fotografia dela mais, mas no sonho eu a reconheci. Lá onde eles estão é tudo diferente... É como se eles existissem e não existissem, eles não têm nenhuma cobertura, não têm aquela cobertura do corpo, não têm defesa nenhuma. Depois apareceu meu pai... O papai ainda estava alegre, ainda muito terreno, como eu o conhecia. Mas todas as outras pessoas lá... eram meio... eram meio... era como se eu conhecesse todo mundo, mas tivesse esquecido. A morte é o início... o início de alguma coisa... Nós só não sabemos do quê... Fico pensando e pensando. Eu queria escapar desse cativeiro, queria desaparecer. Mas pouco tempo atrás... eu estava dançando na frente do espelho: sou bonita, sou jovem! Vou ser feliz! Vou amar!

O primeiro... Foi um belo rapaz russo... Uma beleza rara! Os abecásios falam o seguinte deles: 'Um homem para dar frutos'. Ele estava um pouquinho coberto de terra, de tênis e uniforme militar. No dia seguinte, alguém tirou os tênis. E estava lá, morto... E depois, depois o que tem lá? Na terra, o que tem? Debaixo dos nossos pés... das nossas solas... Lá embaixo ou no céu?... O que tem lá no céu? E ao meu redor tinha o verão, o barulho do mar. E as cigarras. E a minha mãe me mandou ao mercado. Já ele, estava lá morto. Tinha caminhões com armas passando pelas ruas, metralhadoras sendo distribuídas como se fossem pão. Eu vi os refugiados, me mostraram que eram refugiados, e eu me lembrei dessa palavra esquecida. Eu me lembrei de ter visto nos livros. Tinha muitos refugiados: uns de carros, outros de trator, outros a pé. (*Silêncio.*) Vamos falar de outra coisa? De cinema, por exemplo... Eu adoro cinema, mas gosto mais dos filmes ocidentais. Por quê? Lá não tem nada que lembre a nossa vida. Lá eu consigo imaginar tudo que eu quiser... fantasiar... Ter um outro rosto, porque estou cansada do meu rosto. Do meu corpo... até das minhas mãos... Meu corpo não me cai bem, fico restrita demais a tudo isso. Eu sempre tenho o mesmo corpo, sempre o mesmíssimo corpo, mas eu sou diversa, estou sempre mudando... Eu mesma ouço as minhas palavras e fico pensando que eu não poderia ter dito aquilo, porque não conheço aquelas palavras e porque sou burra e adoro pão com manteiga... Porque ainda não amei. Não tive filhos. Mas eu posso dizer... Não sei por quê. Não sei de onde vem tudo isso que tem dentro de mim. O outro... Era um jovem georgiano... Estava lá, deitado no meio do parque. Tinha areia em um lugar lá, e ele estava deitado na areia. Estava deitado e olhando para cima... E ninguém o levou embora, demorou para alguém vir recolher. Eu o vi... e percebi que eu precisava fugir para algum lugar... Precisava... Mas fugir para onde? Fui correndo para a igreja... Não tinha ninguém lá. Fiquei de joelhos e rezei por todos. Na época eu ainda não sabia rezar, ainda não tinha aprendido a conversar com Ele... (*Revira dentro da bolsa.*) Onde estão os remédios?... Não posso! Não posso ficar agitada... Depois disso tudo eu fiquei doente, e alguém me indicou um psiquiatra. Às vezes estou andando pela rua... e de repente me dá vontade de gritar...

Onde eu gostaria de morar? Eu queria morar na infância... Lá eu ficava com a minha mãe, como se fosse um ninho. Tem misericórdia... Tem misericórdia, ó Deus, dos crédulos e dos cegos! Na escola, eu adorava os livros de guerra. E os filmes sobre a guerra. Eu imaginava que lá era bonito. Lá era intenso... uma vida intensa... Eu até lamentava ser menina, e não menino: se tivesse uma guerra, eu não seria levada para a guerra. Agora eu não leio livros de guerra. Nem os melhores... Livros sobre a guerra... todos eles nos enganam. Na realidade, a guerra é suja e terrível. Hoje em dia não tenho mais certeza: dá para escrever sobre isso?

Não escrever toda a verdade, mas escrever em absoluto? Falar sobre isso… Como depois ser feliz? Não sei… fico desnorteada… Minha mãe me abraçava e dizia: 'Filhinha, o que você está lendo?'. '*Eles lutaram pela pá*tria, do Chólokhov. É sobre a guerra…' 'Por que é que você lê esses livros? Eles não são sobre a vida, filhinha. A vida é outra coisa…' A mamãe adorava livros de amor… A minha mãe! Agora eu nem sei se ela está viva ou não. (*Silêncio.*) Primeiro eu pensei que não conseguiria viver lá… não conseguiria viver em Sukhumi… Mas eu não conseguia mais viver em absoluto. Nem os livros sobre o amor podiam me salvar. Mas o amor existe, eu sei que existe. Eu sei… (*Sorri pela primeira vez.*)

Na primavera de 1992… Os nossos vizinhos eram o Vakhtang e a Gunala: ele era georgiano, ela era abecásia; eles venderam a casa, os móveis, estavam prontos para ir embora. Vieram se despedir: 'Vai ter guerra. Fujam para a Rússia, se vocês tiverem alguém lá'. Nós não acreditamos. Os georgianos sempre caçoaram dos abecásios, e os abecásios não gostavam dos georgianos. É… Opa! (*Risos.*) 'Um georgiano pode ir para o espaço?' 'Não.' 'Por quê?' 'Todos os georgianos morreriam de orgulho, e todos os abecásios, de inveja.' 'Por que os georgianos são tão pequenos?' 'Não são os georgianos que são pequenos, são as montanhas dos abecásios que são muito altas.' Caçoavam, mas viviam juntos. Cuidavam dos vinhedos… faziam vinho… A vinicultura para os abecásios é como uma religião. Cada vinicultor tem o seu segredo… Passou maio… junho… Começou a temporada de praia… As primeiras frutas silvestres… Que guerra, que nada! Eu e a minha mãe não pensávamos em guerra, fazíamos compotas, preparávamos geleias. Todo sábado íamos à feira. A feira abecásia! Aqueles cheiros… aqueles sons… Tinha cheiro de vinho de barril e de pão de milho, de queijo de ovelha e de castanha tostada. Um cheiro suave de ameixa e de tabaco, de folhas prensadas de tabaco. Uns queijos pendurados... meu queijo favorito, o *matsoni*... Os feirantes apregoavam para os fregueses em abecásio, em georgiano e em russo. Em todas as línguas: 'Ai, ai, ai, meu docinho. Se não quiser, não leve, mas provar você vai!'. Desde junho ninguém vendia mais pão na cidade. Mamãe decidiu fazer um estoque de farinha no sábado... Estávamos no ônibus, do nosso lado ia sentada uma conhecida nossa, com uma criança. A criança estava brincando, mas depois começou a chorar, e tão alto, que parecia ter se assustado com alguém. E de repente a nossa conhecida perguntou: 'Isso é tiro? Vocês estão ouvindo? É tiro?'. Uma pergunta maluca! Fomos chegando perto da feira, e uma multidão vinha vindo ao nosso encontro, pessoas correndo aterrorizadas. Penas de galinha voando... Coelhos sendo pisoteados... patos... Ninguém nunca se lembra dos animais... de como eles sofrem... Mas eu me lembro de um gato machucado. E de um galo gritando, ele estava com um estilhaço preso na asa... Eu sou uma anormal, não é verdade? Penso demais na morte... agora só me preocupo com isso... E aí um grito! Aquele grito... Não era uma só pessoa, era uma multidão gritando. E umas pessoas armadas disformes, mas empurrando as mulheres com as metralhadoras, tomando as bolsas delas, as coisas delas: 'Me dê isso aqui... Tire isso aí...'. 'São criminosos?', a minha mãe sussurrou. Saímos do ônibus e vimos soldados russos. 'O que é isso?', a minha mãe perguntou para eles. 'A senhora ainda não entendeu?', respondeu o tenente. 'Isso é guerra.' A minha mãe é muito medrosa, ela desmaiou. Eu a carreguei para um patiozinho reservado. Alguém de um apartamento trouxe uma garrafa de água para nós... Algum lugar estava sendo bombardeado... o barulho das explosões... 'Senhoras! Senhoras! Precisam de farinha?' Era um jovem rapaz com um saco de farinha, estava usando um roupão azul, na nossa terra os carregadores usam essa roupa, mas ele estava todo branco, todo coberto de farinha. Eu comecei a rir, e a mamãe disse: 'Vamos levar. Talvez seja mesmo guerra'. Compramos a farinha dele. Entregamos o dinheiro. Logo ficamos sabendo que tínhamos comprado coisa roubada. Tínhamos comprado de um saqueador.

Eu vivia no meio dessas pessoas... conheço os costumes delas, a língua... Eu as amo. Mas de onde tinham surgido aquelas outras? Com tanta rapidez?! Algo inumano! Onde estava tudo isso? Onde?... Quem pode responder? Tirei meu crucifixo de ouro e escondi na farinha, e escondi também a carteira com dinheiro. Como uma vovó velhinha... Eu já sabia tudo... De onde? A farinha... eram dez quilos... eu carreguei nas costas até a nossa casa, uns cinco quilômetros. Eu fui andando tranquila... Se alguém me matasse naquele momento, eu não teria tempo nem de ficar assustada... E as pessoas... muitas estavam voltando da praia... pessoas de fora... Em pânico e chorando. E eu estava calma... Provavelmente eu estava em choque, não é? Era melhor eu ter gritado... gritado, como todos... Agora eu acho isso... Paramos para descansar perto da linha do trem. Tinha uns rapazes jovens sentados nos trilhos: uns tinham uma faixa preta na cabeça, outros tinham uma branca. E todos tinham armas. Eles ainda me provocaram, riram de mim. E não muito longe deles tinha um caminhão de carga soltando fumaça... No volante, estava o motorista, assassinado... com uma camisa branca... Vimos aquilo! E saímos correndo por um jardim de tangerinas... Eu estava coberta de farinha... 'Largue isso! Deixe isso!', minha mãe pediu. 'Não, mamãe, não vou deixar. Começou a guerra, e nós não temos nada em casa.' Aquelas cenas... Uns Jigulí* vinham vindo na nossa direção... Pedimos carona. O carro passou reto, e tão devagar, que parecia um cortejo fúnebre. No banco da frente, um rapaz com uma moça; no de trás, o cadáver de uma mulher. Terrível... Mas

---

* Automóvel russo e soviético fabricado pela Autovaz, mesma empresa que produzia o Lada.

por algum motivo não era tão terrível como antes eu imaginava... (*Silêncio.*) Toda hora eu tenho vontade de pensar nisso. Pensar e pensar. Bem junto ao mar, tinha mais um Jigulí: o para-brisa estava quebrado... uma poça de sangue... Uns sapatos de mulher jogados... (*Silêncio.*) Com certeza eu sou doente... doente... Por que eu não esqueço nada? (*Silêncio.*) Depressa! Queria chegar depressa em casa, em algum lugar conhecido. Correr para algum lugar... De repente um ruído... A guerra estava até lá em cima! Helicópteros militares... verdes... E na terra... Eu vi tanques, eles não estavam avançando em colunas, mas isolados, e em cima dos tanques tinha soldados com metralhadoras. Estavam desfraldando bandeiras georgianas. A coluna avançava em desordem: uns tanques avançavam depressa na frente, enquanto outros paravam em estabelecimentos comerciais. Os soldados saltavam da torre e quebravam os cadeados com a coronha. Pegavam champanhe, bombons, coca-cola, cigarro. Atrás dos tanques, ia um ônibus Icarus, cheio de colchões e cadeiras. E para que eram as cadeiras?

Em casa, corremos logo para a televisão... Estava tocando uma orquestra sinfônica. E onde estava a guerra? Não estavam mostrando a guerra na televisão... Antes de ir para o mercado, eu tinha deixado prontos uns tomates e pepinos para fazer conserva. Tinha fervido as latas. Aí nós voltamos, e eu comecei a encher as latas. Eu precisava fazer alguma coisa, me ocupar com alguma coisa. De noite, a gente via a novela mexicana *Os ricos também choram*. Era uma novela de amor.

Era de manhã. Bem cedinho, acordamos com um estrondo. Tinha veículos de guerra passando na nossa rua. As pessoas saíam para olhar. Um dos veículos freou bem perto da nossa casa. A tripulação era russa. Eu entendi: eram mercenários. Chamaram a minha mãe: 'Mãe, queremos um copo d'água'. A minha mãe trouxe água e maçãs. Tomaram a água, mas não aceitaram as maçãs.

Disseram: 'Ontem um dos nossos foi envenenado com uma maçã'. Na rua, encontrei uma conhecida: 'Como você está? Como estão os seus?'. Ela passou reto, fazendo cara de quem não me conhecia. Eu corri atrás dela, peguei-a pelo ombro: 'O que está acontecendo com você?'. 'Você ainda não entendeu nada? É perigoso conversar comigo: o meu marido... O meu marido é georgiano.' E eu... eu nunca tinha pensado se o marido dela era abecásio ou georgiano. Que diferença fazia para mim?! Era um excelente amigo. Eu a abracei com toda a força. De madrugada, o irmão chegou na casa dela. Queria matar o marido. 'Vai ter que me matar também', a irmã disse para ele. Eu e o irmão dela tínhamos estudado na mesma escola. Éramos amigos. Eu pensei: e se eu me encontrar com ele por aí? Sobre o que é que nós vamos conversar?

Uns dias depois, a rua inteira foi ao enterro do Akhrik... O Akhrik... era um garoto abecásio, um conhecido. Ele tinha dezenove anos. Ele tinha ido de noite à casa da namorada, e levou uma facada nas costas. A mãe foi andando atrás do caixão: ora chorava, ora virava para o lado e dava risada. Ficou louca. Um mês antes, todos eram soviéticos, mas agora eram georgianos e abecásios... abecásios e georgianos... russos...

Na rua vizinha, morava mais um rapaz... Eu o conhecia, é claro, mas não de nome, só de rosto. A gente se cumprimentava. Um rapaz normal, pela aparência. Alto, bonito. Ele matou o professor dele, um velho georgiano, matou porque ele tinha ensinado a língua georgiana na escola. Deu uma nota baixa. Mas como pode isso? Será que você consegue entender? Na escola soviética, todo mundo aprendia: o homem é amigo do homem... é amigo, camarada e irmão... Minha mãe, quando ouviu falar disso... ela ficou com os olhos pequenininhos, depois ficaram bem grandes, bem grandes... Tem misericórdia, ó Deus, dos crédulos e dos cegos! Eu fico horas de joelho na igreja. Lá faz um silêncio... Embora tenha sempre muita gente lá hoje em dia, e todos peçam a mesma coisa... (*Silêncio.*) Você acha que vai dar? Você acha que consegue escrever alguma coisa sobre isso? Consegue? Bom... então tudo bem... você consegue. Mas eu, não.

Acordei de madrugada... chamei minha mãe... Minha mãe também estava deitada de olhos abertos: 'Eu nunca fui tão feliz, como na velhice. E de repente essa guerra'. Os homens sempre falam da guerra, adoram armas; tanto os velhos, como os jovens... Já as mulheres relembram o amor... As mulheres mais velhas contam de como elas eram jovens e bonitas. As mulheres nunca falam da guerra... elas só ficam rezando por seus maridos. Mamãe ia visitar os vizinhos e toda vez voltava assustada: 'Em Gagra, incendiaram um estádio cheio de georgianos'. 'Mamãe!' 'E eu também ouvi que os georgianos estão castrando os abecásios'. 'Mamãe!' 'Bombardearam uma gaiola de macacos... De madrugada, os georgianos estavam perseguindo alguém, achando que era um abecásio. Ele tinha sido ferido, estava gritando. E os abecásios deram com ele e pensaram que era um georgiano. Perseguiram, atiraram. Mas já perto da manhã todos viram que era um macaco ferido. E todos, os georgianos e os abecásios, declararam uma trégua e foram correndo salvar o macaco. Mas uma pessoa eles teriam matado...' Eu não tinha como responder à minha mãe. Eu rezava por todos, pedia: 'Eles andam por aí como zumbis. Acreditando que estão fazendo o bem. Mas será que é possível fazer o bem com metralhadoras e com facas? Eles passam nas casas e, se não encontram ninguém, atiram no gado, na mobília. Você sai pela cidade e vê uma vaca caída, com as tetas varadas de bala... latas de geleia perfuradas... Uns atiram de um lado, outros, do outro. Precisam colocar juízo neles!'. (*Silêncio.*) A televisão não funcionava mais, tinha só o som... sem a imagem... Moscou ficava longe, muito longe.

Eu ia à igreja... e lá falava... e falava... Na rua, eu parava todo mundo que eu via. Depois comecei a falar sozinha. Minha mãe ficava do meu lado, só ouvindo, e eu via que ela estava dormindo; ficava tão cansada que acabava pegando no sono do nada. Lavando damascos, ela dormia. E eu parecia ligada na tomada... falava sem parar... do que eu tinha ouvido de outras pessoas e do que eu mesma tinha visto... De um georgiano... um jovem georgiano... jogando a metralhadora e gritando: 'Onde é que nós viemos parar?! Eu vim morrer pela pátria, não roubar a geladeira dos outros! Por que é que vocês entram na casa dos outros e pegam a geladeira deles? Eu vim morrer pela Geórgia...'. Alguém o pegou pela mão e levou embora, afagando a cabeça dele. Outro georgiano ficou de pé e saiu andando na direção dos que estavam atirando nele: 'Irmãos abecásios! Eu não quero matar vocês, não atirem vocês em mim'. Os próprios companheiros atiraram nas costas dele. Tem mais... Não sei se era russo ou georgiano, mas ele se atirou com uma granada debaixo de um veículo militar. Gritando alguma coisa. Ninguém ouviu o que ele gritou. No veículo, tinha uns abecásios pegando fogo... eles também estavam gritando... (*Silêncio.*) Minha mãe... a minha mãe... A minha mãe enchia o peitoril da janela de casa com flores. Tentava me salvar... Pedia: 'Filhinha, olhe para as flores! Olhe para o mar!'. Minha mãe é uma pessoa rara, ela tem um coração... Ela confessava para mim: 'Eu acordo bem cedinho de manhã, com o sol passando pelas folhas... E eu penso: 'Olho agora para o espelho, e quantos anos será que eu tenho?''. Ela tinha insônia, dores nas pernas; trabalhou durante trinta anos como contramestre numa fábrica de cimento, mas de manhã ela não sabia quantos anos tinha. Depois ela levantava, escovava os dentes, se olhava no espelho: lá tinha uma mulher velha olhando para ela... Começava a preparar o café da manhã e esquecia isso. E eu ficava ouvindo ela cantar... (*Sorrindo.*) Minha mamãe... minha amiga... Pouco tempo atrás, tive um sonho: eu saía do meu corpo... subia bem alto, bem alto... Eu me sentia tão bem.

Não me lembro mais do que foi antes, do que foi depois. Não me lembro... Nos primeiros dias, os ladrões andavam de máscara... colocavam meias pretas no rosto. Logo eles tiraram as máscaras. Iam andando com um vaso de cristal em uma mão, a metralhadora na outra, e ainda um tapete nas costas. Levavam televisão, máquina de lavar... casacos femininos... louça... Não desprezavam nada, recolhiam até brinquedos de criança nas casas destruídas... (*Passa a falar sussurrando.*) Agora eu vejo uma faca comum numa loja... e fico fora de mim... Antes eu nunca pensava na morte. Terminei a escola e comecei a estudar num curso técnico na área de saúde. Comecei a estudar e me apaixonei. Acordava de madrugada e ficava sonhando. Quando foi aquilo? Faz tanto tempo... Eu não me lembro de mais nada daquela vida. Eu me lembro de outras coisas... Cortaram as orelhas de um menino, para ele não ouvir música abecásia. E teve um rapaz jovem de quem cortaram... bom, você entende... foi para... a esposa não ter um filho dele... Por aí tinha mísseis nucleares, aviões e tanques, mas as pessoas ainda assim se esfaqueavam. Elas se furavam com forcados, matavam com machadadas... Era melhor mesmo ter enlouquecido... eu não me lembraria de nada... Uma menina na nossa rua... ela se enforcou... A menina amava um rapaz, mas ele se casou com outra. Foi enterrada com um vestido branco. Ninguém conseguia acreditar que aquilo poderia ter acontecido: em uma época como aquela, morrer por amor? Se ela tivesse sido estuprada... Eu me lembro da tia Sônia, amiga da mamãe... De madrugada, mataram os vizinhos dela... uma família de georgianos, com quem ela tinha amizade. E os dois filhos pequenos. A tia Sônia ficou vários dias deitada na cama, de olhos abertos, sem querer sair na rua: 'Minha menina, por que continuar vivendo depois disso?', ela me perguntava. Eu dava sopa para ela com uma colher, ela não conseguia engolir.

Na escola, nós tínhamos sido ensinados a amar os militares... Os defensores da pátria! Mas aqueles... aqueles eram diferentes... Aquela guerra era diferente... Eles eram todos moleques, moleques com metralhadoras. Vivos eram assustadores, mas quando morriam ficavam lá desamparados; e dava dó deles. Como eu sobrevivi? Eu... eu... Eu adoro pensar na minha mãe. Dela penteando o cabelo por um bom tempo de noite... 'Um dia', ela prometia para mim, 'eu vou contar para você sobre o amor. Mas vou contar tudo como se não fosse comigo, como se fosse com outra mulher'. Ela e o papai tinham amor. Um grande amor. Primeiro minha mãe teve outro marido; uma vez, ela estava passando a camisa dele, e ele estava jantando. E de repente (uma coisa dessas só podia ter acontecido com minha mãe) ela disse em voz alta: 'Não vou ter filho com você'. Pegou as coisas e foi embora. Aí depois veio meu pai... Ele não saía do pé dela, ficava horas esperando na rua, ficou com as orelhas queimadas de frio no inverno. Ficava andando e olhando. E aí ele conseguiu beijá-la...

Meu pai morreu bem antes da guerra... Nosso pai morreu de ataque do coração. Estava sentado de noite na frente da televisão, e morreu. Foi como se tivesse ido embora... 'Filhota, quando você crescer...' O meu pai tinha grandes planos para mim. A-a--ah... (*Começa a chorar.*) Ficamos só nós duas, eu e minha mãe. Eu e minha mãe, que tinha medo de ratos... que não conseguia dormir sozinha em casa. Para se proteger da guerra, ela cobria a cabeça com um travesseiro... Vendemos tudo que tínhamos de valioso: a televisão, a cigarreira de ouro do papai, que era sagrada, ficou guardada por muito tempo, meu crucifixo de ouro. Nós decidimos ir embora, mas para sair de Sukhumi era necessário dar propina. Para o Exército e para a polícia, precisava de muito dinheiro. Não tinha mais trem. Os últimos navios tinham partido fazia tempo, eles amontoavam os refugiados nos porões e no convés, ficavam como arenques num barril. Tínhamos dinheiro só para uma passagem... para uma passagem, só de ida... Para Moscou. Eu não queria ir embora sem minha mãe. Ela ficou um mês insistindo: 'Vá embora, filhinha, vá embora!'. E eu queria ir para o hospital... cuidar dos doentes... (*Silêncio.*) Não me deixaram levar nada no avião, só uma bolsa com os documentos. Nem minhas coisas, nem os pasteizinhos da mamãe: 'Entenda, é uma situação de guerra'. Mas aí do meu lado um homem à paisana passou pela alfândega, e os soldados se dirigiam a ele como 'camarada major', levavam as malas para ele, umas coisas em umas caixas grandes de papelão. Traziam caixas com vinho, com tangerina. Eu chorava... chorei a viagem inteira... Uma mulher ficou tentando me consolar, ela estava viajando com dois meninos: um era dela, o outro era da vizinha. Os meninos estavam morrendo de fome... Eu não queria... não queria ir embora de jeito nenhum... Minha mãe tentava se desvencilhar de mim, me empurrava à força para o avião. 'Mamãe, mas para onde é que eu vou?' 'Você vai para casa. Para a Rússia.'

Moscou! Moscou... Passei duas semanas morando na estação de trem. Tinha outros como eu... éramos milhares... Em todas as estações de Moscou: na Bielorússki, na Saviólovski, na Kíevski... Com as famílias, com crianças e velhos. Da Armênia, do Tadjiquistão... De Baku... Ficavam nos bancos, no chão. Faziam comida lá mesmo. Lavavam roupa. Tinha tomada nos banheiros... e perto das escadas rolantes tinha tomadas... Enchiam uma bacia com água, colocavam no aquecedor elétrico. Jogavam o macarrão, a carne... A sopa estava pronta! Um mingau de semolina para as crianças! Dava a impressão de que todas as estações de Moscou tinham cheiro de conserva e de sopa *khartcho*.* De *plov*.** De urina de criança e de fraldas sujas. Elas secavam

---

* Prato tradicional georgiano, uma sopa de carne bovina, com nozes, ameixa, farinha e temperos.

** Arroz com especiarias, muito popular no Cáucaso e Oriente Médio.

nos radiadores, nas janelas. 'Mamãe, mas para onde é que eu vou?' 'Você vai para casa. Para a Rússia.' E então eu estava em casa. Em casa ninguém estava à nossa espera. Ninguém foi nos receber. Ninguém prestava atenção em nós, ninguém perguntava nada. Toda Moscou hoje é uma estação, uma grande estação. Um caravançará. O dinheiro acabou depressa. Duas vezes tentaram me estuprar: na primeira vez, foi um soldado; na outra, um policial. De madrugada, o policial me levantou do chão: 'Onde estão os seus documentos?'. Começou a me arrastar para a salinha da polícia. Tinha uns olhos raivosos... Mas como eu gritei! Ele ficou nitidamente assustado... Fugiu correndo: 'Sua idi-o-ta!'. De dia, eu vagava pela cidade... ficava na praça Vermelha... De noite, era nas vendas de comida. Queria muito comer, uma mulher até comprou um pastel de carne para mim. Eu nem pedi... Ela estava comendo, e eu fiquei olhando ela comer... E ela ficou com dó de mim. Foi uma vez... Mas eu vou me lembrar dessa uma vez pelo resto da vida. Era uma senhora muito, muito velha. Pobre. Ir para algum lugar... só para não ficar ali sentada na estação... Não pensar em comida, não pensar na minha mãe. E foi assim por duas semanas. (*Chorando.*) No cesto de lixo da estação dava para encontrar um pedacinho de pão... um ossinho roído de frango... Eu vivi assim, até chegar a irmã do meu pai, de quem nós não tínhamos notícia fazia muito tempo; nem sabíamos se estava viva ou não. Tinha oitenta anos. Eu só tinha o número de telefone dela. Eu ligava todos os dias, ninguém respondia. A tia estava no hospital. Mas eu já tinha chegado à conclusão de que ela tinha morrido.

Aí aconteceu um milagre! Eu esperei tanto... e ele aconteceu... A tia veio atrás de mim. 'Olga... a sua tia de Vorónej está esperando na sala da polícia.' Todos se agitaram, começaram a se mexer... A estação inteira ficou perguntando: quem estava esperando? Quem era esperada? Qual era o sobrenome? Duas pessoas saíram correndo: tinha mais uma moça com o mesmo sobrenome, mas com outro nome. Tinha vindo de Duchambé. Como ela chorava por não ser a tia dela... por não ser ela que tinham vindo buscar...

Agora eu moro em Vorónej... Trabalho em qualquer lugar em que me aceitam: lavando louça em restaurante, de vigia em construções, vendi fruta no mercado de um azerbaidjano, até eu começar a me encher. Agora sou topógrafa. Fui contratada como temporária, é claro, mas é uma pena: o trabalho é interessante. O diploma de conclusão do curso técnico de saúde foi roubado na estação em Moscou. E todas as fotos da minha mãe. Eu e a tia vamos à igreja. Eu fico de joelhos e peço: 'Meu Deus! Agora eu estou pronta! Quero morrer agora!'. Toda vez eu pergunto para Ele se minha mãe está ou não está viva. Obrigado... Obrigado por não ter medo de mim. Não vira os olhos como os outros. Você ouve. Eu não tenho amigas aqui, ninguém cuida de mim. Eu fico falando... e falando... De como eles estavam lá estirados... jovens, belos... (*Com um sorriso insano nos lábios.*) Os olhos abertos... os olhos bem abertos..."

Seis meses depois, recebi uma carta dela: "Vou para um convento. Quero viver. Vou rezar por todos".

SOBRE A PEQUENA BANDEIRA VERMELHA E SOBRE O SORRISO DO MACHADO

Anna M., arquiteta, 59 anos

<u>A MÃE</u>

"A-ah... eu... Eu não posso mais continuar com isso. A última coisa que eu lembro foi um grito. De quem? Não sei. Meu? Ou foi a vizinha que gritou? Ela sentiu cheiro de gás nas escadas do prédio. Chamou a polícia. (*Levanta-se e vai até a janela.*) Chegou o outono. Estava tudo amarelo pouco tempo atrás... agora já está negro, por causa das chuvas. E a luz até mesmo de dia parece muito, muito distante. Fica escuro desde a parte da manhã. Eu ligo todas as luzes de casa, e elas ficam acesas o dia inteiro. Eu sinto falta da luz... (*Volta e senta-se de frente para mim.*)

Primeiro eu sonhava que tinha morrido. Na infância, muitas vezes eu vi pessoas morrendo, mas depois me esqueci disso... (*Enxuga as lágrimas.*) Não entendo por que estou chorando. Se eu já sei tudo... Eu já sei tudo da minha vida... No sonho, acima de mim rodeavam muitos, muitos pássaros. Chocavam-se com a janela. Eu acordava e tinha a sensação de que tinha alguém parado perto da minha cabeça. De que alguém tinha parado ali. Eu queria me virar para ver quem era. Dava um medo e um pressentimento de que eu não devia fazer isso. Não devia! (*Silêncio.*) Era de outra coisa... de outra coisa que eu queria falar... Não logo disso... Você me perguntou da infância... (*Cobre o rosto com as mãos.*) Já consigo sentir... Sentir o cheiro adocicado da fárfara... Vejo as montanhas, e um torreão de madeira, e um soldado em cima dela: no inverno, vestido com um sobretudo de pele; na primavera, com um capote. E camas de ferro, muitíssimas camas de ferro, elas ficavam uma ao lado da outra. Uma ao lado da outra... Antes eu pensava: se eu contasse isso para alguém, eu ficaria com vontade de fugir correndo dessa pessoa, para nunca mais vê-la. Tudo é tão meu... e oculto num lugar tão profundo, tão profundo... Eu nunca morei sozinha, morei num campo no Cazaquistão, ele se chamava Karlag, e, depois do campo, no degredo. Morei no orfanato, em moradias coletivas... em apartamentos comunitários... Sempre muitos e muitos corpos estranhos, olhos estranhos. Consegui minha casa quando eu tinha quarenta anos. Deram um apartamento de dois quartos para mim e para o meu marido, nossos filhos já estavam grandes. Pelo costume, eu passava na casa dos vizinhos, como na moradia coletiva, pegava emprestado às vezes pão, às vezes sal, às vezes fósforos, e por causa disso ninguém gostava de mim. E eu nunca morei sozinha... e não consegui me acostumar... Eu ainda queria sempre receber cartas. Ficava esperando os envelopes, os envelopes! Até hoje fico esperando... Uma amiga minha me escreve, ela foi com a filha para Israel. Ela pergunta: como é que vocês estão aí? Como é a vida depois do socialismo?... Como é a nossa vida? Você vai andando por uma rua conhecida: tem loja francesa, alemã, polonesa. Todos os nomes são em línguas estrangeiras. As meias são de fora, as blusinhas, as botas... os biscoitos, a *kolbassá*... Em lugar nenhum você encontra as nossas coisas, soviéticas. Por todo lado eu só escuto o seguinte: a vida é uma luta, o mais forte vence o mais fraco, e isso é uma lei natural. É preciso desenvolver chifres e cascos, uma couraça de ferro, ninguém precisa dos fracos. Por todo lado as pessoas se debatendo, se debatendo, se debatendo. Isso é fascismo, isso é a suástica! Eu fico em choque... e desesperada! Isso não é para mim. Não é para mim isso! (*Silêncio.*) Se tivesse alguém do meu lado... se eu tivesse alguém... Meu marido? Ele me largou. Mas eu o amo... (*De repente sorri.*) Nós nos casamos na primavera, quando a cerejeira está florescendo e a groselheira já está para dar flor. Ele foi embora também na primavera. Mas ele vem me ver... vem me ver em sonho e nunca consegue dizer adeus... Fica falando alguma coisa, falando... Mas de dia... eu fico ensurdecida com o silêncio. Fico cega. Eu me relaciono com o passado como se fosse uma pessoa, como se fosse alguém vivo... Eu me lembro de terem publicado na revista *Nóvy Mir* e de todos terem lido o livro *Um dia na vida de Ivan Deníssovitch*, do Soljenítsin. Todos ficaram abalados! Quantas conversas! Mas eu não entendia por que havia tanto interesse e tanta surpresa. Para mim era tudo conhecido, absolutamente normal: os prisioneiros, o campo, a latrina... E a zona.

Em 1937, prenderam meu pai, ele trabalhava nas ferrovias. Minha mãe ficou correndo para lá e para cá, tentando provar que ele não era culpado, que aquilo era um engano. Ela me esqueceu. Me esqueceu. Quando lembrou, quis compensar, mas já era tarde. Ela bebia todo tipo de porcaria... entrou numa banheira quente. E... deu à luz uma criança prematura... Mas eu sobrevivi. Eu por algum motivo sobrevivi muitas vezes. Muitas vezes! Logo a minha mãe também foi presa, e eu fui junto com ela, já que não dava para deixar uma criança sozinha no apartamento, eu tinha quatro meses. A minha mãe tinha conseguido mandar minhas duas irmãzinhas mais velhas para a casa da irmã do meu pai, no campo, mas veio um papel do NKVD, mandando trazer as crianças de volta a Smolensk. Foram buscá-las direto na estação: 'As crianças vão para o orfanato. Talvez cresçam e virem membros do Komsomol'. Nem o endereço deram. Nós encontramos as meninas quando elas já eram casadas, elas já tinham seus próprios filhos. Depois de muitos, muitos anos... No campo, eu vivi junto com a minha mãe até os três anos. Minha mãe costumava lembrar que era comum crianças pequenas morrerem. No inverno, colocavam os mortos em barris grandes, e lá eles ficavam até a primavera. Eram roídos por ratazanas. Eram enterrados na primavera... enterravam o que tinha sobrado deles... A partir dos três anos, tiravam as crianças das mães e colocavam num barracão infantil. A partir dos quatro... não, acho que a partir dos cinco, eu já me lembro de algumas coisas... De alguns episódios... De manhã, nós víamos as nossas mães pela cerca de arame: elas eram contadas e levadas para o trabalho. Eram levadas para a zona, onde nós éramos proibidos de entrar. Quando me perguntavam 'De onde você é, menininha?', eu respondia 'Da zona'. O 'além-zona' era um outro mundo, algo incompreensível, assustador, inexistente para nós. Lá era um deserto, com areia, grama seca. Eu achava que o deserto ia até os confins do mundo e que não existia outra vida além da nossa.

Nós éramos protegidos pelos nossos soldados, tínhamos orgulho deles. Eles tinham estrelinhas nos quepes... Eu tinha um amiguinho, o Rubik Tsirinski... Ele me levava até o lugar em que ficavam as mães por uma abertura na cerca de arame. Todo mundo se organizava para ir ao refeitório, e nós ficávamos escondidos atrás da porta. 'Você não gosta de mingau?', perguntava o Rubik. E eu sempre queria comer e amava mingau, mas para ver a minha mãe eu estava disposta a tudo. E a gente se arrastava até o barracão das mães, mas o barracão estava vazio, as mães estavam todas no trabalho. Nós sabíamos, mas mesmo assim íamos, ficávamos fungando tudo. As camas de ferro, as caixas de ferro com água potável, a caneca na correntinha: tudo tinha o cheiro das mães. Cheiro de terra... e das mães... tinha o cheiro... Às vezes, encontrávamos as mães de outras pessoas, elas ficavam deitadas na cama, tossindo. Uma dessas mães estava tossindo sangue... o Rubik disse que era a mãe da Tómotchka, que era a menorzinha de nós. Aquela mãe morreu depressa. E depois morreu a própria Tómotchka, e eu fiquei um bom tempo pensando: para quem iriam contar que a Tómotchka tinha morrido? Se a mãe dela também tinha morrido?... (*Cala-se.*) Depois de muitos e muitos anos eu me lembrei disso... A minha mãe não acreditava em mim: 'Você tinha só quatro aninhos'. Eu então dizia que ela usava umas botas de lona com sola de madeira e que ela costurava umas malhas grandes com uns retalhos bem pequenos. E de novo ela ficava impressionada e começava a chorar. Eu me lembro... Eu me lembro do aroma de um pedaço de melão que a minha mãe me trouxe, do tamanho de um botão, embrulhadinho num trapo. E de uma vez em que os meninos me chamaram para brincar com um gato, e eu não sabia o que era um gato. Os gatos eram trazidos de fora da zona, na zona não tinha gatos, eles não sobreviviam, porque não sobrava rastro nenhum de comida, nós recolhíamos tudo. Ficávamos o tempo todo olhando para os pés, vendo se não dava para achar alguma coisa de comer. A gente comia grama, raízes, lambia pedra. Queríamos muito oferecer alguma coisa para o gato comer, mas não tínhamos nada, e aí nós dávamos a nossa própria saliva depois do almoço, e ele comia! Ele comia! Lembro uma vez em que a minha mãe quis me dar uma bala. 'Ánetchka, pegue essa bala!', ela me chamou pela cerca de arame. Os guardas enxotaram... ela caiu... e foi arrastada pelo chão, pelos cabelos, aqueles cabelos compridos e negros... Fiquei com medo, eu não tinha ideia do que era uma bala. Nenhuma das crianças sabia o que era uma bala. Todas ficaram com medo e acharam que era necessário me esconder, e aí me rodearam. As crianças sempre faziam aquilo comigo: 'Porque a Ánetchka fica caindo toda hora'. (*Chorando*.) Não entendo por que... estou chorando. Se eu sei tudo... Sei tudo da minha vida... Mas então... Esqueci, do que é que eu estava falando? Não concluí o raciocínio... Não é? Não concluí?

Medos não eram poucos... Eram muitos medos, grandes e pequenos. Tínhamos medo de crescer, tínhamos medo de fazer cinco anos. Aos cinco anos nos levavam para o orfanato, nós percebíamos que isso era em algum lugar bem longe... bem longe das mães... Pelo que eu me lembro agora, fui levada para o orfanato número oito do vilarejo número cinco. Tudo era em números, e em vez de ruas eram linhas: linha primeira, linha segunda... Fomos colocados no caminhão e levados. As mães corriam, se agarravam à carroceria, gritavam, choravam. Lembro que as mães choravam sempre, mas as crianças não choravam nunca. Não tínhamos caprichos nem mimos. Não ríamos. Eu aprendi a chorar quando já estava no orfanato. Nós apanhávamos muito no orfanato. Falavam para nós: 'Nós podemos bater em vocês, podemos até matar vocês, porque as suas mães são inimigas'. Nós não conhecíamos os nossos pais. 'A sua mãe é ruim.' Não me lembro do rosto da mulher que repetiu e repetiu isso para mim. 'A minha mãe é boa. A minha mãe é bonita.' 'A sua mãe é ruim. Ela é nossa inimiga.' Eu não lembro se ela pronunciou essa palavra mesmo, 'matar', mas foi algo do tipo... alguma palavra como essa ela falou. Alguma palavra terrível... alguma... é... Eu tinha até medo de memorizar. Não tínhamos educadoras, professoras, nós não ouvíamos essas palavras, nós tínhamos comandantes. Comandantes! Elas sempre levavam na mão uma régua bem comprida... Batiam por qualquer coisa... batiam por bater... Eu queria que me batessem com tanta força que ficassem uns buracos, e aí iriam parar de bater. Buracos eu não tinha, mas em compensação umas fístulas supuradas cobriam meu corpo inteiro. Eu ficava contente... A minha amiguinha Óletchka tinha uns grampos de metal na coluna, eles não podiam bater nela. Todo mundo tinha inveja dela... (*Passa um longo tempo olhando para a janela.*) Não contei isso para ninguém. Tinha medo... Mas do que eu tinha medo? Não sei... (*Fica pensativa.*) Nós adorávamos as madrugadas... Ficávamos esperando a madrugada chegar. A madrugada, que era tão, tão escura. De madrugada, vinha a tia Fróssia, a vigia noturna. Ela era boa, ela contava para nós a história da Aliónuchka e da Chapeuzinho Vermelho, trazia no bolso uma espiga de trigo e dava um punhadinho de grãos para cada criança que estivesse chorando. A que mais chorava era a Líletchka, ela chorava de manhã, chorava de noite. Todos tínhamos sarna, uns furúnculos grandes e vermelhos na barriga, mas a Líletchka tinha também umas bolhas debaixo do braço, elas ficavam cheias de pus. Lembro que as crianças deduravam umas às outras, isso era incentivado. A que mais dedurava era a Líletchka... O clima no Cazaquistão é severo: no inverno faz quarenta graus negativos, e no verão, quarenta graus positivos. A Líletchka morreu no inverno. Se ela tivesse vivido até a grama nascer... Na primavera ela não teria morrido... Não... (*Para no meio da frase.*)

Fomos ensinadas... Acima de tudo fomos ensinadas a amar o camarada Stálin. A primeira carta que nós escrevíamos na vida era para o Krémlin. Era assim... Quando nós tínhamos decorado as letras, eles distribuíam umas folhas em branco e ditavam a carta que nós escreveríamos para nosso bondoso e querido chefe. Nós o amávamos muito, acreditávamos que receberíamos uma resposta e que ele nos enviaria presentes. Muitos presentes! Ficávamos olhando para o retrato dele, e ele parecia ser tão bonito. O mais bonito do mundo! Nós até brigávamos para ver quem daria mais anos de sua vida por um dia da vida do Stálin. No Primeiro de Maio, todos nós recebíamos bandeirinhas vermelhas, ficávamos andando e agitando aquelas bandeirinhas, contentes. De estatura, eu era a menor de todas, ficava no fim da fila e sempre tinha medo de acabar não recebendo uma bandeirinha. Vai que de repente não sobra! Éramos ensinadas o tempo todo, sempre falavam: 'A pátria é a sua mãe! A pátria é a mãe de todas vocês!'. Mas nós perguntávamos para todos os adultos que víamos: 'Onde está a minha mamãe? Como é a minha mamãe?'. Ninguém conhecia as nossas mães... A primeira mãe que apareceu foi a da Rita Miélnikova. Ela tinha uma voz magnífica. Ela cantava umas canções de ninar para nós:

> Dorme, dorme, alegria minha.
> Na casa, as luzes a se apagar...
> Não range mais nenhuma portinha,
> O ratinho no fogão vai descansar...

Nós não conhecíamos aquela música, aprendemos ali aquela música. Pedíamos para cantar mais, mais. Mas eu não me lembro: quando ela terminava de cantar, nós já tínhamos pegado no sono. Ela nos dizia que as nossas mães eram boas, que as nossas mães eram bonitas. Que todas as mães eram bonitas. Que todas as nossas mães cantavam aquela música. Nós ficamos esperando... Depois passamos por uma decepção terrível: ela não tinha falado a verdade para nós. As mães que vieram eram diferentes, não eram bonitas, eram doentes, não sabiam cantar. E nós chorávamos… chorávamos de soluçar… Não chorávamos de alegria pelo reencontro, mas de desgosto. Desde então eu não gosto de mentira… não gosto de sonhar… Não dava para nos consolar com uma mentira, não dava para enganar: a sua mãe estava viva, não morta. Depois a gente descobria… que a mãe não era bonita, ou não existia mãe nenhuma… Nenhuma! Todas nós éramos muito caladas. Eu não me lembro das nossas conversas… eu me lembro do contato… A minha amiguinha Vália Knórina me tocava, e eu sabia o que ela estava pensando, porque todo mundo pensava na mesma coisa. Sabíamos as coisas íntimas umas das outras: quem fazia xixi na cama de madrugada, quem gritava enquanto dormia, quem tinha língua presa. Eu ficava o tempo todo endireitando o meu dente com uma colher. No mesmo cômodo tinha quarenta camas de ferro… De noite, davam a ordem: juntar as mãozinhas e colocar debaixo da bochecha, e todo mundo tinha que se deitar em cima do lado direito. Tínhamos que fazer isso todas juntas. Todas! Era comunidade; uma comunidade animal, como que de insetos, mas foi assim que me educaram. Até hoje eu sou assim… (*Vira-se em direção à janela, para que eu não veja o rosto dela nesses instantes.*) Ficávamos lá deitadas de madrugada e começávamos a chorar… Todas juntas: 'As mamães boazinhas já vieram…'. Uma menina disse: 'Não gosto da minha mãe! Por que é que ela ficou esse tempo todo sem vir me ver?'. Eu também ficava ofendida com a minha mãe. Aí de manhã nós cantávamos em coro… (*Começa a cantar ali mesmo.*)

Em suaves tons a manhã decora
Do antigo Krémlin a muralha sobranceira.

Desperta juntamente com a aurora
A terra soviética inteira...

É uma bonita canção. Para mim, ela é bonita até hoje.

Primeiro de Maio! O feriado que nós mais amávamos na vida era o Primeiro de Maio. Nesse dia, nós ganhávamos casacos novos e vestidos novos. Todos os casacos eram iguais, e todos os vestidos eram iguais. Você começava a adaptá-lo, fazia uma marquinha, um nozinho ou uma dobrinha que fosse, para saberem que era seu... uma parte sua... Diziam para nós que a pátria era a nossa família, que ela pensava em nós. No Primeiro de Maio, as crianças iam em fila em direção ao pátio, e na frente alguém levava uma grande bandeira vermelha. Tocavam o tambor. Uma vez — foi maravilhoso! — um general veio nos visitar e nos cumprimentar. Nós dividíamos todos os homens em soldados e oficiais, mas aquele era um general. Tinha até aqueles debruns nas calças. Nós subimos num peitoral bem alto para vê-lo entrar no carro e acenar para nós. 'Você por acaso sabe o que é um papai?', a Vália Knórina me perguntou uma vez de noite. Eu não sabia. Ela também não. (*Silêncio.*) Tinha o Stiopka... Ele dobrava o braço, como se estivesse com alguém, e ficava girando pelo corredor. Dançando sozinho. A gente achava graça, mas ele não dava atenção para ninguém. Aí um dia de manhã ele morreu, não ficou doente, mas morreu. Morreu de uma vez. A gente demorou muito para esquecer o Stiopka... Diziam que o pai dele era um grande chefe militar, muito grande, também general. Depois eu também fiquei com bolhas debaixo do braço, elas estouravam. E doía tanto que eu chorava. O Igor Koroliov me beijou no armário. Nós estávamos na quinta série. Eu estava começando a sarar. Sobrevivi... De novo! (*Sua voz passa a soar como um grito.*) Mas será que isso é interessante para alguém hoje em dia? Você pode me dizer para quem? Faz tempo que não é interessante e não é necessário. Nosso país não existe mais e nunca mais vai existir de novo, mas nós existimos... somos velhos e repugnantes... com lembranças terríveis e um olhar acuado... Nós existimos! E o que sobrou hoje do nosso passado? Só o fato de que o Stálin derramou sangue na nossa terra, de que o Khruschóv plantou milho nela e de que todo mundo dava risada do Brêjniev. E os nossos heróis? Nos jornais, começaram a escrever que a Zoia Kosmodemiánskaia era esquizofrênica em decorrência de uma meningite na infância e que ela tinha paixão por incendiar casas. Que era doente mental. E que o Aleksandr Matróssov se jogou bêbado numa metralhadora alemã, e que não salvou seus camaradas.* E o Pavka Kortcháguin não era mais um herói... Eram zumbis soviéticos! (*Acalmando-se um pouco.*) E eu até hoje tenho sonhos com o campo... Até hoje não consigo olhar com tranquilidade para um cão pastor... tenho medo de qualquer pessoa com uniforme militar... (*Em meio às lágrimas.*) Não consigo mais viver assim... Abri o gás... liguei todas as quatro bocas... Fechei com força os postigos das janelas e cobri bem com as cortinas. Não me sobrou nada que... que pudesse... fazer ter medo da morte... (*Silêncio.*) Aquela coisa que segura você... Sei lá... o cheiro da cabecinha de um bebê pequeno... Não tenho nem árvores perto da minha janela... Só tetos... tetos... (*Silêncio.*) Pus um buquê de flores em cima da mesa... Liguei o rádio... E a última coisa... Eu deitada... já deitada no chão... e todos os pensamentos eram de lá... Mesmo assim... Lá

---

* Zoia Anatólievna Kosmodemiánskaia (1923-41), participante do movimento *partisan* soviético durante a Segunda Guerra. Foi capturada pelos alemães e torturada, e acabou sendo enforcada por não entregar seus companheiros. Tornou-se símbolo da resistência à ocupação alemã. Aleksandr Matviéievitch Matróssov (1924-43), soldado de infantaria do Exército Vermelho durante a Segunda Guerra. Teria se atirado em frente a uma metralhadora para permitir o avanço de seus companheiros, e por isso foi agraciado postumamente com o título de Herói da União Soviética.

estava eu, saindo pelos portões do campo... portões de ferro, e eles se fechavam às minhas costas com um tinido. Eu estava livre, tinham me colocado em liberdade. Eu ia andando e tentando me convencer: só não olhe para trás! Morria de medo de alguém vir e logo me levar de volta. De precisar retornar. Avancei um pouquinho e vi uma bétula na beirada do caminho... uma bétula simples... Fui correndo até ela, abracei, apertei o corpo contra ela; do lado tinha um arbusto, eu também abracei o arbusto. No primeiro ano foi tanta alegria... com tudo! (*Longo silêncio.*) A vizinha sentiu o cheiro do gás... A polícia arrombou a porta... Recobrei os sentidos no hospital, e o primeiro pensamento foi: onde estou? Estou de novo no campo? Como se eu não tivesse outra vida, e não existisse mais nada. Primeiro voltaram os sons... depois a dor... Tudo causava dor: qualquer movimento, puxar o ar, mexer a mão, abrir os olhos. Todo o mundo era o meu corpo. Depois o mundo se abriu e ficou mais alto: eu vi uma enfermeira com um avental branco... o teto branco... Levei muito tempo para voltar. Do meu lado tinha uma menina morrendo, ela levou alguns dias para morrer, estava lá deitada, coberta de tubos, até na boca tinha um tubo, nem gritar ela podia. Por algum motivo, não dava para salvar aquela menina. E eu ficava olhando para aqueles tubos e imaginando: sou eu que estou deitada ali... eu morri... mas eu não sei que morri e que não existo mais. Eu já estive lá... (*Para.*) Não está cansada de ouvir? Não? Pode falar... que eu me calo...

A minha mãe... A minha mãe veio me buscar quando eu fui para a sexta série. Ela passou doze anos no campo; três anos nós passamos juntas, e nove, separadas. Aí eles nos mandaram para um povoado e deram permissão para irmos juntas. Foi de manhã... Eu estava andando pelo pátio... Alguém gritou para mim: 'Ánetchka! Aniútotchka!'. Ninguém me chamava daquele jeito, ninguém me chamava pelo nome. Eu vi uma mulher de cabelos negros e gritei: 'Mamãe!'. Ela me abraçou dando um grito igualmente horrível: 'Mas é o papai!'. Na juventude eu era muito parecida com o meu pai. Que felicidade! Quantos sentimentos diferentes, quanta alegria! Fiquei uns dias fora de mim de tanta felicidade, nunca mais experimentei tamanha felicidade. Tantos sentimentos diferentes... Mas depressa... muito depressa deu para perceber que eu e minha mãe não nos entendíamos. Éramos estranhas. Eu queria entrar para o Komsomol e lutar contra esses inimigos invisíveis que queriam destruir a nossa vida, a melhor de todas. Mas minha mãe olhava para mim e chorava... e ficava quieta... Ficava o tempo todo com medo de alguma coisa. Em Karagandá, recebemos nossos documentos e fomos encaminhadas para o degredo, na cidade de Belovo. Fica bem depois de Omsk. Na Sibéria mais profunda... Levamos um mês para chegar lá. Viajamos e viajamos, esperamos e fizemos baldeação. No caminho, nós nos registrávamos no NKVD, e toda vez eles davam ordem de seguir adiante. Não era permitido fixar-se em zona de fronteira, não era permitido nas proximidades de instalações de defesa, de grandes cidades: era uma lista bem, bem comprida de lugares em que não podíamos ficar. Até hoje não posso ver as luzes noturnas nas casas. Éramos expulsas de madrugada das estações de trem, íamos para a rua. Na nevasca, no frio. Víamos as luzes acesas nas casas, tinha gente lá, elas moravam no calor, elas faziam chá quente. Tínhamos que bater na porta... era a coisa mais terrível... Ninguém queria acolher a gente para pernoitar... 'Temos cheiro de prisioneiro...', dizia a mamãe. (*Chorando. E sem perceber que está chorando.*) Em Belovo começamos a viver 'num apartamento': era um abrigo de terra. Depois moramos de novo num abrigo de terra, que já era nosso. Peguei tuberculose, não conseguia nem ficar de pé de tanta fraqueza, tossia muito. Era setembro... Todas as crianças estavam indo para a escola, e eu nem conseguia andar. Fui levada para o hospital. Eu lembro que no hospital tinha sempre alguém morrendo. Morreu a Sónetch-ka... Vánetchka... morreu o Slávik... Eu não tinha medo dos mortos, mas não queria morrer. Eu bordava muito bem, desenhava, todo mundo elogiava: 'Que menina talentosa. Você precisa estudar'. E eu pensava: por que é que eu devo morrer, então? E por algum milagre eu sobrevivi... Uma vez abri os olhos: no criado-mudo tinha um buquê de cerejas. Quem tinha mandado? Mas eu percebi que iria viver... Iria viver! Voltei para casa, para o abrigo de terra. Nesse meio-tempo, a minha mãe tinha sofrido mais um derrame. Eu não a reconheci... O que vi foi uma mulher velha. Naquele mesmo dia ela foi levada para o hospital. Na casa, não achei comida nenhuma, nem cheiro. Tinha vergonha de falar sobre aquilo com alguém... Foram me encontrar caída no chão, eu mal respirava. Alguém trouxe uma caneca com leite de cabra quente... Tudo, tudo... Tudo... Tudo que eu lembro de mim... como eu estava para morrer e sobrevivia... estava para morrer... (*De novo vira-se na direção da janela.*) Recuperei um pouco das forças... A Cruz Vermelha comprou uma passagem, e eu fui colocada em um trem. Fui mandada para a familiar Smolensk, para o orfanato. Foi assim que eu voltei para casa... (*Chorando.*) Eu não sei por que... por que estou chorando. Se eu sei tudo... sei tudo... da minha vida... E lá eu completei dezesseis anos... Passei a ter amigos, começaram a dar em cima de mim... (*Sorrindo.*) Uns rapazes bonitos davam em cima de mim. Adultos. Mas eu tinha uma peculiaridade: se alguém gostasse de mim, eu ficava assustada. Dá medo ter alguém prestando atenção em você. Ter alguém que percebeu você. Era impossível tentar me conquistar, porque eu levava uma amiga comigo para os encontros. Se me convidavam para ir ao cinema, eu também não ia sozinha. No primeiro encontro com o meu futuro marido, eu fui com duas amigas. Depois ele durante muito tempo ficou relembrando isso...

O dia da morte do Stálin... O orfanato inteiro entrou em formação, levaram uma bandeira vermelha. Durante todo o tempo que durou o funeral, nós ficamos em posição de sentido, umas seis ou oito horas. Alguém desmaiou... Eu chorava... Como viver sem minha mãe eu já sabia. Mas como viver sem o Stálin? Como viver?... Por algum motivo, fiquei com medo de que começasse uma guerra. (*Chorando.*) A minha mãe... Quatro anos depois... eu já estava estudando no curso técnico de arquitetura... a minha mãe voltou do degredo. Voltou para sempre. Ela chegou com uma malinha de madeira, e dentro dela tinha uma panela de zinco (que eu tenho até hoje, não consigo jogar fora), duas colheres de alumínio e um monte de meias esfarrapadas. 'Você é uma péssima dona de casa', a minha mãe brigava comigo, 'não sabe fazer remendos.' Eu sabia fazer remendos, mas eu tinha percebido que os buracos daquelas meias que ela tinha trazido nunca poderiam ser remendados. Costureira nenhuma conseguiria! Eu tinha uma bolsa de estudos de dezoito rublos, a minha mãe tinha uma pensão de catorze rublos. Aquilo era o paraíso para nós: dava para comer quanto pão a gente quisesse, e ainda sobrava para o chá. Eu tinha um traje esportivo e um vestido de chita, que eu mesma tinha costurado. No inverno e no outono, eu ia para o curso com o traje esportivo. E eu achava... era a minha impressão... que nós tínhamos tudo. Se eu visitava uma casa normal, de uma família normal, ficava com a cabeça girando: para que esse tanto de coisas? Tantas colheres, garfos, xícaras... As coisas mais simples me deixavam sem reação... coisas muito simples... Por exemplo, para que dois pares de sapatos? Até hoje sou meio indiferente aos objetos, às coisas da vida cotidiana. Ontem minha nora me ligou: 'Estou procurando um fogão a gás marrom'. Depois da reforma, ela está colocando tudo marrom na cozinha: os móveis, as cortinas, a louça, para ficar como nas revistas importadas. Fica horas ao telefone. O apartamento está cheio de anúncios de jornais, lê tudo da seção 'compro e vendo'. 'Eu quero isso! Isso também…' Antes todo mundo tinha uma mobília simples, naquela época todo mundo vivia de um jeito muito simples. E agora? As pessoas viraram um estômago… uma pança… Eu quero! Eu quero! Eu quero! (*Faz um gesto com a mão.*) Eu raramente visito o meu filho… Lá na casa deles é tudo novo, caro. Como se fosse um escritório. (*Silêncio.*) Nós somos estranhos… parentes estranhos… Queria me lembrar da minha mãe jovem. Mas não me lembro dela jovem… só me lembro dela doente. A gente não se abraçou nenhuma vez, não se beijou, não existiam palavras doces entre nós. Não me lembro… As nossas mães nos perderam duas vezes: na primeira vez, quando fomos tomadas pequenas delas; na segunda vez, quando elas, velhas, voltaram, e nós já éramos adultas. Os filhos já eram estranhos… os filhos tinham sido substituídos… Tinham sido educados por outra mãe: 'A pátria é a sua mãe… A sua mãe…'. 'Menino, onde está o seu papai?' 'Ainda está na cadeia.' 'E a sua mamãe?' 'Já está na cadeia.' Nós só imaginávamos os nossos pais na cadeia. Em algum lugar bem, bem longe… nunca perto… Uma época eu queria fugir da minha mãe e voltar para o orfanato. E como não?! E como não… Ela não lia jornal e não ia às manifestações, não ouvia rádio. Não gostava das músicas que faziam meu coração pular do peito… (*Canta baixinho.*)

> *E o inimigo não poderá jamais*
> *Deixar-te a cabeça inclinada.*
> *És a mais querida das capitais,*
> *Minha Moscou dourada…*

Já eu sentia um ímpeto de sair para a rua. Eu ia ver os desfiles militares, adorava os eventos esportivos. Até hoje me lembro desse arrebatamento! Você caminhando ali com todos, você já é parte de algo grande... imenso... Lá eu era feliz, mas com a minha mãe, não. E isso eu nunca vou poder corrigir. Minha mãe morreu logo. Eu só fui abraçá-la e afagá-la depois de morta. Ela já estava no caixão, e em mim despertou uma tremenda ternura! Um tremendo amor! Ela estava lá deitada, usando suas velhas botinas... Ela não tinha nem sapatos, nem sandálias, as minhas não entravam nos pés inchados dela. Eu disse tantas palavras de carinho para ela, tantas confissões: será que ela ouviu ou não ouviu? Dei muitos e muitos beijos nela. Falei o quanto eu a amava... (*Chorando.*) Eu sentia que ela ainda estava ali... Eu acreditava...

(*Ela vai para a cozinha. Logo me chama: 'O almoço está na mesa. Estou sempre sozinha, mas tenho vontade de pelo menos almoçar junto com alguém'.*)

Não se deve nunca voltar... porque... é... Mas como eu corri para lá! Como queria! Cinquenta anos... durante cinquenta anos eu voltei para aquele lugar... dia e noite eu estava lá em pensamento...

O inverno... sonhava muito com o inverno... Na rua fazia tanto frio que não se via nem cachorro, nem passarinho. O ar parecia de vidro, e a fumaça das chaminés era como uma coluna até o céu. Ou com o fim do verão: a grama já parou de crescer e está coberta por uma poeira pesada. E eu... eu resolvi ir para lá. Isso foi já na perestroika. Gorbatchóv... comícios... Todos estavam nas ruas. Contentes. Você podia escrever o que quisesse, gritar o que quisesse, onde quisesse. Li-ber-dade! Li-ber-dade! Não importava o que nos esperava adiante, mas o passado tinha acabado. A expectativa de alguma coisa diferente... e a impaciência... E de novo o medo. Passei muito tempo com medo de ligar o rádio de manhã: e se de repente tudo terminasse? Cancelassem tudo? Levei tempo para acreditar. Achei que viriam de madrugada e levariam todo mundo para um estádio. Como foi no Chile... Bastaria um estádio para os 'sabichões', os demais iam se calar por conta própria. Mas não vieram... não levaram ninguém... Nos jornais, começaram a publicar as memórias dos prisioneiros do gulag. As fotografias deles. Os olhos! Que olhos aquelas pessoas tinham! Era como se olhassem do outro mundo... (*Silêncio.*) E eu decidi: quero ir... preciso ir para lá! A troco de quê? Eu mesma não sei... mas eu precisava... Tirei férias... Passou a primeira semana... a segunda... não conseguia me decidir a ir, encontrava vários pretextos: ora tinha que ir ao dentista, ora tinha que terminar de pintar a porta da varanda. Alguma bobagem. De manhã... foi de manhã... Estava pintando a porta da varanda e comecei a dizer para mim mesma: 'Amanhã vou para Karagandá'. Foi assim, em voz alta, eu me lembro de ter falado assim, e percebi que iria mesmo. Iria, e pronto! O que é Karagandá? É a estepe absoluta, uma estepe nua num raio de centenas de quilômetros, queimada pelo verão. Na época do Stálin, construíram dezenas de campos nessa estepe: Steplag, Karlag, Aljir... Pestchanlag... Centenas de presos foram trazidos... De escravos soviéticos. Aí o Stálin morreu, destruíram os barracões, tiraram os arames farpados, e aquilo virou uma cidade. A cidade de Karagandá... Eu vou... Eu vou! O caminho é longo... Conheci uma mulher no trem... uma professora da Ucrânia. Ela estava à procura do túmulo do pai, e estava indo para Karagandá pela segunda vez. 'Não tenha medo', ela me ensinou. 'Lá já estão acostumados com umas pessoas estranhas que vêm do mundo inteiro e ficam conversando com as pedras.' Ela carregava uma carta do pai, a única carta que ele tinha mandado do campo: '[...] apesar de tudo, não há nada melhor do que a bandeira vermelha...'. Terminava assim... com essas palavras... (*Fica pensativa.*) Essa mulher... Ela contou de como o pai tinha assinado um papel dizendo ser espião polonês. O investigador virava de cabeça para baixo um banquinho, colocava um prego em uma das pernas, colocava o pai sentado nela e girava ao redor do eixo. E foi assim que conseguiu o seu 'Tudo bem, eu sou um espião'. O investigador disse: 'Espião de quem?'. O pai, por sua vez, perguntou: 'E de quem costumam ser os espiões?'. Deram como opção: alemão ou polonês. 'Escreva aí: polonês'. Do polonês ele só sabia duas frases: '*dziękuję bardzo*' e '*wszystko jedno*'.* Essas duas frases... E eu... Eu não sei nada do meu pai... Uma vez minha mãe começou a falar... que ele teria ficado louco por causa da tortura na cadeia. Fica o tempo todo cantando lá... No nosso compartimento do trem viajava um jovem rapaz. Passamos a noite inteira conversando. Chorando... De manhã, esse rapaz olhou para nós duas e disse: 'Que horror! Parece um suspense!'. Tinha uns dezoito ou vinte anos. Senhor! Passamos por tanta coisa e não temos para quem contar. Contamos uns para os outros...

E então Karagandá... Alguém começou a dizer de brincadeira: 'Sa-a-i-a-am! Para a saída com suas coisinhas!'. Uns riram, outros choraram. Na estação de trem... a primeira coisa que eu ouvi foi: 'Vadia... puta... cadela...'. A conhecida língua dos presos. Ali mesmo eu me lembrei de todas aquelas palavras... Ali mesmo! Senti um calafrio. Não conseguia de jeito nenhum acalmar esse tremor por dentro; o tempo todo que eu passei lá senti esse tremor por dentro. É claro que a cidade em si eu não reconheci, mas logo depois dela, depois das últimas casas, começava a paisagem conhecida. Reconheci tudo... Aquela mesma grama seca e aquela mesma poeira branca... e uma águia bem alto lá no céu... O nome dos povoados também era conhecido: Volny, Sangorodok... Todos eram antigos postos do campo. Eu achava que não lembrava, mas lembrava. No ônibus, um velhinho foi sentado do meu lado e percebeu que eu não era local: 'Quem você está procurando?'. 'Pois então...', eu comecei. 'Tinha um campo aqui...'

---

* Respectivamente "muito obrigado" e "dá no mesmo", em polonês.

'Ah, os barracões? Os últimos foram demolidos uns dois anos atrás. Com os tijolos desses barracões, as pessoas construíram galpões, saunas. Distribuíram a terra para as *datchas*. Com o arame farpado do campo cercaram as hortas. Meu filho tem um terreno lá... Não é muito bom, sabe?... Nas plantações de batata, no começo da primavera, as neves e as chuvas desenterram uns ossos. Ninguém se enoja, porque já se acostumaram, aqui a terra está cheia de ossos, são como pedras. Largam nas raias, pisam em cima com o pé. Pisoteiam. Já se acostumaram. É só encostar na terra... mexer um pouco...' Fiquei sem fôlego. Como que desmaiei. Mas o velhinho estava virado para a janela, mostrando: 'Bem ali, atrás dessa loja, tem um cemitério. Atrás ali da sauna também'. Fiquei sentada ali, sem respirar. Mas o que é que eu esperava? Que ali tivesse pirâmides?! Que tivessem erigido a Colina da Glória?!* 'A linha primeira... agora é a rua tal... A linha segunda...' Eu olhava pela janela e não via, as lágrimas tinham me cegado. Nos pontos de ônibus, as cossacas vendiam pepinos, tomates... groselha em baldes... 'Só da horta. Das nossas plantações.' Senhor! Meu Deus... devo dizer... que... Eu tinha uma dificuldade física para respirar, alguma coisa estava acontecendo comigo. Em alguns dias, minha pele ficou toda seca, as unhas começaram a se quebrar. Alguma coisa estava se passando com meu organismo todo. Queria deitar no chão e ficar lá. Não levantar mais. A estepe... ela é como o mar... Andei, andei, e afinal caí... Caí do lado de uma pequena cruz de ferro, que estava cravada no chão até a travessa. Eu comecei a gritar, fiquei histérica. Não tinha ninguém a meu redor... só os pássaros... (*Depois de uma breve pausa.*) Fiquei num hotel. De noite no restaurante aquela alga-

---

* Referência ao famoso monumento erigido nas cercanias de Minsk em homenagem aos soldados mortos na defesa da União Soviética na Segunda Guerra Mundial.

zarra... vodca... Jantei lá uma vez... Na mesa em que eu estava, dois homens começaram a discutir, discutiram até ficarem roucos... O primeiro dizia: 'Continuo sendo comunista até hoje. Nós devíamos construir o socialismo. Quem é que teria acabado com o Hitler sem Magnitka e Vorkutá?'.* O segundo dizia: 'Mas eu conversei com os velhos daqui... Todos eles serviram ou trabalharam nos campos... como quiser chamar... eram cozinheiros, carcereiros, funcionários do NVKD. Não tinha outro trabalho aqui, mas esse era um bem fornido: ordenado, ração e fardamento. É assim que eles falam: 'trabalho'. O campo para eles era um trabalho! Um serviço! E você falando de crimes. Da alma e do pecado. Quem ficou preso era ninguém menos que o povo. Ficou preso e ficou de guarda, esse mesmo povo, não foi trazido, não foi chamado de nenhum outro lugar, era esse mesmo povo. O nosso. Nossa gente. Agora todo mundo vestiu a camisa listrada. São todos vítimas. Só o Stálin é culpado. Mas você pense... é uma matemática simples... Eram milhões de presos, que precisavam ser perseguidos, presos, interrogados, levados em comboio, fuzilados por causa de um passo para o lado. Alguém afinal fez isso... encontraram milhões de executores...'. O garçom trouxe uma garrafa para eles, logo uma segunda... Eu fiquei ouvindo... fiquei ouvindo! E eles iam bebendo mas não ficavam bêbados. Eu... estava lá sentada, como que paralisada, sem conseguir ir embora... O primeiro disse: 'Fiquei sabendo que os barracões já estavam vazios. Fechados. Mas de madrugada o vento trazia de lá gritos e gemidos'. O segundo disse: 'Isso é misticismo. Aí começa

---

* Em Magnitogorsk, ao sul dos Montes Urais, ficava um dos maiores complexos metalúrgicos da União Soviética; já em Vorkutá, na porção setentrional dos Urais, localizam-se enormes jazidas de carvão. Ambas as cidades tiveram papel estratégico no fornecimento de material bélico para o Exército Vermelho, empregando frequentemente, no entanto, prisioneiros do gulag.

a mitologia. A nossa desgraça está toda no fato de que os carrascos e as vítimas são as mesmíssimas pessoas'. E de novo: 'O Stálin pegou a Rússia no arado, e deixou na bomba atômica…'. Lá eu fiquei três dias e três noites sem pregar o olho. De dia, ficava vagando pela estepe. Ficava me arrastando. Até escurecer, até acenderem as luzes.

Uma vez um homem me deu carona até a cidade, ele tinha uns cinquenta anos, talvez um pouco mais, como eu. Estava meio bêbado. Falante. 'Está procurando os túmulos? Eu entendo, dá para dizer que nós moramos em um cemitério. Mas nós… Para resumir, aqui não gostam de ficar relembrando o passado. É um tabu! Os mais velhos morreram, são os nossos pais, os que estão vivos ficam quietos. A educação deles é stalinista, sabe? Gorbatchóv, Iéltsin… isso é hoje… mas quem sabe o que vai ser amanhã? Para que lado vai virar?…' Conversa vai, conversa vem, e eu fiquei sabendo que o pai dele tinha sido oficial, 'de dragonas'. Na época do Khruschóv ele quis sair dali, mas não permitiram. Todos tinham se comprometido a não divulgar aquele segredo de Estado: tanto os que tinham sido presos como os que tinham prendido. Os que tinham ficado de guarda. Não dava para deixar ninguém sair, todos eles sabiam coisas demais. Ele tinha ouvido falar que não deixavam sair nem os que tinham acompanhado as composições com prisioneiros. Eles meio que se salvaram da guerra, mas da guerra eles poderiam ter voltado, enquanto dali não tinha como. A zona… o sistema… tinha engolido todos eles de maneira irreversível. Depois de terminada a pena, só podiam sair daqueles lugares malditos os gatunos e os criminosos. Os bandidos. Os demais depois moravam juntos, às vezes no mesmo prédio, no mesmo bloco. 'Ah, mas essa nossa vidinha!', ele repetia. Ele relembrou um acontecimento da infância… De como uns presidiários combinaram de estrangular um antigo carcereiro… porque era um animal… Com a bebedeira, se metiam em brigas, saíam na mão uns com os outros. O pai bebia sem parar. Ficava bêbado e chorava: 'Puta que pariu! A gente passa a vida toda com a boca amarrada. A gente é um grãozinho de areia…'. De madrugada. Na estepe. Nós dois íamos juntos: a filha de uma vítima e o filho… como dizer… de um carrasco, é isso? De um pequeno carrasco… Os carrascos grandes nunca passam sem os pequenos. São necessários muitos deles, aqueles que vão fazer o trabalho sujo… Bom, nós tínhamos nos encontrado… E do que é que falávamos? Do fato de que não sabíamos nada dos nossos pais, eles tinham mantido o silêncio até a morte. Levaram seus segredos com eles. Mas ficou evidente que eu melindrei o tal homem, ele ficou bem aflito com alguma coisa. Contou que o pai nunca comia peixe, porque segundo ele o peixe podia se alimentar de pessoas. Se você jogar uma pessoa nua no mar, depois de alguns meses só vão ficar os ossinhos limpos. Branquinhos. Ele sabia isso… como? Quando estava sóbrio, não falava nada, mas bêbado jurava que sempre tinha trabalhado só com papéis. Tinha as mãos limpas… O filho queria acreditar naquilo. Mas por que então não comia peixe? Ele ficava com enjoo por causa do peixe… Depois da morte do pai, ele achou uns documentos dele, segundo os quais ele tinha servido uns anos na costa do mar de Okhotsk. Lá também tinha campos… (*Silêncio.*) Bêbado… começou a falar… E ficou olhando, ficou olhando tanto para mim, que até ficou sóbrio. Ficou sóbrio e assustado. Eu percebi que ele tinha ficado assustado. De repente gritou alguma coisa raivosa… no sentido de que bastava daquilo, de ficar desenterrando os mortos! Chega! Eu entendi… Eles… os filhos… ninguém tinha se comprometido, mas eles mesmos entendiam que era preciso ficar de bico calado. Quando nos despedimos, ele estendeu a mão. Mas eu não apertei a mão dele… (*Começa a chorar.*)

Eu procurei até o último dia, procurei… E no último dia alguém me deu a dica: 'Passe na casa da Katerina Demtchuk. É uma velhinha de quase noventa anos, mas ela se lembra de tudo.' Eles me levaram até lá, me mostraram. Eu vi uma casa de tijolos com uma cerca alta. Bati na cancela... Ela saiu... era muito, muito velha... quase cega. 'Alguém me disse que a senhora trabalhou no orfanato.' 'Eu era professora.' 'Nós não tínhamos professores, tínhamos comandantes.' Não respondeu nada. Ela se afastou e começou a regar a horta com uma mangueira. E eu fiquei lá, de pé... não iria embora... eu não iria embora! Aí ela me levou para dentro da casa a contragosto: num cômodo, uma cruz com o Cristo crucificado, num canto, um ícone. Eu me lembrei da voz... do rosto eu não me lembrei, mas da voz... 'A sua mãe é uma inimiga. Nós podemos bater em vocês e até matar.' Eu a reconheci! Ou queria muito reconhecer? Poderia não ter perguntado, mas eu perguntei: 'Por acaso a senhora está lembrada mim? Por acaso...'. 'Não, não... não me lembro de ninguém. Vocês eram pequenos, cresceram todos mal. E nós cumpríamos as instruções.' Serviu chá, trouxe umas panquecas... Eu fiquei lá sentada, ouvindo as queixas dela: o filho era alcoólatra, os netos também bebiam. O marido tinha morrido fazia tempo, a pensão era pequena. A coluna doía. Viver na velhice era enfadonho. Pois é! Eu pensei: pois é... sim... Aí está! Depois de cinquenta anos nós nos encontramos... Eu presumi que era ela... fiquei imaginando... Nós nos encontramos, e daí? Eu também tinha perdido o marido, a minha pensão também era pequena. A minha coluna doía. A velhice e mais nada. (*Longo silêncio.*)

No dia seguinte fui embora... O que restava? A perplexidade... e o ressentimento... Só não sei com quem. E continuo sonhando com a estepe, sonhando, ora sonho com ela nevada, ora coberta de papoulas vermelhas. No mesmo lugar em que ficavam os barracões, tem um café, em outro tem *datchas*. Vacas pastando. Não deveria ter voltado. Não! Choramos tão amargamente, sofremos tanto, e para quê? Tudo isso foi para quê? Outros vinte… outros cinquenta anos terão se passado… e eles terão reduzido tudo a pó, como se nós nem tivéssemos existido. Vão sobrar duas frases nos livros de história. Um parágrafo. A moda do Soljenítsin já está passando, a moda da história na versão do Soljenítsin. Antes você podia ser preso por causa do *Arquipélago gulag*. As pessoas liam às escondidas, copiavam na máquina de escrever, copiavam à mão. Eu acreditava… acreditava que, se milhares de pessoas lessem, tudo mudaria. Aconteceria o arrependimento, rolariam lágrimas. Mas o que aconteceu? Tudo que escreviam nas escrivaninhas foi impresso, tudo que pensavam secretamente foi dito. E?! Esses livros estão amontoados por aí, pegando pó. E as pessoas passam reto… (*Silêncio.*) Nós existimos… e não existimos… Até as ruas em que eu morava antes não existem mais. Tinha a rua Lênin. Agora é tudo diferente: as coisas, as pessoas, o dinheiro. Palavras novas. Tínhamos os 'camaradas', agora temos os 'senhores', mas acho difícil a gente se acostumar com esse 'senhores'. Todo mundo fica procurando para ver se tem ascendência nobre. Está na moda! De novo vieram com os príncipes e condes. Antes as pessoas tinham orgulho de serem operários e camponeses. Todo mundo faz o sinal da cruz, faz jejum. Discutem a sério se a monarquia pode ou não salvar a Rússia. Amam o tsar, de quem qualquer ginasiana ria em 1917. Esse país me é estranho. Estranho! Antes, quando a gente recebia convidados, as discussões eram sobre livros, espetáculos… Mas agora é sobre quem comprou o quê. A cotação da moeda. E piadas. Nada é poupado, pode caçoar de tudo. Tudo é engraçado. 'Papai, mas quem foi o Stálin?' 'O Stálin foi o nosso chefe.' 'Mas eu achava que só os selvagens tinham chefe.' Perguntaram para a rádio armênia: 'O que ficou do Stálin?'.* A rádio armênia respondeu: 'Do Stálin ficou o

---

* Não se trata de uma rádio de fato, mas sim de uma popular fórmula usada em piadas a partir dos anos 1960 e 1970. Eram geralmente perguntas ingênuas, com respostas absolutamente irônicas ou absurdas.

seguinte: duas mudas de roupa de baixo, um par de botas, algumas túnicas, sendo uma delas de festa, quatro rublos e quarenta copeques em dinheiro soviético. E um império gigantesco'. A segunda pergunta: 'Como os soldados russos chegaram até Berlim?'. 'É que os soldados russos não são tão corajosos a ponto de recuar.' Eu parei de visitar as pessoas. Raramente saio na rua. O que é que eu vejo lá? Uma festa de Mamon! Não sobrou nenhum valor, só o do bolso. E eu? Eu sou uma indigente, somos todos indigentes. Toda a minha geração... os antigos soviéticos... Não temos contas, não temos imóveis. Nossas coisas também são soviéticas, ninguém vai dar um copeque por elas. Onde está o nosso capital? Tudo que nós temos é nosso sofrimento, aquilo por que passamos. Eu tenho dois atestados, que foram escritos em folhas de um caderno escolar: '... reabilitado...' e '... reabilitada... devido à ausência de corpo de delito...'. Do meu pai e da minha mãe. Um dia... um dia eu tive orgulho do meu filho... Foi aviador militar, serviu no Afeganistão. Agora... vende no mercado... É major. Tem duas condecorações de combate! Um comerciante! Antes a gente chamava isso de especulação, agora é *business*. Para a Polônia vende vodca, cigarros e esquis; compra de lá uns trapos. Uns trastes! Para a Itália vende âmbar; compra de lá equipamentos sanitários: privadas, torneira, desentupidores. Arre! Nunca tivemos vendilhões na nossa família! Eles eram desprezados! Talvez eu seja um resto do '*sovok*'... mas isso é melhor que esse compra e vende...

Bom... eu devo confessar a você... Antes eu gostava mais das pessoas... Aquelas pessoas... elas eram gente nossa... Eu atravessei toda a história daquele país. Mas a esse aqui que existe agora eu sou indiferente, ele não é o meu país. (*Vejo que ela está cansada. Desligo o gravador. Ela me entrega um papel com o telefone do filho.*) Você pediu... Meu filho vai contar... ele tem o lado dele... a história dele... Eu sei que entre nós dois existe um abismo... Eu sei... (*Em meio às lágrimas.*) Agora me deixe. Quero ficar sozinha."

O FILHO
Durante muito tempo, ele não me deixou ligar o gravador. Depois, de maneira inesperada, sugeriu ele mesmo: "Isso aqui já pode registrar... Aí já é história, e não conflitos familiares, pais e filhos. Não coloque o sobrenome. Eu não tenho medo, mas acho desagradável".

"Você já sabe de tudo... Mas... o que podemos dizer da morte? Nada de razoável... E-e... Ahn... A-ah! São sentimentos absolutamente desconhecidos...

... Até hoje gosto dos filmes soviéticos, neles tinha um quê, você não encontra isso nos filmes atuais. Eu também adorava esse 'quê'. Adorava desde a infância. Mas não consigo formular o que é. Eu me interessava por história, lia muito, todos liam muito na época, eu li sobre a tripulação do *Tcheliúskin* e sobre o Tchkálov... sobre o Gagárin e o Koroliov...* mas passei muito tempo sem saber nada sobre o ano de 1937. Uma vez perguntei para minha mãe: 'Onde foi que nosso avô morreu?'. Ela desmaiou.

---

* O navio *Tcheliúskin* tornou-se célebre em 1934, após uma malfadada expedição de travessia do Ártico. As operações de resgate tiveram elementos espetaculares, mobilizando a Marinha e a Aeronáutica da União Soviética; Valiéri Pávlovitch Tchkálov (1904-38) foi um piloto soviético, conhecido por diversos feitos, dentre os quais o famoso voo sem escalas através do polo, indo de Moscou a Vancouver, nos Estados Unidos, em 1937; Serguei Pávlovitch Koroliov (1907-66), engenheiro russo-soviético. Foi figura central no desenvolvimento do programa espacial soviético, tendo conduzido importantes pesquisas na área desde os anos 1930. Chegou a ser vítima das repressões, passando um ano como prisioneiro no gulag.

Meu pai disse: 'Nunca mais pergunte isso para a sua mãe'. Eu era outubrista, pioneiro, não importa se eu acreditava nisso ou não. Talvez eu acreditasse. É mais provável que eu nunca tenha pensado nisso... Fui do Komsomol. As músicas ao redor da fogueira:

Se o teu amigo se revela de repente
*Nem amigo, nem inimigo, só indiferente.**

E por aí vai... (*Acende um cigarro.*) Meu sonho? Sonhava em ser militar. Voar! Era prestigioso, lindo. Todas as moças sonhavam em se casar com um militar. Meu escritor favorito é o Kuprin. Ser um oficial! Ter um belo uniforme... Uma morte heroica! A bebedeira viril. A amizade. Era tudo atraente, encarávamos com um entusiasmo juvenil. E os pais apoiavam. Fui educado de acordo com os livros soviéticos: 'o ser humano é mais alto', 'o ser humano não se pode destruir', 'o ser humano, isso soa altivo'. Falavam de um ser humano que não existe... na natureza ele não existe... Até hoje eu não entendo por que existiam tantos idealistas naquela época. Agora eles sumiram. Qual é o idealismo da Geração Pepsi? É gente pragmática. Concluí a escola militar e fui servir na Kamtchatka. Na fronteira. Lá onde só tem neve e colinas. A única coisa de que eu sempre gostei em meu país é a natureza. A paisagem. Isso, sim! Em dois anos, fui mandado para a academia militar, que eu terminei com distinção. Mais estrelinhas! Uma carreira! Já podia ter um funeral com carreta e salva de tiros... (*Com um tom de desafio.*) E agora? Mudança de cenário... O major soviético virou um homem de negócios. Eu comercio equipamento sanitário italiano... Se alguém tivesse profetizado isso para mim dez anos atrás, eu não iria nem querer bater nesse Nostradamus, eu só

---

* Versos iniciais da famosa "Canção do amigo", de Vladímir Vyssótski.

daria risada da piada. Eu era absolutamente soviético: gostar de dinheiro era vergonhoso, o certo era amar os sonhos. (*Acende um cigarro e fica em silêncio.*) É uma pena... é tanta coisa que a gente esquece... A gente esquece porque tudo passa muito rápido. É um caleidoscópio. Primeiro eu me empolguei com o Gorbatchóv, depois me decepcionei com ele. Eu ia às manifestações e berrava junto com todo mundo: 'Iéltsin, sim! Gorbatchóv, não!'. Gritava: 'Abaixo o artigo 6º!'. Até afixei uns cartazes. Nós falávamos e líamos, líamos e falávamos. O que é que nós queríamos? Os nossos pais queriam falar tudo e ler tudo. Eles sonhavam em viver num socialismo humano... com um rosto humano... E os jovens? Nós... Nós também sonhávamos com a liberdade. Mas o que era isso? Só teorias... Queríamos viver como no Ocidente. Ouvir a música deles, vestir-se daquele jeito, viajar pelo mundo. 'Mudanças... queremos mudanças...', cantava o Viktor Tsoi.* Aonde estávamos indo, não sabíamos. Todos sonhávamos... Mas nos mercados a única coisa que tinha de comida eram aquelas latas de três litros de suco de bétula e repolho marinado. Pacotes de folhas de louro. Era cupom para pegar macarrão, manteiga, grãos... tabaco... Na fila da vodca eram capazes até de matar alguém! Mas estavam publicando os proibidos, Platónov... Grossman... Tinham tirado as tropas do Afeganistão. Eu fiquei vivo, eu achava que todos que estiveram lá eram heróis. Voltamos para a pátria, mas a pátria não existia mais! Em vez da pátria, era um novo país, que não estava nem aí para nós! O Exército estava ruindo, começaram a denegrir os militares, injuriar. Assassinos! Éramos defensores e viramos assassinos. Colocaram tudo nas nossas costas: o Afeganistão, Vilnius, Baku. Todo aquele sangue. Andar à noite pela cidade vestindo uniforme militar era um perigo, podiam bater na gente. As pessoas estavam com raiva, porque não tinham

---

* Viktor Róbertovitch Tsoi (1962-90), icônico artista soviético, autor da canção *Peremien*, "Mudanças", citada no texto.

comida, não tinham coisas. Ninguém estava entendendo nada. No nosso batalhão, os aviões não estavam voando: não tinha combustível. As tripulações ficavam em terra, jogando cartas, bebendo vodca. Com o ordenado de oficial, dava para comprar dez pães. Um amigo meu deu um tiro na cabeça... depois outro... Saíam do Exército, cada um ia para um lugar. Todos tinham família... eu tinha dois filhos, um cachorro e um gato... Como viver? Paramos de dar carne para o cachorro e passamos a dar queijo; nós mesmos ficamos semanas comendo só mingau. A gente vai apagando tudo isso da memória... É, tem que registrar isso, enquanto alguém ainda se lembra de alguma coisa. Oficiais... De madrugada nós descarregávamos vagões, trabalhávamos de vigia. Asfaltando. Junto comigo pegavam no pesado mestres, médicos, cirurgiões. Eu me lembro até de um pianista da filarmônica. Eu aprendi a instalar fogão de cerâmica e portas blindadas. E assim por diante... assim por diante... Começaram os negócios... uns traziam computadores... uns 'cozinhavam' jeans... (*Risos.*) Duas pessoas faziam um acordo: um compraria um tanque de vinho, o outro venderia. Trato feito! Um vai procurar o dinheiro, o segundo fica pensando onde conseguir um tanque de vinho. É uma piada, mas é verdade. Eu também cheguei a falar com gente assim: com tênis rasgados e vendendo helicópteros... (*Pausa.*)

Mas nós sobrevivemos! Sobrevivemos... E o país sobreviveu! E o que nós sabemos da alma? Só sabemos que ela existe. Eu... os meus amigos... tudo que nós temos é normal... Um tem uma firma de construção, outro tem um mercadinho, com queijo, carne, *kolbassá*, um terceiro vende móveis. Um tem capital no exterior, outro tem uma casa no Chipre. Um tem mestrado, o outro é engenheiro. São pessoas inteligentes, educadas. É só nos jornais que tem esses desenhos do 'novo-russo' usando uma corrente de ouro de dez quilos, em um carro com para-choque dourado e rodas prateadas. Isso é folclore! Em um negócio bem-sucedido tem de tudo, só não tem idiotas. E aí a gente se reúne... Levamos um conhaque caro, mas bebemos vodca. Bebemos vodca e de manhã estamos lá, bêbados e cantando canções do Komsomol:

Voluntários do Komsomol...
Nossa fiel amizade é o que nos dá força...

Ficamos relembrando a época em que éramos estudantes e íamos 'pegar batata' e as histórias engraçadas da vida no Exército. Em suma, ficamos relembrando a época soviética. Você entende? E as conversas terminam sempre assim: 'Hoje é uma bagunça. Precisamos de um Stálin'. Embora para nós esteja tudo bem, devo dizer. O que é isso? Eu, por exemplo... Para mim o Sete de Novembro é feriado.* Eu comemoro uma coisa grandiosa. Lamento não ter mais, lamento até muito. Para falar a verdade... Por um lado, é nostalgia, por outro lado, é medo. Todo mundo quer ir embora, dar o fora do país. Descolar uma 'grana' e dar o fora. E os nossos filhos? Todos sonham em aprender a mexer com finanças. Mas pergunte para eles sobre o Stálin... Aí complica! Têm uma vaga ideia... Eu dei o Soljenítsin para o meu filho ler: ele ficou o tempo inteiro rindo. De repente ouvi! Ele estava rindo. Para ele a acusação de que uma pessoa fosse agente de três serviços secretos já era engraçada. 'Pai... Não tem um investigador alfabetizado sequer, em cada palavra tem um erro de ortografia. Até a palavra 'fuzilar' eles escrevem errado...' Ele nunca vai me entender, nunca vai entender a minha mãe, porque ele não viveu nem um dia sequer no país dos sovietes. Eu... e o meu filho... e a minha

---

* Antigo feriado da Revolução de Outubro. A tomada do Palácio de Inverno pelos bolcheviques aconteceu no dia 25 de outubro no calendário juliano, utilizado na Rússia até 1918. Adaptada ao calendário gregoriano, a data passou a cair no 7 de novembro.

mãe... Todos nós vivemos em países diferentes, embora todos eles sejam a Rússia. Mas existe uma ligação bizarra entre nós. Bizarra! Todos se sentem enganados...

... O socialismo é uma alquimia. Uma ideia alquímica. Nós saímos voando para a frente, mas sabe-se lá aonde chegamos. 'Quem você deve procurar para entrar no Partido Comunista?' 'Um psiquiatra.' Mas eles... os nossos pais... a minha mãe... eles querem ouvir que a vida que eles tiveram foi grandiosa, não medíocre, e que eles acreditavam em algo em que valia a pena acreditar. Mas o que eles ouvem? De todos os lados eles ouvem que a vida deles foi uma merda total e que eles não tinham nada além daqueles terríveis mísseis e tanques. Estavam prontos para rechaçar qualquer inimigo. E teriam rechaçado! Mas tudo ruiu sem guerra nenhuma. Ninguém consegue entender por quê. Para isso era preciso pensar... Mas não nos ensinaram a pensar. Todo mundo só consegue se lembrar do medo... e falar do medo... Eu li em algum lugar que o medo também é uma forma de amor. Parece que essas palavras pertencem ao Stálin... Hoje os museus estão vazios... E as igrejas estão cheias, porque todos nós precisamos de psicoterapeutas. De sessões de psicoterapia. Você acha que o Tchumak e o Kachpiróvski curam o corpo?* Eles curam a alma. Centenas de milhares de pessoas ficam em frente à televisão ouvindo o que eles dizem, ficam como que hipnotizadas. É quase uma droga! Uma sensação terrível de solidão... de abandono... E é para todos: do taxista e do funcionário de escritório até o artista popular e o acadêmico. Todos são horrivelmente solitários. E assim por diante... é assim... A vida mudou completamente. O

---

* Állan Vladímirovitch Tchumak (1935-), apresentador de televisão, curandeiro e vidente. Anatóli Mikháilovitch Kachpiróvski (1939-), psicoterapeuta, hipnotizador e curandeiro. Eram rivais de audiência em programas da televisão entre os anos 1980 e 1990, e ganharam notoriedade durante a perestroika.

mundo agora está dividido de outro jeito: não em 'brancos' e 'vermelhos', não entre os que foram presos e os que prenderam, entre os que leram o Soljenítsin e os que não leram, mas entre os que podem comprar e os que não podem. Você não gosta disso? Não gosta... é evidente... Eu também... não gosto... Você e até mesmo eu... nós éramos românticos... E os sessentistas ingênuos? Uma rede de pessoas honradas. Acreditavam que o comunismo cairia, e que o russo imediatamente correria para aprender o que é a liberdade, mas ele correu para aprender a viver. A viver! Queria provar tudo, lamber tudo, morder tudo. Aqui uma comida gostosa, ali uma roupa da moda... viagens... Ele queria ver as palmeiras e o deserto. Os camelos... E não arder e ficar queimado, correndo o tempo todo para lá e para cá com uma tocha e um machado. Não, simplesmente viver, como os outros viviam... Na França e em Mônaco... Porque era bem capaz de não conseguir! Deram terra, mas podiam tomar, permitiram fazer comércio, mas podiam prender. E aí tirariam a fabriquinha, a lojinha. Esse medo se enfiou dentro do cérebro. Como uma broca. Que história?! Tem que ganhar dinheiro depressa. Ninguém conseguia mais pensar em nada grandioso... magnânimo... Estavam fartos dessa grandiosidade! Queriam coisas mais humanas. Normais. Comuns... comuns, você entende? Do que é grandioso dá para se lembrar assim... com uma vodcazinha... Fomos os primeiros a ir para o cosmos... E fizemos os melhores tanques do mundo, mas não tínhamos sabão em pó, nem papel higiênico. Aquelas malditas privadas sempre com vazamento! A gente lava as sacolas de plástico e seca na varanda. E ter um videocassete em casa era como ter um helicóptero pessoal. Um rapaz de jeans não suscitava inveja, mas um interesse decorativo... Era exótico! Era esse o preço! Era o preço a pagar por nossos mísseis e nossas naves espaciais. Por uma história grandiosa! (*Pausa.*) Falei um monte de coisa para você... Hoje todos querem falar, mas ninguém ouve um ao outro...

... No hospital... ao lado da minha mãe tinha uma mulher... Quando eu entrei na enfermaria, vi primeiro essa mulher. Uma vez eu observei que ela queria dizer alguma coisa para a filha dela, mas não conseguia: m-ma... m-mu... Chegou o marido, ela tentou falar com ele, não deu. Virou-se para mim: m-ma... Aí ela se esticou para pegar a muleta e começou a bater com ela no soro, sabe? Na cama... Ela não sentia que estava batendo... rasgando... Ela queria falar... Mas com quem é que dá para falar hoje em dia? Me diga, com quem? Uma pessoa não pode viver no vazio...

... Eu amei o meu pai a vida inteira... Ele é quinze anos mais velho que a minha mãe, esteve na guerra. Mas a guerra não acabou com ele, como acabou com outros, não se tornou o acontecimento mais significativo da vida dele. Até hoje ele vai caçar, vai pescar. É dançarino. Foi casado duas vezes, em ambas as vezes com mulheres bonitas. Tenho uma lembrança de infância... Estávamos indo ao cinema, o papai me parou: 'Veja só como a mamãe é bonita!'. Ele nunca teve aquela arrogância bestial da guerra que os homens que lutaram têm: 'Eu atirei. Ele caiu. As tripas iam saindo dele como se fosse de um moedor de carne'. Ele lembra uma coisa meio inocente. Umas bobagens. Como no Dia da Vitória, quando ele e um amigo foram até um vilarejo atrás de mulheres e fizeram prisioneiras duas alemãs. Elas tinham se escondido nas latrinas públicas da cidade, estavam enfiadas até o pescoço. Dava pena atirar! Afinal, a guerra já tinha acabado. Estavam cansados de tiros. Mas não dava nem para chegar perto... Meu pai teve sorte: na guerra podiam matar você, mas não mataram; antes da guerra podiam prender você, mas não prenderam. Ele tinha um irmão mais velho, o tio Vánia. Para esse aí foi tudo diferente, na época do Iejov... nos anos 1930... ele foi mandado para as minas de Vorkutá. Dez anos sem direito a correspondência. A esposa, acuada pelos colegas de trabalho, se jogou do quarto andar. O filho foi criado pela avó. Mas o tio Vánia voltou... Voltou com uma mão seca, sem os dentes e com o fígado inchado. Começou a trabalhar novamente na sua fábrica, no mesmo cargo, e ocupou o mesmo escritório, sentado na mesma mesa... (*Começa de novo a fumar.*) E na frente dele ficava sentada a pessoa que tinha denunciado. Todo mundo sabia... o tio Vánia também sabia que o outro tinha denunciado... Como antes, eles iam às assembleias e manifestações. Liam o jornal *Pravda*, apoiavam a política do Partido e do governo. Nos dias festivos, tomavam vodca juntos na mesma mesa. E assim por diante... Isso éramos nós! Era a nossa vida! Éramos assim... Imagine um carrasco e uma vítima de Auschwitz sentados no mesmo escritório e recebendo seus salários no mesmo guichê da contabilidade. Com as mesmas condecorações depois da guerra. E agora com as mesmas aposentadorias... (*Silêncio.*) Sou amigo do filho do tio Vánia. Ele não lê o Soljenítsin, e na casa dele não tem nenhum livro sobre os campos. O filho esperou pelo pai, mas quem voltou foi uma pessoa diferente... voltou um farrapo humano... Amassado, recurvado. Definhou depressa. 'Você não sabe a que ponto pode chegar o medo', ele disse para o filho. 'Você não sabe...' Diante dos olhos dele estava o investigador... um homem robusto... enfiou a cabeça da pessoa na latrina e segurou lá até ela se afogar. E o tia Vánia... foi pendurado no teto, nu, e enfiaram amoníaco no nariz, na boca, em todos os buracos que nós temos. O investigador mijou na orelha dele, gritando: 'Agora você vai lembrar quem são os espertos... Os espertos!'. E o tia Vánia lembrou... Assinou tudo. Porque, se não tivesse lembrado e assinado, a cabeça dele também teria ido parar na latrina. Depois ele encontrou alguns daqueles de que ele lembrou lá, no barracão... 'Quem foi que denunciou?', eles ficavam imaginando. Quem denunciou? Quem... Eu não posso julgar. Você também não pode julgar. O tio Vánia foi trazido para a cela numa maca, molhado de sangue e de urina. Coberto com a própria merda. Eu não sei onde termina um ser humano... E você, sabe?

... Dá dó dos nossos velhos, é claro... Recolhem garrafas velhas nos estádios, vendem cigarro no metrô de madrugada. Reviram o lixo. Mas nossos velhos não são isentos de culpa... É um pensamento terrível! Perturbador. Para mim é terrível. (*Silêncio.*) Mas eu nunca vou conseguir conversar sobre isso com minha mãe... Eu tentei... Ela tem um ataque histérico!

(*Quer terminar a conversa, mas por algum motivo muda de ideia.*)

... Se eu lesse isso em algum lugar ou ouvisse de alguém, não acreditaria. Mas na vida acontece... acontece como em um romance policial ruim... Eu conheci esse Ivan D... Preciso dizer o sobrenome? Para quê? Ele não está mais entre nós. E os filhos? O filho não responde pelo pai, é o velho ditado... É, os filhos também, eles já são velhos. Netos, bisnetos? Não posso falar dos netos, e os bisnetos... eles já não sabem quem foi o Lênin... O vovô Lênin foi esquecido. Ele já é só um monumento. (*Pausa.*) Pois então, de como eu o conheci... Eu tinha acabado de ser promovido a tenente, pretendia me casar... Com a neta dele. Já tínhamos comprado anéis de noivado e o vestido de noiva. Anna... esse era o nome dela... é um nome bonito, não é verdade? (*Mais um cigarro.*) Ela era a neta dele... a neta adorada... Na casa, todo mundo de brincadeira a chamava de 'Adorana'. Ele que inventou isso... Bom, isso queria dizer que ela era adorada... E ela era muito parecida com ele, de aparência; até demais. Eu era de uma família soviética normal, que tinha passado a vida inteira esperando pelo salário de mês em mês; já eles, tinham lustres de cristal, porcelana chinesa, tapetes, Jigulis novinhos. Tudo muito chique! Tinham também um Volga antigo, que o velho não queria vender. E assim por diante... Eu já morava com eles, de manhã na sala de jantar eu bebia chá naqueles porta-copos de prata. Era uma família grande, com genros e noras... Um dos genros era professor universitário. Quando o velho se irritava com ele, falava sempre a mesmíssima frase: 'Gente que nem ele... Eu fazia comer a própria merda...'. Pois é... um achaque... Mas na época eu não entendia... Não entendia! Depois é que fui lembrar isso... só depois... Ele recebia os pioneiros, que registravam as memórias dele, tiravam fotos dele para um museu. Na minha época ele já estava doente, ficava em casa, mas antes ele ia às escolas, atava as gravatas vermelhas dos melhores alunos. Era um veterano honorífico. Em todos os feriados chegavam enormes cartões de felicitação na caixa de correio, todo mês mandavam uma cesta especial de alimentos. Uma vez eu fui com ele buscar essa cesta... Entregaram as coisas para nós numa espécie de porão: um pedaço de *cervelat*, uma lata de pepinos e tomates marinados da Bulgária, conservas de peixe importado, presunto húngaro em lata, ervilha verde, fígado de bacalhau... Naquela época, todas essas coisas faltavam! Era um privilégio! Ele me aceitou de cara: 'Adoro os militares e desprezo os 'paletós''. Ele me mostrou a sua cara espingarda de caça: 'Vou deixar para você'. Em todas as paredes daquele enorme apartamento tinha chifres de cervo pendurados, nas estantes de livros tinha animais empalhados. Troféus de caça. Era um caçador apaixonado, presidiu a sociedade municipal de caçadores e pescadores por uns dez anos. O que mais? Contava muitas coisas da guerra... 'Durante o combate, uma coisa é atirar em um alvo distante... Todo mundo consegue atirar... Mas já é outra coisa... levar uma pessoa para ser fuzilada. Ver uma pessoa ali, de pé, a três metros de você...' Sempre soltava coisas do tipo... A companhia dele nunca era enfadonha, eu gostava do velho.

Fui para lá nas férias... O casamento era logo, logo. Estávamos no meio do verão. Todos viviam em uma *datcha* bem grande. Uma daquelas antigas... Não era daquelas de quatro centésimos de hectare que o Estado dava, eu não lembro mais com exatidão qual era o tamanho, mas lá tinha até um pedacinho de floresta. Uns pinheiros velhos. Davam *datchas* como aquela só para o pessoal do alto escalão. Por serviços especiais. Para altos acadêmicos e escritores. E para ele… Eu acordava, e o velho já estava na horta: 'Tenho alma camponesa. Cheguei em Moscou vindo de Tvier calçado com *lápti*'. De noite, ele costumava ficar sentado sozinho no terraço, fumando. Ele não tinha segredos comigo: tinha recebido alta do hospital para morrer ali; tinha um câncer de pulmão, inoperável. Não parou de fumar. Voltou do hospital com uma bíblia: 'Fui materialista a vida inteira, mas na iminência da morte encontrei Deus'. Tinha ganhado a bíblia de presente de umas monjas, que cuidavam dos doentes graves no hospital. Lia com uma lupa. Antes do almoço lia os jornais; depois da sesta, memórias de militares. Tinha uma biblioteca inteira dessas memórias: Júkov, Rokossóvski… Ele mesmo também gostava de relembrar… De quando tinha visto em vida o Górki, o Maiakóvski… a tripulação do *Tcheliúskin*… Costumava repetir: 'O povo quer amar o Stálin e celebrar o Nove de Maio'. Eu discutia com ele: a perestroika estava começando… a primavera da democracia russa… Eu era um frangote! Uma vez ficamos eu e ele, todos foram para a cidade. Dois homens em uma *datcha* vazia. Uma garrafa de vodca. 'Não estou nem aí para os doutores! Já vivi a minha vida.' 'Sirvo mais um pouco?' 'Pode servir.' E começou… Não me dei conta logo… Não foi de cara que eu percebi que ali precisava de um padre. A pessoa pensa na morte… Não é logo… Primeiro começou a conversa típica daqueles tempos: o socialismo, o Stálin, o Bukhárin… o testamento político do Lênin, que o Stálin escondeu do Partido… De todos os boatos que a gente ouvia por aí, nos jornais. Bebemos. Bebemos mu-u-uito! Aí ele começou: 'Você é um fedelho! Um moleque novo, verde… Me escute! Não tem como dar a liberdade para o nosso povo. Vai dar merda! Entendeu?!', e mais e mais palavrões. Um russo não pode convencer outro russo sem falar palavrão. Vou tirar os palavrões. 'Você me escute...' Eu... é claro que... eu... Fiquei em choque! Em choque! E ele desandou: 'Tinha que algemar esses gargantas e levar para cortar lenha. Dar uma picareta na mão deles. Tem que ter medo. Sem medo vai tudo desmoronar num instante'. (*Longa pausa.*) Nós pensamos que um monstro tem que ter chifres e cascos. Mas ali sentado na minha frente estava alguém parecido com um ser humano... um ser humano normal... Assoando o nariz... com dor... bebendo vodca... Eu penso o seguinte... Ali foi a primeira vez que eu pensei nisso... São sempre as vítimas que ficam, que dão seu testemunho, os carrascos ficam em silêncio. Eles se enfiam em algum lugar, em algum buraco invisível. Eles não têm nome, não têm voz. Desaparecem sem deixar rastros, nós não sabemos nada deles.

Nos anos 1990... Foi a época em que os carrascos ainda estavam vivos... eles ficaram assustados... Nos jornais apareceu o nome do investigador que tinha torturado o acadêmico Vavílov.* Eu memorizei: Aleksandr Khvat. Publicaram mais alguns nomes. E eles entraram em pânico, achando que abririam os arquivos, tirariam o selo de 'secreto'. Ficaram agitados. Ninguém fez uma pesquisa sobre isso, não tem nenhuma estatística especial, mas aconteceram dezenas de suicídios. Em todo o país. Atribuíram tudo à ruína do império... ao empobrecimento... mas fiquei sabendo dos suicídios de velhos abastados e respeitáveis. Sem motivo aparente. Só tinham uma coisa em comum: todos tinham sido funcionários dos órgãos. Para uns a consciência pesou, outros ficaram com medo de que a família descobrisse. Ficaram aterrori-

---

* Nikolai Ivánovitch Vavílov (1887-1943), cientista russo-soviético, geneticista e botânico. Boa parte de sua pesquisa foi dedicada à agricultura. Foi preso durante o período das repressões stalinistas, mas reabilitado nos anos 1950.

zados. Tiveram um momento de pânico. Não conseguiam entender o que estava se passando ao redor... e por que tinha se formado aquele vácuo ao redor deles. Eram cães fiéis! Empregados zelosos! Nem todos tremeram, é claro... No *Pravda* ou no *Ogoniok*, nesse ponto a memória pode me trair, publicaram uma carta de um agente do NKVD. Esse não ficou com medo! Descrevia toda a gama de doenças que tinha adquirido no serviço na Sibéria, onde passou quinze anos vigiando os 'inimigos do povo'. Não poupou a saúde... Ele se queixava de que o serviço era pesado: no verão, era devorado pelos mosquitos, o calor era torturante; no inverno, o frio. Para os soldados, distribuíam uns capotezinhos — eu me lembro disso, ele escreveu assim mesmo, 'capotezinhos' —, eram fininhos, enquanto a alta chefia usava casacos de pele e botas de feltro. Mas agora, dizia ele, os inimigos que eles não tinham conseguido pegar estavam colocando a cabeça para fora... Era uma contrarrevolução! Uma carta raivosa... (*Pausa.*) Os ex-presos imediatamente responderam... Eles não tinham mais medo. Não iriam ficar calados. Escreveram contando que no campo às vezes despiam completamente um prisioneiro e o amarravam numa árvore, e depois de um dia inteiro as moscas tinham roído tudo, só ficava o esqueleto. No inverno, num frio de quarenta graus, pegavam um *dokhodiaga* que não tinha cumprido a cota diária e jogavam água nele. Dezenas de estátuas de gelo ficavam lá, para intimidar, até a primavera... (*Pausa.*) Ninguém foi julgado! Ninguém! Os carrascos terminaram os seus dias como respeitáveis aposentados... O que eu quero dizer? Não conte com arrependimento. Não tente inventar um povo: como ele é bom, o nosso povo. Ninguém está disposto a se arrepender. Arrepender-se é um grande esforço. Eu mesmo vou à igreja, mas não consigo tomar a decisão de me confessar. Acho difícil... Para falar a verdade, o ser humano só tem pena de si mesmo. De mais ninguém. Pois então... O velho corria pelo terraço... gritando... Fiquei com o cabelo em pé... Em pé! Com as palavras que ele disse. Naquela época eu já sabia muita coisa... Tinha lido o Chalámov... Mas ali tinha um vaso com bombons em cima da mesa, um buquê de flores... Um cenário absolutamente tranquilo. Era esse contraste que reforçava tudo. Era terrível e curioso. A curiosidade, para falar sinceramente, era maior que o medo. Dá vontade... Sempre dá vontade de olhar para a cova. Por quê? É assim que nós fomos talhados.

Quando me levaram para trabalhar no NKVD, fiquei muito orgulhoso. Com o primeiro salário comprei um bom terno...

O trabalho era assim... Com o que eu posso comparar? Dá para comparar com a guerra. Mas na guerra eu conseguia descansar. Você fuzilava um alemão, ele gritava em alemão. Mas aqueles ali... aqueles gritavam em russo... Era gente nossa... Nos lituanos e nos poloneses era mais fácil atirar. Mas aqueles falavam em russo: 'Seus brutamontes! Seus idiotas! Andem logo com isso!'. C...! Nós ficávamos cobertos de sangue... limpávamos a mão nos próprios cabelos... Às vezes eles nos davam uns aventais de couro... O trabalho era assim. O serviço. Você é jovem... Perestroika! Perestroika! Acredita nesses falastrões... Eles que gritem: liberdade! Liberdade! Que fiquem correndo pelas praças... O machado está ali... o machado do patrão sobrevive... Tem que lembrar! C...! Sou um soldado! Falaram para eu ir, eu fui. Atirei. Quando falam para você, você vai. Você vai! Eu matava os inimigos. Sabotadores! Tinha um documento: condenado 'à mais alta medida de defesa social'... Uma ordem do Estado... É um trabalho que Deus me livre! Se não morria com o tiro, caía no chão ganindo, como um porco... cuspindo sangue... É particularmente desagradável atirar em uma pessoa que está rindo. Ou ela está louca, ou despreza você. Choros e xingamentos vinham de todos os lados. Não dá para comer antes de um trabalho desse... Eu não conseguia... Dava sede o tempo todo. Água! Água! Como depois de uma bebedeira... C...! No fim do turno, traziam dois baldes para nós: um balde de vodca e um balde de água-de-colônia. Traziam a vodca depois do trabalho, e não antes do trabalho. Você leu em algum lugar? Pois é... Agora escrevem de tudo... criam muita coisa... A gente se lavava com água-de-colônia até a cintura. O cheiro do sangue é acre, é um cheiro peculiar... é um pouco parecido com cheiro de esperma... Eu tinha um cão pastor, e ele não chegava perto de mim depois do trabalho. C...! Por que você está calado? Você é verde ainda... bisonho... Escute! Era raro... mas aparecia um soldado que gostava de matar... era transferido da equipe de fuzilamento para outro lugar. Eram vistos com antipatia. Muitos eram do campo, como eu, os do campo eram mais fortes que os da cidade. Eram mais tenazes. Estavam mais acostumados com a morte: um matava os porcos em casa, outro abatia os bezerros; galinha todos tinham matado. A morte... a gente tem que se acostumar com ela... Nos primeiros dias, levavam só para olhar... Os soldados só presenciavam as execuções ou escoltavam os condenados. Tinha casos de pessoas que ficavam loucas imediatamente. Não aguentavam. É uma questão delicada... Até para matar uma lebre tem que ter costume, não é qualquer um que consegue. C...! Você colocava a pessoa de joelhos, e o tiro de revólver era quase à queima-roupa, na lateral esquerda da cabeça, na têmpora... na região do ouvido esquerdo... No fim do turno, a mão ficava como que pendurada, parecendo um açoite. O que mais sofria era o dedo indicador. Nós também tínhamos uma meta, como em qualquer outro lugar. Como em uma fábrica. No começo não dávamos conta da meta. Era fisicamente impossível cumprir. Aí convocaram uns médicos. Uma junta médica. A decisão tomada foi a seguinte: fazer massagens em todos os soldados duas vezes por semana. Massagens na mão direita e no dedo indicador. Era imprescindível massagear o indicador, era ele que absorvia a maior carga do tiro. Só fiquei com um pouco de surdez no ouvido direito, porque você atira com a mão direita...

... Emitiram para nós certificados 'pelo cumprimento de missões especiais do Partido e do governo', 'pela lealdade à causa do Partido de Lênin e Stálin'. Esses certificados eram impressos em um papel de ótima qualidade, eu tenho um armário cheio deles. Uma vez por ano eles me mandavam junto com a minha família para excelentes estâncias de repouso. A comida era ótima... muita carne... tratamentos... Minha esposa não sabia nada do meu trabalho. Sabia que era um trabalho secreto e de muita responsabilidade, e só. Eu me casei por amor.

... Durante a guerra, economizávamos munição. Se o mar era próximo... Enchíamos uma lancha, ficava como um barril de arenque. Não eram gritos que vinham do porão, era um rugido de animais: 'Ao inimigo nosso altivo *Variag* não se renderá/ Clemência ninguém desejará...'.* Amarrávamos as mãos de cada um com arame, e uma pedra era atada aos pés. Se o tempo estivesse calmo... e a superfície estivesse plana... dava para ver por um bom tempo as pessoas indo até o fundo... Por que está olhando assim? Seu fedelho! C...! Sirva mais! O trabalho era assim... era o serviço... Eu vou contar para você entender: o poder soviético valia muito para nós. Era preciso defendê-lo. Proteger! Voltávamos à noite com a lancha vazia. Um silêncio de morte. Todos pensavam a mesma coisa: chegaríamos à margem, e nós também seríamos... C...! Durante anos deixei pronta embaixo da cama

---

* O cruzador *Variag* tornou-se famoso por engajar-se em combate desigual com uma esquadra japonesa, em janeiro de 1904, no início do conflito entre a Rússia e o Japão. A tripulação preferiu afundar o navio a render-se. O feito foi celebrado pelo poeta austríaco Rudolf Greinz (1866-1942) em seu "Der Warjag". Traduzido para o russo por Ievguênia Studiénskaia (1874-1906), o poema ganhou música de Aleksei Turíschev (1888-1962).

uma malinha: uma muda de roupa de baixo, uma escova de dente, uma lâmina de barbear. A pistola ficava debaixo do travesseiro... Estava pronto para meter uma bala na testa. Todos viviam assim naquela época! Tanto o soldado raso como o marechal. Nisso tinha uma igualdade.

... Começou a guerra... Eu logo pedi para ir para o front. Morrer em combate não era tão terrível. Você sabe que vai morrer pela pátria. É tudo simples, fácil de entender. Participei da libertação da Polônia, da Tchecoslováquia... C...! Terminei meu caminho na guerra nos arredores de Berlim. Tenho duas condecorações e algumas medalhas. Vitória! Mas... depois aconteceu o seguinte... Depois da Vitória eu fui preso. Os serviços especiais já tinham uma lista pronta... Quem era Tcheká tinha só dois caminhos: morrer nas mãos do inimigo ou nas mãos do NKVD. Levei sete anos. Cumpri os sete anos. Até hoje... sabe?... eu acordo como no campo, às seis da manhã. Por que fui preso? Não falaram por que fui preso. Por que motivo?! C...!

(*Ele amassa com nervosismo o maço vazio de cigarros.*)

Talvez ele estivesse mentindo. Não... não estava mentindo... não parecia que estava... Acho que não estava mentindo... De manhã, inventei algum motivo, uma bobagem qualquer. E fui embora. Fugi! O casamento não deu certo. Pois é... pois é... Que casamento? Eu não ia conseguir mais voltar àquela casa. Não conseguiria! Fui embora para a minha unidade. A minha noiva... ela não conseguia entender, escreveu várias cartas... sofreu... E eu... Mas não estou aqui agora para falar disso... de amor... Isso é uma outra história. Eu quero entender... você também quer entender que pessoas eram essas. Não é isso? Apesar de tudo... Um assassino é algo interessante, não importa o que digam, um assassino não pode ser alguém comum. Sentimos uma atração por eles... dá curiosidade... O mal hipnotiza... Tem centenas de livros sobre o Hitler e o Stálin. Sobre como eles eram na infância, sobre a família, sobre as mulheres que eles amavam… o vinho e os cigarros… Temos interesse por todos os pormenores. Temos vontade de entender… O Tamerlão, o Gêngis Khan, quem eles eram? Quem? E tem milhões de cópias deles… pequenas cópias… esses também fizeram coisas horríveis, e só uns poucos ficaram loucos. Todos os demais viveram normalmente: beijaram suas mulheres, jogaram xadrez… compraram brinquedos para seus filhos… Cada um deles pensava: não fui eu. Não fui eu que pendurei a pessoa 'empinada' e bati com 'os miolos no teto', e não fui eu que enfiei um lápis apontado nos mamilos de uma mulher. Não fui eu, foi o sistema. O próprio Stálin… até ele falava: não sou eu que decido, é o Partido… Ensinava para o filho: você acha que o Stálin sou eu. Não! O Stálin é ele! E apontava para o próprio retrato na parede. Não para si mesmo, mas para o retrato! A máquina da morte… A máquina trabalhou sem parar… por dezenas de anos… A lógica era genial: a vítima é o carrasco, e no fim o carrasco também é vítima. Como se isso não tivesse sido inventado por um ser humano… Algo tão perfeito assim só existe na natureza. A roda gira, mas não há culpados. Não há! Todos querem que tenham pena deles. Todos são vítimas. No fim da cadeia, todos. Pois é! Na época, por conta da juventude, fiquei assustado, paralisado, hoje eu teria feito mais perguntas… Preciso saber… Por quê? Tenho medo… Depois de tudo que eu aprendi das pessoas, tenho medo de mim. Tenho medo. Sou um homem comum… fraco… Sou preto, branco, amarelo… tudo ao mesmo tempo… Na escola soviética, fomos ensinados que o ser humano é bom por natureza, ele é maravilhoso, e a minha mãe até hoje acredita que são as condições horríveis que o fazem horrível. Mas que o ser humano é bom! Mas isso… não é verdade… não é verdade! É… O ser humano passa a vida inteira oscilando entre o bem e o mal. Ou você enfia o lápis afiado no mamilo… ou enfiam em você... Escolha! Escolha! Quantos anos se passaram... não consigo esquecer... Ele gritando: 'Eu vejo televisão, escuto rádio. Voltou a ter ricos e pobres. Uns comem caviar, compram ilhas e aviões, enquanto outros não têm como comprar um pãozinho. Mas isso não vai ser por muito tempo aqui! Ainda hão de dizer que o Stálin foi grande... O machado fica... o machado sobrevive ao dono... Você vai se lembrar das minhas palavras... Você perguntou... (*Eu tinha mesmo perguntado.*) se um ser humano demora para chegar ao seu fim, por quanto tempo ele dura. Eu vou responder para você: depois que você mete a perna de uma cadeira no ânus ou a estaca no escroto de alguém, não tem mais ser humano. Ha-ha... não tem ser humano... Tem só merda! Ha-ha...'.

(*Já se despedindo.*) Bom, reviramos bem a história toda... Milhares de revelações, toneladas de verdade. Para uns, o passado é um baú cheio de carne e um barril cheio de sangue; para outros, é uma época grandiosa. Todos os dias batalhamos nas cozinhas. Mas logo os jovens vão crescer... os lobinhos, como dizia o Stálin... Logo eles vão crescer...

(*Despede-se de novo, mas logo começa a falar outra vez.*) Recentemente eu vi na internet umas fotos amadoras... Umas fotos comuns de guerra, se você não souber quem está nelas. É o comando da ss em Auschwitz... Oficiais e soldados rasos. Muitas moças. As fotos tinham sido tiradas em festas, em passeios. Eram jovens, alegres. (*Pausa.*) E as fotos do nosso pessoal da Tcheká nos museus? Um dia, dê uma boa olhada, com atenção: você vai ver rostos bonitos... rostos inspirados... Por muito tempo, fomos ensinados que eles eram santos...

Eu queria sair deste país, ou pelo menos tirar as crianças daqui. Nós vamos embora. O machado sobrevive ao dono... Eu guardei bem aquilo..."

Uns dias depois, ele me telefona e desautoriza a publicação do texto. Por quê? Ele se recusa a explicar. Depois, fico sabendo que ele emigrou com a família para o Canadá. Eu o encontro pela segunda vez dez anos mais tarde, e ele permite a publicação. Diz: "Fico feliz por ter saído na hora certa. Por um tempo, os russos foram amados em todos os lugares, mas agora são temidos de novo. E você, não tem medo?".

SEGUNDA PARTE

O FASCÍNIO DO VAZIO

Sobre o ruído das ruas e sobre as conversas na cozinha (2002-12)

SOBRE O PASSADO

"Os anos 1990, a época do Iéltsin... Como é que nós guardamos aqueles anos na memória? Foi uma época feliz... uma década louca... anos terríveis... tempos de uma democracia sonhadora... foram os desastrosos anos 1990... uma época simplesmente dourada... uma época de autoacusação... tempos ruins e infames... uma época brilhante... agressiva... tempestuosa... foi a minha época... não foi a minha!!!"

"Nós esbanjamos os anos 1990! A chance que nós tivemos naquela época vai demorar para se repetir. E como tudo começou bem em 1991! Nunca vou me esquecer do rosto das pessoas com quem eu estive na frente da Casa Branca. Nós vencemos, nós éramos fortes. Queríamos viver. Nós nos deleitamos com a liberdade. Mas agora... agora eu penso diferente sobre tudo aquilo... Como nós éramos detestavelmente ingênuos! Corajosos, honrados e ingênuos. Pensávamos que a *kolbassá* brotaria da liberdade. Nós também somos culpados por tudo que aconteceu depois... É claro que o Iéltsin tem sua responsabilidade, mas nós também...

Eu acho que tudo começou em outubro. Em outubro de 1993... O 'Outubro Sangrento', o 'Outubro Negro', o 'GKTchP-2'... Foi assim que chamaram... Metade da Rússia disparou para a frente, e metade da Rússia ficou puxando para trás. Para um socialismo sombrio. Para o maldito *sovok*. O poder soviético não se rendia. O parlamento 'vermelho' se recusava a submeter-se ao presidente. Era assim que eu entendia na época... A nossa zeladora — que tinha vindo de algum lugar próximo de Tvier, e a quem eu e minha esposa tínhamos ajudado mais de uma vez com dinheiro e dando toda a mobília quando foi feita a reforma do apartamento —, naquela mesma manhã em que tudo começou, viu o meu distintivo do Iéltsin e, em vez de 'Bom dia!', disse com malícia: 'Logo vai ser o fim de vocês, burguesinhos', e deu as costas. Eu não esperava. De onde ela tinha tirado tanto ódio contra mim? A troco de quê? A situação era a mesma de 1991... Vi na televisão que a Casa Branca estava em chamas, os tanques disparavam... Rastros de tiros no céu... O ataque à estação de televisão de Ostánkino... O general Makachov* de boina preta, gritando: 'Não teremos mais esses prefeitos, nem esses *sirs*, nem porra nenhuma disso'. E ódio... ódio... O cheiro de guerra civil estava no ar. De sangue. Da Casa Branca, o general Rutskoi** conclama-

---

* Albert Makachov (1938-) foi um dos fomentadores do chamado Segundo Putsch. Após a rebelião ser suprimida, ele e outros importantes membros da oposição foram presos. Foi anistiado em 1994 e eleito deputado do Partido Comunista em 1995.

** Aleksandr Rutskoi (1947-) foi vice-presidente da Rússia antes da crise de outubro de 1993. Constitucionalmente proclamou-se presidente em oposição a Iéltsin em 22 de setembro. Quando as forças de Iéltsin tomaram o controle, Rutskoi foi preso e encarcerado até a anistia de 1994 proclamada pelo novo parlamento.

va abertamente à guerra: 'Aviadores! Irmãos! Decolem em seus aviões! Bombardeiem o Krémlin! O que está lá é um bando!'. Como que de uma hora para a outra a cidade ficou cheia de veículos militares. De pessoas estranhas com roupas camufladas. E aí o Iegor Gaidar se dirigiu 'aos moscovitas, a todos os russos que tivessem apreço pela democracia e pela liberdade'... Foi tudo como em 1991... Nós fomos... eu fui... Lá tinha milhares de pessoas... Eu me lembro de sair correndo junto com todo mundo. De tropeçar. Caí em cima de um cartaz 'Pela Rússia sem burgueses!'. Logo imaginei o que nos esperava se o marechal Makachov vencesse... Vi um rapaz bem jovem, ferido, ele não conseguia andar, eu comecei a arrastar o rapaz. 'Você está do lado de quem?', ele perguntou. 'Do Iéltsin ou do Makachov?' Ele estava do lado do Makachov... Ou seja, éramos inimigos. 'Então vá à merda!', eu falei para ele, xingando. E o que mais? Logo nós ficamos de novo divididos em 'brancos' e 'vermelhos'. Perto da ambulância tinha dezenas de pessoas feridas... Todas elas, por algum motivo eu guardei isso claramente na memória, tinham umas botas meio gastas, eram todas pessoas simples. Gente pobre. Lá alguém me perguntou outra vez: 'Esse que você trouxe é dos nossos ou não é dos nossos?'. Os que não eram 'dos nossos' eram levados por último, ficavam deitados no asfalto, vertendo sangue... 'O que estão fazendo? Seus loucos!' 'Mas não são nossos inimigos?' Naqueles dois dias aconteceu alguma coisa com esse povo... parecia que alguma coisa tinha mudado no ar. As pessoas ao meu lado eram completamente diferentes, não eram nada parecidas com aquelas pessoas com quem eu tinha ficado na frente da Casa Branca dois anos antes. Nas mãos tinham pedaços afiados de vergalhões... metralhadoras de verdade, que uns caminhões distribuíam... Era guerra! Tudo muito sério. Ao lado de uma cabine telefônica, iam colocando os mortos... E aquelas botas esfarrapadas... Perto da Casa Branca, tinha uns cafés funcionando; lá, como sempre, tinha gente bebendo cerveja. Uns curiosos ficavam dependurados nas varandas, observando os acontecimentos, como se estivessem no teatro. E ali mesmo... Bem na minha frente, dois homens saíram da Casa Branca carregando nas mãos uma televisão, com uns telefones caindo dos bolsos das jaquetas... Lá de cima, alguém atirava com vontade nos saqueadores. Deviam ser atiradores de elite. Queriam acertar ou os homens, ou a televisão... Na rua, dava para ouvir tiros o tempo todo... (*Cala-se.*) Quando tudo acabou e eu voltei para casa, fiquei sabendo que tinham matado o filho da nossa vizinha. O rapaz tinha vinte anos. Ele estava do outro lado das barricadas... Uma coisa era quando a gente discutia com eles na cozinha, outra coisa era trocar tiro... Como isso foi acontecer? Eu não queria aquilo... Porque na multidão... A multidão é um monstro, uma pessoa na multidão fica completamente diferente daquela pessoa com quem você sentava na cozinha e conversava. Bebia vodca, bebia chá. Eu não vou mais para lugar nenhum e não deixo meus filhos irem... (*Silêncio.*) Eu não sei o que foi aquilo: nós estávamos defendendo a liberdade ou participando de um golpe de Estado? Hoje tenho minhas dúvidas... Centenas de pessoas morreram... Ninguém se lembra delas, além dos parentes. 'Ai daquele que edifica com sangue...'* (*Silêncio.*) E se o general Makachov tivesse vencido? Teriam derramado ainda mais sangue. A Rússia teria ruído. Não tenho respostas... Eu confiei no Iéltsin até 1993...

Na época os meus filhos eram pequenos, mas agora eles já cresceram faz tempo. Um já é até casado. Algumas vezes eu... é... fiz umas tentativas... Queria contar para eles de 1991... de 1993... Eles não se interessam mais por isso. Ficam com um olhar

---

* Habacuque 2, 12. A citação bíblica foi utilizada num comunicado da Igreja ortodoxa que reprovava a atitude tomada por Iéltsin ao ordenar o bombardeio da Casa Branca.

vazio. Eles têm só uma pergunta: 'Papai, por que você não ficou rico nos anos 1990, quando era fácil?'. Eles acham que só os inválidos e os burros não ficaram ricos. Esses antepassados débeis... os impotentes da cozinha... Que não paravam de ir às manifestações. Ficavam tentando sentir o cheiro da liberdade quando os inteligentes repartiam o petróleo e o gás..."

"— O russo se entusiasma demais. Antes ele se sentia atraído pelos ideais do comunismo, com furor, passou a encarnar isso na vida com um fanatismo religioso; depois cansou, se decepcionou. E decidiu romper com o velho mundo, jogou uma pá de cal naquilo. Isso é bem russo, começar tudo do zero. E de novo somos enfeitiçados por ideais que nos parecem novos. Adiante, rumo à vitória do capitalismo! Logo viveremos como no Ocidente! Sonhos cor-de-rosa...

— A vida ficou melhor.

— Mas para alguns ficou mil vezes melhor.

— Tenho cinquenta anos... Tento não ser uma *sovok*. Mas para mim isso é difícil. Trabalho em uma empresa particular e odeio o dono. Não concordo com a maneira como dividiram esse bolo gordo da URSS, com essa 'privataria'. Não gosto dos ricos. Na televisão eles ficam se vangloriando dos seus palácios, das suas adegas... Eles que fiquem lá tomando banho com leite materno em banheiras de ouro. A troco de que eu tenho que ver isso? Não consigo viver ao lado deles. É ofensivo. É vergonhoso. Eu não vou mais mudar. Vivi tempo demais no socialismo. Hoje ficou mais fácil viver, mas também mais repugnante.

— O que me surpreende é a enorme quantidade de pessoas que ainda sofre pela falta do poder soviético.

— Mas o que você vai discutir com o pessoal do *sovok*? A gente tem que esperar até eles morrerem, e aí fazer tudo de um jeito novo. A primeira coisa é tirar do mausoléu a múmia do Lênin. Que coisa mais asiática! A múmia fica lá deitada, como se fosse uma maldição pairando sobre nós... É mau agouro...

— Calma, camarada. Você sabe que agora falam muito melhor da URSS do que há vinte anos. Pouco tempo atrás eu estive no túmulo do Stálin, colocam montes de flores lá. Cravos vermelhos.

— Mataram sabe Deus quantas pessoas, mas tivemos uma época grandiosa.

— Não gosto do que temos hoje, não sinto entusiasmo. Mas também não quero o *sovok*. Não quero voltar para o passado. Infelizmente não consigo me lembrar de nada de bom.

— Mas eu quero voltar. Não preciso da *kolbassá* soviética, preciso de um país em que um ser humano seja um ser humano. Antes falavam do 'povo humilde', mas agora falam do "povão". Consegue sentir a diferença?"

"— Eu cresci em uma família de dissidentes... Numa cozinha de dissidentes... Meus pais conheciam o Sákharov, distribuíam *samizdat*. Junto com eles eu li o Vassili Grossman, a Ievguênia Ginzburg, o Dovlátov... Escutava a rádio Liberdade. E em 1991, é claro, eu estive na corrente que se formou ao redor da Casa Branca, estava disposto a sacrificar minha vida para que o comunismo não voltasse. Não tinha nenhum comunista entre os meus amigos. O comunismo para nós estava relacionado com o terror, com o gulag. Com a jaula. Nós achávamos que ele tinha morrido. Morrido para sempre. Vinte anos se passaram... Entrei no quarto do meu filho e vi: na mesa dele estava *O capital* do Marx, na estante estava *Minha vida*, do Trótski... Não conseguia acreditar no que eu estava vendo! O Marx estava voltando? O que era aquilo, um pesadelo? Era sonho ou realidade? Meu filho estuda na universidade, ele tem muitos amigos, comecei a prestar atenção no que eles conversavam. Eles ficavam bebendo chá na cozinha e discutindo o *Manifesto do Partido Comunista*... O marxismo é legítimo novamente, virou um *trend*, um *brand*. Eles usam camisetas com o retrato do Che Guevara e do Lênin. (*Desesperado.*) Nada criou raízes. Foi tudo em vão.

— Para aliviar, deixe que eu vou contar uma piada para você... É a revolução. Num canto da igreja, uns soldados vermelhos estão bebendo, farreando, e, no outro, os cavalos deles mastigam aveia e mijam. O diácono corre para falar com o pároco: 'Pai, o que é que eles estão aprontando em um templo sagrado?'. 'Isso não é nada. Vão ficar um pouco e depois vão embora. Vai ser ruim quando os netos deles crescerem.' E agora eles cresceram..."

"— Temos uma saída: voltar ao socialismo, mas a um socialismo cristão ortodoxo. A Rússia não pode viver sem Cristo. A felicidade do russo nunca esteve ligada a muito dinheiro. É nisso que a 'ideia russa' difere do 'sonho americano'.

— A Rússia não precisa de democracia, mas sim da monarquia. Um tsar forte e justo. E o primeiro pretendente legítimo ao trono é a chefe da Casa Imperial Russa, a grã-princesa Maria Vladímirovna, e, depois dela, seus descendentes.

— O Berezóvski propôs o príncipe Harry...

— A monarquia é um delírio! Uma velharia decrépita!

— O coração do incrédulo é fraco e leviano diante do pecado. O povo russo há de renovar-se pela busca da verdade de Deus."

"— Só gostei da perestroika quando ela começou. Se alguém tivesse nos dito naquela época que o presidente do país seria um tenente-coronel do KGB...

— Nós não estávamos prontos para a liberdade...

— Liberdade, igualdade, fraternidade... Essas palavras derramaram um oceano de sangue.

— Democracia! É uma palavra engraçada na Rússia. Pútin é um democrata: é a piada mais curta de todas.

— Nestes vinte anos ficamos sabendo muitas coisas sobre nós mesmos. Descobrimos muita coisa. Ficamos sabendo que o Stálin era nosso herói secreto. Saíram dezenas de livros e filmes sobre o Stálin. As pessoas leem, assistem. Discutem. Metade do país sonha com o Stálin... Se metade do país sonha com o Stálin, ele com certeza vai aparecer, não precisa duvidar. Arrancaram do inferno todos esses mortos sinistros: Béria, Iejov... Começaram a escrever sobre o Béria, dizendo que ele era um administrador talentoso, querem reabilitar, porque foi sob a direção dele que criaram a bomba atômica russa...

— Abaixo os da Tcheká!

— Quem é o próximo: um novo Gorbatchóv ou um novo Stálin? Ou vai começar a suástica? '*Sieg Heil*!' A Rússia estava de joelhos, e está se levantando. É um momento perigoso, porque a Rússia não poderia ter sido humilhada por tanto tempo assim."

SOBRE O PRESENTE

"— Os anos 2000 do Pútin... Como eles foram? Abundantes... cinzentos... brutais... tchekistas... glamorosos... estáveis... potentes... ortodoxos...

— A Rússia é, sempre foi e sempre será um império. Nós não somos só um país grande, mas sim uma civilização russa separada. Temos o nosso caminho.

— O Ocidente até agora tem medo da Rússia...

— Todo mundo precisa das nossas riquezas naturais, principalmente a Europa. Abra uma enciclopédia: nossas reservas de petróleo ocupam o sétimo lugar, e de gás, o primeiro lugar da Europa. Somos um dos primeiros colocados em reservas de minério de ferro, urânio, zinco, cobre, níquel, cobalto... Temos diamante, temos ouro, temos prata, temos platina... Possuímos toda a tabela periódica de Mendelêiev. Um francês me disse uma vez: mas por que tudo isso pertence a vocês se a terra é uma só?

— Apesar de tudo, eu sou um imperialista, sou sim. Quero morar num império. O Pútin é o meu presidente! Agora é vergonhoso se dizer liberal, assim como pouco tempo atrás era vergonhoso se dizer comunista. O pessoal que fica nos quiosques de cerveja pode até dar uma na sua fuça por isso.

— Eu odeio o Iéltsin! Nós acreditamos nele, e ele nos levou para uma direção totalmente desconhecida. Não fomos parar num paraíso democrático, de jeito nenhum. Fomos parar num lugar ainda mais terrível do que era antes.

— A questão não é o Iéltsin nem o Pútin, mas o fato de que nós somos escravos. Esse nosso espírito servil! Esse nosso sangue servil! Veja só o 'novo-russo'... Ele desce de um Bentley, o dinheiro cai do bolso dele, mas ele é um escravo. Lá em cima tem sempre um chefão: 'Voltem todos para suas baias!'. E todos vão.

— Ouvi na televisão... 'Vocês têm um bilhão?', perguntou o senhor Polonski.* 'Não?! Então vão se foder!' Sou uma dessas pessoas que o senhor oligarca mandou se foder. Sou de uma família comum: o pai caiu na bebedeira, a mãe dá duro num jardim de infância para ganhar uns copeques. Para eles nós somos merda, somos esterco. Eu frequento diversos grupos. De patriotas, de na-

---

* Serguei Iúrievitch Polonski (1973-), magnata do ramo imobiliário, famoso por sua excentricidade. Chegou a ser um dos empresários mais ricos do mundo, mas sua fortuna foi bastante comprometida pela crise financeira de 2008. Com a prisão decretada em seu país, refugiou-se no Camboja, onde acabou preso, sendo posteriormente extraditado para a Rússia.

cionalistas... Fico ouvindo. Com certeza vai chegar a hora em que alguém vai me dar um fuzil na mão. E eu vou pegar."

"— O capitalismo não se adapta a nós. O espírito do capitalismo é estranho para nós. Além de Moscou ele não conseguiu se espalhar. O clima é diferente. O ser humano também é diferente. O russo não é racional, não é mercantil, pode dar seu último pedaço de pão, mas às vezes ele rouba. Ele é espontâneo, ele mais contempla do que age, é capaz de se contentar com pouco. A acumulação não é o ideal dele, acumular para ele é chato. Nele, é muito aguçado o senso de justiça. O povo é bolchevique. Mas o povo russo também não quer só viver, ele quer viver por alguma coisa. Ele quer participar de uma causa grandiosa. Aqui, é mais provável encontrar um santo do que um homem honesto bem-sucedido. Leia os clássicos russos...

— Por que quando o nosso povo vai para o exterior ele se enquadra normalmente na vida capitalista de lá? Mas em casa todo mundo gosta de falar da 'democracia soberana', da civilização russa separada e do fato de que 'na vida russa não existe base para o capitalismo'.

— Nosso capitalismo é errado...

— Guardem suas esperanças para um outro capitalismo...

— Na Rússia, é como se o capitalismo existisse, mas os capitalistas, não. Não temos novos Demídov, novos Morózov...* Os oligarcas russos não são capitalistas, são simplesmente ladrões. Como é que poderiam ser capitalistas, se são antigos comunistas e membros do Komsomol? Não tenho pena do Khodorkóvski.**

---

* Tradicionais famílias de empreendedores russos pré-revolucionários.

** Mikhail Boríssovitch Khodorkóvski (1963-), magnata russo do petróleo. Foi preso em 2003, acusado de fraude fiscal, e enviado para a Sibéria, depois para a Carélia. Permaneceu preso até 2013, e atualmente reside na Suíça.

Ele que fique lá nas tarimbas da cadeia. Só lamento o fato de que ele é o único preso. Alguém tinha afinal que responder pelo que eu passei nos anos 1990. Depenaram tudo. Tiraram o emprego. Os revolucionários capitalistas: o Gaidar, o Vinni-Pukh de ferro...* o ruivo Tchubais... Fizeram seus experimentos em pessoas vivas, como se fossem naturalistas...

— Fui visitar minha mãe no interior. Os vizinhos contaram que em uma madrugada alguém colocou fogo na propriedade de um agricultor local. As pessoas se salvaram, os animais morreram no incêndio. O vilarejo passou dois dias bebendo e celebrando a alegria. E vocês falando em capitalismo... Nesse nosso capitalismo vivem pessoas socialistas...

— No socialismo, me prometeram que tem um lugar ao sol para todo mundo. Agora falam outra coisa: é necessário viver pelas leis de Darwin, aí é que teremos prosperidade. Prosperidade para os fortes. Mas eu sou um dos fracos. Não sou um lutador... Eu tinha um esquema, estava acostumada a viver de acordo com esse esquema: escola, faculdade, família. Eu e meu marido economizamos para comprar um apartamento de cooperativa, depois do apartamento, para comprar um carro... Destruíram o esquema. Fomos jogados no capitalismo... Sou engenheira de formação, trabalhava em um escritório de projetos, que era até chamado de 'escritório feminino', porque lá só trabalhavam mulheres. Eu ficava sentada dobrando papel o dia inteiro, adorava deixar tudo direitinho, empilhadinho. Poderia ter passado a vida inteira assim. Mas aí começaram os cortes... Não tocaram nos homens, eles eram poucos, nem nas mães solteiras, nem nas pessoas que se aposentariam em um ou dois anos. Afixaram as listas, eu vi o meu

---

* Vinni-Pukh era a versão soviética do personagem Winnie the Pooh, criado pelo escritor britânico A. A. Milne. Até hoje, a adaptação em desenho animado feita na Rússia é extremamente popular. Por sua aparência, o economista Iegor Gaidar recebeu o apelido citado no texto.

nome lá... Como seguir com a vida? Fiquei desnorteada. Não tinham me ensinado a viver de acordo com as leis de Darwin.

Passei muito tempo com a esperança de que encontraria um trabalho na minha área de especialização. Eu era uma idealista, no sentido de que não sabia meu lugar na vida, meu valor. Até hoje sinto falta das garotas do meu departamento, justamente das meninas, das nossas fofocas. O trabalho ficava em segundo plano, no primeiro plano ficava esse contato, essa fofoca cordial. Umas três vezes ao dia a gente tomava chá, e aí cada uma contava as suas coisas. Comemorávamos todos os feriados, todos os aniversários... Mas agora... Fui ao centro de emprego. Não deu em nada. Precisavam de pintores, de rebocadores... Uma amiga minha, que estudou comigo na faculdade, limpa a casa de uma mulher de negócios, passeia com o cachorro... É uma criada. No início ela chorava com a humilhação, mas agora se acostumou. Eu não consigo."

"— Vote nos comunistas, é legal.

— De um jeito ou de outro, uma pessoa normal não consegue entender os stalinistas. Durante cem anos a Rússia indo para o vinagre, e eles: glória aos canibais soviéticos!

— Os comunistas russos não são mais comunistas faz tempo. A propriedade privada, que eles admitiram, é incompatível com o ideal comunista. Eu posso falar deles o que o Marx falou de seus seguidores: 'Só sei uma coisa, que eu não sou marxista'. E o Heine se expressou ainda melhor: 'Semeei dragões e colhi pulgas'.

— O comunismo é o futuro da humanidade. Não há alternativas.

— Nos portões do campo de trabalho de Solovki ficava afixado o lema dos bolcheviques: 'Conduziremos com mão de ferro a humanidade em direção à felicidade'. É uma das receitas de salvação da humanidade.

— Não tenho vontade nenhuma de ir para a rua e fazer alguma coisa. É melhor não fazer nada. Nem o bem, nem o mal. O que hoje é o bem amanhã acaba se revelando como o mal.

— As pessoas mais horríveis são os idealistas..."

"— Eu amo a pátria, mas não vou continuar morando aqui. Aqui não vou conseguir ser feliz como eu quero.

— Talvez eu seja idiota... Mas eu não quero sair, embora eu possa.

— Eu também não vou sair. Acho melhor viver na Rússia. Não tenho essa piração de ir para a Europa.

— É melhor amar a nossa pátria de longe...

— Hoje em dia dá vergonha ser russo...

— Nossos pais viveram num país de vencedores, mas nós, num país que perdeu a Guerra Fria. Não tem do que se orgulhar!

— Não pretendo ir embora... Tenho negócios aqui. Posso dizer com segurança que dá para viver normalmente na Rússia, só não pode se meter com política. Todas essas manifestações por liberdade de expressão, contra a homofobia, não estou nem aí...

— Todos falam de revolução... A Rubliovka ficou vazia...* Os ricos estão fugindo, levando os capitais para o exterior. Fecham a chave seus palácios, enchem de cartazes: 'À venda...'. Estão sentindo que o povo está resoluto. Mas ninguém vai abrir mão de nada voluntariamente. Aí quem vai começar a falar são as Kaláchnikov...

— Uns berram 'Rússia por Pútin!', enquanto outros gritam 'Rússia sem Pútin!'.

— E o que vai acontecer quando o petróleo ficar barato demais ou se tornar totalmente desnecessário?"

* Região de Moscou famosa pelas mansões de magnatas.

* * *

Sete de maio de 2012. Na televisão estavam mostrando o cortejo solene de Pútin, indo em direção ao Krémlin para a cerimônia de posse por uma cidade completamente vazia. Nem gente, nem carros. Uma limpeza exemplar. Milhares de policiais, militares e soldados de tropas especiais faziam plantão nas saídas do metrô e nas entradas dos prédios. Uma capital livre dos moscovitas e dos eternos engarrafamentos moscovitas. Uma cidade morta.

É um tsar ilegítimo!

SOBRE O FUTURO

Há cento e vinte anos, Dostoiévski terminou Os irmãos Karamázov. *Lá, ele escreveu sobre os eternos "meninos russos", que sempre discutem "sobre as questões universais, e nada mais: se Deus existe, se existe a imortalidade. Dentre os que não acreditam em Deus, mas que ficam falando de socialismo e de anarquismo, da reconstrução de toda a humanidade de acordo com um novo modelo, a mesmíssima coisa aparece, as mesmas questões, só vistas pelo outro lado".*

O espectro da revolução novamente ronda a Rússia. Em 10 de dezembro de 2011, houve uma manifestação de cem mil pessoas na praça Bolótnaia. Desde então, os protestos não pararam. O que discutem os "meninos russos" de hoje? O que escolheram dessa vez?

"— Eu vou às manifestações porque acho que já chega de nos fazerem de otários. Queremos as eleições de volta, seus miseráveis! Na primeira vez na praça Bolótnaia, cem mil se reuniram, ninguém esperava que tanta gente viesse. Aguentamos, aguentamos, até determinado ponto em que a mentira e a bagunça passaram do limite: chega de tudo isso! Todos assistem ao noticiário ou leem as notícias na internet. Falam de política. Ser de oposição virou moda. Mas eu tenho medo... Tenho medo de sermos todos uns falastrões... Ficamos na praça, gritamos e aí voltamos para os nossos computadores para ficar na internet. Só resta uma coisa: 'Que divertida foi essa reunião!'. Eu já me deparei com isso: alguém tinha que desenhar os cartazes para a próxima manifestação, distribuir os panfletos, mas todo mundo dispersava rapidinho...

— Antes eu ficava longe da política. Para mim bastavam o trabalho e a família, eu achava inútil ficar saindo na rua. Me atraía mais a teoria das pequenas ações: eu trabalhava numa clínica de tratamento paliativo; no verão, quando as florestas dos arredores de Moscou estavam pegando fogo, eu levava comida e roupas para as vítimas. Era uma experiência diferente... E a minha mãe ficava o tempo todo na frente da televisão. Ficou claro que ela também se cansou dessa mentirada e desses ladrões com passado tchekista, ela me contava tudo. Fomos à primeira manifestação juntas, sendo que a minha mãe tem 75 anos. Ela é atriz. Compramos umas flores, para garantir. Não iam atirar em pessoas segurando flores!

— Quando eu nasci já não tinha mais URSS. Se alguma coisa não me agrada, eu vou para a rua protestar. Não fico tagarelando sobre aquilo na cozinha antes de dormir.

— Tenho medo da revolução... Sei que vai ser um motim russo, sem nexo e sem compaixão. Mas ficar sentadinho em casa já é uma vergonha. Não quero uma 'nova URSS', uma 'URSS renovada', uma 'verdadeira URSS'. Comigo não dá para aceitar esse negócio de duas pessoas sentadas numa mesa, decidindo: hoje ele é presidente, aí amanhã sou eu. O povo gosta. Mas nós não somos bobos, nós somos o povo. Nas manifestações, eu vejo gente que eu nunca tinha visto lá antes: sessentistas e setentistas calejados

383

na luta e muitos estudantes que até outro dia não estavam nem aí para o que empurravam para a gente lá, na tv... E também senhoras de casacos de doninha, e moleques jovens que chegavam de Mercedes na manifestação. Pouco tempo atrás, eles eram atraídos por dinheiro, por objetos, pelo conforto, mas descobriram que isso é pouco. Isso já não basta para eles. E para mim também não. Quem está indo não é gente com fome, é gente de barriga cheia. Os cartazes... são arte popular... 'Saia você, Pútin!', 'Eu não votei nesses canalhas, votei em outros canalhas!'. Gostei do cartaz 'Vocês não têm ideia do que somos capazes'. Nós não pretendíamos tomar o Krémlin de assalto, nós queríamos dizer quem éramos. Fomos embora repetindo: 'Nós ainda voltaremos'.

— Sou soviética, tenho medo de tudo. Mesmo dez anos atrás eu não sairia para a rua por nada. Mas agora não perco uma manifestação. Estive na avenida Sákharov, na Nova Arbat. No Anel Branco, também.* Estou aprendendo a ser livre. Não quero morrer como eu sou agora, soviética. Quero extrair totalmente toda essa sovieticidade...

— Eu vou às manifestações porque o meu marido vai...

— Não sou mais jovem. Ainda quero viver um pouco em uma Rússia sem Pútin.

— Chega de judeus, tchekistas, homossexuais...

— Sou de esquerda. Tenho certeza: por meios pacíficos não dá para conseguir nada. Tenho sede de sangue! Sem sangue nós não conseguimos realizar grandes feitos. Por que é que a gente se manifesta? Eu fico esperando o momento em que nós vamos invadir o Krémlin. Isso não é mais um jogo. Devíamos ter tomado o Krémlin há muito tempo, e não só ficar rodeando-o aos gritos.

---

* Nome dado a uma grande manifestação contra o governo ocorrida em 2012, no Sadóvoie Koltso, o Anel dos Jardins, via rodoviária que circunda o centro de Moscou.

É só dar a ordem de pegar os forcados e os pés de cabra! Eu estou pronto.

— Vim junto com os amigos... Tenho dezessete anos. O que eu sei do Pútin? Eu sei que ele é judoca, tem o oitavo dan do judô. Acho que isso aí é tudo que eu sei dele...

— Não sou o Che Guevara, sou uma covardona, mas não perdi uma manifestação sequer. Quero viver em um país que não me dê vergonha.

— A minha personalidade exige que eu vá para as barricadas. Eu fui criada assim. Meu pai foi voluntário no combate aos efeitos do terremoto de Spitak. Por conta disso morreu cedo. Infarto. Desde a infância eu não moro com meu pai, moro com uma foto do meu pai. Cada um deve decidir por si se vai ou não vai. Meu pai foi por conta própria... mas poderia não ter ido... Uma amiga minha também queria ir comigo para a praça Bolótnaia, mas depois me telefonou: 'Sabe, é que eu tenho uma criança pequena'. E eu tenho uma mãe idosa. Eu saio, e ela fica tomando Validol. Mas mesmo assim eu vou...

— Quero que meus filhos tenham orgulho de mim...

— Preciso disso pela minha própria dignidade...

— Temos que tentar fazer alguma coisa...

— Eu acredito na revolução... A revolução é um trabalho longo e obstinado. Em 1905 a primeira revolução russa terminou em frustração, em derrota. Mas doze anos depois, em 1917, a coisa ganhou tamanho ímpeto que fez o regime tsarista em pedaços. Nós também teremos a nossa revolução!

— Eu vou à manifestação, e você?

— Eu pessoalmente estou cansado de 1991... de 1993... Não quero mais revoluções! Em primeiro lugar, as revoluções raramente são suaves; em segundo lugar, já tenho experiência: mesmo se nós vencermos, será como em 1991. A euforia acaba rápido. O campo de batalha fica para os saqueadores. Aparecem tipos como Gussinski, Berezóvski, Abramóvitch...

— Sou contra as manifestações antiPútin. O movimento é mais na capital. Moscou e Petersburgo são da oposição, mas o interior é a favor do Pútin. E por acaso a gente vive mal? A gente vive mesmo pior do que antes? Seria terrível perder isso. Todo mundo lembra como sofreu nos anos 1990. Ninguém devia ter vontade de mandar tudo à merda e começar um derramamento de sangue.

— Não sou um fanático do regime do Pútin. Chega de termos um 'tsarzinho', queremos governantes que se sucedam. Precisamos de mudanças, é claro, mas não de uma revolução. E também não gosto de quando tacam pedaço de asfalto na polícia...

— Foi o Departamento de Estado que pagou tudo. Os titereiros do Ocidente. Uma vez seguimos a receita deles e fizemos a perestroika, e no que deu aquilo? Fomos parar num buraco! Eu não vou participar dessas manifestações, vou participar das manifestações a favor do Pútin! Por uma Rússia forte!

— Nos últimos vinte anos o quadro mudou totalmente de figura algumas vezes. E qual foi o resultado? 'Fora, Pútin! Fora, Pútin!', é o mantra da vez. Eu não vou comparecer a esses espetáculos. Vamos supor que o Pútin saia. Um novo autocrata vai vir e se sentar no trono. Da mesma maneira que roubaram, vão continuar roubando. Vão continuar os bairros largados, os idosos abandonados, os funcionários cínicos, os policiais rodoviários corruptos... e dar propina vai continuar sendo considerado normal... Qual é o sentido de mudar o governo se nós mesmos não mudamos? Não acredito de jeito nenhum em democracia no nosso país. É um país asiático... Aqui é feudalismo... Temos padres em vez de intelectuais...

— Não gosto da multidão... Desse rebanho... A multidão nunca decide nada, quem decide são indivíduos. O poder se esforçou para que no alto não houvesse indivíduos brilhantes. Na oposição não tem nenhum Sákharov, nenhum Iéltsin. A revolução 'da neve' não produziu nenhum herói. Onde está o programa? O que pretendem fazer? Fazem passeatas, gritam... O próprio Nemtsov... o Naválny...* escrevem no Twitter que foram tirar férias nas Maldivas ou na Tailândia. Foram admirar Paris. Imagine em 1917 depois de uma manifestação o Lênin indo para a Itália ou para os Alpes esquiar...

— Eu não vou às manifestações e não voto. Não me alimento de ilusões...

— Mas você está ciente de que além de você ainda existe a Rússia? Até a Sacalina... Pois então, ela não deseja revolução nenhuma, nem 'laranja', nem 'rosa', nem 'de neve'.** Chega de revolução! Deixem a pátria em paz!

— Não estou nem aí para o que vai ser amanhã...

— Não quero estar na mesma coluna que os comunistas e os nacionalistas... com os nazistas... Você iria numa marcha com a Ku Klux Klan, com roupões e cruzes? Independentemente de quão magnífico fosse o objetivo dessa marcha? Nós sonhamos com uma Rússia diferente.

— Não vou... Tenho medo de levar uma paulada na cabeça...

— A gente tem que orar, não ficar frequentando manifestações. Foi o Senhor que nos enviou o Pútin...

— Não gosto de ver essas bandeiras revolucionárias pela janela. Sou pela evolução... pela construção...

— Não vou... E nem vou me justificar por não ir a esses shows políticos. Essas manifestações são de um exibicionismo barato. Cada um tem que viver por si, sem mentira, como ensinou

---

* Aleksei Naválny (1976-) escreve um blog bastante influente, em que faz uma campanha anticorrupção, em franca oposição ao governo de Pútin.
** Revolução Laranja foi como ficou conhecida uma série de protestos na Ucrânia em 2004 e 2005. A Revolução Rosa ocorreu na Geórgia, depois dos protestos de 2003. E a "Revolução da Neve" foi um dos nomes dos protestos antiPútin que se alastraram em Moscou em 2011 e 2012.

o Soljenítsin. Sem isso não vamos avançar um milímetro sequer. Vamos ficar andando em círculos.

— Amo a pátria mesmo assim…

— Eu excluí o Estado da zona dos meus interesses. Minhas prioridades são a família, os amigos e o meu negócio. Expliquei bem?

— Mas será que você não é uma inimiga do povo, cidadã?

— Alguma coisa vai acontecer, com certeza. E logo. Ainda não é a revolução, mas o cheiro de gás já é perceptível. Todos estão esperando: quem, onde, quando?

— Eu acabei de começar a viver normalmente. Deixem viver um pouco!

— A Rússia está dormindo. Não sonhem."

Dez histórias sem interior

SOBRE ROMEU E JULIETA... MAS QUE SE CHAMAVAM
MARGARITA E ABULFAZ

Margarita K., refugiada armênia, 41 anos

"Ai! Disso não... Disso eu não quero falar... Conheço outras coisas...

Eu até hoje durmo com os braços por cima da cabeça, um costume daquela época em que era feliz. Eu amava tanto a vida! Sou armênia, mas nasci e cresci em Baku. À beira-mar. O mar... o meu mar! Fui embora, mas amo o mar, as pessoas e todo o resto me decepcionaram, eu amo só o mar. Sonho sempre com ele: cinzento, negro, violeta. E os relâmpagos! Os relâmpagos dançam com as ondas. Eu adorava olhar ao longe, olhar o sol se pôr no início da noite, nesse momento ele é tão vermelho que parece até sibilar ao mergulhar nas águas. As pedras, aquecidas durante o dia, as pedras ficam quentes, como se estivessem vivas. Eu adorava olhar para o mar de manhã e de tarde, de noite e de madrugada. De noite apareciam morcegos, eu ficava muito assustada com eles. As cigarras cantavam. O céu ficava cheio de estrelas... em lugar nenhum tem tanta estrela... Baku é a minha cidade favorita... Minha cidade favorita, apesar de tudo! Em sonho, eu sempre passeio pelo jardim Gubernátorski e pelo parque Nagórny... subo na muralha da fortaleza... E de todos os lugares se vê o mar: os navios e as plataformas de petróleo... Eu e a minha mãe adorávamos passar nas casas de chá e tomar chá vermelho. (*Com os olhos cheios de lágrimas.*) Minha mãe está na América. Chora, sente saudades. Eu estou em Moscou...

Em Baku nós morávamos numa casa grande... Tinha um pátio grande, no pátio crescia uma amoreira, dava amora amarela. Uma delícia! Morávamos todos juntos, em uma só família: azerbaidjanos, russos, armênios, ucranianos, tártaros... A tia Klara, a tia Sara... Abdulla, Ruben... A mais bonita era a Silva, ela trabalhava como aeromoça numa companhia aérea internacional, voava para Istambul, o marido dela, o Elmir, era taxista. Ela era armênia, ele era azerbaidjano, mas ninguém nem pensava nisso, não me lembro de ninguém falando sobre isso. O mundo se dividia de outro jeito: pessoas boas e ruins, avarentas ou generosas. Vizinhos e convidados. De um vilarejo... da cidade... Todos tinham uma só nacionalidade: todos eram soviéticos, todos sabiam russo.

O feriado mais belo, o feriado mais querido por todos era o Novruz. O Novruz Bayrami é o dia da chegada da primavera. Passavam o ano inteiro esperando aquela data, a festa durava sete dias. Nesses sete dias, ninguém trancava as portas e os portões... dia e noite sem cadeado nenhum, sem chave nenhuma... Acendiam fogueiras... As fogueiras ardiam nos tetos e nos pátios. A cidade inteira ficava cheia de fogueiras! Jogavam arruda aromática no fogo e pediam por felicidade, repetindo: '*Sariligin sene, girmiziligin mene*', 'Todos os meus infortúnios deixo para ti, mas a minha alegria levo comigo'. *'Girmizilign mene...'* Você podia visitar qualquer pessoa: em todos os lugares você seria recebido como hóspede, serviriam *plov* com leite e chá vermelho com canela ou cardamomo. E no sétimo dia, o principal dia da festividade, todos se reuniam... à mesa, juntos... Cada um levava para o pátio a sua mesa, e montavam uma só mesa, bem comprida. Nessa mesa, tinha *khinkali* georgiano, *boraki* e *basturmá* armênios, panquecas russas, o *etchpotchmak* tártaro, *variéniki* ucraniano,* carne com castanhas à moda azerbaidjana... A tia Klava trazia o seu famoso salpicão de arenque, e a tia Sara trazia seu peixe recheado. Bebiam cerveja, conhaque armênio. Azerbaidjano. Cantavam músicas armênias e azerbaidjanas. E a 'Katiúcha' russa: 'Floresceram as macieiras e pereiras... Pairavam as brumas sobre o rio...'. Finalmente, chegava a hora dos doces: *pakhlavá, cheker-tchurek...*** Até hoje não acho nada mais gostoso que isso! Quem fazia os melhores doces era a minha mãe. 'Que mãos você tem, Knarik! Que massa levinha!' As vizinhas sempre elogiavam.

Minha mãe era amiga da Zeinab, e a Zeinab tinha duas meninas e um filho, Anar, com quem eu estudei, na mesma classe. 'Você dá a sua filha para casar com o meu Anar', brincava a Zeinab. 'Vamos virar parentes.' (*Tentando se convencer.*) Não vou chorar... Não precisa chorar... Começaram os pogroms contra os armênios... E a tia Zeinab, nossa bondosa tia Zeinab, junto com o seu Anar... nós fugimos, ficamos escondidos na casa de pessoas boas... e eles levaram da nossa casa de madrugada a geladeira e a televisão... o fogão a gás e uma estante iugoslava novinha... E

---

* *Khinkali*, tradicionais pastéis georgianos, feitos com massa e cozidos. *Boraki*, pastéis de carne armênios. *Basturmá*, tipo de carne-seca, popular na Armênia e Turquia. *Etchpotchmak*, em tártaro *öçpoçmaq*, espécie de esfiha fechada de carne. *Variéniki*, bolinhas de massa cozidas, semelhantes ao nhoque.
** *Pakhlavá*, ou baclavá, pastel de nozes com massa folhada. *Cheker-tchurek*, biscoitinhos azerbaidjanos de farinha e açúcar.

uma vez o Anar e os amigos dele encontraram o meu marido e bateram nele com vara de ferro: 'Que espécie de azerbaidjano é você? Você é um traidor! Você mora com uma armênia, uma dos nossos inimigos". Quem me recebeu foi uma amiga, eu fiquei morando no sótão deles... Toda noite eles abriam o sótão, me davam comida, aí eu voltava lá para cima e eles fechavam a entrada com pregos. Tapavam tudo com pregos. Se me achassem, iam me matar! Eu saí de lá com uma mecha branca... (*Bem baixinho.*) Falava para os outros: não precisa chorar por mim... Mas eu mesma estava coberta de lágrimas... Eu gostava do Anar na escola, ele era um menino bonito. A gente até se beijou uma vez... 'Oi, minha rainha!', ele me esperava no portão da escola. Oi, minha rainha!

Eu me lembro daquela primavera... é claro, a gente fica relembrando, mas agora é mais raro... não é sempre... Primavera! Eu concluí o curso e fui trabalhar como operadora no telégrafo. No Telégrafo Central. As pessoas paravam no guichê: uma chorando, a mãe tinha morrido, a outra rindo, ia se casar. Feliz aniversário! Feliz bodas de ouro! Telegramas, telegramas. Para Vladivostok, Ust-Kut, Achkhabad... O trabalho era divertido. Não era chato. Mas eu esperava pelo amor... Aos dezoito anos você sempre espera pelo amor... Eu achava que o amor viria uma só vez, e que eu entenderia logo de cara que era o amor. Mas foi engraçado, foi até muito engraçado. Eu não gostei de quando nós nos conhecemos. De manhã, eu passava pelo posto de vigia, todos já me conheciam, ninguém me pedia identificação: era 'oi' para cá, 'oi' para lá, sem perguntas. 'Apresente sua identificação.' Eu congelei. Na minha frente, estava um rapaz alto e bonito, que não queria me deixar passar. 'Você me vê aqui todos os dias...' 'Apresente sua identificação.' Mas naquele dia eu tinha esquecido a identificação, fiquei revirando na bolsa: não tinha documento nenhum. Chamaram meu chefe... tomei uma bronca... Fiquei tão nervosa com aquele rapaz! Mas ele... Eu estava no turno da noite, e ele veio com um amigo tomar chá. Imagine só! Trouxeram bolinhos com geleia, agora não tem mais desses, gostosos, mas dava medo de morder: você nunca sabia de que lado ia sair a geleia. Dávamos risada! Mas eu não conversava com ele, tinha ficado ofendida. Mais uns dias se passaram, e ele me encontrou depois do trabalho: 'Eu comprei ingressos para o cinema. Vamos?'. Eram ingressos para a minha comédia favorita, *Miminó*, com Vakhtang Kikabidze no papel principal, eu vi dez vezes esse filme, sabia de cor todas as falas. Descobri que ele também. Fomos, e aí ficamos repetindo as falas e corrigindo um ao outro: 'Eu vou dizer uma coisa sábia para você, mas não se ofenda'. 'Como é que eu vou vender essa vaca, se todo mundo já a conhece por aqui?' E aí... começou o amor... O primo dele tinha umas estufas enormes, ele vendia flores. O Abulfaz sempre trazia flores nos encontros, flores vermelhas e brancas... Tem rosas com uma cor lilás, como se elas tivessem sido pintadas, mas são verdadeiras. Eu sonhava... Eu sempre sonhava com o amor, mas eu não sabia como meu coração podia bater daquele jeito, quase sair do peito. Na praia, ficavam as nossas cartas... na areia molhada... em letras garrafais: 'Eu amo você!!!'. Naquela época pela cidade inteira tinha uns bebedouros de ferro com água gaseificada, e nele tinha um copo para todo mundo. Você lavava e bebia. Chegamos perto: não tinha copo, no segundo bebedouro também não tinha copo. Eu queria beber água! Tínhamos cantado tanto, berrado tanto, rido tanto na praia que agora eu queria beber água! Por muito tempo aconteceram coisas mágicas conosco, inacreditáveis, mas depois isso parou. Ai, eu sei bem disso... É verdade! 'Abulfaz, quero beber água! Invente alguma coisa!' Ele olhou para mim e levantou a mão para o céu, ficou um tempão falando alguma coisa, falando. E de algum lugar... detrás de uma cerca coberta de musgo e de umas tendas fechadas apareceu um bêbado e entregou um copo: 'Pra essa moça bu-u-unita eu entrego de bom grado'.

E aquela aurora… Não tinha vivalma em lugar nenhum, só nós. E a névoa que vinha do mar. Eu estava descalça, a névoa subia do asfalto como um vapor. Outro milagre! Apareceu de repente o sol! A luz… a claridade… como no meio de um dia de verão… O vestido de verão que eu estava usando, úmido de orvalho, secou instantaneamente. 'Você está tão bonita agora!' E você… você… (*Com lágrimas nos olhos.*) Para os outros eu digo que não precisa chorar… Mas eu mesma… Tudo me vem à lembrança… me vem à lembrança… Mas a cada vez são menos vozes, são menos sonhos. Naquela época eu sonhava… eu voava! Só que… Não teve! Para nós não teve happy end: vestido branco, marcha do Mendelssohn, lua de mel… Foi rápido, muito rápido… (*Para.*) Eu queria dizer alguma coisa… Alguma coisa… Eu esqueço as palavras mais comuns… comecei a esquecer… Eu queria dizer que foi rápido, muito rápido… eles me esconderem em porões, eu ir morar num sótão, eu me transformar em um gato… em um morcego… Se você pudesse entender… se pudesse… se você soubesse como é terrível quando alguém grita de madrugada. Um grito solitário. Um passarinho solitário começa a gritar de madrugada, e todos ficam apavorados. E se for uma pessoa? Eu vivia com um único pensamento: eu amava… amava e amava mais um pouco. De outro jeito não teria conseguido, não teria suportado. E como: um horror daqueles! Descia do sótão só de madrugada… as cortinas eram grossas como um cobertor… Uma vez abriram o sótão de manhã: 'Pode sair! Você está salva!'. As tropas russas tinham entrado na cidade…

Eu fico pensando nisso… Eu penso nisso até dormindo: quando foi que tudo começou? Em 1988… Na praça, umas pessoas tinham se reunido, elas estavam todas de preto, dançando e cantando. Dançando com facas e punhais. O prédio do telégrafo ficava do lado da praça, aquilo era bem na nossa frente. Ficamos grudados na varanda, olhando. 'O que é que eles estão gritando?', eu perguntei. 'Morte aos infiéis! Morte!' Isso durou muito, muito tempo... muitos meses... Começaram a tirar a gente da varanda: 'Meninas, isso é perigoso. Voltem para os seus lugares e não se distraiam. Trabalhem'. Na hora do almoço, as pessoas geralmente tomavam chá juntas, aí um dia de repente estavam os azerbaidjanos em uma mesa, e os armênios, em outra. No mesmo instante, entendeu? Mas eu não conseguia entender de jeito nenhum, de jeito nenhum. Eu ainda não tinha me tocado. Eu estava amando... estava ocupada com os meus sentimentos... 'Meninas! O que aconteceu?' 'Você não ouviu? O chefe disse que logo só vai trabalhar para ele quem for muçulmana autêntica.' Minha avó tinha sobrevivido à perseguição dos armênios em 1915. Eu lembro... Ela me contava na infância: 'Quando eu era pequena como você é agora, mataram meu pai. E também minha mãe, e também minha tia. Todas as nossas ovelhas... — Os olhos da vovó sempre foram tristes. — Mataram os vizinhos... Antes disso eram pessoas normais, talvez dê até para dizer que eram boas. Nos feriados todo mundo compartilhava a mesma mesa...'. Eu pensava que aquilo tinha sido muito tempo atrás... será que aquilo poderia acontecer agora? Eu perguntava para a minha mãe: 'Mamãe, você viu que os meninos do prédio não estão brincando de guerrinha, mas de matar armênios? Quem foi que ensinou isso?'. 'Fique quieta, filha. Os vizinhos vão ouvir.' A minha mãe chorava o tempo todo. Ficava sentada, chorando. As crianças arrastavam um boneco pelo pátio e enfiavam paus nele, punhaizinhos de criança. 'Quem é que está ali?', eu falei para o pequeno Orkhan, neto da Zeinab, a amiga da minha mãe. 'É uma velha armênia que nós vamos matar. E você, tia Rita, é o quê? Por que você tem nome russo?' Foi a minha mãe que inventou aquele nome... A minha mãe adorava nomes russos, tinha sonhado a vida inteira em ver Moscou... O meu pai largou a gente, ele vivia com outra mulher, mas mesmo assim era o meu pai. Fui para a casa dele levar a notícia: 'Pai, eu vou me casar!'. 'E é um bom rapaz?' 'Muito. Mas o nome dele é Abulfaz...' O meu pai ficou em silêncio, ele queria que eu fosse feliz. Mas eu tinha me apaixonado por um muçulmano... ele tinha outro Deus... Meu pai ficou em silêncio. E aí... o Abulfaz chegou na nossa casa: 'Quero pedir a sua mão'. 'E por que você veio sozinho, sem os padrinhos? Sem os parentes?' 'Eles são todos contra, mas eu não preciso de ninguém além de você.' E eu... eu também não precisava. O que poderíamos fazer com o nosso amor?

O que estava acontecendo ao redor não era a mesma coisa que estava se passando dentro de mim... Não era... não era nem de longe... De madrugada a cidade ficava silenciosa e assustadora... Mas como isso era possível, eu não conseguia viver daquele jeito. Mas que horror era aquele?! De dia as pessoas não riam, não brincavam, pararam de comprar flores. Antes sempre tinha alguém andando na rua com flores. Alguém se beijava aqui, alguém se beijava acolá. Mas agora... Essas mesmas pessoas andavam... sem olhar umas para as outras... Parecia que alguma coisa estava pairando em cima de tudo e de todos... tinha uma expectativa...

Agora não consigo mais me lembrar com clareza... Mudou da noite para o dia... Agora todo mundo sabe de Sumgait... de Baku até Sumgait são trinta quilômetros... Foi lá que aconteceu o primeiro pogrom... Uma moça de Sumgait trabalhava com a gente, e aí, depois do turno, todo mundo foi para casa, e ela ficou no telégrafo. Passou a noite no depósito. Andava sempre chorando, na rua nem levantava os olhos, não conversava com ninguém. A gente perguntava, ela ficava quieta. Mas quando ela falou... ela começou a falar... Eu não queria ouvir o que ela estava dizendo... Não queria ouvir! Não queria ouvir nada! Mas o que era aquilo?! Mas o que era aquilo, como era possível?! 'O que aconteceu com a sua casa?' 'Minha casa foi roubada.' 'E os seus pais?' 'Levaram minha mãe para o pátio, tiraram toda a roupa e a puseram na fogueira! E minha irmã grávida foi obrigada a dançar em volta da fogueira... E depois que mataram, arrancaram o bebê de dentro dela com umas varas de ferro...' 'Pare de falar! Pare de falar!' 'Meu pai foi morto... a machadadas... Os parentes só reconheceram por causa das botas...' 'Pare de falar! Eu imploro!' 'Uns homens se reuniram, velhos e jovens, eram uns vinte ou trinta, e invadiram as casas em que moravam as famílias armênias. Matavam e estupravam: a filha na frente do pai, a esposa na frente do marido...' 'Pare de falar! É melhor chorar.' Mas ela nem chorava... de tão assustada que estava... 'Puseram fogo em uns carros. Nos cemitérios, derrubaram as lápides com sobrenomes armênios... odeiam até os mortos...' 'Pare de falar! Será que um ser humano é capaz disso?!' Todas começamos a ficar com medo dela... E a televisão, o rádio, os jornais... não disseram uma palavra sequer sobre Sumgait... Só boatos... Depois me perguntaram: 'Como é que continuaram a vida, como é que vocês continuaram a vida depois de tudo isso?'. Chegou a primavera. As mulheres começaram a usar vestidos leves... Aquele horror acontecendo, e ao redor tudo estava tão bonito! Você entendeu? O mar também.

Eu queria me casar... Minha mãe me pediu: 'Filhinha, pense bem'. Meu pai continuou em silêncio. Eu e o Abulfaz estávamos andando pela rua, encontramos as irmãs dele: 'Por que você disse que ela era uma feiosa? Veja só que menina bonitinha'. Isso eram elas cochichando entre si. Abulfaz! Abulfaz! Eu pedia: 'Vamos nos casar no civil, sem festa, não vamos fazer festa'. 'Como assim? Nós consideramos que a vida de uma pessoa é composta de três dias: o dia em que você nasce; o dia em que você se casa; e o dia em que você morre.' Ele não podia ficar sem festa, sem festa de casamento não seríamos felizes. Os pais dele eram absolutamente contra... absolutamente! Não deram dinheiro para a festa, nem mesmo devolveram o dinheiro que ele tinha ganhado por conta própria. Mas tudo tinha que ser de acordo com o ritual... de acordo com os costumes antigos... Os costumes azerbaidjanos são lindos, eu amo... Na primeira vez, só os padrinhos vão à casa da noiva, eles só são ouvidos, aí no segundo dia eles já recebem a concordância ou a recusa. Aí bebem vinho. Comprar o vestido branco e o anel é tarefa do noivo, ele traz tudo para a casa da noiva, e tem que ser de manhã... e num dia de sol... porque você tem que persuadir a felicidade e afastar as forças da escuridão. A noiva recebe a oferenda, agradece ao noivo e o beija na presença de todos. Nos ombros dela fica um lenço branco, sinal de pureza. No dia das núpcias... Os dois lados trazem muitos presentes para a festa de casamento, um monte de presentes, que são colocados em umas bandejas grandes, ornadas com fitas vermelhas. E ainda enchem centenas de balões coloridos, que ficam vários dias voando em cima da casa da noiva: quanto mais ele ficarem voando, melhor vai ser o amor, mais forte e mútuo.

A minha festa de casamento... a nossa... Todos os presentes da casa do noivo e da casa da noiva... foram comprados pela minha mãe... E também o vestido branco, o anel de ouro... À mesa, antes do primeiro brinde, os parentes da noiva devem se levantar e elogiar a moça, enquanto os parentes do noivo elogiam o noivo. Quem tomou a palavra para falar de mim foi meu avô; ele terminou e perguntou para o Abulfaz: 'E quem é que vai falar por você?'. 'Eu mesmo vou falar de mim. Eu amo a filha de vocês. Amo mais que a vida.' Foi isso que ele disse, todo mundo gostou. Na soleira da porta, jogaram moedinhas pequenas em nós, arroz: para dar felicidade e riqueza. E lá... tem um momento... Na hora do casamento, tem um momento em que os parentes de um lado devem se levantar e curvar-se na direção dos parentes do outro lado, e o mesmo do lado de lá. O Abulfaz fez isso sozinho... como se não tivesse família... 'Eu vou dar um filhinho para você, você não vai ficar sozinho', eu pensei. Solenemente. Mas ele sabia, eu já tinha contado muito tempo antes, que na juventude eu tinha passado por uma doença grave e que os médicos tinham me condenado: eu não poderia ter filhos. Ele tinha concordado até com isso, se fosse para estarmos juntos. Mas eu... Eu decidi ter um filho. Mesmo que eu morresse, pelo menos deixaria uma criancinha.

Minha Baku...

O mar... o mar... o mar...

O sol... o sol... o sol... Não era a minha Baku...

Os prédios não tinham portas, as pessoas tinham coberto o buraco das portas com pedaços de papel celofane...

... Uns homens ou adolescentes... o horror não me deixou guardar na memória... estavam batendo, estavam matando uma mulher, com umas estacas de madeira (onde é que eles tinham achado aquilo na cidade?)... ela estava deitada no chão, sem fazer barulho nenhum. As pessoas viam, viravam a esquina e iam para outra rua. Onde estava a polícia? A polícia desapareceu... fiquei dias e dias sem ver um policial sequer... O Abulfaz ficava em casa passando mal. Ele era bondoso, muito bondoso. Mas de onde vieram aquelas pessoas... essas que estavam na rua? Um homem coberto de sangue veio correndo na nossa direção... o casaco e as mãos, tudo coberto de sangue... ele tinha na mão uma faca de cozinha comprida, que usam para cortar verdura... Ele estava com um rosto triunfante... talvez até feliz... 'Eu o conheço', disse uma conhecida, uma moça que esperava o ônibus no mesmo ponto que eu.

... Alguma coisa dentro de mim sumiu ali... alguma coisa em mim não existe mais...

... Minha mãe pediu demissão do emprego... Já estava ficando perigoso andar pelas ruas, ela logo seria reconhecida. Mas eu não. Tinha uma condição: nunca carregar nenhum documento. Nenhum! O Abulfaz me encontrava depois do trabalho, nós íamos juntos, ninguém suspeitava que eu era armênia. Mas qualquer um podia chegar e exigir: 'Mostre o seu passaporte!'. 'Você tem que se esconder, ir embora', advertiam as vizinhas, umas vovozinhas russas. Os russos mais jovens tinham ido embora, largado seus apartamentos, suas excelentes mobílias. Ficaram as vovozinhas... vovozinhas russas bondosas...

... E eu já estava grávida... Levava no ventre uma criança...

A carnificina continuou em Baku por algumas semanas... uns dizem isso, outros dizem que foi mais... Não mataram só os armênios, mataram também os que esconderam os armênios. Quem me escondeu foi minha amiga azerbaidjana, a família dela era o marido e dois filhos. Em algum momento... Eu juro! Vou até Baku, vou com a minha filha até essa casa: 'Essa é a sua segunda mãe, filhinha'. As cortinas eram grossas... como um casaco... aquelas cortinas... tinham sido especialmente costuradas, por minha causa. De madrugada, eu descia do sótão... por uma ou duas horas... Falávamos sussurrando, tinham que conversar comigo. Todos entendiam isso: tinham que falar comigo para eu não ficar embotada, para eu não enlouquecer. Para eu não perder o bebê e não começar a uivar de madrugada. Como um animal.

Eu me lembro das nossas conversas, me lembro muito bem. Ficava o dia inteiro no sótão, repassando todas elas na memória. Eu ficava sozinha... Tinha uma faixa estreita de céu... dava para ver por uma fresta...

Pararam na rua o velho Lazar e começaram a bater nele... 'Eu sou judeu', ele comprovou. Até acharem o passaporte, torturaram bastante...

Matam por dinheiro ou sem motivo nenhum... Procuram particularmente as casas em que moram os armênios ricos...

Em uma casa mataram todos... A menorzinha das meninas subiu numa árvore... Ficaram tentando apanhá-la, como se fosse um passarinho... De madrugada dava para ver pouco, levaram um bom tempo para pegá-la. Ficaram irritados... apontaram. Ela caiu aos pés deles...

O marido da minha amiga era pintor. Eu adorava os quadros deles, ele pintava retratos femininos e naturezas-mortas. Eu me lembro dele indo até a estante de livros e batendo nas lombadas: 'Tem que queimar tudo! Queimar! Eu não confio mais nos livros! Nós achávamos que o bem venceria, não foi nada disso! Discutíamos Dostoiévski... É, esses heróis estão sempre aqui! Entre nós. Do nosso lado!'. Eu não entendia do que ele estava falando, eu era uma menina simples, comum. Não tinha estudado na universidade. Só sabia chorar... enxugar as lágrimas... Por muito tempo eu acreditei que morava no melhor país de todos, com as melhores pessoas. Era o que nos ensinavam na escola. Para ele era terrível suportar tudo aquilo, era muito difícil suportar. E ele teve um derrame, ficou paralisado... (*Para.*) Vou ficar quieta... Estou tremendo toda... (*Depois de alguns minutos prossegue.*) As tropas russas entraram na cidade. Eu já podia voltar para casa... Ele estava lá deitado, só conseguia mover um pouco um dos braços. E com aquele braço ele me abraçou. 'Fiquei a noite inteira pensando em você, Rita, e na minha vida. Por muitos anos... Lutei a vida inteira contra o comunismo. Mas agora tenho dúvidas: é melhor continuar a ser governados por essas múmias velhas, continuar a colocar uns nos outros mais e mais estrelas de Heróis, sem poder ir para o exterior, sem poder ler livros proibidos e sem comer pizza, o alimento dos deuses. Mas aquela menininha... ela teria ficado viva, ninguém teria atirado nela... Como se fosse um passarinho... E você não teria ficado num sótão, como um rato...' Logo ele morreu... depois de pouco tempo... Naquela época muitos morreram, morreram pessoas boas. Não conseguiram aguentar tudo aquilo.

Nas ruas tinha soldados russos por todo lado. Veículos militares. Soldados russos... e eles eram meninos... desmaiavam com o que viam...

Eu estava no oitavo mês de gravidez... Logo daria à luz. De madrugada me senti mal, tentamos chamar uma ambulância: lá ouviam um nome armênio e desligavam o telefone. Na maternidade também não queriam aceitar, nem pela residência... em lugar nenhum... Abriam o passaporte e logo diziam: não tem lugar. Não tem lugar! Não tinha aonde ir, não tinha o que fazer, o que fazer. Minha mãe encontrou uma velha parteira, uma mulher russa que tempos atrás fazia partos na casa dela... muito tempo atrás... Ela encontrou a mulher em algum lugar na periferia da cidade, num povoado. O nome dela era Anna... não me lembro do sobrenome. Ela vinha até a nossa casa uma vez por semana, me observava e dizia que o parto seria difícil. As contrações começaram de madrugada... O Abulfaz correu para encontrar um táxi, não estava conseguindo pelo telefone. O taxista chegou e me viu: 'Mas ela é armênia?'. 'Ela é a minha esposa.' 'Não, eu não vou.' Meu marido começou a chorar. Pegou a carteira e mostrou o dinheiro, o salário dele inteiro: 'Tome... Eu dou tudo para você... Salve a minha esposa e o bebê'. Nós fomos... fomos todos nós... Minha mãe também estava conosco. Fomos para o povoado em que a Anna morava, para o hospital em que ela trabalhava meio período. Fazia um bico para completar a aposentadoria. Ela já estava esperando por nós, e eu fui logo colocada na mesa. Meu parto foi longo... sete horas... Éramos duas na sala de parto: eu e uma azerbaidjana, lá só tinha um travesseiro, que deram para ela, eu fiquei deitada com a cabeça bem baixa. Era desconfortável, dolorido... Minha mãe ficou parada perto da porta. Pediam para ela sair, ela não ia embora. E se roubassem a criança?... e se roubassem? Tudo podia acontecer... tudo podia acontecer naquela época... Dei à luz uma menina... Me trouxeram a criança uma vez, mostraram e não trouxeram mais. As outras mães (azerbaidjanas) recebiam os filhos para amamentar, mas eu não. Fiquei duas horas esperando. E depois... pela parede... segurando na parede... fui me arrastando até a sala em que ficavam as crianças. Não tinha nenhuma criança, só a minha menina estava lá, e a

porta e a janela escancaradas. Eu toquei nela, ela estava queimando, estava toda quentinha. Bem nessa hora chegou minha mãe...
'Mãe, vamos pegar a criança e ir embora. A criança já está doente.'

Minha filha ficou muito tempo doente. Foi tratada por um médico idoso, já estava aposentado fazia tempo. Um judeu. Mas ele ia e ajudava as famílias armênias. 'Matam os armênios por serem armênios, assim como outrora matavam os judeus por serem judeus', ele dizia. Era muito, muito velho. Demos para a minha filha o nome de Ira... Irinka... Decidimos: é melhor ter um nome russo, ele protege. O Abulfaz segurou o bebê no colo pela primeira vez e chorou. Soluçou... De felicidade... ela também existia naquela época, a felicidade... A nossa felicidade! Foi nesse período que a mãe dele ficou doente... Ele começou a sair com frequência para visitar os parentes. Voltava da casa deles... não vou conseguir achar a palavra certa... para descrever como ele voltava. Ele voltava para a nossa casa estranho, com uma cara desconhecida. Eu ficava assustada, é claro. A cidade já estava cheia de refugiados, eram as famílias azerbaidjanas que fugiam da Armênia. Elas fugiam de mãos vazias, sem as suas coisas, fugiam de lá exatamente da mesma maneira que os armênios fugiam de Baku. E contavam as mesmíssimas coisas. Ai! Ai, era tudo a mesma coisa. Contavam de Khodjaly, onde aconteceu um pogrom azerbaidjano... De como lá os armênios mataram os azerbaidjanos: jogaram as mulheres pelas janelas... cortaram cabeças... urinaram nos mortos... Eu agora não tenho medo de nenhum filme de terror! Eu vi tanta coisa e ouvi tanta coisa... tanta coisa! Ficava noites sem dormir, ficava pensando e repensando: tinha que ir embora. Tinha que ir embora! Daquele jeito não dava, eu não conseguia continuar daquele jeito. Fugir... fugir para esquecer... Se tivesse que suportar mais, eu morreria... eu sei que teria morrido...

A primeira a ir embora foi minha mãe... Na sequência, meu pai com a outra família dele. Depois deles, eu e a minha filha.

Saímos com documentos falsificados... com passaportes com sobrenomes azerbaidjanos... Fiquei três meses sem conseguir comprar as passagens. As filas eram tremendas! E aí você entrava no avião, e lá tinha mais cestos de frutas e caixas de papelão com flores do que passageiros. Era um negócio! Um negócio que florescia. Na nossa frente estavam sentados uns jovens azerbaidjanos, eles passaram o caminho inteiro bebendo vinho e dizendo que estavam saindo dali porque não queriam matar ninguém. Não queriam ir para a guerra e morrer. Em 1991... A guerra no Nagorno-Karabakh ia a toda... Aquele pessoal reconhecia abertamente: 'Nós não queremos ficar debaixo de um tanque. Não estamos dispostos'. Em Moscou fomos recebidos pelo nosso primo... 'E onde está o Abulfaz?' 'Chega daqui a um mês.' De noite os parentes se reuniram... Todos me pediam: 'Fale, fale, não tenha medo. Os que não falam começam a ficar doentes'. Depois de um mês eu comecei a falar, mas antes eu pensava que não conseguiria. Que eu ia ficar quieta, e pronto.

Eu esperei... e esperei... e esperei... O Abulfaz não chegou dali a um mês... e não foi dali a seis meses, mas depois de sete anos. Depois de sete anos... Sete... A-a-a-ah... Se não fosse a minha filha... eu não teria sobrevivido... A minha filha me salvou. Por causa dela, eu me segurei com todas as minhas forças. Para sobreviver, você tem que encontrar pelo menos um fiozinho fininho... Para sobreviver... e esperar... Só uma manhã... e mais uma manhã... Ele entrou no apartamento, me abraçou, abraçou a filha. Ficou parado. Ele ficou lá parado... continuou parado no saguão de entrada... e eu vi que ele ia caindo ali na minha frente, bem devagarinho. Depois de coisa de um minuto, ele já estava deitado no chão, de paletó e de chapéu. Tivemos que arrastá-lo até o sofá, nós o colocamos lá. Ficamos assustadas: precisava chamar o médico, mas como? Nós não tínhamos registro domiciliar em Moscou, não tínhamos plano de saúde. Éramos refugiadas.

Enquanto nós ficamos lá pensando, a minha mãe chorava… a minha filha ficou sentada num canto com os olhos deste tamanho… A gente tinha esperado tanto o papai, e agora o papai tinha chegado e estava ali morrendo. Nesse momento, ele abriu os olhos: 'Não precisa chamar médico. Não fiquem com medo. Pronto! Estou em casa'. Agora eu vou ter que chorar… Agora vou ter… (*Pela primeira vez ao longo de toda a nossa conversa, ela começa a chorar.*) Como falar disso agora sem lágrimas… Ele ficou um mês andando de joelhos atrás de mim pelo apartamento, só beijando e beijando as minhas mãos: 'O que você quer dizer?'. 'Eu amo você.' 'Por onde você andou todos estes anos?'

… Tinham roubado um passaporte dele… O segundo… Tudo isso foram os parentes dele…

… Chegaram em Baku uns primos dele… Tinham sido expulsos de Erevan, onde também tinham morado os pais e os avós. Toda noite tinha relatos… especialmente para ele ouvir… De como tinham arrancado a pele de um menino e pendurado numa árvore. E de como tinham feito uma marca na testa da vizinha com uma ferradura quente… De como isso… De como aquilo… 'E você, aonde pretende ir?' 'Encontrar minha esposa.' 'Você vai encontrar nosso inimigo. Você não é nosso irmão. Não é nosso filho.'

… Eu ligava para ele… Respondiam para mim: 'Não está em casa'. Aí falavam para ele que eu tinha ligado dizendo que ia me casar. Eu ligava e ligava. Quem atendia era a irmã dele: 'Esqueça esse número de telefone. Ele achou outra esposa. Uma muçulmana'.

… Meu pai… Queria a minha felicidade… Ele pegou o meu passaporte e entregou para um pessoal que colocaria o carimbo de divorciada. Falso. Eles pintaram alguma coisa, apagaram e corrigiram, e agora tem um buraco. 'Pai! Por que você fez isso? Se você sabe que eu o amo?!' 'Você ama o nosso inimigo.' Meu passaporte está estragado… agora ficou inválido…

... Li o *Romeu e Julieta*, de Shakespeare... Sobre a hostilidade entre dois clãs familiares: os Montecchio e os Capuleto. Tudo aquilo é sobre mim... Eu entendia cada palavra dali...

Eu não reconhecia a minha filha. Ela começou a sorrir... Desde o primeiro instante em que o viu: 'Papai! Papaizinho!'. Quando pequena... ela pegava as fotos dele e as beijava. Mas não queria que eu visse... para que eu não chorasse...

E esse não é o fim... Você acha que acabou? Que é o fim? Ai, o fim ainda não chegou...

... Aqui também vivemos como se fosse na guerra... Somos estranhos em todos os lugares. O mar poderia me curar. O meu mar! Mas não tem mar por perto...

... Eu fiz faxina no metrô, limpei banheiro. Trabalhei em construção, arrastando tijolo e saco de cimento. Agora faço a limpeza em um restaurante. O Abulfaz faz reforma com material europeu em apartamentos ricos. As pessoas boas pagam, as ruins enganam: 'Saia daqui, seu *tchutchmek*!* Vou ligar agora mesmo para a polícia'. Nós não temos registro domiciliar... não temos direito nenhum... Aqui, de gente como nós tem mais que areia no deserto. Centenas de milhares de pessoas fugiram de casa: tadjiques, armênios, azerbaidjanos, georgianos, tchetchenos... Fugiram para Moscou, para a capital da URSS, mas ali agora é a capital de um outro estado. E o nosso estado você não encontra mais no mapa...

... A minha filha terminou a escola faz um ano... 'Mãe... pai... eu quero estudar!' Ela não tem passaporte... Vivemos em trânsito. Vivemos na casa de uma senhorinha, ela se mudou para a casa do filho e alugou para nós o apartamento de um quarto. Se a polícia bate para verificar os documentos... Nós nos esconde-

---

* Denominação depreciativa dada pelos russos aos imigrantes oriundos da Ásia Central, mas eventualmente também do Cáucaso.

mos, como ratos. De novo como ratos. Eles podem expulsar a gente... Mas para onde? Para onde nós poderíamos ir? Seríamos expulsos em vinte e quatro horas! Dinheiro para pagar propina nós não temos... E não conseguiríamos mais achar outro apartamento. Por todo lado você vê anúncios: 'Alugamos apartamento para família eslava...', 'Alugamos... para famílias russas ortodoxas. Aos demais pedimos não incomodar...'.

... Sair de casa à noite, não tem como! Se meu marido ou minha filha demoram em algum lugar, eu tomo valeriana. Eu peço para a minha filha: não pinte as sobrancelhas, não use vestidos chamativos. Aqui mataram um menino armênio, ali assassinaram uma menina tadjique... esfaquearam um azerbaidjano... Antes éramos todos soviéticos, mas agora temos uma nova nacionalidade: 'indivíduo de nacionalidade caucasiana'. Eu vou correndo para o trabalho de manhã e nunca olho para o rosto dos jovens: eu tenho olhos negros, cabelos negros. No domingo, se a nossa família sai para a rua, temos que passear no nosso bairro, perto da nossa casa. 'Mãe, eu quero ir até a Arbat. Quero passear na praça Vermelha.' 'Para lá a gente não pode ir, filha. Lá tem *skinheads*. Com a suástica. A Rússia deles é para os russos. Sem nós.' (*Silêncio.*) Ninguém sabe quantas vezes eu quis morrer.

... Minha menina... ela ouve desde a infância: '*tchutchmetchka*'... '*tchurka*'... Ela era pequena, não entendia nada. Voltava da escola, eu dava beijos nela, dava beijos, para ela esquecer todas essas palavras.

Todos os armênios de Baku foram para a América... um país estranho recebeu todos eles... Minha mãe também foi, meu pai, e muitos dos nossos parentes. Eu também fui até a embaixada americana. 'Conte a sua história', eles me pediram. Eu contei para eles do meu amor... Ficaram em silêncio, ficaram muito tempo em silêncio. Eram uns americanos jovens, muito jovens. Depois começaram a conversar entre si: falaram que o meu passaporte estava estragado, e que de qualquer maneira era estranho que o meu marido tivesse ficado sete anos sem aparecer. Era mesmo marido ou não era? Era uma história bonita demais e terrível demais para acreditar. Foi o que eles disseram. Eu sei um pouco de inglês… Eu entendi que eles não acreditavam em mim. E eu não tinha nenhuma outra prova além do meu amor… Você acredita em mim?

— Eu acredito… — eu disse. — Eu cresci no mesmo país que você. Eu acredito!" (*E nós duas choramos.*)

SOBRE AS PESSOAS QUE RAPIDAMENTE SE TRANSFORMARAM DEPOIS DO COMUNISMO

Liudmila Málikova, tecnóloga, 47 anos

DO RELATO DA FILHA
Da época em que todos viviam da mesma maneira

"Você conhece bem Moscou? A região de Kúntsevo… Lá nós morávamos num prédio de quatro andares, tínhamos um apartamento lá, um apartamento de três quartos, pegamos esse apartamento quando a vovó foi morar conosco. Meu avô morreu, ela viveu muito tempo sozinha, mas começou a ficar fraca, e nós decidimos que ela tinha que morar conosco. Fiquei contente, eu adorava a vovó. Nós esquiávamos juntas, jogávamos xadrez. A vovó era formidável! Pai… Tive pai, mas o meu pai não passou muito tempo morando conosco, ele perdeu o prumo, começou a beber demais com os amigos, e a minha mãe pediu para ele ir embora… ele trabalhava numa fábrica militar secreta… Eu me lembro na infância de quando meu pai vinha nos feriados ver a gente, me trazia presentes, doces e frutas; ele sempre tentava trazer a maior pera, a maior maçã. Queria me impressionar: 'Feche os olhos, Iúletchka. Pronto!'. Tinha uma risada bonita… Mas depois meu pai foi parar não sei onde… A mulher com quem ele passou a morar depois de nós — era uma amiga da minha mãe — também o expulsou, ficou cansada da bebedeira dele. E eu nem sei se ele está vivo, mas se estivesse vivo ele me procuraria…

Até os meus catorze anos nós levamos uma vida tranquila. Até a perestroika… Vivemos normalmente, até começar o capitalismo, aí na televisão começaram a falar do 'mercado'. Ninguém entendia muito bem o que era isso, e ninguém explicou nada. Mas tudo começou com o fato de que virou moda xingar o Lênin e o Stálin. Os jovens xingaram, os mais velhos ficavam quietos, eles saíam do trólebus se ouviam alguém xingando os comunistas. Na nossa escola, o jovem professor de matemática era contra os comunistas, mas o velho professor de história era a favor dos comunistas. Em casa, a vovó dizia: 'No lugar dos comunistas, agora vai ter agiotas'. A minha mãe discutia com ela: dizia que não, que seria uma vida bela e justa; ela ia às manifestações, quase engasgava de empolgação quando recontava para nós os discursos do Iéltsin. Era impossível convencer nossa avó: 'Trocaram o socialismo por bananas. Por chicletes…'. A discussão começava de manhã, depois a minha mãe saía para o trabalho, e de noite elas continuavam a discussão. Quando mostravam o Iéltsin na televisão, a minha mãe ia correndo sentar na poltrona: 'É um grande homem!'. A vovó se benzia: 'É um criminoso, Deus que perdoe'. Ela era comunista até os ossos. Votava no Ziugánov.* Todos começaram a ir à igreja, minha avó também ia, passou a fazer o sinal da cruz e a jejuar, mas ela acreditava só no comunismo… (*Silêncio.*) Ela adorava me contar da guerra… Aos dezessete anos, ela foi como voluntária para o front, e lá o nosso avô se apaixonou

---

* Guennádi Ziugánov (1944-) surgiu como líder do Partido Comunista reformado depois da dissolução da União Soviética.

por ela. Ela sonhava em ser telefonista, mas no destacamento para o qual ela foi mandada precisavam de cozinheiros, e ela virou cozinheira. Meu avô também era cozinheiro, eles davam de comer aos feridos no hospital militar. No delírio, os feridos gritavam: "Vamos! Vamos! Avante!". É uma pena, ela contava tanta coisa, mas eu só me lembro de uns pedacinhos... As enfermeiras sempre deixavam pronto um balde de giz; quando acabavam os comprimidos e os pós, elas faziam pílulas com esse giz, para que os feridos não xingassem e não batessem nelas com as muletas... Naquela época não tinha televisão, e ninguém via o Stálin, mas todo mundo queria ver o Stálin. E minha avó também, ela admirou o Stálin até a morte: "Se não fosse o Stálin, estaríamos lambendo a bunda dos alemães". E ainda falava palavrão. Já minha mãe não gostava do Stálin, ela falava que ele era um "miserável" e um "facínora"... Eu estaria mentindo se eu dissesse que pensei muito nisso... Eu vivia, era contente. O primeiro amor...

Minha mãe trabalhava como coordenadora em um instituto de pesquisa científica de geofísica. Éramos amigas. Eu dividia todos os meus segredos com ela, até coisas que geralmente as pessoas não contam para suas mães. Para minha mãe eu podia, ela não era nem um pouco parecida com uma adulta. Era como uma irmã mais velha. Adorava livros... música... Vivia disso. Quem mandava na nossa casa era a vovó... Minha mãe lembrava que na infância eu era um amor, ela não precisava me pedir nada, não precisava me convencer de nada. É verdade, eu idolatrava minha mãe... Gosto de ser parecida com ela, e fico mais parecida conforme o tempo vai passando. É quase o mesmo rosto. Eu gosto disso... (*Silêncio.*) Estávamos bem longe de sermos ricas, mas conseguíamos levar a vida. À nossa volta, era todo mundo como nós. Era até divertido, os amigos vinham visitar minha mãe, eles conversavam, cantavam músicas. Eu me lembro do Okudjava desde criança:

Havia um soldado muito tempo atrás,
ele era belo e arrojado,
mas era um brinquedo, nada mais:
pois de papel era o soldado...

Vovó punha na mesa uma bandeijinha com panquecas, cozinhava uns pastéis deliciosos. Muitos homens davam em cima da minha mãe, eles davam flores de presente, e para mim compravam sorvete; uma vez ela até perguntou para mim: 'E se eu me casasse?'. Eu não me opus, porque a minha mãe era bonita, e eu não gostava de ela ser sozinha, eu queria a minha mãe feliz. Ela sempre chamava a atenção na rua, uma hora um homem se virava para olhar, depois outro. 'O que é que eles querem?', eu perguntava quando era pequena. 'Vamos! Vamos!', a minha mãe dava risada, dava uma risada peculiar. Meio estranha. A verdade é que estávamos bem. Depois, quando eu fiquei sozinha, fui até a nossa rua, olhei para as janelas. Uma vez não aguentei, fui até a nossa porta e toquei: lá já estava morando uma família georgiana. Eles devem ter pensado que eu era alguma pedinte, quiseram me dar dinheiro e um pouco de comida. Eu comecei a chorar e fugi...

Logo a vovó adoeceu; ela tinha uma doença que fazia com que ela quisesse comer o tempo todo, a cada cinco minutos, ela ia correndo até o corredor do prédio e gritava que nós estávamos tentando matá-la de fome. Quebrava os pratos... Minha mãe podia ter colocado a vovó numa clínica especial, mas decidiu que ela mesma iria cuidar, ela também amava muito a vovó. Ela sempre tirava da cristaleira as fotos de guerra, ficava olhando para elas e chorando. Nas fotos, tinha uma moça jovem, que não era parecida com a vovó, mas aquela era a nossa avó. Era como se fosse outra pessoa... É isso que acontece... é... Até a morte a vovó leu os jornais, se interessou pela política... Mas, quando ficou doente, no criado-mudo dela só tinha um livro... a Bíblia... Ela me chamava e lia: 'E o pó volte à terra, como o era, e o espírito volte a Deus...'. Ela pensava constantemente na morte: 'Agora é tudo tão difícil para mim, netinha. Tão maçante'.

Era um fim de semana... Estávamos todas em casa... Eu dei uma olhada no quarto da vovó, ela já não estava andando direito, ficava mais deitada; eu vi que ela estava sentada, olhando para a janela. Dei um pouquinho de água para ela. Um tempinho se passou... Fui de novo até o quarto dela, chamei, ela continuou quieta, eu peguei na mão dela, e a mão estava fria, os olhos estavam abertos, olhando para aquela mesma janela. Antes daquele dia, eu nunca tinha visto a morte; fiquei assustada e comecei a gritar. Minha mãe veio correndo, logo começou a chorar, fechou os olhos da vovó. Tínhamos que chamar a ambulância... É verdade, eles chegaram depressa, mas a médica exigiu dinheiro da minha mãe para emitir o atestado de óbito e levar a vovó para o necrotério: 'O que é que vocês querem? É o mercado!'. Nós não tínhamos dinheiro nenhum em casa... Bem nessa época a minha mãe tinha sido demitida do trabalho, ela já estava procurando fazia dois meses, mas onde quer que ela achasse um anúncio já tinha uma fila. Minha mãe tinha concluído o instituto de tecnologia com louvor. Nem dava para cogitar que ela encontrasse emprego na área, o pessoal diplomado estava trabalhando com vendas, lavando prato. Fazendo faxina em escritório. Tudo tinha mudado... Eu não reconhecia as pessoas na rua, era como se todo mundo tivesse se vestido de cinza. Não tinha nada colorido. É assim que ficou na minha memória... 'Isso é tudo coisa do seu Iéltsin... do seu Gaidar...', a vovó chorava, quando estava viva. 'O que foi que eles fizeram conosco? Mais um pouquinho, e as coisas vão ficar como na guerra.' Minha mãe ficava quieta, para a minha surpresa, minha mãe ficava quieta. A gente ficava olhando para cada objeto de casa e pensando: será que dá para vender? Não tinha o que vender... Nós vivíamos com a aposentadoria da vovó. Comíamos sempre o mesmo macarrão sem graça... Ao longo da vida inteira, vovó juntou cinco mil, que ela guardava na poupança; esse dinheiro deveria ser usado, como ela dizia, para gastar 'no dia negro' e no funeral. E isso virou uma passagem de bonde... Uma caixinha de fósforo... O dinheiro de todo mundo sumiu em um só dia. Deram um jeito de rapelar o povo... O que a minha avó mais temia era ser enterrada num saco plástico ou enrolada em jornais. Um caixão custava um dinheiro absurdo, e as pessoas eram enterradas de tudo quanto era jeito... A vovó tinha uma amiga, a tia Fênia, ela tinha sido enfermeira no front; a filha dela teve que enterrá-la com jornal... ela foi enrolada com uns jornais velhos... Colocaram as medalhas na cova de qualquer jeito... A filha era inválida, revirava o lixo... Aquilo tudo era tão injusto! Eu ia com as amigas ver as novas lojas comerciais, ficávamos olhando o *kolbassá*. Aquelas embalagens brilhantes. Na escola, as que tinham *leggings* tiravam sarro daquelas cujos pais não podiam comprar essas *leggings*. Tiravam sarro de mim... (*Silêncio.*) Mas a minha mãe tinha prometido para a vovó que ela seria enterrada num caixão. Tinha jurado.

A médica viu que nós não tínhamos dinheiro: eles deram meia-volta e foram embora. Deixaram a vovó conosco...

Passamos uma semana com a vovó... A minha mãe esfregava permanganato nela algumas vezes por dia e cobria com um lençol úmido. Fechou bem todas as janelas da casa e tapou as portas com um cobertor úmido. Ela fazia isso sozinha, eu tinha medo de entrar no quarto da vovó, ia correndo rapidinho até a cozinha e voltava. Tinha um cheiro... já tinha começado a cheirar... É um pecado dizer, mas a verdade é que nós ainda tivemos sorte: durante a doença, a vovó tinha emagrecido demais, estava que era só osso... Começamos a ligar para os parentes... Metade de Moscou era parente da gente, e de repente não tinha ninguém; eles não se recusavam a vir, traziam latas de três litros de abobrinha marinada, de pepino marinado, de geleia, mas dinheiro ninguém oferecia. Sentavam um pouquinho, choravam um pouquinho e iam embora. Ninguém tinha dinheiro vivo, mesmo. É o que eu acho... O primo da minha mãe recebia o salário da fábrica em conservas, então ele trazia conservas para nós. O que podia... Naquela época era considerado normal dar de presente de aniversário um pedaço de sabão, um tubo de pasta de dente... Nós tínhamos bons vizinhos, é verdade, eram bons. A tia Ánia e o marido... Eles já estavam empacotando as coisas, iam se mudar para a casa dos pais no interior, já tinham mandando os filhos para lá; não tinham cabeça para nós. A tia Vália... Como ela poderia ajudar, se o marido dela bebia e o filho dela bebia? A minha mãe tinha tantos amigos... Mas eles também não tinham nada em casa além de livros. A metade deles já tinha ficado sem trabalho... O telefone estava mudo. As pessoas rapidamente se transformaram depois do comunismo. Todas viviam com portas fechadas... (*Silêncio.*) Eu sonhava: vou dormir, amanhã vou acordar e a vovó vai estar viva."

Da época em que os bandidos andavam pela rua sem nem sequer esconder suas pistolas

Quem eram eles? Apareceram essas pessoas enigmáticas, elas estavam a par de tudo: 'Sabemos da sua desgraça. Vamos ajudar você'. Ligaram para algum lugar, e imediatamente veio um médico e emitiu o atestado de óbito, um policial chegou. E compraram um caixão caro, e teve carro funerário, e muitas flores, tinha todo tipo de flor, como deve ser. Vovó tinha pedido para ser enterrada no cemitério de Khovánskoie, mas não dava para conseguir sem pagar propina, é um cemitério velho, famoso, mas fizeram tudo isso, chamaram um padre, ele rezou. Foi tudo muito bonito. Minha mãe e eu só ficamos lá, chorando. A tia Ira arranjou tudo, ela era a chefe dessa companhia, um pessoal bombado andava sempre com ela, os guarda-costas. Um deles tinha lutado no Afeganistão, e por algum motivo isso tranquilizou minha mãe, ela achava que, se uma pessoa tinha estado na guerra ou num campo de trabalho na época do Stálin, essa pessoa não podia ser ruim: 'E como não? Ela sofreu tanto!'. E, no mais, nós não largamos as pessoas na hora da desgraça: era uma convicção dela, nós recordávamos as histórias da vovó de como as pessoas salvavam umas às outras durante a guerra. Eram pessoas soviéticas... (*Silêncio.*) Mas já existia outro tipo de pessoas. Não inteiramente soviéticas... Eu estou dizendo como eu entendo isso agora, não como eu entendia na época... Era um bando, que nos fazia de gato e sapato, mas para mim na época eram tios e tias: eles bebiam chá conosco na cozinha, ofereciam doces. A tia Ira trazia compras quando via a nossa geladeira totalmente vazia; ela me deu de presente uma saia jeans: naquela época todo mundo venerava essa coisa de jeans! Eles devem ter andado por lá durante um mês, ficamos acostumadas com eles; e aí eles fizeram a oferta para a minha mãe: 'Vamos vender seu apartamento de três quartos e comprar outro de um quarto. Vocês vão ficar com dinheiro'. Minha mãe concordou... Ela já tinha arranjado emprego num café: lavava louça, limpava mesas, mas o salário era uma catástrofe. Já estavam começando a discutir para onde iríamos, para que bairro. Eu não queria mudar de escola. Procuramos alguma coisa nas proximidades.

Nesse momento surgiu outro bando. O chefe era um homem... o tio Volódia... Eles e a tia Ira começaram a brigar entre si pelo nosso apartamento. 'Por que é que você precisa de um apartamento de um quarto?', o tio Volódia gritava com a minha mãe. 'Eu posso comprar uma casa para você, nos arredores de Moscou.' A tia Ira vinha em um Volkswagen velhinho, enquanto o tio Volódia vinha numa Mercedes chique. Ele tinha uma pistola de verdade… Nos anos 1990… Os bandidos andavam na rua sem nem sequer esconder suas pistolas. Quem podia colocava portas de ferro na entrada da casa. No nosso prédio, entraram de madrugada na casa de um comerciante com uma granada… Ele tinha uma vendinha de tábuas pintadas, de compensado, ele vendia tudo junto lá: comida, cosméticos, roupa, vodca. Exigiram dólares dele. A esposa não queria entregar, e aí eles colocaram um ferro quente na barriga dela, ela estava grávida… Ninguém nem chamou a polícia, todos sabiam: os bandidos tinham muito dinheiro, eles compravam qualquer um. Por algum motivo eles passaram a ser respeitados. Não tinha para quem reclamar… O tio Volódia não ficava tomando chá conosco, ele ameaçava a minha mãe: 'Se você não me entregar o apartamento, eu vou levar a sua filha, e você nunca mais vai vê-la. Não vai saber que fim ela levou'. Uns conhecidos nossos me esconderam na casa deles, fiquei uns dias sem ir à escola. Chorava dia e noite, temia pela minha mãe. Os vizinhos viram gente me procurando duas vezes, tinham vindo atrás de mim. Xingavam e praguejavam. No fim das contas a minha mãe se rendeu…

No dia seguinte já fomos despejadas. Vieram de madrugada: 'Depressa! Depressa! Vocês vão morar em outro lugar, enquanto a gente arranja uma casa para vocês'. Tinham trazido latas de tinta, papel de parede, já iam começar uma reforma. 'Vamos! Vamos!' Com o susto, minha mãe pegou só os documentos, o perfume polonês favorito dela, o 'Quiçá', que ela tinha ganhado de aniversário, e alguns dos seus livros favoritos, enquanto eu peguei o material escolar e mais um vestido. Eles nos empurraram para dentro de um carro… Dá para dizer que eles nos levaram para um lugar vazio: no apartamento tinha duas camas grandes, uma mesa e umas cadeiras. Deram ordens expressas de não sair de jeito nenhum, de não abrir as janelas e de não conversar em voz alta. Deus proíba de os vizinhos ouvirem alguma coisa! Dava para ver que tinha sempre gente passando por aquele apartamento... Uma sujeira! Passamos uns dias limpando tudo, lavando. Aí depois eu me lembro de estar com a minha mãe em algum lugar oficial, onde nos mostravam uns papéis impressos... Parecia que era tudo de acordo com a lei... Disseram para nós: 'Vocês têm que colocar suas assinaturas aqui'. A minha mãe assinou, e eu comecei a chorar; antes eu meio que não tinha me dado conta, mas naquele momento eu entendi tudo: eles nos mandariam para o interior agora. Fiquei com saudade da minha escola, das minhas amigas, que eu nunca mais veria. O tio Volódia se aproximou: 'Assine logo isso aí, senão vamos levar você para o orfanato, e a sua mãe vai de qualquer maneira para o interior. Você vai ficar sozinha'. Umas pessoas... Eu lembro que tinha umas pessoas, tinha um policial também... Todas ficaram em silêncio. O tio Volódia tinha dado propina para cada um deles. Eu era uma criança... O que eu podia fazer?... (*Silêncio.*)

Passei muito tempo em silêncio... Tudo isso era secreto, era ruim, mas era secreto. Não dá vontade de mostrar isso para alguém... Eu me lembro de quando eu fui levada para esse abrigo — foi bem depois, quando eu já tinha ficado sem minha mãe —, eu fui levada para lá e me mostraram o quarto: 'Esta é a sua cama. Estas são as suas prateleiras no armário...'. Fiquei pasma... No fim do dia tive uma febre... Tudo aquilo só me fazia relembrar o nosso apartamento... (*Silêncio.*) Era Ano-Novo... Tinha um pinheirinho iluminado... Todos estavam colando máscaras... Ia acontecer um baile... Baile? Que baile? Eu esqueci tudo aquilo... (*Silêncio.*) No quarto, além de mim, moravam mais quatro meninas: duas irmãzinhas, bem pequenas, de oito e nove anos, e mais duas meninas um pouco maiores, uma moscovita, que estava muito doente, com sífilis, e uma outra que depois se revelou uma ladra, ela pegou meus sapatos. Essa menina queria voltar para a rua... O que eu estou querendo dizer? Que nós estávamos sempre juntas, dia e noite, mas não contávamos nada de nós mesmas umas às outras... Não, não queríamos. Fiquei muito tempo em silêncio... Eu só comecei a falar quando encontrei o meu Jenka... Mas tudo isso foi depois... (*Silêncio.*)

Essa epopeia minha e da minha mãe estava apenas começando... Depois que nós assinamos aqueles papéis, fomos levadas para a região de Iaroslavl: 'Não tem problema ser longe, pelo menos vocês vão ter uma casa boa'. Fomos enganadas... Não era uma casa, mas uma isbá velha com um quarto e um enorme fogão russo, que minha mãe e eu até então nunca tínhamos visto na vida. Não sabíamos acender aquilo para aquecer. A isbá estava em ruínas, onde quer que você olhasse tinha uma fresta. Minha mãe ficou em choque. Ela entrou na isbá e ficou de joelhos na minha frente, pedindo perdão por ter me arranjado aquela vida. Batia com a cabeça na parede... (*Em lágrimas.*) Tínhamos um pouco de dinheiro, que logo acabou. Trabalhamos na horta de umas pessoas: uns davam uma cesta de batatas, outros, uma dúzia de ovos. Aprendi a beleza da palavra 'escambo'... A minha mãe trocou o 'Quiçá', o seu perfume favorito, por um bom pedaço de manteiga, quando eu peguei um resfriado forte... Eu tentei tanto convencê-la a não fazer isso, porque nós tínhamos poucas coisas que nos lembravam da nossa casa. Eu me lembro... Uma vez, a administradora de uma granja, uma mulher boa, ficou com dó de mim e me deu um balde de leite, eu fiquei com medo e fui para casa pela horta; lá eu encontrei uma ordenhadeira, ele deu risada: 'Para que se esconder? Pode ir pela vila. Lá levam de tudo, ainda mais se deram permissão'. Levavam tudo que não ficava preso, o presidente do *kolkhoz* ainda mais que os outros. Levavam para a casa dele de caminhão. Ele vinha até a nossa casa... Insistia: 'Mas venham logo para a minha granja! Senão vocês vão morrer de fome'. Ir ou não ir? A fome obrigou. A gente tinha que acordar às quatro para a ordenha da manhã. Todo mundo ainda estava dormindo. Eu ordenhava as vacas, minha mãe lavava os tanques, ela tinha medo das vacas, mas eu gostava delas. Cada vaca tinha um nome... Neblina, Cereja... Eu tinha trinta vacas e duas bezerras... A gente levava serragem com um carrinho, tinha esterco até o joelho. Passava da bota. A gente levantava uns bujões de leite para colocar na carroça... Quantos quilos tinha aquilo? (*Silêncio*.) Eles pagavam em carne e leite, se alguma vaca sufocasse ou se afogasse na lama. As ordenhadeiras bebiam que nem homem, e a minha mãe começou a beber com elas. As coisas entre nós já não eram como antes, quer dizer, nós éramos amigas, mas eu gritava cada vez mais com ela. Ela ficava ofendida. Muito raramente, quando ela estava de bom humor, ela declamava para mim... A sua querida Tsvetáieva: 'Em cachos vermelhos/ Ardia a sorveira/ Caíam as folhas /E eu nascia...'. Nesses momentos eu reconhecia a minha mãe, como ela era antes. Mas era raro.

Já era inverno. Logo bateu o frio rigoroso. Naquela isbá nós não iríamos conseguir sobreviver ao inverno. O nosso vizinho ficou com dó e nos levou de graça para Moscou..."

Da época em que "ser humano" não soa altivo, mas de outra maneira

Eu comecei a falar com você e esqueci que tenho medo de lembrar... (*Silêncio*.) Como eu me relaciono com as pessoas? As pessoas não são boas, nem ruins; são pessoas, e pronto. Na escola, eu estudei com o material didático soviético, ainda não tinha outro, lá eles liam para nós: 'ser humano' é algo que soa altivo. Só que 'ser humano' não soa altivo, soa de outra maneira. Eu também sou diversa, em mim tem um pedacinho de tudo... Mas se eu vejo um tadjique — agora eles são como escravos entre nós, são uma segunda categoria — e, se tenho tempo, eu paro e converso com ele. Eu não tenho dinheiro, mas converso com ele. Um ser humano desse... Ele é meu, ele está na mesma condição que eu — eu sei o que é ser estranho a todo mundo, estar completamente sozinho. Também morei em entrada de prédio, também dormi em porão...

Primeiro fomos acolhidas por uma amiga da minha mãe, eles nos receberam bem, e eu gostava de lá. A decoração era conhecida: livros, discos, um retrato do Che Guevara na parede. Como tinha sido na nossa casa um dia... os mesmos livros, os mesmos discos... O filho da tia Ólia fazia pós-graduação, de tarde ele não saía da biblioteca, de madrugada ele descarregava vagões na estação. Não tinha o que comer. Na cozinha tinha um saco de batata, e só. Comíamos a batata, sobrava um pedaço de pão para o resto do dia. Passamos o dia todo bebendo chá. E mais nada. Um quilo de carne custava 320 rublos, e o salário da tia Ólia era de cem rublos, ela trabalhava na escola como professora do primário. Todo mundo ficou maluco, se desdobrando para conseguir um pouco mais de dinheiro. O pessoal tentava tirar leite de pedra... Uma torneira velha da cozinha quebrava, chamavam o encanador, aí descobriam que ele tinha mestrado. Todos davam risada. Como dizia a nossa avó, tristeza não enche barriga... Tirar férias era um luxo, eram poucos os que podiam se permitir um luxo desses... A tia Ólia durante as férias ia para Minsk, onde morava a irmã dela, uma professora universitária. Elas costuravam travesseiros com pele sintética, enchiam de espuma, mas deixavam uma metade vazia — aí bem antes de entrar no trem enfiavam ali dentro um filhotinho de cachorro, davam uma injeção com sonífero nele. Iam para a Polônia... Levavam assim os filhotes de cão pastor... e coelhos... Nos mercados de pulga, só se ouvia russo... Colocavam vodca em vez de chá nas garrafas térmicas, escondiam nas malas debaixo da roupa de baixo uns pregos e cadeados... A tia Ólia voltava para casa com uma bolsa cheia da deliciosa *kolbassá* polonesa. O cheiro era uma delícia!

Em Moscou, de madrugada, você ouvia tiros, até explosões. Vendinhas, vendinhas... vendinhas para todo lado... Minha mãe começou a trabalhar para um azerbaidjano, ele tinha duas vendas, uma de frutas, outra, de peixe. 'Trabalho tem; folga, não. Não pode descansar.' Mas aí veio a novidade: mamãe tinha vergonha de comerciar, ela ficava acanhada. Não conseguia de jeito nenhum! Já no primeiro dia ela expôs as frutas, mas ela mesma ficou escondida atrás de uma árvore, ficava olhando de lá. Enterrou o chapéu na cabeça até as orelhas, para ninguém reconhecer. No outro dia deu uma ameixa para uma ciganinha... O patrão percebeu, gritou com ela. O dinheiro não gosta de piedade e de vergonha... Ela conseguiu se manter lá por pouco tempo, minha mãe não se deu bem com o comércio... Eu vi um anúncio numa cerca: 'Procura-se empregada doméstica com educação superior'. A minha mãe foi até o endereço indicado e foi contratada. O pagamento lá era normal. Era alguma fundação americana... Nós já conseguíamos comer por conta própria, alugamos um quarto, nesse mesmo apartamento de três quartos o segundo quarto foi alugado por uns azerbaidjanos. Um pessoal jovem. Ficavam o tempo todo comprando coisas, vendendo. Um me pediu em casamento, prometeu me levar para a Turquia: 'Eu vou raptar você. Nós temos esse costume, a noiva tem que ser raptada'. Dava medo ficar em casa sem minha mãe. Mas ele me dava frutas de presente, damascos secos... O dono do apartamento bebia por semanas a fio, enchia tanto a cara que perdia a cabeça: 'Ei, você, sua puta! Sua vadia!'. Ele chutava a esposa... ela foi levada dali de ambulância... E aí ele quis se arrastar para o lado da minha mãe. Derrubou a porta do nosso quarto...

E de novo nós fomos parar na rua...

Na rua e sem dinheiro... A fundação da minha mãe foi fechada, ela arranjava uns ganhos ocasionais. Moramos em entradas de prédio... em escadas... Umas pessoas só passavam reto, outras gritavam, e tinha também aquelas que expulsavam a gente para a rua. Podia até ser de madrugada. Chovendo, nevando. Ninguém oferecia ajuda, ninguém perguntava nada... (*Silêncio.*) As pessoas não são ruins, nem boas. Cada um tem as suas coisas... (*Silêncio.*) De manhã íamos a pé para a estação de trem (não tínhamos dinheiro para pegar metrô), nós nos lavávamos no banheiro de lá. E lavávamos roupa. Fazíamos a nossa lavanderia lá... No verão tudo bem, quando está quente dá para morar em qualquer lugar... Passávamos a noite nos bancos dos parques, no outono varríamos as folhas e dormíamos em cima delas, era quentinho. Como num saco de dormir. Na estação Bielorússki... eu me lembro bem disso... nós sempre encontrávamos uma mulher bem, bem velhinha, ela ficava sentada ao lado da bilheteria e conversava sozinha. Contava sempre a mesma história... De como uns lobos tinham entrado no vilarejo deles durante a guerra, eles tinham sentido que não tinha homens ali. Os homens estavam todos na guerra. Se a minha mãe e eu tínhamos algum dinheirinho que fosse, nós dávamos para ela. 'Deus abençoe', ela benzia. Ela me lembrava da minha avó.

Deixei a minha mãe no banco... Quando eu voltei, ela não estava sozinha, mas com um homem. Um homem simpático. 'Filha, este é o Vítia', disse a minha mãe. 'Ele também gosta do Bródski.' Entendi tudo. Já sabemos... Se alguém gosta do Bródski, para a minha mãe isso é como uma senha, quer dizer que a pessoa é das dela. 'Como, ele não leu *Os filhos da rua Arbat*?' Mas que selvagem! Veio da floresta! Esse não é dos nossos. Era assim que ela sempre dividia as pessoas, e isso continuou com ela. Mas eu tinha mudado muito naqueles dois anos que nós duas tínhamos passado vagando, fiquei séria, talvez até precocemente. Eu entendi que minha mãe não podia me ajudar em nada; pelo contrário, fiquei com a sensação de que era eu que devia servir de tutora para ela. Foi simplesmente isso que eu senti... O tio Vítia era inteligente, e perguntou para mim, e não para a minha mãe: 'Mas e então, meninas, vamos?'. Ele nos levou para a casa dele, ele tinha um apartamento de dois quartos. Levamos todas as nossas coisas junto conosco, com aquelas sacolas quadriculadas esburacadas... fomos parar no paraíso... Era um museu! Na parede tinha quadros, uma biblioteca elegante, uma velha cômoda abaulada... Um relógio de pêndulo que ia até o teto... Ficamos pasmas! 'Meninas, coragem. Tirem suas roupas.' Ficamos com vergonha, nossas roupas estavam todas rotas... Aquele cheiro de estação de trem... de calçada... 'Meninas, coragem!' Fomos tomar chá. O tio Vítia contou a sua história... Ele tinha trabalhado tempos antes como joalheiro, tinha uma oficina própria. Ele nos mostrou sua maleta de instrumentos, um saquinho com pedras semipreciosas, lingotes de prata... Tudo era tão bonito, tão interessante, tão caro. Não dava para acreditar que nós iríamos morar ali. Era um milagre que se operava...

Viramos uma família como qualquer outra. Voltei para a escola. O tio Vítia era muito bom, ele fez um anel com uma pedrinha para mim. Mas para nosso infortúnio... ele também bebia... Fumava como uma chaminé. No começo minha mãe xingava, mas logo eles começaram a beber juntos. Levamos os livros para o sebo, eu me lembro do cheiro das velhas lombadas de couro... O tio Vítia também tinha moedas raras... Eles bebiam e viam televisão. Programas de política. O tio Vítia ficava filosofando. Ele conversava comigo como se eu fosse adulta... Perguntava: 'O que é que ensinam para vocês na escola depois do comunismo, Iúletchka? O que é que se deve fazer agora com a literatura soviética e com a história soviética, esquecer?'. A verdade é que eu entendia muito pouco... Você está achando interessante? Pois é... Eu achei que já estava longe disso tudo, mas agora... tudo vem à lembrança...

A vida russa tem que ser cruel, fútil, e então a alma há de se erguer, há de tomar consciência de que ela não pertence a este mundo... Quanto mais sujo e sangrento, mais espaço haverá para ela...

A modernização aqui só é possível através da *charachka** e dos fuzilamentos...

Os comunistas... O que eles podem fazer? Introduzir de novo os cupons e reformar os barracões em Magadan...

As pessoas normais hoje parecem loucas... Essa nova vida pega pessoas como eu e a sua mãe e joga fora...

No Ocidente o capitalismo é velho, mas aqui ele é muito fresco, tem presas jovens... Mas o poder é de um total bizantinismo...

Uma madrugada, o tio Vítia passou mal do coração. Chamamos a ambulância. Ele não chegou vivo ao hospital. Infarto fulminante. Chegaram os parentes: 'E vocês, quem são? De onde é que ele tirou vocês? Vocês não têm nada que fazer aqui'. Um homem gritou: 'Tirem essas mendigas daqui! Fora!'. Até revistou as nossas bolsas quando nós saímos...

Estávamos na rua...

Ligamos para o primo da minha mãe... A esposa dele atendeu: 'Podem vir'. Eles moravam perto da Estação Fluvial, numa *khruschovka* de dois quartos, moravam com o filho casado. A nora estava grávida. Decidiram: 'Vocês podem morar conosco até a Aliona nascer'. Colocaram uma cama dobrável para a minha mãe no corredor, e eu dormia na cozinha, em um sofá velho. Uns amigos vinham visitar a tia Liocha... amigos da fábrica... Eu pegava no sono durante as conversas deles. Tudo se repetia: uma garrafa de vodca na mesa, e cartas. Para falar a verdade, as conversas eram diferentes...

Cagaram tudo... A liberdade... Onde é que está a liberdade, porra? A gente come pão puro...

---

* Nome informal dado às unidades prisionais secretas em que cientistas retirados de outros campos de trabalho forçado desenvolviam pesquisas de tecnologia para o Estado.

Os judeus… eles mataram o tsar, e também o Stálin e o Andrópov… Começaram com essa zona liberal! Tem que começar urgentemente a apertar os parafusos de novo. Nós russos devemos sustentar a fé…

O Iéltsin fica rastejando para os Estados Unidos… Nós, apesar de tudo, ganhamos a guerra…

Você vai à igreja, e lá todo mundo fica se benzendo, mas estáticos, como pedras…

Logo vai estar quente e animado… Os primeiros que nós vamos enforcar nos postes de luz vão ser esses liberaizinhos, por tudo que eles fizeram com a gente nos anos 1990. Temos que salvar a Rússia…

Depois de alguns meses, a nora teve o bebê. Não tinha mais lugar para nós.

Fomos de novo para a rua…

Estação…

Calçada…

Estação…

Calçada…

Na estação… Os policiais de plantão, tanto os velhos como os novos, ou nos botavam para fora de volta para a rua, isso no inverno, ou levavam com eles para a salinha de serviço… Lá eles tinham um cantinho especial atrás de um biombo… um sofazinho… Minha mãe arranjou briga com um policial quando ele me arrastou para lá… Ela levou uma surra e ficou presa por alguns dias… (*Silêncio.*) Eu… deu que… Eu peguei um resfriado forte. Pensamos e pensamos… eu estava cada vez pior… Decidimos que eu iria para a casa de uns parentes, e a minha mãe ficaria na estação. Depois de alguns dias ela me ligou: 'Precisamos nos encontrar'. Eu fui vê-la, ela me disse: 'Eu conheci uma mulher aqui, ela me propôs ir morar com ela. Tem lugar sobrando. Ela tem uma casa só dela. Fica em Alábino'. 'Quero ir com você.' 'Não, você tem que se cuidar. Depois você vem.' Eu fui com ela até o trem de subúrbio, ela sentou perto da janela e ficou olhando para mim como se não me visse há muito tempo. Eu não aguentei e pulei para dentro do vagão: 'O que deu em você?'. 'Nada, não se preocupe comigo.' Eu acenei para ela, ela foi embora. Aí de noite me ligaram: 'A senhora é Iúlia Boríssovna Málikova?'. 'Málikova, sou eu.' 'Aqui é da polícia. Pode por favor me dizer o que a senhora é de Liudmila Málikova?' 'É a minha mãe.' 'A sua mãe foi atropelada por um trem. Em Alábino…'

Ela sempre prestava atenção quando passava um trem… tinha muito medo… A coisa que ela mais temia era ser pega por um trem. Virava a cabeça cem vezes: vem vindo ou não? E aí… Não, isso não foi uma casualidade… não foi um acidente… Ela comprou uma garrafa de vodca… para não sentir tanta dor e medo, e se atirou… Ela estava cansada… simplesmente cansada… Cansada daquela vida… 'dela mesma'… Essas palavras são dela, não minhas… Depois fiquei relembrando cada palavra dela… (*Chorando.*) Ela foi arrastada pelo trem por um bom tempo… Levaram para o hospital, ela ainda ficou uma hora na mesa de cirurgia, mas não tinha como salvá-la. Foi o que me disseram… Eu fui vê-la já no caixão, já vestida. Era tudo terrível… eu ainda não tinha o Jenka… Se eu fosse pequena, ela não teria me deixado. Nunca… isso nunca teria acontecido… Nos últimos dias, ela me disse várias vezes: 'Você já é grande. Você já é adulta'. Por que foi que eu cresci? (*Chorando.*) Fiquei sozinha… E assim vivi… (*Depois de um longo silêncio.*) Se eu tiver um filho, eu tenho que ser feliz… para ele levar na memória uma mãe feliz…

O Jenka… o Jenka me salvou… Eu sempre estive à espera dele… No abrigo, nós sonhávamos: moramos aqui, mas isso é temporário, logo vamos viver como todo mundo, teremos uma família, com um marido e filhos. Vamos nós mesmas comprar bolos, não para dias festivos, mas quando quisermos. Queria muito… Dezessete anos… eu tinha feito dezessete anos… O diretor me chamou na sala dele: 'Já tiraram a sua alimentação'. E ficou em silêncio. Depois dos dezessete anos mandavam embora do abrigo, mandavam para a vida. Pode ir! Mas não tinha para onde ir. Não tinha trabalho, não tinha nada, na verdade. Não tinha mãe, também… Liguei para a tia Nádia: 'Talvez eu tenha que ir para a sua casa. Já estão me expulsando do abrigo'. A tia Nádia… se não fosse por ela… foi um anjo da guarda… Não era minha tia de sangue, mas agora ela está acima de qualquer parente de sangue e ela deixou para mim o quarto dela num apartamento comunal. Agora… sim… Em algum momento ela morou com meu tio, mas ele morreu faz tempo, eles não eram marido e mulher, eram amigados. Mas eu sabia que eles viviam com amor. Dá para recorrer a uma pessoa assim… Se a pessoa conheceu o amor, você pode sempre recorrer a ela…

A tia Nádia nunca teve filhos, e ela tinha se acostumado a morar sozinha; para ela era difícil morar com alguém. Que escuridão! Era um quarto de dezesseis metros quadrados. Eu dormia numa cama portátil. A vizinha, é claro, começou a reclamar: 'Ela tem que ir embora'. Chamou a polícia. A tia Nádia não arredou pé: 'E para onde ela vai?'. Acho que já tinha se passado um ano… E aí a própria tia Nádia perguntou: 'Você disse que ia ficar por dois meses, mas já faz um ano que você está morando na minha casa'. Fiquei quieta… chorei… Ela também ficou quieta… chorou… (*Silêncio.*) Mais um ano se passou… De alguma maneira, todo mundo se acostumou comigo… Eu me esforçava… Até a vizinha se acostumou… A tia Marina não é má pessoa, a vida dela que é ruim. Ela teve dois maridos, e os dois, como ela dizia, bateram as botas de tanto beber. Um sobrinho vinha sempre visitá-la, a gente se cumprimentava. Um rapaz bonito. Mas aí… Aí foi assim: eu estava no quarto, lendo um livro, a tia Marina entrou, me pegou pela mão e me levou até a cozinha: 'Eu vou apresentar vocês. Esta é a Iúlia, e este é o Jenka. Agora, vão passear!'. Comecei a ter encontros com o Jenka. A gente se beijou. Mas nada sério. Ele era motorista, estava sempre viajando a trabalho. Voltou uma vez, e eu não estava lá. Onde está? O que foi? Mas aí... Fazia tempo que eu tinha esses acessos: ou perdia o fôlego, ou caía de fraqueza... A tia Nádia me obrigou a ir ao médico, eles fizeram uns testes: descobriram a esclerose múltipla. Você com certeza sabe o que é isso... É uma doença incurável... Foi de tristeza, eu peguei isso de tristeza. Sentia muita falta da minha mãe. Muita. (*Silêncio.*) Deram o diagnóstico e me puseram no hospital. O Jenka me achou lá e começou a me visitar. Vinha todos os dias. Ora trazia uma maçã bonita, ora uma laranja... Como meu pai fazia no passado... Já era maio... Apareceu com um buquê de rosas, eu dei um grito: um buquê daqueles custava metade do salário dele. Estava vestido com uma roupa de festa... 'Quer casar comigo?' Eu hesitei. 'Não quer?' O que eu podia responder? Não consigo enganar ninguém, e eu não queria mesmo enganá-lo. Eu já estava apaixonada por ele fazia tempo... 'Eu quero casar com você, mas você tem que saber a verdade: eu tenho o tipo mais grave de invalidez. Logo eu vou ser como um ratinho, vão ter que me levar na mão.' Ele não entendeu nada, mas ficou frustrado. No dia seguinte, ele veio e disse: 'Não tem problema. Vamos superar'. Eu saí do hospital, e nós nos casamos no civil. Ele me levou para conhecer a mãe dele. A mãe dele era uma camponesa simples. Tinha passado a vida inteira no campo. Não tinha um livro sequer na casa. Mas eu me sentia bem lá com eles. Era tranquilo. Eu também contei tudo para ela... 'Tudo bem, filhinha', ela me abraçou. 'Onde existe amor, Deus ali está.' (*Silêncio.*)

Agora com todas as forças eu quero viver, porque eu tenho o Jenka... Até sonho com um filhinho... Os médicos são contra, mas eu sonho... Quero que a gente tenha uma casa, passei a vida inteira sonhando com uma casa. Fiquei sabendo que recentemente saiu uma lei... De acordo com essa lei, dá para recuperar nosso apartamento. Eu fiz um requerimento... Me disseram que tem milhares de pessoas como eu, muitos recebem ajuda, mas meu caso é muito complicado, nosso apartamento já foi revendido três vezes. E os bandidos que nos roubaram já estão faz tempo no cemitério, atiraram uns nos outros...

... Fomos ver minha mãe. Lá na lápide tem uma foto dela, ela parece viva. Arrumamos tudo. Limpamos. Ficamos por muito tempo lá, eu não conseguia ir embora, e em dado momento me pareceu que ela estava sorrindo... ela estava feliz... Ou foi a luz do sol batendo...

SOBRE A SOLIDÃO QUE É MUITO PARECIDA COM A FELICIDADE

Alissa Z., publicitária, 35 anos

Fui a São Petersburgo em busca de uma outra história, mas voltei com esta. Comecei a conversar com uma companheira de viagem no trem...

"Uma amiga minha se matou... Era forte, bem-sucedida. Tinha muitos admiradores, muitos amigos. Ficamos todos em choque. O que é o suicídio? Uma covardia ou um ato de força? Um plano radical, um grito de ajuda ou um autossacrifício? Uma saída... uma armadilha... um suplício... Eu quero... Eu posso contar para você por que nunca farei isso...

Amor? Essa possibilidade eu nem discuto... Eu não sou contra toda essa coisa bela, brilhante e altissonante, mas você deve ser a primeira pessoa em dez anos que pronuncia essa palavra na minha presença. O século XXI é: dinheiro, sexo e dois canos, e você aí falando de sentimentos... Todos saíram correndo primeiro atrás de dinheiro... Eu não tinha vontade de logo casar, ter filhos, eu sempre quis fazer uma carreira, isso ficava em primeiro lugar. Eu dou valor a mim mesma, ao meu tempo e à minha vida. E de onde é que você tirou que os homens procuram o amor? Amor... Os homens consideram a mulher uma presa, um troféu de guerra, uma vítima, e eles são os caçadores. São regras que foram elaboradas durante séculos. E as mulheres procuram um príncipe, mas não num cavalo branco, e sim com um saco de ouro. Um príncipe de idade indefinida... Pode até ser como um 'paizinho'... E daí? Quem manda no mundo é a grana! Mas eu não sou vítima nenhuma, eu mesma sou caçadora...

Há dez anos eu cheguei em Moscou... Eu era frenética, era ativa, eu dizia para mim mesma: eu nasci para ser feliz, quem sofre são os fracos, a humildade é a coroa dos fracos. Eu vim de Rostov... Meus pais trabalham em uma escola: meu pai é químico, minha mãe é professora de russo e de literatura. Eles se casaram quando estavam na faculdade, meu pai só tinha um terno decente, mas um estoque de boas ideias, e na época isso era suficiente para fazer a cabeça de uma garota. Até hoje eles adoram relembrar o fato de que eles passaram um tempão com um só jogo de roupa de cama, com um travesseiro e um par de chinelos cada. Varavam a noite lendo Pasternak um para o outro. Sabiam de cor! Eles tinham o seu ninho de amor! 'Até as primeiras geadas', eu brincava. 'Você não tem fantasia', minha mãe ficava ofendida. Nós éramos uma família soviética normal: de manhã, trigo-sarraceno ou macarrão na manteiga, laranjas uma vez ao ano: no Ano-Novo. Eu até me lembro do cheiro delas. Não o de agora, o daquela época... era o cheiro de uma outra vida... uma vida bela... As férias de verão eram no mar Negro. Nós íamos 'como selvagens' para Sótchi, ficávamos todos no mesmo quarto de nove metros quadrados. Mas tínhamos motivo de orgulho... motivo de muito orgulho... Tínhamos orgulho dos nossos livros favo-

430

ritos, que nós conseguíamos por debaixo do pano, no pistolão, e também a alegria de conseguir de graça (uma amiga da minha mãe trabalhava no teatro) ingressos para uma estreia! O teatro! É um tema eterno para conversas numa companhia decente... Agora escrevem dos campos soviéticos, do gueto comunista. Um mundo canibal. Eu não me lembro de nada terrível... Eu lembro que aquele mundo era ingênuo, era muito ingênuo e desajeitado. Eu sempre soube que não iria viver daquele jeito! Não queria! Eu quase fui expulsa da escola por causa disso. Ai! Pois é... nascidos na URSS, isso é um diagnóstico... Um estigma! Nós tínhamos aulas de economia doméstica, os meninos por algum motivo aprendiam a dirigir carros, e as meninas, a fritar almôndegas, e eu sempre deixava queimar aquelas malditas almôndegas. Uma professora, que era a responsável da nossa classe, tentava me educar: 'Você não sabe fazer nada! Você vai se casar, e como é que vai alimentar o seu marido?'. Eu reagi na mesma hora: 'Eu não pretendo fritar almôndegas. Eu vou ter uma empregada'. Era 1987... eu tenho trinta anos... Que capitalismo, que empregada?! Ainda era socialismo para todo lado! O diretor da escola chamou meus pais na sala dele, eu levei um sermão na reunião geral das classes, no conselho escolar. Queriam me expulsar dos pioneiros. Os pioneiros, o Komsomol, era tudo muito sério. Eu até chorei... Embora eu nunca conseguisse guardar as rimas na cabeça, só as fórmulas... não guardava rima nenhuma... Quando eu ficava sozinha em casa, colocava o vestido da minha mãe, os sapatos dela e sentava no sofá. Lia *Anna Kariênina*. Os bailes da sociedade, os criados, as insígnias... os encontros amorosos... Gostava de tudo até o momento em que a Anna se jogava debaixo do trem: a troco de quê? Era bonita, rica... Por amor? Nem o Tolstói conseguia me convencer... Gostava mais dos romances ocidentais, eu gostava das sirigaitas de lá, as belas sirigaitas, por quem os homens se matavam, se torturavam. Jogavam-se aos pés delas. A última vez em que eu chorei por um amor não correspondido foi aos dezessete anos: fiquei a noite inteira no banheiro com a torneira ligada. Minha mãe me consolava com versos do Pasternak... Eu decorei: 'Ser uma mulher é um grande passo,/ Fazer alguém enlouquecer é heroísmo'. Não amei minha infância e não amei minha juventude, fiquei o tempo todo esperando aquilo acabar. Eu rachava de estudar, treinava na academia. Mais rápido, mais alto, mais forte! Em casa o pessoal ficava ouvindo cassetes com as músicas do Okudjava: 'Vamos dar as mãos, irmãos...'. Não! Aquele não era o meu ideal.

Fui para Moscou... Moscou! Eu sempre penso nela como uma rival, desde o primeiro instante ela despertou em mim uma fúria esportiva. Minha cidade! Aquele ritmo frenético, aquela viagem! Um impulso para minhas asas! No bolso eu tinha duzentas 'verdinhas' e uns poucos rublos. E só! Os anos 1990 foram cruéis... Meus pais estavam sem receber fazia tempo. Uma miséria! Todo dia meu pai ficava tentando se convencer, me convencer e convencer a minha mãe: 'Temos que ter paciência. Esperar. Eu confio no Gaidar'. Pessoas como meus pais ainda não tinham tomado consciência de que o capitalismo já tinha começado. O capitalismo russo... jovem e cascudo, aquele mesmo que ruiu em 1917... (*Fica pensativa.*) Será que eles entendem isso agora? É difícil responder... Eu tenho certeza de uma coisa: meus pais não pediram pelo capitalismo. Sem dúvida. Eu pedi, outros como eu pediram, gente que não queria ficar dentro da gaiola. Jovens, fortes. Para nós o capitalismo era interessante... as aventuras, o risco... Não é só o dinheiro. O senhor dólar! Agora eu vou revelar a você o meu segredo! Eu gosto mais de ler sobre o capitalismo, sobre o capitalismo contemporâneo — não os romances do Dreiser — do que sobre o gulag e o déficit soviético. Sobre os delatores. Ai! Ai! Ah, toquei numa coisa sagrada. Com os meus pais eu não posso nem mencionar esse assunto. Não posso falar nada.

Como assim?! Meu pai continuou sendo um romântico soviético. Em agosto de 1991... A tentativa de golpe! Na televisão desde cedo só passava o balé *O lago dos cisnes*... e em Moscou tinha tanque na rua, como na África... O meu pai também, junto com umas sete pessoas, todos os amigos dele, saíram direto do trabalho e foram correndo para a capital. Apoiar a revolução! Eu fiquei sentada na frente da televisão... Ficou na minha memória o Iéltsin em cima do tanque. O império ruindo... Pois que ruísse... Ficamos esperando meu pai como se ele estivesse na guerra, ele voltou como um herói! Eu acho que ele até hoje vive daquilo. Depois de uma quantidade enorme de tempo, eu entendi que aquela foi a coisa mais importante da vida dele. Como o nosso avô... Ele passou a vida inteira contando de como eles tinham derrotado os alemães em Stalingrado. Depois do império, a vida do meu pai ficou chata, desinteressante, ele não tem pelo que viver. Em geral, eles se decepcionaram... A geração dele... Eles têm uma sensação de dupla derrota: o próprio ideal comunista fracassou, e o que veio depois dele eles também não conseguiam entender, eles não admitem tudo isso. Eles queriam outra coisa; se fosse o capitalismo, que fosse com um rosto humano, com um sorriso fascinante. Esse mundo não é deles. É estranho. Mas esse é o meu mundo! Meu! Eu fico feliz por ver os soviéticos só no Nove de Maio... (*Silêncio.*)

Eu fui para a capital de carona; era mais barato assim. E quanto mais eu olhava pela janela, com mais raiva ficava, eu já sabia que não voltaria de Moscou. Por nada no mundo! Tinha gente vendendo coisa dos dois lados... Conjuntos de servir chá, pregos, bonecas: as pessoas recebiam em espécie. Dava para trocar um ferro de passar ou uma frigideira por *kolbassá* (nos frigoríficos, pagavam com *kolbassá*), por doces, por açúcar. Do lado de uma cabine de ônibus, estava sentada uma tia gorda coberta de brinquedos, parecia uma fita de cartuchos. Parecia desenho animado! Em Moscou, chovia a cântaros, mas eu fui mesmo assim até a praça Vermelha, para ver as cúpulas da igreja de São Basílio e as muralhas do Krémlin: aquilo era poder, era força, e eu estava ali! Bem no coração! Eu andava mancando, antes da partida eu tinha quebrado meu mindinho do pé na academia, mas eu estava de salto alto e usando meu melhor vestido. É claro que o destino é questão de sorte, é uma carta, mas eu tenho faro, eu sei o que eu quero. O universo não dá nada de graça... de mão beijada... Tome isso aqui! E mais isso aqui! Tem que querer muito. E eu queria! Minha mãe só me trazia uns pasteizinhos feitos em casa e contava que ela e o meu pai tinham ido na manifestação dos democratas. Mas por mês davam para cada pessoa um cupom valendo dois quilos de farinha, um quilo de carne e duzentos gramas de manteiga. Filas, filas e mais filas, e aqueles números na palma da mão. Eu não gosto da palavra *sovok*! Meus pais não são *sovok*, eles são românticos! São como criancinhas pequenas, em uma vida normal. Eu não consigo entendê-los, mas eu os amo! Avancei na vida sozinha... solitária... não foi melzinho na chupeta... E eu tenho motivos para me amar! Entrei na MGU sem professor particular, sem dinheiro e sem pistolão. Na faculdade de jornalismo... No primeiro ano, um colega se apaixonou por mim e perguntou: 'E você, está apaixonada?'. E eu respondi: 'Eu estou apaixonada por mim'. Consegui tudo sozinha. Sozinha! Achava meus colegas de faculdade pouco interessantes, as aulas eram chatas. Eram professores soviéticos dando aula, seguindo um material didático soviético. Mas ao nosso redor já estava em ebulição uma vida nada soviética: era singular, era insana! Apareceram os primeiros artigos importados usados, que êxtase! O primeiro McDonald's na praça Púchkin... Os cosméticos poloneses... e o boato terrível de quem eles eram para maquiar defunto... O primeiro comercial na televisão foi de um chá turco. Antes era tudo cinza, mas agora as cores eram brilhantes, as placas eram vistosas. A gente queria tudo! A gente podia ter tudo! Você podia ser quem você quisesse: um corretor, um assassino de aluguel, um gay... Os anos 1990... para mim foram abençoados... inesquecíveis... Foi a época dos tecnocratas, dos bandidos e aventureiros! Só as coisas continuaram soviéticas, as pessoas já tinham outra programação na cabeça... Se você se mexer e der duro, vai ter tudo. Que Lênin? Que Stálin? Isso já tinha ficado para trás, à nossa frente se abria uma vida maravilhosa: você podia ver o mundo todo, morar em um belo apartamento, andar em um carro de luxo, comer carne de elefante no almoço... A Rússia não sabia o que escolher... Eu aprendi mais na rua e nas festas, aí decidi passar para o curso por correspondência. Achei trabalho em um jornal. Eu começava a amar minha vida desde o início do dia.

Eu olhava para cima... para o alto da escada da vida... Eu não sonhava em ser comida na entrada de um prédio ou numa sauna e depois ganhar por causa disso jantares em restaurantes caros. Eu tinha muitos admiradores... Eu não dava atenção para os homens da minha idade, eu podia até ser amiga deles, ir com eles à biblioteca. Nada sério, sem perigo. Mas eu gostava de homens mais velhos, bem-sucedidos, já resolvidos. Eu achava interessante ficar com eles, era engraçado e proveitoso. Mas para mim... (*Risos.*) Por muito tempo eu carreguei essa marca, de moça de boa família, vinda de uma casa com muitos livros, onde o principal móvel da casa era a estante de livros, e que escritores e pintores me davam atenção. Gênios incompreendidos. Mas eu não tinha intenção nenhuma de dedicar a minha vida a um gênio que só vai ser reconhecido após a morte e que vai ser adorado por nossos descendentes. E depois, tinha todas essas conversas, em casa eu já tinha ficado cheia delas: o comunismo, o sentido da vida, a felicidade para os outros... o Soljenítsin e o Sákharov... Não, aqueles não eram os heróis da minha história, eram os heróis da minha mãe. Os que liam e sonhavam em voar, como a gaivota do Tchékhov, foram substituídos pelos que não liam, mas sabiam voar. Todo aquele antigo pacote cavalheiresco caiu em desuso: o *samizdat*, as conversas sussurradas na cozinha. Que vergonha, os nossos tanques estavam em Praga! Mas se eles já estavam em Moscou! Quem é que ficava surpreso com aquilo? No lugar dos poemas do *samizdat*, um anel de diamantes, as marcas caras de roupa... A revolução dos desejos! Vontades! Eu gostava... Adoro os funcionários e os homens de negócios... Eu achava inspirador o vocabulário deles: *offshores*, concussão, permutas. Marketing de rede, abordagem criativa... Nas reuniões de planejamento da redação o redator dizia: 'Precisamos de capitalistas. Vamos ajudar o governo do Iéltsin e do Gaidar a formar capitalistas. Com urgência!'. Eu era jovem... bonita... Fui mandada para entrevistar esses capitalistas: como eles tinham ficado ricos? Como ganharam seu primeiro milhão? Socialistas tinham virado capitalistas? Era preciso descrever isso tudo... Por algum motivo era justamente o milhão que povoava a imaginação. Ganhar um milhão! Nós estávamos acostumados com a ideia de que o russo não queria ser rico, tinha até medo. O que é que ele queria, afinal? Mas ele sempre quis uma coisa: que o outro não fique rico. Mais rico que ele. Paletó carmesim, corrente de ouro... isso é coisa do cinema... dos seriados de televisão... Os que eu conheci tinham uma lógica de ferro e uma mão de ferro. Tinham um pensamento sistemático. Todos estudavam inglês. Administração. Os acadêmicos e os doutores tinham saído do país... os físicos e os líricos... Mas aqueles... os novos heróis... eles não queriam ir para lugar nenhum, eles gostavam de morar na Rússia. Era a hora deles! A chance deles! Eles queriam ser ricos, eles queriam tudo. Tudo!

E aí eu o conheci... Eu acho que amei aquele homem. Soa como uma confissão... Não é? (*Risos.*) Ele era vinte anos mais velho que eu, tinha família, tinha dois filhos. Uma esposa ciumenta. Uma vida cheia de minúcias... Mas nós ficamos enlouquecidos um pelo outro, era tamanho o ímpeto, o inebriamento, que ele admitia: de manhã, para não chorar no trabalho, ele tomava dois comprimidos de temazepam. Eu também cometia atos insanos, só faltou pular de paraquedas. Foi tudo assim... é desse jeito... o período das flores e dos chocolates... Ainda não importava quem estava enganando quem, quem estava caçando quem e quem queria o quê. Eu era nova, tinha vinte e dois anos... Fiquei apaixonada... apaixonada... Agora eu entendo que o amor é um tipo de negócio, cada um tem seu risco. Você tem que estar pronta para uma nova combinação... Sempre! Agora é raro achar quem fica fascinado com o amor. Todas as forças estão concentradas em dar o salto! Na carreira! Umas meninas novas ficam tagarelando no nosso fumódromo, e, se alguém tem sentimentos de verdade, ficam se lamentando: que otária, elas dizem, gamou. (*Risos.*) Otária! Eu era uma otária tão feliz! Ele dispensava o motorista, pegava o carro, e nós passeávamos pela cidade noturna num Moskvitch fedendo a gasolina. A gente se beijava sem parar. 'Eu agradeço a você', ele dizia. 'Você me levou de volta para uma época de uns cem anos atrás.' Essas cenas... eram como flashes... Eu ficava aturdida com o ritmo dele... com a energia dele... Ele me ligava de noite: 'Amanhã voamos para Paris'. Ou: 'Vamos dar um pulo nas Canárias. Eu tirei três dias'. No avião, íamos de primeira classe, pegávamos um quarto no hotel mais caro: debaixo dos nossos pés, o chão era de vidro, tinha peixes nadando embaixo. Um tubarão vivo! Mas o que eu guardei para o resto da vida foi outra coisa... Guardei o Moskvitch com cheiro de gasolina nas ruas de Moscou... E... os nossos beijos... insanos... ele alcançava a lua para mim... Eu me apaixonei... (*Silêncio.*) Mas o que ele queria para si era que a vida fosse uma festa. Ele queria isso para si... para si, é! Quando eu estiver batendo nos quarenta, talvez eu consiga entendê-lo... um dia vou entendê-lo... Por exemplo, ele não gostava de quando um relógio funcionava, ele só gostava de quando o relógio parava. Ele tinha essa relação com o tempo... Pois é! Tinha... Eu adoro gatos. Eu adoro porque eles não choram, ninguém nunca viu as lágrimas deles. Se alguém me encontra na rua, pensa: é rica e feliz! Eu tenho tudo: uma casa grande, um carro caro, móveis italianos. E uma filha que eu adoro. Tenho uma empregada, eu não frito as minhas próprias almôndegas e não lavo roupa, posso comprar tudo que eu quiser... um monte de bibelôs... Mas eu vivo sozinha. E quero viver sozinha! Eu não me sinto tão bem com ninguém como me sinto comigo mesma, adoro falar sozinha... eu mesma antes de tudo... Sou uma excelente companhia! O que eu penso... sinto... Como eu via certa coisa ontem e como vejo hoje? Eu antes gostava da cor azul, mas agora gosto do lilás... Em cada um de nós acontece tanta coisa. Dentro de nós. Conosco. Lá dentro tem todo um universo. Mas nós quase não damos atenção a ele. Todos estão ocupados com o exterior, com o superficial... (*Risos.*) A solidão é liberdade... Agora, eu fico feliz todos os dias por ser sozinha: vai ligar ou não vai ligar, vai vir ou não vai vir, vai largar ou não vai largar, longe de mim! Isso não é problema meu! Não é, não... não tenho medo da solidão... Eu tenho medo... de quem eu tenho medo? Tenho medo de dentista... (*Explode inesperadamente.*) As pessoas sempre mentem quando falam de amor... e de dinheiro... mentem sempre, e de maneiras diferentes. Não tenho vontade nenhuma de mentir... Vontade nenhuma! (*Acalmando-se.*) Desculpe... Me desculpe... Fazia tempo que eu não lembrava...

O tema? Foi o tema de sempre... Eu queria um filho dele, fiquei grávida... Talvez eu o tenha assustado? Os homens são uns covardes! Pode ser um mendigo ou um oligarca, não tem diferença nenhuma. Vão para a guerra, fazem revoluções, mas no amor traem. A mulher é mais forte: 'Para um cavalo a galope, entre em uma isbá em chamas'.* E de acordo com as leis do gênero... 'Os cavalos continuam a galopar e galopar. E as isbás a queimar e queimar'... 'Não existe homem com mais de catorze anos', pela primeira vez a minha mãe me deu um conselho razoável. Eu lembro que... foi assim... Eu dei a notícia para ele na véspera de uma viagem a negócios, fui mandada para a bacia do Donets. E eu adorava essas viagens a negócios, adorava o cheiro das estações e aeroportos. Quando eu voltava, era interessante contar para ele, nós discutíamos juntos. Eu agora entendo que ele não só abriu o mundo para mim, me surpreendeu, me levou a butiques estonteantes, me deu presentes; ele também me ensinou a pensar. Não que isso fosse uma tarefa dele, mas simplesmente acontecia. Eu ficava olhando para ele, escutando. Até quando eu pensava que nós ficaríamos juntos, eu não pretendia viver para sempre nas costas dele, só no glamour, levianamente. Na farra! Eu tinha o meu plano de vida. Adorava meu trabalho, fiz minha carreira depressa. Viajei muito... E naquela vez... Eu voei para esse povoado de mineração — uma história terrível, mas pode-se dizer que era típica daquela época: em um feriado, os mineiros exemplares foram premiados com uns toca-fitas, e aí de madrugada mataram uma família inteira. Não levaram nada, só o toca-fitas. Um Panasonic de plástico! Uma caixinha! Em Moscou tinha carros chiques, supermercados, mas você passava do Anel dos Jardins e um toca-fitas já era um tesouro. Os 'capitalistas' locais com que o meu diretor sonhava andavam pelas ruas cercados por um séquito de guardas armados com metralhadoras. Iam até ao banheiro com um guarda-costas. Mas tinha cassino aqui, tinha cassino lá, e mais cassino acolá. E um restaurantezinho privado. Esses mesmos anos 1990... É, eles... eles... Passei três dias em viagem. Voltei, e nós

---

* Referência ao poema "Frio, nariz vermelho" (1864) de Nikolai Nekrássov, que louva a forte mulher russa.

nos encontramos. Primeiro ele ficou contente: vamos ter… vamos ter um filho! Ele tinha dois meninos, queria uma menina. Mas as palavras… as palavras… elas não significam nada, as pessoas se escondem atrás das palavras, se defendem com elas. Os olhos! Os olhos delas… Nos olhos dele apareceu um medo: ia ter que tomar uma decisão, mudar de vida. Aquilo ali… aquilo ali era um embaraço… Um entrave. A-a-a-ah! Tem homens que vão logo embora, vão embora com suas malas, empacotam as meias e as camisas úmidas… E tem outros que são como ele… Bli-bli-bli, blá-blá-blá… 'O que você quer? Me diga o que eu devo fazer', ele me perguntava. 'Uma palavra sua, e eu me divorcio. Você só precisa dizer.' Eu ficava olhando para ele…

Eu ficava olhando para ele, e a pontinha dos meus dedos ficava fria, eu já tinha começado a entender que não seria feliz com ele. Era nova e burra… Eu podia atacá-lo, como quando se caça um lobo, eu sei ser uma predadora, uma pantera. Com um fio de aço! Na época eu só sofria. O sofrimento é uma dança: ele tem o gesto, o pranto e a resignação. Como no balé… Mas tem um segredo, um segredo simples: é desagradável ser infeliz… é humilhante… Eu ia direto ao hospital fazer exame de rotina. Eu liguei para ele de manhã, dizendo que ele precisava me buscar, iam me dar alta antes do almoço, e ele disse com uma voz de sono: 'Não posso. Hoje não posso'. E não ligou de volta. Naquele mesmo dia, ele voou com os filhos para a Itália, foi esquiar. Era 31 de dezembro… No dia seguinte era Ano-Novo. Chamei um táxi… A cidade estava coberta de neve, eu fui andando no meio dos montes de neve, segurando a barriga. Fui andando sozinha. Mentira! Eu não estava sozinha, nós já éramos duas. Eu e a minha filha… minha filhota… Minha! Adorada! Eu já a amava mais que tudo no mundo! E ele, será que eu o amava? É como no conto de fada: viveram felizes por muito tempo e morreram no mesmo dia. Eu sofri, mas não morri: 'Não posso viver sem ele. Vou morrer sem ele'. Eu provavelmente nunca tinha conhecido um homem como ele... para falar uma coisa dessas... Pois é! Pois é, pois é! Mas eu aprendi a perder, eu não tenho medo de perder... (*Olhando para a janela.*) Desde então eu não tenho grandes histórias... Tive uns pequenos romances... Eu arranjo sexo com facilidade, mas isso é diferente, isso é outra coisa. Eu não gosto do cheiro dos homens, não o cheiro do amor, o cheiro dos homens. Em um banheiro eu sempre consigo sentir pelo cheiro que um homem passou por ali... mesmo que ele tenha o perfume mais caro, os cigarros mais caros... Tenho horror de pensar no trabalho que dá ter uma outra pessoa a seu lado. Como em uma pedreira! Ter que se esquecer de si mesma, abrir mão de si mesma, livrar-se de si mesma. No amor não há liberdade. Mesmo que você encontre o seu ideal, ele não vai ter o perfume certo, ele vai adorar carne assada e rir das suas saladinhas, vai deixar as meias e as calças fora do lugar. E sempre é preciso sofrer. Sofrer?! Por amor... por causa dessa composição... Não quero mais ter esse trabalho, prefiro confiar em mim. É melhor ser amiga dos homens, ter relações de negócio. Mesmo de flertar eu raramente tenho vontade, dá preguiça vestir essa máscara, entrar nesse jogo. Spa, manicure francesa, alongamento italiano. Maquiagem. Pintura de guerra... Meu Deus! Meu Deus! Umas moças lá dos cafundós... De toda a Rússia, vindo para Moscou! Para Moscou! Lá estão à espera de seus príncipes ricos! Elas sonham em deixar de ser gatas borralheiras e virarem princesas. Ficam à espera de um conto de fada! De um milagre! Eu já... já passei por isso... Entendo as cinderelas, mas tenho dó delas. Não existe paraíso sem inferno. Só paraíso... não existe... Mas elas ainda não sabem disso... estão na ignorância...

Sete anos se passaram desde que nós nos separamos... Ele me liga, por algum motivo liga sempre de madrugada. As coisas vão muito mal para ele, perdeu muito dinheiro... diz que é infeliz... Teve uma menina nova, depois outra. Propôs um encontro... A troco de quê? (*Silêncio.*) Senti falta dele por muito tempo, eu apagava a luz e ficava horas sentada no escuro. Perdia a noção do tempo... (*Silêncio.*) Depois... depois tive só uns pequenos romances... Mas eu... Eu nunca vou conseguir me apaixonar por um homem sem dinheiro, de uma cidade-dormitório. De um gueto, do Harlem. Eu odeio quem cresceu na pobreza, com uma mentalidade 'de pobre', o dinheiro para eles significa tanta coisa que não dá para confiar neles. Não gosto dos pobres, dos *humilhados e ofendidos*. Todos esses Bachmátchkins e Opískins... heróis da grande literatura russa...* Não confio neles! O quê? Alguma coisa em mim não vai com isso... eu não me adapto ao formato. Espere só um pouco... Ninguém sabe como é feito este mundo... Eu não gosto de um homem por causa do dinheiro, não só por causa do dinheiro. Eu gosto de tudo na imagem do homem bem-sucedido: de como ele anda, de como ele dirige o carro, de como ele fala, de como ele aborda uma mulher, tudo nele é diferente. Tudo! Eu escolho esses... Por isso... (*Silêncio.*) Ele me liga... ele é infeliz... Tem alguma coisa que ele não viu, que ele não conseguiu comprar? Ele... e os amigos dele... Já ganharam seu dinheiro. Muito dinheiro. Uma quantidade insana! Mas, com todo o dinheiro que eles têm, não conseguem comprar felicidade, comprar amor. Um amoreco. Um estudante pobre tem isso, mas eles não têm. Isso é uma injustiça! Mas eles acham que podem tudo: pegam seus jatinhos particulares e voam para qualquer país, para ver um jogo de futebol, voam para Nova York para ver a estreia de um musical. Cabe tudo no bolso deles! Arrastar a modelo mais bonita para a cama, levar um avião cheio para

---

* *Humilhados e ofendidos* é um romance de Dostoiévski, que retrata personagens perseguidos por sua condição econômica. Akáki Akákievitch Bachmátchkin, personagem da novela *O capote* (1843), de Nikolai Gógol. Fomá Fomitch Opískin, personagem do romance *A aldeia de Stepántchikovo e seus habitantes* (1859), de Fiódor Dostoiévski.

Courchevel! Todos nós passamos pelo Górki na escola, sabemos como os mercadores fazem sua farra: quebram espelho, dormem com a cara no caviar negro... dão banho de champanhe nas moças... Mas estão fartos disso tudo, estão entediados. As agências de turismo de Moscou oferecem a esses clientes diversões especiais. Dois dias na cadeia, por exemplo. No anúncio está escrito bem assim: 'Quer passar dois dias como Khodorkóvski?'. São levados em uma viatura da polícia com grades para a cidade de Vladímir, onde fica a cadeia mais apavorante, a prisão central de Vladímir. Lá trocam a roupa deles, eles ganham um macacão de presidiário, são perseguidos por cães pelo pátio e apanham com cassetetes de borracha. De verdade! São amontoados como arenques numa cela fedorenta e suja, com uma latrina. E ficam felizes. Sensações novas! Por um valor de três a cinco mil dólares você também pode brincar 'de mendigo': os interessados ganham outra roupa, são maquiados e levados pelas ruas de Moscou, para pedir esmola. É claro que atrás da esquina os guarda-costas ficam vigiando, tanto os próprios como os da agência de turismo. Tem propostas mais legais, também, para toda a família: a esposa é uma prostituta, o marido é um cafetão. Conheço uma história... Uma vez a que mais conseguiu clientes em uma só noite foi a esposa de um confeiteiro moscovita riquíssimo, uma mulher modesta, com a aparência mais soviética. E o marido ficou feliz! Tem diversões que não são anunciadas pelas agências de turismo... São totalmente secretas... Você pode conseguir uma caçada a um ser humano vivo, de madrugada. Um mendigo infeliz recebe milhares de dólares: tome aqui essas 'verdinhas', são suas! Ele nunca viu tanto dinheiro na vida! Aí em troca disso ele tem que fazer papel de animal! Se ele se salvar, quer dizer que era o destino, se levar um tiro, não pode reclamar. É tudo de acordo com a regra! Você pode arranjar uma menina por uma noite... Você pode dar asas às suas fantasias, aos desejos mais profundos, de um jeito que nem o Marquês de Sade sonharia! Sangue, lágrimas e esperma! O nome disso é felicidade... A felicidade para o russo é ir parar na cadeia por dois dias, para depois sair de lá e entender como sua vida é boa. É maravilhosa! Comprar não só um carro, uma casa, um iate, uma cadeira de deputado... mas também uma vida humana... Ser quase um deus... um super-homem! Pois é... E todos! Todos são nascidos na URSS, todos são de lá, ainda. Com essa mesma doença. E era um mundo tão... Um mundo tão ingênuo... Sonhavam em fazer o homem bom... Prometeram: 'Conduziremos com mão de ferro a humanidade em direção à felicidade...'. Em direção ao paraíso.

Tive uma conversa com minha mãe. Ela quer sair da escola: 'Vou trabalhar de roupeira. Ou de vigia'. Ela contava para as crianças sobre os livros do Soljenítsin... sobre heróis e justos... Os olhos dela brilhavam, os das crianças não. Minha mãe tinha se acostumado com o fato de que antes os olhinhos das crianças brilhavam por causa do que ela dizia, mas as crianças de hoje respondem: 'Nós até achamos interessante como vocês viveram, mas não queremos viver assim. Nós não sonhamos com essas façanhas, nós queremos viver normalmente'. Elas leem *Almas mortas* do Gógol. A história de um canalha... Foi o que nos ensinaram na escola... Mas agora as crianças na escola são diferentes: 'Por que ele é um canalha? O Tchítchikov, assim como o Mavródi,* construiu uma pirâmide do nada. É uma ideia muito legal para um negócio!'. Para eles, o Tchítchikov é um herói positivo... (*Silêncio.*) Minha mãe não vai educar minha filha... Eu não vou deixar. Se a gente for obedecer à minha mãe, a criança só vai ver os desenhos animados soviéticos, porque eles são 'humanos'. Mas

---

* Tchítchikov é o protagonista de *Almas mortas*. Serguei Pantelêievitch Mavródi (1955-), empresário russo, ex-deputado e fundador da empresa MMM. Foi preso acusado de fraude.

444

aí você desliga o desenho animado e sai na rua. É um mundo completamente diferente. 'Que bom que eu já sou velha', minha mãe admitiu. 'Posso ficar em casa. Na minha fortaleza.' Mas antes ela sempre queria continuar jovem: fazia máscara de suco de tomate, lavava o cabelo com camomila...

Desde a juventude eu adorava mudar o destino, provocar o destino. Agora não, chega. Minha filha está crescendo, eu penso no futuro dela. Ou seja, no dinheiro! Quero conseguir esse dinheiro por conta própria. Não quero pedir, não quero pegar dinheiro com ninguém. Não quero! Saí do jornal e fui para essa agência de publicidade, lá pagavam melhor. Era um bom dinheiro. As pessoas querem viver bem, hoje isso é a coisa mais importante que acontece conosco. É o que mais nos preocupa. Ligue a televisão: as pessoas se reúnem nas manifestações... que sejam ali algumas dezenas de milhares, mas são milhões comprando belos equipamentos sanitários italianos. Para quem quer que você pergunte, todos estão reconstruindo, reformando seus apartamentos e suas casas. Viajando. Isso nunca aconteceu na Rússia. Nós não fazemos propaganda só de produtos, mas de necessidades. Produzimos novas necessidades: como viver bem! Governamos o tempo... A propaganda é o espelho da revolução russa... A minha vida está totalmente lotada. Não pretendo me casar... Tenho amigos, todos eles são russos. Um 'engordou' em cima do petróleo, o segundo, em cima de fertilizantes minerais... A gente se encontra para conversar. Sempre em um restaurante caro: hall de mármore, mobília antiga, quadros caros nas paredes... nas portas, guardas com pose de proprietários de terra russos... Eu adorava estar em um cenário bonito como esse. Um grande amigo meu também vive sozinho e não quer se casar, ele gosta de ficar sozinho no seu palacete de três andares: 'De noite, dormir com alguém, mas viver sozinho'. Durante o dia, a cabeça dele fica inchada com todas aquelas cotações de metais na bolsa de Londres.

Cobre, chumbo, níquel... Três celulares na mão, que tocam a cada trinta segundos. Ele trabalha de treze a quinze horas por dia. Sem fins de semana, sem férias. Felicidade? O que é a felicidade? O mundo mudou... Agora os solitários são as pessoas bem-sucedidas e felizes, e não os fracos ou os fracassados. Eles têm tudo: dinheiro, carreira. A solidão é uma escolha. Eu quero continuar no caminho. Sou uma caçadora, não uma caça resignada. Eu mesma escolho. A solidão é muito parecida com a felicidade... Soa como uma confissão... Não é? (*Silêncio.*) Não era nem para você, era para mim mesma que eu queria contar tudo isso..."

SOBRE O DESEJO DE MATÁ-LOS TODOS, E DEPOIS SOBRE O HORROR DE TER DESEJADO ISSO

Ksênia Zólotova, estudante, 22 anos

Em nosso primeiro encontro, quem veio foi a mãe. Ela admitiu: "A Ksiúcha não quis vir comigo. Ela também tentou me demover: 'Mãe, quem é que precisa de nós? Eles só precisam dos nossos sentimentos, das nossas palavras, mas de nós mesmas eles não precisam, porque não foram eles que passaram por isso'". Ela estava muito agitada; ora se levantava para ir embora: "Eu tento não pensar nisso. Dói ficar repetindo", ora começava a contar e não conseguia parar, mas passava mais tempo em silêncio. Como eu poderia consolá-la? Por um lado, pedi: "Não fique agitada. Acalme-se"; por outro lado, eu queria que ela relembrasse aquele dia terrível, 6 de fevereiro de 2004, o atentado terrorista em Moscou na linha de Zamoskvoriétchie do metrô, entre as estações Avtozavódskaia e Paveliétskaia. Devido à explosão, morreram 39 pessoas, e 122 foram hospitalizadas.

Fico andando em círculos ao redor da dor. Não consigo me afastar. Na dor, existe tudo: tanto sombras como solenidade; às ve-

zes, creio que a dor é uma ponte entre as pessoas, um elo oculto; mas outras vezes penso desesperada que aquilo é um abismo.

Daquele encontro de duas horas, ficaram no bloco de notas alguns parágrafos:

"… ser uma vítima é tão humilhante… É simplesmente uma vergonha. No geral eu não quero conversar sobre isso com ninguém, quero ser como todo mundo; mas no fim estou sozinha, sozinha. Posso chorar em qualquer lugar. Às vezes estou andando pela cidade e começo a chorar. Um homem desconhecido me disse: 'Por que você está chorando? Tão bonita, e chorando'. Em primeiro lugar, a beleza nunca me ajudou na vida, e em segundo lugar eu sinto que essa beleza é uma traição, ela não corresponde ao que está dentro de mim…

… Temos duas filhas: a Ksiúcha e a Dacha. Nós vivíamos com modéstia, mas íamos muito ao museu, ao teatro, líamos muito. Quando as meninas eram pequenas, o papai contava contos de fada para elas. Nós queríamos salvá-las de uma vida dura. Eu achava que a arte podia salvar. Mas ela não salvou…

… No nosso prédio vive uma velha solitária, ela vai à igreja. Uma vez ela me parou, eu achei que ela queria me mostrar sua compaixão, mas ela me disse com malícia: 'Pense bem, por que isso aconteceu com vocês? Com seus filhos?'. A troco de quê… a troco de que me dizer isso? Ela se arrependeu, eu acho que ela se arrependeu depois… Não enganei ninguém, não traí ninguém. Só fiz dois abortos, são os meus dois pecados… Eu sei… Na rua sempre dou esmola, pode ser pouca coisa, mas dou o que eu posso. Dou comida para os passarinhos no inverno…."

Na segunda vez, elas já vieram juntas: a mãe e a filha.

A MÃE

"Será que eles são heróis para alguém? Eles têm um ideal, eles se sentem felizes ao morrer, eles pensam que vão para o paraíso. E não têm medo da morte. Não sei nada a respeito deles:

'Foi feito o retrato-falado do suposto terrorista...', e só. Mas para eles nós somos alvos, ninguém explicou para eles que a minha menina não é um alvo, ela tem uma mãe que não consegue viver sem ela, tem um menino apaixonado por ela. Será que é possível matar uma pessoa que é amada por alguém? Para mim, isso é um crime duplo. Que vão para a guerra, para as montanhas, que atirem lá uns nos outros, mas por que em mim? Na minha filha? Eles querem nos matar dentro da nossa vida pacífica... (*Silêncio.*) Eu agora tenho medo de mim mesma, dos meus pensamentos. Às vezes tenho vontade de matar todos eles, mas depois fico horrorizada de ter desejado isso.

Antes eu gostava do metrô de Moscou. O mais bonito do mundo! É um museu! (*Silêncio.*) Depois da explosão... Eu vi as pessoas entrando no metrô de mãos dadas. O medo demorou para ser atenuado... Dava medo de sair para a cidade, minha pressão logo subia. A gente ia observando as pessoas suspeitas. No trabalho só se falava disso. O que vai ser nós, meu Deus? Eu estava parada na plataforma, aí do meu lado tinha uma mulher jovem com um carrinho de bebê, ela tinha cabelos negros, olhos negros; não era russa. Não sei de que nacionalidade ela era: tchetchena, osseta? O quê? Não aguentei e dei uma espiada no carrinho, para ver se tinha uma criança ali. Será que não tinha alguma outra coisa? Fiquei mal-humorada de pensar que iríamos no mesmo vagão: 'Não', eu pensei, 'ela que vá, eu vou esperar o próximo trem'. Um homem se aproximou de mim: 'Por que você espiou dentro do carrinho?'. Falei a verdade para ele. 'Então você pensou a mesma coisa.'

... Vi uma menina infeliz, toda encolhida. Era a minha Ksiúcha. Por que ela estava ali sozinha? Sem nós? Não, não era possível, não podia ser verdade. Sangue no travesseiro... 'Ksiúcha! Ksiúchenka!', ela não me ouvia. Ela tinha colocado uma espécie de chapéu na cabeça, para que eu não visse nada, não ficasse assustada. Minha menina! Ela sonhava em virar pediatra, mas agora ela tinha perdido a audição, ela era a menina mais bonita da classe… Mas agora… o rostinho dela… Pelo quê? Uma coisa pegajosa, viscosa, me envolvia, foi como se a minha consciência tivesse sido feita em pedacinhos. Minhas pernas não queriam se mover, ficaram moles, fui levada para fora da enfermaria. O médico brigou comigo: 'Controle-se, do contrário não vamos deixar mais você vê-la'. Eu me controlei… Voltei para a enfermaria… Ela não estava olhando para mim, estava olhando através, como se não me reconhecesse. Um animal sofrendo tem uma expressão no olhar, é impossível suportar. É quase impossível continuar vivendo. Agora ela escondeu esse olhar, ela vestiu uma couraça, mas em algum lugar ela guarda tudo isso. Ficou como que marcado nela. Ela fica o tempo todo lá, onde nós não estivemos…

Tinha uma ala inteira de meninas como ela… do jeito que estavam no vagão, lá ficaram… Muitos estudantes universitários, escolares. Eu achei que todas as mães sairiam às ruas. Todas as mães com seus filhos. Que seríamos milhares. Agora eu sei que só eu preciso da minha menina, só a gente aqui de casa, só nós. As pessoas ouvem… se compadecem… mas sem dor! Sem dor!

Ela voltou do hospital para casa e ficou deitada sem sentir nada. A Dáchenka estava por perto, ela tirou férias. Afagava a minha cabeça, como se eu fosse pequena. O pai não gritava, não entrava em pânico, e aí veio o infarto. Nós nos vimos no inferno… De novo: pelo quê? Passei a vida inteira empurrando bons livros para as minhas meninas, tentava convencê-las de que o bem era mais forte que o mal, que o bem sempre vencia. Mas a vida é diferente dos livros. Oração de mãe pode tudo? Mentira! Sou uma traidora, não consegui protegê-las como na infância, e elas contavam comigo. Se o meu amor pudesse proteger, nenhuma desgraça nem nenhuma decepção poderiam alcançá-las.

Uma operação... Uma segunda... Uma terceira! Aí a Ksiúcha começou a escutar de um ouvido... os dedinhos já funcionavam... Nós vivemos na fronteira entre a vida e a morte, entre a crença no milagre e a injustiça, e, embora eu seja enfermeira, entendi que sei muito pouco sobre a morte. Eu a vi muitas vezes, ela passou do meu lado. Colocar o soro, ouvir o pulso... Todos acham que o pessoal da saúde sabe mais sobre a morte que os demais, mas não é nada disso. Tínhamos um anatomopatologista, ele já se aposentou. 'O que é a morte?', ele me perguntou. (*Silêncio.*) A nossa vida de antes virou uma mancha branca... Só conseguia me lembrar da Ksiúcha... Até os menores detalhes: dela pequena, corajosa, espirituosa, ela não tinha medo de cachorro grande e queria que fosse sempre verão. De como os olhos dela brilhavam quando ela chegou em casa e anunciou para nós que tinha conseguido entrar na faculdade de medicina. Sem propinas, sem professor particular. Nós não podíamos pagar, estava acima das possibilidades da nossa família. De como ela pegou um jornal velho, um ou dois dias antes do atentado terrorista, e leu: se você se encontrar numa situação extrema dentro do metrô, tem que fazer tal coisa... e tal coisa... Não lembro exatamente o que era, mas eram instruções. E quando tudo aconteceu, até ela perder a consciência, a Ksiúcha ficou lembrando aquele artigo. Mas naquela manhã foi assim... Ela tinha acabado de buscar umas botas no sapateiro, já tinha vestido o casaco e estava tentando calçá-las, mas elas não entravam... 'Mãe, posso usar as suas botas?' 'Pode pegar.' Nós calçamos o mesmo número. O meu coração de mãe não me avisou nada... Eu bem que poderia tê-la segurado em casa... Antes disso eu sonhei com umas estrelas grandes, com uma constelação. Não fiquei alarmada, nem nada... É culpa minha, fico devastada com essa culpa...

Se deixassem, eu teria passado a noite no hospital, teria feito o papel de mãe para todo mundo. Alguém estava soluçando na escadaria... Alguém precisava de um abraço, de alguém por perto. Uma menina de Perm estava chorando: a mãe estava longe. Outra estava com o pezinho esmagado... O pezinho é a coisa mais querida! A coisa mais querida é o pezinho do seu filho! Quem vai me repreender por isso?

Nos primeiros dias, escreveram muita coisa nos jornais sobre o atentado, mostraram reportagens na televisão. Quando a Ksiúcha viu o retrato dela impresso, atirou longe esse jornal..."

A FILHA

"Tem muita coisa que eu não lembro... Não ficou na memória! Não quero! (*A mãe a abraça. Tranquiliza.*)

... Debaixo da terra é tudo mais terrível. Agora eu sempre levo comigo uma lanterna na bolsa...

... Não dava para ouvir nem choro, nem gritos. Era um silêncio. Todos estavam deitados num só monte... não, não deu medo... Depois começaram a se mexer. Em dado momento eu me dei conta de que tinha que sair dali, tinha alguma coisa química ali, queimando. Eu ainda procurei a minha mochila, onde estavam os meus resumos, a minha carteira... Choque... Estava em choque... não estava sentindo dor...

... Uma voz feminina gritava: 'Serioja! Serioja!'. O Serioja não respondia... Algumas pessoas continuavam dentro do vagão em posições antinaturais. Um homem estava pendurado numa viga, como um verme. Fiquei com medo de olhar para aquele lado...

... Eu ia andando e sentindo tudo balançar... Ouvia de todo lado: 'Alguém me ajude! Alguém me ajude!'. Alguém na minha frente se movia como um sonâmbulo, ora indo para a frente bem devagar, ora para trás. Todos iam deixando aquela pessoa para trás.

... Duas moças subiram correndo na minha direção, colocaram um trapo na testa. Por algum motivo eu estava com um frio terrível. Elas me deram um banquinho, sentei. Vi que eles estavam pedindo os cintos e as gravatas dos passageiros, e usavam aquilo para atar as feridas. A funcionária da estação gritava com alguém ao telefone: 'O que vocês querem? As pessoas estão saindo do túnel e morrendo bem ali, estão subindo na plataforma e morrendo…'. (*Silêncio.*) Por que é você veio aqui nos torturar? Fico com dó da minha mãe. (*Silêncio.*) Todos já estão acostumados com isso. Ligam a televisão, escutam um pouco e vão tomar seu café…"

A MÃE

"Eu cresci em uma época totalmente soviética. A mais soviética de todas. Sou cria da URSS. Mas a nova Rússia… eu ainda não consigo entendê-la. Não consigo dizer o que é pior: o que temos agora ou a história do PCUS. A minha cabeça tem uma forma soviética, tem essa matriz, passei metade da minha vida no socialismo. Isso ficou em mim. Não tem como tirar. E não sei se quero me livrar disso. Naquela época, a vida era ruim, mas agora a vida é terrível. De manhã, vai cada um para um lado: nós para o trabalho, as meninas vão estudar, e passamos o dia inteiro ligando para cá e para lá. 'Como estão as coisas aí? Que horas você vem para casa? Vem de quê?' A gente se reúne à noite em casa, e só aí eu sinto um alívio, ou pelo menos um respiro. Tenho medo de tudo. Fico tremendo. As meninas reclamam: você exagera em tudo, mãe… Eu sou normal, mas preciso dessa proteção, desse invólucro: a minha casa. Fiquei sem meu pai muito cedo, talvez por isso eu seja tão vulnerável, ainda mais porque o meu pai me amava muito. (*Silêncio.*) O nosso papai foi para a guerra, duas vezes o tanque dele pegou fogo… Mas passou pela guerra, saiu ileso. Chegou em casa, foi assassinado. Em um beco.

Eu estudei pelos livros soviéticos, fomos ensinados de um jeito totalmente diferente. Só para você ter ideia… Nesses livros, falavam que os primeiros terroristas russos eram heróis. Mártires. Sófia Peróvskaia, Kibáltchitch...* Eles morreram pelo povo, por uma causa sagrada. Jogaram uma bomba no tsar. Esses jovens frequentemente eram nobres, de boas famílias... Por que hoje nós ficamos surpresos que pessoas como essas tenham existido? (*Silêncio.*) Nas aulas de história, quando passávamos pela Grande Guerra Patriótica, nosso professor contava das façanhas da *partisan* bielorrussa Ielena Mazánik, que matou o *Gauleiter* da Bielorrússia, Kube, amarrando uma bomba à cama em que ele dormia com a esposa grávida. E no quarto vizinho, atrás da parede, ficavam os filhos pequenos dele... O Stálin entregou pessoalmente a ela a Estrela de Herói. Até o fim da vida ela visitou escolas e relembrou sua façanha nas aulas de coragem.** Nenhum professor... ninguém... Ninguém nunca falou para nós que tinha crianças dormindo atrás da parede... A Mazánik era a babá dessas crianças... (*Silêncio.*) Depois da guerra, as pessoas conscientes tinham vergonha de relembrar o que elas tiveram que fazer durante a guerra. O nosso pai sofria...

Na estação Avtozavódskaia, um menino suicida se explodiu. Um menino tchetcheno. Ficamos sabendo pelos pais que ele lia muito. Adorava o Tolstói. Ele cresceu na guerra: bombardeios, tiros de artilharia... viu seus primos morrendo, e aos catorze anos fugiu para as montanhas, para se juntar ao Khattab.*** Queria vingança. Devia ser um rapaz puro, com um coração ardente... Riam dele: ha-ha... um menor de idade idiota... Mas ele apren-

---

* Sófia Lvovna Peróvskaia (1853-81) e Nikolai Ivánovitch Kibáltchitch (1853-81), membros da organização Naródnaia Vólia (Vontade do Povo), responsáveis pelo assassinato do tsar Alexandre II em 1881.
** Aulas ministradas nas escolas soviéticas durante os anos 1970-80, com o intuito de acender o espírito patriótico.
*** Ibn al-Khattab (1969-2002), guerrilheiro saudita que lutou em ambas as guerras da Tchetchênia. Morreu envenenado por uma carta enviada pelo serviço secreto russo.

deu a atirar melhor do que todos e a lançar granadas. A mãe o encontrou e o arrastou de volta para o vilarejo deles, ela queria que ele terminasse a escola e virasse ladrilhador. Mas um ano depois ele sumiu de novo nas montanhas. Ele aprendeu a fazer explosivos e foi para Moscou... (*Silêncio.*) Se ele matasse por dinheiro, daria para entender, mas ele não matava por dinheiro. Esse menino poderia se atirar debaixo de um tanque e explodir uma maternidade...

Quem sou eu? Somos da multidão... Estamos sempre na multidão... Nossa vida é monótona, imperceptível, embora nós tentemos continuar nossa vida. Amamos, sofremos. Mas ninguém tem interesse nisso, não escrevem livros sobre nós. A multidão... A massa. Ninguém fez perguntas sobre a minha vida, por isso eu vim falar com você. 'Mãe, esconda seu coração', dizem as minhas filhas. Estão me ensinando o tempo inteiro. Os jovens vivem em um mundo mais duro do que era o mundo soviético... (*Silêncio.*) Dá essa sensação de que a vida não é mais para nós, não é para as pessoas como eu, ela está lá em algum lugar... Em algum lugar... tem alguma coisa acontecendo, mas não é conosco... Eu não entro nessas lojas caras, fico com vergonha: lá tem seguranças, eles olham para mim com desprezo porque eu me visto com roupas compradas em mercado. Em lojinhas chinesas. Ando de metrô, morrendo de medo, mas ando. Os que são mais ricos não andam de metrô. O metrô é para os pobres, não é para todos, nós de novo temos príncipes e nobres e o povo que paga tributo. Até já esqueci a última vez em que eu sentei em um café, faz tempo que não tenho dinheiro para isso. Até o teatro virou um luxo, mas antes eu não perdia uma estreia sequer. É revoltante... muito revoltante... É meio melancólico nós não sermos admitidos nesse novo mundo. Meu marido traz bolsas cheias de livros da biblioteca, é a única coisa que é acessível para nós como antes. Ainda podemos vagar um pouco pela velha Moscou, pelos nossos lugares favoritos: Iakimanka, Kitai-górod, a Varvarka. Essa é a nossa couraça, agora todo mundo tem que criar a sua couraça. (*Silêncio.*) Fomos ensinados... O Marx escreveu: 'O Capital é um roubo'. Eu concordo com ele.

Eu conhecia o amor... Eu sempre sinto se amei alguém ou não, com aqueles que eu amei tenho uma ligação intuitiva. Sem palavras. Eu lembrei agora meu primeiro marido... Amei? Sim. Muito? Loucamente. Eu tinha vinte anos. Era cheia de sonhos. Nós morávamos com a mãe dele, uma velha bonita, ela tinha ciúmes de mim: 'Você é tão bonita quanto eu era na juventude'. As flores que ele me dava de presente ela levava para o quarto dela. Depois eu passei a entendê-la, talvez só agora eu tenha passado a entendê-la, quando sei como amo as minhas meninas, como pode ser forte essa ligação com um filho. O psicólogo tenta me convencer: 'Você tem um amor hipertrofiado pelos filhos. Não é possível amar assim'. Mas o meu amor é normal... Amor! A minha vida... ela é a minha, a minha vida... E ninguém sabe a receita dela... (*Silêncio.*) Meu marido me amava, mas ele tinha a seguinte filosofia: é impossível passar a vida com uma só mulher, é preciso conhecer outras. Eu pensei muito... chorei... Consegui deixá-lo ir embora. Fiquei sozinha com a Ksiúcha, que era pequena. Meu segundo marido... Ele era como um irmão para mim, e eu sempre tinha sonhado com um irmão mais velho. Fiquei desnorteada. Eu não sabia como nós iríamos viver quando ele fez a proposta. Para ter filhos, tem que ter amor na casa. Ele me levou com a Ksiúcha para a casa dele: 'Vamos tentar. Se não gostarem, eu levo vocês de volta'. E as coisas acabaram se arranjando para nós com ele. Tem tipos diferentes de amor: tem o amor louco, mas tem aquele que parece amizade. Uma união amigável. Gosto de pensar assim porque meu marido é uma pessoa muito boa. Mesmo eu não vivendo às mil maravilhas...

Dei à luz a Dáchenka... Nós nunca ficávamos longe das nossas filhas, no verão íamos juntos para o vilarejo em que a vovó morava na região de Kaluga. Lá tinha um riozinho. Uns campos e uma floresta. A vovó fazia uns pasteizinhos com cereja, as crianças até hoje ficam relembrando. Nunca fomos à praia, ver o mar, era o nosso sonho. Como todo mundo sabe, com trabalho honesto não se ganha muito dinheiro: sou enfermeira, meu marido é pesquisador num instituto de radiologia. Mas as meninas sabiam que eram amadas.

Muitos endeusam a perestroika... Todos tinham esperança em alguma coisa. Eu não tenho por que amar o Gorbatchóv. Eu me lembro das nossas conversas na sala de funcionários do hospital: 'O socialismo está acabando, mas o que vem depois dele?'. 'Está acabando o socialismo ruim, vai vir o socialismo bom.' Nós esperamos... Lemos jornal... Logo meu marido perdeu o emprego, o instituto foi fechado. Era um mar de desempregados, todos com ensino superior. Apareceram as banquinhas, depois os supermercados, onde tinha tudo, era um conto de fada, mas não dava para comprar nada. Eu entrava e saía. Comprava duas maçãs e uma laranja quando as crianças estavam doentes. Como se conformar com isso? Como aceitar que agora tudo vai ser assim, como? Eu estava na fila do caixa, na minha frente estava um homem com um carrinho, e lá ele tinha abacaxi, banana... Foi um golpe na minha dignidade. É por isso que as pessoas parecem tão cansadas agora. Deus que o livre de ter nascido na URSS, mas viver na Rússia. (*Silêncio.*) Não consegui realizar um sonho sequer na minha vida...

(*Assim que a filha vai para o outro cômodo, ela começa a falar comigo quase num sussurro.*)

Quantos anos faz isso? Já são três anos desde o atentado... não, mais... O meu segredo... Não consigo me imaginar deitada na cama com meu marido e a mão dele me tocando. Meu marido e eu não tivemos relação nenhuma em todos estes anos, sou esposa mas não sou esposa, ele tenta me convencer: 'Vai ajudar você'. Tenho uma amiga que sabe de tudo, ela também não entende: 'Você é maravilhosa, você é sensual. Dê uma olhada no espelho para você ver como é bonita. Que cabelo você tem…'. Eu tenho esse cabelo desde que nasci, eu me esqueci da minha beleza. Quando a pessoa está se afogando, ela fica repleta de água; eu estou assim, repleta de dor. É como se eu tivesse rejeitado meu corpo, tivesse sobrado só a alma…"

A FILHA

"Estavam lá estirados, mortos, no bolso deles os celulares tocavam sem parar… Ninguém se atrevia a pegar e atender.

… Tinha uma moça ensanguentada sentada no chão, um rapaz veio e ofereceu chocolate para ela…

… Meu casaco não pegou fogo, mas ficou todo chamuscado. A médica me examinou e logo disse: 'Deite-se na maca'. Eu ainda me opus: 'Eu consigo subir sozinha até a ambulância'. Ela até gritou comigo: 'Deite-se!'. No carro eu perdi a consciência, recobrei os sentidos no pronto-socorro…

… Por que eu não falo? Fiz amizade com um rapaz, nós até… ele me deu um anelzinho… E eu contei para ele o que aconteceu comigo… Talvez não tenha relação nenhuma, mas a gente se separou. Ficou gravado em mim, eu percebi que não devia ficar me abrindo. Você estava numa explosão, sobreviveu, ficou ainda mais vulnerável e frágil. Você tem uma marca de sofredora, eu não quero que vejam essa minha marca…

… A nossa mãe adora teatro, às vezes ela consegue arranjar uns ingressos mais baratos: 'Ksiúcha, vamos ao teatro'. Eu recuso, ela vai só com o meu pai. O teatro já não tem efeito nenhum em mim…"

A MÃE

"A pessoa não sabe por que aconteceu exatamente com ela, e por isso ela quer ser como as outras. Esconder-se. Não dá para desligar tudo de uma vez...

Esse menino suicida... e os outros... Eles desceram das montanhas e vieram até nós: 'Quando nos matam vocês não veem. Agora vamos fazer isso com vocês'. (*Silêncio.*)

Eu acho... Quero me lembrar de quando eu era feliz. Tenho que me lembrar... Fui feliz só uma vez na vida, quando as crianças eram pequenas...

Alguém bateu à porta: eram os amigos da Ksiúcha... Levei todos para a cozinha. Minha mãe que me ensinou isso: a primeira coisa é dar comida para as visitas. Uma época, os jovens pararam de falar sobre política, mas agora começaram a falar de novo. Começaram a discutir sobre o Pútin... 'O Pútin é um clone do Stálin...', 'Isso vai longe...', 'É uma merda para o país inteiro...', 'É o gás, é o petróleo...'. Uma pergunta: quem fez do Stálin o Stálin? O problema da culpa...

Temos que julgar só quem fuzilou, só quem torturou, ou também:

aquele que escreveu a denúncia?...

quem tirou dos parentes o filho de um 'inimigo do povo' e entregou para o orfanato?...

o motorista que levava os presos?...

a faxineira que lavava o chão depois das torturas?...

o responsável pela estrada de ferro que transportava vagões de carga com prisioneiros políticos para o Norte?...

os alfaiates que costuravam os casacos usados pelos guardas dos campos? Os médicos que cuidavam dos dentes deles, que tiravam cardiogramas para que eles aguentassem melhor o serviço?...

os que ficaram em silêncio quando os outros gritavam nas manifestações: 'Aos cães uma morte de cão!'?

Do Stálin passaram para a Tchetchênia... E de novo a mesma coisa: quem mata, quem se explode, sim, é culpado; mas quem produz as bombas e a munição nas fábricas, confecciona uniformes militares, ensina os soldados a atirar... dá condecorações... Eles não são culpados? (*Silêncio.*) Eu queria poder esconder a Ksiúcha, levá-la para longe daquela conversa. Ela ficou lá sentada, com os olhos esbugalhados, aterrorizados. Olhando para mim... (*Vira-se na direção da filha.*) Ksiúchenka, eu não tenho culpa, e o seu pai também não tem culpa, agora ele dá aula de matemática. Eu sou enfermeira. Trouxeram para o nosso hospital uns oficiais nossos, feridos na Tchetchênia. Nós cuidamos deles, mas depois eles voltaram para lá, é claro. Voltaram para a guerra. Entre eles, eram poucos os que queriam voltar, muitos reconheciam abertamente: 'Não queremos ir para a guerra'. Eu sou enfermeira, tento salvar todo mundo...

Tem remédio para dor de dente, para dor de cabeça, mas para a minha dor não tem. O psicólogo me passou um método: de manhã, em jejum, tomar meio copo de hiperição, vinte gotas de uma infusão de pilriteiro, trinta de peônia... Todo o dia está programado. Eu tomei tudo isso. E fui num chinês, também... Não ajudou... (*Silêncio.*) As tarefas diárias acabam distraindo, por isso eu não enlouqueço. A rotina cura: lavar, passar, costurar...

No pátio do nosso prédio tem uma velha tília... Eu estava passando — isso deve ter sido uns anos depois — e senti: a tília estava florescendo. O cheiro... Mas antes nada era tão intenso assim... não era assim... As cores estavam apagadas, os sons... (*Silêncio.*)

Fiz amizade no hospital com uma mulher, ela não estava no segundo vagão, como a Ksiúcha, mas no terceiro. Já tinha voltado ao trabalho, parecia que tinha sobrevivido a tudo. E aí alguma coisa aconteceu: ela quis se jogar da varanda, pular pela janela. Os pais encheram a casa de grades, passaram a viver numa gaiola.

Tentou se envenenar com gás... O marido largou dela... Não sei onde ela está agora. Alguém a viu uma vez na estação Avtozavódskaia. Ela estava andando pela plataforma, gritando: 'Vamos pegar três punhados de terra com a mão direita e jogar no caixão. Vamos pegar... e jogar'. Ficou gritando até uns enfermeiros virem buscá-la...

Eu acho que foi a Ksiúcha que me contou isso... Que do lado dela tinha um homem, ele estava tão perto que ela até quis reclamar para ele. Não conseguiu. Depois ela se deu conta de que ele acabou protegendo o corpo dela, muitos dos estilhaços que vieram na direção da Ksiúcha pegaram nele. Não sabemos se ele ficou vivo. Eu sempre me lembro dele... é como se eu o visse bem na minha frente... Mas a Ksiúcha não lembra... De onde eu tirei isso? Eu devo ter inventado isso sozinha. Mas alguém a salvou mesmo para mim...

Eu sei qual é o remédio... A Ksiúcha tem que ser feliz. Ela só pode ser curada pela felicidade. Precisa de alguma coisa assim... Nós fomos ao show da Alla Pugatchova, que a família toda adora. Eu queria chegar perto dela ou mandar um bilhetinho pedindo: 'Cante para a minha filha. Diga que essa é só para ela'. Para ela se sentir como uma rainha... para ela se sentir lá nas alturas... Ela viu o inferno, precisava ver o paraíso agora. Para que o mundo entrasse em equilíbrio de novo para ela. Minhas ilusões... meus sonhos... (*Silêncio.*) Não consegui fazer nada com o meu amor. Para quem eu posso escrever uma carta? Para quem posso pedir? Vocês que ganharam dinheiro com o petróleo tchetcheno, com os títulos russos, me deixem levá-la para algum lugar. Que ela possa ficar debaixo das palmeiras, olhando para as tartarugas, e esquecer o inferno. Ela sempre vê o inferno diante dela. Não tem luz, eu não vejo luz nos olhos dela.

Comecei a ir à igreja... Se eu acredito? Não sei. Mas tenho vontade de falar com alguém. Uma vez o padre fez um sermão, e disse que perante um grande sofrimento o ser humano ou se aproxima de Deus ou afasta-se, e, se ele fica afastado de Deus, não se pode repreendê-lo, pois é por indignação, é por dor. Tudo aquilo era sobre mim.

Eu olho para as pessoas de longe, eu não sinto nenhum laço fraternal com elas... Eu olho como se eu não fosse mais um ser humano... Você é escritora, você vai me entender: as palavras têm pouca coisa a ver com aquilo que se passa lá dentro, antes eu entrava muito pouco em contato com o que estava dentro de mim. Agora eu vivo como se fosse numa mina subterrânea... Fico sofrendo, pensando... o tempo inteiro remexendo alguma coisa dentro de mim... 'Mamãe, esconde seu coração!' Não, minhas meninas queridas, não quero que os meus sentimentos e as minhas lágrimas simplesmente desapareçam. Sem rastro, sem sinal. Isso é o que mais me preocupa. Tudo aquilo por que eu passei, não quero deixar isso só com as milhas filhas. Eu também quero passar isso para outra pessoa, para que fique em algum lugar e todo mundo possa pegar."

Três de setembro é dia de homenagem à memória das vítimas do terrorismo. Moscou fica de luto. Nas ruas, há muitos inválidos, jovens mulheres com xales negros. Velas fúnebres são acesas: na Solianka, na praça em frente ao teatro na Dubrovka, ao lado das estações do metrô Park Kultury, Lubianka, Avtozavódskaia, Ríjskaia...

Eu também estou nessa multidão. Pergunto e ouço. Como nós vivemos com isso?

Os atentados terroristas na capital foram em 2000, 2001, 2002, 2003, 2004, 2006, 2010 e 2011.

"— Eu estava indo para o trabalho, o vagão, como sempre, estava lotado. Não ouvi a explosão, mas por algum motivo de repente tudo ficou alaranjado, meu corpo ficou adormecido, eu queria mexer a mão e não conseguia. Pensei que tinha tido um derrame, e perdi a consciência ali mesmo... Quando recobrei os sentidos, vi que tinha umas pessoas andando em cima, andando sem medo, como se eu estivesse morta. Fiquei com medo de ser esmagada e levantei as mãos. Alguém me levantou. Sangue e carne: era esse o cenário...

— Meu filho tem quatro anos. Como é que eu podia dizer para ele que o pai tinha morrido? Se ele nem entende o que é a morte? Tenho medo de que ele pense que o pai nos abandonou. Por enquanto o papai está em uma viagem de negócios...

— Sempre relembro... Na frente do hospital tinha filas enormes de pessoas que queriam doar sangue, com sacolas cheias de laranjas. Imploravam para as extenuadas auxiliares de enfermagem: 'Peguem as minhas frutas e entreguem para qualquer pessoa. Pode me dizer do que mais elas precisam?'.

— Umas meninas do trabalho foram até a minha casa, o chefe tinha emprestado o carro. Mas eu não estava com vontade de ver ninguém...

— Uma guerra é necessária, talvez as pessoas voltem a aparecer. Meu avô dizia que ele só encontrou gente de verdade na guerra. Hoje tem pouca bondade.

— Duas mulheres desconhecidas estavam abraçadas, chorando perto da escada rolante, o rosto ensanguentado, eu não me dei conta de que era sangue, fiquei pensando: a maquiagem ficou borrada com as lágrimas. De noite vi tudo aquilo de novo na televisão, e foi só assim que me dei conta. Lá, no lugar, eu não entendi, eu olhei para o sangue e não acreditei.

— Primeiro você pensa que consegue descer até o metrô, entrar com coragem no vagão, mas aí você passa por uma ou duas estações e já sai suando frio. É particularmente terrível quando o trem para por alguns minutos no túnel. Cada minuto se estica, o coração fica por um fio...

— Em todo caucasiano a gente vê um terrorista…

— O que você acha: que os soldados russos não cometeram nenhum crime na Tchetchênia? Meu irmão serviu lá… Contou cada coisa do glorioso Exército russo… Mantinham os homens tchetchenos em covas, como animais, exigiam resgate dos parentes. Torturavam… saqueavam… Agora o rapaz é um bêbado.

— Se vendeu para o Departamento de Estado dos americanos? Provocador! Quem foi que transformou a Tchetchênia em um gueto para os russos? Os russos foram expulsos do trabalho, tiraram a casa deles, o carro. Se você não entregasse, eles matavam. As moças russas eram estupradas só por serem russas.

— Odeio os tchetchenos! Se não fosse por nós, russos, eles estariam até agora nas montanhas, nas cavernas. Os jornalistas que são a favor dos tchetchenos eu também odeio! Liberaizinhos! (*Com um olhar cheio de ódio na minha direção: eu continuo anotando a conversa.*)

— E por acaso julgaram os soldados russos pelo assassinato dos soldados alemães durante a Guerra Patriótica? Eles matavam qualquer um. Os *partisans* faziam os prisioneiros da *Polizei* em pedaços… Ouça o que dizem os veteranos…

— Durante a primeira guerra da Tchetchênia, na época do Iéltsin, mostravam tudo abertamente na televisão. Nós víamos as mulheres tchetchenas chorando. As mães russas vagando pelas aldeias, procurando seus meninos perdidos em combate. Ninguém tocava nelas. Um ódio como o que há hoje ninguém tinha na época: nem eles, nem nós.

— Antes só a Tchetchênia estava inflamada, agora é todo o norte do Cáucaso. Estão construindo mesquitas por todo lado.

— A geopolítica chegou na nossa casa. A Rússia está se desfazendo… Logo, do império só vai sobrar o principado de Moscou…

— Odeio!!!

— Quem?

— Todos!

— Meu filho ainda ficou sete horas vivo, ele foi enfiado num saco plástico e colocado no ônibus com os cadáveres... Trouxeram para nós um caixão pago pelo Estado, duas coroas. O caixão era meio que de compensado, como se fosse de papelão; quando foi levantado, ele se desfez. As coroas eram pobres, miseráveis. Tivemos que comprar tudo nós mesmos. O Estado não está nem aí para nós, mortais; então eu também não estou nem aí para ele, quero ir embora deste país fodido. Eu e o meu marido já entregamos os documentos para imigrar para o Canadá.

— Antes era o Stálin que matava, agora são os bandidos. Liberdade?

— Eu tenho cabelos negros, olhos negros... Sou russa, ortodoxa. Entrei no metrô com uma amiga. A polícia nos parou, me levaram para um canto: 'Tire a roupa de cima. Apresente os documentos'. Nem deram atenção para a minha amiga, ela é loira. Minha mãe me disse: 'Pinte o cabelo'. Mas eu tenho vergonha.

— O russo se fia em três coisas: no 'quem sabe', no 'deve ser' e no 'dá-se um jeito'. No início todo mundo estava tremendo de medo, mas um mês depois eu descobri debaixo de um banco do metrô um pacote suspeito, e foi um esforço conseguir fazer com que a funcionária ligasse para a polícia.

— No aeroporto de Domodiédovo, depois do atentado aqueles taxistas malditos colocaram os preços lá em cima. Nas alturas. Querem ganhar dinheiro com tudo. Porra, dá vontade de arrancar de dentro do carro e dar com a cara deles na capota!

— Uns estavam jogados no chão em uma poça de sangue, enquanto os outros fotografavam no celular. Tiravam foto. E na mesma hora colocavam no *LiveJournal*. Falta um pouco de tempero na vida desses ratos de escritório.

— Hoje são eles, amanhã somos nós. E todo mundo fica quieto, todo mundo concorda com isso.

— Vamos tentar ajudar os falecidos na medida do possível, com as nossas orações. Pedir a misericórdia de Deus...

(*Ali mesmo, em um palco improvisado, uns estudantes estão fazendo um show. Foram trazidos ali de ônibus. Chego mais perto.*)

— Acho interessante o Bin Laden... a Al-Qaeda é um projeto global...

— Sou a favor do terror individual. Pontual. Por exemplo, contra os policiais, os burocratas...

— O terror é bom ou ruim?

— Agora é algo bondoso.

— Estou cansado de esperar, cacete. Quando é que vão nos liberar?

— Tenho uma piadinha legal... Os terroristas estão vendo os pontos turísticos da Itália. Chegam à torre de Pisa. E dão risada: 'Esses diletantes!'.

— O terror virou um negócio...

são sacrifícios, como nos tempos antigos...

virou *mainstream*...

um aquecimento antes da revolução...

algo pessoal..."

SOBRE A VELHA COM A FOICE E SOBRE A MOÇA BONITA

Aleksandr Laskóvitch, soldado, empresário, emigrante, 21-30 anos

A MORTE QUE SE PARECE COM O AMOR

"Na infância, eu tinha uma árvore no quintal... Um velho bordo... Eu conversava com ele, era o meu amigo. Meu avô morreu, chorei por muito tempo. Solucei o dia inteiro. Eu tinha cinco anos, e ali eu entendi que ia morrer, que todos iam morrer. Fui tomado pelo horror: todos vão morrer antes de mim, e eu vou ficar sozinho. Uma solidão atroz. Minha mãe ficou com dó de mim, mas meu pai veio e me disse: 'Enxugue essas lágrimas. Você é homem. Os homens não choram'. E eu ainda nem sabia quem eu era. Eu nunca gostei de ser menino, não gostava de brincar de 'guerrinha'. Mas ninguém me perguntou... escolheram tudo sem mim... Minha mãe sonhava com uma menina, meu pai, como sempre, queria que ela abortasse.

A primeira vez que eu quis me enforcar foi aos sete... Por causa de uma bacia chinesa... A minha mãe fez uma geleia nessa bacia chinesa e colocou em um banquinho, e enquanto isso eu e o meu irmão estávamos tentando pegar a nossa gata. A Muska passou voando por cima da bacia, mas nós não... Minha mãe era jovem, meu pai estava no treinamento militar. No chão ficou uma poça de geleia... Minha mãe praguejava contra o destino de esposa de oficial, e contra o fato de que ela tinha que morar naqueles cafundós do judas... na Sacalina... onde no inverno a neve se acumulava até chegar a dez metros de altura, e onde no verão a bardana ficava do tamanho dela. Ela pegou o cinto do meu pai e nos enxotou para a rua. 'Mamãe, no quintal está chovendo, e no galpão as formigas picam.' 'Podem ir! Podem ir! Fora!' Meu irmão foi correndo para a casa dos vizinhos, enquanto eu tomei a seriíssima decisão de me enforcar. Entrei no galpão e achei uma corda numa cesta. Chegariam de manhã, e eu estaria lá pendurado: isso é para vocês verem, seus malditos! Aí a Muska passou pela porta se esgueirando... Miau, miau... Muska querida! Você ficou com dó de mim e veio. Eu a abracei, me apertei contra ela, e assim eu e ela ficamos até de manhã.

Meu pai... O que era o meu pai? Ele lia jornal e fumava. Era comandante político de uma divisão da Aeronáutica. A gente se mudava de um povoamento militar para outro, morávamos em alojamentos. Eram uns barracões compridos, de tijolo, eram iguais em todo lugar. Todos tinham cheiro de graxa e de uma água-de-colônia barata, a 'Chipre'. Esse também era sempre o cheiro do meu pai. Eu tinha oito anos, meu irmão, nove. Meu pai voltava do trabalho. Dava para ouvir o barulho do cinturão, o barulho das botas de couro. Naquele instante eu e meu irmão queríamos ficar invisíveis, sumir da frente dele! O meu pai tirava da estante a *Crônica de um homem verdadeiro*, do Boris Polevói;* na nossa casa, aquilo era o pai-nosso. 'O que aconteceu depois?', ele começava pelo meu irmão. 'Bom, o avião caiu. E o Aleksei Merêssiev se arrastou para fora dele... Ferido. Comeu um ouriço... Aí ele foi parar dentro de uma vala...' 'E que vala era essa?' 'Era a cratera de uma bomba de cinco toneladas', eu soprei. 'O quê? Isso foi ontem.' Nós dois estremecíamos com a voz de comandante do meu pai. 'Quer dizer que hoje vocês não leram?' A cena: nós correndo ao redor da mesa, como três palhaços, um grande, dois pequenos, nós com a calça arriada, o meu pai com o cinto. (*Pausa.*) De um jeito ou de outro, todos nós tivemos uma educação cinematográfica, não é? Um mundo de cenas... Nós não crescemos com os livros, mas com os filmes. E com a música... Os livros que o meu pai trazia para casa até hoje me dão alergia. Fico até com febre quando vejo na prateleira de alguém a *Crônica de um homem verdadeiro* ou *A jovem guarda*. Ah! O sonho do meu pai era jogar a gente debaixo de um tanque... Ele queria que nós virássemos adultos logo e fôssemos como voluntários para a guerra. Meu pai não conseguia imaginar um mundo sem guerra. Heróis são necessários! Alguém só pode se tornar herói na guerra, e se algum de nós perdesse a perna lá, como o Aleksei Merêssiev, ele ficaria feliz. Não teríamos vivido em vão... Tudo seria perfeito! A vida teria sido um sucesso! E ele... eu acho que ele mesmo execu-

---

* Boris Nikoláievitch Polevói (1908-81), escritor e correspondente de guerra, escreveu diversos livros sobre episódios envolvendo o Exército Vermelho durante a Segunda Guerra Mundial, sendo o mais famoso *Crônica de um homem verdadeiro*, de 1946.

taria a sentença, de próprio punho, se eu quebrasse o juramento, se eu tremesse em combate. Tarás Bulba! 'Eu dei a vida a você, e eu vou matar você.' Meu pai pertencia ao ideal, ele não era um ser humano. Considerava obrigação amar a pátria irrestritamente. Incondicionalmente! Passei a infância ouvindo isso. A vida nos tinha sido dada somente para defender a pátria... Mas não dava de jeito nenhum para me programar para a guerra, como um cachorrinho, pronto para tapar um buraco numa represa com meu próprio corpo ou deitar com a barriga em cima de uma mina. Eu não adorava a morte... Eu esmagava joaninhas, na Sacalina no verão tem nuvens de joaninhas. Eu as esmagava, como todo mundo. Até uma vez ficar assustado: por que é que eu tinha feito todos aqueles pequeninos cadáveres vermelhos? A Muska deu à luz uns gatinhos prematuros... Eu alimentei, cuidei deles. Minha mãe apareceu: 'Mas o que é isso? Eles estão mortos?'. E eles morreram depois que ela disse isso. Nada de lágrimas! 'Homens não choram.' Meu pai deu uns quepes militares de presente para nós, nos fins de semana colocava discos com música marcial. Eu e meu irmão ficávamos lá sentados, ouvindo, enquanto meu pai deixava escorrer pela bochecha uma 'contida lágrima viril'. Quando ficava bêbado, ele nos contava sempre a mesmíssima história: de quando 'o herói' tinha sido cercado pelos inimigos, e ele disparou até a última bala, e a última bala ele atirou no próprio coração... Nesse ponto, o pai sempre caía de maneira cinematográfica e sempre dava um chute no banquinho, que também caía. Aí era engraçado. O pai ficava sóbrio e ficava ofendido: 'Não tem nada de engraçado quando os heróis morrem'.

Eu não queria morrer... Na infância dá muito medo pensar na morte... 'O homem tem que estar pronto', 'o dever sagrado perante a pátria'... 'O quê? Você não quer saber como desmontar e montar um fuzil Kaláchnikov?' Isso era impensável para meu pai. Uma vergonha! Ah! Como eu queria cravar meus dentinhos de leite nas botas de couro do meu pai, bater e morder. Por que é que ele tinha batido na minha bunda na frente do vizinho, o Vitka? E ainda me chamou de 'menininha'… Mas eu não nasci para essa dança da morte. Eu tinha o calcanhar de aquiles clássico… eu queria dançar balé… Meu pai servia ao grande ideal. É como se todos eles tivessem passado por uma lobotomia, tinham orgulho de viver sem calças, mas com um fuzil na mão… (*Pausa.*) Nós crescemos… nós crescemos faz muito tempo… Pobre papai! A vida nesse meio-tempo tinha mudado de gênero… Onde antes passava uma tragédia otimista, agora estavam passando comédias e filmes de ação. Rasteja, rasteja, rói nozes… Consegue adivinhar quem é? Aleksei Merêssiev. O herói favorito do meu pai… 'As crianças no porão brincavam de Gestapo/ E torturavam com selvageria o encanador Potápov…' Isso é tudo que sobrou do ideal do meu pai… E quanto a ele mesmo, meu pai? Já é um homem velho, nem um pouco preparado para a velhice. Poderia se alegrar a cada minuto, olhar para o céu, para as árvores. Que jogasse xadrez ou colecionasse selos… caixas de fósforos… Ficava sentado na frente da televisão: reuniões do parlamento, a esquerda, a direita, os comícios, as manifestações com bandeiras vermelhas. Meu pai está lá! Ele é a favor dos comunistas. A gente se senta para jantar… 'Tivemos uma época grandiosa!', ele me dá o primeiro golpe e fica esperando a resposta. Meu pai precisa de uma luta, senão a vida dele perde o sentido. Só pode viver nas barricadas, com uma bandeira! A gente vê televisão com ele: um robô japonês retira minas enferrujadas da areia… uma… depois outra… Um triunfo da ciência e da técnica! Da razão humana! Mas a verdade é que o meu pai fica ofendido pela nossa potência, pelo fato de que a tecnologia não é nossa. Mas aí… Inesperadamente, quase no fim da reportagem, o robô comete um erro bem na frente das câmeras e acontece uma explosão. Como dizem, se você vê um soldado sapador correndo, vá atrás dele. O robô não tinha essa programação. Meu pai ficou perplexo: 'Trazer tecnologia importada? Nós não temos pessoal para isso ou o quê?'. Ele tem uma relação particular com a morte. Meu pai viveu para cumprir qualquer tarefa do Partido e do governo. A vida valia menos que um pedaço de sucata.

Na Sacalina... Nós morávamos do lado de um cemitério. Quase todos os dias eu ouvia música fúnebre: caixão amarelo, era alguém do povoado que tinha morrido; se o caixão estivesse forrado com veludo vermelho, um aviador tinha morrido. Tinha mais caixões vermelhos. Depois de cada caixão vermelho, meu pai trazia para casa uma fita cassete... Os aviadores vinham visitar... Na mesa ficavam fumegando as pontas mordidas dos cigarros, os copos de vodca embaçados. Tocavam o cassete: 'Estou a bordo do avião tal... O motor parou...'; 'Acione o segundo'; 'Também não está funcionando'; 'Tente acionar o propulsor esquerdo'; 'Não consigo acionar...'; 'O direito...'; 'O direito também não...'; 'Vai ter que se catapultar!'; 'O tampo da cabine não está abrindo... Puta merda! E-e-eh... a-a-ah...'. Eu por muito tempo imaginei a morte como uma queda de uma altura incrível: e-e-eh... a-a-ah... Um dos jovens aviadores uma vez me perguntou: 'O que é que você sabe da morte, pequenino?'. Fiquei surpreso. Eu sempre soube aquilo, foi o que me pareceu na hora. Enterraram um menino da nossa classe... ele acendeu uma fogueira e jogou os cartuchos lá dentro... Que explosão! E ele... estava lá deitado no caixão, e era como se estivesse fingindo, todos ficavam olhando para ele, mas ele não estava acessível para ninguém... Eu não conseguia tirar os olhos... como se eu soubesse daquilo desde sempre, já tivesse nascido com aquele conhecimento. Talvez eu já tenha morrido alguma vez. Ou então a minha mãe, quando eu ainda vivia dentro dela, ficava sentada perto da janela, olhando as pessoas irem para o cemitério, carregando um caixão vermelho, um caixão amarelo... Eu ficava hipnotizado pela morte, ao longo do dia eu pensava nela dezenas de vezes. Pensava muitas vezes. A morte tinha cheiro de pontas de cigarros, de anchovas comidas pela metade e de vodca. Não é necessariamente uma velha desdentada com uma foice, talvez seja uma moça bonita. E eu hei de vê-la.

Aos dezoito anos... Você quer tudo: mulheres, vinho, viagens... Enigmas, mistérios. Eu inventava uma vida diferente para mim, imaginava. E nesse momento pegam você de surpresa... Puta merda! Até hoje eu tenho vontade de me desfazer no ar, desaparecer, para ninguém me achar. Não deixar nenhum rastro. Virar guarda-florestal em algum lugar, ou um mendigo sem identidade nenhuma. Sempre me vem o mesmíssimo sonho: eu sou levado de novo para o Exército, os documentos foram trocados, e eu vou ser obrigado a servir novamente. Eu grito, tento me livrar: 'Eu já servi, seus animais! Me deixem ir embora!'. Fico louco! É um sonho pavoroso... (*Pausa.*) Eu não queria ser menino... Não queria ser soldado, não me interessava pela guerra. Meu pai me disse: 'Você finalmente tem que virar homem. Senão as moças vão pensar que você é impotente. O Exército é uma escola de vida'. Tinha que ir, aprender a matar... Para mim, na minha imaginação, era assim: o rufar dos tambores, as fileiras de soldados, armas muito bem-feitas para matar, o ruído do chumbo incandescente e... cabeças arrebentadas, olhos arrancados, extremidades decepadas... o uivo e os gemidos dos feridos... e o grito dos vencedores... dos que sabem matar melhor... Matar! Matar! Com uma flecha, com uma bala, com um projétil ou com uma bomba nuclear, de qualquer maneira é matar... matar outro ser humano... Eu não queria. E eu sabia que no Exército seriam outros homens a me transformar em um homem. Ou me matariam, ou eu mataria alguém. Meu irmão foi para lá com sonhos cor-de-rosa na cabeça, era um romântico, mas quando voltou depois do serviço era uma pessoa assustada. Todo dia de manhã chutavam o rosto dele. Ele ficava na parte de baixo da tarimba, os veteranos ficavam na parte de cima. Um ano inteiro alguém dando com o calcanhar na sua fuça! Experimente para você ver se continua a mesma pessoa de antes. E se eles têm ali uma pessoa totalmente nua, quanta coisa não podem inventar? Muita coisa... Por exemplo, obrigar a chupar o próprio membro, enquanto os outros dão risada. E quem não der risada também vai ter que chupar... Ou lustrar a privada dos soldados com uma escova de dente ou com uma lâmina de barbear. 'Tem que ficar brilhando, que nem as bolas de um gato.' Puta merda! Existe um tipo de pessoa que não pode ser o pato, mas existe outro tipo, que está disposto a ser só o pato. Uma panqueca humana. Eu compreendi que teria que juntar toda a minha vontade para sobreviver. Me inscrevi na seção esportiva: *hatha yoga*, caratê. Aprendi a bater: no rosto, entre as pernas. A quebrar a coluna... Eu acendia um fósforo, colocava na palma da mão e ficava esperando, até ele terminar de queimar. É claro que eu não aguentava... Chorava. Eu me lembro... me lembro... (*Pausa.*) Um dragão está passeando pela floresta. Ele encontra um urso. 'Urso', diz o dragão, 'eu vou jantar às oito horas. Vá até a minha casa, vou comer você'. E continua andando. Uma lebre vem saltitando. 'Pare, lebre', diz o dragão, 'vou almoçar às duas horas. Vá até a minha casa, vou comer você'. A lebre levanta a patinha: 'Tenho uma pergunta'. 'Pode falar.' 'Posso não ir?' 'Pode. Eu tiro você da lista.' Mas poucos são capazes de fazer essa pergunta... Cacete!

O bota-fora... Em casa passaram dois dias fritando, assando, cozinhando, fazendo massa, pondo coisa no forno. Compraram duas caixas de vodca. Todos os parentes se reuniram. 'Não vá fazer a gente passar vergonha, filhão!', meu pai foi o primeiro a levantar o copinho. E foi... Puta merda! O roteiro de sempre: 'passar pela experiência'... 'portar-se com honra'... 'demonstrar coragem'... De manhã, na frente do centro de recrutamento: sanfona, música e vodca em copinhos de plástico. E eu nem bebo...

'Está doente ou o quê?' Antes de mandarem para a estação, a verificação dos pertences. Fizeram tirar tudo da bolsa, tomaram garfo, faca e comida. Em casa tinham me dado um pouco de dinheiro… Nós colocávamos o dinheiro bem no fundo das meias, dentro das cuecas. Puta merda! Os futuros defensores da pátria… Colocaram dentro dos ônibus. As moças acenando, as mães chorando. Fomos! Um vagão cheio de homens. Não guardei um rosto sequer na memória. Todos tinham a cabeça raspada 'a zero', estavam vestidos com uns trapos. Estavam parecidos com presos. Ouvia só as vozes: 'Quarenta comprimidos… Tentativa de suicídio… Privado dos direitos. Tem que ser um idiota para continuar sendo inteligente…'. 'Pode bater em mim! Pode bater! Posso até ser um merda, não estou nem aí. Em compensação eu estou em casa, trepando com as meninas, enquanto você pegou o fuzil e foi brincar de guerrinha.' 'É, rapazes, vamos trocar o tênis pela bota e vamos defender a pátria.' 'Quem tem grana no bolso não vem parar no Exército.' A viagem durou três dias. Beberam o caminho inteiro. E eu nem bebo… 'Seu pobre-diabo! O que é que você vai fazer no Exército?' Não tinha roupa de cama, a gente dormia com a meia e com a roupa que estava no corpo. De noite tirávamos o sapato… Puta merda! O cheiro! Cem homens tirando as botas… Ficamos sem trocar de meia dois dias, uns três dias… Dava vontade de se enforcar, de dar um tiro na cabeça. Íamos ao banheiro comum oficial três vezes ao dia. Se ficasse com vontade de ir mais do que isso, ia ter que segurar. O banheiro ficava fechado. Mas nem tinha o quê… só o que tinha trazido de casa… Mesmo assim um se estrangulou de madrugada… Puta merda!

Dá para programar as pessoas… Elas mesmas querem isso. Um, dois! Um, dois! Em forma! No Exército você tem que andar muito e correr muito. Correr rápido e até bem longe, se não conseguir correr, tem que se arrastar! Uma centena de homens jovens juntos? Viram animais! Uma alcateia de jovens lobos! Na cadeia e no Exército vivem de acordo com as mesmas leis. É uma bagunça. Primeiro mandamento: nunca ajude os fracos. No fraco tem que bater! O fraco é para ser jogado fora... Segunda coisa: não existem amigos, é cada um por si. De madrugada tem quem grunhe, tem quem coaxa, tem quem chama a mãe, tem quem peida... Mas a regra é uma só para todos: 'Ou você dobra ou você se dobra'. É muito simples, como dois e dois. E por que é que eu li tantos livros? Acreditava no Tchékhov... Foi ele que escreveu que é preciso extrair gota por gota do escravo que há em nós, e que no homem tudo deverá ser maravilhoso: tanto a alma, como as roupinhas e os pensamentozinhos. Mas acontece o contrário! O contrário! Às vezes a pessoa quer ser escravo, ela gosta disso. Do ser humano só se pode extrair gota a gota o ser humano. No primeiro dia, o sargento explica que você é um zé-ninguém, que você é um traste. O comando: 'Deitado! De pé!'. Todos ficaram de pé, um continuou deitado. 'Deitado! De pé!' Continuou deitado. O sargento ficou amarelo, depois roxo: 'O que você está fazendo?'. 'Vaidade das vaidades...' 'O que foi?' 'O Senhor ensinou: não matarás, nem mesmo te enfurecerás...' O sargento mandou para o comandante do batalhão, este mandou para o representante do KGB. Descobriram o problema: era batista. Como é que foi parar no Exército?! Foi isolado dos demais, depois levado para algum lugar. Era tremendamente perigoso! Não queria brincar de guerrinha...

O treinamento de um jovem soldado: marchar direitinho, decorar o Regimento, desmontar e montar o fuzil Kaláchnikov de olhos fechados... debaixo d'água... Deus não existe! O sargento é deus, tsar e chefe das tropas. O sargento Valerian: 'Até os peixes podem ser submetidos a adestramento. Entenderam?', 'Na formação, vocês têm que cantar com tanta força que até os músculos da bunda vão tremer', 'Quanto mais vocês se afundarem no terreno, menor é a chance de vocês morrerem'. Folclore! Pesadelo número um: as botas de lona… Só recentemente trocaram os calçados do Exército russo: começaram a dar coturnos. Eu ainda servi com aquelas botas. Para fazer aquela lona brilhar, você tinha que esfregar graxa de sapato e se matar para esfregar aquilo com um trapinho de lã. Uma corrida de dez quilômetros usando aquela lona. Num calor de trinta graus… Um inferno! Pesadelo número dois: as faixas de pé… Elas eram de dois tipos: de inverno e de verão. O Exército russo foi o último a abolir essas faixas… já no século XXI… Por causa delas, quantos calos ensanguentados eu não esfreguei. Essas faixas eram enroladas assim: a partir da pontinha do pé e sempre 'para fora', nunca para dentro. Entrávamos em formação. 'Soldado… Está mancando por quê? Bota estreita não existe, o que tem é pé errado.' Só falam palavrão, podem até não xingar, mas falam palavrão, do coronel até o soldado raso. Outro jeito de falar eu não ouvi.

O abecê da sobrevivência: o soldado é um animal que pode tudo… O Exército é uma prisão em que se cumpre uma pena de acordo com a constituição… Mamãe, tenho medo! O soldado jovem é 'calouro', 'espírito', 'verme'. 'Ei, cabaço! Traga um chá aqui', 'Ei, venha limpar as botas…' Ei-ei! 'E ainda é orgulhoso, caralho.' Começam as perseguições… De madrugada, quatro seguram, dois batem… Desenvolveram uma técnica que permite bater sem deixar hematomas. Sem deixar rastros. Por exemplo, com uma toalha molhada… com uma colher… Uma vez me surraram tanto que eu fiquei dois dias sem conseguir falar. No hospital militar, para qualquer doença davam antisséptico. Quando cansavam de bater, 'barbeavam' com uma toalha seca ou com um isqueiro; quando cansavam disso, davam fezes para comer, lavagem. 'Com as mãos! Tem que pegar com as mãos!' São animais! Podiam obrigar a correr pelo quartel pelado… dançar… O jovem soldado não tem direito nenhum… Meu pai dizia: 'O Exército soviético é o melhor do mundo…'.

E… chega aquele momento… Aparece um pensamentozinho, um pensamentozinho infame: agora eu lavo as cuecas e as faixas de pé deles, depois eu mesmo vou me tornar um animal desses, e alguém vai lavar as minhas cuecas. Era em casa que eu pensava ser uma pessoa bonitinha e boazinha. Que não poderiam me destruir, que ninguém mataria o meu 'eu'. Isso foi 'antes'… (*Pausa.*) Estava sempre com vontade de comer, especialmente doces. No Exército todo mundo rouba, em vez dos setenta gramas estipulados, o soldado recebe trinta. Uma vez ficamos uma semana sem mingau: alguém tinha desviado um vagão inteiro de grãos na estação. Sonhava com uma padaria… bolos com passas… Virei um mestre de descascar batata. Um virtuose! Em uma hora consigo descascar três baldes de batata. Para os soldados traziam as batatas fora do padrão, como na granja. Ficava lá sentado em cima das cascas… Cacete! O sargento chegava para o soldado que estava de serviço na cozinha e dizia: 'Descascar três baldes de batata'. O soldado: 'Já conseguem voar faz tempo para o espaço, mas uma máquina de descascar batata ainda não inventaram'. O sargento: 'No Exército, soldado… tem de tudo. Até uma máquina de descascar batata: é você. O último modelo'. O refeitório dos soldados é o reino das maravilhas… Dois anos de mingau, repolho azedo e macarrão, sopa de carne, que era guardada nos depósitos militares em caso de guerra. Por quanto tempo essa carne ficava lá? Uns cinco, dez anos… Tudo era feito com margarina, tinha aquelas latonas grandes, de cinco litros, cor de laranja. No Ano--Novo, despejavam leite condensado no macarrão: era uma guloseima! O sargento Valerian: 'Biscoitinho vocês vão comer na casa de vocês, servir as suas putas…'. Pelo Estatuto, nenhum soldado deveria receber nem garfo, nem colher de chá. A colher era o único talher. Alguém recebeu de casa um parzinho de colheres de chá. Meu Deus! Com que satisfação a gente sentou e misturou o chá no copo. Uma diversão civil! Éramos tratados como porcos, e de repente aquelas colherzinhas de chá. Meu Deus! Em algum lugar afinal eu tenho uma casa... Entrou o capitão que estava fazendo plantão... Viu aquilo: 'O quê? Mas o que é isso?! Quem autorizou? Limpem imediatamente o local, tirem esses cacarecos daqui!'. Que colherzinhas, que nada! Soldado não é ser humano. É um objeto... é um mecanismo... um instrumento feito para matar... (*Pausa.*) Hora da dispensa. Éramos... vinte pessoas... Fomos trazidos de caminhão até a estação ferroviária, descarregados: 'Bom, até mais! Até mais, pessoal! Felicidades na vida civil'. Ficamos parados. Meia hora se passou, e continuamos parados. Uma hora se passou... E nós parados! Olhamos uns para os outros. Estávamos esperando uma ordem. Alguém tinha que nos dar a ordem: 'Correr! Para o caixa comprar as passagens!'. A ordem não veio. Não lembro quanto tempo se passou até a gente se dar conta de que a ordem não viria. Nós mesmo teríamos que decidir. Puta merda! Depois de dois anos, nosso cérebro tinha definhado...

Eu quis me matar umas cinco vezes... Mas como? Se enforcar? Depois você fica lá pendurado, coberto com a própria merda, a língua para fora... não dá para empurrar de volta para a boca... Como aquele rapaz do trem, quando nós fomos levados para o destacamento. E vão xingar você... seus próprios parentes... Se você pular de um torreão, vira uma pasta! Pegar a metralhadora enquanto você está de vigia e atirar na cabeça... Ela arrebenta, como uma melancia. E, de qualquer maneira, fiquei com dó da minha mãe. O comandante pediu: 'Só não se matem com tiro. É mais fácil dar baixa em gente do que em munição'. A vida do soldado vale menos do que uma arma registrada. Uma carta da namorada... Significa muita coisa no Exército. As mãos ficam tremendo. Não tem onde guardar as cartas. Eles revistavam os criados-mudos: 'As suas mulheres vão ser nossas também. E vocês ainda têm muito para servir. Levem esse papel todo para a privada'. Nós só tínhamos direito às seguintes coisas: lâmina de barbear, uma caneta-tinteiro e um bloco de notas. Você ficava lá sentado no 'trono', lendo pela última vez: 'Amo você... Um beijo...'. Cace-e-ete! Os defensores da pátria! Uma carta do meu pai: 'Tem uma guerra acontecendo na Tchetchênia... Você me entende!'. Meu pai esperava um herói em casa... Mas um sargento-mor nosso tinha passado pelo Afeganistão, foi como voluntário. A guerra mexeu bem com a cabeça dele. Não contava nada, só umas piadas 'afegãs'. Puta merda! Todos morriam de rir... Um soldado está levando nas costas um amigo gravemente ferido, que está sangrando demais. Está morrendo. Ele pede: 'Atire em mim! Não aguento mais!'. 'Não tenho munição. Acabou.' 'Então compre.' 'Onde é que eu vou comprar? Aqui só tem montanhas, não tem ninguém.' 'Compre de mim.' (*Risos.*) 'Camarada oficial, por que o senhor pediu para ir para o Afeganistão?' 'Quero virar major.' 'E general?' 'Não, general eu não vou ser. O general já tem o filho dele.' (*Pausa.*) Para a Tchetchênia ninguém pedia para ir. Não me lembro de nenhum voluntário... Meu pai apareceu no meu sonho: 'Você fez o juramento?'. Estava debaixo de uma bandeira vermelha: 'Dou meu sagrado juramento de observar... cumprir com rigor... defender com coragem... E, se eu quebrar esse meu juramento solene, que sobre mim recaia uma punição severa... o ódio e o desprezo geral...'. No sonho, eu fugia correndo para algum lugar, ele mirava em mim... mirava...

Você estava lá, montando guarda. Uma arma nas mãos. E um só pensamento: um ou dois segundos e você estará livre. Ninguém vai ver. Chega, seus malditos, não vão mais me pegar! Ninguém... Ninguém! Se eu for procurar um motivo, tenho que começar lá de trás, quando minha mãe queria uma menina, e meu pai, como sempre, queria um aborto. O sargento disse que você é um saco de merda... um buraco no nada... (*Pausa.*) Oficiais tinha de todo tipo: um era um intelectual beberrão, falava inglês, mas no geral eram uns bêbados medíocres. Bebiam até ficarem muito loucos... Podiam levantar todo o quartel de madrugada e obrigar os soldados a correrem pela praça de armas até caírem. Os oficiais eram chamados de chacais. Tinha o chacal ruim... o chacal bom... (*Pausa.*) Quem vai contar para você de como dez homens estupram um... (*Risada maldosa.*) Isso não é um brinquedo, não é literatura... (*Pausa.*) Éramos levados para a *datcha* dos comandantes em caminhões de carga, como gado. Arrastávamos lajes de concreto... (*Risada maldosa.*) Tamborileiro! Toque o Hino da União Soviética!

Eu nunca quis ser um herói. Odeio os heróis! Um herói ou tem que matar muita gente... ou tem que ter uma bela morte... Você tem que matar o inimigo a qualquer preço: quando as balas e as granadas tiverem acabado, você tem que usar o armamento reserva, lutar com a faca, com a coronha do fuzil, com uma pá de cavar trincheira. Pelo menos arrancar um pedaço com os dentes. O sargento Valerian: 'Aprenda a trabalhar com a faca. A mão é uma ferramenta muito boa, é melhor não cortá-la, e sim furá-la... com a pegada invertida... Assim... assim... Controle da mão, cuidado com as costas... não se distraia com movimentos complicados... Excelente! Excelente! Agora é torcer a faca dentro do inimigo... Assim... assim... Você o matou. Muito bem! Matou! Grite: 'Morra, seu merda!'. Por que você está quieto?'. (*Para.*) Ficam martelando o tempo todo: a arma é um belo objeto... atirar é uma verdadeira atividade masculina... Aprendíamos a matar com animais, traziam cães vadios e gatos especialmente para isso, para que depois a mão não tremesse quando víssemos sangue humano. Eram uns açougueiros! Eu não aguentava... de madrugada eu chorava... (*Pausa.*) O sargento Valerian: 'Memorizem... a metralhadora funciona assim: um, dois, três. E você já era...'. Mas vão à merda todos vocês! Um, dois...

A morte é parecida com o amor. Nos últimos instantes vem a escuridão... convulsões terríveis e nada belas... A morte não tem volta para ninguém, mas o amor tem volta. E podemos relembrar como foi... Você já se afogou? Eu já me afoguei... Quanto mais você luta contra aquilo, menos forças tem. Tem que se conformar, e ir até o fundo. E então... Se você quiser viver, precisa superar todo aquele céu de água, e voltar. Mas primeiro tem que ir até o fundo.

E lá? Lá não tem nenhuma luz no fim do túnel... Também não vi nenhum anjo. Meu pai estava sentado junto a um caixão vermelho. O caixão estava vazio."

Alguns anos depois, estive novamente na cidade de N. (que não será nomeada a pedido de meu protagonista). Falamos por telefone e nos encontramos. Ele estava apaixonado, estava feliz, falando de amor. Eu até demorei a me lembrar de ligar o gravador, e não deixar escapar aquele momento em que a vida, a vida simples, se transforma em literatura, esse momento que fico sempre vigiando, tentando ouvir nas conversas, particulares e gerais. Mas às vezes me distraio na vigilância, e um "pedacinho de literatura" pode reluzir em toda parte, às vezes até no lugar mais inesperado. Como nessa vez. Queríamos sentar um pouco e tomar um café, mas a vida ofereceu outro desenrolar do assunto. Eis o que eu consegui registrar...

E SOBRE O AMOR SABEMOS MUITO POUCO

"Encontrei o amor... eu entendi... Antes daquilo, eu achava que o amor eram dois idiotas com febre. Que era só um delírio... Sabemos muito pouco do amor. Mas se você puxa esse fiozinho... É como se a guerra e o amor tivessem a mesma origem, são feitos com o mesmo tecido, do mesmo material. Uma pessoa com uma metralhadora, ou que escala o Elbrus, ou que lutou na guerra até a vitória, que tentou construir o paraíso socialista: é a mesma história, o mesmo ímã e a mesma eletricidade. Você entendeu? Tem coisas que a pessoa não pode fazer, há coisas que não dá para comprar, ganhar na loteria... Mas a pessoa sabe que ela existe, e ela quer aquilo... Mas não sabe muito bem como procurar. Onde?

É quase um nascimento... Começa com um baque... (*Pausa.*) Mas talvez nem seja preciso tentar decifrar esses mistérios. Você não tem medo?

O primeiro dia...

Cheguei na casa de um conhecido, ele tem uma empresa, tirei meu casaco e pendurei no saguão de entrada, alguém estava vindo da cozinha e pedia passagem, eu me virei, e era ela! Tive um curto-circuito, como se tivessem apagado a luz da casa. E aí foi isso. Geralmente eu não tenho papas na língua, mas ali eu fiquei, só sentei e fiquei, nem mesmo a vi, quer dizer, não que eu não tivesse olhado para ela, eu fiquei muito tempo olhando através dela, como nos filmes do Tarkóvski: alguém derrama água de uma jarra, e ela escorre ao lado da xícara, depois lentamente vai virando junto com essa xícara. Estou demorando mais para contar do que como aconteceu. Foi um raio! Nesse dia eu descobri alguma coisa que fez todo o resto perder a importância, eu nem compreendi muito bem... E de fato, para quê? Aconteceu, e pronto. Foi forte o bastante. Estava acompanhada do noivo, pelo que eu entendi eles logo fariam uma festa de casamento, mas eu nem ligava, fui para casa e já não estava mais sozinho, estava com ela, ela já estava vivendo dentro de mim. O amor tinha começado... De repente tudo tinha mudado de cor, ouvia mais vozes, mais sons... Não tem nenhuma chance de entender isso... (*Pausa.*) Estou explicando tudo aproximadamente...

De manhã, acordei pensando que precisava encontrá-la, eu não sabia nem o nome, nem o endereço, nem o telefone dela, mas aquilo já tinha acontecido, alguma coisa muito importante estava se passando na minha vida. Uma pessoa tinha chegado. Era como se eu tivesse esquecido alguma coisa... e de repente tivesse me lembrado... Você entende o que eu estou falando? Não? Não vamos deduzir fórmula nenhuma... tudo será sintético... Nós ficamos acostumados com o pensamento de que o futuro está escondido de nós, mas que o que passou pode ser explicado. Aconteceu ou não aconteceu... para mim essa é a questão... E se nada tiver acontecido? É só como um filme passando, e aí ele termina... Sei que na minha vida tem uns momentos que parecem não ter acontecido. Mas aconteceram. Por exemplo, eu me apaixonei algumas vezes... achava que tinha me apaixonado... Ficaram muitas fotos. Mas tudo foi apagado da minha memória, foi varrido. Há coisas que não dá para apagar, você tem que seguir carregando. Mas o resto... Será que as pessoas se lembram de tudo que já aconteceu com elas?

No segundo dia...

Comprei uma rosa. Praticamente não tinha dinheiro, mas fui ao mercado e comprei a maior rosa que achei por lá. E aí também... Como explicar? Uma cigana se aproximou de mim: 'Dê a sua mão, querido, vou ver o futuro. Pelos seus olhos já vejo...'. Saí correndo. Para quê? Eu mesmo já sabia que o destino batia à porta. O segredo, o mistério, o oculto... Na primeira vez, errei de apartamento: quem abriu foi um homem com uma camiseta folgada e meio de pileque. Ele me viu com a rosa e congelou: 'Cace-e-e-ete!'. Subi até o andar de cima... Por detrás da correntinha, tinha uma velhinha esquisita de chapéu de tricô, me olhando: 'Liena, é para você'. Depois ela tocou piano para nós, contou do teatro. Era uma velha atriz. Na casa, morava um grande gato preto, o tirano da casa, que por algum motivo não foi com a minha cara logo no início, mesmo eu tentando agradá-lo... Um grande gato preto... Na hora em que se dá o mistério, é como se você estivesse ausente. Você entende o que eu estou falando? Não precisa ser um cosmonauta, um oligarca ou um herói, você pode ser feliz, experimentar tudo em um simples apartamento de dois quartos, de 58 metros quadrados, com banheiro combinado, em meio a velhos objetos soviéticos. Meia-noite, duas da manhã... Eu tinha que ir embora, mas eu não entendia por que eu tinha que ir embora daquela casa. Aquilo é mais parecido com uma recordação do que com qualquer outra coisa... fico tentando achar as palavras... Era como se eu me lembrasse de tudo de repente, como se tivesse ficado muito tempo sem lembrar, mas agora tudo tinha voltado. Eu estava unido. Algo desse tipo... eu acho... é o que sente uma pessoa que passou muitos dias numa cela. O mundo para ela se revela em infinitos detalhes. Nuances. Quer dizer que o mistério pode estar acessível, como um objeto físico, como um vaso, por exemplo, mas para entender alguma coisa tem que doer. E como não entender se não doer? É preciso que doa, que doa...

... A primeira vez que me explicaram alguma coisa sobre as mulheres foi aos sete anos, uns amigos... Eles também tinham uns sete anos. Ficou na minha memória a alegria deles por eles saberem e eu não, eles agora iam me esclarecer tudinho. E começaram a desenhar com pauzinhos na areia...

... Que a mulher é uma coisa diferente, eu senti aos dezessete anos, mas não pelos livros, e sim pela pele, tive a sensação de algo próximo de mim, algo infinitamente distinto, tinha uma diferença enorme, senti essa comoção por ser algo diferente. Tem alguma coisa lá dentro, escondida nesse recipiente feminino, algo que me é inacessível...

... Imagine um quartel cheio de soldados... Domingo. Não tem tarefa nenhuma. Duzentos homens, com a respiração suspensa, ficam lá sentados, vendo a aeróbica: na tela, moças usando umas roupas bem coladas... Os homens lá sentados, como as estátuas da Ilha de Páscoa. Se quebrasse a televisão, seria uma catástrofe, poderiam até matar o culpado. Você entende? Tudo isso é o amor...

No terceiro dia...

Levantei de manhã, e não precisava mais correr para lugar nenhum, eu lembrei que ela existia, que ela estava lá. Aquela tristeza foi embora... Você não está mais sozinho... De repente você descobre seu corpo... as mãos, os lábios... olhando pela janela, descobre o céu e as árvores, por algum motivo tudo parece muito, muito próximo, está tudo ali colado em você. Isso só acontece em sonho... (*Pausa.*) Por um anúncio no jornal noturno, nós achamos um apartamento improvável em um bairro improvável. Na periferia da cidade, numas construções novas. Na área comum do prédio, nos fins de semana, os homens ficavam o dia inteiro falando palavrão, disputando partidas de dominó e jogando cartas por uma garrafa de vodca. Um ano depois nasceu a nossa filha... (*Pausa.*) Agora vou contar sobre a morte... Ontem, a cidade inteira foi ao funeral de um colega de classe, um tenente da polícia... Trouxeram o caixão da Tchetchênia e nem sequer abriram, não mostraram para a mãe. O que é que trouxeram ali? Teve salva e tudo aquilo. Glória aos heróis! Eu estive lá. Meu pai foi comigo... Os olhos do meu pai brilhavam... Você entende o que eu estou falando? A pessoa não está preparada para a felicidade, está preparada para a guerra, para o frio e para o granizo. Eu nunca... nunca conheci ninguém feliz, além da minha filha de três meses... O russo não está pronto para a felicidade. (*Pausa.*) Todas as pessoas normais estão levando seus filhos para o exterior. Muitos amigos meus saíram... eles me ligam de Israel, do Canadá... Antes eu não pensava em sair. Sair... sair... Esse pensamento surgiu na minha cabeça quando minha filha nasceu. Eu quero defender as pessoas que eu amo. Meu pai não vai me perdoar por isso. Eu sei."

UMA CONVERSA RUSSA EM CHICAGO

Nós nos encontramos mais uma vez em Chicago. A família já estava razoavelmente estabelecida no novo lugar. Uma companhia russa se reuniu. Uma mesa russa e uma conversa russa, em que às eternas questões russas — "O que fazer?" e "De quem é a culpa?" — foi adicionada mais uma: "Sair ou não sair?".

"— Eu saí porque fiquei com medo… Na Rússia qualquer revolução termina com as pessoas começando a roubar umas das outras às escondidas e dando na cara dos judeus. Em Moscou, tinha uma verdadeira guerra acontecendo, todo dia alguém era explodido, era assassinado. Não dava para sair na rua de noite sem um cão de guarda. Eu arranjei um *bull terrier* especialmente para isso…

— O Gorbatchóv abriu a gaiola, e nós demos no pé. O que eu deixei para trás? Uma merda de uma *khruschoba* de dois quartos. É melhor ser arrumadeira com um bom ordenado do que uma médica com o dinheiro de um mendigo. Todos nós crescemos na URSS: na escola recolhíamos ferro-velho e adorávamos a música 'Dia da Vitória'. Fomos educados com aquelas grandiosas historinhas sobre justiça, com os desenhos animados soviéticos, onde tudo está dividido bem nitidamente: aqui fica o bem, lá fica o mal. Um mundo bem-ordenado. Meu avô morreu em Stalingrado pela pátria soviética, pelo comunismo. Mas eu queria viver num país normal. Ter umas cortininhas em casa, ter umas almofadinhas, o marido chegar em casa e colocar um roupão. Sou meio fraca de alma russa, tenho pouco dela. Vim para os Estados Unidos. No inverno, nós comemos morangos. Aqui tem *kolbassá* aos montes, mas não é símbolo de nada…

— Nos anos 1990, tudo era fantástico e alegre… Você olhava pela janela, e via uma manifestação em cada esquina. Mas logo as coisas deixaram de ser fantásticas e alegres. Queriam o livre mercado, então vocês vão ter! Eu e meu marido éramos engenheiros, mas metade da Rússia era de engenheiros. Não fizeram cerimônia conosco: 'Direto para o lixo'. E fomos nós que fizemos a perestroika, que enterramos o comunismo. E ninguém mais precisava de nós. É melhor nem ficar relembrando... Minha filha pequena pedia comida, mas em casa não tinha nada. Pela cidade toda você via anúncios: compro... compro... 'Compro um quilo de comida', não era carne, não era queijo, era qualquer comida. Ficávamos satisfeitos com um quilo de batata, nas feiras vendiam bagaço de semente, como na guerra. O marido de uma vizinha tomou um tiro na entrada do prédio. Era comerciante. Ficou metade de um dia lá deitado, coberto com jornal. Uma poça de sangue. Você ligava a televisão: aqui mataram um banqueiro, ali mataram um homem de negócios... No fim foi uma corja de ladrões que tomou conta de tudo. Logo o povo vai para a Rubliovka. Com machados...

— Não é a Rubliovka que vão querer atacar, e sim as caixas de papelão de mercado em que moram os trabalhadores imigrantes. Vão começar a matar os tadjiques, os moldávios...

— Eu quero mais é que todo mundo se foda! Que todo mundo morra. Eu vou viver por minha conta...

— Eu decidi ir embora quando o Gorbatchóv voltou de Foros e disse que nós não iríamos abrir mão do socialismo. Então que continuem sem mim! Eu não queria viver no socialismo! Era uma vida maçante. Desde a infância, nós sabíamos que seríamos outubristas, pioneiros, depois do Komsomol. O primeiro pagamento era de sessenta rublos, depois oitenta, e até o fim da vida, cento e vinte... (*Risos.*) A responsável pela classe botava medo: 'Se você escutarem a rádio Liberdade, nunca vão entrar para o Komsomol. E se os nossos inimigos ficarem sabendo disso?'. O mais engraçado é que agora ela também mora em Israel...

— Antes eu também ardia de entusiasmo pelo ideal, não era uma cidadã qualquer. Os olhos ficam cheios de lágrimas... O GKTCHP! Os tanques no centro de Moscou tinham um aspecto feroz. Meus pais chegaram da *datcha* para fazer um estoque de comida em caso de guerra civil. Esse bando! Essa junta! Eles acharam que só trariam os tanques e não precisariam fazer mais nada. Que as pessoas só queriam uma coisa: que a comida aparecesse, e aí concordariam com tudo. O povo foi em peso às ruas... o país acordou... Aquilo foi um momento breve, um segundo... Foi uma espécie de embrião... (*Risos.*) A minha mãe é uma pessoa frívola, que não pensa em muita coisa. Completamente desinteressada pela política, guiada pelo seguinte princípio: a vida vai passando, a gente tem que tirar dela tudo que puder agora. Uma mulher jovem, uma belezinha. Até ela foi à Casa Branca com a sombrinha em riste...

— Hahaha... Em vez da liberdade, eles distribuíram *vouchers* para nós. Foi assim que dividiram um país grandioso: petróleo, gás... Não sei como me expressar... Uns ficaram com a rosquinha, outros ficaram com o buraco da rosquinha. Os *vouchers* deviam ter sido investidos nas ações das empresas, mas poucos sabiam disso. Não ensinaram a ganhar dinheiro no socialismo. Meu pai trazia para casa uns anúncios: dos 'Imóveis Moscovitas', da 'Invest-Petróleo-Diamante', da 'Níquel de Norilsk'... Ele e a minha mãe discutiram na cozinha, e no fim das contas eles acabaram vendendo tudo para um sujeito qualquer no metrô. Compraram um casaco de couro da moda para mim. Todo o lucro. Foi com esse casaco que eu cheguei na América...

— Nós temos até hoje. Vamos vender daqui a uns trinta anos para algum museu...

— Vocês não podem imaginar como eu odeio esse país... Odeio a parada da Vitória! Fico com nojo de ver aqueles prédios pré-fabricados, aquelas varandas, lotadas de latas de conserva de tomate e pepino... e aquela mobília velha...

— Começou a guerra da Tchetchênia... Meu filho teria que ir para o Exército dali a um ano. Os mineiros esfomeados chegaram a Moscou batendo em seus capacetes na praça Vermelha. Do lado do Krémlin. Não dava para entender para onde aquilo tudo iria. Eram pessoas notáveis, preciosas, mas não dava para viver. Saímos por causa dos filhos, abrimos o caminho aqui para eles. Mas eles cresceram e são terrivelmente distantes de nós...

— E-e-e... como se diz isso em russo? Estou esquecendo... A emigração é uma coisa normal, o russo agora pode viver onde ele quiser, onde ele achar interessante. Uns vão de Irkutsk para Moscou, outros vão de Moscou para Londres. O mundo inteiro virou um caravançará...

— Um verdadeiro patriota só pode desejar uma ocupação para a Rússia. Que ela seja ocupada por alguém...

— Trabalhei um tempo no exterior e voltei a Moscou... Dois sentimentos lutavam dentro de mim: queria viver num mundo conhecido, em que eu pudesse achar de olhos fechados qualquer livro na estante, como no meu apartamento, e ao mesmo tempo tinha o desejo de sair voando em direção a um mundo infinito. Sair ou ficar? Não conseguia decidir de jeito nenhum. Isso foi em 1995... Pelo que eu lembro agora, eu estava andando pela rua Górki, e na minha frente iam duas mulheres conversando em voz alta... eu não conseguia entendê-las... Mas elas estavam falando russo. Fiquei besta! Simplesmente assim... pasma... Umas palavras novas e principalmente a entonação. Muito dialeto do sul. E uma expressão facial diferente... Eu tinha ficado uns poucos anos fora e já me sentia uma estranha. O tempo passava muito depressa naquela época, ele voava. Moscou estava suja, o que dizer do brilho da capital! Montes de lixo por todo lado. O lixo da liberdade: latas vazias de cerveja, embalagens vistosas, cascas de laranja... Todo mundo mastigando banana. Agora não tem mais isso. Se fartaram. Eu entendi que aquela cidade que eu tinha amado tanto antes e onde eu me sentia bem e confortável, aquela cidade não existia mais. Os verdadeiros moscovitas ficavam em casa horrorizados ou tinham ido embora. A velha Moscou tinha desaparecido. Uma nova população tinha chegado. Fiquei com vontade de arrumar a mala imediatamente e fugir. Nem durante os dias do golpe de agosto eu senti tanto medo. Naquela época eu estava enlevada! Eu e uma amiga fomos com o meu Jiguli velhinho para a Casa Branca levar panfletos, que nós tínhamos imprimido na nossa faculdade, em uma máquina de xerox. Fomos e voltamos passando pelos tanques, e eu me lembro de ter ficado surpresa de ver uns remendos na blindagem dos tanques. Uns remendos quadrados, presos com parafusos...

Todos esses anos em que eu estive aqui meus amigos continuaram a viver em plena euforia: a revolução se concretizou! O comunismo caiu! De algum lugar, todo mundo tirou a certeza de que tudo daria certo, porque na Rússia tinha muita gente instruída. Um país riquíssimo. Mas o México também é rico... Com petróleo e gás não dá para comprar democracia, não dá para importar, como banana ou chocolate suíço. Não dá para determinar com um decreto presidencial... Tem que ter pessoas livres, e elas não existiam. E ainda não existem. Na Europa, a democracia foi cultivada durante duzentos anos, como um gramado. Em casa, minha mãe chorava: 'Você fala que o Stálin era ruim, mas com ele nós vencemos. Mas você quer trair a pátria'. Um velho amigo veio me visitar. Estávamos tomando chá na cozinha: 'O que vai ser? Nada de bom vai acontecer até nós fuzilarmos todos os comunas'. De novo sangue? Uns dias depois eu entreguei os documentos para sair...

— Eu me divorciei do meu marido... Solicitei a pensão, ele não paga e não paga. A minha filha entrou em uma faculdade privada, não tinha dinheiro. Uma amiga minha tinha um conhecido americano, ele começou um negócio na Rússia. Ele precisava de uma secretária, mas não queria arranjar uma modelo com um metro de perna, e sim uma pessoa confiável. A minha amiga me recomendou. Ele se interessava muito pela nossa vida, tinha muita coisa que ele não entendia. 'Por que todos os homens de negócio aqui usam sapatos envernizados?', 'E o que significa 'molhar a mão' e 'ali já está tudo combinado'?'. Esse tipo de pergunta. Mas ele tinha grandes planos. A Rússia é um mercado enorme! Foi devastado banalmente. Por meios simples. Para ele, a palavra significava muita coisa: se falavam alguma coisa, ele acreditava. Perdeu muito dinheiro e decidiu voltar para casa. Antes de ir embora, me convidou para ir a um restaurante, eu pensei que a gente iria se despedir, e pronto. Mas ele ergue o copo: 'Sabe a que vamos beber? Eu não ganhei dinheiro aqui, mas em compensação achei uma boa esposa russa'. Já estamos há sete anos juntos...

— Antes nós morávamos no Brooklyn... Só gente falando russo, lojas russas. Nos Estados Unidos, dá para nascer com uma parteira russa, estudar numa escola russa, trabalhar para um patrão russo, ir ver o sermão de um padre russo... Nas prateleiras tem a *kolbassá* do Iéltsin, do Stálin, do Mikoian... e *salo* coberto com chocolate... Os velhos ficam nos bancos jogando dominó, cartas. Têm discussões intermináveis sobre o Gorbatchóv e o Iéltsin. Tem os stalinistas e os antistalinistas. Você passa do lado e pesca: 'Stálin foi necessário?'. 'Sim, foi necessário.' Eu quando era pequena já sabia tudo do Stálin. Tinha cinco anos... Estava com a minha mãe no ponto de ônibus, pelo que eu me lembro agora perto do prédio da sede distrital do KGB, eu ficava ora fazendo manha, ora chorando alto. 'Não chore', minha mãe me pedia, 'senão umas pessoas ruins vão nos ouvir, as que pegaram o nosso vovô e muitas outras pessoas boas'. E ela começou a me contar do vovô... Minha mãe precisava conversar com alguém... Quando o Stálin morreu, no jardim de infância fomos todos colocados para chorar. Só eu não chorei. O vovô voltou do campo de trabalho e ficou de joelhos na frente da vovó, ela tinha ficado o tempo todo intercedendo por ele...

— Agora até nos Estados Unidos apareceram muitos jovens russos que usam camisetas com o retrato do Stálin. Nas capotas dos carros desenham a foice e o martelo. Odeiam os negros...

— Nós somos de Khárkov... De lá, os Estados Unidos pareciam um paraíso para nós. O país da felicidade. A primeira impressão quando nós chegamos foi: nós tentamos construir o socialismo, mas quem conseguiu construir foram os americanos. Uma moça, uma conhecida nossa, nos levou até uma liquidação; quando chegamos, meu marido só tinha um par de jeans, e eu precisava de roupas melhores. Fiquei olhando: uma sainha, três dólares, um par de jeans, cinco... Preços ridículos! O cheiro de pizza... de um bom café... De noite, eu e meu marido abrimos uma garrafa de Martini e fumamos Marlboro. O sonho tinha se realizado! Mas foi preciso começar tudo do zero aos quarenta anos. Aí você logo desce dois ou três degraus, esquece que é diretor, que é atriz, que estudou na Universidade de Moscou... Primeiro arranjei um emprego de auxiliar de enfermagem no hospital: tirava os penicos, esfregava o chão. Não aguentei. Comecei a passear com os cachorros de dois velhos. Trabalhei de caixa de supermercado... Era Nove de Maio, o meu feriado favorito. Meu pai lutou na guerra, chegou a ir até Berlim. Eu me lembrei disso... A supervisora dos caixas me disse: 'Fomos nós que vencemos, mas vocês russos também foram bem. Ajudaram-nos'. É isso que ensinam nas escolas deles. Eu quase caí da cadeira! O que é que eles sabem da Rússia? Os russos bebem copos e mais copos de vodca e têm muita neve...

— Viemos atrás de *kolbassá*, mas no fim a *kolbassá* não era tão barata como nós tínhamos sonhado...

— Os cérebros saem da Rússia, e os braços chegam... Os trabalhadores imigrantes... Minha mãe me escreveu dizendo que o porteiro tadjique deles já trouxe para Moscou toda a gente dele. Agora eles trabalham para ele, e ele é o patrão. Ele comanda. A esposa está constantemente grávida. Nos feriados deles, eles abatem um carneiro bem no pátio do prédio. Bem debaixo das janelas dos moscovitas. E fazem os seus espetinhos...

— Sou uma pessoa racional. Todo esse sentimentalismo em função da língua de nossos avós é só emotividade. Eu me proibi de ler livros russos, ver a internet russa. Quero extrair de mim tudo que for russo. Deixar de ser russo...

— Meu marido queria muito sair... Trouxemos conosco dez caixas de livros russos, para as crianças não esquecerem a língua materna. Em Moscou, na alfândega, abriram todas as caixas, procurando objetos de antiquário, e nós tínhamos Púchkin, Gógol... Os funcionários da alfândega ficaram um tempão rindo... Eu até hoje ligo a rádio Maiak e fico escutando as músicas russas...

— Rússia, minha Rússia... Petersburgo querida! Como eu quero voltar! Logo eu vou chorar... Viva o comunismo! Para casa! Até a batata aqui tem gosto ruim, é uma porcaria insuportável. Mas o chocolate russo é simplesmente incrível!

— E dos cupons para pegar roupa de baixo como antes, você gosta? Eu me lembro de quando eu estudei e aprendi o comunismo científico...

— As bétulas russas... as bétulas, depois...

— O filho da minha irmã... Ele tem um inglês excelente. Mexe com computador. Passou um ano nos Estados Unidos e voltou. Disse que agora é mais interessante na Rússia...

— Eu também vou falar... Muitos agora vivem bem lá, também: têm trabalho, casa, carro, têm tudo. Mas mesmo assim têm medo e querem sair. Você pode perder seu negócio, ser preso por nada... alguém pode machucar você na entrada do prédio... Ninguém vive de acordo com a lei: nem em cima, nem embaixo...

— Uma Rússia com o Abramóvitch e o Deripaska... com o Lujkov...* Isso é Rússia, mesmo? Esse navio está afundando...

— Pessoal, temos que morar em Goa... E ganhar dinheiro na Rússia..."

Saio para a varanda. Ali, as pessoas estão fumando e continuam a mesma conversa: quem sai hoje da Rússia são os inteligentes ou os burros? Demorei a acreditar quando ouvi alguém começar a cantar à mesa "Noites de Moscou", nossa canção soviética favorita:

Não se ouve no jardim sequer um sussurro,
Tudo aqui congelou-se até o amanhecer.
Se soubesses como me são caras
As noites de Moscou...

Volto para a sala, e todos já estão cantando. E eu também estou.

SOBRE A DESGRAÇA ALHEIA QUE DEUS COLOCOU NA SOLEIRA DA SUA PORTA

Ravchan, trabalhador imigrante, 27 anos

CONTADA POR GAVKHAR DJURÁIEVA, DIRETORA DO CENTRO MIGRAÇÃO E LEI, NA FUNDAÇÃO TADJIQUISTÃO, EM MOSCOU

"... um homem sem pátria é um rouxinol sem o seu jardim"

---

* Olieg Vladímirovitch Deripaska (1968-), empresário e bilionário russo. Iúri Mikháilovitch Lujkov (1936-), ex-prefeito de Moscou, que ocupou o cargo de 1992 a 2010.

"Conheço muito bem a morte. Em algum momento eu vou enlouquecer por causa de tudo que eu sei...

O corpo é o vaso do espírito. É a casa dele. De acordo com os costumes muçulmanos, o corpo tem que ser enterrado o quanto antes, de preferência no mesmo dia, assim que Alá toma a alma para si. Na casa do falecido, penduram um pedaço de tecido branco em um prego, ele fica lá pendurado durante quarenta dias. A alma vem voando à noite e pousa nesse retalho. Ouve as vozes dos familiares. Alegra-se. E voa para o lugar de onde veio.

Ravchan... eu me lembro bem dele... Uma história comum... Ficou seis meses sem receber salário, só que ele tinha deixado quatro filhos no Pamir, o pai estava muito doente. Ele foi até o escritório da obra, pediu um adiantamento, e eles recusaram. Foi a gota d'água. Saiu para o terraço e passou a faca na própria garganta. Me ligaram... Eu fui até o necrotério... E vi aquele rosto de uma beleza impressionante... É impossível esquecer. O rosto dele... Juntamos o dinheiro. Para mim até hoje é um mistério a maneira como funciona esse mecanismo interno: ninguém tem um copeque, mas se uma pessoa morre em um instante você arrecada a quantia necessária, entregam as últimas economias para que ela seja enterrada em casa, na sua terra. Não fique no estrangeiro. É a única nota de cem rublos no bolso, e abrem mão dela. Se você disser que precisa ir para casa, não dão, se disser que o filho está doente, não dão, mas na morte, aí dão. Me trouxeram e deixaram na minha mesa uma sacola de plástico cheia de notas amassadas de cem rublos. E eu fui com elas até o caixa da Aeroflot. Ver o chefe. A alma voa sozinha para casa, mas enviar o caixão de avião é muito caro.

(*Pega uns papéis da mesa. Lê.*)

... Os policiais entraram em um apartamento em que moravam imigrantes ilegais: uma mulher grávida e o marido; bem na frente da mulher, começaram a espancar o homem porque eles não tinham registro. Ela começou a ter uma hemorragia e morreu; morreu também o filho, que nem tinha nascido...

... Na região de Moscou, desapareceram três pessoas: dois irmãos e uma irmã... Os parentes deles, que vieram do Tadjiquistão, nos procuraram, pedindo ajuda. Nós telefonamos para a panificadora em que eles trabalhavam até então. Na primeira vez, nos responderam: 'Não conhecemos nenhum desses aí'. Na segunda vez, o próprio dono atendeu o telefone: 'Sim, uns tadjiques trabalhavam para mim. Eu paguei três meses para eles, e eles foram embora no mesmo dia. Não sei dizer para onde foram'. Então nós procuramos a polícia. Os três foram encontrados na floresta, mortos a golpes de pá e enterrados ali. O dono da panificadora começou a ligar para a fundação, ameaçando: 'Eu tenho gente por todo lado. Eu vou enterrar vocês também'.

... Dois jovens tadjiques foram levados de ambulância da obra para o hospital... Passaram a noite inteira estirados na recepção fria, ninguém veio ver o que eles tinham. Os médicos nem escondiam o que sentiam: 'E o que é que vocês vieram fazer aqui, seus bundas pretas?'.

... Em uma madrugada, funcionários da polícia especial tiraram de dentro de um porão quinze tadjiques, porteiros, colocaram todos na neve e começaram a bater. A pisar neles com suas botas com chapas de ferro. Um menino de quinze anos morreu...

... Uma mãe recebeu o filho morto, que veio da Rússia. Sem os órgãos internos... No mercado negro moscovita você consegue comprar tudo que tem dentro de um ser humano: rins, pulmões, fígado, córneas, válvulas cardíacas, pele...

Esses são meus irmãos e irmãs... Eu também nasci no Pamir. Sou das montanhas. A terra para nós tem peso de ouro, o trigo não se mede com sacos, mas com *tubeteikas*.* Por todo lado,

---

* Tradicional chapéu da Ásia Central.

temos montanhas gigantescas, perto delas qualquer prodígio feito pelo homem fica parecendo coisa de criança. De brinquedo. Você vive lá com os pés na terra e a cabeça nas nuvens. Você está tão alto que parece que já não está neste mundo. O mar é completamente diferente, o mar seduz você, mas as montanhas dão a sensação de proteção, elas guardam você. É a segunda parede de casa. Os tadjiques não são guerreiros, quando o inimigo entrava na terra deles, eles subiam para as montanhas... (*Silêncio.*) Minha música tadjique predileta é um pranto pela terra natal que foi deixada para trás. Eu sempre soluço quando escuto... A coisa mais terrível para um tadjique é deixar a sua pátria. Viver longe dela. Um homem sem pátria é um rouxinol sem o seu jardim. Já faz muito anos que eu moro em Moscou, mas vivo sempre cercada pelas coisas que eu tinha em casa: toda vez que vejo as montanhas em uma revista, eu recorto a fotografia e coloco na parede, e também quando traz um damasqueiro em flor, o algodoeiro branco. Em sonho, eu sempre colho o algodão... Abro uma caixinha, as bordas dessa caixinha são muito afiadas, mas dentro tem uma bolinha branca, como algodão, quase sem peso, tem que tirar ela de lá com jeito, para não arranhar as mãos. De manhã acordo cansada... Nas feiras moscovitas procuro maçãs tadjiques, elas são as mais docinhas, a uva tadjique, ela é mais doce que o açúcar refinado. Na infância eu sonhava que um dia veria uma floresta russa, com cogumelos... Eu vou lá e vou ver essas pessoas. É a segunda parte da minha alma: a isbá, o fogareiro, os pastéis. (*Silêncio.*) Estou contando da nossa vida... E dos meus irmãos... Para vocês, eles têm todos a mesma cara: cabelo escuro, sujos, hostis. São de um mundo incompreensível. A desgraça alheia que Deus colocou na soleira da sua porta. Mas eles não sentem que vieram para um lugar de gente estranha, porque os pais deles moravam na urss, e Moscou era a capital para todos. E agora aqui eles ganharam um trabalho e um teto. No Oriente, dizem: não cuspa no poço de onde você tira água. Na escola, todos os meninos tadjiques sonham em ir ganhar dinheiro na Rússia… Para comprar a passagem, pegam dinheiro emprestado com a aldeia inteira. Os funcionários russos da alfândega perguntam para eles na fronteira: 'Para a casa de quem você vai?'. Eles respondem: 'Da Nina'… Todas as mulheres russas para eles são Nina. Ninguém estuda mais russo nas escolas. Todos trazem um tapetinho para as orações…

(*Estamos conversando na Fundação. Existem ali apenas algumas poucas salas pequenas. Os telefones não param de tocar.*)

Ontem eu salvei uma moça… Ela fez a proeza de me ligar de dentro do carro em que estava sendo levada por uns policiais para a floresta, e me ligou sussurrando: 'Me pegaram na rua, e agora estão me levando para fora da cidade. Estão todos bêbados'. Deu o número da viatura… Por estarem bêbados, eles se esqueceram de revistá-la e tomar o celular. A moça tinha acabado de chegar de Duchambé… uma moça bonita… Eu sou uma mulher oriental, eu ainda era pequena, mas minha mãe e minha avó já me ensinavam como eu tinha que conversar com os homens. 'Fogo não se vence com fogo, mas só com sabedoria', dizia a minha avó. Eu liguei no departamento de polícia: 'Escute, só, meu querido, tem uma coisa estranha acontecendo: o seu pessoal pegou uma moça nossa e está levando sabe-se lá para onde, e eles estão embriagados. Ligue para eles, antes que isso acabe mal. Já sabemos o número da viatura'. Do outro lado da linha veio uma torrente de xingamentos: esses '*tchúrki*'… esses 'macacos negros', que desceram só ontem da árvore, por que diabos você perde tempo com eles, ele falou. 'Meu querido, escute só, eu sou um 'macaco negro' como eles… Sou a sua mamãe…' Silêncio! Lá também tinha um ser humano… Sempre fico com essa esperança… Conversa vai, conversa vem, começamos a nos entender. Quinze minutos depois, a viatura deu a volta… Trouxeram a moça de volta… Podiam ter estuprado, matado. Mais de uma vez... recolhi aos pedaços essas moças na floresta... Sabe o que eu faço? Eu trabalho como alquimista... A nossa fundação tem fins sociais, não temos dinheiro, não temos poder, temos só pessoas boas. Nossos colaboradores. Ajudamos, salvamos as pessoas indefesas. O resultado desejado é obtido a partir do nada: da sensibilidade, da intuição, da adulação oriental, da piedade russa, de palavras simples como 'meu querido', 'meu caro amigo', 'eu sabia que você era um homem de verdade, que você com certeza ajudaria uma mulher'. Rapaziada, eu digo para os sádicos de farda, eu confio em vocês. Confio que vocês são seres humanos. Uma vez tive uma conversa longa com um general da polícia... Não era um idiota, um tarimbeiro, mas um homem com aspecto de intelectual. 'Você sabe', eu disse para ele, 'tem um verdadeiro agente da Gestapo trabalhando para vocês. Um mestre das torturas, todo mundo tem medo dele. Os mendigos e os imigrantes ilegais que caem na mão dele acabam virando inválidos'. Eu achei que ele ficaria horrorizado ou assustado, que defenderia a honra do uniforme. Mas ele olhou para mim com um sorriso: 'Passe para mim o sobrenome dele. Parabéns para ele! Vamos promover o rapaz, condecorar. Temos que manter quadros como esse. Vou designar um prêmio para ele'. Fiquei anestesiada. E ele continuou: 'Vou falar francamente para você... Nós criamos de propósito essas condições insuportáveis para vocês, para vocês irem embora logo. Em Moscou, tem dois milhões de imigrantes, a cidade não consegue absorver essa quantidade de gente que de repente veio parar na nossa cabeça. Vocês são muitos, é gente demais'. (*Silêncio.*)

Moscou é bonita... Eu e você andamos por Moscou, e você ficou o tempo todo maravilhada: 'Como Moscou ficou bonita! Já é uma capital europeia!'. Mas eu não sinto essa beleza. Eu vou andando, vendo as novas construções e lembrando: aqui morreram dois tadjiques, caíram do andaime... aqui um se afogou no

498

cimento… Fico lembrando os míseros copeques que eles recebiam para dar duro ali. Todos enriquecem à custa deles: burocratas, policiais, funcionários do município… Os porteiros tadjiques são registrados com um salário de trinta mil, mas na mão deles dão sete mil. O resto tomam, o dinheiro é dividido entre vários chefes… entre os chefes dos chefes… As leis não funcionam, em vez da lei quem manda é a grana e a força. O homem pequeno é o mais indefeso, um animal da floresta está mais protegido que ele. Quem defende os animais de vocês é a floresta, os nossos são as montanhas… (*Silêncio.*) Passei a maior parte da minha vida no socialismo, agora fico lembrando como nós idealizávamos o ser humano, eu pensava o melhor do ser humano naquela época. Em Duchambé, eu trabalhava na Academia de Ciências. Estudava História da Arte. Eu achava que os livros… que aquilo que o ser humano escrevia sobre si era verdade… Não, é um quinhão insignificante de verdade… Já faz tempo que eu não sou mais uma idealista, agora sei coisas demais… Tem uma moça que vem sempre me ver, ela é doente… É uma violinista famosa nossa. Por que ela ficou louca? Talvez por terem dito para ela: 'Você toca violino, mas para que você precisa disso? Você sabe duas línguas, para quê? O seu trabalho é arrumar, é varrer. Aqui vocês são escravos'. Essa moça não toca mais violino. Esqueceu tudo.

Tinha também um rapaz jovem… Ele foi pego pelos policiais em algum lugar nos arredores de Moscou, tomaram o dinheiro dele, mas ele tinha pouco. Ficaram com raiva. Levaram para a floresta. Espancaram. Era inverno. Muito frio. Tiraram a roupa dele, ele ficou só de cueca… Hahaha… Rasgaram todos os documentos que ele tinha… E ele me contou tudo isso. Perguntei: 'Como é que você se salvou?'. 'Eu pensei que ia morrer, saí correndo descalço pela neve. E de repente, como nos contos de fada, vi uma pequena isbá. Bati na porta, saiu um velhinho. E esse velhinho me deu um casaco de pele de ovelha para eu me esquentar, me serviu chá e me deu geleia. Me emprestou uma roupa. No dia seguinte, me levou até uma vila maior e achou um caminhoneiro que me trouxe de volta para Moscou.'

Esse velhinho… também é a Rússia…"

(*Da sala ao lado chamaram: "Gavkhar Kandílovna, alguém veio ver a senhora". Fiquei esperando que ela retornasse. Eu tinha tempo, e fiquei relembrando as coisas que ouvira nos apartamentos de Moscou.*)

NOS APARTAMENTOS DE MOSCOU

"— Eles vêm para cá aos montes… A alma russa é muito boa…

— O povo russo não é nada bom. Isso é um erro enorme. É compassivo, é sentimental, mas não é bom. Mataram um vira-lata e filmaram em vídeo. A internet inteira se levantou. Estavam dispostos a fazer um linchamento. Aí queimaram uns trabalhadores imigrantes num mercado: o dono trancou todos à chave, de madrugada, num vagão de metal, junto com os produtos; só os defensores dos direitos humanos saíram em defesa deles. Os que pelo tipo de atividade têm a obrigação de defender todo mundo. A opinião geral era: esses morreram, outros vão vir ocupar o lugar deles. Não têm rosto, não têm língua… são estranhos…

— São escravos. Escravos contemporâneos. Tudo que eles possuem é o c… e um par de tênis. Na terra deles é ainda pior do que no porão mais podre de Moscou.

— Um urso veio parar em Moscou para hibernar durante o inverno. Ficou se alimentando de imigrantes ilegais. Quem é que vai contar quantos foram… Hahaha…

— Até a queda da URSS vivíamos numa só família… foi isso que nos ensinaram nas aulas de educação política… Na época eles eram 'hóspedes da capital', mas agora são '*tchúrki*', são '*khatchi*'. Meu avô me contou de como ele lutou junto com os uzbeques em Stalingrado. Acreditavam ser irmãos para sempre!

— Vocês me deixam surpreso... Eles mesmos se separaram. Queriam a liberdade. Esqueceram? Lembrem-se de como nos anos 1990 eles matavam os russos. Pilhavam, violentavam. Expulsavam de todos os lugares. No meio da noite, alguém batia à porta... Entravam com tudo, uns com facas, outros com metralhadoras: 'Fora da nossa terra, seus canalhas russos!'. Cinco minutos para arrumar as coisas... E uma passagem de graça até a estação mais próxima. As pessoas saíam correndo dos seus apartamentos, de chinelos... Foi assim que tudo aconteceu...

— Nós lembramos a humilhação dos nossos irmãos e irmãs! Morte aos *tchúrki*! É difícil acordar o Urso Russo, mas se ele levanta, derrama um tanto de sangue.

— Deram com a coronha do fuzil russo na cara do Cáucaso. E agora, quem é o próximo?

— Odeio os *skinheads*! Eles só são capazes de uma coisa: pegar seus tacos de beisebol e seus martelos e espancar até a morte um porteiro tadjique que não fez nada para eles. Nas manifestações, eles berram: 'A Rússia para os russos, Moscou para os moscovitas'. A minha mãe é ucraniana, meu pai é moldávio, só minha avó por parte de mãe é russa. Eu sou o quê? Que princípio vão usar para 'limpar' a Rússia dos não russos?

— Três tadjiques substituem um caminhão basculante. Hahaha...

— Já eu tenho saudade de Duchambé. Eu cresci lá. Aprendi o persa. A língua dos poetas.

— Experimente só andar pela cidade carregando um cartaz dizendo 'Amo os tadjiques'. Num instante você vai levar uma na cara.

— Ao lado da nossa casa tem uma obra. Os *khatchi* ficam farejando, como ratazanas. Por causa deles dá medo ir à noite até o mercado. Podem matar qualquer um por causa de um celular barato...

— Hahaha! Fui assaltado duas vezes: por russos. Por pouco não fui assassinado no meu próprio prédio: por russos. Como eu estou de saco cheio desse povo carola.

— Mas você por acaso gostaria de que a sua filha se casasse com um imigrante?

— Esta é a minha cidade natal. A minha capital. E eles vieram para cá com a xaria deles. Na Festa do Sacrifício eles mataram um carneiro bem debaixo da minha janela. Por que não na praça Vermelha, logo? Os gritos do pobres animais, o sangue jorrando... Você anda pela cidade: aqui... e ali também... poças vermelhas no asfalto... Eu passo com o meu filho, e ele: 'Mamãe, o que é isso?'. Nesse dia, a cidade fica 'preta'. Não é mais a nossa cidade. São centenas de milhares deles, saindo aos montes dos seus porões... Os policiais ficam espremidos contra a parede, de medo...

— Sou namorada de um tadjique. O nome dele é Said. Tem uma beleza divina! Na terra dele era médico, aqui trabalha na construção civil. Fiquei loucamente apaixonada por ele. O que fazer? Quando eu me encontro com ele, nós passeamos nos parques ou vamos para algum lugar fora da cidade, para não encontrar nenhum conhecido meu. Tenho medo dos meus pais. Meu pai me advertiu: 'Se eu vir você com um cara preta, mato os dois a tiros'. O que o meu pai faz da vida? É músico... estudou no conservatório...

— Se um 'preto' anda com uma moça... nossa?! Tem que castrar um desses.

— Por que é que eles são odiados? Por causa dos olhos castanhos, pelo formato do nariz. São odiados sem qualquer motivo. Aqui todo mundo odeia alguém, sem exceção: ou os vizinhos, ou os gambés, ou os oligarcas... os idiotas dos ianques... Quem você quiser! Tem muito ódio no ar... não dá para encostar em ninguém..."

"... *o levante popular que eu vi me deixou assustada pelo resto da vida*"

(*Hora do almoço. Eu e Gavkhar tomamos chá em uma tigelinha tadjique e continuamos a conversa.*)
— Em algum momento eu vou ficar louca por tudo que eu lembro...

Em 1992... Em vez da liberdade que todos nós esperávamos, começou uma guerra civil. Os de Kuliab matavam os do Pamir, os do Pamir matavam os de Kuliab... Karateguin, Guissar, Garm: todos se dividiram. Nas paredes das casas, penduraram cartazes: 'Russos, tirem as mãos do Tadjiquistão!', 'Comunistas, voltem para a Moscou de vocês!'. Já não era mais a minha querida Duchambé... Pelas ruas da cidade, vagavam multidões com vergalhões e com pedras nas mãos... Pessoas totalmente pacíficas e calmas tinham se transformado em assassinos. Ontem ainda eram pessoas diferentes, bebiam chá tranquilamente nas casas de chá, mas agora estavam andando por aí abrindo as barrigas das mulheres com varas de ferro... Pilhando lojas, quiosques. Eu fui à feira... Nas acácias, tinha vestidos e chapéus pendurados, no chão tinha mortos, todos juntos: pessoas, animais... (*Silêncio.*) Eu me lembro... Uma manhã bonita. Por um tempo eu me esqueci da guerra. Pareceu que tudo seria como antes. A macieira estava florescendo, e o damasqueiro... Sem guerra nenhuma. Abri bem a janela e logo vi aquela multidão negra. Todos eles caminhavam em silêncio. De repente um deles se virou, e os nossos olhos se encontraram... dava para ver que ele era pobre, o olhar daquele rapaz me dizia: agora mesmo eu posso entrar na sua bela casa e fazer tudo que eu quiser, essa é a minha hora... Foi isso que os olhos dele me disseram... fiquei horrorizada... Eu me afastei da janela, puxei as cortinas, a primeira, depois a segunda, saí correndo e fechei a porta, tranquei todas as fechaduras e me escondi no quarto mais distante. Nos olhos dele tinha um furor… Tem alguma coisa de satânico na multidão. Tenho medo de lembrar isso… (*Chorando.*)

Eu vi um menino russo sendo assassinado no pátio do prédio. Ninguém saiu, todos fecharam as janelas, eu voei para a varanda vestida com um roupão de banho: 'Deixem o menino em paz! Vocês já o mataram!'. Ele estava deitado, imóvel… Foram embora. Mas logo voltaram e começaram a bater de novo, eram uns moleques, como ele. Meninos… eles eram meninos… Eu liguei para a polícia: eles viram em quem estavam batendo e foram embora. (*Silêncio.*) Recentemente, em Moscou, eu ouvi alguém em um grupo dizendo: 'Eu amo Duchambé. Que cidade interessante era aquela! Tenho saudade daquela cidade'. Como eu fiquei grata àquela pessoa russa! Nada pode nos salvar além do amor. Quando alguém pede o mal em oração, Alá não ouve. Alá ensina: não se deve abrir uma porta que depois você não vai fechar… (*Pausa.*) Mataram um amigo nosso… Ele era poeta. Os tadjiques amam poesia, em todas as casas tem livros de poesia, mesmo que só um ou dois, para nós o poeta é um santo. Não se deve tocar nele. Mataram! Antes de matar, quebraram as mãos dele… Porque ele escrevia… Depois de pouco tempo, mataram um outro amigo… No corpo, não tinha nenhum hematoma, o corpo estava limpo, bateram na boca… Porque ele falava… Era primavera. Estava ensolarado, quentinho, e as pessoas se matando… Dava vontade de fugir para as montanhas.

Todos foram embora para algum lugar. Se salvaram. Nossos amigos viviam nos Estados Unidos. Em São Francisco. Me convidaram para ficar na casa deles. Alugaram um pequeno apartamento lá. Tão bonito! O oceano Pacífico… Aonde quer que você vá, lá está ele. Passei dias inteiros sentada na praia, chorando, não conseguia fazer nada. Eu tinha vindo da guerra, onde podiam matar alguém por um litro de leite… Um velhinho vinha caminhando pela orla, as calças arregaçadas, uma camiseta colorida.

Parou perto de mim: 'O que aconteceu com você?'. 'Meu país está em guerra. Irmão matando irmão.' 'Fique aqui.' Ele disse que o oceano e a beleza curam... Ficou muito tempo me consolando. E eu chorando. Quando me diziam palavras bondosas, eu tinha uma só reação: as lágrimas brotavam como se fosse uma cachoeira. Palavras bondosas me faziam chorar mais do que os tiros lá de casa. Do que o sangue.

Mas eu não consegui morar nos Estados Unidos. Queria muito ir para Duchambé, mas já que voltar para casa era muito perigoso queria então ficar mais perto de casa. Nos mudamos para Moscou... Fiquei hospedada na casa de uma poeta. Ouvia resmungos infinitos: o Gorbatchóv é um falastrão... o Iéltsin é um bêbado... o povo é cretino... Quantas vezes eu já não tinha ouvido aquilo? Milhares de vezes! A dona da casa queria pegar o meu prato e lavar, mas eu não deixava: consigo comer tudo em um só prato. Tanto um peixe como um doce. Eu tinha vindo da guerra... Outro escritor tinha uma geladeira lotada de queijo e de *kolbassá* — os tadjiques já tinham esquecido o que era isso —, e de novo fiquei a noite inteira ouvindo aquele resmungo enfadonho: o poder é ruim, os democratas são parecidos com os comunistas... o capitalismo russo é canibal... E ninguém faz nada. Todos ficam esperando que logo vá acontecer uma revolução. Eu não gosto dessas pessoas decepcionadas na cozinha. Não faço parte desse grupo. O levante popular que eu vi me deixou assustada pelo resto da minha vida, eu sei o que é a liberdade em mãos inexperientes. Essa conversa sempre termina em sangue. A guerra é um lobo que pode entrar também na sua casa... (*Silêncio.*)

Você viu essas cenas na internet? Elas me deixaram completamente fora do eixo. Fiquei uma semana largada na cama... Essas cenas... Mataram alguém e filmaram. Eles tinham um roteiro, desempenhavam papéis... Como num filme de verdade... Agora precisavam de espectadores. E nós assistimos... eles nos fizeram assistir... É um rapaz andando pela rua, um rapaz dos nossos, um tadjique... Eles chamam o rapaz, ele se aproxima, é derrubado no chão. Batem nele com tacos de beisebol; primeiro ele fica se contorcendo no chão, mas depois ele para. Ele é amarrado e colocado no porta-malas. Na floresta ele é amarrado a uma árvore. Dá para ver que a pessoa que está filmando fica procurando o ângulo, para ter a melhor tomada. Cortam a cabeça do rapaz. De onde veio isso? Cortar cabeças... Isso é um ritual oriental. Não é russo. Provavelmente ele veio da Tchetchênia. Eu lembro... Um ano matavam só com 'chave de fenda', depois apareceram os tridentes, depois dele os canos e os martelos... A morte sempre vinha com o golpe de um objeto contundente. Agora tem uma nova moda... (*Silêncio.*) Dessa vez acharam os assassinos. Serão julgados. Todos são meninos de boas famílias. Hoje matam um tadjique, amanhã vão matar os ricos ou gente que reza para outro Deus. A guerra é um lobo... Ele já chegou..."

NOS PORÕES DE MOSCOU

Escolhemos um prédio: uma stálinka *bem no centro de Moscou. Esses prédios foram construídos na época de Stálin para a elite bolchevique, e por isso são chamados de* stálinkas; *até hoje valem muito. O estilo é imperial stalinista: relevos nas fachadas, baixos-relevos, colunas, o pé-direito dos apartamentos é de três ou quatro metros. Os descendentes dos antigos líderes empobreceram, agora ali residem os "novos-russos". Estacionados ali você vê Bentleys, Ferraris. No térreo, brilham as luzes das vitrines de butiques caras.*

Em cima, há uma vida; debaixo da terra, outra. Eu e um famoso jornalista descemos até o porão... Por muito tempo, serpenteamos entre canos enferrujados e paredes emboloradas; de quando em quando, nosso caminho é bloqueado por portas de ferro pintadas, com cadeados e parecendo fundidas ao batente; mas tudo isso é ficção. Uma batida convencional, e você pode passar. O porão é cheio

*de vida. Um longo corredor iluminado: de ambos os lados, há quar-
tos, com paredes de compensado; no lugar de portas, cortinas multi-
coloridas. O subterrâneo de Moscou é dividido entre tadjiques e uzbeques. Caímos na área tadjique. Em cada quarto, há entre
dezessete e vinte pessoas. É uma comuna. Alguém reconhece o meu
"guia" — não é a primeira vez dele aqui — e convida-nos para seu
quarto. Entramos no quarto: na entrada, há um monte de sapatos,
e carrinhos de bebê. Em um canto, há um fogão, um botijão de gás;
ao redor dele, estão amontoadas mesas e cadeiras, trazidas para cá
do entulho mais próximo. Todo o espaço restante é ocupado por be-
liches rústicos.*

*É hora do jantar. Umas dez pessoas já estão sentadas à mesa.
Somos apresentados: Amir, Khurchid, Ali... Os mais velhos estuda-
ram em escolas soviéticas, falam russo perfeitamente. Os jovens não
falam a língua. Só sorriem.*

Estão contentes com os hóspedes.

"Logo nós vamos comer um pouco. (*Quem nos acomoda à
mesa é Amir, no passado um professor, aqui faz as vezes de ancião.*)
Prove o *plov* tadjique. Minha mãe, que delícia! Entre os tadjiques
é assim: se você encontrar uma pessoa perto da sua casa, tem que
convidar a pessoa e dar uma xícara de chá."

*Não posso ligar o gravador: eles têm medo. Alcanço uma cane-
ta. Nesse ponto, sou ajudada pela reverência camponesa que eles
têm por uma pessoa que escreve. Alguns deles vieram de um vilarejo;
outros desceram das montanhas. E foram cair logo numa megalópo-
le gigantesca.*

"— Moscou é um lugar bom, tem muito trabalho. Mas no
geral dá muito medo viver aqui. Eu ando pela rua sozinho... Até

mesmo de dia… Não olho nos olhos do pessoal jovem: eles podem me matar. Tem que rezar todos os dias…

— No trem uma vez três vieram me abordar… Eu estava voltando do trabalho. 'O que você está fazendo aqui?' 'Estou indo para casa.' 'Onde fica a sua casa? Quem foi que chamou você aqui?' E começaram a me bater. Batiam e gritavam: 'Rússia para os russos! Glória à Rússia!'. 'Pessoal, mas por quê? Alá está vendo tudo.' 'O seu Alá não vê você aqui, não. Aqui nós temos o nosso Deus.' Arrancaram meus dentes… quebraram minha costela… Um vagão cheio de gente, e só uma moça veio me defender: 'Deixem o rapaz! Ele nem encostou em vocês'. 'O que você quer? Estamos batendo num *khatch*.'

— Mataram o Rachid… Deram trinta facadas. Agora me diga, por que trinta facadas?

— Tudo é a vontade de Alá… O pobre até em cima de um camelo é mordido pelo cachorro.

— Meu pai estudou em Moscou. Agora ele fica dia e noite chorando pela URSS. Ele tinha o sonho de que eu também fosse estudar em Moscou. Mas aqui eu apanho da polícia, apanho do patrão… Vivo num porão, como um gato.

— Não tenho saudade da URSS… O tio Kólia, nosso vizinho… ele era russo… Ele gritava com a minha mãe quando ela respondia para ele em tadjique: 'Fale numa língua normal. A terra é de vocês, o poder é nosso'. Minha mãe chorava.

— Hoje eu tive um sonho: ia andando pela nossa rua, os vizinhos iam saudando: '*Salaam Aleikum*'… '*Salaam Aleikum*'… Nos nossos *kichlaks* ficaram só mulheres, velhos e crianças.

— Em casa o meu salário era de cinco dólares por mês… Esposa, três filhos… No *kichlak* as pessoas ficam anos sem ver açúcar…

— Nunca fui à praça Vermelha. Não vi o Lênin. Trabalho! Trabalho! É pá, picareta, carrinho. Eu fico o dia inteiro como uma melancia, a água vertendo de mim.

— Paguei um major para conseguir os meus documentos: 'Que Alá dê saúde. Que bom homem!'. Mas os documentos eram falsos. Me puseram na 'gaiola dos macacos'. Me chutaram, me deram cacetadas.

— Se não tem documento, não é ser humano...

— Um homem sem pátria é um cão abandonado... Qualquer um pode ofender. A polícia para dez vezes por dia: 'Mostre os documentos'. Um papel você tem, o outro não. Se não der dinheiro, eles batem.

— Com que nós trabalhamos? Somos pedreiros, carregadores, porteiros, lavadores de louça... Aqui, de gerente é que nós não trabalhamos...

— Minha mãe está satisfeita, eu mando dinheiro para ela. Encontrou uma moça bonita para mim, eu ainda nem a vi. Minha mãe que escolheu. Vou chegar lá e me casar.

— Passei o verão inteiro trabalhando para um ricaço que morava perto de Moscou, mas no fim eles não me pagaram: 'Vá embora! Vá embora! Eu já dei comida para você'.

— Quando você tem cem carneiros, você tem a razão. Você tem sempre a razão.

— Um amigo meu também pediu dinheiro para o patrão pelo trabalho. Depois a polícia ficou um tempão procurando por ele. Desenterraram na floresta... A mãe recebeu um caixão vindo da Rússia...

— Se eles nos expulsam... Quem é que vai construir Moscou? Varrer os pátios dos prédios? Pelo dinheiro que nos pagam, os russos não vão pegar no batente.

— Eu fecho os olhos e vejo: o *aryk** fluindo, o algodoeiro em flor, as flores são de um adorável tom rosado, como um jardim.

---

* Na Ásia Central e partes do Cáucaso, pequeno canal usado para irrigação.

— E você sabe que nós tivemos uma grande guerra? Logo depois da queda da URSS, começou o tiroteio... Só vivia bem quem tinha uma metralhadora. Eu ia para a escola... Todo dia eu via dois ou três cadáveres. Minha mãe não me deixava ir para a escola. Eu ficava em casa, lendo Khayyam. Na nossa terra, todo mundo lê o Khayyam. Você conhece? Se conhece, então você é minha irmã.

— Matavam os infiéis...

— Só Alá pode dizer quem é fiel e quem é infiel. Ele é quem pode julgar.

— Eu era pequeno... Não atirei em ninguém. Minha mãe contava que antes da guerra eles viviam assim: no mesmo casamento, falam em tadjique, em uzbeque e em russo. Quem queria rezava, e quem não queria não rezava. Me diga, irmã, por que é que as pessoas aprenderam tão rápido a matar as outras? Todas elas leram o Khayyam na escola. E o Púchkin.

— O povo é uma caravana de camelos, que é tocada na base do chicote...

— Estudo russo... Escute: moça bonito, pao, dinheiro... chefe mau...

— Já estou há cinco anos em Moscou, e até hoje ninguém me cumprimentou. Os russos precisam dos 'pretos' para eles poderem se sentir 'brancos', olhar para alguém de cima para baixo.

— Como toda madrugada tem sua manhã, também toda dor conhece seu fim.

— Nossas moças são mais vistosas. Não é à toa que elas são comparadas às romãs...

— Tudo é a vontade de Alá..."

Do subterrâneo, voltamos para cima. Agora, vejo Moscou com outros olhos: sua beleza me parece fria e inquietante. Moscou, você se importa em ser ou não ser amada?

SOBRE A VIDA QUE É FODA E SOBRE OS CEM GRAMAS DE UM POZINHO LEVE EM UM VASINHO BRANCO

Tamara Sukhovei, garçonete, 29 anos

"A vida é foda! É isso que eu posso dizer para você... Ela não dá presentes. Nunca vi nada bom ou bonito na vida. Não lembro... Não lembro, nem matando! Já tentei me envenenar, já tentei me enforcar. Fiz três tentativas de suicídio... Agora eu abri a veia... (*Mostra o braço enfaixado.*) Aqui... neste lugar... Eles me salvaram, e eu dormi durante uma semana. Fico só dormindo e dormindo. O meu organismo é assim... A psiquiatra veio... Assim como você agora, ela me pediu: fale, fale... O que contar? Não tenho medo da morte... Você veio aqui e está sentada aí à toa. À toa! (*Vira-se para a parede e fica em silêncio. Faço menção de sair, mas ela me detém.*) Tudo bem, escute... É tudo verdade...

Eu ainda era pequena... Cheguei da escola, deitei e, de manhã, não levantei da cama. Fui levada para o médico: nenhum diagnóstico. Então vamos procurar uma senhora, uma curandeira. Nos deram o endereço... A senhora tirou as cartas e disse para a minha mãe: 'Você vai chegar em casa, vai furar o travesseiro com que a sua filha dorme. Lá, você vai achar o pedaço de uma gravata e uns ossos de galinha. A gravata você vai pendurar numa cruz perto da estrada, e os ossos você vai dar para um cachorro preto. Sua filha vai levantar e sair andando. Puseram quebranto nessa menina'. Nunca vi nada bom ou bonito na vida... E essas veias, é uma bosta isso, eu simplesmente cansei de lutar... Desde a infância eu vivi assim: na geladeira, só vodca. No nosso vilarejo todo mundo bebe desde os doze anos. A vodca boa é cara, então bebem *samogon*, água-de-colônia, limpa-vidros, acetona. Fazem vodca com graxa, com cola. Os homens jovens morrem, claro que se envenenam com tanta vodca. Lembro que um vizinho ficava bêbado e começava a disparar contra as macieiras. Mobilizava todo mundo na casa dele... Meu avô também bebeu até a velhice. Aos setenta anos, conseguia beber duas garrafas numa noite. Se gabava disso. Ele voltou da guerra cheio de medalhas. Um herói! Passou um bom tempo andando com seu capote, bebendo, passeando, comemorando. E a minha avó trabalhando. Mas o vovô é que era o herói... Meu avô dava umas surras violentas na minha avó, eu ficava de joelhos na frente dele para ele não tocar nela. Ele perseguia a gente com um machado... Tínhamos que passar a noite na casa dos vizinhos. No galpão. Matou o cachorro a machadadas. Depois do meu avô, peguei ódio de todos os homens. Pensava em morar sozinha.

Cheguei na cidade... Tinha medo de todo mundo: dos carros, das pessoas. Mas todo mundo estava indo para a cidade, e eu também. Minha irmã mais velha morava aqui, ela me acolheu: 'Você vai estudar, vai virar garçonete. Você é bonita, Tomka. Vai arranjar um marido militar. Um aviador'. A-hã... aviador... Meu primeiro marido era manco, baixinho. Minhas amigas tentaram me dissuadir: 'Para que você precisa dele? Tem cada rapaz dando em cima de você!'. Mas eu sempre adorei filmes de guerra, as mulheres esperando seus maridos do front, não importando como eles voltariam: sem pernas, sem braços, mas vivo. Minha avó contava: no nosso vilarejo, trouxeram de volta um sem as duas pernas, então a esposa carregava o marido nos braços pelo quintal. E ele ficava bebendo, causando transtorno. Caía na sarjeta, ela ia lá levantar o homem, lavava em uma tina e colocava em uma cama limpa. Eu achava que aquilo é que era amor... Eu não entendo o que é o amor... Fiquei com dó dele, peguei afeição. Eu e ele colocamos três filhos no mundo, e ele começou a beber, me ameaçava com uma faca. Não me deixava dormir na cama... eu ficava largada no chão... Desenvolvi reflexos, como um cão de Pávlov: o marido entrava em casa, eu e as crianças saíamos de casa. Eu me debulho em lágrimas com tudo que lembro... Ou dá vontade de mandar tudo à puta que pariu! Não tive nada de bonito na vida, só nos filmes. Na televisão. Assim... sentar um pouco e sonhar junto com alguém... sentir um pouco de alegria...

Já estava grávida do segundo filho... Chegou um telegrama do meu vilarejo: 'Venha para o enterro. Sua mãe'. Antes disso, uma cigana na estação de trem tinha adivinhado para mim: 'Tem uma longa viagem à sua espera. Você vai enterrar seu pai, vai chorar por muito tempo'. Não acreditei. Meu pai era saudável, era tranquilo. Minha mãe bebia muito, entornava desde cedo, mas ele ordenhava as vacas, cozinhava as batatas, tudo sozinho. Ele a amava muito, ela tinha enfeitiçado meu pai, ela conhecia alguma coisa, lá, algum elixir. Cheguei em casa... Fiquei sentada ao lado do caixão, chorando. A menina da vizinha cochichou no meu ouvido: 'A avó matou o avô com uma panela de ferro, mas me disse para eu ficar quieta. Prometeu me comprar uns bombons de chocolate...'. Fiquei fora de mim, fiquei até enjoada, justamente de medo... De terror... E quando não tinha ninguém em casa, todos tinham ido embora, eu tirei a roupa do meu pai e procurei hematomas nele. Ele não tinha hematomas, só na cabeça ele tinha uma escoriação grande. Mostrei para a minha mãe, ela respondeu que ele estava cortando lenha, uma lasca de madeira saiu voando e pegou nele. Caí em lágrimas a noite inteira... e sentindo que ele queria me dizer alguma coisa... Mas minha mãe não saía de perto, ficou sóbria a noite inteira, não me deixou sozinha nenhuma vez. Vi que de manhã tinha uma lágrima de sangue saindo por debaixo dos cílios do meu pai. Uma... outra... As lágrimas caíam, como se ele estivesse vivo... Terrí-í-ível! Foi no inverno. No cemitério, abriram a cova com picareta, tiveram que esquentar a terra: na cova, fizeram uma fogueira com troncos de bétulas e invólucros de pneu. O pessoal exigiu uma caixa de vodca para pagar por seu esforço. Assim que enterraram meu pai, minha mãe começou a beber. Ficou lá, toda feliz. E eu, chorando... Tudo aquilo até hoje me faz chorar aos montes... Minha própria mãe... ela me deu à luz... Devia ser a pessoa mais próxima de mim... Assim que eu fui embora, ela vendeu a casa, colocou fogo no galpão para receber o seguro e veio correndo para ficar comigo na cidade. Aqui ela logo achou outro... Achou bem depressa... E ele expulsou o filho e a nora, e passou o apartamento para o nome dela. Ela seduzia os homens, conhecia algum jeito... de enfeitiçar... (*Fica balançando a mão machucada, como uma criança.*) Já o meu ficava me perseguindo com um martelo, abriu minha cabeça duas vezes. Era uma garrafa de vodca, um pepino em cada bolso, e rua. Aonde é que isso ia parar? As crianças com fome... Ficávamos à base de batata, e, nos feriados, batata com leite ou com anchova. Se eu tentasse falar alguma coisa quando ele voltava: é copo na cara, é cadeira na parede... De madrugada ele saltava em cima de mim, como um animal... Nunca tive nada de bom na vida, nem um pouquinho. Chegava no trabalho surrada, com cara de choro, mas tinha que sorrir, cumprimentar as pessoas. O diretor do restaurante me chamou no escritório dele: 'Eu não preciso das suas lágrimas aqui. Eu mesmo tenho uma esposa paralítica em casa, faz dois anos'. E enfiou a mão debaixo da minha saia...

Minha mãe e meu padrasto não viveram juntos nem dois anos... Ela me ligou: 'Preciso de você aqui... Para me ajudar no funeral. Vai ser cremado'. Quase perdi a consciência com o susto. Recobrei os sentidos: tinha que ir. Mas na cabeça eu só tinha um pensamento: e se foi ela quem matou? Matou para ficar sozinha no apartamento dele, beber, vadiar. Hein? Agora tinha pressa para levar o corpo para o crematório. Queimar. Antes que os filhos se reunissem... o filho mais velho é major, estava vindo da Alemanha... ia sobrar só um punhadinho de cinzas... Cem gramas de um pozinho leve num vasinho branco... Com toda essa agitação, parei de menstruar, fiquei dois anos sem ter nada. Quando a menstruação voltou, pedi para os médicos: 'Tirem de mim tudo que for feminino, façam uma operação, eu não quero ser mulher! Não quero ser amante de ninguém! Nem esposa, nem mãe'. Minha própria mãe… ela me deu à luz… Eu queria amá-la… Quando pequena, eu pedia: 'Mamãe, me dá um beijo?'. Mas ela sempre estava bêbada… Meu pai saía para o trabalho, a casa ficava cheia de homens bêbados. Um deles me arrastou para a cama… Isso quando eu tinha onze anos… Contei para a minha mãe, mas ela só gritou comigo. Bebia… bebia… Passou a vida bebendo, contente. Mas uma hora tinha que morrer! Não queria. Ela não queria morrer de jeito nenhum. Ela tinha cinquenta e nove anos: extraiu um seio, um mês e meio depois, o outro. Mas ela tinha um amante jovem, arrumou um amante quinze anos mais novo. 'Me levem a uma curandeira, me salvem!', ela gritava. Ela ficava cada vez pior… O jovem cuidava dela, trocava a roupa, lavava. Ela não pensava em morrer… 'Mas se eu morrer', ela dizia, 'vou deixar tudo para ele. O apartamento, a televisão.' Ela queria ofender a nós duas, eu e a minha irmã… Era má… E amava a vida. Tinha sede de vida. Finalmente, a levamos para ver uma velha curandeira, carregamos minha mãe para fora do carro nos braços. A velha rezou, tirou as cartas: 'É?', e levantou da mesa. 'Levem embora! Eu não vou curá-la…' Minha mãe gritou para nós: 'Saiam. Quero ficar sozinha…'. E a velha: 'Parem!'. Não nos deixou sair… Ficou olhando para as cartas: 'Eu não vou curá-la. Ela colocou mais de um debaixo da terra. Mas aí, quando ficou doente, foi na igreja e botou duas velas…'. Minha mãe: 'Pela saúde das minhas filhas…'. A velha: 'Foi pela alma delas que você colocou. Pediu a morte de suas filhas. Pensando que, se você entregasse as duas para Deus, você mesma poderia ficar'. Depois daquelas palavras, eu nunca ficava sozinha com a minha mãe. Eu tremia. Sabia que eu era fraca, que ela me venceria… Eu levava comigo a minha menina mais velha, e minha mãe ficava enfurecida quando ela pedia para comer: ela iria morrer, mas alguém estava ali comendo, alguém continuaria vivendo. Com uma tesoura, ela cortou a colcha nova, a toalha da mesa, para que não ficasse nada para ninguém quando ela não estivesse mais ali. Quebrava pratos, tudo que podia ela despedaçava, martelava. Não dava para levá-la até o banheiro, ela fazia de propósito no chão, na cama… para que eu limpasse… Era vingança, pelo fato de que a gente ficaria. Nós andávamos, conversávamos. Ela odiava todo mundo! Se um passarinho passasse voando pela janela, até esse ela ia querer matar. E isso foi na primavera… O apartamento dela era no térreo… O cheiro do lilás estava por todo lado… Ela respirava, respirava, e não se cansava de respirar. 'Você pode por favor trazer um raminho do quintal?', ela me pediu. Eu trouxe… Ela pegou aquilo na mão, e na mesma hora o raminho secou, as folhas ficaram retorcidas. Aí ela me disse: 'Você me deixa segurar sua mão?…'. Mas aquela mesma velha tinha me avisado que uma pessoa que fez o mal tem uma morte lenta e dolorosa. Tem que ou desarmar o telhado ou tirar todas as janelas da casa, do contrário a alma da pessoa não vai embora, não se desprende do corpo. E não pode dar a mão de jeito nenhum: a doença passa. 'Por que você quer a minha mão?' Ficou quieta, se escondeu. O fim já estava chegando… E mesmo assim não queria dizer, não queria mostrar onde estava a roupa com que ela seria enterrada. Onde estava o dinheiro que ela tinha juntado para o momento da morte. Eu tinha medo de que ela tentasse sufocar minha filha com o travesseiro de madrugada. Tudo era possível… Eu fechava os olhos, mas ficava espiando: será que dava para ver a alma saindo? Como ela era… essa alma? Vai ter uma luz ou uma nuvem? As pessoas falam e escrevem de tudo, mas ninguém viu essa tal alma uma vez sequer. Corri de manhã até o mercado, pedi para a vizinha ficar olhando. Essa segurou a mão dela, e então ela morreu. No último instante, gritou alguma coisa incompreensível. Chamou alguém… Chamou alguém pelo nome… Quem? A vizinha não guardou o nome. Um nome desconhecido. Eu mesma a lavei, vesti, sem qualquer sentimento, como se fosse um objeto. Como se fosse uma panela. Nenhum sentimento, os sentimentos estavam escondidos. É tudo verdade… As amigas dela vieram, passaram a mão no telefone… Vieram todos os parentes, a nossa meia-irmã do meio veio do vilarejo. Minha mãe estava lá, deitada… Ela abriu os olhos dela. 'Por que você está encostando na nossa mãe morta?' 'Você lembra que na infância ela humilhava a gente? Ela adorava ver a gente chorando. Eu a odeio.'

Os parentes se reuniram e começaram a se xingar… Começaram a dividir as coisas já de madrugada, ela ainda estava no caixão. Um empacotou a televisão, outro, uma máquina de costura… tiraram os brinquinhos de ouro da morta… Procuraram dinheiro, mas não encontraram. Eu fiquei lá sentada, chorando. Fiquei até com pena dela. No dia seguinte, ela foi cremada… Decidiram levar a urna para o vilarejo, e enterrar ao lado do meu pai, embora ela não quisesse. Tinha dado ordem de que não a enterrassem perto do meu pai. Tinha medo. Existe outro mundo ou não existe? Em algum lugar ela e o meu pai vão se encontrar… (*Para.*) Agora me sobraram poucas lágrimas… Eu mesma fico surpresa de como tudo ficou indiferente para mim agora. Tanto a morte como a vida. Tanto as pessoas ruins como as boas. Não estou nem aí… Quando o destino não gostou de você, você não tem salvação. Não tem como escapar daquilo que está determinado. Ahã… Minha irmã mais velha, com quem eu morei, casou pela segunda vez e foi embora para o Cazaquistão. Eu a amava… eu senti tanto… Meu coração me avisou: 'Não deixe ela se casar com ele', por algum motivo não gostei do segundo marido dela. 'Ele é bom. Tenho pena dele.' Aos dezoito anos ele foi em cana: um rapaz foi morto numa briga de bar. Deram cinco anos, ele voltou depois de três. Começou a vir à nossa casa, trazendo presentes. A mãe dele encontrava a minha irmã e ficava tentando convencê-la.

Pedia. Tentava convencer assim: 'Um homem sempre precisa de uma babá. Uma boa esposa é um pouco como uma mãe para o marido. Na solidão, o homem vira um lobo... pode até começar a comer do chão...'. Minha irmã acreditou! Tinha pena, como eu: 'Comigo ele vai virar um ser humano'. No funeral, fiquei a noite inteira sentada com eles ao lado do caixão da minha mãe. E ele tratava minha irmã tão bem, com tanto carinho, fiquei até com inveja. Dez dias depois, recebi o telegrama: 'Tia Toma, venha para cá. Minha mãe morreu. Ánia'. Era a filha dela, de onze anos, que tinha mandado o telegrama. Mal tínhamos levado um caixão, já tinha um novo esperando... (*Chorando.*) Por causa da bebedeira ele ficou com ciúme. Pisou nela, furou com um garfo. Estuprou o cadáver... Bebeu demais ou fumou demais... não sei... Aí de manhã no trabalho disse que a mulher tinha morrido, deram dinheiro para o funeral. Entregou o dinheiro para a filha e foi pessoalmente à polícia confessar. A menina agora mora comigo. Ela não quer estudar, ela tem alguma coisa na cabeça, não memoriza nada. É assustada... tem medo de sair de casa... E ele... Ele foi condenado a dez anos, ele ainda vai ter a filha de volta. O papaizinho!

Eu me divorciei do meu primeiro marido e pensei que nunca mais homem nenhum entraria na minha casa. Não vou deixar entrar! Estava cansada de chorar, de andar com hematomas. E a polícia? Uma vez eles vieram depois que eu liguei, mas na outra disseram: 'Isso aí é briga de família'. Um andar acima do nosso... no nosso prédio, mesmo... O marido matou a esposa, aí eles vieram, com várias viaturas, sirene ligada, cumpriram o protocolo, levaram o homem embora de algemas. Mas ele já tinha atormentado a esposa durante dez anos... (*Bate no próprio peito.*) Não gosto dos homens. Tenho medo. Nem eu consigo entender como fui casar uma segunda vez. Ele tinha vindo do Afeganistão, com neurose de guerra, ferido duas vezes. Era das tropas de desembarque! Até hoje ele não tira a camisa de marinheiro. Ele morava com a mãe na casa da frente. Compartilhávamos o quintal. Ele saía e sentava com o acordeão, ou ligava um radinho. Eram músicas sobre a guerra do Afeganistão, lamentosas... Eu pensava sempre na guerra... ficava o tempo todo com medo daquele cogumelo maldito... atômico... Eu gostava de quando os jovens, o noivo e a noiva, iam depois do cartório levar flores à Chama Eterna. Adorava aquilo! Era tão solene! Uma vez eu sentei ao lado dele no banquinho: 'O que é a guerra?'. 'A guerra é quando você tem vontade de viver.' Fiquei com pena dele. Ele nunca teve pai, a mãe era inválida de infância. Se ele tivesse um pai, talvez não tivesse sido mandado para o Afeganistão. O pai teria intercedido, pagado para ele se livrar, como os outros faziam. Mas ele e a mãe... Entrei no apartamento dele: uma cama e umas cadeiras, uma medalha afegã pendurada na parede. Fiquei com dó dele, mas não pensei em mim. Começamos a morar juntos. Ele foi para a minha casa com uma toalha e uma colher. Trouxe a medalha. E o acordeão.

Eu inventei na minha cabeça... fantasiei que ele era um herói... um defensor... Eu mesma coloquei nele a coroa e convenci as crianças de que ele era o tsar. Nós moramos com um herói! Ele cumpriu seu dever de soldado, sofreu muito. Vou aquecê-lo... salvá-lo... Madre Teresa! Não sou uma pessoa profundamente religiosa, eu só peço: 'Senhor, perdoai-nos'. O amor é uma espécie de chaga... Você começa a ter pena... se ama, tem pena... É a primeira coisa... No sono, ele 'corria': as próprias pernas não se moviam, mas os músculos estavam em movimento, como numa pessoa correndo. Às vezes ficava correndo assim a noite inteira. De madrugada, gritava: 'Duchary! Duchary!' (são os 'espíritos', os *mujahidin* afegãos). Chamava o comandante, os amigos: 'Contornem pelo flanco!', 'Lancem as granadas!', 'Façam a cortina de fumaça...'. Uma vez ele quase me matou quando eu tentei acordá-lo: 'Kólia! Kólia! Acorde!'. A verdade... é que eu quase o amei... Aprendi muitas palavras afegãs: *zindan, botchata, duval... barbu-*

khaika… '*Khudo Khafez!*' 'Adeus, Afeganistão!' Vivemos bem durante um ano. É verdade! A gente tinha dinheiro, ele trazia carne enlatada, era a comida favorita. Desde o Afeganistão. Eles iam para as montanhas, levavam carne enlatada e vodca. Ele nos ensinou como prestar os primeiros socorros, que plantas são comestíveis e como pegar um animal. A tartaruga era doce, ele disse. 'E você, atirou nas pessoas?' 'Lá não tem como escolher: é você ou eles.' Eu perdoava tudo por causa do sofrimento dele… Eu mesma aceitei essa cruz…

Mas agora… Ele é arrastado pelos amigos de madrugada e colocado na soleira da porta. Sem relógio e sem camisa… fica lá, nu até a cintura… Os vizinhos ligam: 'Você tem que tirar dali, Tamara! Com esse frio, ele vai encomendar a alma para Deus'. Eu o puxo para dentro de casa. Ele chora, berra, se revira no chão. Não para em trabalho nenhum: já foi segurança, vigia… Ele precisa ora beber, ora beber para curar a ressaca. Ele gasta tudo em bebida… Nunca dá para saber se vai ter o que comer em casa ou não. Fica fazendo porra nenhuma ou sentado na frente da televisão. Os vizinhos têm um inquilino, ele é armênio… Ele disse alguma coisa, meu marido não gostou, o pobre rapaz ficou lá caído no chão, sangrando, perdeu os dentes e quebrou o nariz. Ele não gosta de gente oriental. Tenho medo de ir à feira com ele, afinal lá só tem uzbeques e azerbaidjanos vendendo. Vai que acontece alguma coisa… ele tem um ditado: 'Toda rosca tem sua porca e seu parafuso'. Eles diminuíam os preços para ele, nem querem se meter. 'A-ah… é 'afegão'… é raivoso… O diabo!' Bate nas crianças. O pequeno gosta muito dele, sobe no colo dele, mas ele tentou sufocá-lo com uma almofada. E agora ele, quando o outro abre a porta, corre rapidinho para a cama e vai dormir, fecha os olhinhos para não apanhar, ou esconde todas as almofadas debaixo do sofá. Me resta chorar… ou… (*Mostra a mão enfaixada.*) No dia em que são homenageados os soldados das tropas de desembarque…

os amigos se reúnem… todos usam a mesma camisa listrada que ele usa… Bebem até cair! Mijam no meu banheiro inteiro. Eles têm alguma coisa na cabeça… Têm mania de grandeza: fomos para a guerra! Somos o máximo! O primeiro brinde: 'O mundo inteiro é uma merda, todas as pessoas são filhas da puta, e o sol é uma porra de um poste de luz'. E vai assim até de manhã: 'À memória', 'À saúde', 'Às condecorações', 'que o mundo todo morra'. A vida deles não foi para a frente… Eu não sei dizer para você por quê: se é por causa da vodca ou se é por causa da guerra. São maus, como lobos! Todos odeiam os caucasianos e os judeus. Odeiam os judeus por terem matado Cristo e por terem arruinado a causa do Lênin. Em casa eles ficam desanimados: acordar, tomar banho, comer. Uma chatice! Eles voltariam agora mesmo para a Tchetchênia, era só chamar! Dar uma de herói! Eles ficaram com esse ressentimento, um ressentimento contra todo mundo: com os políticos e com os generais, com os que não estiveram lá. Especialmente com esses… em primeiro lugar… Muitos deles, como o meu, não têm instrução nenhuma. Eles só têm um tipo de instrução: andar com uma pistola. Dizem que bebem de ressentimento… Ai, ai! Lá mesmo eles bebiam, nem escondem isso: 'Sem os cem gramas da branquinha o soldado russo não consegue sobreviver até a vitória', 'Você pode largar um dos nossos no deserto, duas horas depois ele vai estar bêbado, mas água ele não vai ter encontrado'. Usavam metanol, fluido de freio… Acabavam arruinados por causa da burrice, da bebedeira… Quando chegaram em casa: um se enforcou, um tomou um tiro num acerto de contas, um apanhou tanto que ficou inválido… outro ficou com a mente prejudicada, foi levado para um hospício… Isso é só o que eu conheço. Vai saber que outras merdas tem por aí… Os capitalistas… esses aí, os novos-russos… eles contratam esse pessoal, pagam para eles ajudarem a arrancar o dinheiro das dívidas que um tem com o outro. Eles não têm dificuldade para atirar, não têm dó de ninguém. É um fedelho de vinte anos, que tem um dinheiro absurdo, eles têm só as medalhas. E malária, hepatite... Eles lá vão ter dó dele? Ninguém teve dó deles... Eles querem atirar em alguém... Mas não registre isso... Eu tenho medo... Com eles a conversa dura pouco: botam logo na parede! Eles querem ir para a Tchetchênia porque lá tem liberdade, lá ofendem os russos... e eles sonham em trazer casacos de pele para suas esposas. Anéis de ouro. O meu também quis ir correndo para lá, mas eles não pegam bêbado. Falta um pessoal saudável. Todo dia eu ouço a mesma coisa: 'Preciso de dinheiro'. 'Não vou dar.' 'Sentada, cadela!' E me bate. Aí depois fica chorando. Fica dependurado no meu pescoço: 'Não me abandone!'. Tive pena dele por muito tempo... (*Chorando.*)

Essa pena miserável... Não dou mais consentimento para ela... Não me venha mais com essa de pena! Vai é comer o próprio vômito de colher. Vai comer tudo sozinho! Peço perdão, Deus, se você existe mesmo. Peço perdão!

Estava voltando à noite do trabalho... Ouvi a voz dele. Estava ensinando o meu filho. Já sei tudo de cor: 'Alto! Lembre-se: você joga a granada pela janela e dá uma cambalhota para cá. Para o chão. Dá outra e vai para trás da coluna...'. E palavrão pra caramba! 'Quatro segundos e você está nos degraus, arromba a porta com um chute: a metralhadora à esquerda. O primeiro cai... O segundo passa correndo... O terceiro se esconde... Alto! Alto!' Alto... (*Gritando.*) Tenho medo! Como salvar o meu filho? Vou correndo para a casa das minhas amigas... Uma diz: 'Você precisa ir à igreja. Rezar'. A outra me levou a uma curandeira... Aonde mais ir? Não tinha mais ninguém. A velha era muito idosa mesmo, parecia o Koschei Imortal.* Ela disse para eu voltar no

---

* Personagem do folclore russo, que se manifesta diversas vezes como um velho muito magro.

outro dia e trazer uma garrafa de vodca. Ela deu uma volta no apartamento com essa garrafa, sussurrou dentro dela, esfregou na mão e me entregou: 'A vodca está enfeitiçada. Durante dois dias, você vai servir um copinho dela para ele, mas no terceiro ele não vai querer'. E foi isso mesmo, ele ficou um mês sem beber. Mas depois voltou de novo: fica caindo de bêbado de madrugada, fazendo barulho na cozinha com as panelas, quer que deem de comer... Encontrei outra curandeira... Essa via meu futuro nas cartas, despejou chumbo incandescente em uma xícara de água. Ela me ensinou uns feitiços simples, com sal, com grãozinhos de areia. Nada ajudou! Não dá para se curar da vodca e da guerra... (*Balança a mão doente.*) Ai, como eu estou cansada! Não tenho dó mais de ninguém... nem das crianças, nem de mim... Eu não chamo a minha mãe, mas ela vem até mim em sonho. Jovem, alegre. Ela está sempre jovem, rindo. Eu tento expulsar... Ou então sonho com minha irmã, ela fica séria, sempre me pergunta a mesma coisa: 'Você acha que pode se apagar, como se fosse uma lâmpada?'. (*Para.*)

É tudo verdade... Nunca vi nada de bonito na vida. E não vou mais ver. Ontem apareceu no hospital: 'Vendi o tapete. As crianças estão passando fome'. Meu tapete favorito. Uma coisa boa em casa nós tínhamos... tinha ficado... Juntei dinheiro um ano inteiro, economizei. Cada copeque. Queria tanto esse tapete... era vietnamita... Mas ele foi logo beber o meu tapete. As meninas do trabalho vieram correndo me dizer: 'Ai, Tomka, você tem que voltar logo para casa. Ele cansou do pequeno, bate nele. E com a mais velha (a filha da minha irmã), ela já tem doze anos... Você sabe... na hora da bebedeira...'.

Eu fico deitada de madrugada. Não durmo. Mas depois é como se eu caísse numa cova, como se voasse para algum lugar. E não dá para saber como eu vou estar quando acordar de manhã. Tenho pensamentos terríveis...

(*Na hora da despedida, ela me dá um abraço inesperado.*)
Lembre-se de mim..."

Um ano depois, ela tentou mais uma vez o suicídio. Dessa vez, foi bem-sucedida. Pelo que fiquei sabendo, o marido logo arrumou outra mulher. Liguei para ela. "Tenho pena dele", ela me disse. "Não amo, mas tenho pena. A única coisa ruim é que começou a beber de novo, mas prometeu que vai parar."
Conseguem imaginar o que eu ouvi depois?

SOBRE COMO NADA ENOJA OS MORTOS E SOBRE O SILÊNCIO DO PÓ

Oléssia Nikoláieva, segundo-sargento da polícia, 28 anos

SOBRE O RELATO DA MÃE

"Eu logo vou morrer por causa das minhas histórias... Por que é que eu fico contando? Você não vai me ajudar em nada. Mas escreva... publique... As pessoas boas vão ler e vão chorar, enquanto as ruins... que são as mais importantes... elas não vão ler. Qual a serventia disso para elas?

Eu já contei isso muitas vezes...

23 de novembro de 2006...

Transmitiram pela televisão... Todos os vizinhos já sabiam. A cidade estava agitada com aquilo...

Mas eu e a Nástienka, a minha neta, estávamos em casa. Nossa televisão não estava funcionando, estava quebrada fazia muito tempo, era velha demais. Estávamos esperando: 'Assim que a Oleska chegar, nós compramos uma nova'. Estávamos planejando uma faxina. Uma limpeza. Por algum motivo estávamos muito, muito animadas, naquele dia ficamos rindo sem parar. Minha mãe chegou... a nossa avó... da horta: 'Ai, meninas, vocês estão animadas demais. Só cuidado para depois não chorar'. Fiquei abatida... Como estaria a Oleska lá? Ontem mesmo nós tínhamos ligado para ela, tinha sido um dia festivo, o Dia da Polícia: ela tinha recebido um distintivo 'Pelos excelentes serviços no Ministério do Interior'. Nós demos os parabéns. 'Ai, eu amo tanto todas vocês', ela disse. 'Quero ver logo minha terra natal.' Metade da minha aposentadoria eu gastava em ligações telefônicas: eu ouvia a voz dela, e era como se eu pudesse viver mais dois ou três dias. Até a próxima ligação... 'Mãe, não chore', ela me acalmava. 'Eu carrego uma arma, mas não atiro. Por um lado, é guerra, mas, por outro, a situação está tranquila. De manhã eu ouvi o mulá cantando, é uma espécie de oração deles. As montanhas aqui são vivas, não mortas: são cobertas de grama e de árvores até o topo.' Na outra vez: 'Mãe, a terra tchetchena é impregnada de petróleo. Se você cavar em qualquer horta, sai petróleo para todo lado'.

Por que é que eles foram mandados para lá? Não foi pela pátria que eles lutaram ali, foi pelas plataformas de petróleo. Agora uma gota de petróleo custa o mesmo que uma gota de sangue...

Uma vizinha passou em casa... uma hora depois, outra... 'Por que é que eles foram embora assim?', eu pensei. Vieram correndo aqui a troco de nada. Sentaram um pouquinho e foram embora. Mas na televisão já tinham dado várias vezes...

Até de manhã nós não sabíamos de nada. De manhã, meu filho ligou: 'Mãe, você vai ficar em casa?'. 'Por quê? Eu pretendia ir ao mercado.' 'Então me espere. Eu vou chegar quando você tiver mandado a Nástia para a escola.' 'Ela vai ficar em casa. Está com tosse.' 'Se ela não estiver com febre, melhor mandar para a escola.' Fiquei abatida, meu coração começou a palpitar. Tive calafrios. A Nástienka foi embora bem depressa, e eu fui para a varanda. Vi meu filho chegando, não sozinho, mas com a noiva. Eu não conseguia mais esperar, mais dois minutos e eu teria pulado dali mesmo! Voei para as escadas do prédio e gritei lá para baixo: 'O que aconteceu com a Oleska?'. Pelo visto eu gritei assim... com uma voz tão visceral... que eles também responderam gritando: 'Mãe! Mãe!'. Saíram do elevador e ficaram lá, parados. Sem dizer nada. 'Ela está no hospital?' 'Não.' Tudo começou a girar na minha frente. Começou a dar voltas. Depois fiquei mal demais... lembro pouca coisa... De algum lugar surgiram várias pessoas... Todos os vizinhos abriram as portas, tentavam me levantar do piso, me convencer. Mas eu fiquei rastejando pelo chão, segurando as pernas deles, beijando as botas deles: 'Minha gente... meus queridos... ela não pode ter abandonado a Nástienka... o sol da vida dela... seu raio de luz... Me-e-e-us queri-i-i-dos...'. Eu batia com a testa no chão. Nos primeiros momentos, você não acredita, fica tentando puxar o ar. Ela não morreu, vai voltar aleijada. Sem as pernas... cega... Não faz mal, eu e a Nástienka vamos carregá-la nos braços. O principal é que está viva! Queria poder pedir isso para alguém... implorar de joelhos...

Muitas, muitas pessoas... a casa cheia de gente estranha... Injetaram algum remédio, eu fiquei deitada; quando recobrei os sentidos, tinham chamado a ambulância de novo. A guerra estava dentro da minha casa... Mas as pessoas tinham a vida delas. Ninguém entende a dor alheia, Deus nos permita entender a nossa. A-a-ah... Todos pensavam que eu estava dormindo, mas eu estava só deitada, ouvindo. Que tristeza eu senti, que tristeza...

'Tenho dois filhos. Ainda estão na escola. Estou juntando dinheiro para pagar a dispensa deles do exército...'

'O nosso povo é paciente, isso é certo. O homem é carne... a guerra é um trabalho...'

'A reforma custou caro para nós. O bom é que compramos o fogão italiano antes, ainda pelo preço antigo. Colocamos essas janelas plásticas lá em casa. E portas blindadas...'

'As crianças estão crescendo... Tem que aproveitar enquanto elas ainda são pequenas...'

'Tem guerra lá e tem guerra aqui... Todo dia é tiroteio. Explosões. Andar de ônibus dá medo, entrar no metrô dá pavor...'

'O filho do vizinho era desempregado. Vivia bebendo. Se alistou para lutar como mercenário. Um ano depois, voltou da Tchetchênia com uma mala de dinheiro: comprou carro, um casaco de pele e um anel para a esposa. Levou a família toda para o Egito... Agora, sem dinheiro você não é nada. Mas como faz para ganhar esse dinheiro?'

'Roubam sem parar... estão fazendo a Rússia em pedaços... É um bolo bem grande!'

Essa guerra é sórdida! Ela aconteceu lá longe... bem longe... E chegou aqui na minha casa. Eu pendurei um crucifixo na Oleska... Não serviu para proteger. (*Chorando.*)

No dia seguinte, ela foi trazida até nós... Tinha muita coisa escorrendo... o caixão estava úmido... Enxugamos com uns lençóis. A chefia disse: depressa... tem que enterrar depressa... depressa... 'Não abram o caixão. Tem uma geleia lá dentro.' Mas nós abrimos. Ainda tínhamos a esperança de que fosse um engano. Na televisão, tinham falado: Oléssia Nikoláieva... 21 anos... A idade estava errada. E se fosse outra Oléssia? Não a nossa? 'Tem uma geleia lá dentro...' Entregaram o relatório para nós: '[...] automutilação premeditada por meio de disparo com arma registrada no lado direito da cabeça...'. Para que eu ir querer aquele papel?! Eu mesma queria ver, tocar. Acariciar com as minhas mãos. Quando abriram, o rosto estava como que vivo, bonito... e tinha um pequeno buraquinho no lado esquerdo... Tão pequeno... que mal... enfim, que dava para colocar um lápis. Outra mentira, assim como a idade, o buraco era no lado esquerdo, mas tinham escrito que era no direito. Ela foi para a Tchetchênia com um destacamento misto de policiais de toda a Riazan, mas quem ajudou no enterro foi o departamento de polícia em que ela servia. Os colegas dela. E todos eles diziam em uníssono: que suicídio era aquele? Aquilo não era suicídio, mas um disparo de uma distância de aproximadamente dois ou três metros... Um disparo?! E a chefia queria pressa. Ajudavam, instigavam. Ela foi trazida por eles tarde da noite, e na manhã do dia seguinte, ao meio-dia, ela já foi enterrada. No cemitério... A-a-ah... Eu tinha força... um ser humano não pode ter tanta força assim... Tinham pregado a tampa do caixão, mas eu arranquei, teria roído os pregos com os dentes. A chefia não foi ao cemitério. Todos nos rejeitaram... o Estado foi o primeiro... Na igreja não quiseram rezar a missa de corpo presente: era uma pecadora... Deus não haveria de aceitar uma alma comprometida como aquela... Pois é... Mas como pode? Agora eu vou à igreja... coloco umas velas... Fui falar uma vez com o padre: 'Será possível que Deus só ame as almas bonitas? Se é assim, então por que Ele existe?'. Contei tudo para ele... Já contei isso muitas vezes... (*Silêncio.*) Nosso padre é jovem... Começou a chorar: 'Como é que a senhora continua viva e não foi para um manicômio? Que Deus dê a ela o Reino dos Céus!'. Rezou pela minha menina... Mas as pessoas diziam todo tipo de coisa: a moça se matou com um tiro por causa de homem. Por causa da bebedeira. Todo mundo sabe que lá eles bebem inveteradamente. Tanto os homens como as mulheres. Eu provei da dor... um punhado cheio...

Ela estava arrumando a mala... Mas eu tinha vontade de pisar em tudo, rasgar. Eu ficava mordendo minhas mãos, não tinha como me segurar. Não conseguia dormir. Eu me sacudia inteira, tinha tremores pelo corpo. Não dormia... e tinha uns sonhos... Um gelo eterno, um inverno eterno. Tudo tinha uma cor azulada, prateada... Ou então era como se ela e a Nástienka estivessem vindo pela água, vinham vindo, mas nunca chegavam na margem. Era só água... Eu via a Nástienka, mas a Oleska logo sumiu da minha visão... Não estava mais, ela tinha sumido... Mesmo no sonho eu ficava assustada: 'Oleska! Oleska!', ficava chamando.

Ela aparecia. Mas não viva, era como se fosse um retrato... uma fotografia... e no lado esquerdo ela tinha um hematoma. Bem naquele lugar em que a bala passou... (*Silêncio.*) Ela tinha acabado de fazer a mala... 'Mãe, estou indo. Já entreguei o requerimento.' 'Você tem uma filha para criar, e sozinha. Eles não têm o direito de mandar você.' 'Mãe, eles vão me mandar embora se eu não for. Você sabe: aqui é tudo voluntário-compulsório. Mas não chore... Não tem mais combate lá, estão construindo. Eu vou ficar de segurança. Vou lá ganhar um pouco de dinheiro, como os outros.' As meninas dos outros já tinham ido, estava tudo normal. 'Vou levar você para o Egito, vamos ver as pirâmides', ela tinha esse sonho. Queria alegrar a mãe. Nós levávamos uma vida pobre... contando os copeques... Você andava pela cidade e via anúncios por todo lado: compre um carro... pegue crédito... Compre! Pegue! Qualquer loja tinha uma mesa no meio do salão, às vezes duas, para pedir crédito. Na frente dessa mesa, sempre tinha uma fila. As pessoas ficaram cansadas da pobreza, todos queriam viver bem. Enquanto isso eu mais uma vez não sabia o que dar de comer para elas, até a batata tinha acabado. O macarrão também. Não tinha nem para a passagem de trólebus. Depois do colegial técnico, ela entrou na faculdade de pedagogia, para estudar psicologia, estudou um ano, mas não tinha mais dinheiro para pagar. Foi desligada. A aposentadoria da minha mãe era de cem dólares, a minha também era de cem dólares. Lá em cima... Eles bombeiam petróleo e gás... mas esses dólares não escorrem na nossa direção, vai tudo para o bolso deles. As pessoas simples, como nós, vão ao mercado e só ficam olhando, é como se fosse um museu. Mas no rádio, como uma espécie de sabotagem, como se fosse de propósito, para deixar o povo com raiva, eles ficam: amem os ricos! Os ricos vão nos salvar! Vão dar trabalho... Ficam mostrando as férias deles, o que eles comem... As casas com piscinas... O jardineiro, o cozinheiro... Como era antes com os grandes senhores de terras... na época do tsar... Você vê televisão de noite: é uma porcaria só, aí você vai deitar. Antes muita gente votava no Iavlínski e no Nemtsov... Eu era militante, em todas as eleições eu ia. Era uma patriota! Eu gostava do Nemtsov porque ele era jovem e bonito. Mas depois todo mundo viu que os democratas também queriam viver bem. Esqueceram a gente. As pessoas são como pó... grãos de poeira... O povo se virou de novo para os comunistas... Na época deles, ninguém tinha bilhões, todo mundo tinha um pouco, era o suficiente para todo mundo. Todo mundo se sentia ser humano. Eu era como todos.

Eu sou soviética, a minha mãe também é soviética. Construímos o socialismo e o comunismo. Educamos nossos filhos: fazer comércio é uma coisa vergonhosa, a alegria não está no dinheiro. Sejam honestos, mas dedique a vida à pátria: é a coisa mais valiosa que temos. Durante toda a vida tive orgulho de ser soviética, mas agora parece que isso passou a ser vergonhoso, parece que eu virei alguém inferior. Tinha os ideais do comunismo, agora tem os ideais do capitalismo: 'Não tenha piedade de ninguém, pois ninguém terá piedade de você'. 'Mãe', a Oleska me dizia, 'você vive em um país que não existe mais faz tempo. Você não pode me ajudar em nada'. O que fizeram conosco? O que fizeram... (*Para.*) Tem tanta coisa que eu quero contar para você! Tanta coisa! Mas qual é a mais importante? Depois da morte da Oleska... Eu encontrei o caderno de escola dela com a redação: 'O que é a vida?'. 'Vou descrever a minha pessoa ideal...', ela escreveu. 'O objetivo da vida é aquilo que faz você ir lá para cima...' Fui eu que ensinei isso para ela... (*Soluçando.*) Ela foi para a guerra... ela não era capaz de matar um rato... Não era nada como devia ser, eu não sei como era. Escondem de mim... (*Gritando.*) Minha filha morreu, não deixou rastro. Não é possível! Na Guerra Patriótica a minha mãe tinha doze anos, eles foram evacuados para a Sibéria. As crianças... elas trabalhavam lá nas fábricas, dezesseis horas por dia... como os adultos. Em troca de um cupom para o refeitório, onde davam uma tigela de macarrão e um pedacinho de pão. Um pãozinho! Montavam os projéteis para o front. Morriam na frente das máquinas, porque ainda eram muito pequenas. Por que as pessoas matavam umas às outras naquela época, ela entendia; mas por que matavam agora, não entendia. Ninguém entendia. Uma guerra sórdida! Argun... Gudermes... Khankala... Eu ouço e desligo a televisão...

Tenho o atestado aqui na mão: '... premeditada... disparo com arma registrada...'. E a Nástienka ficou... tem nove anos a Nástienka... Agora eu sou tanto avó como mãe. Vivo doente, passei por cirurgia. Três operações. Não tenho saúde, não tenho saúde nenhuma, e como é que poderia ter? Cresci na região de Khabárovsk. Taiga, só taiga. Morávamos em barracões. Laranjas e bananas nós só víamos em desenhos. Comíamos macarrão... Leite em pó e macarrão... de vez em quando carne enlatada... Minha mãe se alistou para ir para o Extremo Oriente depois da guerra, quando a juventude foi convocada a povoar o Norte. Convocaram, como se fosse para o front. Só pobretões como nós foram para as grandes construções. Gente sem eira nem beira. 'Vou atrás da neblina e do cheiro de taiga', isso é da canção... dos livros... mas nós ficávamos varados de fome. A fome nos empurrou em direção às façanhas. Eu cresci um pouquinho e também fui para as construções... Construí a ferrovia Baikal-Amur com a minha mãe. E eu tenho uma medalha 'Pela construção da linha de ferro do Baikal ao Amur' e uma pasta com diplomas. (*Silêncio.*) No inverno, o frio batia nos cinquenta graus, a terra ficava congelada até um metro de profundidade. As colinas ficavam brancas. Tão brancas debaixo da neve que mesmo com tempo bom era difícil vê-las. Não dava para distinguir. Passei a amar as colinas do fundo do coração. As pessoas têm uma pátria grande e uma pequena. Pois então lá é a minha patriazinha. Nos barracões as paredes eram fininhas, o banheiro ficava na rua... Mas a juventude! Acreditávamos no futuro, sempre acreditamos... A vida, para dizer a verdade, a cada ano melhorava: antes ninguém tinha televisão, ninguém tinha! E de repente elas apareceram. Morávamos nos barracões... E de repente começaram a dar apartamentos individuais. Prometeram: 'a atual geração de soviéticos viverá sob o comunismo'. Era eu... eu iria viver sob o comunismo?! (*Risos.*) Me matriculei na seção de ensino à distância da faculdade, estudei para virar economista. Não precisava dar dinheiro pelo estudo, como é agora. Quem é que teria aceitado me ensinar? Por isso eu sou grata ao poder soviético. Trabalhei no comitê executivo municipal, no departamento financeiro. Comprei um casaco de pele de carneiro... um bom xale de lã... você se embrulhava no inverno, só deixava o nariz de fora. Fazia inspeções nos *kolkhozes*, lá eles criavam marta, raposa polar, doninha. Já vivíamos até que bem. Também comprei um casaco de pele para a minha mãe... E aí decretaram o capitalismo para nós... Prometeram que os comunistas iriam embora e todos ficariam bem. O nosso povo é desconfiado. Aprendeu com o sofrimento. As pessoas logo correram para comprar sal e fósforos. Perestroika soava como 'guerra'. Bem debaixo do nosso nariz começaram a pilhar os *kolkhozes*... as fábricas... E depois compraram tudo por copeques. Passamos a vida inteira construindo, e tudo foi embora por meia pataca. Deram *vouchers* para o povo... enganaram... Eu tenho até hoje, ficam guardados na cristaleira. O atestado da Oleska... e esses papéis... Isso é capitalismo ou o quê? Eu observei bem os capitalistas russos, nem todos eles eram russos, tinha também armênios, ucranianos. Pegavam grandes empréstimos com o governo e não devolviam o dinheiro. Os olhos dessas pessoas brilhavam. Como os dos presos. Esse brilho é característico, eu o conheço muito bem. Lá era campo de trabalho e arame farpado por todo lado. Quem foi que povoou o Norte? Os presos e nós, pobres. O proletariado. Mas na época nós não pensávamos isso de nós...

Minha mãe decidiu... Tinha uma saída: voltar para Riazan. Para lá, de onde tínhamos vindo. Nas ruas, já tinha tiroteio acontecendo: a URSS estava se dividindo. Eles abocanharam... arrancaram... Os bandidos viraram os patrões, enquanto os inteligentes viraram os idiotas. Todos nós construímos e entregamos para esses bandidos... É assim que acontece? Nós mesmos ficamos de mãos vazias, só com nossos cacarecos de casa. E eles ficaram com as fábricas... com as minas... Nossa viagem de trem durou duas semanas, levamos uma geladeira, livros, a mobília... um moedor de carne, a louça... só coisa assim... Fiquei duas semanas olhando pela janela: a terra russa não tem fim, não tem fronteira. A Mãe Rússia é 'grande e farta' demais para alguém colocar ordem nela. Isso foi em 1994... Já na época do Iéltsin... O que nos esperava em casa? Em casa, os professores faziam bicos nas lojinhas dos azerbaidjanos, vendendo frutas, *pelmeni*. Moscou era um mercado, da estação até o Krémlin. Logo, de algum lugar surgiram mendigos. Mas nós éramos todos soviéticos! Soviéticos! Ficamos todos envergonhados por muito tempo. Sem jeito.

... No mercado municipal, comecei a conversar com um tchetcheno... Quinze anos de guerra, ali eles estavam salvos. Estavam se espalhando por toda a Rússia... por cantos diversos... E parece que tinha essa guerra... A Rússia estava em guerra com eles... uma 'operação especial'... Que espécie de guerra é essa? O tchetcheno era jovem: 'Eu, minha senhora, não vou para a guerra. A minha esposa é russa'. E eu ouvi a história... posso até contar para você... Uma moça tchetchena se apaixonou por um aviador russo. Um rapaz bonito. De comum acordo, eles combinaram: ele raptou a moça dos pais. Levou para a Rússia. Casaram. Tudo como se deve. Tiveram um menino. Mas ela só chorava e chorava, tinha saudade dos pais. E eles escreveram uma carta para eles, pedindo perdão... dizendo que se amavam... Mandaram lembranças da mamãe russa. Mas durante todos aqueles anos os irmãos ficaram procurando essa tchetchena, queriam matar, porque ela tinha envergonhado a família: tinha se casado com um russo, e não só russo, ainda por cima um que tinha bombardeado a terra deles. Tinha matado gente deles. Pelo endereço no envelope eles acharam depressa... Um irmão degolou a moça, e o outro veio depois buscar, levar para casa. (*Silêncio.*) É uma guerra sórdida... essa desgraça... chegou até a minha casa. Eu agora guardo tudo... leio tudo que eu encontro sobre a Tchetchênia. Faço perguntas... Eu queria ir para lá. Para eles me matarem lá. (*Chorando.*) Eu ficaria feliz. Seria minha felicidade de mãe... Conheço uma mulher... Do filho não sobraram nem as botas, o projétil caiu bem em cima dele. 'Eu ficaria feliz', ela confessou para mim uma vez, 'se ele estivesse enterrado na terra natal. Pelo menos um pedacinho...'. Aquilo para ela já seria uma felicidade... 'Minha senhora, a senhora tem filho?', esse tchetcheno me perguntou. 'Eu tenho um filho, mas minha filha morreu na Tchetchênia.' 'Eu queria perguntar para vocês, russos, que guerra é essa? Vocês estão nos matando, mutilando, aí depois vêm se curar nos seus hospitais. Bombardeiam e pilham as nossas casas, aí depois constroem. Tentam convencer dizendo que a Rússia é a nossa casa, mas todo dia por causa da minha fisionomia tchetchena eu tenho que dar propina para a polícia, para eles não me espancarem até a morte. Não me roubarem. Eu dou minha palavra de que não vim aqui matar ninguém e de que eu não quero explodir as casas deles. Podiam ter me matado em Grózny... mas podem matar aqui também...'

Enquanto meu coração bater... (*Desesperada.*) Eu vou procurar. Quero saber como minha filha morreu. Não confio em ninguém.

(*Abre a portinha do móvel em que, ao lado das tacinhas de cristal, ficam os documentos e as fotografias. Pega e deposita em cima da mesa.*)

A minha menina era bonita... Era a bagunceira da escola. Adorava patinar. Nos estudos era mediana... era normal... No último ano se apaixonou pelo Romka... É claro que eu fui contra, ele era sete anos mais velho que ela. 'Mas mãe, e se for amor?' Era um amor louco, ele não ligava, aí ela mesma ligava... 'Por que está ligando?' 'Mas mãe, e se for amor?' Era só o Romka, ela só tinha olhos para ele. Esqueceu a mãe. Em um dia teve o baile de formatura, no dia seguinte eles casaram no civil. Logo veio o bebezinho. O Romka bebia, brigava, e tudo que ela podia fazer era chorar. Eu o odiava. Eles viveram um ano assim. Ele cortava umas roupas boas que ela tinha, quando tinha ciúme. Pegava pelos cabelos, enrolava na mão e dava com a cabeça na parede. Ela suportou muita coisa, suportou... Não obedeceu à mãe. Até que... Mesmo assim... Não sei como... Mesmo assim ela fugiu dele. Para onde? Para a casa da mamãe... 'Mãe, me salve!' Aí ele pegou e foi morar com a gente. Acordei de madrugada... ouvi uns soluços... Abri a porta do banheiro, ele estava em cima dela com uma faca... Eu segurei aquela faca, cortei a mão. Uma outra vez, arranjou uma pistola, acho que era de gás, não era de verdade. Eu levando a Oleska para longe dele, e ele apontando a pistola para mim: 'Agora você vai calar a boca!'. Eu só chorava e chorava, até eles se separarem. Eu o expulsei... (*Silêncio.*) Se passaram... acho que nem seis meses se passaram... Ela voltou do trabalho: 'O Romka casou'. 'E como é que você sabe?' 'Ele me deu carona na cidade.' 'E aí?' 'Tudo bem.' Ele casou rápido. Mas para ela tinha sido um amor de infância. Inesquecível. (*Pega uma folha da pilha de documentos.*) O médico-legista escreveu: disparo no lado direito da cabeça, mas o buraco estava no lado esquerdo. Um buraquinho pequeno... Talvez ele nem tenha visto o corpo dela. Deram ordem de escrever isso. Pagaram bem.

Eu tinha esperança... Fiquei esperando o batalhão dela voltar. Queria perguntar para eles... reconstituir a cena... O buraco era no lado esquerdo, mas escreveram que era no direito. Eu precisava saber... Já era inverno. Neve. Antes eu amava a neve. A minha Oleska também amava, já deixava os patins prontos, passava banha. Muito tempo atrás... isso faz muito, muito tempo. Que tristeza eu sinto, que tristeza... Olhei pela janela: as pessoas estavam se preparando para o Natal, correndo com presentes, com brinquedos. Carregando as árvores. E eu na cozinha, com o radinho ligado o tempo todo. Ouvindo a nossa estação. As notícias locais. Esperando. Finalmente, a espera acabou, veio a informação: 'Policiais de Riazan retornam de missão militar na Tchetchênia', 'os nossos conterrâneos cumpriram com honra o seu dever de soldados', 'não nos desonraram'... Foram recebidos solenemente na estação de trem. Orquestra, flores. Receberam condecorações e presentes valiosos. Um ganhou uma televisão, outro, um relógio de pulso... Heróis... Os heróis retornaram! Não falaram nada da Oleska, ninguém lembrou... Fiquei esperando... segurando o radinho na orelha... Tinham que lembrar! Começou o comercial... um comercial de sabão em pó... (*Começa a chorar.*) Minha menina desapareceu, não deixou rastro. Não é possível! A Oleska... Ela foi a primeira... o primeiro caixão 'tchetcheno' na cidade... Um mês depois, trouxeram mais dois caixões: um policial mais velho, outro bem jovem. O povo se despediu deles no teatro... no teatro municipal Iessiénin. Guarda de honra. Coroas da comunidade, da prefeitura... Discursos. Foram enterrados na alameda dos Heróis, onde ficam os meninos 'afegãos'... e agora também os 'tchetchenos'... No cemitério, temos duas alamedas: a alameda dos Heróis e mais uma, que as pessoas chamam de alameda dos Bandidos. Os bandidos têm guerras entre si, dão tiros uns nos outros. A perestroika virou tiroteio. Os bandidos tinham os melhores lugares do cemitério. Caixões de mogno, incrustados com ouro, com refrigeradores eletrônicos. Não eram monumentos, eram verdadeiras colinas da glória. Para os heróis era o Estado que colocava os monumentos. Tudo bem que eram de soldados, monumentos humildes. E mesmo assim não é para todo mundo. Aos mercenários era negado. Sei que uma mãe foi ao centro de alistamento, e recusaram: 'Seu filho lutou por dinheiro'. A minha Oleska… ela está separada de todos, afinal ela é uma simples suicida… A-a-ah… (*Sem conseguir falar.*) A nossa Nástienka… Em nome da mãe, deram para ela uma pensão de mil e quinhentos rublos: cinquenta dólares por mês. Onde está a verdade? A justiça? Uma pensão pequena, porque a mãe dela não é um herói! Se a mãe dela tivesse matado alguém, se tivesse explodido alguém com uma granada… Mas a mãe só se matou, não matou mais ninguém… Não é um herói! Como explicar isso para uma criança? O que eu vou dizer para ela? Num jornal palavras que supostamente eram da Oleska: 'Minha filha não terá vergonha de mim…'. Nos primeiros dias depois do enterro… A Nástienka ficou meio desligada da realidade, como se ela não estivesse ali ou não soubesse onde estava. Ninguém se atrevia a dizer… Fui eu que decidi falar: 'A Oleska… a sua mamãe não está mais com a gente…'. Ela ficou lá parada, como se não me ouvisse, eu chorei, mas ela não chorou. E depois… eu relembrei alguma coisa da Oleska… mas ela não parecia me ouvir. Isso durou muito tempo, eu até comecei a ficar com raiva. Levei a menina ao psicólogo. Disseram: é uma criança normal, mas está fortemente abalada. Nós também fomos ver o pai dela. Perguntei para ele: 'Você vai ficar com a criança?'. 'Mas onde é que eu vou colocar a criança?' Ele já tinha um filho lá com a outra família. 'Então abra mão da paternidade.' 'Como assim? E se na velhice eu precisar de alguma coisa? Um dinheiro?…' Esse era o papaizinho… Não recebemos ajuda dele. Só os amigos da Oleska visitam… No aniversário da Nástienka eles sempre vêm e trazem um pouco de dinheiro. Compraram um computador. Os amigos lembram.

Fiquei muito tempo esperando a ligação. O batalhão voltou: tanto o comandante como o pessoal que esteve lá com ela. Vão ligar... Com certeza! O telefone, quieto... Aí eu mesma comecei a procurar os nomes, os números de telefone. O comandante do batalhão era Klímkin... Li no jornal o nome dele. Todos! Todos os jornais escreveram sobre eles: os cavaleiros russos! Os guerreiros de Riazan! Em um dos jornais tinha até um artigo dele, agradecendo o batalhão pelo bom serviço. Dizendo que eles tinham cumprido com honra o dever... E ainda com honra... Liguei no departamento de polícia onde ele trabalhava: 'Por gentileza, o major Klímkin'. 'Quem gostaria?' 'Aqui é Liudmila Vassílievna Nikoláieva... mãe de Oléssia Nikoláieva...' 'Ele não está no escritório... Está ocupado... Está fora...' Você é o comandante... Você tem que vir até a mãe e contar o que aconteceu lá. Consolar. Agradecer. É assim que eu vejo... (*Chorando.*) Estou chorando, mas minhas lágrimas são de raiva... Eu não queria deixar a Oleska ir, pedi para não ir, mas a minha mãe disse: 'Já que precisa ir, é melhor que vá'. Precisa! Agora odeio essa palavra! Não sou mais a mesma... Por que motivo vou amar a pátria? Prometeram para nós que a democracia é quando tudo vai bem. Tudo é justo. Honesto. Isso é tudo um engano... A pessoa é pó... é um grão de poeira... A única diferença é que agora o mercado é cheio de coisa. Pegue! Pegue! No socialismo não tinha isso. É claro que eu sou uma simples mulher soviética... Ninguém me escuta mais, porque eu não tenho dinheiro. Se eu tivesse dinheiro, aí a conversa seria outra. Eles teriam medo de mim... os chefes... Agora quem manda é o dinheiro...

A Oleska estava de partida... Estava contente: 'Vou junto com a Kórmtchaia'. Elas eram duas, duas mulheres no batalhão. Olga Kórmtchaia... Eu a vi na estação, quando fui me despedir. 'Esta é a minha mãe', a Oleska disse. Teve um momento na despedida... Talvez só agora eu tenha atribuído um sentido àquilo ali.

Depois de tudo. Os ônibus mal tinham começado a se mover... Tocaram o hino, e todos começaram a chorar. Eu estava de um lado e fui correndo para o outro, Oleska gritou alguma coisa para mim pela janela, eu entendi que eles iam dar a volta. E eu fui correndo para vê-la mais uma vez. Acenar para ela. Mas eles seguiram em frente, e eu não consegui vê-la. Fiquei com um aperto no coração. A alça da bolsa dela soltou no último instante... Talvez seja só eu agora inventando coisas... Meu amorzinho... (*Chorando.*) Achei na lista o telefone da Kórmtchaia... Liguei: 'Sou a mãe da Oléssia... Queria me encontrar com você'. Ela ficou um tempo em silêncio, mas depois falou, até meio ofendida, com certa raiva: 'Eu passei por tanta coisa... Quando é que todos vocês vão me deixar em paz?!'. E desligou. Liguei uma segunda vez: 'Por favor! Eu preciso saber... Eu imploro!'. 'Chega de me torturar!' Liguei mais uma vez, acho que depois de um mês... Quem atendeu foi a mãe dela: 'Minha filha não está em casa. Foi para a Tchetchênia'. De novo?! Para a Tchetchênia?! Você entende, até na guerra as pessoas conseguem se arranjar. Cada um tem a sua sorte... A pessoa não pensa na morte, morrer hoje dá medo, mas morrer um dia, tudo bem. Pelos seis meses que ficaram lá, cada um deles recebeu sessenta mil rublos. Dá para comprar um carro usado. E ainda mantiveram o salário. Mas antes de ir a Oleska pegou um empréstimo para comprar uma máquina de lavar... um celular... 'Quando eu chegar, eu pago', ela disse. Agora nós temos que pagar. Com quê? Os recibos chegam... Nós juntamos... A Nástienka tem um velho par de tênis, que já estão pequenos, ela volta da escola e chora, fica com dor nos dedinhos. Nós juntamos, eu e minha mãe juntamos as nossas aposentadorias, contamos o dinheiro, contamos, e no fim do mês não sobra nada. E com os mortos não dá para falar...

Duas pessoas estiveram com ela nos últimos momentos... Duas testemunhas. Era um posto de controle fronteiriço... o

PCF… é uma cabine de dois metros por dois metros e meio. Plantão noturno. Eles eram três. O primeiro… 'Bom, ela chegou', ele me contou por telefone, 'nós conversamos por uns dois ou três minutos…'. Aí parece que ele se ausentou, ou por necessidade ou porque alguém chamou. Ouviu um estalo atrás da porta, no início nem pensou que fosse um tiro. Quando voltou, ela já estava caída. E o humor? Como ela estava de humor? Estava de bom humor… o humor estava normal… 'Olá.' 'Olá.' Deram risada. Hi--hi… Ha-ha… A segunda testemunha… Para esse liguei no trabalho… não quis me encontrar pessoalmente, e lá não me deixaram entrar para falar com ele… Ele estava bem do lado quando ela atirou, mas no exato momento ele estava virado para o outro lado. Naquele segundo… Uma cabine de dois por dois e meio, e ele não viu nada. Você acredita? Eu supliquei para eles: me contem… eu preciso saber… Eu não vou levar isso a lugar nenhum. Imploro! Fugiram de mim como loucos. Receberam ordens de ficar quietos. Defender a farda. Enfiaram dólares na boca deles… (Soluçando.) Desde o início, quando ela foi trabalhar na polícia, eu não gostei da ideia: a minha Oleska, policial? Mas não gostei mesmo! Não gostei de jeito nenhum… Como assim… Ela tinha instrução, curso técnico e um ano de faculdade. Ela ficou muito tempo sem conseguir emprego. Mas na polícia ela logo foi aceita. Fiquei com medo… A polícia é um negócio… é uma máfia… As pessoas têm medo da polícia, toda família tem alguém que sofreu na mão da polícia. Na nossa polícia, as pessoas são torturadas, mutiladas. As pessoas têm medo deles, como têm dos bandidos. Deus proteja! Nos jornais, você lê: monstros de farda… lá estupravam… matavam… Uma coisa dessas… na época soviética… O que você acha? Então se tinha… Não se falava muito nisso… não escreviam… E nós nos sentíamos protegidos. (Fica pensativa.) Metade dos policiais foi para a guerra. Ou no Afeganistão, ou na Tchetchênia. Mataram gente. O psicológico deles foi prejudicado. Lá eles também lutaram com a população civil. Agora as guerras são assim: os soldados não lutam só entre si, mas também com os cidadãos normais. Com as pessoas comuns. Para eles, todos são inimigos: homens, mulheres, crianças. E aqui, já em casa, matam uma pessoa e depois ficam surpresos porque têm que se explicar. Na Tchetchênia ninguém precisava se explicar... 'Mãe', a Oleska discutia comigo, 'você está errada. Tudo depende da pessoa. É bonito ver uma mulher policial. Com a camisa azul, a farda'.

Na última noite, uns amigos vieram se despedir dela... Agora eu me lembro... agora eu me lembro de tudo... Ficaram a noite inteira conversando...

'A Rússia é um país grandioso, não é um tubo de gás com uma torneira...'

'Não temos a Crimeia... deram de presente... A Tchetchênia está em guerra... O Tartaristão está começando a se agitar... Eu quero viver num país grande. Os nossos MiG's têm que ir para Riga...'

'A Rússia está na lama! E esses bandidos tchetchenos são heróis... Direitos humanos?! Mas lá entravam nas casas russas com metralhadoras: ou vocês saem ou vamos matar todo mundo. O tchetcheno bom era o que dizia primeiro 'Saiam' e só depois matava; o ruim já matava logo de cara. Malas, trem e Rússia. Nas cercas, você via escrito: 'Não comprem da Macha o apartamento, ele vai ser nosso a qualquer momento', 'Russos, não vão embora, precisamos de escravos'.'

'Dois soldados e um oficial russos foram feitos prisioneiros pelos tchetchenos. Cortaram a cabeça dos soldados, deixaram o oficial ir embora: 'Pode ir, vá ficar louco'. Eu vi em um vídeo... Cortam as orelhas, decepam os dedos. Os prisioneiros russos ficam em porões, como escravos. São animais!'

'Eu vou! Preciso de dinheiro para a festa de casamento. Quero me casar. A minha namorada é bonita demais... Não vai esperar por muito tempo...'

'Tenho um amigo... Eu e ele servimos juntos no Exército. Ele morava em Grózny. O vizinho era tchetcheno. Um belo dia, ele falou para ele: 'Peço a você que vá embora!'. 'Por quê?' 'Porque logo nós vamos começar a matar vocês.' Eles deixaram para trás um apartamento de três quartos, agora moram em Sarátov, num alojamento. Não deixaram levar nada: 'Peçam para a Rússia comprar tudo novo para vocês', eles gritavam. 'Isto aqui é nosso!''

'A Rússia está de joelhos, mas ainda não está derrotada. Somos patriotas russos! Temos um dever perante a pátria! Tem uma piada: camaradas soldados e oficiais, se vocês se comportarem bem na Tchetchênia, a pátria vai mandar todos vocês 'de férias' para a Iugoslávia. Para a Europa... porra nenhuma!'

Meu filho aguentou, aguentou, mas não suportou. Começou a me xingar: 'Mãe, você não vai conseguir nada além de um derrame'. Me mandou para uma casa de repouso. À força, pode-se dizer, com escândalo. Na casa de repouso, fiz amizade com uma mulher boa, a filha dela tinha morrido cedo, por causa de um aborto, nós ficávamos chorando juntas. Ficamos amigas. Recentemente eu liguei para ela: tinha morrido. Pegou no sono e morreu. Eu sei que ela morreu de tristeza... Por que eu não morro? Ficaria feliz em morrer, mas eu não morro. (*Chorando.*) Voltei da casa de repouso... 'Filhinha, eles ainda vão prender você', foram as primeiras palavras da minha mãe. 'Não vão perdoar você por ficar procurando a verdade.' O que aconteceu... Assim que eu saí, ligaram da polícia: 'À zero hora apresentar-se no gabinete tal... O não comparecimento acarretará multa... quinze dias de prisão...'. Minha mãe é uma pessoa assustadiça, somos todos gente assustadiça. Tente encontrar alguém que é velho e não é assustadiço. E não só isso... Vieram e interrogaram os vizinhos: queriam saber que tipo de gente nós éramos... qual era o nosso comportamento... Tentaram arrancar alguma coisa sobre a Oleska: se alguém já a tinha visto bêbada. Ou usando drogas... O posto de saúde exigiu os nossos prontuários. Queriam verificar se algum de nós estava registrado em algum centro psiquiátrico. Fiquei profundamente ofendida! Com raiva! Peguei o telefone… Liguei para a polícia: 'Quem foi que ameaçou a minha mãe?… Uma pessoa com quase noventa anos… Por que motivo ela foi convocada?'. No fim, um dia depois eles me mandaram uma notificação: 'No gabinete tal… nome do investigador…'. Minha mãe ficou em lágrimas: 'Vão prender você'. Não tenho mais medo de nada. Eles que se danem! O Stálin tinha que levantar do túmulo! Eu peço para que ele levante do túmulo! É a minha oração… Ele prendeu e fuzilou poucos dos nossos chefes. Foram poucos! Não tenho pena deles. Eu quero que eles chorem! (*Chorando.*) Cheguei no tal gabinete… o nome era Fiédin… Mal passei pela porta e já soltei: 'O que é que vocês querem de mim? Trouxeram minha filha num caixão molhado… É pouco para vocês?'. 'A senhora é uma mulher inculta. Não entende onde a senhora está. Aqui quem faz as perguntas somos nós…' Primeiro ele estava sozinho… depois chamaram o comandante da Oleska… o Klímkin… Finalmente eu vi o sujeito! Ele entrou… Eu disse para ele: 'Quem matou a minha filha? Me diga a verdade…'. 'A filha da senhora era uma idiota… Uma louca!' Ai, não consigo! Não consigo… Ficou todo injetado… Gritava, batia o pé… Ai! Eles me provocaram… Eles estavam tentando fazer com que eu berrasse ou arranhasse, como uma gata. Ou seja, eu era louca, a minha filha também era louca. O objetivo deles era fechar a minha boca… A-a-ah…

Enquanto meu coração bater… vou procurar a verdade… Não tenho medo de ninguém! Não sou mais um pano de chão, ou um inseto que você pode esmagar. Não vão me colocar de volta na caixinha. Trouxeram minha filha num caixão molhado…

… Eu estava em um trem de subúrbio… Um homem sentou na minha frente: 'Bom, parece que vamos viajar juntos, minha senhora. Posso me apresentar?…'. Disse quem era: 'Sou um ex-

-oficial, ex-empresário, solitário, ex-integrante do Iábloko.* Agora desempregado'. Já eu, não importa sobre o que me perguntem, eu conto a minha história: 'A minha filha morreu na Tchetchênia… era segundo-sargento da polícia…'. Ele perguntou: 'Me conte…'. Já contei tudo isso muitas vezes… (*Silêncio*.) Escutou e depois começou a falar da vida dele…

'Eu mesmo estive lá. Voltei, e a vida aqui para mim não dá certo. Não consigo me enquadrar mais nos moldes. Não querem me dar trabalho: 'A-a-ah… veio da Tchetchênia?'. Tenho medo das outras pessoas… fico enjoado perto dos outros… Mas quando encontro alguém que lutou na Tchetchênia, ele é como um irmão para mim…

… Tinha um velho tchetcheno parado, olhando: era um veículo cheio de soldados, desmobilizado. Ficou olhando e pensando: são rapazes russos normais, mas pouco tempo atrás eram soldados armados com fuzis, com metralhadoras… atiradores de elite… Tínhamos casacos novos, jeans. Com o que tínhamos comprado aquilo? Com o que tínhamos ganhado ali. Como era o trabalho? Era guerra… Tiroteio… Mas lá tinha crianças, mulheres bonitas. Mas tire a arma do soldado, coloque nele roupas civis… Já eram tratoristas, motoristas de ônibus, estudantes…

… Vivíamos atrás do arame farpado… Ao redor, torres e campos minados. Um mundo fechado, apertado. Era a zona. Não tinha como sair. Matariam. Morte aos ocupantes! Bebíamos tudo, ficávamos bêbados como animais. Dia após dia você via casas destruídas, coisas sendo roubadas, pessoas sendo mortas. E de repente você sentia aquele tesão! Tudo se amplia… tudo que você quiser… Você pode se permitir muita coisa… Você é um animal bêbado e tem uma arma nas mãos. E na cabeça só testosterona…

---

* Partido de orientação liberal, fundado em 1993.

… Era um trabalho de carrasco… Nós morríamos pela máfia, que nem tinha nos pagado ainda. Tinha nos enganado. Mas eu não matava as pessoas aqui, na rua, e sim na guerra. Eu vi uma moça russa que esses chacais estupraram. Queimavam o seio com cigarro para ela gemer mais forte…

… Trouxe o dinheiro… Bebi vodca com os amigos, comprei uma Mercedes usada…'.

(*Já sem enxugar as lágrimas.*) Então onde é que a minha Oleska estava… Onde é que foi parar… Essa guerra sórdida… A guerra estava em algum lugar bem, bem longe, mas agora está na minha casa. Já faz dois anos… Eu bato na porta das pessoas, tentando em diferentes instâncias. Escrevi para a procuradoria… distrital, regional… Para o procurador geral… (*Aponta para a pilha de cartas.*) Só recebo respostas formais… Montes delas! 'Em relação ao falecimento de sua filha, informamos…' E todas mentiam: morreu no dia treze de novembro, mas na verdade foi no dia onze, falava que o sangue era tipo O, mas o dela era B, ora ela estava com fardamento militar, ora com roupa civil. O buraco era no lado esquerdo próximo à têmpora, mas eles escreveram que era no direito… Escrevi um apelo ao nosso deputado no parlamento: eu o elegi, votei nele. Eu acreditava no nosso governo! Consegui uma audiência com ele. Eu estava lá, no térreo do prédio da Duma… E fiquei de queixo caído! Vi uma joalheria: anéis de ouro com diamantes, ovos de páscoa dourados e prateados… e pingentes… Durante minha vida inteira eu não ganhei tanto dinheiro quanto custava ali o menor anelzinho de diamante. Um anelzinho… São os nossos deputados… do povo… de onde é que eles tiraram tanto dinheiro? Eu tenho uma pasta cheia de diplomas que eu ganhei pelo trabalho honesto… a minha mãe também tem… Enquanto eles têm ações da Gazprom… Nós temos papel, eles têm dinheiro. (*Silêncio raivoso.*) Fui lá à toa… chorei à toa lá… Devolvam o Stálin… O povo espera pelo Stálin! Levaram a minha filha e trouxeram um caixão. Um caixão molhado... E ninguém quer conversar com a mãe... (*Chorando.*) Agora eu mesma poderia trabalhar na polícia... Verificação de ocorrência, relatório do crime. Se é suicídio, fica sangue na pistola... fica pólvora na mão... Agora eu sei tudo... Não gosto de ver o noticiário na televisão. É tudo mentira! Mas os policiais... os programas sobre homicídios... enfim, essas coisas... não perco um. Às vezes de manhã mal consigo levantar, as mãos e os braços ficam dormentes, preferiria ficar deitada... Mas aí eu me lembro da Oleska... Aí eu levanto e saio andando...

Fui juntando os pedaços... cada palavrinha... Alguém bêbado deu com a língua nos dentes, eles afinal eram setenta pessoas, alguém acaba soltando alguma coisa para um conhecido. Nossa cidade não é grande... não é Moscou... Hoje eu já consigo imaginar o cenário... do que aconteceu lá... Eles fizeram uma bebedeira enorme em homenagem ao Dia da Polícia. Encheram a cara, ficaram fora de si e começaram a causar transtorno. Se a Oleska estivesse com o pessoal dela... da divisão dela, mas eram todos estranhos... destacamento misto. Ela foi parar com os rodoviários. Os rodoviários são reis, têm os bolsos cheios de dinheiro. Ficam de guarda nas estradas com metralhadoras, cobrando tributo. Todos pagam para eles. É um posto de ouro! É uma molecada que adora uma algazarra... Matar, beber e foder: são as três alegrias da guerra. Beberam até dizer chega, até ficarem muito loucos... até ficarem violentos... E parece que estupraram todas as meninas. As meninas deles. Mas a Oleska ou não se entregou ou depois começou a ameaçar: 'Vou colocar todos vocês na cadeia'. E aí não permitiram que ela fosse embora.

Também dizem outra coisa... Eles estavam no posto, monitorando os veículos. Lá eles ficavam que nem loucos, dando suas voltas, correndo como anormais para conseguir dinheiro. Por qualquer meio. Alguém estava tentando passar com contrabando;

o que era e de onde vinha não vou dizer, não vou mentir. Drogas ou… Enfim, eles tinham tudo combinado. Estava tudo pago. Era um Niva… todo mundo lembra esse Niva… Mas a Oleska teimou… por algum motivo ela não queria autorizar esse carro a passar… E aí atiraram nela. Ela se colocou no caminho de um dinheirão, atrapalhou alguém. E parece que nesse negócio tinha gente de alta patente envolvida…

Até a minha mãe sonhou com esse Niva… Fui me consultar com uma vidente… coloquei na mesa esta foto aqui… (*Mostrando a foto.*) 'Estou vendo um Niva', ela disse…

… Comecei a conversar com uma mulher… Ela é enfermeira. Não sei como ela era quando foi para a Tchetchênia, talvez fosse uma pessoa alegre. Mas agora é uma pessoa raivosa, como eu, raivosa. Agora tem muitas pessoas ressentidas, elas ficam quietas, mas são ressentidas. Todas sonhavam em vencer na nova vida, mas foram poucos os que venceram, tirou a sorte grande… Ninguém estava pronto para ir para o fundo do poço. As pessoas agora vivem com o ressentimento, muitos têm esse ressentimento. (*Silêncio.*) Talvez a própria Oleska voltasse diferente… virasse uma desconhecida… A-a-ah… (*Silêncio.*) Essa mulher foi sincera comigo…

'… Fui por causa de um romance! As pessoas riram de mim por muito tempo. Para ser honesta, larguei tudo em casa por um amor infeliz. Para mim tanto fazia se um tchetcheno me desse um tiro ou se eu morresse de dor no coração.

… Quem nunca se deparou com um cadáver acha que eles ficam quietos. Que são silenciosos. Mas dali saem sons o tempo inteiro. De algum lugar sai ar, lá dentro um osso estala. Tem uma espécie de sussurro. Você pode até ficar louco…

… Lá eu não vi nenhum homem que não bebesse e que não desse tiro. Ficam bêbados e dão tiro, para o lado que eles quiserem. A troco de quê? Ninguém pode responder.

... Ele era cirurgião... Eu pensava que nós nos amávamos. Antes de voltar para casa, ele declarou: 'Não me ligue e não me escreva. Se em casa eu quiser me divertir, que seja com uma mulher bonita, que não me dê vergonha se minha mulher descobrir'. Não sou nenhuma beldade. Mas nós tínhamos passado três dias juntos numa sala de operação. É um sentimento... mais forte que o amor...

... Agora eu tenho medo dos homens... Com os que vieram da guerra eu não consigo fazer nada... São uns cavalos! São todos uns cavalos! Estava me arrumando para ir para casa... e queria levar isso para casa, queria levar aquilo... Um gravador, um tapete... 'Eu vou é deixar tudo aqui', disse o chefe do hospital militar. 'Não quero levar a guerra para casa.' Nós não trouxemos a guerra nas coisas, mas na alma...'

Eles nos trouxeram as coisas da Oleska: um casaco, uma sainha... Devolveram uns brinquinhos de ouro, uma correntinha. No bolso do casaco tinha umas nozes e dois pequenos chocolatinhos. Estava se preparando para o Natal, pelo visto, queria mandar para casa com alguém. Que tristeza a minha, que tristeza...

Então, você escreva a verdade... Quem é que tem medo disso? O poder agora é inacessível... Só nos restou uma coisa: o fuzil e a greve. Deitar em cima dos trilhos. Mas não tem um líder... o povo já teria se levantado faz tempo... Não tem um Pugatchov! Se me derem uma arma, já sei em quem atirar... (*Mostra o jornal.*) Você leu? Tem um pacote turístico para a Tchetchênia. Levam nos helicópteros militares e mostram Grózny destruída, as aldeias queimadas. Lá tem guerra e gente construindo, tudo ao mesmo tempo. Atiram enquanto constroem. E mostram. Nós ainda estamos chorando, mas já tem gente vendendo as nossas lágrimas. O nosso medo. Estão vendendo, como fazem com o petróleo.

(*Alguns dias depois nós nos encontramos novamente.*)

Antes eu entendia a nossa vida... entendia como nós vivíamos... Agora não entendo... não..."

SOBRE UMA ESCURIDÃO PÉRFIDA E SOBRE "OUTRA VIDA, QUE SE PODE FAZER A PARTIR DESTA"

Ielena Razdúieva, operária, 37 anos

Fiquei muito tempo sem conseguir achar um "intermediário" para esta história, um narrador ou interlocutor: nem mesmo sei que nome dar àqueles com cujo auxílio viajo pelo mundo humano. Pela nossa vida. Todos negavam: "isso é um caso psiquiátrico", "por causa das suas fantasias dementes, uma mãe largou os três filhos; quem tem que analisar isso aí é um tribunal, não uma escritora". "E Medeia?", eu perguntei. "O que dizer da Medeia, que matou os próprios filhos por amor?" "Isso é um mito, aqui nós temos pessoas reais." Mas os artistas não vivem em um gueto apartado do mundo real. Eles são livres, como todas as pessoas.

Finalmente, fiquei sabendo que já tinham feito o filme Sofrimento *(do estúdio Fichka-Film) sobre a minha personagem. Eu me encontrei com a diretora do filme, Irina Vassílieva. Conversamos, passamos o filme, e de novo conversamos.*

SOBRE O RELATO DA DIRETORA DE CINEMA IRINA VASSÍLIEVA

"Me contaram… E eu não gostei daquela história, fiquei assustada. Queriam me convencer de que seria um filme impressionante sobre o amor, que era preciso ir e filmar logo. Era uma história muito russa! Uma mulher com marido e três filhos, que se apaixona por um presidiário, e ainda por cima um 'perpétuo', condenado a passar a vida na prisão por ter cometido um crime hediondo, e por causa dele ela larga tudo: marido, filhos, casa. Mas alguma coisa parecia me deter…

Na velha Rússia os condenados a trabalhos forçados são amados desde tempos imemoriais: são pecadores, mas também mártires. Eles precisavam de alento e de consolo. Toda essa cultura de piedade é cuidadosamente mantida, especialmente nas vilas e cidades pequenas. Lá moram mulheres simples, elas não têm internet, mas usam o correio. Um método antigo. Os homens bebem, brigam, enquanto elas passam as noites escrevendo cartas umas para as outras; lá, dentro desses envelopes, tem ingênuas histórias de vida e bobagens diversas: uns moldes de roupas, umas receitinhas e, no fim, sempre tem os endereços dos presos. Uma tem um irmão preso, deu notícia dos companheiros, outra tem um vizinho ou um colega de classe. Transmitem de boca em boca... Roubou, farreou, foi para a cadeia; saiu e de novo foi preso. Uma história comum! Pelo que você ouve nas vilas, metade dos homens ou já passou pela cadeia ou ainda está na cadeia. E nós afinal de contas somos cristãos, temos que ajudar os desafortunados. Algumas mulheres se casam com esses homens que passaram várias vezes pela cadeia, às vezes até homicidas. Eu não vou ser arrogante aqui de tentar explicar para você o que é isso... É complicado... Mas os caras têm um faro para essas mulheres... Na maioria das vezes são mulheres com um destino infeliz, que não conseguiram se realizar. São solitárias. E aí de repente elas se veem necessárias, elas têm alguém para cuidar. É uma das maneiras de mudar as coisas na vida delas. Uma espécie de remédio...

No fim das contas, nós acabamos indo lá para fazer o filme. Eu tinha a vontade de contar que, na nossa era pragmática, existem pessoas que têm uma outra lógica de existência. E de como elas são indefesas... Nós falamos muito do nosso povo. Uns o idealizam, outros acham que são cretinos. Um bando de *sovok*. Mas na verdade nós não o conhecemos. Entre nós existe um abismo... Eu sempre filmo histórias, e em qualquer história tem um pouco de tudo. Tem sempre duas coisas principais: amor e morte.

Isso foi na região de Kaluga, no interior profundo... Fomos para lá... Fiquei olhando pela janela: era tudo interminável, os campos, a floresta, o céu. Nas colinas, as silhuetas brancas das igrejas. Força e tranquilidade. Algo muito antigo. Viajamos, viajamos... Da rodovia principal, entramos em uma estradinha mais simples... A-a-ah! As estradas russas são algo extraordinário, acho que nem todo tanque consegue passar. São dois ou três buracos a cada três metros, isso se for uma estrada boa. E dos lados ficam as cidadezinhas... Isbás tortas, inclinadas, com cercas quebradas, galinhas e cachorros vagando pela rua. Já de manhã tem uma fila de alcoólatras na frente do mercado, que nem abriu ainda. É tudo muito familiar, dá até um bolo na garganta... No centro, o monumento de gesso do Lênin continua no mesmo lugar de antes... (*Silêncio.*) Teve uma época... agora mal dá para acreditar que ela existiu e que nós éramos daquele jeito... Quando entrou o Gorbatchóv, todos nós ficamos aturdidos com toda aquela alegria. Vivíamos em um sonho, em uma ilusão. Desabafávamos na cozinha. Queríamos uma nova Rússia... Nós só fomos nos dar conta vinte anos depois: de onde é que ela poderia ter saído? Ela não existia e não existe. Alguém fez uma observação precisa: em cinco anos, pode mudar tudo na Rússia, mas em duzentos anos, nada. Paisagens intermináveis, mas mentalidade de escravos... Não dá para reconstruir a Rússia nas cozinhas de Moscou. Trouxeram de volta o brasão imperial, mas o hino continuou sendo o stalinista. Moscou é russa... capitalista... Mas a Rússia continuou sendo soviética como antes. Lá não conseguiram ver os democratas pela frente, e se tivessem visto teriam acabado com eles. A maioria quer uma ração e um líder. Rios de vodca caseira barata... (*Risos.*) Eu sinto que nós duas somos da geração 'da cozinha'... Começamos falando de amor, mas cinco minutos depois já estamos discutindo como arrumar a Rússia. Sendo que a Rússia não está nem aí para nós, ela vai vivendo a vida dela...

Um homenzinho bêbado me mostrou onde a nossa heroína morava. Ela saiu da isbá... E de cara eu gostei dela. Uns olhos muito, muito azuis, era esbelta. Dá para dizer que era uma beldade. Uma beldade russa! Uma mulher daquela brilha tanto numa pobre isbá camponesa como em um apartamento moscovita chique. E você fica imaginando que ela é a esposa de um assassino, nós não chegamos a vê-lo, ele tinha uma sentença perpétua, estava com tuberculose. Ela ouviu o motivo da nossa visita e começou a dar risada: 'É o meu seriado'. Eu tinha ido pensando em como nós diríamos para ela que pretendíamos fazer uma filmagem com ela. E se de repente ela tivesse medo das câmeras? Mas aí ela me disse: 'Eu sou tão tonta que conto a minha história para o primeiro que passa. Uns choram, outros me insultam. Se quiser, posso contar para você, também…'. E ela contou…"

IELENA RAZDÚIEVA
Sobre o amor

"Eu não tinha intenção de me casar, mas é claro que eu sonhava. Eu tinha dezoito anos. Ele! Ele! Como ele vai ser? Uma vez tive um sonho: eu estava caminhando por um prado em direção ao rio, que passa atrás da nossa cidade, e lá adiante de repente surgiu um rapaz bonito e alto. Ele pegou minha mão e disse: 'Você é minha noiva. Minha noiva na presença de Deus'. Acordei pensando: não posso esquecer… o rosto dele… Aquele rosto ficou na minha memória, como uma espécie de programa. Um ano se passou… dois… e eu não encontrava o tal rapaz. E aí o Liocha, que era sapateiro, estava dando em cima de mim fazia tempo. Ele me pediu em casamento. Eu respondi para ele com sinceridade, disse que não o amava, disse que estava esperando aquele rapaz que eu tinha visto no sonho. Um dia eu iria encontrá-lo, era impossível que eu não o encontrasse, era simplesmente impossível. O Liocha dava risada… meu pai e minha mãe também riam… Eles me convenceram de que eu tinha que me casar, e o amor viria depois.

Por que você está sorrindo? Todos riem de mim, eu sei... Se você vive como manda o coração, você é anormal. Você diz a verdade, e não acreditam em você, mas quando você mente, aí sim! Ia passando um rapaz conhecido, bem naquela hora eu estava na horta: 'Ai, Pétia, escute só, outro dia eu sonhei com você'. 'Ah, não! Sem essa!' Fugiu correndo de mim como se eu tivesse a peste. Eu não sou como todo mundo, as pessoas me evitam... Não tento agradar ninguém, não dou atenção para roupas e não me maquio. Não sei flertar. Só sei conversar. Uma época eu quis entrar para um monastério, mas depois li que você pode ser uma monja mesmo fora de um monastério. Até em casa. É uma forma de vida.

Casei. Meu Deus, como o Aliocha era bom, ele era tão forte, ele conseguia dobrar uma barra de ferro. Como eu o amei! Dei um filho para ele. Depois do parto aconteceu alguma coisa comigo, talvez um choque pós-parto, fiquei com aversão a homem. Já tenho um filho, para que preciso ainda de um marido? Eu podia conversar com ele, lavar para ele, fazer comida, estender a roupa, mas estar com ele eu não conseguia... como homem... Eu gritava! Eu ficava histérica, me debatendo! E assim nós passamos dois anos torturantes, e aí fui embora, peguei o bebê nos braços e fui embora. Mas não tinha para onde ir. Minha mãe e meu pai tinham morrido. Minha irmã estava em algum lugar na Kamtchatka... Eu tinha um amigo, Iura, ele me amava desde a escola, mas nunca se declarou para mim. Eu sou grande, alta, e ele é pequeno, é bem mais baixo que eu. Ele tocava as vacas e lia livros. Sabia todo tipo de história, resolvia muito rápido qualquer jogo de palavras cruzadas. Eu fui até a casa dele: 'Iura, eu e você somos amigos. Posso passar um tempo na sua casa? Eu vou ficar com você, mas não chegue perto de mim. Por favor, não me toque'. E ele disse: 'Tudo bem'.

E aí nós vivemos, e vivemos... E aí eu comecei a pensar: ele me ama, se comporta tão bem, não exige nada de mim; por que eu torturo esse homem? Fui com ele até o cartório e nós nos casamos no civil. Ele queria que tivéssemos uma cerimônia na igreja, e aí eu me abri com ele, disse que na igreja eu não podia... e contei do meu sonho, do meu amor, que eu estava esperando... O Iura também riu de mim: 'Você é como uma criança. Acredita em um milagre. Mas ninguém vai amar você como eu amo'. Dei filhos para ele. Vivemos quinze anos juntos e andamos de mãos dadas durante os quinze anos. As pessoas ficavam impressionadas... Muitas pessoas vivem sem amor, veem o amor só na televisão. O que é o ser humano sem amor? É como uma flor sem água...

Aqui nós temos esse costume... As moças e as mulheres jovens escrevem cartas para a cadeia. Todas as minhas amigas, e eu também... desde a escola nós escrevíamos... Escrevi centenas dessas cartas e recebi centenas de respostas. E daquela vez... Tudo foi como sempre... O carteiro gritou: 'Lenka, carta oficial para você'. Saí correndo... Peguei a carta: carimbo da cadeia, código postal oculto. De repente, meu coração começou a bater bem forte, bem forte. Eu tinha visto só a letra, mas tudo já me parecia familiar; com a emoção, não consegui ler nada. Sou uma sonhadora, mas também entendo a realidade. Não era a primeira carta daquele tipo... O texto era simples: 'irmã, obrigado pelas boas palavras... é claro que você não é minha irmã, mas é como uma irmã...'. Escrevi no mesmo dia: me mande uma foto, quero ver seu rosto.

Chegou a resposta com a fotografia. Olhei: era aquele rapaz... aquele com quem eu tinha sonhado... O meu amor. Tinha esperado por vinte anos. Não consigo explicar para ninguém, é como um conto de fada. Logo contei para o meu marido: 'Encontrei meu amor'. Ele chorou. Pediu. Tentou me convencer: 'Nós temos três filhos. Precisamos criá-los'. Eu também chorei: 'Iura, eu sei que você é uma pessoa boa, com você as crianças não vão ficar perdidas'. Os vizinhos... as amigas... a minha irmã... Todos me julgaram. Agora estou sozinha.

Na estação de trem comprei as passagens… Tinha uma mulher do meu lado, ficamos conversando. Ela me perguntou: 'Para onde você está indo?'. 'Visitar meu marido.' (Ele ainda não era meu marido, mas eu sabia que seria.) 'E onde está o seu marido?' 'Na cadeia.' 'E o que ele fez?' 'Matou uma pessoa.' 'A-a-ah. Vai ficar muito tempo preso?' 'O resto da vida.' 'A-a-ah… coitada de você…' 'Não precisa ter dó de mim. Eu tenho o amor.'

Qualquer pessoa precisa ser amada por alguém. Mesmo que seja por uma só pessoa. O amor é… Eu vou dizer para você o que é… Ele estava com tuberculose, todo mundo na cadeia tem tuberculose. Por comer mal, por causa da tristeza. Me disseram que tinha que levar gordura de cachorro. Andei pela cidade, perguntei. Encontrei. Depois fiquei sabendo que gordura de texugo ajudava mais. Comprei na farmácia. Foi carinho! Precisava também de cigarro, carne em conserva… Achei emprego numa panificadora, lá o salário era melhor do que o que eu recebia antes na granja. Trabalho pesado. Aqueles fogões velhos ficam tão quentes que nós tiramos toda a roupa, ficamos só de sutiã e calcinha. Eu arrasto sacos de farinha de cinquenta quilos, umas bacias de pão de cem quilos. Escrevo cartas para ele todos os dias."

COMO CONTADO POR IRINA VASSÍLIEVA

"É assim que ela é… Uma pessoa impulsiva, impetuosa… Ela sente um ardor por dentro, ela quer tudo para já. É tudo desmedido, fora dos padrões. Os vizinhos me contaram… Uns refugiados tadjiques estavam passando pelo vilarejo, eles tinham muitos filhos, estavam com fome, sem roupas, aí ela levou para eles de casa quase tudo que podia: cobertores, travesseiros… colheres… 'Nós temos coisas boas demais, e as pessoas não têm nada.' Mesmo quando o que havia na isbá era uma mesa e umas cadeiras… Dá para dizer que era uma pobreza só. Comiam as coisas da horta: batata, abobrinha. Bebiam leite. 'Tudo bem', ela dizia para acalmar o marido e os filhos, 'no outono os veranistas vão embora, vão deixar alguma coisa para nós'. Os moscovitas passam o verão lá, tem lugares incríveis, muitos pintores vão, artistas, arremataram todas as casas abandonadas. O pessoal recolhe tudo que os veranistas deixam, até sacola plástica. É uma cidadezinha pobre, de velhos e bebuns... Teve outro caso... Uma amiga teve um filhinho, mas não tinha geladeira. A Liena deu a dela de presente: 'Meus filhos já cresceram, mas aí você tem um bebê'. Pronto! Pode pegar! A pessoa não tem nada, mas consegue abrir mão de muita coisa. É aquele tipo russo... aquele russo de que o Dostoiévski escreveu, dizendo que ele era amplo como a terra russa. O socialismo não o mudou, o capitalismo também não vai mudar. Nem a riqueza, nem a pobreza. Uns homens estavam sentados na frente de uma loja, eram três rachando uma garrafa. A que estavam bebendo? O brinde era: 'Sebastopol é uma cidade russa! Sebastopol será nossa!'. Eles se orgulhavam do fato de que um russo pode beber um litro de vodca sem ficar bêbado. Do Stálin só lembram que na época dele eles eram vencedores...

Eu queria filmar tudo aquilo... Fiquei tentando me conter, tinha medo de ir tão longe com aquilo que não conseguiria me desvencilhar... Cada destino é como uma história hollywoodiana! É um argumento pronto para um filme. Por exemplo, a amiga dela, a Ira... Uma ex-professora de matemática, saiu da escola por causa do salário miserável. Ela tinha três filhos, eles ficavam pedindo: 'Mamãezinha, queremos ir até a panificadora. Sentir o cheirinho dos pães'. Iam de noite, para ninguém ver. Agora a Ira trabalha na panificadora, como a Liena, e está contente porque pelo menos pão os filhos dela podem comer à vontade. Eles roubam... Todos lá roubam, e é só graças a isso que conseguem sobreviver. É uma vida monstruosa, desumana, mas a alma segue vivendo. Se você ouvisse as coisas que essas mulheres falam... Não acreditaria! Elas falam do amor. Sem pão dá para viver, mas sem amor, não tem como... é o fim... A Ira lia as cartas que a Liena recebia do presidiário dela, ela mesma ficava entusiasmada. Na cadeia mais próxima ela arranjou um batedor de carteira. Ele foi posto em liberdade bem depressa... A história se desenrolou de acordo com as regras do gênero da tragédia... Juras de amor até a morte. Festa de casamento. Logo, esse Tólia... Tolian... começou a beber. A Ira já tinha três filhos, ela teve mais dois com ele. Ele causa transtorno, fica perseguindo a Ira pela cidade, mas de manhã fica sóbrio e jurava de pé junto. Ficava arrependido. A Ira... também é bonita! Inteligente! Mas mesmo assim os nossos homens são feitos para agir como o rei dos animais...

Mas agora preciso contar para você do Iura... É o marido da Liena... Lá na cidade ele é chamado de 'pastor leitor', ele toca as vacas e lê. Na casa dele eu vi muitos livros de filósofos russos. Dá para conversar com ele sobre o Gorbatchóv e o Nikolai Fiódorov,* sobre a perestroika e a imortalidade humana... Os outros homens bebem, ele lê. O Iura é um sonhador... é contemplador por natureza... A Liena fica orgulhosa pelo fato de que ele resolve as palavras cruzadas instantaneamente. Mas o Iura tem baixa estatura... Na infância ele cresceu muito... Quando ele estava na sexta série, a mãe o levou para Moscou. Lá ele tomou uma injeção malsucedida na coluna. E ele parou completamente de crescer: tem um metro e cinquenta. É verdade, é um homem bonito. Mas do lado da esposa ele fica parecendo um anão. No filme, nós tentamos fazer com que o espectador não percebesse isso, eu pedi para o cinegrafista, implorei: 'Pelo amor de Deus, invente alguma coisa!'. Não podíamos dar para as pessoas uma explicação simples como aquela: abandonou um anão para ficar com um bonitão, um *superman*. É uma mulher comum! O Iura... ele é um homem

---

* Nikolai Fiódorovitch Fiódorov (1829-1903), filósofo cristão ortodoxo, um dos fundadores do Cosmismo.

sábio, entende que a felicidade tem muitas nuances. Ele estava disposto a ter a Liena do lado dele em qualquer circunstância, mesmo que não fosse mais esposa, mas só amiga. Para quem ela corre com as cartas que recebe da penitenciária? Para ele... Leem essas cartas juntos... O Iura fica com o coração disparado, mas continua ouvindo... O amor é muito paciente... o amor não sente inveja... não reclama e não cogita o mal... Claro que nem tudo foi tão bonito como eu estou contando agora... A vida deles não foi um mar de rosas... O Iura quis se matar... sair por aí sem rumo... Eles tiveram muitas cenas reais de sangue e lágrimas. Mas o Iura a ama..."

IURA
Sobre a contemplação

"Eu sempre a amei... Desde a escola. Ela se casou e foi embora para a cidade. Mas eu a amava.

Foi de manhã... Eu e a minha mãe estávamos à mesa, tomando chá. Vi pela janela a Liena chegando com um bebê nos braços. E eu disse para a minha mãe: 'Mãe, a minha Liena chegou. Acho que ela chegou aqui para ficar'. Desde aquele dia, eu fiquei alegre e feliz, talvez até... bonito... Quando nós nos casamos, eu fiquei no sétimo céu de tanta alegria. Beijava minha aliança, que no dia seguinte eu já perdi. É impressionante, ficava tão bem no dedo, mas, trabalhando, sacudi a luva e, quando fui calçá-la, vi que o anel não estava mais lá; procurei e não achei. A Liena usava o anel de casamento dela, ficava meio solto, mas ela não deixou cair nenhuma vez, até tirar de vez...

Íamos juntos para todo lado... Era assim que nós vivíamos! Adorávamos ir até uma fonte juntos, eu levava o balde, e ela ficava do lado: 'Eu vou falar umas coisinhas para você'. E me contava alguma coisa... Com dinheiro a coisa não ia bem, mas dinheiro é dinheiro, e felicidade é felicidade. Assim que começava a primavera, nossa casa vivia sempre cheia de flores, no início só eu levava, depois as crianças cresceram um pouco, nós levávamos juntos. Todos amávamos a mamãe. Nossa mamãe era alegre. Tocava piano (tinha estudado na escola de música). Cantava. Escrevia contos de fada. Uma época nós tínhamos televisão, ganhamos de presente. As crianças ficavam grudadas na televisão, era impossível arrancá-las de lá, e elas ficaram meio agressivas, meio estranhas. Aí ela pegou e encheu de água, como se fosse um aquário. A televisão pegou fogo. 'Crianças, é melhor você ficarem olhando para as flores, para as árvores. Conversem com seu pai, com sua mãe.' Os nossos filhos não ficaram ofendidos, porque foi a mamãe que disse...

O divórcio... O juiz perguntou: 'Por que estão se divorciando?'. 'Visões de vida diferentes.' 'O marido bebe? Bate em você?' 'Não bebe e não bate. Na verdade, meu marido é uma pessoa incrível.' 'Então por que o divórcio?' 'Não tem mais amor.' 'Motivo fútil.' Nos deram um ano para reconsiderar, para pensarmos melhor...

Os homens riam de mim. Aconselhavam que eu a expulsasse de casa, que a colocasse em um hospital psiquiátrico... De que mais ela precisa? Isso acontece com qualquer pessoa. A tristeza é como a peste, ataca todo mundo. Você está viajando de trem, olha pela janela, dá aquela tristeza. Uma beleza ao redor, você não consegue tirar os olhos, mas as lágrimas rolam, você não sabe o que fazer de si mesmo. Sim, é a tristeza russa... Mesmo se aparentemente a pessoa tem tudo, ainda assim falta alguma coisa. E as pessoas vivem. Como que suportam tudo. Mas ela: 'Iura, você é muito bom, você é meu melhor amigo. Ele passou metade da vida na cadeia, mas eu preciso dele. Eu o amo. Se você não me deixar ir, vou morrer. Vou fazer tudo como se deve, mas estarei morta'. Que coisa é o destino...

Ela nos largou e foi embora. As crianças ficaram com saudade, passaram muito tempo chorando, especialmente o pequeno. O nosso Matveika... Todos ficaram esperando a mãe, até agora estão esperando. Eu também estou esperando. Ela nos escreveu: 'Só não venda o piano'. Era a única coisa cara na nossa casa, os pais tinham deixado. O piano querido... A família inteira sentava à noite, e ela tocava para nós... Por acaso eu poderia vender por dinheiro? E ela não vai conseguir me jogar para fora do destino dela, deixando ali um lugar vazio, isso é impossível. Nós vivemos quinze anos juntos, temos filhos. Ela é boa, mas é diferente. É como se não fosse da terra... Ela é leve... leve... Mas eu sou uma pessoa da terra. Sou desses... que vivem na terra...

Falaram de nós no jornal local. Depois chamaram na televisão de Moscou. Lá é assim: você senta, como se fosse em um palco, e conta sobre você, e tem um auditório com espectadores. Depois tem uma discussão. Como todo mundo xingou a Liena! Especialmente as mulheres: 'Maníaca! Ninfômana!'. Estavam preparadas para atirar pedras nela. 'Isso é patológico, é errado.' As perguntas para mim... Era um nocaute atrás do outro... 'Essa vadia lasciva, que largou você e as crianças, ela não vale o seu dedo mindinho. Você é um santo. Eu fico de joelhos para cumprimentar você em nome de todas as mulheres russas...' Eu queria responder... começava... Mas me disseram: 'Seu tempo acabou'. Comecei a chorar. Todos acharam que as minhas lágrimas eram de ressentimento, de raiva. Mas eu estava chorando porque aquelas pessoas eram todas inteligentes, educadas, viviam na capital, mas não entendiam nada.

Eu vou esperar por ela quanto tempo for necessário. Por quanto tempo ela quiser... Não consigo imaginar outra mulher ao meu lado. Mas às vezes... talvez apareça o desejo..."

SOBRE AS CONVERSAS NO VILAREJO

"— A Liena é um anjo…

— Antes mulheres como essa eram presas num quarto de despejo ou com rédeas…

— Se ela tivesse fugido para ficar com um homem rico, daria para entender tudo. Para os ricos a vida é mais interessante. Mas que relação ela pode ter com um bandido? Ainda mais com um "perpétuo". Dois encontros por ano, e só. Só isso de amor.

— Ela tem uma natureza romântica. Deixem que ela corra atrás.

— Está no nosso sangue: ter dó dos infelizes. Assassinos e vagabundos. Matou uma pessoa, mas tem os olhinhos de um bebê. E dá pena dele.

— No geral não confio nos homens, nos presidiários, menos ainda. Eles ficam entediados na cadeia. Querem se divertir. Copiam com papel-carbono: meu cisne de asas brancas, sonho com você, você é a luz na minha janela… Uma tonta qualquer acredita e sai correndo para salvar o outro: carrega pacotes pesadíssimos, manda dinheiro. Fica esperando. Ele sai da cadeia, vai para a casa dela, come, bebe, arranca um dinheirinho, e aí um belo dia ele evapora. E tchau! Tchau!

— Meninas, mas que amor é esse?! É como no cinema!

— Casou com um assassino, mas deixou um homem bom. E depois, ela tem filhos… três moleques… Só para pegar a passagem, já que ela tem que ir até o fim do mundo para encontrar com ele, de onde é que ela tirou o dinheiro para isso? Ela está tirando da boca dos filhos o tempo todo. Ela vai até o mercado, e já aparece o problema: comprar para eles um pãozinho ou não comprar?

— Uma mulher deve temer seu marido… Ambos devem ir em direção a Cristo. Mas assim… assim desse jeito, para quê? Se for sem esse objetivo, então para quê?

— Sem Mim, diz o Senhor, não podeis criar. Mas ela está tentando criar a partir da própria mente. Isso é vaidade. Onde não há humildade, não há nenhuma outra força. O demônio opera.

— Ela precisa ir para um monastério, buscar o caminho da salvação. O ser humano é salvo na aflição. É preciso até mesmo buscar a aflição..."

CONTADO POR IRA VASSÍLIEVA

"Eu também perguntei para ela: 'Liena, você tem ideia de que vai ter só dois encontros por ano?'. 'E daí? Para mim basta. Estarei com ele em pensamento. Em sentimento'.

Para chegar até ele, era preciso viajar para o Norte, era bem longe. Até a Ilha do Fogo.* No século XIV, os discípulos de Sérgio de Rádonej** foram colonizar as florestas do Norte. Abrindo caminho no matagal, eles viram um lago, e no meio do lago, línguas de fogo. O Espírito Santo apareceu assim para eles. Levaram terra nos barcos... Amontoaram a terra naquele lugar para formar a ilha e construíram nela um monastério. A largura dos muros é de um metro e meio. Nesse antigo monastério existe hoje uma prisão para os piores assassinos. Para os condenados à morte. Na porta de cada cela tem uma tabuinha com as atrocidades cometidas pelo criminoso: matou a facadas Ánia, de seis anos... Nástia, de doze anos... Você fica horrorizada, mas aí entra ali, e a pessoa que cumprimenta você parece normal. Pede cigarro, e você dá. 'Como estão as coisas na liberdade? Aqui a gente não sabe nem como está o tempo.' Vivem cercados de pedra. Ao redor, florestas e pântanos. Ninguém jamais conseguiu fugir..."

---

* Em russo, *Ógnenny óstrov*, ilha localizada no lago Novózero, na região de Vólogda. Ali foi fundado pelo monge Cirilo, o Branco, em 1517, um monastério, transformado em prisão de segurança máxima durante o período soviético.
** Ou Siérgui Rádonejski (1314-92), líder espiritual e reformador monástico. Até hoje é um dos santos mais venerados da Igreja ortodoxa russa.

Na primeira vez, a Liena foi até lá sem nem imaginar que poderiam não dar a autorização para um encontro. Bateu no guichê em que você entrega o passaporte, ninguém queria nem ouvir o que ela tinha para dizer: 'Aquele ali é o chefe da prisão. Converse com ele'. Ela foi correndo falar com ele: 'Me dê a autorização para um encontro'. 'Com quem?' 'Vim ver o Volódia Podbútski.' 'Mas a senhora por acaso não sabe que aqui estão presos criminosos especialmente criminosos? Eles têm um regime muito rígido: por ano são dois encontros de três dias e três encontros curtos, de duas horas. Admitimos só os parentes mais próximos: mãe, esposa, irmã. E a senhora, é o que dele?' 'Eu o amo.' Ficou claro que era para internar. O chefe queria ir embora, mas ela ficou segurando pela camisa: 'Você entende, eu o amo'. 'Você é uma pessoa completamente desconhecida para ele.' 'Então me deixe só olhar para ele.' 'Quer dizer que a senhora nem o viu ainda?' Todo mundo já estava achando engraçado, os guardas tinham chegado perto, para ver que tonta era aquela. Haha... Aí ela começou a contar para eles do sonho que ela teve aos dezoito anos, do marido e dos três filhos, e do fato de que ela amou esse homem a vida inteira. A sinceridade e a pureza dela derrubariam qualquer parede. Ao lado dela, a pessoa tomaria consciência de que há alguma coisa errada em sua vida ordeira, de que ela é grosseira e de que seu tino não é refinado. O chefe da prisão não era um cara novo, aquele era o trabalho dele... tinha visto de tudo... E ele tentou se colocar na posição dela: 'Já que a senhora veio de tão longe, vou conceder seis horas para se encontrar com ele, mas um guarda vai ficar com vocês'. 'Nem que fossem duas! Além dele eu não vou ver ninguém, mesmo...'

Tudo que ela tinha de desmesurado, de maximalista, ela despejou nesse Volódia: 'Você entende como eu estou feliz?... Passei a vida inteira esperando por você, e finalmente nós estamos juntos'. É claro que o outro não estava preparado para aquilo. Ele vinha recebendo visitas de uma batista, eles tinham um romance.

Aquela dava para entender bem: era uma moça comum, com um destino infeliz. Precisava de um homem, um carimbo no passaporte dizendo que ela era casada. Mas ali era tanta energia, tanto entusiasmo! Quando alguém quer tanto assim conquistar você, qualquer um fica assustado. O cérebro dele entrou em parafuso... 'Eu imploro', dizia a Liena, 'me permita casar com você. Assim eles vão me deixar vir visitar, eu vou poder ver você. Não preciso de mais nada'. 'Mas você não é casada?' 'Eu me divorcio. É só você que eu amo.' Ela carregava uma bolsa com as cartas dele, cobertas com desenhos de folhinhas, de florzinhas. Não conseguia se separar delas nem por um minuto. Era o auge da felicidade dela, porque ela passou a vida inteira desejando o absoluto, mas o absoluto só pode existir na forma escrita, só no papel pode se dar a realização completa. Na terra, na cama, isso não existe. Lá você não encontra o absoluto. Tudo que se relaciona com as outras pessoas, com a família, com os filhos, tudo isso é compromisso...

Era como se ela fosse impelida por alguém... Que força era aquela? De que natureza era aquele sonho?

... Nós também estivemos na Ilha do Fogo. Para isso, foi preciso arrumar muitos papéis e autorizações com carimbos redondos. Muitas ligações. Chegamos... Mas o Volódia nos recebeu com duas pedras na mão: 'Esse show todo a troco de quê?'. Tinha passado muitos anos na solidão, estava desacostumado com as pessoas. Ficou desconfiado, não confiava em ninguém. O bom é que a Liena estava conosco, ela segurou a mão dele: 'Volódienka'. Aí ele ficou dócil. Juntas nós conseguimos convencê-lo, ou talvez ele mesmo tenha repensado, era um sujeito perspicaz: depois de vinte e cinco anos, em casos excepcionais, concedem uma anistia; se fizessem um filme ele viraria uma celebridade local, isso depois poderia ajudá-lo... Lá todos eles querem viver... lá não gostam de falar da morte...

E foi com isso mesmo que nós começamos..."

<u>VOLÓDIA</u>
Sobre Deus

"Eu estava na solitária, esperando o fuzilamento. Pensei muito... Mas quem é que pode ajudar quando você está entre quatro paredes? O tempo não existia, era uma espécie de abstração. Experimentei um vazio tão grande... E uma vez saiu de dentro de mim: 'Se Tu existes, Deus, me ajuda! Não me abandones! Não peço milagres, me ajuda a compreender tudo que aconteceu comigo'. Fiquei de joelhos. Rezei. O Senhor não deixa esperando por muito tempo aqueles que se dirigem a Ele...

Leia a minha ficha: eu matei uma pessoa. Eu tinha dezoito anos. Tinha acabado de sair da escola, escrevia poesia. Queria ir para Moscou, para estudar. Estudar para ser poeta. Eu morava com minha mãe. Não tínhamos dinheiro em casa, eu ia ter que trabalhar para pagar os estudos. Arranjei emprego em uma oficina mecânica. Na nossa cidade, à noite tinha uns bailes... Aí eu me apaixonei por uma moça muito bonita. Fiquei totalmente caído por ela. Estávamos voltando do baile... Era inverno... neve... Os pinheiros já estavam brilhando próximo às janelas, logo viria o Ano-Novo. Eu não estava bêbado. Fomos andando, conversando... Hahaha... hihihi... Ela me perguntou: 'Você me ama mesmo, de verdade?'. 'Amo mais que a vida.' 'E o que você é capaz de fazer por mim?' 'Eu posso até me matar.' 'Você se matar, tudo bem. Mas por mim você mataria a primeira pessoa que passasse?' Se ela falou aquilo como uma espécie de piada... ou se eu tinha arrumado uma sirigaita... Eu não me lembro mais dela, até o rosto eu esqueci, desde que entrei aqui na cadeia ela não me escreveu nenhuma vez. Você mataria? Disse isso e riu. Mas eu era um herói! Precisava provar o meu amor. Arranquei uma estaca de uma cerca... Era de madrugada. Uma escuridão. Fiquei lá parado, esperando. Ela também ficou esperando. Demorou muito tempo para alguém aparecer, mas finalmente um homem veio na nossa direção. E eu dei na cabeça dele. Pá! Golpeei uma vez, duas... Ele caiu. Continuei batendo com ele já no chão... com aquela estaca... E era um professor nosso...

Primeiro fui condenado ao fuzilamento... Depois de seis meses, a pena de fuzilamento foi comutada para prisão perpétua. Minha mãe me renegou. Minha irmã me escreveu durante um tempo, depois parou. Faz tempo que estou sozinho... Eu já estou trancafiado nesta cela aqui faz dezessete anos. Dezessete anos! Se você pegar uma árvore ou qualquer animal, eles não sabem nada do tempo. O Senhor pensa por eles. Assim como eu... Durmo, como, saio para o banho de sol... Você só vê o céu através das grades. Na cela, tem uma cama, um banquinho, uma caneca, uma colher... Os outros vivem das recordações... Mas que recordações eu tenho? Não tive nada, mal tive tempo de viver. Olho para trás, lá tem uma escuridão interminável, às vezes parece que tem uma luzinha acesa. Na maioria das vezes, vejo a minha mãezinha... ora ela está no fogão, ora perto da janela da cozinha... No mais, é escuridão por todos os lados...

Comecei a ler a Bíblia... não conseguia mais largar... Aquilo me sacudiu totalmente. Eu conversava com Ele: 'Por que Tu me puniste?'. O homem agradece ao Senhor pela alegria, mas, quando vem a desgraça, ele vocifera: 'Por quê?'. E não é para entender o sentido da opressão que lhe é enviada. Tem que confiar a vida a Ele...

E de repente apareceu a Liena... Ela apareceu e disse: 'Eu amo você'. Diante de mim um mundo se abriu... Eu conseguia imaginar tudo que quisesse... Uma família, filhos... Saí da escuridão completa para cair na luz mais brilhante... fui rodeado pela luz... É verdade que não era uma situação normal: ela tinha um marido, três filhos, mas ela declarava seu amor por um homem desconhecido, escrevia cartas. Se eu estivesse no lugar do

566

marido dela… O que eu não faria! 'O que você pensa que é? Uma espécie de santa?' 'Não existe amor sem sacrifício. Que amor seria esse?' Eu não sabia…. Como é que poderia saber que mulheres como aquela existiam? Na cadeia, como? Eu pensava que tinha mulheres decentes e as vadias, e era isso. Mas aí aparece essa pessoa, e por causa dela você nem consegue fechar os olhos à noite… Ela chega, e aí chora e ri. E está sempre bonita.

Logo nós nos casamos no civil. Mas depois decidimos casar no religioso… na cadeia tem uma capela… De repente um anjo da guarda podia olhar para nós…

Antes de conhecer a Liena, eu odiava todas as mulheres, eu achava que o amor eram só hormônios. Desejos do corpo… Mas ela não tinha medo dessa palavra, usava toda hora: 'Amo! Amo!'. Eu ficava lá, sem me mexer. Mas tudo aquilo… como posso falar… Eu não estava acostumado com a felicidade. Às vezes acredito nela. Quero acreditar que é verdade, que eu posso ser amado, a diferença entre mim e as outras pessoas é só que elas se consideram boas, mas as pessoas não conhecem a si mesmas, se conhecessem ficariam assustadas. Eu lá pensava que poderia… Que de dentro de mim sairia um animal… Nunca! Eu pensava que era bom. Em algum lugar na casa da minha mãezinha estão guardados os caderninhos com as minhas poesias, se ela não tocou fogo. Outra vez… Sinto medo… Vivi tempo demais sozinho, fiquei travado nessa situação. Estou muito longe de uma vida normal. Fiquei malvado e selvagem… O que eu temo? Temo que a nossa história seja coisa de cinema, mas eu não preciso de cinema. Talvez eu só tenha começado a viver… Queríamos uma criancinha… Ela ficou grávida. E perdeu. Foi o Senhor, me lembrando dos meus pecados…

É terrível… Tão terrível, que eu quero ora me matar, ora… 'Tenho medo de você', ela diz. E não vai embora… Aí está o seu filme! Aí está…"

SOBRE AS CONVERSAS NA CADEIA

"— É um delírio! Um delírio! Essa senhora precisa de um psicólogo...

— Antes eu só tinha lido em livros a respeito dessas mulheres, das esposas dos dezembristas... Era literatura! Mas na vida... A Liena é a única pessoa desse tipo que eu conheci. E naturalmente no início nem eu acreditei: 'Será que ela é anormal?'. Mas aí depois alguma coisa em mim me fez mudar de posição... Jesus também foi considerado louco. Pois ela é a mais normal de todas!

— Uma vez passei a noite inteira sem dormir por causa dela. Fiquei lembrando que eu também tinha uma esposa que tinha me amado muito...

— Essa é a cruz dela. Ela pegou e começou a carregar. É uma verdadeira mulher russa!

— Eu conheço o Volodka... O noivo! É um monstro, assim como eu. Eu temo por ela. Ela não é aquela pessoa que casa e pronto, e você vai vivendo como quiser, que ela vai tentar ser uma boa esposa. E o que ele pode dar a ela? Nós não temos possibilidade de dar nada. 'E nos meus olhos os meninos ainda gotejam sangue.'* A nossa única possibilidade é não tirar nada das pessoas, não aceitar sacrifício algum. Todo o sentido da nossa vida agora é não tirar nada nada. Porque, se você tirar, de novo vai ter roubado alguém...

— Ela é uma pessoa feliz. E ela não tem medo de ser feliz.

— Aqui na Bíblia... Deus não é conhecido pela bondade, nem pela justiça... Ele é conhecido pelo amor...

— Até o padre... Ele vem e me dá a mão pela grade, e tira o quanto antes, ele nem percebe, mas eu vejo. Dá para entender:

---

* Citação do livro *Boris Godunov*, de Alexander Púchkin, referindo-se à culpa persistente do protagonista depois de ordenar o assassinato de seus jovens rivais ao trono.

tem sangue nas minhas mãos... Mas ela virou esposa de um assassino, confiou nele, quer dividir tudo com ele. E cada um de nós agora pensa: então nem tudo está acabado. Se eu não soubesse dela, para mim seria muito mais difícil ficar aqui.

— Que futuro eles têm pela frente? Eu não daria um tostão furado para saber...

— São monstros! Que milagre pode existir? A vida não é um navio branco com velas brancas. É um monte de merda coberta com chocolate.

— Aquilo que ela procura, de que ela precisa, nenhum homem na terra pode dar, só Deus."

Eles se casaram na prisão. Foi tudo como Liena tinha imaginado: o brilho das velas, os anéis de ouro... O coro da igreja cantando "Regozija-te, Isaías...".

Padre: "Você, Vladímir, tem o livre e bem-intencionado desejo e a forte convicção de tomar como esposa esta Ielena, que você vê aqui à sua frente?".

Noivo: "Sim, padre".

Padre: "Não está prometido para outra noiva?".

Noivo: "Não estou, padre".

Padre: "Você, Ielena, tem o livre e bem-intencionado desejo e a forte convicção de tomar como esposo este Vladímir, que você vê aqui à sua frente?".

Noiva: "Sim, padre".

Padre: "Não está prometida para outro noivo?".

Noiva: "Não estou, padre".

"Senhor, tende piedade..."

CONTADO POR IRINA VASSÍLIEVA

Um ano depois, novamente me encontrei com Irina Vassílieva

"Nosso filme foi exibido em um grande canal de televisão... Chegaram cartas dos telespectadores. Fiquei contente, mas... Tem alguma coisa errada com o mundo em que vivemos. É como naquela piada: as nossas pessoas são boas, o povo é que é mau. Das que eu me lembro: 'Sou a favor da pena de morte, da reutilização dos restos humanos', 'Monstros como o protagonista do seu filme, o *superman* assassino, tinham que ser esquartejados em público na praça Vermelha, e nos intervalos colocar comerciais de tênis', 'Tinham que usar os órgãos deles... para fazer testes, de remédios novos e coisas químicas...'. Se você olhar no dicionário do Dal, vai ver que a palavra russa para 'bondade' vem de 'viver em abundância', 'viver bem'... isso é quando se tem solidez e dignidade... Mas não temos nada disso. O mal não vem de Deus. Nas palavras de santo Antão, o Grande: 'Deus não é o culpado pelo mal. Ele deu ao homem a razão, a capacidade de distinguir o bem e o mal...'. É verdade, também tinha... eu também me lembro de umas cartas bonitas, como essa: 'Depois do seu filme, passei a acreditar no amor. Parece que Deus, apesar de tudo, existe mesmo...'.

O documentário é a trama... e a armadilha... Para mim, o gênero documentário tem um, digamos, defeito congênito: o filme é feito, mas a vida continua. Os meus personagens não são inventados, eles são pessoas vivas, reais, e eles não dependem de mim, da minha vontade, das minhas concepções ou do meu profissionalismo, da minha presença na vida deles, uma presença casual e temporária. Eu não sou livre, como eles são. Se eu pudesse... Passaria a vida inteira filmando uma só pessoa. Ou uma só família. Dia após dia. Olhe ali, estão levando uma criança no colo… estão indo para a *datcha*… estão bebendo chá e conversando, hoje sobre uma coisa, amanhã sobre outra… estão brigando… comprando jornal… o carro quebrou… o verão acabou… alguém está chorando… Nós estamos dentro daquilo, mas muita coisa acontece sem nós. Passa ao largo de nós. Capturar um momento ou seguir determinado fragmento de tempo: acho isso pouco. Acho pouco! Não consigo… não sei me afastar… Faço amizade com meus personagens, escrevo para eles, ligo. A gente se encontra. Levo um tempão para 'completar' a filmagem de um material, diante dos meus olhos, novas cenas são rodadas. Assim eu 'filmo' dezenas de filmes.

Um desses filmes é sobre a Liena Razdúieva. Eu tenho um caderno com anotações. Algo parecido com o roteiro de um filme que não vai existir…

'Ela sofre por fazer isso, mas não consegue deixar de fazer.'

'Alguns anos se passaram antes de ela tomar a decisão de pegar a ficha dele para ler. Mas ela não ficou assustada: 'Isso não anula nada, eu o amo mesmo assim. Agora eu sou a esposa dele diante de Deus. Ele matou uma pessoa porque naquela época eu ainda não estava ao lado dele. Eu tenho que pegar a mão dele e tirá-lo dali…''

'Lá mesmo, na Ilha do Fogo, está preso um antigo procurador distrital que, junto com o irmão, matou a machadadas duas mulheres: uma contadora e uma operadora de caixa. Está escrevendo um livro sobre si mesmo. Não sai nem para o banho de sol, não quer perder tempo. Eles roubaram uma soma minúscula de dinheiro. A troco de quê? Não sabe… Ou o mecânico que matou a mulher e os dois filhos… Antes não tinha segurado nada nas mãos além da chave de rosca, mas agora a cadeia inteira tinha os desenhos dele pendurados. Cada um deles está tomado pelos seus demônios, querem se expressar. O assassinato é para o carrasco um mistério tanto quanto é para a vítima…'

'Uma conversa ouvida lá… 'Você acha que Deus existe?' 'Se Ele existe, então a morte ainda não é o fim. Eu não quero que Ele exista.''

'O que é o amor? O Volódia é alto, bonito, enquanto o Iura é um anão… Ela confessou para mim que, como homem, ela preferia o Iura… Só que ela tinha que fazer… Bom, o marido dela era daquele jeito, uma desgraça tinha acontecido com ele. Ela tinha que segurá-lo nos braços…'

'No início ela morou no vilarejo com as crianças. Duas vezes por ano ela ia aos encontros. Ele começou a exigir que ela largasse todo mundo e fosse ficar com ele: 'Você está me traindo, eu sinto que está me traindo'. 'Volódienka, como é que vou deixar os meus filhos para trás? O Matveika é muito pequeno, ele ainda precisa de mim fisicamente.' 'Você é cristã… Tem que ser submissa, obedecer ao marido.' Ela atou um xale negro e passou a morar ao lado da cadeia. Não tem trabalho, mas o padre da igreja dela deu abrigo. Ela está fazendo a limpeza lá. 'E o Volódia está aqui do lado… Eu sinto… sinto que ele está do lado…' 'Não tenha medo', eu escrevo para ele, 'estou com você…' Já faz sete anos que ela escreve para ele todos os dias…

'Assim que eles se casaram, Volódia começou a exigir que ela escrevesse para todas as instâncias, dizendo que ele era pai de muitos filhos, precisava cuidar das crianças. Era a chance dele de ganhar a liberdade. Mas a Liena é pura… Ela senta para escrever e não consegue: 'Mas ele matou uma pessoa. Não existe pecado mais grave'. Aí ele arma escândalos terríveis com ela. Ele precisa de outro tipo de esposa. Mais rica e com ligações. Já está cansado dessa beata…'

'Ele foi preso aos dezoito anos… Na época ainda existia a União Soviética, a vida soviética. E a gente soviética. Existia o socialismo. Ele não tem ideia de como está o país hoje. Se ele sair, essa nova vida vai fazê-lo cair de cara no chão! Ele vai levar muitos golpes dela: não tem uma profissão, os pais deram as costas. E ele é mau. Uma vez na cadeia ele brigou com um colega e quase mordeu a garganta do outro. A Liena entende que vai precisar levá-lo para algum lugar bem longe das pessoas. Ela sonha em trabalhar com ele numa empresa de exploração florestal. Morar na floresta. Como ela mesma diz, em meio às árvores e aos animais silenciosos...'

'Mais de uma vez ela me disse: 'Os olhos dele ficaram tão frios, tão vazios. Um dia ele vai me matar. Eu sei com que olhos ele vai estar quando me matar'. Mas ela é atraída para lá, esse abismo dela é que atrai. Por quê? Por acaso eu mesma não senti em mim essas manifestações? A escuridão atrai...'

'Na última vez em que nos encontramos, eu ouvi dela: 'Não quero viver! Não posso mais!'. Ela estava como que em coma: nem viva, nem morta..."'

Decidimos ir juntas visitar a Liena. Mas subitamente ela desapareceu. Não deu mais notícias. Correm boatos de que agora ela vive num monastério ermo e longínquo. Com viciados em drogas, pessoas com aids... Lá, muitos fazem um voto de silêncio.

SOBRE A CORAGEM E SOBRE O QUE VEM DEPOIS DELA

Tánia Kulechova, estudante, 21 anos

UMA CRÔNICA DOS ACONTECIMENTOS

"No dia 19 de dezembro, aconteceram na Bielorrússia as eleições presidenciais. Ninguém esperava por eleições limpas, o resultado já era conhecido de antemão: o vencedor seria o presidente Lukachenko, que já governa o país há dezesseis anos. A imprensa mundial caçoa dele: 'o ditador das batatas', 'o cãozinho do mundo', mas o próprio povo acabou permanecendo como refém dele. O último ditador da Europa… Ele não esconde sua simpatia por Hitler, que também não foi levado a sério durante muito tempo e que era chamado de 'pequeno alferes' e de 'cabo da Boêmia'.

À noite, dezenas de milhares de pessoas foram à praça do Outubro (a principal praça de Minsk) para protestar contra as eleições fraudulentas. As manifestações exigiam que os resultados divulgados fossem considerados inválidos e que novas eleições fossem feitas sem Lukachenko. A ação pacífica dos protestos foi cruelmente reprimida pelas tropas especiais e pelos agentes de segurança do Estado. Nas florestas ao redor da capital, tropas militares estavam estacionadas, de prontidão…

No total, setecentos manifestantes foram presos, entre eles, sete ex-candidatos à presidência, que ainda estavam sob imunidade…

Depois das eleições, a polícia secreta bielorrussa trabalhou dia e noite. Por todo o país começaram repressões políticas: prisões, interrogatórios, buscas em apartamentos, nas redações dos jornais de oposição e nos escritórios das organizações de defesa dos direitos, confiscos de computadores e de outros equipamentos. Muitos daqueles que estão presos na prisão de Okréstino e nas celas de isolamento do KGB são ameaçados com penas de quatro a quinze anos de prisão por 'organização de desordens em massa' e por 'tentativa de golpe de Estado': é assim que o poder na Bielorrússia qualifica a participação em ações pacíficas de protesto. Receando perseguições e o recrudescimento da ditadura, centenas de pessoas fogem do país…"

De publicações diversas em jornais, dez. 2010-mar. 2011

UMA CRÔNICA DOS SENTIMENTOS

"Fomos por diversão, não fomos a sério."

"Não vou dizer o meu sobrenome, mas o da minha avó. Tenho medo... é claro... Todos estão à espera de heróis, mas eu não sou nenhuma heroína. Não estava pronta para isso. Na cadeia eu só pensava na minha mãe, no problema de coração que ela tem. O que seria dela? Se nós vencêssemos, os livros didáticos de história falariam de nós... Mas e das lágrimas das pessoas próximas de nós? Do sofrimento delas? Os ideais são uma coisa fortíssima, espantosa, é uma força imaterial, que não se pode medir. Não têm peso... é algo feito com outra matéria... Alguma coisa fica mais importante que a sua mãe. Você tem que escolher. Mas você não está pronta... Agora eu sei o que é entrar no seu quarto depois do KGB ter revirado suas coisas, seus livros... lido o seu diário... (*Silêncio.*) Hoje eu estava me preparando para encontrar você, e nessa hora a minha mãe me ligou, eu disse para ela que ia me encontrar com uma escritora famosa, ela começou a gritar: 'Fique quieta. Não conte nada'. Pessoas estranhas me apoiam, e os parentes, os mais próximos, não. Mas eles me amam...

Antes do comício... A gente se reuniu à noite no alojamento e ficou discutindo. Sobre a vida e o seguinte tema: quem vai ao comício e quem não vai? Você quer que eu lembre, não é? O que falaram? Foi mais ou menos assim...

— Você vai?

— Não vou. Vão me expulsar da faculdade e me colocar no Exército. Vou ter que correr por aí com uma metralhadora.

— Se eu for expulsa, meu pai vai me obrigar a casar.

— Chega de tagarelar, está na hora de fazer alguma coisa. Se todos ficarem com medo...

— Você quer que eu vire um Che Guevara?! (*Essas foram palavras do meu ex-namorado, eu também vou contar sobre ele.*)

— Um gole de liberdade...

— Eu vou porque cansei de viver numa ditadura. Eles pensam que somos uns cretinos sem cérebro.

— Bom, eu não sou herói. Quero estudar, ler meus livros.

— É a piada do *sovok*: é bravo como um cão, mas quieto como um peixe.

— Sou um homem pequeno, nada depende de mim. Nunca vou votar nas eleições.

— Sou um revolucionário... eu vou... A revolução é uma viagem!

— Que ideais revolucionários você tem? Que o novo futuro brilhante é o capitalismo? Viva a revolução latino-americana!

— Aos dezesseis anos eu julgava os meus pais, eles ficavam o tempo todo com medo de alguma coisa, porque meu pai tinha uma carreira. Eu pensava: eles são obtusos, mas nós somos muito legais! Nós vamos sair! Vamos falar! Agora eu sou um conformista, assim como eles. Um verdadeiro conformista. De acordo com a teoria de Darwin, quem sobrevive não são os mais fortes, mas os mais adaptados ao meio ambiente. É a mediocridade que sobrevive e continua a raça.

— Ir até lá significa ser um idiota, não ir é ainda pior.

— Quem foi que disse para vocês que revolução é progresso, hein, seus cabeças-duras? Eu sou a favor da evolução.

— Para mim 'brancos' ou 'vermelhos'... Não estou nem aí para nenhum deles!

— Eu sou revolucionário...

— É inútil! Vão mandar uns veículos militares com uns carecas, e você vai levar uma cacetada na cabeça, e pronto. O poder tem que ser de ferro.

— Ele que vá tomar no c..., o camarada Mauser.* Eu não prometi para ninguém que seria revolucionário. Quero terminar a faculdade e começar um negócio.

---

* Alusão ao famoso poema revolucionário de Maiakóvski, cuja primeira estrofe termina com o verso "É a sua vez de falar, camarada Mauser".

— É de torrar o cérebro!

— O medo é uma doença..."

"Fomos por diversão, não fomos a sério. Muitos riam, cantavam músicas. Todos se gostavam muito. Todo mundo estava bem entusiasmado. Uns levavam cartazes, outros levavam violões. Nossos amigos ligavam para nós no celular e informavam o que estavam escrevendo na internet. Estávamos a par... Foi assim que ficamos sabendo que o centro da cidade estava cheio de veículos militares com soldados e policiais. As tropas estavam sendo mobilizadas para dentro da cidade... A gente acreditava mas não acreditava naquilo, os ânimos começaram a vacilar, mas ninguém estava com medo. De repente o medo tinha sumido. Bom, primeiro porque tinha aquele monte de gente... Dezenas de milhares! As pessoas mais diferentes. Nunca tínhamos sido tantos. Não me lembro... E, depois, nós estávamos em casa. No fim das contas, esta é a nossa cidade. O nosso país. Na Constituição estão escritos os nossos direitos: liberdade de reunião, de associação, de manifestação, de protesto... Liberdade de expressão... As leis existem! É a primeira geração que não é assustada. Que não é surrada. Que não é fuzilada. E se você for preso por quinze dias? Imagine! Vai ter muito o que escrever no *LiveJournal*. O poder tem que saber que nós não somos um rebanho, que vai cegamente atrás do pastor! Que temos uma televisão no lugar do cérebro. Por via das dúvidas, eu levei comigo uma caneca, porque eu já sabia que nas celas da cadeia dão uma caneca para dez pessoas. Ainda coloquei na mochila um casaco quente e duas maçãs. Íamos andando e tirando fotos uns dos outros, para ter lembrança daquele dia. Usando aquelas máscaras de Natal, com umas orelhinhas de coelho engraçadas, que brilham... São uns brinquedinhos chineses. O Natal estava chegando... A neve já caía... Tudo tão bonito! Não vi ninguém bêbado. Se aparecia uma lata de cerveja na mão de alguém, logo tomavam a lata e viravam no chão. Alguém percebeu que tinha um homem no telhado de um prédio: 'Atirador de elite! Atirador de elite!'. Todos ficaram alegres. Começamos a acenar para ele: 'Venha com a gente! Pule daí!'. Foi muito legal. Antes eu era apática com relação à política, nunca pensei que essas sensações existissem e que eu pudesse experimentá-las. Só ouvindo música senti alguma coisa parecida. A música é tudo para mim, é uma coisa insubstituível. Foi muito louco e muito interessante. Tinha uma mulher andando ao meu lado... Por que eu não perguntei o nome dela? Você poderia escrever sobre ela. Eu estava ocupada com outra coisa: era tanta alegria ao redor, era tudo tão novo para mim. Essa mulher estava caminhando junto com o filho, ele parecia ter uns doze anos. Um estudante de ginásio. Um coronel da polícia viu aquilo e começou a dizer no megafone, quase xingando, que ela era uma péssima mãe. Que era louca. Mas todo mundo começou a aplaudir os dois, ela e o filho. Começou espontaneamente, ninguém combinou nada. É tão importante... tão importante saber isso... Porque temos vergonha o tempo todo. Os ucranianos tiveram o Maidan, os georgianos, a 'revolução das rosas'. Mas de nós riam: Minsk é uma capital comunista, é a última ditadura da Europa. Agora eu vivo com outro sentimento: nós saímos. Não ficamos com medo. Isso é o mais importante... isso é o mais importante...

E lá estávamos: nós e eles. Aqui um povo, lá outro. Aquilo tinha um aspecto estranho... Uns com cartazes e retratos, os outros, em formação militar, completamente equipados, com escudos e cassetetes. Vários rapazes espadaúdos. Verdadeiros bonitões! Mas como assim eles iriam começar a nos bater? A me bater? Eram da minha idade, eram meus admiradores. É fato! Entre eles tinha meninos conhecidos da minha cidade, é claro que eles estavam ali. Muitos dos nossos tinham ido para Minsk servir na polícia: Kolka Latuchka, Alik Kaznatchêiev… Um pessoal normal. Eram como a gente, só usavam farda. E eles nos atacariam? Não dava para acreditar… De jeito nenhum… Eu tinha rido, tinha flertado com eles. Tentamos convencê-los: 'Como é, pessoal, vão guerrear com o povo?'. E a neve caindo sem parar. E aí… Foi como nos desfiles… Ouvimos a voz de comando: 'Dispersar a multidão! Manter a formação!'. O cérebro não assimilou a realidade, não de imediato… porque aquilo não podia ser… 'Dispersar a multidão…' Por um momento, ficou tudo em silêncio. E aí veio o estrondo dos escudos… o estrondo ritmado dos escudos… Eles avançaram… Avançaram em filas, batendo com os cassetetes nos escudos, como fazem os caçadores no encalço de um animal. De uma presa. Avançaram e continuaram avançando, avançando. Nunca tinha visto uma quantidade tão grande de militares, só na televisão. Depois fiquei sabendo pelo pessoal da minha cidade… Eles são ensinados: 'A pior coisa é vocês verem os manifestantes como pessoas'. São adestrados, como cães. (*Silêncio.*) Gritos… choro… Gritos: 'Estão batendo! Estão batendo!'. Aí eu vi que estavam batendo, mesmo. Sabe, eles batiam com vontade. Com satisfação. Ficou na minha memória, eles batendo com satisfação… como se fosse um treinamento… Ouvi o berro de uma menina: 'O que você está fazendo, seu monstro?!'. Uma voz muito, muito aguda. Sobressaindo. Foi tão terrível que por um momento eu fechei os olhos. Eu estava com um casaco branco, com um chapéu branco. Estava toda de branco."

"Fuça na neve, sua puta!"

"O camburão… É um veículo impressionante. Lá foi a primeira vez que eu vi um. É um furgão especial para o transporte de presos. É todo coberto de aço. 'Fuça na neve, sua puta! Um movimento, e eu mato você!' Eu estava deitada no asfalto... Não estava sozinha, todo o nosso pessoal estava lá... um vazio na cabeça... nenhum pensamento... A única sensação real era o frio. Eles nos levantaram com chutes e cacetadas e nos enfiaram nos camburões. Os que mais levavam eram os rapazes, tentavam bater no meio das pernas deles: 'Tem que bater nas bolas deles, nas bolas! Na boca', 'No osso deles!', 'É para tirar o couro deles!'. Batiam e enquanto isso iam filosofando: 'Acabou a sua bosta de revolução!', 'Por quantos dólares você vendeu a pátria, miserável?'. Esse camburão tinha dois metros por cinco, cabiam vinte pessoas nele, pelo que me disseram os entendidos, mas espremeram mais de cinquenta de nós ali. Força, cardíacos e asmáticos! 'Não olhem para a janela! Cabeça para baixo!' Palavrões... e mais palavrões... Por nossa culpa, 'imbecis bisonhos', que tinham 'se vendido para os americanos', eles não tinham conseguido ir para o futebol hoje. O dia inteiro eles tinham sido mantidos em veículos fechados. Debaixo de uma lona. Eles mijavam em sacolas plásticas e camisinhas. Saíram de lá com fome, com raiva. Talvez eles mesmos não sejam más pessoas, mas trabalham como carrascos. São rapazes com aparência normal. São pequenas engrenagens do sistema. Não são eles que decidem se é para bater ou se não é para bater, mas quem bate são eles... Primeiro batem, depois pensam, ou talvez nem pensem. (*Silêncio.*) Ficamos muito tempo circulando, ora seguindo adiante, ora voltando. Para onde? Isso era totalmente desconhecido. Quando abriram a porta, alguém perguntou: 'Para onde estão nos levando?' A resposta que deram foi: 'Para Kurapaty' (o lugar em que foram feitas enormes valas comuns para as vítimas das repressões stalinistas). Essas eram as piadinhas sádicas deles. Eles ficaram um tempão circulando conosco pela cidade porque todas as prisões estavam lotadas. Passamos a noite no camburão. Na rua, estava vinte graus abaixo de zero, e nós naquela caixa de ferro. (*Silêncio.*) Eu deveria odiar todos eles. Mas eu não quero odiar ninguém. Não estou disposta a isso.

Durante a madrugada, a guarda foi substituída algumas vezes. Não me lembro dos rostos, de uniforme eles ficam todos iguais. Mas um deles... até hoje eu reconheceria na rua, eu reconheceria pelos olhos. Não era velho nem jovem, um homem como qualquer outro, nada de especial. O que ele fez? Ele escancarou as portas do camburão e ficou um bom tempo segurando abertas, ele gostava de quando nós começávamos a tremer de frio. Todos estavam só com agasalhos, botas baratas, pelo artificial. Ficava olhando para nós e sorrindo. Ninguém tinha dado essa ordem, foi ele mesmo que agiu. Por iniciativa própria. Um outro policial me passou um Snickers: 'Tome isto aqui. E por que é que você foi se meter naquela praça?'. Falam que para entender isso tudo você tem que ler o Soljenítsin. Quando eu estava na escola, peguei na biblioteca *O arquipélago gulag*, mas na época eu não consegui terminar. Era um livro grosso e maçante. Li umas cinquenta páginas e larguei... Parecia uma coisa muito, muito distante, como a Guerra de Troia. Stálin era um tema surrado. Eu, os meus amigos, a gente se interessava pouco...

A primeira coisa que acontece com você na cadeia... Despejam todas as coisas da sua bolsa em cima da mesa. A sensação? É como se tivessem despido você... E no sentido literal você também é despida: 'Tire a roupa de baixo. Abra as pernas na largura dos ombros. Sente-se'. O que eles estavam procurando no meu ânus? Fomos tratados como presidiários. 'Rosto virado para a parede! Olhem para o chão!' Ficavam o tempo inteiro mandando olhar para o chão. Eles detestavam quando você olhava nos olhos: 'Rosto virado para a parede! Eu disse, rosto virado para a parede!'. Tem que ir para todo lugar em fila... Até para ir ao banheiro formavam uma fila: 'Formem uma coluna, um atrás do outro'. Para suportar tudo isso, eu coloquei uma barreira: aqui, nós; ali, eles. O interrogatório, o investigador, as testemunhas... Durante o interrogatório: 'Você tem que escrever 'Reconheço integralmente a minha culpa". 'Mas do que eu sou culpada?' 'Mas o que é que você tem, não entende? Você participou de tumultos em massa…' 'Foi uma ação pacífica de protesto.' Começava a pressão: iam me expulsar da faculdade, minha mãe seria demitida do trabalho. Como ela pode trabalhar de professora tendo uma filha como aquela? Minha mãe! Fiquei o tempo todo pensando na minha mãe… Eles perceberam isso, e cada interrogatório começava com as palavras: 'Sua mãe está chorando', 'Sua mãe está no hospital'. E de novo: diga os nomes… Quem estava junto com você? Quem distribuiu os panfletos? Assine… diga os nomes… Prometiam que ninguém ficaria sabendo, que imediatamente deixariam ir para casa. Tinha que escolher… 'Eu não vou assinar nada para vocês.' Mas de madrugada eu chorava. Minha mãe no hospital… (*Silêncio.*) É fácil virar um traidor quando você ama a sua mãe… Não sei se eu suportaria mais um mês. Eles davam risada: 'E aí, Zoia Kosmodemiánskaia?'. Um pessoal jovem, alegre. (*Silêncio.*) Tenho pavor… Eu e eles frequentamos as mesmas lojas, vamos aos mesmos cafés, pegamos o mesmo metrô. Estamos juntos em todos os lugares. Na vida comum, não existe uma fronteira nítida entre 'nós' e 'eles'. Como reconhecê-los? (*Silêncio.*) Antes eu vivia num mundo bom, ele já não existe, e não vai mais existir.

Um mês inteiro numa cela… Durante todo esse tempo, não vi um espelho nem uma vez sequer. Eu tinha um pequeno, mas depois da verificação dos objetos ele desapareceu da minha bolsa. Também sumiu uma carteira com dinheiro. Tinha sede o tempo inteiro. Uma sede insuportável! Davam de beber só na hora da comida, enquanto no resto do tempo diziam: 'Bebam da privada'. Gargalhavam. Eles mesmos bebiam Fanta. Eu tinha a impressão de que nunca mataria aquela sede, quando estivesse em liberdade iria lotar a geladeira com água mineral. Estávamos todos fedendo… não tinha onde se lavar… Alguém estava com um vidrinho de perfume, passávamos de um para o outro e cheirávamos. E em algum lugar os nossos amigos estavam escrevendo resumos, sentados na biblioteca. Passando nas provas. Por algum motivo todo tipo de bobagem me vinha à cabeça... Um vestido novo, que eu não tinha usado nenhuma vez... (*Dá risada.*) Descobri que a felicidade é proporcionada por coisas ínfimas, como o açúcar e um pedaço de sabão. Numa cela para cinco pessoas, de trinta e dois metros quadrados, éramos dezessete presos. Você tinha que aprender a viver dentro de dois metros quadrados. É especialmente difícil de madrugada, não tinha como respirar. Ficávamos muito tempo sem dormir. Conversando. Nos primeiros dias de política, mas depois só sobre o amor."

CONVERSAS NA CELA
"Você não quer pensar que eles estão fazendo isso voluntariamente."

"Tudo obedece o mesmo roteiro... Tudo gira em círculos. O povo é um rebanho. Um rebanho de antílopes. E o poder é uma leoa. A leoa escolhe uma vítima do rebanho e mata. Os demais continuam mascando a sua grama, olhando com o rabo do olho para a leoa, que escolhe a próxima vítima, todos respiram aliviados quando a leoa derruba a vítima: 'Não fui eu! Não fui eu! Posso viver mais um pouco.'"

"Eu amava aprender sobre a revolução no museu... Tinha uma visão romântica. Brincava de contos de fada. Ninguém me chamou, eu mesma fui para a praça. Achei interessante ver como era feita uma revolução. Por conta disso levei cacetada na cabeça e nos rins. Quem estava na rua era a juventude, essa foi a 'revolução das crianças', assim ela foi chamada. Falam assim agora. Nossos pais ficaram em casa. Ficaram sentados na cozinha, conversando sobre o fato de que nós tínhamos ido. Ficaram sofrendo.

Eles têm medo, mas nós não temos memórias soviéticas. Nós só lemos sobre os comunistas nos livros, não tínhamos medo. Em Minsk moram dois milhões de pessoas, quantas foram às ruas? Umas trinta mil... Tinha muito mais gente olhando enquanto nós marchávamos: ficaram nas varandas, buzinavam dos carros, encorajavam: vamos, pessoal! Vamos! A maioria é sempre daqueles que ficam com uma lata de cerveja na frente da televisão. E era isso... Enquanto na rua formos só nós, intelectuais românticos, isso não vai ser uma revolução..."

"Vocês acham que tudo se mantém na base do medo? Da polícia e do cassetete? Estão enganados. O carrasco e a vítima podem entrar em acordo. Isso nos sobrou dos tempos comunistas. Existe uma concordância tácita. Um contrato. Um grande entendimento. As pessoas entendem tudo, mas se calam. Em troca disso elas querem receber um salário decente, comprar um Audi mesmo que usado e passar as férias na Turquia. Tente falar com eles sobre democracia, sobre direitos humanos... Isso é chinês para eles! Os que viveram na época soviética logo começam a relembrar: 'Os nosso filhos achavam que as bananas cresciam em Moscou. Mas agora, veja só... Cem tipos de *kolbassá*! Por que precisa de mais liberdade?'. Até hoje muitos querem voltar para a União Soviética, mas que tenha montes de *kolbassá*."

"Eu vim parar aqui por acaso... Acabei indo para a praça acompanhar uns amigos, deu vontade de entrar no meio dos cartazes e dos balões. Mas para ser sincera... eu gostei de um rapaz lá. Na verdade, sou uma espectadora indiferente. Tirei da cabeça tudo que tem a ver com política. Ah, cansei dessa luta entre bem e mal..."

"Fomos arrastados para essa espécie de barracão. De madrugada ficamos de pé, com o rosto virado para a parede. De manhã: 'Fiquem de joelhos!'. Ficamos de joelhos. Deram a ordem: 'De pé! Mãos para cima!'. Uma hora era para colocar as mãos atrás da cabeça, depois era para fazer cem flexões. Outra ainda era para ficar em um pé só... A troco de que fizeram isso? Para quê? Você perguntava, eles não respondiam. Eles tinham autorização... sentiam o poder... As meninas ficavam enjoadas, desmaiavam. Na primeira vez em que me chamaram para o interrogatório, dei risada na cara do investigador, até que ele disse: 'Menina, eu posso foder você em todos os buracos e largar na cela dos prisioneiros comuns'. Eu não tinha lido o Soljenítsin, e o investigador acho que também não tinha lido. Mas todos nós sabíamos..."

"O meu interrogador era um homem culto, fez a mesma universidade que eu. Descobrimos que adorávamos os mesmos livros: Akúnin, Umberto Eco... 'Mas de onde é que você veio para parar aqui na minha mão?', ele disse. 'Eu cuido de corruptos. É maravilhoso! Com eles eu sei muito bem como lidar. Mas com você...' Ele fez o trabalho dele a contragosto, com vergonha, mas fez. Como ele existem milhares: funcionários, investigadores, juízes. Uns batem, outros mentem nos jornais, outros ainda prendem, dão as sentenças. É só disso que você precisa para ligar a máquina stalinista."

"Na nossa família, guardamos um velho caderno comum. Meu avô escreveu a história de sua vida para seus filhos e netos. Contou como sobreviveu à época stalinista. Ele foi colocado na prisão e torturado: colocavam na cabeça dele uma máscara antigás e desligavam o oxigênio. Tiravam a roupa e enfiavam uma vara de ferro ou uma maçaneta de porta no ânus... Eu estava no último ano da escola quando a minha mãe me entregou esse caderno: 'Você já é adulta. Tem que saber disso aqui'. Mas eu não entendia: a troco de quê?"

"Se os campos de trabalho voltarem, carcereiro é que não vai faltar. Vai ter montes deles! Eu me lembro muito bem de um... Eu olhei nos olhos dele: era um rapaz normal, mas tinha uma espuma saindo da boca. Eles se moviam como se estivessem dormindo, em transe. Batiam à esquerda, à direita. Um homem caiu, eles cobriram com o escudo e dançaram em cima dele. Uns fortões… de dois metros de altura… Oitenta ou cem quilos cada um, são engordados até alcançarem peso de combate. Os agentes de segurança e as tropas especiais são um pessoal à parte… como os *oprítchniki** do Ivan Grózny… Você não quer pensar que eles estão fazendo isso voluntariamente, você tenta com todas as forças não pensar que é assim. Com suas últimas forças. Eles precisam comer. Esse moleque… Ele só teve na vida a escola e o Exército, mas ganha mais que um professor universitário. Depois… vai ser como sempre… sem dúvida… Depois eles vão dizer que cumpriram ordens, que não sabiam de nada, que não têm nada a ver com isso. Mesmo hoje eles já encontram milhares de justificativas: 'E quem é que vai alimentar a minha família?', 'Eu fiz um juramento', 'Eu não podia sair da formação, mesmo se quisesse'. Dá para fazer isso com qualquer pessoa. Com muitas pessoas, de qualquer maneira…"

"Tenho só vinte anos. Como seguir com a vida? Tenho a impressão de que vou sair de casa, ir para a cidade e ficar com medo de erguer os olhos…"

"*São vocês lá que têm a revolução, aqui nós temos o poder soviético.*"

"Fomos liberados de madrugada. Jornalistas, amigos: todos esperavam na frente da cadeia, mas fomos levados de camburão e largados cada um num ponto da periferia da cidade. Fui deixada

---

* Membro do grupo responsável por controlar a divisão territorial instituída pelo tsar Ivan IV e que estava diretamente submetida a ele. Entraram para a história por sua brutalidade.

em algum lugar em Chabaní. Ao lado de umas pedras, de umas construções. Tive medo de verdade. Fiquei lá, totalmente confusa, e aí fui na direção das luzes. Não tinha dinheiro, o celular estava sem bateria fazia tempo. Na carteira eu só tinha um recibo, todos nós recebemos esses recibos, dizendo que tínhamos quitado as despesas da nossa detenção. Era um mês da minha bolsa... Nem sei... Eu e a minha mãe mal conseguimos viver com esse dinheiro. Meu pai morreu quando eu estava na sexta série, eu tinha doze anos. Meu padrasto gasta muito bem o salário com bebidas e farras. É um bêbado. Eu o odeio, ele estragou a minha vida e a da minha mãe. Eu fico constantemente tentando arranjar um dinheiro: distribuo anúncios diversos nas caixas de correio, no verão vendo fruta ou sorvete no tabuleiro. Eu fui pensando nessas coisas... Tinha uns cachorros correndo... não vi gente em lugar nenhum... Fiquei morrendo de felicidade quando um táxi parou perto de mim. Passei o endereço do alojamento, mas disse: 'Não tenho dinheiro'. Por algum motivo o taxista logo adivinhou: 'A-a--ah, é dezembrista! (Fomos presos em dezembro.) Pode entrar. Já peguei uma na mesma situação que você e levei para casa. E por que é que estão liberando vocês de madrugada?'. Ele me levou e foi passando sermão: 'Isso é tudo bobagem! Bobagem! Em 1991 eu estudava em Moscou e também ia correndo para as manifestações. Éramos mais numerosos que vocês. Nós vencemos. Tínhamos sonhos de que cada um abriria a sua firma e ficaria rico. E no que deu? Na época dos comunistas eu trabalhava de engenheiro, agora estou aqui, nesse trampo de motorista. Expulsaram um grupo de canalhas, e outros vieram. Pretos, cinzentos, cor de laranja: eles são todos iguais. Aqui o poder estraga qualquer pessoa. Sou realista. Confio só em mim e na minha família. Enquanto os idiotas da vez fazem a revolução da vez, eu dou duro. Neste mês, preciso arranjar dinheiro para comprar agasalhos para as minhas filhas, no mês que vem, para comprar sapatos para a minha esposa. Você é uma menina bonita. Tem que encontrar um rapaz bom e casar, é melhor'. Entramos na cidade. Música. Risos. Um casalzinho se beijando. A cidade vivia como se nós não existíssemos. Eu queria muito conversar com o meu namorado. Mal podia esperar. Nós já estávamos juntos fazia três anos. Tínhamos planos. (*Silêncio.*) Ele me prometeu que iria ao comício, mas não foi. Eu esperava receber explicações. Aí ele finalmente apareceu. Chegou correndo. As meninas nos deixaram a sós no quarto. Que explicações?! Ridículo! No fim eu é que era simplesmente 'uma tonta', 'uma peça rara', 'uma revolucionária ingênua'. Ele tinha me avisado, eu não lembrava? Ele tinha me ensinado que não era racional se preocupar com coisas que você não pode mudar. Essa postura é possível: viver pelos outros. Mas ele não se identificava com ela, não queria morrer nas barricadas. Não era a vocação dele. O principal objetivo dele era a carreira. Ele queria muito dinheiro. Uma casa com piscina. Tinha que viver para sorrir. Hoje existiam tantas possibilidades... mal dá para escolher... Você pode viajar pelo mundo, tem uns cruzeiros bacanas, mas eles custam caro, você pode pedir sopa de tartaruga no restaurante... É só pagar por ela. Dinheiro! Dinheiro! É como o nosso professor de física ensinava: 'O dinheiro resolve tudo, até equações diferenciais'. É a dura verdade da vida. (*Silêncio.*) Mas e os ideais? Quer dizer que não existe nada disso? Talvez você possa me dizer alguma coisa. Afinal, você escreve livros... (*Silêncio.*) Na assembleia geral eu fui expulsa da faculdade. Todos levantaram a mão 'a favor', menos meu velho professor favorito. Naquele dia, ele saiu da faculdade de ambulância. Minhas amigas tentaram me consolar no alojamento, quando ninguém estava olhando: 'Não fique ofendida', elas disseram, 'o reitor ameaçou expulsar do alojamento se... A-a-a-ah!'. Verdadeiras heroínas!

Comprei a passagem para casa. Na cidade grande, sinto falta da minha cidadezinha. A bem da verdade, não sei de que cidadezinha eu sinto falta, provavelmente eu sinto falta da minha cidadezinha 'de criança'. Daquela em que o meu pai me levava com ele para tirar aqueles pesados favos de mel das colmeias. Primeiro, ele defumava a colmeia, para as abelhas voarem e não nos picarem. Quando pequena, eu era engraçada... Eu achava que as abelhas também eram passarinhos... (*Silêncio.*) Será que eu amo essa cidadezinha agora? Lá eles vivem como antes, ano após ano. Cavam com as suas pás para colher as batatas da horta, andam de joelhos. Fazem o seu *samogon*. De noite você não encontra um só homem sóbrio, eles bebem todos os dias. Votam no Lukachenko e sentem saudade da União Soviética. Do invencível Exército soviético. No ônibus, nosso vizinho sentou do meu lado. Bêbado. Começou a falar de política: 'Eu queria dar uma na fuça de cada um desses democratas malditos. Vocês levaram foi pouco. Palavra de honra! Tinha que fuzilar esses aí. A minha mão não iria tremer. São os americanos que estão pagando tudo... A Hillary Clinton... Mas somos um povo resistente. Sobrevivemos à perestroika, também vamos sobreviver à revolução. Uma pessoa muito inteligente me disse que a revolução foi inventada pelos judeus'. O ônibus inteiro apoiava: 'Não seria pior do que agora. Você liga a televisão e por todo lado é bombardeio, tiroteio'.

Cheguei em casa. Abri a porta. Minha mãe estava na cozinha, limpando tubérculos de dália, eles tinham congelado no porão e ficado meio apodrecidos, porque eles são caprichosos. Têm medo do frio. Comecei a ajudar. Como na infância. 'Como estão as coisas lá na capital?', foi a primeira pergunta da minha mãe. 'Na televisão mostraram um mar de gente, todos gritando contra o governo. Meu bom Deus! Que medo! Nós aqui ficamos com medo de que uma guerra fosse começar: os filhos de uns estão servindo nas tropas de segurança, os filhos de outros são estudantes que foram para a praça gritar. Nos jornais dizem que são terroristas e bandidos. A nossa gente acredita nos jornais. São vocês lá que têm a revolução, aqui nós temos o poder soviético.' A casa estava com cheiro de valeriana.

Fiquei sabendo das novidades da cidade… De madrugada, um carro tinha vindo buscar o Iurka Chvied, um pequeno proprietário rural; eram dois homens à paisana, como os que tinham vindo pegar o nosso avô em 1937. Reviraram a casa inteira. Levaram um computador. Demitiram uma enfermeira, a Ánia N., ela foi para o comício em Minsk, se inscreveu em um partido de oposição. Ela tem um bebezinho pequeno. O marido ficou bêbado e bateu nela: oposicionista! Mas as mães dos meninos que servem na polícia de Minsk ficam se gabando, porque os filhos delas receberam prêmios enormes. Trouxeram presentes. (*Silêncio.*) Dividiram o povo em duas metades… Eu fui ao baile no clube, ninguém me convidou para dançar durante a noite inteira. Porque… sou uma terrorista… eles têm medo de mim…"

"Ela pode ficar vermelha, também."

Nós nos encontramos casualmente um ano depois no trem Moscou-Minsk. Todos já tinham dormido fazia muito tempo, mas nós ainda conversávamos.

"Estou estudando em Moscou. Vou às manifestações moscovitas com meus amigos. É muito legal! Eu gosto do rosto das pessoas que vejo lá. Eu me lembro de rostos assim quando nós fomos para a praça em Minsk. Eu não reconhecia a minha cidade, não reconhecia as pessoas. Eram pessoas diferentes. Tenho saudade de casa, tenho muita saudade de casa.

Eu pego o trem para a Bielorrússia e nunca consigo pegar no sono. Fico meio dormindo… meio acordada… Às vezes estou na cadeia, às vezes estou no alojamento, às vezes… Tudo me vem à mente… Vozes de homem e de mulher…

Esticaram até as nossas pernas passarem por cima da cabeça...

Colocaram uma folha de papel em cima dos rins, para não deixar rastros, e bateram com uma garrafa plástica de água...

Ele colocava uma sacola na minha cabeça ou uma máscara antigás. E depois... você pode imaginar, depois de uns minutos eu perdia a consciência... E em casa ele tinha esposa e filhos. Era um bom marido. Um bom pai...

Chutam, chutam, chutam, chutam... com sapatos, com botas, com tênis...

Você acha que eles só aprendem a saltar de paraquedas, a desembarcar por uma corda de um helicóptero pairando? Eles aprendem com os mesmos livros da época do Stálin...

Na escola falavam para nós: 'Leiam o Búnin, o Tolstói, esses livros salvam as pessoas'. Queria perguntar para alguém: por que isso não é transmitido, mas uma maçaneta no ânus e um saco de plástico na cabeça são transmitidos?

O salário deles vai ser dobrado ou triplicado... Tenho medo de que comecem a atirar...

No Exército eu percebi que amo as armas. Sou filho de professor universitário, cresci em meio aos livros. Quero ter um revólver. É um belo objeto! Ao longo de centenas de anos, ele foi adaptado à mão humana. É gostoso segurar. Eu ia gostar de pegar o revólver, limpar. Polir. Adoro aquele cheiro.

O que você acha, vai ter revolução?

Laranja é a cor do mijo do cachorro na neve. Mas ela pode ficar vermelha também...

Nós estamos indo..."

Observações de uma cidadã

"O que eu posso lembrar? Vivo como todo mundo. Teve a perestroika... O Gorbatchóv... A carteira abriu a cancela: 'Você ouviu, não tem mais comunistas'. 'Como não?' 'Fecharam o Partido'. Ninguém atirou, nada. Agora dizem que foi uma grande potência e que perdemos tudo. Mas o que foi que eu perdi? Do mesmo jeito que eu vivia na minha casinha sem qualquer comodidade — sem água, sem esgoto, sem gás —, eu continuo vivendo. Trabalhei honestamente a vida inteira. Dei duro, dei duro, me acostumei a dar duro. E sempre recebi meu dinheiro. Eu antes comia macarrão e batata, e agora continuo comendo. Uso o meu casaco soviético surrado. E temos cada neve aqui!

A minha melhor lembrança é de quando eu me casei. Nós nos amávamos muito! Eu me lembro da gente voltando do cartório, e o lilás florescendo. O lilás em flor! E nele os rouxinóis cantando, acredita... Lembro bem... Vivemos bem por uns anos, tivemos uma filha... Mas depois o Vadik caiu na bebida, a vodca acabou com ele. Era um homem jovem, quarenta e dois anos. E agora eu vivo sozinha. Minha filha já cresceu, casou e foi embora.

No inverno, ficamos cobertos de neve, o vilarejo inteiro fica debaixo da neve: as casas, os carros. Às vezes os ônibus ficam semanas sem passar. E lá na capital? Daqui até Moscou são mil quilômetros. Vemos a vida moscovita pela televisão, como se fosse um filme. Conheço o Pútin e a Alla Pugatchova... de resto, ninguém... Os protestos, as manifestações... Mas aqui nós continuamos a viver como antes. Tanto no socialismo como no capitalismo. Para nós, 'brancos' e 'vermelhos' são a mesma coisa. Temos que esperar a primavera. Plantar as batatas... (*Longo silêncio.*) Tenho sessenta anos... Não vou à igreja, mas preciso conversar um pouco com alguém. Conversar sobre outras coisas... De como não tenho vontade de envelhecer, não quero de jeito nenhum envelhecer. E que pena é ter que morrer. Você viu o meu lilás? Eu saio de madrugada, ele brilha. Eu fico parada, olhando. Vou só ali pegar algumas e fazer um buquê para você..."

1ª EDIÇÃO [2016] 7 reimpressões

ESTA OBRA FOI COMPOSTA EM MINION PELO ACQUA ESTÚDIO E IMPRESSA
PELA GEOGRÁFICA EM OFSETE SOBRE PAPEL PÓLEN SOFT DA SUZANO S.A.
PARA A EDITORA SCHWARCZ EM JUNHO DE 2022

A marca FSC® é a garantia de que a madeira utilizada na fabricação do papel deste livro provém de florestas que foram gerenciadas de maneira ambientalmente correta, socialmente justa e economicamente viável, além de outras fontes de origem controlada.